Autodesk® Revit 2018 Architecture: Concepts de base

Guide d'apprentissage

Métrique - 2ème Édition

ASCENT - Center for Technical Knowledge®

Autodesk® Revit 2018 Architecture: Concepts de base

Métrique - 2ème Édition

Préparé et produit par :

ASCENT Center for Technical Knowledge
630 Peter Jefferson Parkway, Suite 175
Charlottesville, VA 22911

866-527-2368
www.ASCENTed.com

Principal collaborateur : Martha Hollowell

ASCENT - Center for Technical Knowledge est une division de Rand Worldwide, Inc., fournissant des produits et services personnalisés de connaissance développés pour des applications logicielles d'ingénierie d'avant-garde. ASCENT est spécialisée dans la création de programmes d'enseignement intégrant les meilleures offres de cours théoriques en classe et de formations axée sur la technologie.

Nous accueillerons avec plaisir tout commentaire que vous pourrez formuler sur ce guide d'apprentissage ou l'un de nos produits. Veuillez nous contacter par e-mail : feedback@ASCENTed.com.

AS-RAR1801-FND2MT-FSG

Table des matières

Phase de développement de la conception

Phase de création de la documentation du projet

Préface

Le logiciel Autodesk® Revit® est un puissant programme de modélisation d'informations de bâtiment (BIM) qui fonctionne à l'instar de la réflexion des architectes. Le programme rationalise le processus de conception via l'utilisation d'un modèle 3D central dans lequel les modifications réalisées dans une seule vue sont mises à jour dans toutes les vues et sur les feuilles imprimables.

Ce guide d'apprentissage a été conçu pour vous enseigner la fonctionnalité d'Autodesk Revit comme si vous alliez travailler avec ce dernier pendant tout le processus de conception. Vous commencerez par vous familiariser avec l'interface utilisateur et les principaux outils d'édition et de visualisation des plans. Vous apprendrez ensuite à utiliser les outils de développement de conception, notamment comment modéliser des murs, des portes, des fenêtres, des sols, des plafonds, des escaliers etc. Finalement, vous vous familiariserez avec les processus requis pour faire passer le modèle à la phase de documentation des renseignements de construction.

Le guide d'apprentissage *Autodesk® Revit® 2018 Architecture: Concepts de base* a pour but de permettre aux étudiants de créer des modèles de projet architectural entièrement en 3D et de les configurer dans des plans d'ouvrage. Ce guide d'apprentissage est axé sur les principaux outils requis par la majorité des utilisateurs.

Thèmes traités :

- Compréhension des objectifs de la modélisation des informations du bâtiment (BIM) et de la façon dont ils sont appliqués au logiciel Autodesk Revit.
- Navigation dans l'espace de travail et l'interface d'Autodesk Revit.
- Utilisation des principaux outils de dessin et d'édition.
- Création de niveaux et de quadrillages en tant qu'éléments de donnée pour le modèle.
- Création d'un modèle de bâtiment 3D avec des murs, des murs rideaux, des fenêtres et des portes.

- Ajouter de sols, de plafonds et de toits au modèle de bâtiment.
- Création d'escaliers par composants et personnalisés.
- Ajouter de caractéristiques de composant comme du mobilier et des équipements.
- Configuration de feuilles pour un tracé avec du texte, des cotes, des détails, des étiquettes et des nomenclatures.
- Création de détails.

Note sur la configuration du logiciel

Ce guide d'apprentissage suppose une installation standard du logiciel en utilisant les préférences par défaut pendant l'installation. Les cours théoriques et les exercices utilisent les modèles de logiciel standard et les options par défaut des Bibliothèques de contenus.

Les étudiants et les formateurs peuvent accéder gratuitement au logiciel Autodesk et aux ressources

Autodesk vous offre la possibilité de démarrer avec des licences d'enseignement gratuites des logiciels professionnels et des applications de créativité utilisés par des millions d'architectes, d'ingénieurs, de concepteurs et d'amateurs passionnés. Introduisez le logiciel Autodesk dans votre classe, votre studio ou votre atelier pour apprendre, enseigner et explorer les défis de conception réels comme le font les professionnels.

Commencez dès aujourd'hui - enregistrez-vous à la Communauté éducative Autodesk et téléchargez l'une des nombreuses applications logicielles Autodesk disponibles.

Visitez autodesk.fr/education.

Nota : Les produits gratuits sont soumis aux modalités et conditions de l'accord de licence d'utilisateur final et de services qui accompagne le logiciel. Le logiciel est destiné à un usage personnel à des fins pédagogiques et n'est pas destiné à un usage en salle de cours ou laboratoire.

Principal collaborateur : Martha Hollowell

Martha intègre sa passion pour l'architecture et l'enseignement dans tous ses projets, notamment les guides d'apprentissage qu'elle crée sur Autodesk Revit en matière d'Architecture, de MEP et de Structure. Elle a commencé à travailler avec AutoCAD dès le début des années 1990 puis a ajouté AutoCAD Architecture et Autodesk Revit dès leur commercialisation.

Après l'obtention de son baccalauréat en sciences, Architecture dans l'Université de Virginie, elle travaille dans le département architectural de la Colonial Williamsburg Foundation puis exerce en privé en matière de conseil aux entreprises qui installent AutoCAD dans leurs bureaux.

Martha bénéficie de plus de 20 ans d'expérience en tant que formatrice et conceptrice pédagogique. Ses compétences lui permettent d'amener chacun, individuellement ou en petits groupes, à comprendre et à développer son potentiel. Martha est diplômée en conception pédagogique et a été nommée Instructrice certifiée Autodesk (ACI) et Professionnelle certifiée Autodesk pour Revit Architecture.

Martha Hollowell est la principale collaboratrice d'*Autodesk Revit Architecture: Concepts de base* depuis sa première commercialisation en 2003.

Dans ce guide

Les illustrations suivantes mettent en évidence certaines des fonctionnalités disponibles dans ce Guide d'apprentissage.

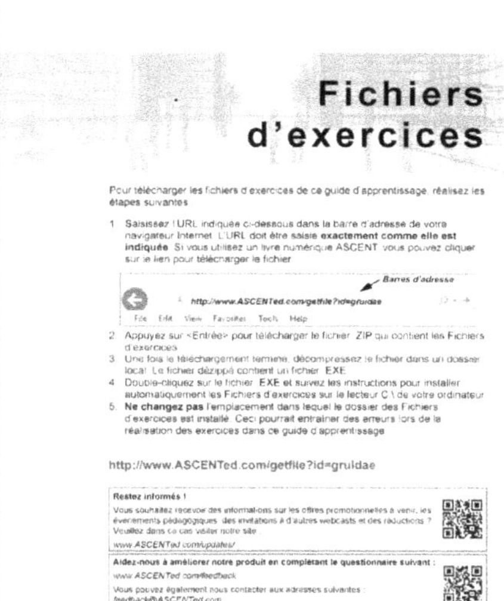

Fichiers d'exercices

Pour télécharger les fichiers d'exercices de ce guide d'apprentissage, réalisez les étapes suivantes

1. Saisissez l'URL indiquée ci-dessous dans la barre d'adresse de votre navigateur Internet. L'URL doit être saisie **exactement comme elle est indiquée**. Si vous utilisez un livre numérique ASCENT, vous pouvez cliquer sur le lien pour télécharger le fichier.

2. Appuyez sur <Entrée> pour télécharger le fichier .ZIP qui contient les Fichiers d'exercices.
3. Une fois le téléchargement terminé, décompressez le fichier dans un dossier local. Le fichier dézippé contient un fichier .EXE.
4. Double-cliquez sur le fichier .EXE et suivez les instructions pour installer automatiquement les Fichiers d'exercices sur le lecteur C:\ de votre ordinateur.
5. **Ne changez pas** l'emplacement dans lequel le dossier des Fichiers d'exercices est installé. Ceci pourrait entrainer des erreurs lors de la réalisation des exercices dans ce guide d'apprentissage.

http://www.ASCENTed.com/getfile?id=gruidae

Restez informés !

Vous souhaitez recevoir des informations sur les offres promotionnelles à venir, les événements pédagogiques, des invitations à d'autres webcasts et des réductions ? Veuillez dans ce cas visiter notre site :

www.ASCENTed.com/updates/

Aidez-nous à améliorer notre produit en complétant le questionnaire suivant :

www.ASCENTed.com/feedback

Vous pouvez également nous contacter aux adresses suivantes :
feedback@ASCENTed.com

Lien vers les fichiers d'exercices

Fichiers d'exercices

La page Fichiers d'exercices vous indique comment télécharger et installer les fichiers d'exercices fournis avec ce guide d'apprentissage.

Chapitre 1

Premiers pas vers le BIM et Autodesk Revit

Le BIM (modélisation des informations du bâtiment) et le logiciel Autodesk® Revit® travaillent de concert pour vous aider dans la création de modèles 3D intelligents nécessaires à toutes les étapes du processus de construction. Comprendre l'interface du logiciel ainsi que la terminologie améliore votre capacité à créer des modèles performants et à vous déplacer entre les différentes vues du modèle.

Objectifs d'apprentissage de ce chapitre

- Décrire le concept et le flux de travail du BIM (modélisation des informations du bâtiment) en lien avec le logiciel Autodesk Revit.
- Naviguer dans l'interface utilisateur, notamment le ruban (contenant la plupart des outils), la palette Propriétés (qui permet de modifier des informations d'élément) et l'Arborescence du projet (qui permet d'ouvrir différentes vues du modèle).
- Ouvrir des projets existants et démarrer de nouveaux projets en utilisant les modèles.
- Utiliser les commandes de visualisation pour vous déplacer sur les vues des modèles 2D et 3D.

Chapitres

Chaque chapitre débute par une courte introduction, suivi d'une liste des objectifs pédagogiques du chapitre.

Objectifs pédagogiques du chapitre

Autodesk Revit 2018 Architecture: Concepts de base

1.1 Le BIM et Autodesk Revit

La modélisation des informations du bâtiment (BIM) est une approche de l'ensemble du cycle de vie du bâtiment, ce qui comprend la conception, la construction et la gestion des installations. Le processus BIM offre la possibilité de coordonner, de mettre à jour et de partager des données sur la conception avec les autres membres de l'équipe de différents secteurs.

Le logiciel Autodesk Revit est un véritable produit de BIM. Il vous permet de créer des modèles de construction en 3D (à gauche sur la Figure 1–1) qui fournissent de nombreuses informations présentées par la documentation du projet, et de partager ces modèles avec d'autres programmes pour une analyse plus poussée.

Le logiciel Autodesk® Revit® comprend des outils de conception architecturale, mécanique, électrique, de plomberie et structurelle

Figure 1–1

Le logiciel Autodesk Revit est considéré comme un logiciel de modélisation de bâtiment paramétrique :

- *Paramétrique* : une relation est établie entre les éléments de construction : lorsqu'un élément change, les autres éléments associés changent également. Par exemple, si vous ajoutez un élément dans une vue en plan, il apparaît également dans toutes les autres vues.
- *Bâtiment* : le logiciel est conçu pour travailler sur les bâtiments ainsi que leur site associé, plutôt qu'avec les infrastructures et les autoroutes.
- *Modélisation* : un projet est conçu dans un fichier unique basé sur un modèle de construction en 3D, comme illustré sur le gauche en Figure 1–1. Toutes les vues, comme les plans (à droite sur la Figure 1–1), les élévations, les coupes, les détails, la documentation du projet et les rapports sont créés sur la base du modèle.
- Il est très important que toutes les personnes travaillant sur un projet commun utilisent la même version du logiciel.

1–2 © 2018, ASCENT - Center for Technical Knowledge®

Notes en marge

Les notes en marge sont des astuces ou des informations supplémentaires en rapport avec le thème en cours.

Contenu pédagogique

Chaque chapitre est divisé en différentes sections de contenus pédagogiques sur des thèmes spécifiques. Ces cours théoriques comprennent les descriptions, procédures étape par étape, illustrations, astuces et informations qui vous sont nécessaires pour atteindre les objectifs pédagogiques du chapitre.

Premiers pas vers le BIM et Autodesk Revit

Practice 1a — **Ouvrir et consulter un projet**

Objectifs de l'exercice

- Naviguer à travers l'interface utilisateur.
- Manipuler les vues 2D et 3D en effectuant un zoom et un panoramique.
- Créer des vues 3D isométriques et en perspective.
- Définir le style visuel d'une vue.

Durée estimée : 15 minutes

Dans cet exercice, vous ouvrirez un fichier de projet et verrez chacune des zones de l'interface. Vous examinerez des éléments, des commandes et leurs options. Vous ouvrirez également des vues via l'Arborescence du projet et afficherez le modèle en 3D, comme illustré en Figure 1–53.

Figure 1–53

- Il s'agit d'une version du projet principal sur lequel vous travaillerez tout au long du guide d'apprentissage.

Tâche 1 - Explorer l'interface.

Objectifs de l'exercice

Exercices

Les exercices vous permettent d'utiliser le logiciel pour réaliser une révision pratique d'un thème.

Certains exercices nécessitent que vous utilisiez des fichiers spécifiques qui peuvent être téléchargés depuis le lien disponible sur la page Fichiers d'exercices.

Autodesk Revit 2018 Architecture: Concepts de base

Questions de révision du chapitre

1. Quel est le but d'une ligne d'alignement ?
   a. Elle s'affiche lorsque le nouvel élément que vous placez ou modélisez est aligné avec le système de quadrillage.
   b. Elle indique que le nouvel élément que vous placez ou modélisez est aligné avec un objet existant.
   c. Elle s'affiche lorsque le nouvel élément que vous placez ou modélisez est aligné avec un point de suivi sélectionné.
   d. Elle indique que le nouvel élément est aligné avec le nord géographique et non pas avec le nord du projet.
2. Lorsque vous modélisez (sans modifier) un élément linéaire, comment modifiez-vous la cote temporaire, comme illustré en Figure 2–80 ?

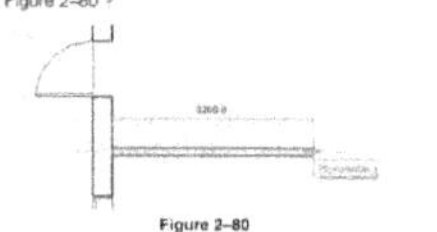

Figure 2–80

   a. Vous sélectionnez la cote temporaire et saisissez une nouvelle valeur.
   b. Vous saisissez une nouvelle valeur et appuyez

Questions de révision

Des questions de révision du chapitre insérées à la fin de chaque chapitre vous permettent de revoir les principaux concepts et objectifs pédagogiques du chapitre.

Autodesk Revit 2018 Architecture: Concepts de base

Récapitulatif des commandes

Bouton	Commande	Emplacement
Outils généraux		
	Modifier	• **Ruban** : Tous les onglets>groupe de fonctions Sélectionner • **Raccourci** : MD
	Nouveau	• **Barre d'outils d'accès rapide** (en option) • **Onglet** *Fichier* • **Raccourci** : <Ctrl>+<N>
	Ouvrir	• **Barre d'outils d'accès rapide** • **Onglet** *Fichier* • **Raccourci** : <Ctrl>+<O>
	Documents ouverts	• **Onglet** *Fichier*
	Propriétés	• **Ruban** : Onglet *Modifier*>groupe de fonctions Propriétés • **Raccourci** : PP
	Documents récents	• **Onglet** *Fichier*
	Enregistrer	• **Barre d'outils d'accès rapide** • **Onglet** *Fichier* • **Raccourci** : <Ctrl>+<S>
	Synchroniser et modifier les paramètres	• **Barre d'outils d'accès rapide**
	Synchroniser maintenant/	• **Barre d'outils d'accès rapide**> développez Synchroniser et modifier les paramètres
	Propriétés du type	• **Ruban** : Onglet *Modifier*>groupe de fonctions Propriétés • **Palette Propriétés**
Outils d'affichage		
	Caméra	• **Barre d'outils d'accès rapide**> Développez Vue 3D par défaut • **Ruban** : Onglet *Vue*>groupe de fonctions Créer>développez Vue 3D par défaut

Récapitulatif des commandes

Le résumé des commandes se trouve à la fin de chaque chapitre. Il contient une liste des commandes logicielles utilisées tout au long du chapitre et fournit des informations sur l'emplacement de la commande dans le logiciel.

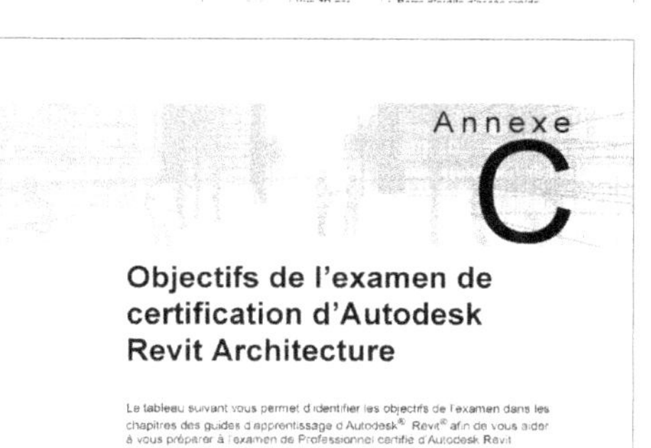

Annexe C

Objectifs de l'examen de certification d'Autodesk Revit Architecture

Le tableau suivant vous permet d'identifier les objectifs de l'examen dans les chapitres des guides d'apprentissage d'Autodesk® Revit® afin de vous aider à vous préparer à l'examen de Professionnel certifié d'Autodesk Revit Architecture.

Sujet de l'examen	Objectif de l'examen	Guide d'apprentissage	Chapitre et section(s)
Collaboration			
	Copier et surveiller les éléments dans un fichier lié	• Outils de collaboration Revit	• 2.3
	Utiliser le partage de projet	• Outils de collaboration Revit	• 4.1, 4.2, 4.3
	Importer des fichiers image et DWG	• Principes fondamentaux de Revit Architecture	• 3.4
		• Outils de collaboration Revit	• 3.1, 3.2, 3.3
	Utiliser la visualisation du partage de projet	• Outils de collaboration Revit	• 4.4

Annexe de l'examen de certification d'Autodesk

Cette annexe comprend une liste des thèmes et des objectifs liés aux examens de certification Autodesk et indique le chapitre et la section dans lesquels le contenu correspondant est disponible.

Fichiers d'exercices

Pour télécharger les fichiers d'exercices de ce guide d'apprentissage, exécutez les étapes suivantes :

1. Saisissez l'URL indiquée ci-dessous dans la barre d'adresse de votre navigateur Internet. L'URL doit être saisie **exactement comme indiquée ci-dessous**. Si vous utilisez un livre numérique ASCENT, vous pouvez cliquer sur le lien pour télécharger le fichier.

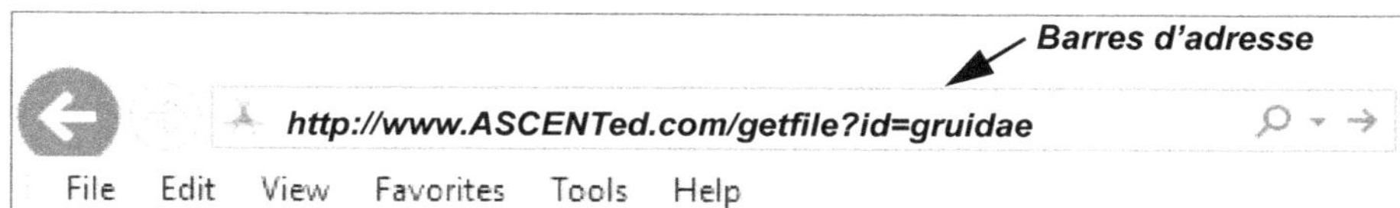

2. Appuyez sur <Entrée> pour télécharger le fichier .ZIP contenant les Fichiers d'exercices.
3. Une fois le téléchargement terminé, décompressez le fichier dans un dossier local. Le fichier dézippé contient un fichier .EXE.
4. Double-cliquez sur le fichier .EXE et suivez les instructions pour installer automatiquement les Fichiers d'exercices sur le lecteur C:\ de votre ordinateur.
5. **Ne changez pas** l'emplacement dans lequel le dossier des Fichiers d'exercices est installé. Ceci pourrait entraîner des erreurs lors de la réalisation des exercices dans ce guide d'apprentissage.

http://www.ASCENTed.com/getfile?id=gruidae

Restez informés !

Vous souhaitez recevoir des informations sur les offres promotionnelles à venir, les événements pédagogiques, des invitations à des webcasts gratuits et à des rabais? Veuillez dans ce cas visiter notre site :

www.ASCENTed.com/updates/

Aidez-nous à améliorer notre produit en complétant le questionnaire suivant :

www.ASCENTed.com/feedback

Vous pouvez également nous contacter à l'adresse suivante : *feedback@ASCENTed.com*

Premiers pas vers le BIM et Autodesk Revit

Ce guide d'apprentissage est divisé en trois parties : Présentation du BIM et d'Autodesk Revit, Développement de la conception et Documentation du projet.

La première est une vue d'ensemble de l'utilisation de la Modélisation des informations du bâtiment (BIM) avec le logiciel Autodesk® Revit®, du fonctionnement de l'interface du logiciel, de l'utilisation des outils de base de dessin et de modification, et de l'intégration d'éléments de référence.

Cette partie comprend les chapitres suivants :

- Chapitre 1 : Premiers pas vers le BIM et Autodesk Revit
- Chapitre 2 : Outils de modification et d'esquisse de base
- Chapitre 3 : Configurer les niveaux et les quadrillages

Chapitre 1

Premiers pas vers le BIM et Autodesk Revit

Le BIM (modélisation des informations du bâtiment) et le logiciel Autodesk® Revit® travaillent de concert pour vous aider dans la création de modèles 3D intelligents nécessaires à toutes les étapes du processus de construction. Comprendre l'interface du logiciel ainsi que la terminologie améliore votre capacité à créer des modèles performants et à naviguer entre les différentes vues du modèle.

Objectifs d'apprentissage de ce chapitre

- Décrire le concept et le flux de travail du BIM (modélisation des informations du bâtiment) en lien avec le logiciel Autodesk Revit.
- Naviguer dans l'interface utilisateur, notamment le ruban (contenant la plupart des outils), la palette Propriétés (qui permet de modifier des informations d'élément) et l'Arborescence du projet (qui permet d'ouvrir différentes vues du modèle).
- Ouvrir des projets existants et démarrer de nouveaux projets en utilisant les modèles.
- Utiliser les commandes de visualisation pour vous explorer les vues 2D et 3D des modèles.

1.1 Le BIM et Autodesk Revit

La modélisation des informations du bâtiment (BIM) est un processus de gestion du cycle de vie du bâtiment, ce qui comprend la conception, la construction et la gestion des installations. Le processus BIM offre la possibilité de coordonner, de mettre à jour et de partager des données conceptuelles avec les membre d'équipe de différentes disciplines.

Le logiciel Autodesk Revit est un véritable produit BIM. Il vous permet de créer des modèles de construction 3D (voir Figure 1–1) et de préparer les documents de construction au sein d'un même fichier. Ces modèles peuvent par la suite être partagés avec d'autres programmes pour exécuter des analyses approfondies.

Le logiciel Autodesk® Revit® comprend des outils de conception architecturale, mécanique, électrique, de plomberie et structurelle.

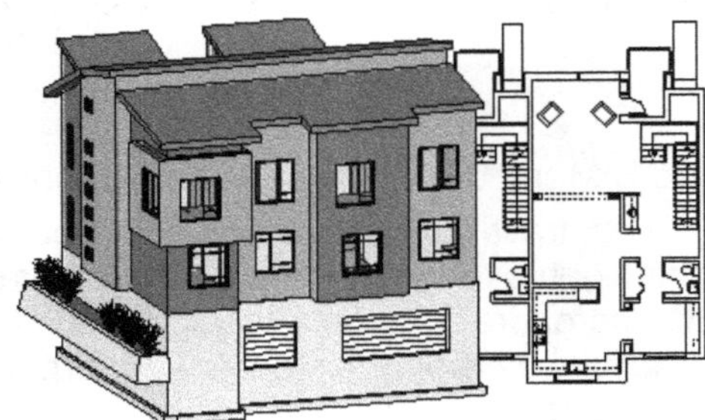

Figure 1–1

Le logiciel Autodesk Revit est considéré comme un logiciel de modélisation de bâtiment paramétrique :

- *Paramétrique :* une relation est établie entre les éléments de construction : lorsqu'un élément change, les autres éléments associés changent également. Par exemple, si vous ajoutez un élément dans une vue en plan, il apparaît également dans toutes les autres vues.
- *Bâtiment :* le logiciel est conçu pour travailler sur les bâtiments ainsi que leur site, plutôt qu'avec les infrastructures et les autoroutes.
- *Modélisation :* un projet est conçu dans un fichier unique basé sur un modèle de construction en 3D, comme illustré sur la gauche en Figure 1–1. Toutes les vues, comme les plans (à droite sur la Figure 1–1), les élévations, les coupes, les détails, la documentation du projet et les rapports sont créés à partir du modèle même.
- Il est très important que toutes les personnes travaillant sur un projet commun utilisent la même version du logiciel.

Flux de travail et BIM

Le BIM a modifié les processus par lesquels un bâtiment est planifié, budgétisé, conçu, construit et, dans certains cas, géré et entretenu.

Dans le processus de conception traditionnel, la documentation du projet est créée indépendamment du modèle et comprend généralement les plans, les coupes, les élévations, les détails et les notes. Parfois, un modèle 3D est créé séparément de cette documentation. Les modifications effectuées dans un document, comme l'ajout d'un luminaire sur un plan, doivent être coordonnées manuellement avec le reste des documents et des nomenclatures, comme illustré en Figure 1–2.

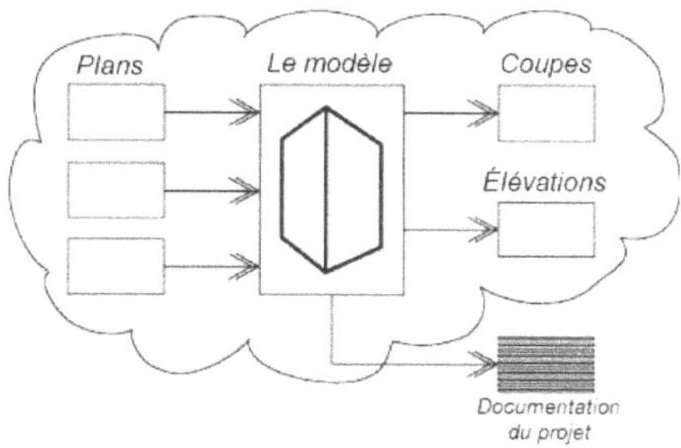

Figure 1–2

En créant des modèles complets et des vues associées à ces modèles, le logiciel Autodesk Revit facilite la conceptualisation et la production d'un projet de construction.

Le processus de conception BIM est focalisé sur le modèle, tel qu'illustré en Figure 1–3. Les plans, les élévations et les coupes sont des extraits 2D du modèle 3D, tandis que les nomenclatures se trouvent sous forme de rapport énumérant les données. Les modifications effectuées dans une vue se mettent automatiquement à jour dans toutes les vues et nomenclatures associées. La documentation du projet se met aussi à jour automatiquement avec des étiquettes de détail synchronisées avec les numéros de feuille. C'est ce que l'on appelle l'associativité bidirectionnelle.

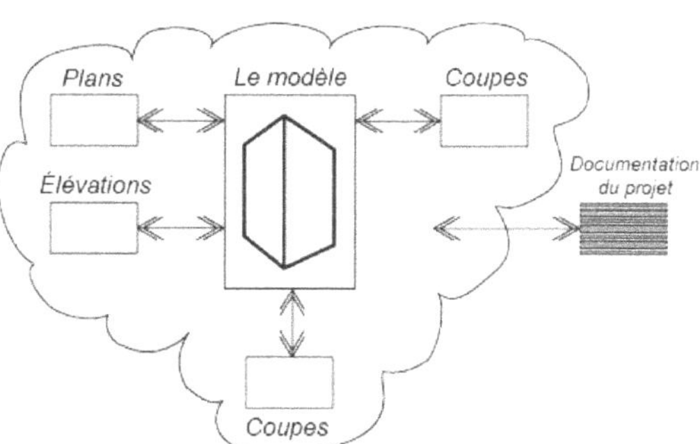

Figure 1–3

Termes propres à Revit

Lorsque vous travaillez sur le logiciel Autodesk Revit, il est important de connaître les termes généraux utilisés pour décrire les éléments. Les vues et les rapports affichent des informations sur les éléments constituant le projet. Il existe trois types d'éléments : Modèle, Référence et Spécifique à une vue, comme illustré en Figure 1–4.

Figure 1–4

Ces éléments sont décrits ci-dessous:

Vues	Vous permet d'afficher et de manipuler le modèle. Par exemple, vous pouvez afficher et travailler sur des plans d'étage, des plans de plafond, des élévations, des coupes, des nomenclatures et des vues 3D. Vous pouvez modifier une conception à partir de n'importe quelle vue. Toutes les vues sont stockées dans le projet.
Rapports	Les rapports, y compris les nomenclatures, regroupent les données spécifiques à l'élément. Ces données peuvent être récupérées dans la documentation du projet ou utilisées à des fins d'analyse.
Éléments de modèle	Comprend toutes les parties d'un bâtiment comme les murs, les sols, les toits, les plafonds, les portes, les fenêtres, la plomberie, les luminaires, les équipements mécaniques, les poteaux, les poutres, les meubles, les plantes, etc. • Les éléments hôtes hébergent d'autres catégories d'éléments. • Les éléments hébergés doivent être rattachés à un élément hôte. • Les éléments autonomes ne nécessitent pas d'hôtes.
Éléments de référence	Définit le contexte du projet comme les niveaux des sols et d'autres distances verticales, les poteaux et les plans de référence.

Éléments spécifiques à une vue	N'apparaissent que dans la vue dans laquelle ils sont placés. L'échelle d'affichage contrôle leur taille. Ils comprennent des éléments d'annotation comme des cotes, du texte, des étiquettes et des symboles ainsi que des éléments de détail comme des lignes de détail, des zones remplies et des composants de détail 2D.

- Les éléments Autodesk Revit sont « intelligents » : le logiciel les reconnaît comme des murs, des poteaux, des plantes, des gaines ou des luminaires. Lorsque les données stockées dans les propriétés des éléments se mettent à jour, les nomenclatures sont automatiquement actualisées, engendrant donc une coordination accrue entre les vues et les rapports du projet, et garantissant la génération de ces éléments d'un seul et unique modèle.

Revit et la documentation du projet

Dans le flux de travail traditionnel, la partie du projet exigeant plus de temps est la partie dédiée à la documentation du projet. Avec le BIM, les vues de base de cette documentation (plans, élévations, coupes et nomenclatures) sont produites automatiquement et s'actualisent lorsque le modèle est mis à jour, économisant donc des heures de travail. Ces vues sont ensuite placées sur des feuilles constituant l'ensemble des documents de construction du projet.

Par exemple, un plan d'étage est dupliqué. Ensuite, dans une nouvelle vue, tout est masqué ou mis en demi-teinte sauf les catégories d'éléments nécessaires. Finalement, des annotations sont ajoutées. Le plan est ensuite placé sur une feuille, comme illustré en Figure 1–5.

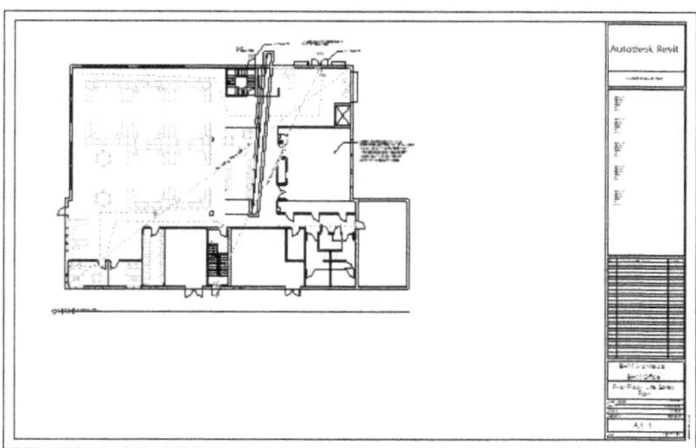

Figure 1–5

- Le travail peut continuer sur une autre vue et sera mis à jour automatiquement sur la feuille.
- Annoter les vues lors de la phase préliminaire de conception n'est généralement pas nécessaire. Vous devez attendre d'être plus avancé dans le projet.

1.2 Présentation de l'interface

L'interface Autodesk Revit est conçue de façon à permettre un accès intuitif et efficace aux commandes et aux vues. Elle comprend le ruban, la barre d'outils d'accès rapide, la barre de navigation et la barre d'état, communs à la plupart des logiciels Autodesk®. Elle comprend également des outils spécifiques au logiciel Autodesk Revit, notamment la palette Propriétés, l'Arborescence du projet et la barre de contrôle Vue. Vous pouvez voir l'interface sur la Figure 1–6.

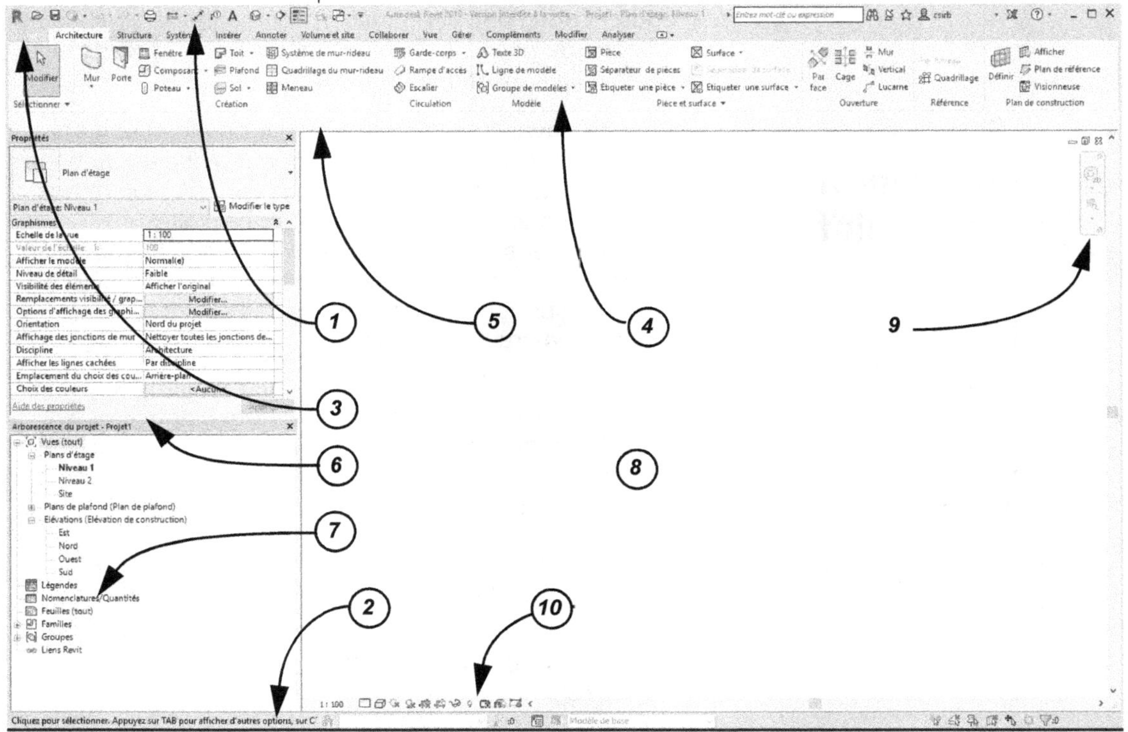

Figure 1–6

1. Barre d'outils d'accès rapide	6. Palette Propriétés
2. Barre d'état	7. Arborescence du projet
3. Onglet Fichier	8. Fenêtre de visualisation
4. Ruban	9. Barre de navigation
5. Barre des options	10. Barre de contrôle Vue

1. Barre d'outils d'accès rapide

La barre d'outils d'accès rapide (voir Figure 1–7) comprend les commandes couramment utilisées, comme **Ouvrir**, **Enregistrer**, **Annuler**, **Rétablir** et **Imprimer**. Elle comprend également les outils d'annotation fréquemment utilisés, notamment les outils de mesure, **Cote alignée**, **Etiquette par catégorie** et **Texte**. Les outils de visualisation, y compris plusieurs vues 3D et des **Coupes**, facilement accessibles ici.

Figure 1–7

Conseil : personnaliser la barre d'outils d'accès rapide

Faites un clic droit sur la barre d'outils d'accès rapide pour modifier l'emplacement ancré de la barre d'outils afin qu'elle soit au-dessus ou en dessous du ruban, ou pour ajouter, déplacer ou supprimer des outils de la barre d'outils. Vous pouvez également faire un clic droit sur un outil du ruban et sélectionner **Ajouter à la barre d'outils d'accès rapide**, comme illustré en Figure 1–8.

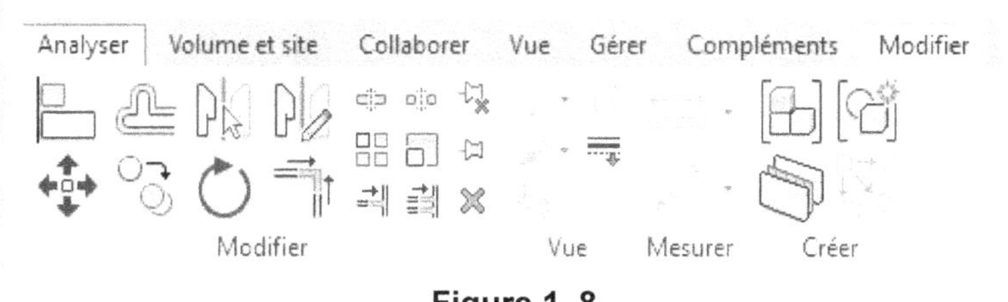

Figure 1–8

La barre d'outils supérieure héberge également InfoCenter (voir Figure 1–9) qui comprend un champ de recherche pour trouver de l'aide sur le web ainsi qu'un accès au Centre de communication, un bouton Se connecter à Autodesk A360, Autodesk App Store et d'autres options d'aide.

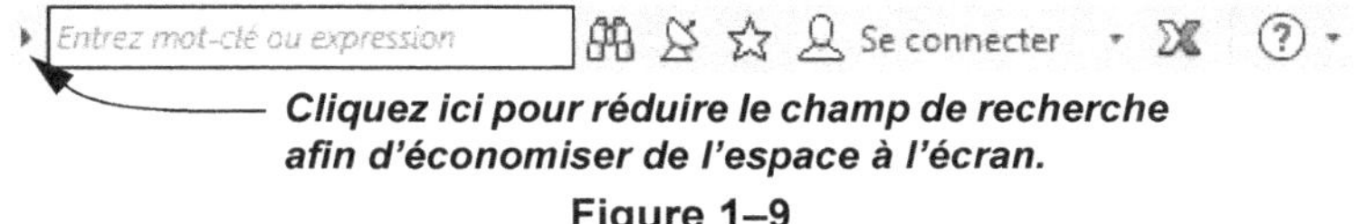

Cliquez ici pour réduire le champ de recherche afin d'économiser de l'espace à l'écran.

Figure 1–9

2. Barre d'état

La barre d'état fournit des informations concernant le processus en cours, comme la prochaine étape d'une commande (voir Figure 1–10).

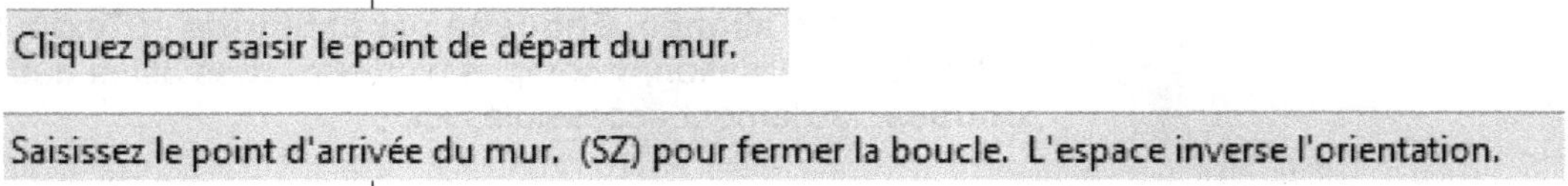

Cliquez pour saisir le point de départ du mur.

Saisissez le point d'arrivée du mur. (SZ) pour fermer la boucle. L'espace inverse l'orientation.

Figure 1–10

- D'autres options présentes dans la barre d'état sont reliées à des sous-projets et des variantes (outils avancés), ainsi que des méthodes de sélection et des filtres.

Conseil : Menus contextuels

Les menus contextuels vous aident à travailler rapidement et efficacement en vous permettant d'accéder rapidement aux commandes nécessaires. Ces menus donnent accès aux commandes de visualisation basiques, aux commandes utilisées récemment et aux navigateurs disponibles (voir Figure 1–11). Les options supplémentaires varient selon l'élément ou la commande que vous utilisez.

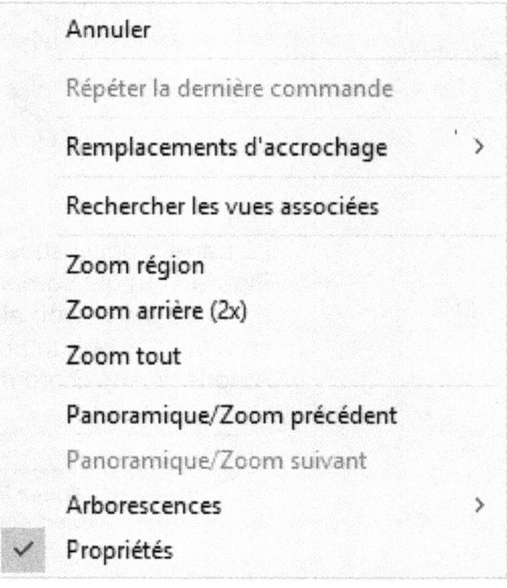

Figure 1–11

3. Onglet Fichier

L'onglet *Fichier* du ruban donne accès aux commandes, aux paramètres et aux documents du fichier (voir Figure 1–12). Placez le curseur sur une commande pour afficher une liste d'outils supplémentaires.

Si vous cliquez sur l'icône principale plutôt que sur la flèche, la commande s'exécutera.

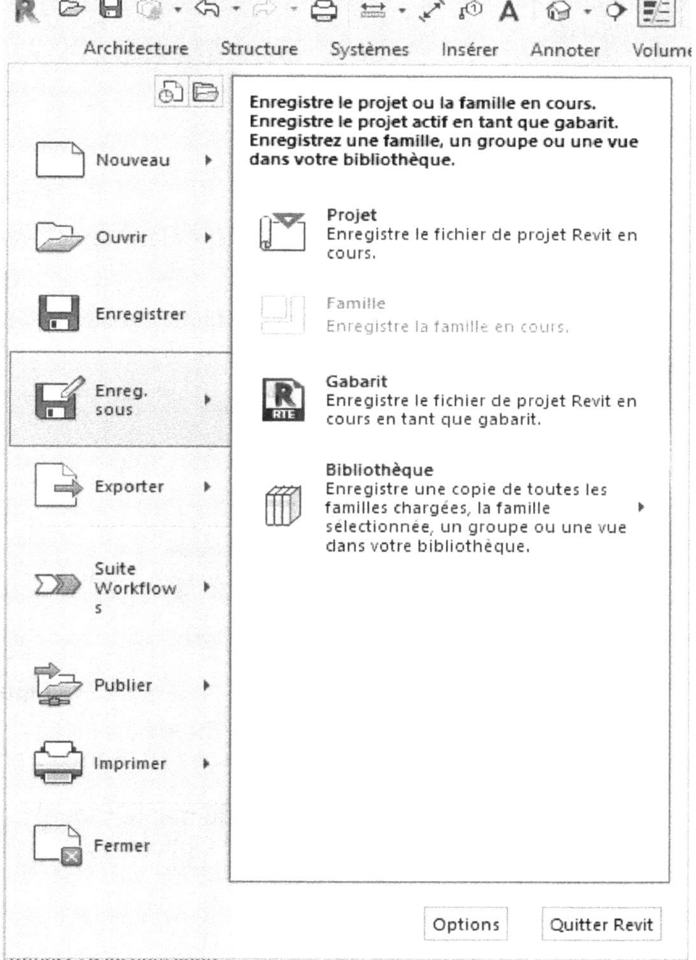

Figure 1–12

- Pour afficher la liste des documents récemment utilisés, cliquez sur (Documents récents). Les documents peuvent être réorganisés comme illustré en Figure 1–13.

Cliquez sur (épingle) près du nom d'un document pour assurer sa disponibilité.

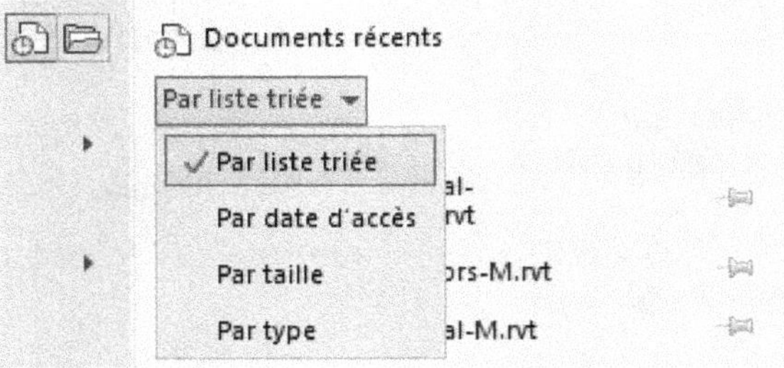

Figure 1–13

- Pour afficher la liste des vues et des documents ouverts, cliquez sur (Documents ouverts). La liste affiche les vues et les documents ouverts, comme illustré en Figure 1–14.

Vous pouvez utiliser la liste Documents ouverts pour naviguer entre les vues.

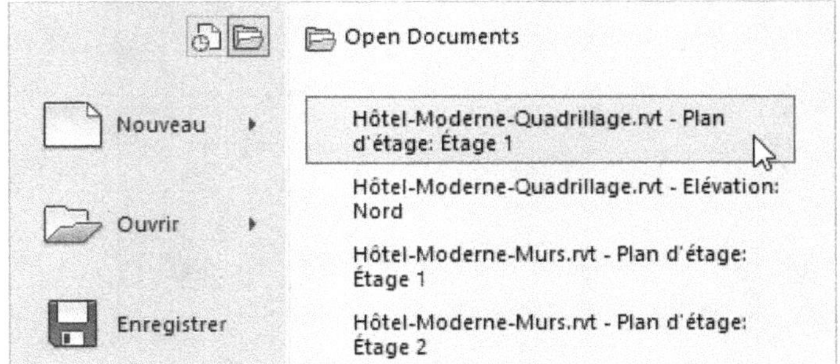

Figure 1–14

- Cliquer sur (Fermer) pour fermer le projet en cours.
- Au bas du menu, cliquez sur **Options** pour ouvrir la boîte de dialogue Options ou cliquez sur **Quitter Revit** pour fermer le logiciel.

4. Ruban

Le ruban comprend des outils dans une série d'onglets et de groupes de fonctions, comme illustré en Figure 1–15. Lorsque vous sélectionnez un onglet, un ensemble de groupes de fonctions associés s'affiche. Les groupes de fonctions comprennent différents outils regroupés par tâche.

Figure 1–15

Lorsque vous exécutez une commande qui crée de nouveaux éléments ou que vous sélectionnez un élément, le ruban affiche l'onglet contextuel *Modifier* |. Cet onglet comprend les commandes de modification générale et les outils spécifiques aux commandes, comme illustré en Figure 1–16.

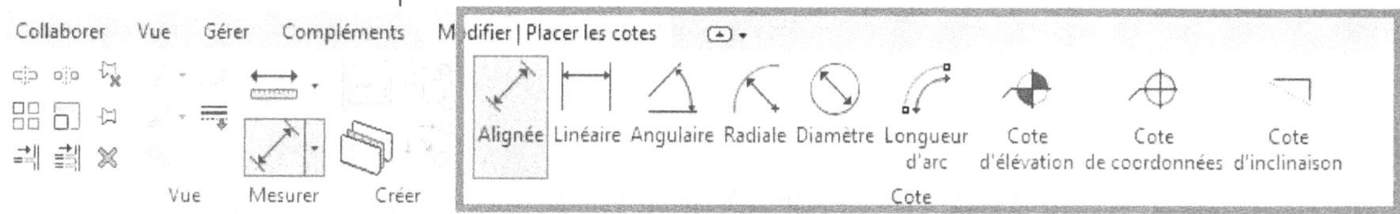

Onglet contextuel

Figure 1–16

- Lorsque vous placez le curseur au-dessus d'un outil du ruban, les info-bulles affichent le nom de l'outil ainsi qu'une brève description. Si vous garder le curseur au-dessus de l'outil, un graphique s'affiche (et parfois une vidéo), comme illustré en Figure 1–17.

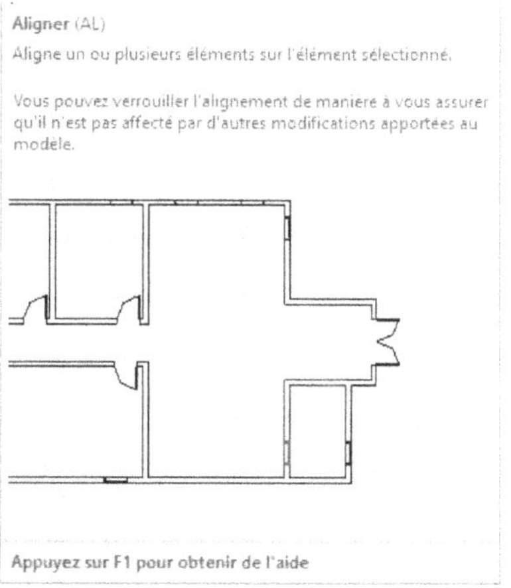

Figure 1–17

- De nombreuses commandes disposent de raccourcis clavier. Par exemple, vous pouvez taper **AL** pour **Aligner** ou **MV** pour **Déplacer**. Ils sont indiqués près du nom de commande dans les info-bulles. N'appuyez pas sur <Entrée> lorsque vous saisissez un raccourci.

- Pour organiser l'ordre d'affichage des onglets du ruban, sélectionnez l'onglet, maintenez la touche <Ctrl> enfoncée et faites-le glisser vers son nouvel emplacement. L'emplacement est sauvegardé et maintenu lorsque vous redémarrez le logiciel.
- Tous les groupes de fonctions peuvent être déplacés en glissant leur titre dans la fenêtre de visualisation pour devenir un groupe de fonctions autonome. Cliquez sur le bouton **Rattacher les groupes de fonctions au ruban** (voir Figure 1–18) afin de repositionner le groupe de fonctions sur le ruban.

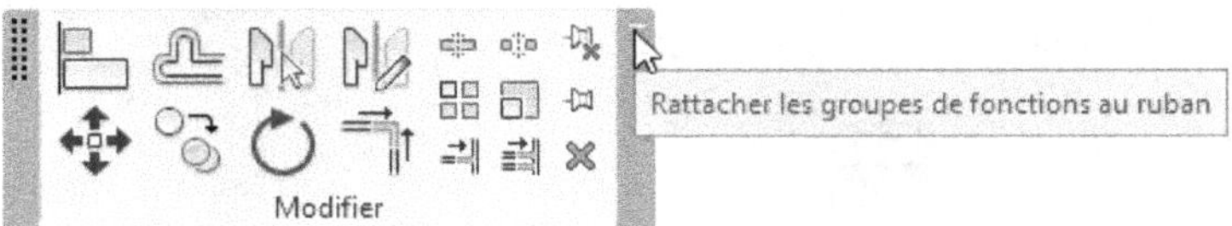

Figure 1–18

Conseil : Vous vous trouvez toujours dans une commande lorsque vous utilisez le logiciel Autodesk Revit.

Lorsque vous avez fini d'utiliser un outil, vous revenez par défaut à la commande **Modifier**. Pour mettre fin à une commande, utilisez l'une des méthodes suivantes :

- Dans chaque onglet du ruban, cliquez sur (Modifier).
- Appuyez une ou deux fois sur <Echap> pour revenir sur **Modifier**.
- Faites un clic droit et sélectionnez **Annuler...** une ou deux fois.
- Exécutez une nouvelle commande.

5. Barre des options

La Barre des options affiche les options associées à la commande ou à l'élément sélectionné. Par exemple, lorsque la commande **Rotation** est activée, des options permettent d'effectuer une rotation des éléments sélectionnés, comme illustré en haut sur la Figure 1–19. Lorsque la commande **Placer les cotes** est activée, elle affiche les options associées aux cotes, comme illustré dans la Figure 1–19.

Barre des options pour la commande de rotation

Barre des options pour la commande de cote

Figure 1–19

6. Palette Propriétés

La palette Propriétés comprend le Sélecteur de type qui vous permet de choisir la taille ou le style de l'élément que vous ajoutez ou modifiez. Cette palette vous permet également d'apporter des modifications aux informations (paramètres) concernant les éléments ou les vues, comme illustré en Figure 1–20. Il existe deux types de propriétés :

- Les **propriétés d'occurrence** sont définies pour les éléments individuels que vous créez ou modifiez.
- Les **propriétés du type** contrôlent les options de tous les éléments du même type. Si vous modifiez les valeurs de ces paramètres, tous les éléments du type sélectionné changent.

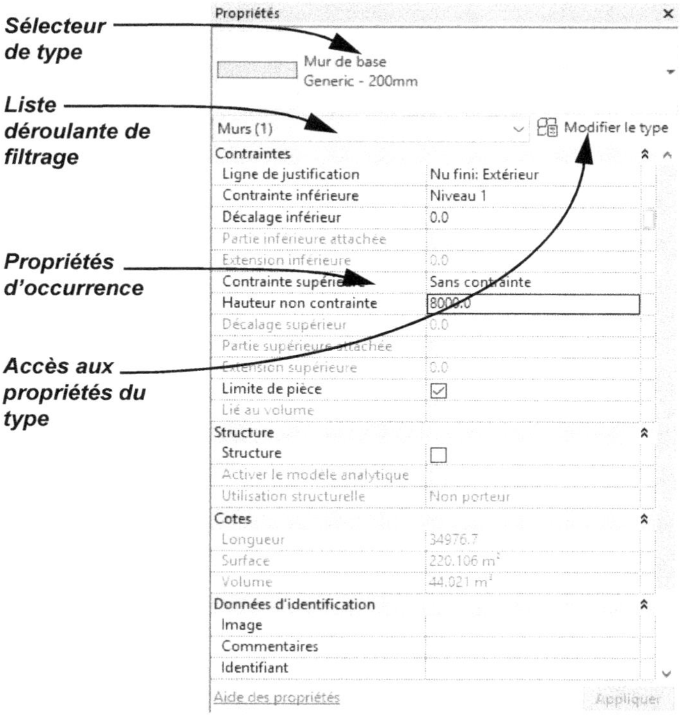

La palette Propriétés reste généralement ouverte lors d'un travail sur un projet pour effectuer plus facilement des modifications à tout moment. Si elle ne s'affiche pas, dans l'onglet Modifier>groupe de fonctions Propriétés, cliquez sur (Propriétés) ou saisissez ***PP****.*

Figure 1–20

Certains paramètres sont disponibles uniquement lorsque vous modifiez un élément. Ils sont grisés lorsqu'ils ne sont pas disponibles.

- Les options de la vue en cours s'affichent si la commande **Modifier** est activée, mais que vous n'avez sélectionné aucun élément.
- Si une commande ou un élément est sélectionné, les options de l'élément associé s'affichent.
- Vous pouvez enregistrer les modifications soit en retirant le curseur de la palette, soit en appuyant sur la touche <Entrée>, ou en cliquant sur **Appliquer**.
- Lorsque vous exécutez une commande ou sélectionnez un élément, vous pouvez définir le type d'élément dans Sélecteur de type, comme illustré en Figure 1–21.

Vous pouvez limiter l'affichage de la liste déroulante en saisissant votre recherche dans la zone prévue à cet effet.

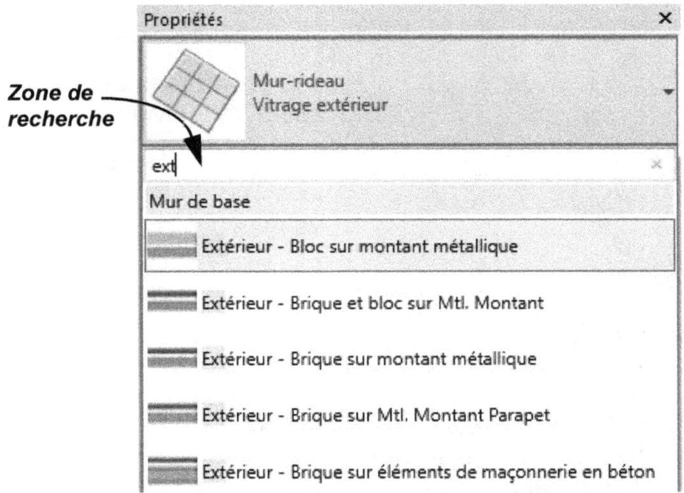

Figure 1–21

- Lorsque plusieurs éléments sont sélectionnés, vous pouvez filtrer les types d'éléments qui s'affichent en utilisant la liste déroulante, comme illustré en Figure 1–22.

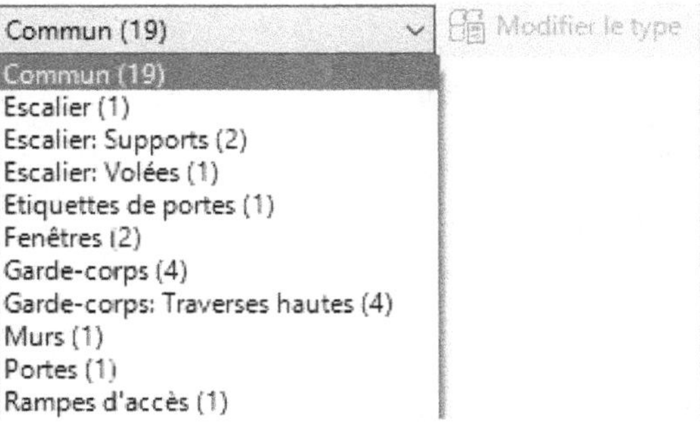

Figure 1–22

- La palette Propriétés peut être placée sur un second écran, séparée, redimensionnée et ancrée en haut de l'Arborescence du projet ou sur d'autres palettes ancrables, comme illustré en Figure 1–23. Cliquez sur l'onglet pour afficher le groupe de fonctions associé.

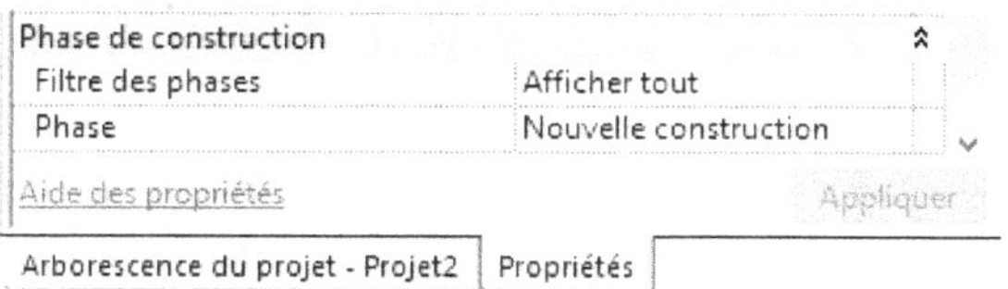

Figure 1–23

7. Arborescence du projet

L'Arborescence du projet répertorie les vues qui peuvent être ouvertes dans le projet, comme illustré en Figure 1–24. Cela comprend toutes les vues du modèle sur lequel vous travaillez et toutes les vues supplémentaires que vous créez, comme les plans d'étage, les plans de plafond, les vues 3D, les élévations, les coupes, etc. Cela comprend également les vues des nomenclatures, les légendes, les feuilles (pour le tracé), les groupes et les liens Autodesk Revit.

L'Arborescence du projet indique le nom du projet en cours.

Figure 1–24

- Double-cliquez sur un élément de la liste pour ouvrir la vue associée.
- Pour afficher les vues associées à un type de vue, cliquez sur + (Agrandir) à côté du titre de la catégorie des vues. Pour masquer les vues de la catégorie, cliquez sur − (Réduire).

- Faites un clic droit sur une vue et sélectionnez **Renommer** ou appuyez sur <F2> pour renommer une vue dans l'Arborescence du projet.
- Si vous n'avez plus besoin d'une vue, vous pouvez la supprimer. Faites un clic droit sur le nom de cette vue dans l'Arborescence du projet et sélectionnez **Supprimer**.
- L'Arborescence du projet peut être séparée, redimensionnée, ancrée en haut de la palette Propriétés et personnalisée. Si la palette Propriétés et l'Arborescence du projet sont ancrées l'une dans l'autre, utilisez l'onglet approprié pour afficher le groupe de fonctions nécessaire.

Instructions pratiques : effectuer une recherche dans l'Arborescence du projet

1. Dans l'Arborescence du projet, faites un clic droit sur le niveau supérieur du nœud Vues, comme illustré en Figure 1–25.

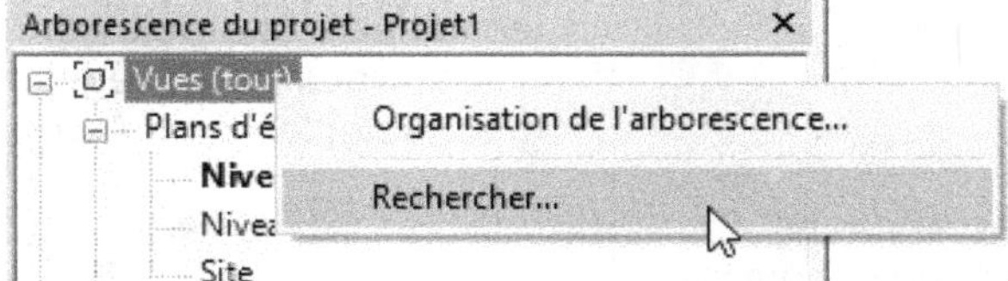

Figure 1–25

2. Dans boîte de dialogue Rechercher dans l'arborescence du projet, saisissez les mots que vous souhaitez rechercher (voir Figure 1–26), puis cliquez sur **Suivant**.
3. Dans l'Arborescence du projet, la première occurrence de la recherche s'affiche, comme illustré en Figure 1–27.

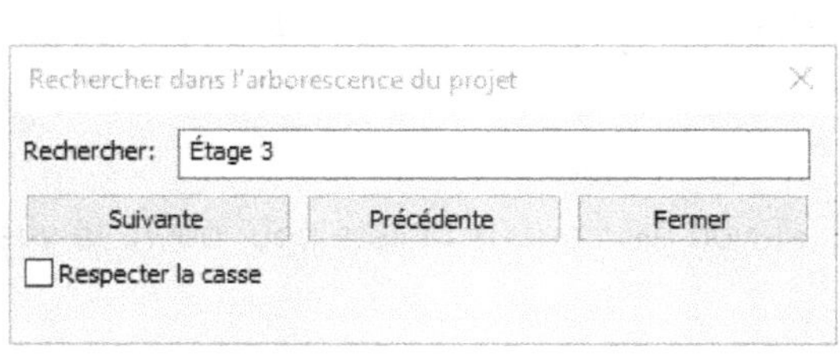

Figure 1–26

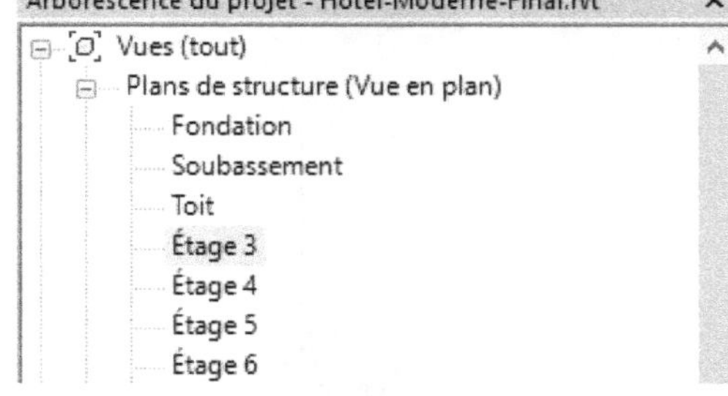

Figure 1–27

4. Cliquez plusieurs fois **Suivant** et **Précédent** pour vous déplacer dans la liste.
5. Une fois terminé, cliquez sur **Fermer**.

8. Fenêtre de visualisation

Sur les vues 3D, vous pouvez également utiliser l'outil ViewCube pour faire pivoter la vue.

Chaque vue d'un projet s'ouvre dans une fenêtre individuelle. Chaque vue affiche une barre de navigation (pour un accès rapide aux outils de visualisation) et la barre de contrôle Vue, comme illustré en Figure 1–28.

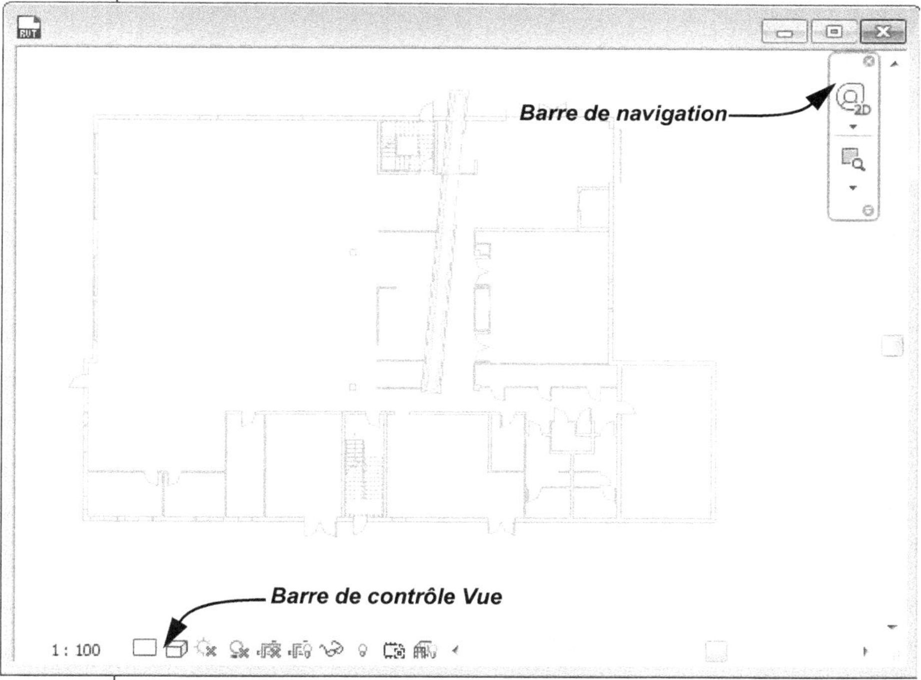

Figure 1–28

- Pour parcourir les différentes vues, vous pouvez utiliser plusieurs méthodes :
  - Appuyez sur <Ctrl>+<Tab>.
  - Sélectionnez la vue dans l'Arborescence du projet
  - Dans la barre d'outils d'accès rapide ou dans l'onglet *Vue*>groupe de fonctions Fenêtres, déroulez (Basculer entre les fenêtres) et sélectionnez la vue dans la liste.
- Vous pouvez afficher les vues en mosaïque ou en cascade. Dans l'onglet *Vue*>groupe de fonctions Fenêtres, cliquez sur (Fenêtres en cascade) ou (Fenêtres en mosaïque). Vous pouvez également utiliser le raccourci **WC** pour afficher les fenêtres en cascade, ou **WT** pour afficher les fenêtres en mosaïque.

9. Barre de navigation

La barre de navigation vous permet d'accéder à différentes commandes de visualisation, comme illustré en Figure 1–29.

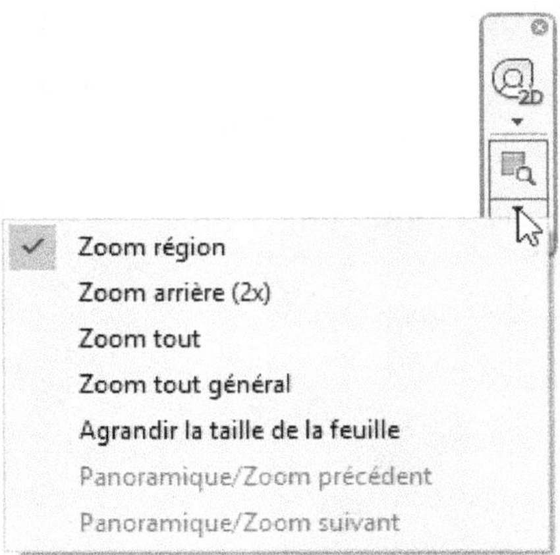

Figure 1–29

10. Barre de contrôle Vue

Le nombre d'options de la barre de contrôle Vue varie lorsque vous êtes sur une vue 3D.

La barre de contrôle Vue (voir Figure 1–30) s'affiche en bas de chaque fenêtre de visualisation. Elle contrôle les aspects de cette vue, comme le niveau de détail et l'échelle. Elle comprend également des outils qui affichent des parties de la vue et masquent ou isolent des éléments de la vue.

Figure 1–30

1.3 Lancer un projet

L'onglet *Fichier* permet d'ouvrir des fichiers existants, de créer de nouveaux fichiers à partir d'un gabarit et d'enregistrer les fichiers dans le logiciel Autodesk Revit, comme illustré en Figure 1–31.

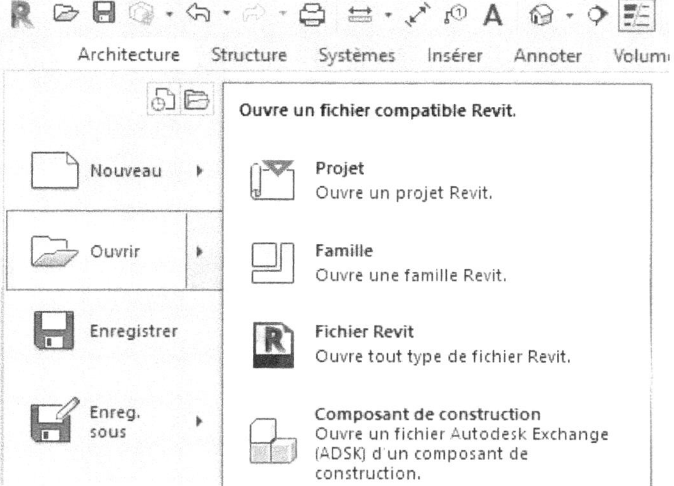

Figure 1–31

Il existe trois formats de fichier :

- **Fichiers de projet (.rvt) :** il s'agit des fichiers sur lesquels vous effectuez l'essentiel de votre travail sur le modèle de bâtiment en ajoutant des éléments, en créant des vues, en annotant des vues et en configurant des feuilles imprimables. À l'origine, ils sont basés sur des fichiers de gabarit.
- **Fichiers de famille (.rfa) :** il s'agit de composants distincts pouvant être intégrés à un projet. Ils comprennent des éléments autonomes (par ex. : une table ou un équipement mécanique) ou représentent des éléments hébergés par d'autres éléments (par ex. : une porte dans un mur ou un luminaire à un plafond). Les fichiers cartouches et symboles d'annotation sont des types de fichiers de famille particuliers.
- **Fichiers de gabarit (.rte) :** il s'agit des fichiers de base de tout nouveau projet ou famille. Ils sont conçus pour contenir des informations standard et des paramètres nécessaires à la création de nouveaux fichiers de projet. Le logiciel par défaut de nombreux fichiers de gabarit pour différents types de projets. Vous pouvez également créer des gabarits personnalisés.

Ouvrir des projets

Pour ouvrir un projet existant, dans la barre d'outils d'accès rapide ou dans l'onglet *Fichier*, cliquez sur (Ouvrir) ou appuyez sur les touches <Ctrl>+<O>. La boîte de dialogue Ouvrir s'affiche comme illustré en Figure 1–32. Elle vous permet de rechercher le dossier nécessaire et de sélectionner un fichier de projet.

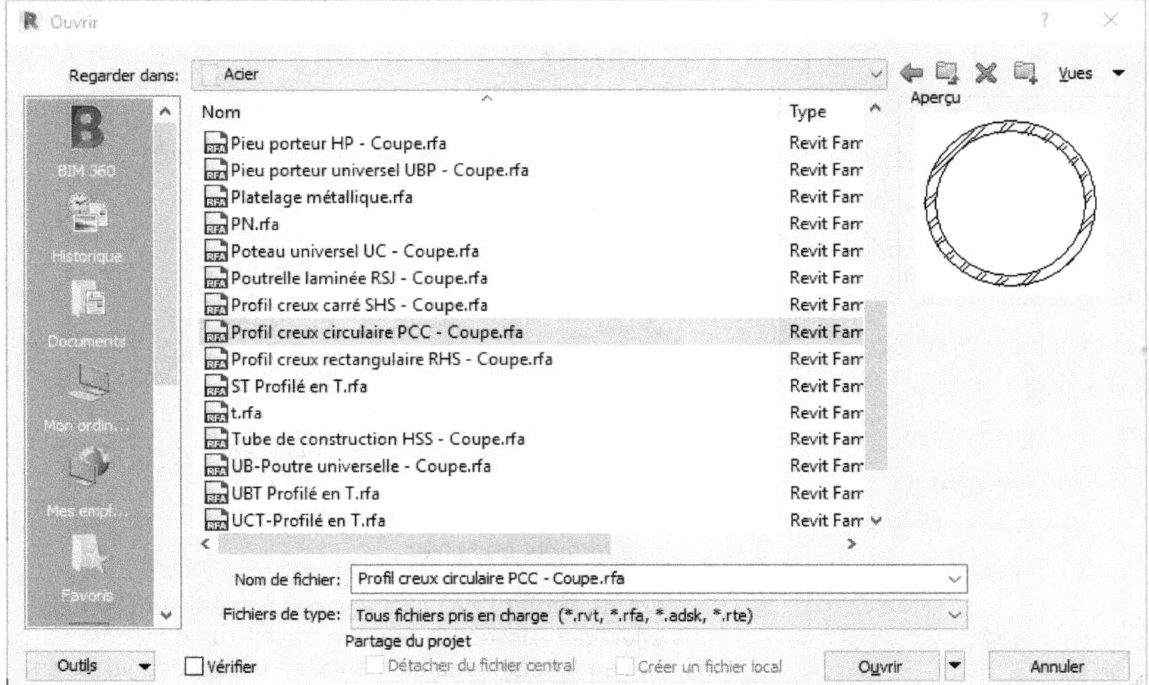

Figure 1–32

- Lorsque vous ouvrez le logiciel Autodesk Revit, l'écran de démarrage s'affiche, indiquant les listes des projets et des fichiers de famille utilisés récemment comme illustré en Figure 1–33. Cet écran s'affiche également lorsque vous fermez tous les projets.

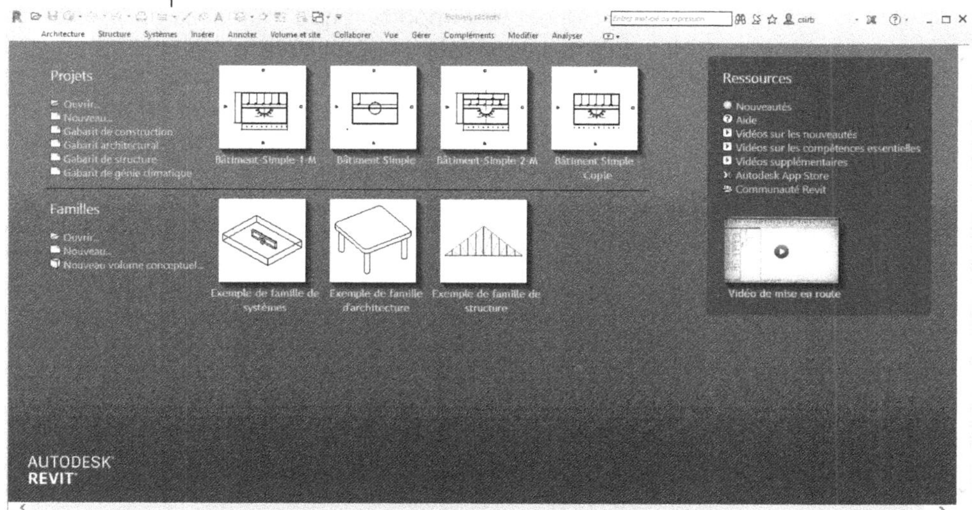

Figure 1–33

- Vous pouvez sélectionner l'image d'un projet ouvert récemment, utiliser une des options sur la gauche ou démarrer un nouveau projet en utilisant les gabarits par défaut.

Conseil : Ouvrir des fichiers associés à un sous-projet

Des sous-projets sont utilisés lorsque le projet prend de l'ampleur et que plusieurs personnes travaillent dessus simultanément. À ce stade, le gestionnaire de projet crée un fichier central comprenant plusieurs sous-projets (comme l'intérieur d'un élément, l'enveloppe de bâtiment et l'emplacement) qui sont utilisés par les membres de l'équipe travaillant sur le projet.

Lorsque vous ouvrez un fichier associé à un sous-projet, un nouveau fichier local est créé sur votre ordinateur comme illustré en Figure 1–34. Ne travaillez pas sur le fichier central principal.

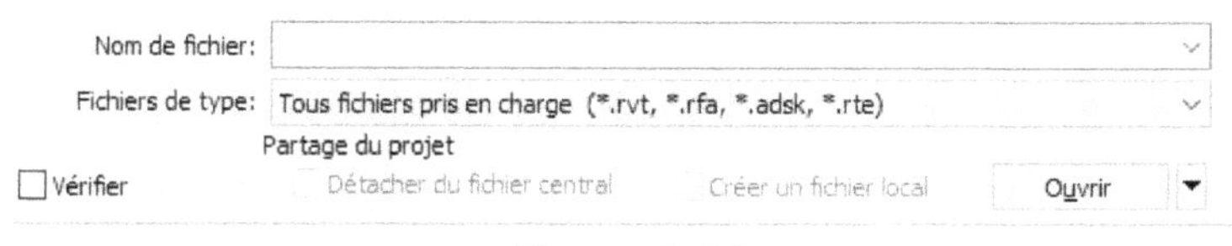

Figure 1–34

- Pour plus d'informations sur la création et l'utilisation de sous-projets, consultez le guide d'apprentissage *Autodesk Revit : Outils de collaboration.*

- Il est très important que toutes les personnes travaillant sur un projet commun utilisent la même version du logiciel. Vous pouvez ouvrir des fichiers créés dans les versions antérieures du logiciel, mais vous ne pouvez pas ouvrir des fichiers créés dans des versions plus récentes que la version de votre logiciel.
- Lorsque vous ouvrez un fichier créé dans une version antérieure, la boîte de dialogue de mise à niveau de modèle (voir Figure 1–35) indique la version du fichier et la version vers laquelle il sera mis à niveau. Si nécessaire, vous pouvez annuler la mise à niveau avant qu'elle se termine.

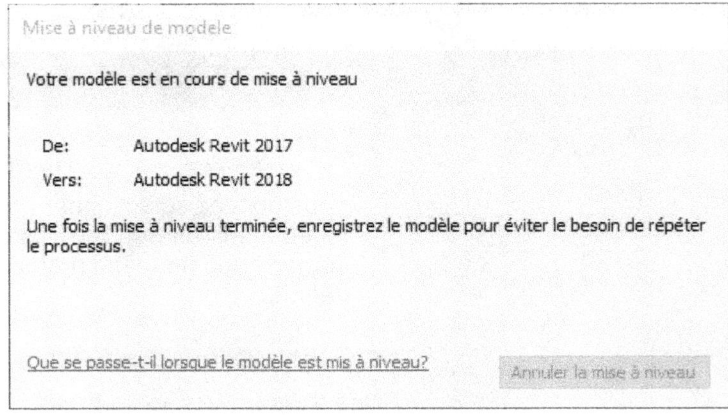

Figure 1–35

Démarrer de nouveaux projets

Les nouveaux projets sont basés sur un fichier de gabarit. Le gabarit comprend des niveaux prédéfinis, des vues et des familles, comme les styles de murs et les styles de texte. Consultez votre gestionnaire BIM pour savoir quel gabarit vous devez utiliser pour vos projets. Votre entreprise possède certainement plus d'un gabarit basé sur les types de bâtiments que vous concevez.

Instructions pratiques : démarrer un nouveau projet

1. Dans l'onglet *Fichier*, déroulez (Nouveau) et cliquez sur (Projet) (voir Figure 1–36) ou appuyez sur les touches <Ctrl>+<N>.

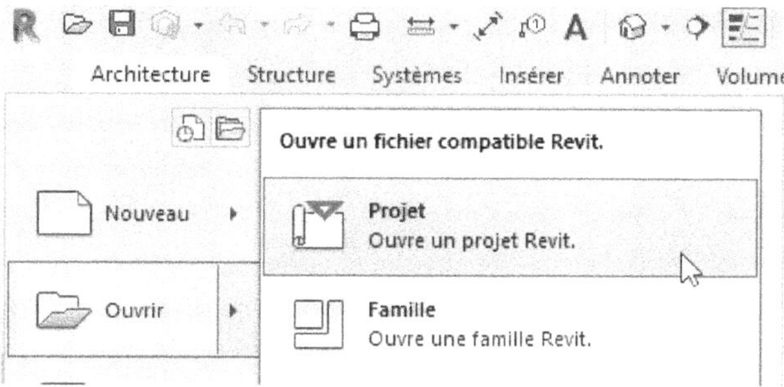

Figure 1–36

2. Dans la boîte de dialogue Nouveau Projet (voir Figure 1–37), sélectionnez le gabarit que vous souhaitez utiliser et cliquez sur **OK**.

La liste des fichiers Gabarit est définie dans la boîte de dialogue Options dans le volet Emplacements du fichier. Elle peut varier selon le produit installé et les normes de la société.

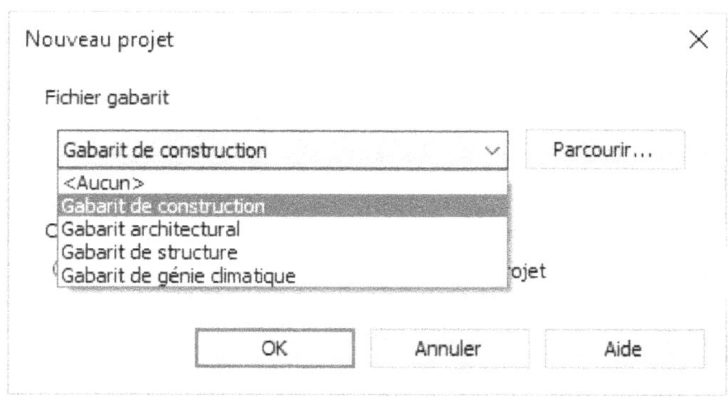

Figure 1–37

- Vous pouvez faire votre choix parmi une liste de gabarits s'ils ont été configurés par votre gestionnaire BIM.
- Vous pouvez ajouter (Nouveau) à la barre d'outils d'accès rapide. À la fin de la barre d'outils d'accès rapide, cliquez sur (Personnaliser la barre d'outils d'accès rapide) et sélectionnez **Nouveau**, comme illustré en Figure 1–38.

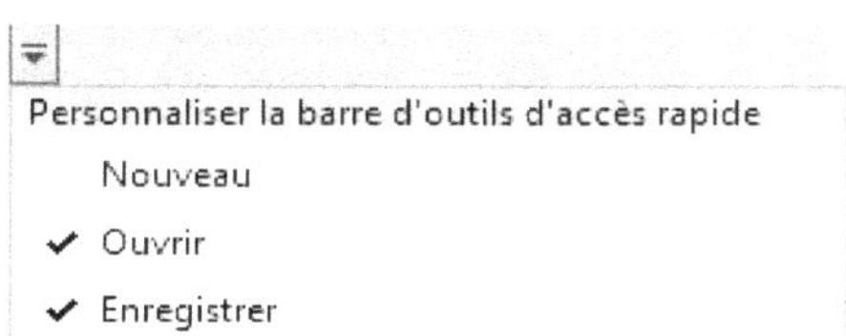

Figure 1–38

Enregistrer des projets

Il est important d'enregistrer vos projets régulièrement. Dans la barre d'outils d'accès rapide ou l'onglet *Fichier*, cliquez sur (Enregistrer) ou appuyez sur <Ctrl>+<S> pour enregistrer votre projet. Si le projet n'a pas encore été enregistré, la boîte de dialogue Enregistrer sous s'ouvre. Vous pouvez alors préciser un emplacement de fichier et un nom.

- Pour enregistrer un projet existant sous un nouveau nom, dans l'onglet *Fichier*, déroulez (Enregistrer sous) et cliquez sur (Projet).
- Si vous n'avez effectué aucune sauvegarde pendant un temps défini, le logiciel ouvre la boîte d'alerte Projet non enregistré récemment, comme illustré en Figure 1–39. Sélectionnez **Enregistrer le projet**. Si vous souhaitez définir des intervalles de rappel ou ne pas enregistrer à ce moment-là, sélectionnez les autres options.

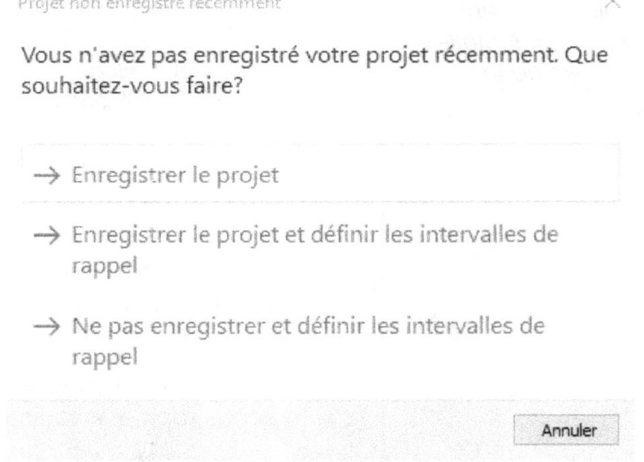
Projet non enregistré récemment
Vous n'avez pas enregistré votre projet récemment. Que souhaitez-vous faire?
→ Enregistrer le projet
→ Enregistrer le projet et définir les intervalles de rappel
→ Ne pas enregistrer et définir les intervalles de rappel
Annuler

Figure 1–39

- Vous pouvez régler les *intervalles de rappel d'enregistrement* sur **15** ou **30 minutes**, **1**, **2** ou **4 heures**, ou sur l'écran **Pas de rappel**. Dans l'onglet *Fichier*, cliquez sur **Options** pour ouvrir la boîte de dialogue Options. Dans le volet de gauche, sélectionnez **Général** et réglez l'intervalle comme illustré en Figure 1–40.

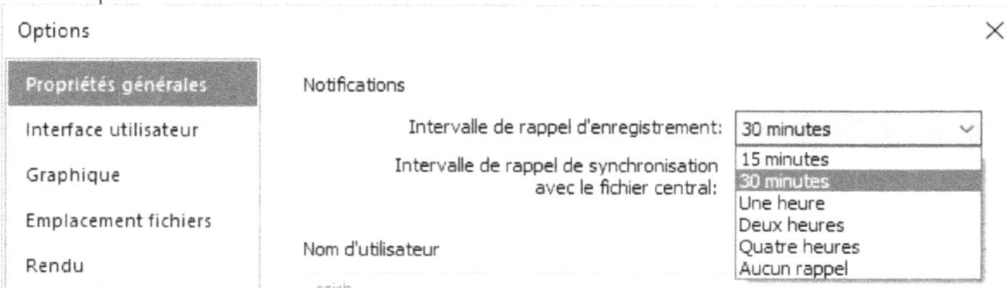

Figure 1–40

Enregistrer des copies de sauvegarde

Par défaut, le logiciel enregistre une copie de sauvegarde d'un fichier de projet quand vous enregistrez le projet. Les copies de sauvegarde sont numérotées dans l'ordre croissant (par exemple, **Projet.0001.rvt**, **Projet.0002.rvt**, etc.) et sont sauvegardées dans le même dossier que le fichier d'origine. Dans la boîte de dialogue Enregistrer sous, cliquez sur **Options...** pour contrôler le nombre de copies enregistrées. Le nombre défini par défaut est de trois sauvegardes. Si vous dépassez ce chiffre, le logiciel supprime le fichier de sauvegarde le plus ancien.

Conseil : Enregistrer des fichiers associés à un sous-projet

Si vous utilisez des sous-projets dans votre projet, vous devez enregistrer le projet localement et sur le fichier central. Il est conseillé d'enregistrer le fichier local régulièrement, comme pour tout autre fichier, et de l'enregistrer sur le fichier central toutes les heures ou à un autre intervalle.

Pour synchroniser vos modifications avec le fichier principal, dans la barre d'outils d'accès rapide, déroulez (Synchroniser et modifier les paramètres) et cliquez sur (Synchroniser Maintenant). Après avoir enregistré le fichier sur le fichier central, enregistrez-le à nouveau localement.

À la fin de la journée ou lorsque vous quittez la session en cours, utilisez (Synchroniser et modifier les paramètres) pour abandonner les fichiers sur lesquels vous travailliez au fichier central.

- Par défaut, le nombre maximum de sauvegardes pour les fichiers avec le sous-projet activé est défini sur 20.

1.4 Commandes d'affichage

Les commandes d'affichage sont essentielles pour travailler de façon efficace dans la plupart des programmes de dessin et de modélisation et le logiciel Autodesk Revit n'est pas une exception. Une fois que vous êtes dans une vue, vous pouvez utiliser les commandes de zoom pour y naviguer. Vous pouvez zoomer en avant et en arrière et faire un panoramique dans n'importe quelle vue. Il existe également des outils spéciaux pour l'affichage en 3D.

Zoom et panoramique

Utiliser la souris pour zoomer et faire un panoramique

Utilisez la molette de la souris (voir Figure 1–41) comme méthode principale pour vous déplacer autour des modèles.

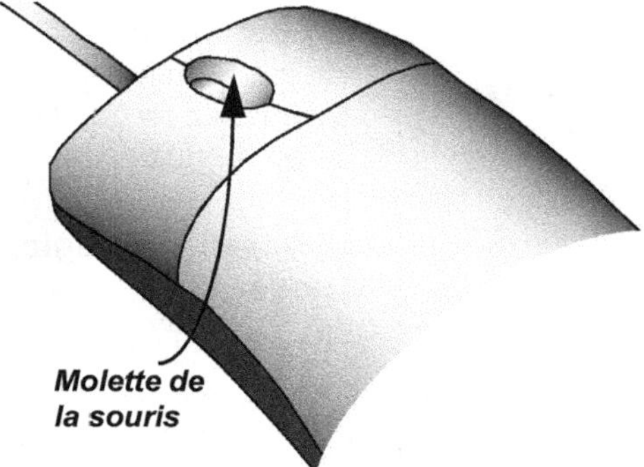

Figure 1–41

- Faites défiler la molette de la souris vers le haut pour zoomer vers l'avant, et vers le bas pour zoomer vers l'arrière.
- Maintenez la molette enfoncée et bougez la souris pour obtenir un panoramique.
- Double-cliquez sur la molette pour zoomer vers les limites de la vue.
- Dans une vue 3D, maintenez la touche <Maj> et la molette de la souris enfoncées et bougez la souris pour tourner autour du modèle.

- Lorsque vous enregistrez le modèle et quittez le logiciel, le logiciel mémorise l'emplacement du panoramique et du zoom de chaque vue. Ceci est particulièrement important pour les modèles complexes.

Commandes de zoom

Un certain nombre de méthodes de zoom supplémentaires vous permet de contrôler l'écran d'affichage. Le **Zoom** et le **Panoramique** sont possibles à tout moment pendant que vous utilisez d'autres commandes.

*(Molette 2D) offre un accès spécial au curseur pour obtenir un **zoom** et un **panoramique**.*

- Vous pouvez accéder aux commandes de **Zoom** dans la barre de navigation, dans le coin supérieur droit de la vue comme illustré en voir Figure 1–42. Vous pouvez également y accéder à partir de la plupart des menus contextuels et en tapant les commandes de raccourci.

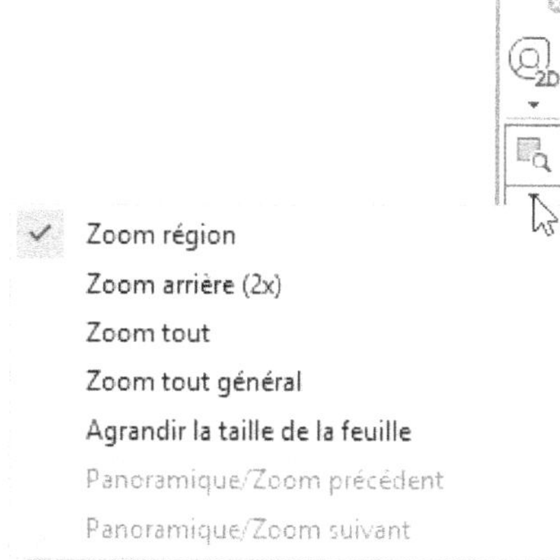

Figure 1–42

Commandes de zoom

	Zoom région (ZR)	Zoome dans une région définie par vos soins. Faites glisser le curseur ou sélectionnez deux points pour définir la zone rectangulaire que vous voulez agrandir. Il s'agit de la commande par défaut.
	Zoom arrière (2X) (ZO)	Zoome vers l'arrière jusqu'à la moitié de l'agrandissement en cours autour du centre des éléments.
	Zoom tout (ZF ou ZE)	Zoome vers l'arrière pour que l'intégralité du contenu du projet ne s'affiche que sur l'écran de la vue en cours.
	Zoom tout général (ZA)	Zoome vers l'arrière pour que l'intégralité du contenu du projet s'affiche sur l'écran dans toutes les vues ouvertes.

	Agrandir la taille de la feuille (ZS)	Zoome vers l'avant ou vers l'arrière par rapport à la taille de la feuille.
N/D	**Panoramique / Zoom précédent (ZP)**	Revient à la commande **Zoom** précédente.
N/D	**Panoramique / Zoom suivant**	Passe à la commande **Zoom** suivante si vous avez effectué un **Panoramique / Zoom précédent**.

Affichage en 3D

Même si vous avez entamé un projet uniquement avec des vues en plan, vous pouvez rapidement créer des vues 3D du modèle, comme illustré en Figure 1–43. Il existe deux types de vues 3D : les vues isométriques créées par la commande **Vue 3D par défaut** et les vues en perspective créées par la commande **Caméra**.

Figure 1–43

Le travail en vues 3D vous aide à visualiser le projet et à placer certains éléments correctement. Vous pouvez créer et modifier des éléments dans les deux types de vues 3D (les vues isométriques et les vues en perspective), tout comme dans les vues en plan.

- Une fois que vous avez créé une vue 3D, vous pouvez l'enregistrer et y revenir facilement.

Instructions pratiques : créer et enregistrer une vue isométrique en 3D

Vous pouvez faire pivoter la vue pour obtenir un angle différent avec la molette de la souris ou avec le bouton du milieu d'une souris à trois boutons. Maintenez la touche <Maj> enfoncée tout en appuyant sur la molette ou le bouton du milieu et faites glisser le curseur.

1. Dans la barre d'outils d'accès rapide ou dans l'onglet *Vue*>groupe de fonctions Créer, cliquez sur (Vue 3D par défaut). La vue 3D isométrique orientée Sud-Est par défaut s'affiche, comme illustré en Figure 1–44.

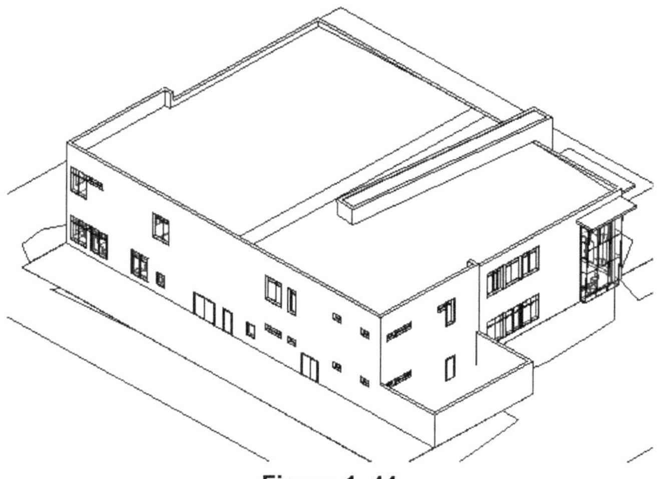

Figure 1–44

2. Modifiez la vue pour afficher le bâtiment à partir de points de vue différents.
3. Dans l'Arborescence du projet, faites un clic droit sur la vue {3D} et sélectionnez **Renommer...**
4. Tapez un nouveau nom dans la boîte de dialogue Renommer la vue, comme illustré en Figure 1–45, et cliquez sur **OK**.

Tous les types de vues peuvent être renommés.

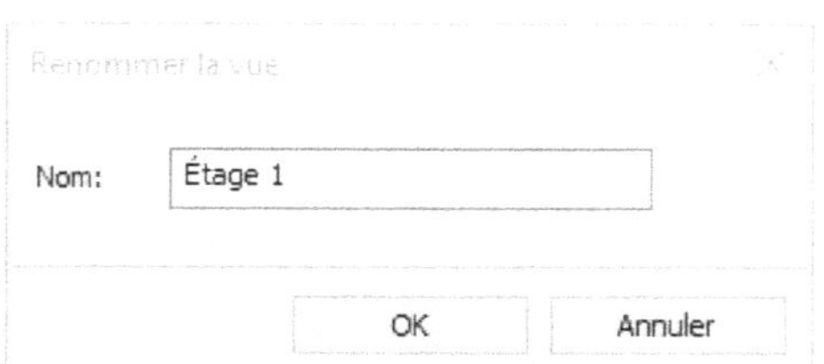

Figure 1–45

- Quand les modifications apportées à la vue 3D par défaut sont enregistrées et que vous commencez une nouvelle vue 3D par défaut, la vue isométrique orientée sud-est s'affiche à nouveau. Si vous avez modifié la vue 3D par défaut, mais que vous ne l'avez pas enregistrée sous un nouveau nom, la commande **Vue 3D par défaut** ouvre la vue dans la dernière orientation que vous avez précisée.

Instructions pratiques : créer une vue en perspective

1. Basculer vers une vue de plan d'étage.
2. Dans la barre d'outils d'accès rapide ou l'onglet *Vue*>groupe de fonctions Créer, déroulez (Vue 3D par défaut) et cliquez sur (Caméra).
3. Placez la caméra sur la vue.
4. Orientez la caméra dans la direction dans laquelle vous souhaitez prendre des photos en plaçant la cible sur la vue, comme illustré en Figure 1–46.

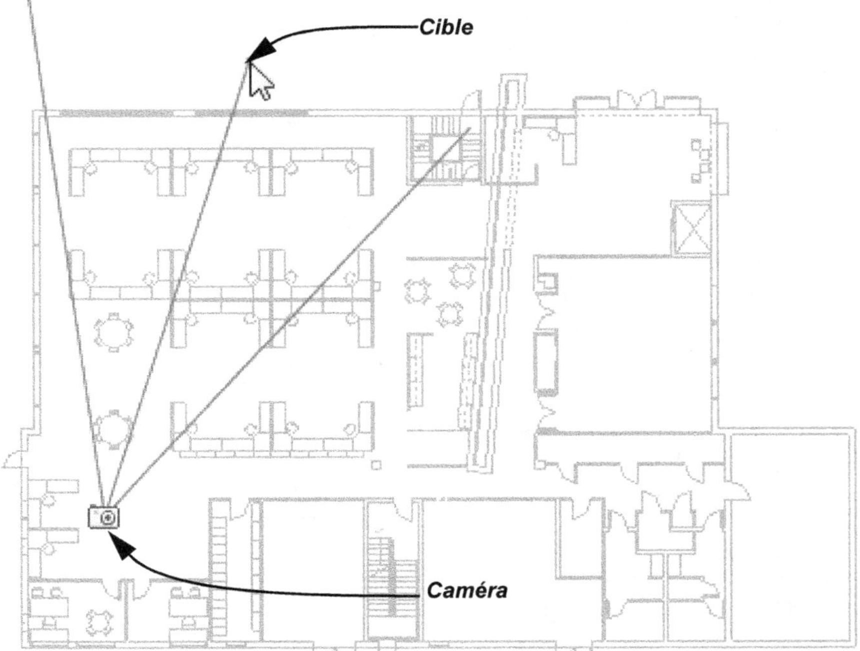

Figure 1–46

Une nouvelle vue s'affiche, comme illustré en Figure 1–47.

Utilisez les contrôles circulaires pour modifier la taille d'affichage de la vue et appuyez sur la touche <Maj> et sur la molette de la souris pour changer la vue.

Figure 1–47

5. Dans la palette Propriétés, faites défiler et ajustez l'*Élévation de l'œil* et l'*Élévation cible* si nécessaire.

- Si la vue se déforme, réinitialisez la cible pour qu'elle soit centrée dans la limite de la vue (appelée zone cadrée). Dans l'onglet *Modifier* | *Caméras*>groupe de fonctions Caméra, cliquez sur (Réinitialiser la cible).
- Vous pouvez par ailleurs modifier la vue en ajoutant des ombres, comme illustré en Figure 1–48. Dans la barre de contrôle Vue, basculez (Ombres désactivées) à (Ombres activées). Les ombres s'affichent dans n'importe quelle vue du modèle et non seulement pour les vues 3D.

Figure 1–48

Conseil : Utiliser l'outil ViewCube

L'outil ViewCube fournit des informations visuelles, telles que votre position dans la vue 3D. Il vous aide à vous déplacer autour du modèle avec un accès rapide à des vues spécifiques (comme les vues du dessus, de face et de droite), ainsi qu'à des vues d'angle et directionnelles, comme illustré en Figure 1–49.

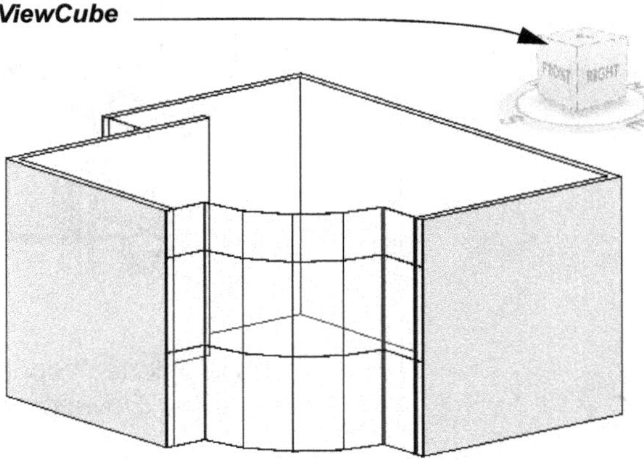

Figure 1–49

Déplacez le curseur sur n'importe quelle face de l'outil ViewCube pour la mettre en surbrillance. Une fois une face mise en surbrillance, vous pouvez la sélectionner pour réorienter le modèle. Vous pouvez aussi cliquer sur l'outil ViewCube et le faire glisser pour faire pivoter la boîte, ce qui fera pivoter le modèle.

- (Début) s'affiche quand vous faites défiler le curseur sur l'outil ViewCube. Cliquez dessus pour retourner à la vue définie dans **Début**. Pour changer la vue initiale, réglez la vue comme vous le souhaitez, faites un clic droit sur l'outil ViewCube et sélectionnez **Définir la vue en cours sur Début**.
- L'outil ViewCube est disponible dans les vues isométrique et en perspective.
- Si vous vous trouvez dans une vue caméra, vous pouvez passer du mode Perspective au mode Isométrique et inversement. Faites un clic droit sur le View Cube et cliquez sur **Activer la vue parallèle 3D** ou **Activer la vue en perspective 3D**. Vous pouvez apporter d'autres modifications au modèle dans une vue parallèle.

Styles visuels

Il est possible d'appliquer un style visuel sur n'importe quelle vue. Les options **Style visuel** que l'on peut trouver dans la barre de contrôle Vue (voir Figure 1–50) précisent l'ombrage du modèle de bâtiment. Ces options s'appliquent aux vues en plan, vues d'élévation, vues en coupe et aux vues 3D.

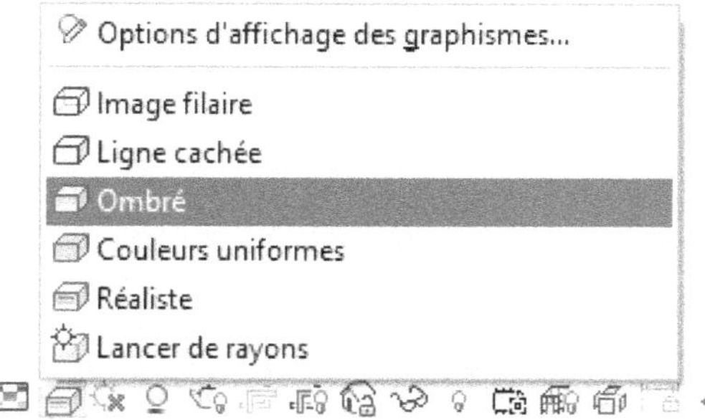

Figure 1–50

- (Image filaire) affiche les lignes et les bords qui composent les éléments, mais masque les surfaces. Elle peut être utile lorsque vous êtes confronté à des intersections complexes.
- (Ligne cachée) affiche les lignes, les bords et les surfaces des éléments, mais n'affiche pas de couleur. Il s'agit du style visuel le plus couramment utilisé pour travailler sur une conception.
- (Ombré) et (Couleurs uniformes) vous donnent une idée des matériaux, notamment du verre transparent. La Figure 1–51 donne un exemple de style visuel Couleurs uniformes.

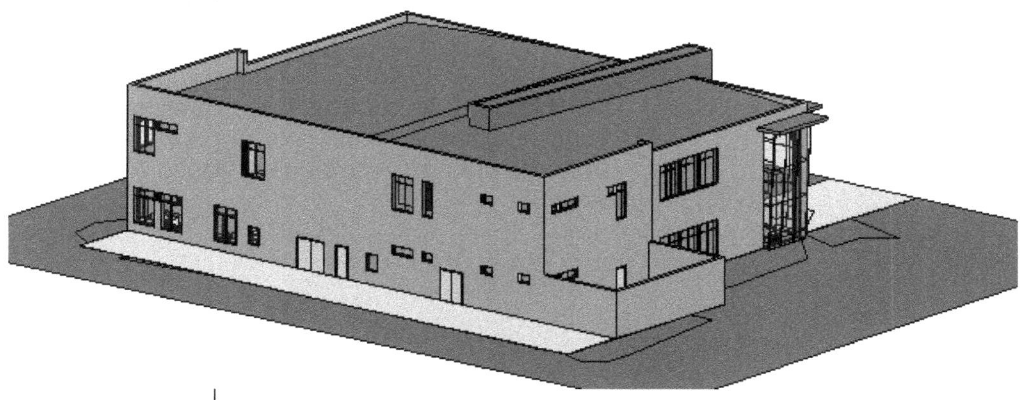

Figure 1–51

- (Réaliste) affiche ce qui est indiqué lorsque vous générez le rendu de la vue, dont les composants et lumières artificielles RPC (Rich Photorealistic Content). L'exécution de ce style visuel demande une grande puissance de calcul. C'est pourquoi il est préférable d'utiliser d'autres styles visuels pour la plus grande partie de votre travail.

- (Lancer de rayons) est utile si vous avez créé une vue 3D dont vous désirez générer le rendu. Ce style passe progressivement d'une résolution de qualité brouillon à un rendu photoréaliste. Vous pouvez arrêter l'opération quand vous voulez.

Conseil : Rendu

Rendu est un outil puissant qui vous permet d'afficher une vue photoréaliste du modèle sur lequel vous travaillez, comme l'exemple affiché sur la Figure 1–52. Il peut être utilisé pour aider les clients et les créateurs à comprendre la conception d'un bâtiment de manière plus approfondie.

Figure 1–52

- Dans la Barre de contrôle Vue, cliquez sur (Afficher la boîte de dialogue rendu) pour régler les options. **Afficher la boîte de dialogue rendu** n'est disponible que dans les vues 3D.

Exercice 1a Ouvrir et consulter un projet

Objectifs de l'exercice

- Naviguer à travers l'interface utilisateur.
- Manipuler les vues 2D et 3D en effectuant un zoom et un panoramique.
- Créer des vues 3D isométriques et en perspective.
- Définir le style visuel d'une vue.

Durée estimée : 15 minutes

Dans cet exercice, vous ouvrirez un fichier de projet et verrez chacune des zones de l'interface. Vous examinerez des éléments, des commandes et leurs options. Vous ouvrirez également des vues via l'Arborescence du projet et afficherez le modèle en 3D, comme illustré en Figure 1–53.

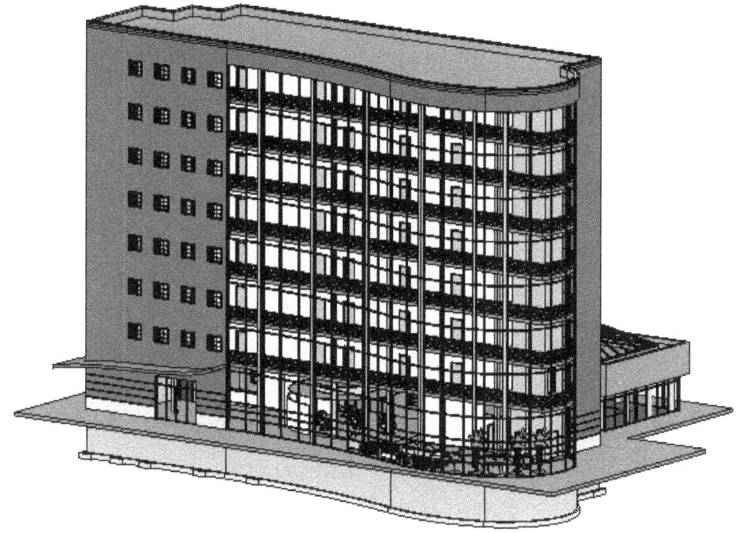

Figure 1–53

- Image du projet principal sur lequel vous travaillerez tout au long du guide d'apprentissage.

Tâche 1 - Explorer l'interface.

1. Dans l'onglet *Fichier*, déroulez (Ouvrir) et cliquez sur (Projet).
2. Dans la boîte de dialogue Ouvrir, accédez au dossier des fichiers d'exercice et sélectionnez le fichier **Hôtel-Moderne-Final.rvt**.

Si l'Arborescence du projet et la palette Propriétés sont ancrées l'une dans l'autre, utilisez l'onglet Arborescence du projet en bas pour l'afficher.

3. Cliquez sur **Ouvrir**. La vue 3D du bâtiment hôtel moderne s'ouvre dans la fenêtre de visualisation.
4. Dans l'Arborescence du projet, déroulez le nœud *Plans d'étage*. Double-cliquez sur **Étage 1** pour l'ouvrir. Cette vue est appelée **Plan d'étage: Étage 1**.
5. Prenez le temps d'examiner le plan d'étage pour vous familiariser avec ce dernier.
6. Examinez les différentes parties de l'écran.
7. Dans la fenêtre de visualisation, placez le curseur au-dessus d'une des portes. Une info-bulle s'affiche et décrit l'élément, comme illustré en Figure 1–54.

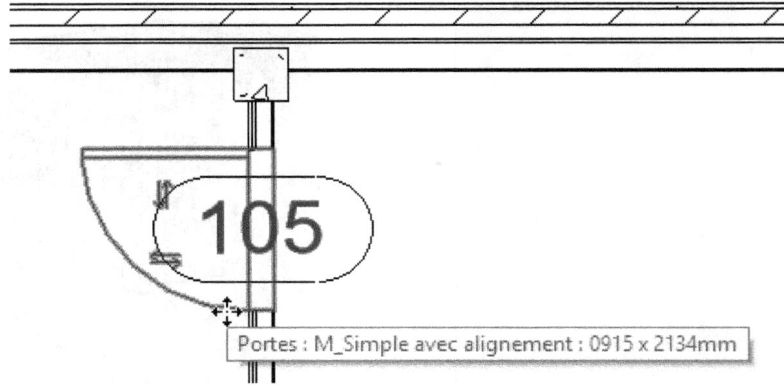

Figure 1–54

8. Placez le curseur sur un autre élément pour afficher sa description.
9. Sélectionnez une porte. Un nouvel onglet intitulé *Modifier* | *Portes* sera ajouté au ruban.
10. Cliquez dans un espace vide pour déselectionner l'objet.
11. Maintenez la touche <Ctrl> enfoncée et sélectionnez plusieurs éléments de types différents. Le ruban ouvrira l'onglet *Modifier* | *Sélection multiple*.
12. Appuyez sur <Echap> pour déselectionner le tout.

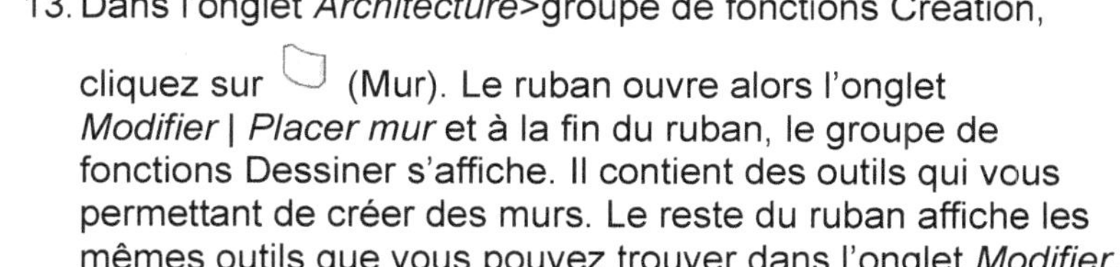

13. Dans l'onglet *Architecture*>groupe de fonctions Création, cliquez sur (Mur). Le ruban ouvre alors l'onglet *Modifier | Placer mur* et à la fin du ruban, le groupe de fonctions Dessiner s'affiche. Il contient des outils qui vous permettant de créer des murs. Le reste du ruban affiche les mêmes outils que vous pouvez trouver dans l'onglet *Modifier*.
14. Dans le groupe de fonctions Sélectionner, cliquez sur (Modifier) pour revenir au ruban principal.
15. Dans l'onglet *Architecture*>groupe de fonctions Création, cliquez sur (Porte). Le ruban ouvre alors l'onglet *Modifier | Placer porte* et affiche les options et outils que vous pouvez utiliser pour créer des portes.
16. Dans le groupe de fonctions Sélectionner, cliquez sur (Modifier) pour revenir au ruban principal.

Tâche 2 - Examiner les vues.

Vous devrez peut-être élargir l'Arborescence du projet pour afficher les noms complets des vues.

1. Dans l'Arborescence du projet, vérifiez que le nœud *Plans d'étage* est ouvert. Double-cliquez sur la vue **Étage 1 - Plan du mobilier**.
2. Le plan d'étage de base s'affiche avec le mobilier, mais sans les annotations qui apparaissaient dans la vue **Étage 1**.
3. Ouvrez la vue **Étage 1- Plan de sécurité des personnes** en double-cliquant dessus.
4. Les murs et le mobilier s'affichent, mais le mobilier est grisé et des lignes rouges apparaissent pour donner des informations importantes concernant l'évacuation.

*Cette vue est appelée **Elévation (Elévation de construction)**.*

5. Dans l'Arborescence du projet, faites défiler et déroulez *Elévations (Elévation de construction)*. Double-cliquez sur l'élévation **Est** pour ouvrir la vue.
6. Déroulez *Coupes (Coupe du bâtiment)* et double-cliquez sur la **Coupe: Est-Ouest** pour l'ouvrir.
7. Au bas de la fenêtre de visualisation, dans la Barre de contrôle Vue, cliquez sur (Style visuel) et sélectionnez **Ombré**. Les éléments de la coupe sont dès lors plus facilement lisibles.

8. Dans l'Arborescence du projet, faites défiler vers le nœud *Feuilles (tout)* et déroulez le nœud.

9. Consultez plusieurs des feuilles. Pour certaines, des vues ont déjà été appliquées (par exemple, **A1.2 Étage 2-8 - Plan de sécurité des personnes**, comme illustré en Figure 1–55).

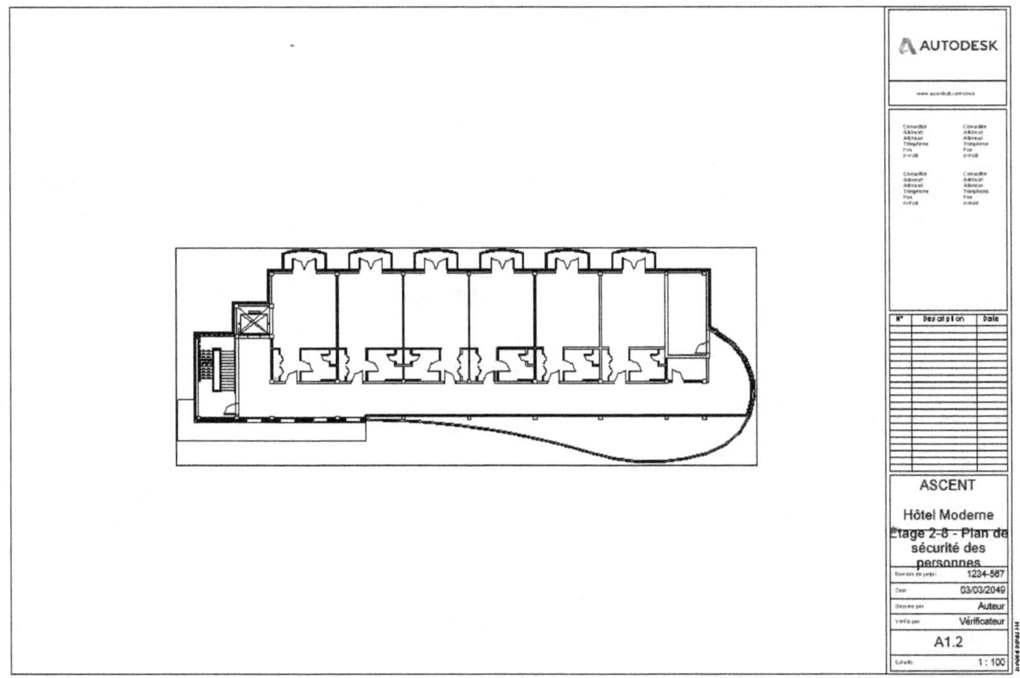

Figure 1–55

10. Quelle feuille affiche la vue que vous venez de régler sur **Ombré**?

Tâche 3 - Familiarisez-vous avec les outils d'affichage.

1. Revenez à la vue **Plan d'étage: Étage 1**.

2. Dans la Barre de navigation droite, cliquez sur et sélectionnez **Zoom région** ou tapez **ZR**. Réalisez un zoom avant sur une des marches.

3. Faites un panoramique d'une autre partie du bâtiment en maintenant enfoncé et en faisant glisser le bouton du milieu de la souris ou la molette. Vous pouvez également utiliser la molette 2D de la barre de navigation.

4. Double-cliquez sur la molette de la souris pour effectuer un zoom arrière afin de rentrer dans les limites de la vue.

5. Dans la barre d'outils d'accès rapide, cliquez sur (Vue 3D par défaut) pour ouvrir la vue 3D par défaut, comme illustré en Figure 1–56.

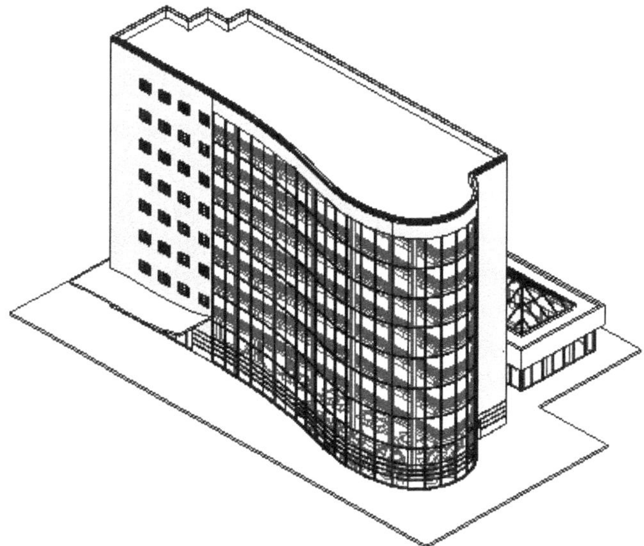

Figure 1–56

6. Maintenez la touche <Maj> enfoncée et utilisez le bouton du milieu de la souris ou la molette pour faire pivoter le modèle dans la vue 3D.

7. Dans la barre de contrôle Vue, passez au *Style visuel* (Ombré). Essayez ensuite (Couleurs uniformes). Lequel fonctionne le mieux quand vous affichez l'arrière du bâtiment ?

8. Utilisez l'outil ViewCube pour trouver une vue que vous souhaitez utiliser.

9. Dans l'Arborescence du projet, déroulez *Vues 3D* et cliquez avec le bouton droit de la souris sur la vue {3D} et sélectionnez **Renommer...**. Entrez un nom pertinent dans la boîte de dialogue Renommer la vue.

10. Consultez les autres vues 3D ayant déjà été créées.

11. Appuyez sur <Ctrl>+<Tab> pour parcourir les vues ouvertes.

12. Dans la barre d'outils d'accès rapide, déroulez (Basculer entre les fenêtres) et sélectionnez la vue **Hôtel-Moderne-Final.rvt - Plan d'étage: Étage 1**.

13. Dans la barre d'outils d'accès rapide, cliquez sur (Fermer les fenêtres cachées). Cela permet de fermer toutes les fenêtres, sauf celle dans laquelle vous travaillez.

14. Dans la barre d'outils d'accès rapide, déroulez (Vue 3D par défaut) et cliquez sur (Caméra).

15. Cliquez sur le premier point près du nom de l'entrée et cliquez sur le second point (cible) à l'extérieur du bâtiment, comme illustré en Figure 1–57.

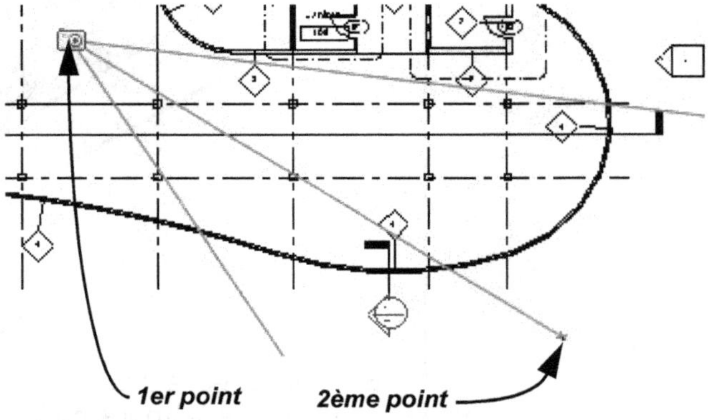

Figure 1–57

16. Le mobilier et les jardinières s'affichent alors qu'elles ne s'affichaient pas dans la vue du plan d'étage.

Ce fichier n'est pas configuré pour fonctionner avec l'option Lancer de rayons.

17. Dans la barre de contrôle Vue, passez au *Style visuel* (Réaliste).

18. Dans l'Arborescence du projet, faites un clic droit sur la nouvelle vue Caméra et sélectionnez **Renommer...** Dans la boîte de dialogue Renommer la vue, saisissez **Places assises de vestibule** et cliquez sur **OK**.

19. Dans la barre d'outils d'accès rapide, cliquez sur (Enregistrer) pour enregistrer le projet.

20. Dans l'onglet *Fichier*, cliquez sur (Fermer). Cette action permet de fermer l'intégralité du projet.

Questions de révision

1. Lorsque vous créez un projet dans le logiciel Autodesk Revit, travaillez-vous en 3D (à gauche sur la Figure 1–58) ou en 2D (à droite sur la Figure 1–58)?

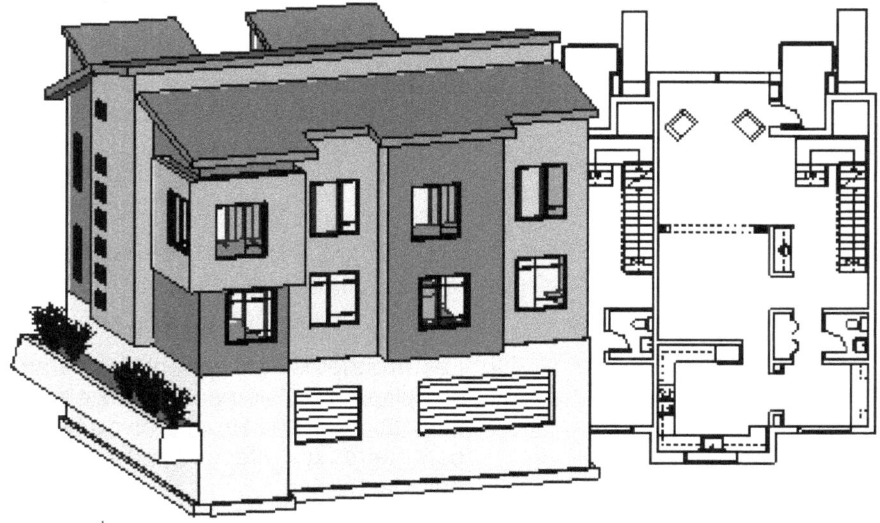

Figure 1–58

   a. Vous travaillez en 2D dans les vues en plan et en 3D dans les autres vues.

   b. Vous travaillez presque exclusivement en 3D, même quand vous utilisez une vue ressemblant à une vue plane.

   c. Vous travaillez en 2D ou 3D en fonction de la manière dont vous changez le contrôle 2D / 3D.

   d. Vous travaillez en 2D dans les vues en plan et les vues en coupe et en 3D dans les vues isométriques.

2. À quoi sert l'Arborescence du projet ?

   a. Elle permet de parcourir le projet de construction, comme une visite.

   b. Il s'agit de l'interface servant à gérer tous les fichiers requis pour créer le modèle architectural complet du bâtiment.

   c. Elle gère plusieurs projets Autodesk Revit comme une solution alternative à Windows Explorer.

   d. Elle est utilisée pour accéder à et gérer les vues du projet.

3. Quelle(s) partie(s) de l'interface change(nt) en fonction de la commande que vous utilisez ? (Sélectionnez toutes les réponses possibles).
   a. Ruban
   b. Barre de contrôle Vue
   c. Barre des options
   d. Palette Propriétés
4. Quelle est la différence entre les Propriétés du type et les Propriétés (emplacement du ruban illustré en Figure 1–59) ?

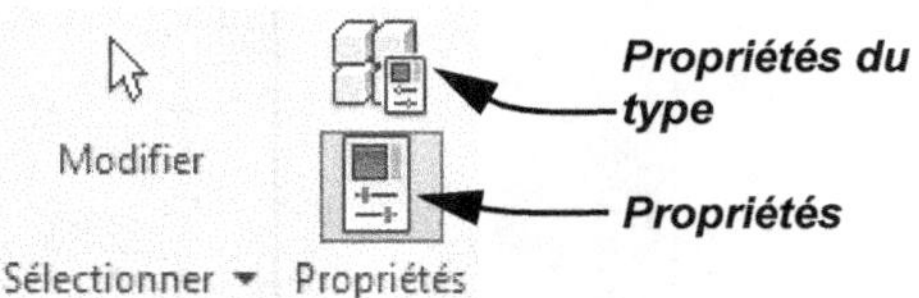

Figure 1–59

   a. Les Propriétés contiennent des paramètres qui s'appliquent à l'élément ou aux éléments individuels sélectionnés. Les Propriétés du type contiennent des paramètres qui affectent chaque élément du même type dans le projet.
   b. Les Propriétés enregistrent les paramètres d'emplacement d'un élément. Les Propriétés du type enregistrent les paramètres de taille et d'identité d'un élément.
   c. Les Propriétés ne contiennent que les paramètres de la vue. Les Propriétés du type contiennent les paramètres des composants du modèle.
5. Lorsque vous commencez un nouveau projet, comment précisez-vous les informations de base dans le nouveau fichier ?
   a. Vous transférez les informations à partir d'un projet existant.
   b. Vous sélectionnez le gabarit approprié pour la tâche.
   c. Le logiciel Autodesk Revit extrait automatiquement les informations de base du ou des fichiers importés ou liés.

6. Quelle est la différence principale entre une vue créée en utilisant (Vue 3D par défaut) et une vue créée en utilisant (Caméra) ?
   a. La **Vue 3D par défaut** est utilisée pour les vues extérieures et une vue **Caméra** pour l'intérieur.
   b. La **Vue 3D par défaut** crée une image statique et une vue **Caméra** est une vue en temps réel qui est constamment mise à jour.
   c. La **Vue 3D par défaut** est isométrique et une vue **Caméra** est une vue en perspective.
   d. La **Vue 3D par défaut** est utilisée pour l'ensemble du bâtiment et une vue **Caméra** est utilisée pour observer les petits espaces.

Récapitulatif des commandes

Bouton	Commande	Emplacement
Outils généraux		
	Modifier	• **Ruban :** Tous les onglets>groupe de fonctions Sélectionner • **Raccourci :** MD
	Nouveau	• **Barre d'outils d'accès rapide** (en option) • **Onglet** *Fichier* • **Raccourci :** <Ctrl>+<N>
	Ouvrir	• **Barre d'outils d'accès rapide** • **Onglet** *Fichier* • **Raccourci :** <Ctrl>+<O>
	Documents ouverts	• **Onglet** *Fichier*
	Propriétés	• **Ruban :** Onglet *Modifier*>groupe de fonctions Propriétés • **Raccourci :** PP
	Documents récents	• **Onglet** *Fichier*
	Enregistrer	• **Barre d'outils d'accès rapide** • **Onglet** *Fichier* • **Raccourci :** <Ctrl>+<S>
	Synchroniser et modifier les paramètres	• **Barre d'outils d'accès rapide**
	Synchroniser maintenant/	• **Barre d'outils d'accès rapide**> déroulez Synchroniser et modifier les paramètres
	Propriétés du type	• **Ruban :** Onglet *Modifier*>groupe de fonctions Propriétés • **Palette Propriétés**
Outils d'affichage		
	Caméra	• **Barre d'outils d'accès rapide**> Déroulez Vue 3D par défaut • **Ruban :** Onglet *Vue*>groupe de fonctions Créer>déroulez Vue 3D par défaut
	Vue 3D par défaut	• **Barre d'outils d'accès rapide** • **Ruban :** Onglet *Vue*>groupe de fonctions Créer
	Début	• **ViewCube**
N/D	**Panoramique / Zoom suivant**	• **Barre de navigation** • **Menu contextuel**

N/D	**Panoramique / Zoom précédent**	• **Barre de navigation** • **Menu contextuel** • **Raccourci :** ZP
	Ombres activées / Ombres désactivées	• **Barre de contrôle Vue**
	Afficher la boîte de dialogue rendu	• **Barre de contrôle Vue** • **Ruban :** Onglet *Vue*>groupe de fonctions Graphismes • **Raccourci :** RR
	Zoom tout général	• **Barre de navigation** • **Raccourci :** ZA
	Zoom région	• **Barre de navigation** • **Menu contextuel** • **Raccourci :** ZR
	Zoom arrière (2X)	• **Barre de navigation** • **Menu contextuel** • **Raccourci :** ZO
	Agrandir la taille de la feuille	• **Barre de navigation** • **Raccourci :** ZS
	Zoom tout	• **Barre de navigation** • **Menu contextuel** • **Raccourci :** ZF, ZE
Styles visuels		
	Couleurs uniformes	• **Barre de contrôle Vue**
	Ligne cachée	• **Barre de contrôle Vue** • **Raccourci :** HL
	Lancer de rayons	• **Barre de contrôle Vue**
	Réaliste	• **Barre de contrôle Vue**
	Ombré	• **Barre de contrôle Vue** • **Raccourci :** SD
	Image filaire	• **Barre de contrôle Vue** • **Raccourci :** WF

Chapitre

2

Outils de modification et d'esquisse de base

Les outils de modification, de sélection et d'esquisse de base constituent la base pour travailler avec tous les types d'éléments dans le logiciel Autodesk® Revit® Utiliser ces outils avec des aides au dessin vous permet de placer et de modifier des éléments pour créer des modèles de construction précis.

Objectifs d'apprentissage de ce chapitre

- Esquisser des éléments linéaires tels que des murs, des poutres et des tuyaux.
- Faciliter le placement d'éléments en intégrant des aides au dessin, telles que les lignes d'alignement, les cotes temporaires, les cotes permanentes et les accrochages.
- Placer des plans de référence comme repères temporaires.
- Utiliser des techniques pour sélectionner et filtrer les groupes d'éléments.
- Modifier des éléments à l'aide d'un onglet contextuel, des Propriétés, les cotes temporaires et des contrôles.
- Déplacer, copier, faire pivoter et refléter des éléments et créer des copies de tableaux dans des modèles linéaires et radiaux.
- Aligner, rogner et étendre les éléments avec les contours d'autres éléments.
- Diviser les éléments linéaires n'importe où sur leur longueur.
- Décaler des éléments pour créer des doublons à une distance spécifique de l'original.

2.1 Utiliser les outils d'esquisse généraux

Lorsque vous lancez une commande, l'onglet contextuel sur le ruban, la Barre des options et la palette Propriétés vous permettent de définir des fonctionnalités pour chaque nouvel élément que vous placez dans le projet. Quand vous travaillez, plusieurs fonctionnalités appelées *aides au dessin* s'affichent, comme illustré en Figure 2–1. Elles vous aident à créer des conceptions rapidement et avec précision.

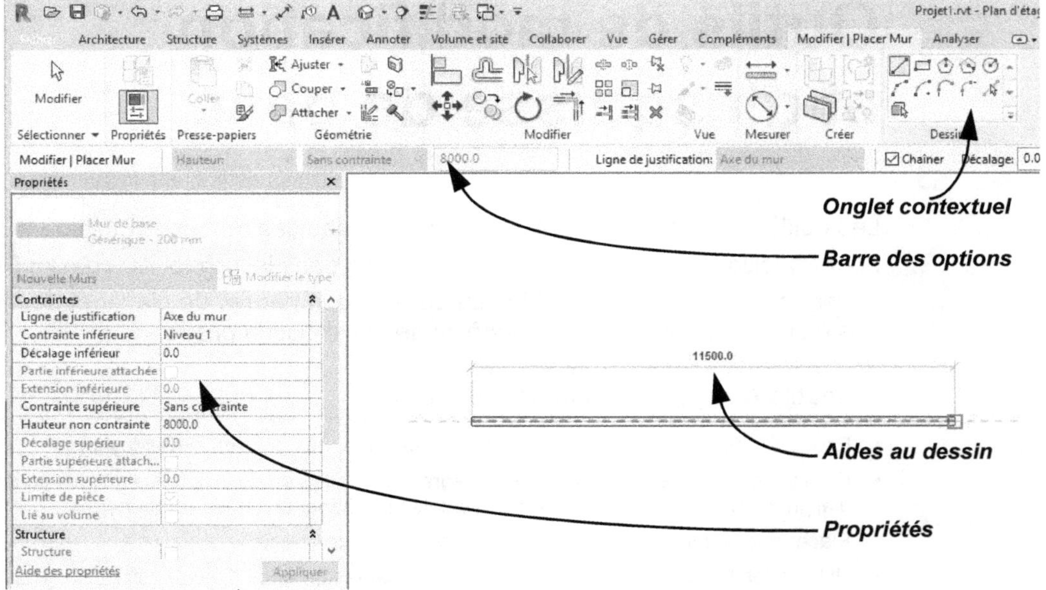

Figure 2–1

- Dans Autodesk Revit, vous créez le plus souvent des éléments de modèle 3D que des esquisses 2D. Ces outils fonctionnent avec les éléments 3D et 2D du logiciel.

Outils de dessin

De nombreux éléments linéaires (tels que les murs, les poutres, les tubes, les tuyaux et les conduits) sont modélisés à l'aide d'outils présents dans l'onglet contextuel du groupe de fonctions *Dessiner*, comme illustré pour les murs en Figure 2–1. D'autres éléments (tels que les planchers, les plafonds, les toits et les dalles) ont des limites qui sont esquissées en utilisant plusieurs de ces mêmes outils. Les outils de dessin sont également utilisés lorsque vous créez des détails ou des dessins schématiques.

Deux méthodes peuvent être utilisées :

Les outils exacts varient en fonction de l'élément modélisé.

- *Dessiner* l'élément à l'aide d'une forme géométrique
- *Choisir* un élément existant (tel qu'une ligne, une face ou un mur) comme base pour la géométrie et la position du nouvel élément.

Instructions pratiques : Créer des éléments linéaires

1. Lancez la commande que vous voulez utiliser.
2. Dans l'onglet contextuel>groupe de fonctions Dessiner comme illustré en Figure 2–2, sélectionnez un outil de dessin.
3. Sélectionnez des points pour définir les éléments.

Vous pouvez passer d'une forme d'outil de dessin à une autre au milieu d'une commande.

Figure 2–2

4. Terminez la commande en utilisant l'une des méthodes standard :

    - Cliquez sur (Modifier).
    - Appuyez deux fois sur <Echap>.
    - Exécutez une nouvelle commande.

Options de dessin

Quand vous êtes en mode de dessin, plusieurs options s'affichent dans la Barre des options, comme illustré en Figure 2–3.

Figure 2–3

Différentes options s'affichent en fonction du type d'élément sélectionné ou de la commande activée.

- **Chaîner** : contrôle le nombre de segments créés dans un processus. Si cette option n'est pas sélectionnée, les outils **Ligne** et **Arc** créent uniquement un segment à la fois. Si elle est sélectionnée, vous pouvez continuer d'ajouter des segments jusqu'à ce que vous appuyiez sur <Echap> ou sélectionniez une nouvelle fois la commande.

- **Décalage** : vous permet de saisir des valeurs afin que vous puissiez créer des éléments linéaires à une distance spécifiée des points ou éléments sélectionnés.
- **Rayon** : vous permet de saisir des valeurs lorsque vous utilisez un outil radial ou d'ajouter un rayon aux coins d'éléments linéaires lorsque vous les esquissez.

Outils de dessin

	Ligne	Dessine une ligne droite définie par le premier et le dernier point. Si l'option Chaîner est activée, vous pouvez continuer à sélectionner des points d'arrivée pour plusieurs segments.
	Rectangle	Dessine un rectangle défini par deux angles opposés. Vous pouvez ajuster les dimensions après avoir sélectionné les deux points.
	Polygone inscrit	Dessine un polygone inscrit dans un cercle hypothétique avec le nombre de côtés spécifié dans la Barre des options.
	Polygone circonscrit	Dessine un polygone circonscrit dans un cercle hypothétique avec le nombre de côtés spécifié dans la Barre des options.
	Cercle	Dessine un cercle défini par un point central et un rayon.
	Arc début-fin-rayon	Dessine une courbe définie par un début, une fin et un rayon de l'arc. La dimension extérieure indiquée est l'angle décrit de l'arc. La dimension intérieure est le rayon.
	Arc centre-fins	Dessine une courbe définie par un centre, un rayon et un angle décrit. Le point sélectionné du rayon définit également le point de départ de l'arc.
	Arc fin tangente	Dessine une courbe tangente à un autre élément. Sélectionnez un point d'arrivée pour le premier point, mais ne sélectionnez pas l'intersection de deux éléments ou plus. Ensuite, sélectionnez un second point basé sur l'angle décrit de l'arc.
	Arc de congé	Dessine une courbe définie par deux autres éléments et un rayon. Comme il est difficile de sélectionner le rayon correct en cliquant avec la souris, cette commande passe automatiquement en mode d'édition. Sélectionnez la dimension, puis modifiez le rayon du raccord.
	Spline	Dessine une courbe spline en fonction des points sélectionnés. La courbe ne touche pas réellement les points (modèle et lignes de détail uniquement).

	Ellipse	Dessine une ellipse à partir d'un axe primaire et secondaire (modèle et lignes de détail uniquement).
	Ellipse partielle	Dessine seulement un côté de l'ellipse, comme un arc. Une ellipse partielle possède également un axe primaire et un axe secondaire (modèle et lignes de détail uniquement).

Outils de sélection

	Choisir des lignes	Utilisez cette option pour sélectionner des éléments linéaires existants dans le projet. Cette fonction est utile lorsque vous commencez le projet à partir d'un dessin 2D importé.
	Choisir une face	Utilisez cette option pour sélectionner la face d'une masse élémentaire 3D (murs et vues 3D uniquement).
	Choisir des murs	Utilisez cette option pour sélectionner un mur existant dans le projet comme base d'une nouvelle ligne d'esquisse (sols, plafonds, etc.).

Aides au dessin

Dès que vous commencez à esquisser ou à placer des éléments, trois outils d'aide au dessin s'affichent, comme illustré en Figure 2–4 :

- Lignes d'alignement
- Cotes temporaires
- Accrochages

Ces aides sont disponibles avec la plupart des commandes de modélisation et de nombreuses commandes Modifier.

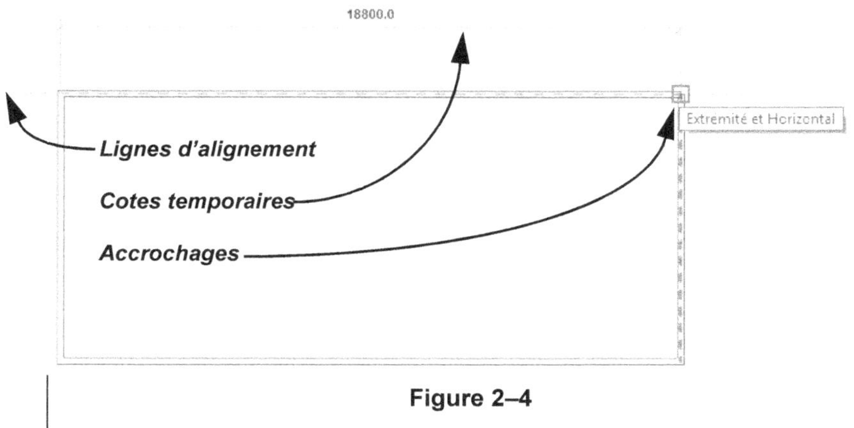

Figure 2–4

Les **lignes d'alignement** s'affichent dès que vous sélectionnez votre premier point. Elles aident à maintenir les lignes horizontales, verticales ou à un angle spécifié. Elles s'alignent également avec les intersections implicites de murs et d'autres éléments.

- Maintenez la touche <Maj> enfoncée pour forcer les alignements à être orthogonaux (angles à 90° uniquement).

Les **cotes temporaires** s'affichent pour permettre de placer les éléments à la bonne longueur, au bon angle et au bon emplacement.

- Vous pouvez saisir la cote, puis déplacer le curseur jusqu'à ce que vous voyiez la cote souhaitée ou vous pouvez placer l'élément, puis modifier la cote selon vos besoins.
- Les incréments de longueur et d'angle affichés varient en fonction de l'agrandissement ou de la réduction de la vue.

Conseil : Cotes temporaires et cotes permanentes

Les cotes temporaires disparaissent dès que vous avez terminé d'ajouter des éléments. Si vous voulez les rendre permanentes, sélectionnez le contrôle illustré en Figure 2–5.

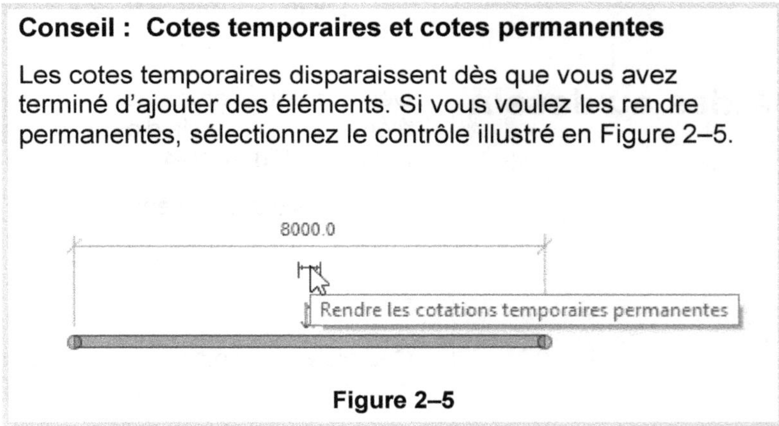

Figure 2–5

Les **accrochages** sont des points clés qui vous aident à référencer des éléments existants à des points précis lors de la modélisation, comme illustré en Figure 2–6.

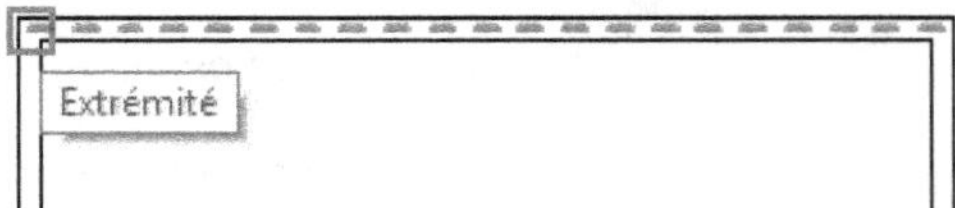

Figure 2–6

- Lorsque vous déplacez le curseur sur un élément, le symbole d'accrochage s'affiche. Chaque type d'emplacement d'accrochage s'affiche avec un symbole différent.

Conseil : Remplacements et paramètres d'accrochage

Dans l'onglet *Gérer*>groupe de fonctions Paramètres, cliquez sur (Accrochages) pour ouvrir la boîte de dialogue Accrochages qui est illustrée en Figure 2–7. La boîte de dialogue Accrochages vous permet de définir les points d'accrochage actifs et de définir les incréments aux cotes affichés pour les cotes temporaires (linéaires et angulaires).

Accrochages

☐ Accrochage désactivé

Accrochages aux cotes

Les accrochages s'ajustent lorsque les vues sont agrandies.
Revit utilise la plus grande valeur représentant moins de 2 mm à l'écran.

☑ Incréments d'accrochage aux cotes de longueur

1000 ; 100 ; 20 ; 5 ;

☑ Incréments d'accrochage des cotes angulaires

90.00° ; 45.00° ; 15.00° ; 5.00° ; 1.00° ;

Accrochages aux objets

☑ Extrémités	(SE)	☑ Intersections	(SI)
☑ Milieux	(SM)	☑ Centres	(SC)
☑ Le plus proche	(SN)	☑ Perpendiculaire	(SP)
☑ Quadrillage du plan de construction	(SW)	☑ Tangentes	(ST)
☑ Quadrants	(SQ)	☑ Points	(SX)

Tout sélectionner | Ne rien sélectionner

☑ Accrochage aux objets distants	(SR)	☑ Accrocher aux nuages de points	(PC)

Remplacements temporaires

Lors de l'utilisation d'un outil interactif, des raccourcis clavier (indiqués entre parenthèses) peuvent être utilisés pour spécifier un type d'accrochage pour un choix unique.

Accrochages aux objets	Utilisez les raccourcis listés ci-dessus
Fermer	(SZ)
Désactiver les raccourcis	(SS)
Parcourir les accrochages	(TAB)
Forcer horizontal et vertical	(SHIFT)

Rétablir valeurs par défaut

OK | Annuler | Aide

Figure 2–7

- Des raccourcis clavier pour chaque accrochage peuvent être utilisés pour remplacer l'accrochage automatique. Les remplacements temporaires ont uniquement une incidence sur un seul choix, mais peuvent être très utiles lorsque des accrochages sont situés à proximité de celui que vous souhaitez utiliser.

Utiliser les cotes comme aides au dessin

Les cotes sont une partie essentielle de la documentation du projet qui peuvent également vous aider à créer les éléments de votre modèle. Il existe plusieurs types de cotes, mais le plus utile est **Cote alignée** avec l'option *Références individuelles*.

Instructions pratiques : Ajouter les cotes alignées aux références individuelles

1. Dans la barre d'outils d'accès rapide ou l'onglet *Modifier*> groupe de fonctions Mesurer, cliquez sur (Cote alignée) ou tapez **DI**.
2. Sélectionnez les éléments dans l'ordre.
3. Pour positionner la chaîne de cote, cliquez sur un point à l'emplacement où vous voulez l'afficher, en vous assurant que la chaîne ne chevauche rien d'autre, comme illustré en Figure 2–8.

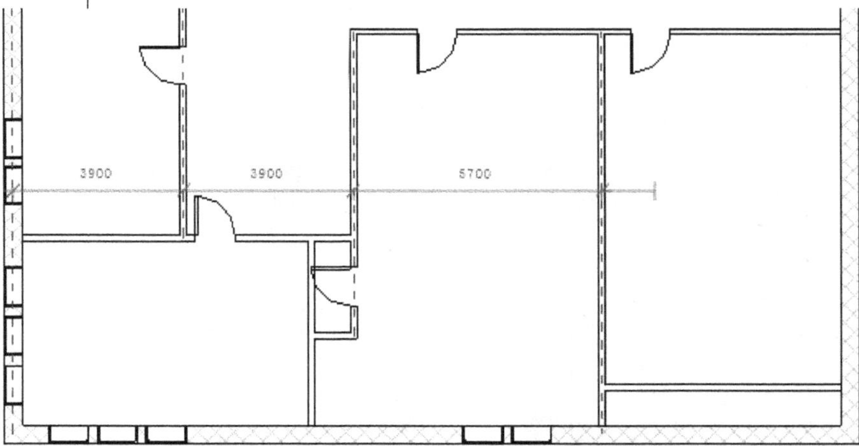

Figure 2–8

Conseil : Définir les cotes comme étant égales

Utiliser les cotes pendant la modélisation vous permet de définir une chaîne de cote de façon à ce qu'elles soient égales. Ainsi, les éléments du modèle, tels que l'emplacement des fenêtres dans un mur, sont mis à jour, comme illustré en Figure 2–9.

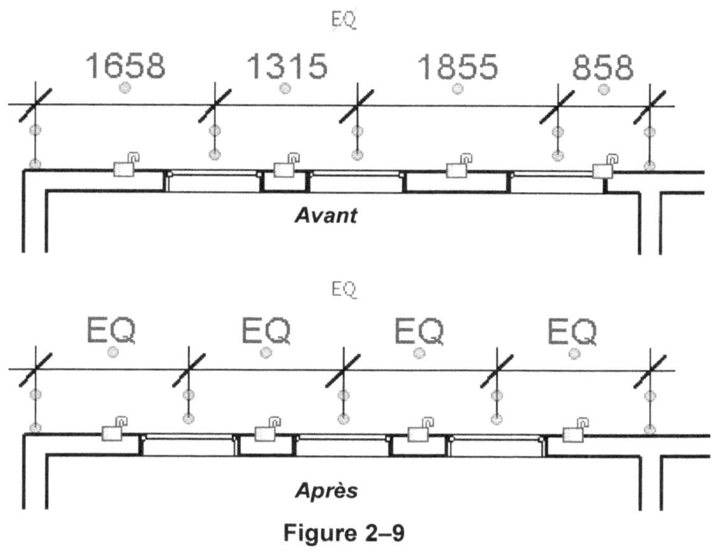

Figure 2–9

Plans de référence

Lorsque vous déroulez des conceptions dans le logiciel Autodesk Revit, vous avez parfois besoin de lignes pour vous aider à définir certains emplacements. Vous pouvez esquisser des plans de référence (affichés sous la forme de lignes vertes pointillées) et y accrocher des éléments lorsque vous avez besoin d'aligner des éléments. Pour l'exemple illustré en Figure 2–10, les luminaires présents dans le plan de faux plafond sont placés à l'aide de plans de référence.

Les plans de référence ne s'affichent pas dans les vues 3D.

- Pour insérer un plan de référence, dans l'onglet *Architecture, Structure* ou *Systèmes*>groupe de fonctions Plan de travail, cliquez sur (Plan de référence) ou tapez **RP**.

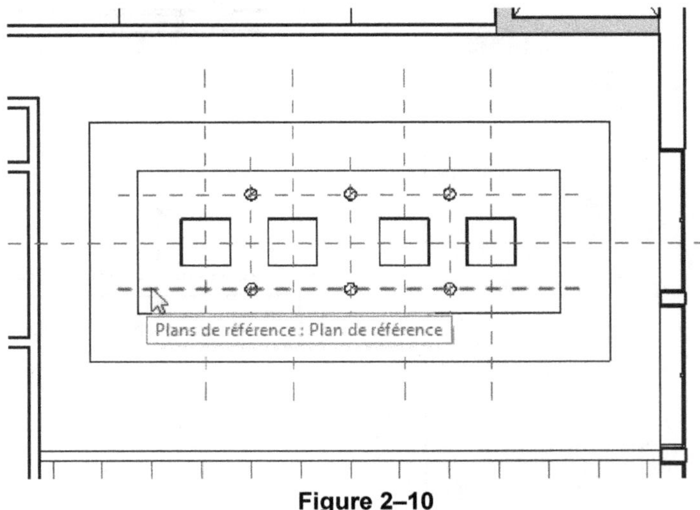

Figure 2–10

- Les plans de référence s'affichent dans les vues associées, car ce sont des plans infinis, et pas seulement des lignes.
- Vous pouvez nommer les plans de référence en cliquant sur **<Cliquer pour nommer>** et en tapant dans la zone de texte, comme illustré en Figure 2–11.

Figure 2–11

- Si vous esquissez un plan de référence en mode Esquisse (utilisé avec les sols et des éléments similaires), il ne s'affiche pas quand l'esquisse est terminée.

- Les plans de référence peuvent avoir différents styles de ligne s'ils ont été définis dans le projet. Dans Propriétés, sélectionnez un style dans la liste Sous-catégories.

Conseil : Lignes de modèle contre lignes de détail

Tandis que la plupart des éléments que vous créez sont des représentations d'éléments de construction réels, vous devrez parfois ajouter des lignes pour clarifier vos intentions en matière de conception. Celles-ci peuvent être des lignes de détail (voir Figure 2–12) ou des lignes de modèle. Les lignes de détail sont également utiles comme références, car elles sont uniquement reflétées dans la vue dans laquelle vous les esquissez.

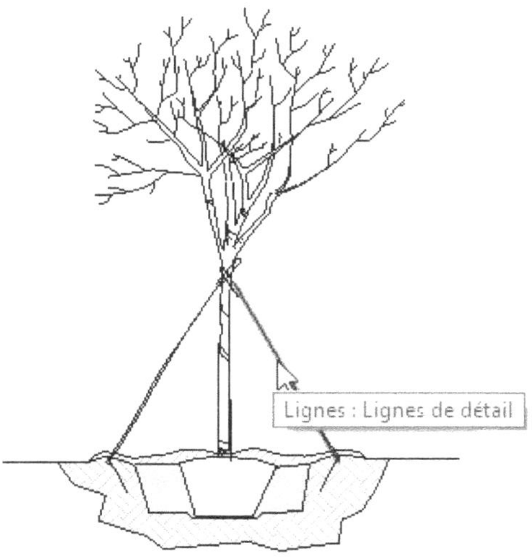

Figure 2–12

- Les lignes de modèle (onglet *Architecture* ou *Structure*> groupe de fonctions Modèle [Ligne de modèle]) fonctionnent comme des éléments 3D et s'affichent dans toutes les vues.
- Les lignes de détail (onglet *Annoter*>groupe de fonctions Détail> (Lignes de détail) sont strictement des éléments 2D qui ne peuvent s'afficher que dans la vue dans laquelle ils sont dessinés.
- Dans l'onglet contextuel *Modifier*, sélectionnez un style de ligne, puis l'outil de dessin que vous souhaitez utiliser pour dessiner la ligne de détail ou de modèle.

2.2 Modifier des éléments

Les projets de conception de bâtiments impliquent généralement l'apport de modifications importantes au modèle. Le logiciel Autodesk Revit a été conçu pour effectuer rapidement et efficacement de telles modifications. Vous pouvez modifier un élément en utilisant les méthodes suivantes, comme illustré en Figure 2–13 :

- Le sélecteur de type vous permet de définir un type différent. Il est fréquemment utilisé pour modifier la taille et/ou le style des éléments.
- Les Propriétés vous permettent de modifier les informations (paramètres) associées aux éléments sélectionnés.
- L'onglet contextuel sur le ruban contient les commandes Modifier et les outils spécifiques aux éléments.
- Les cotes temporaires vous permettent de modifier les cotes ou la position de l'élément.
- Les contrôles vous permettent de faire glisser, retourner, verrouiller et faire pivoter l'élément.
- Les poignées de forme (non illustrées) vous permettent de faire glisser des éléments pour modifier leur hauteur ou leur longueur.

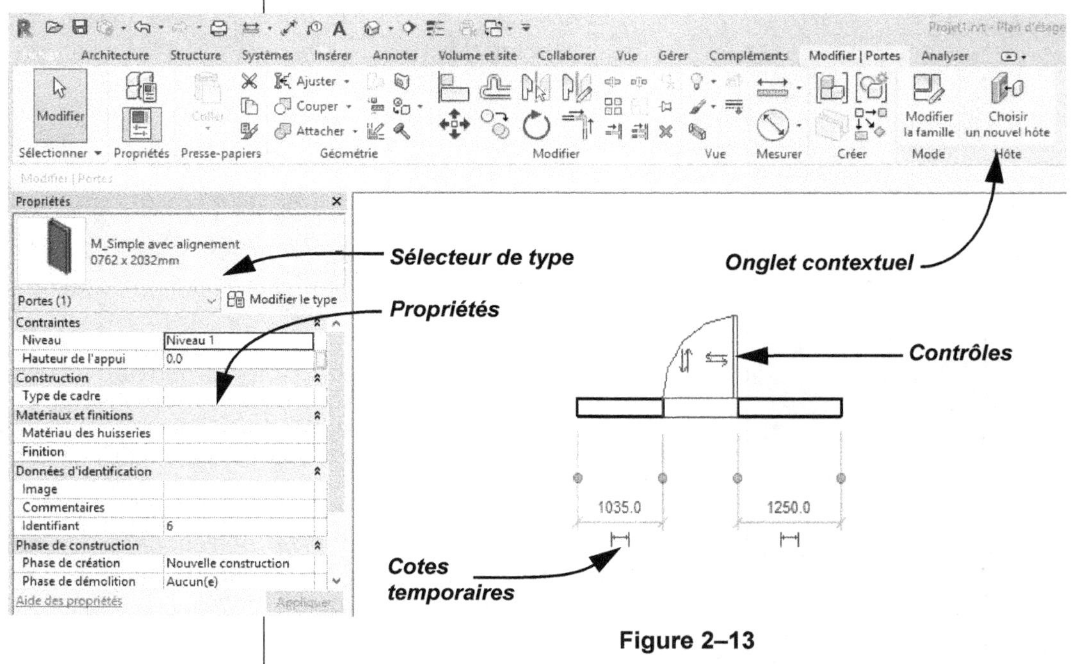

Figure 2–13

- Pour supprimer un élément, sélectionnez-le et cliquez sur <Suppr>, puis cliquez avec le bouton droit de la souris et sélectionnez **Supprimer** ou dans le groupe de fonctions Modifier, cliquez sur ✖ (Supprimer).

Travailler avec des contrôles et des poignées de forme

Lorsque vous sélectionnez un élément, plusieurs contrôles et poignées de forme s'affichent en fonction de l'élément et de la vue. Par exemple dans une vue en plan, vous pouvez utiliser des contrôles pour faire glisser les extrémités d'un mur et modifier son orientation. Vous pouvez également faire glisser les extrémités du mur dans une vue 3D ou utiliser les poignées de forme en forme de flèche pour modifier la hauteur du mur, comme illustré en Figure 2–14

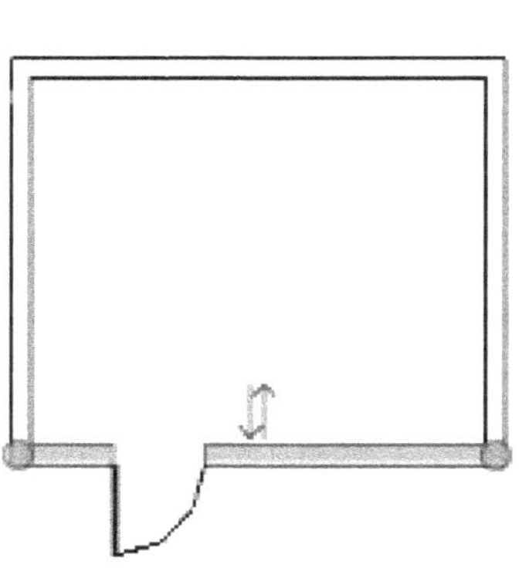

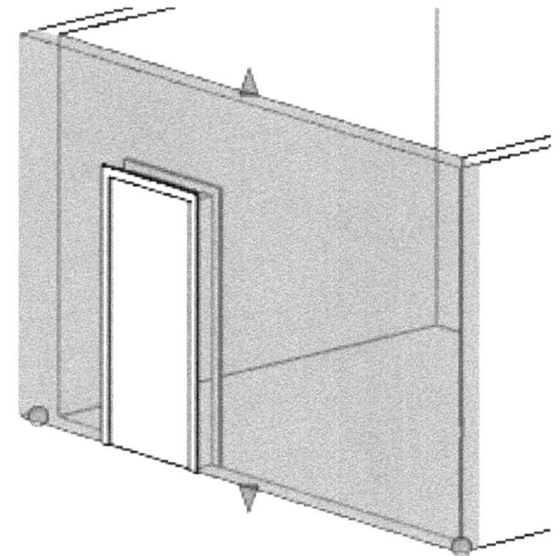

Figure 2–14

- Si vous passez le curseur sur le contrôle ou la poignée de forme, une info-bulle s'affiche pour montrer sa fonction.

Conseil : Modifier les cotes temporaires

Les cotes temporaires sont automatiquement liées au mur le plus proche. Pour les relier à une nouvelle référence, faites glisser le contrôle de *Ligne d'attache* (voir Figure 2–15). Vous pouvez également cliquer sur le contrôle pour basculer entre les justifications du mur.

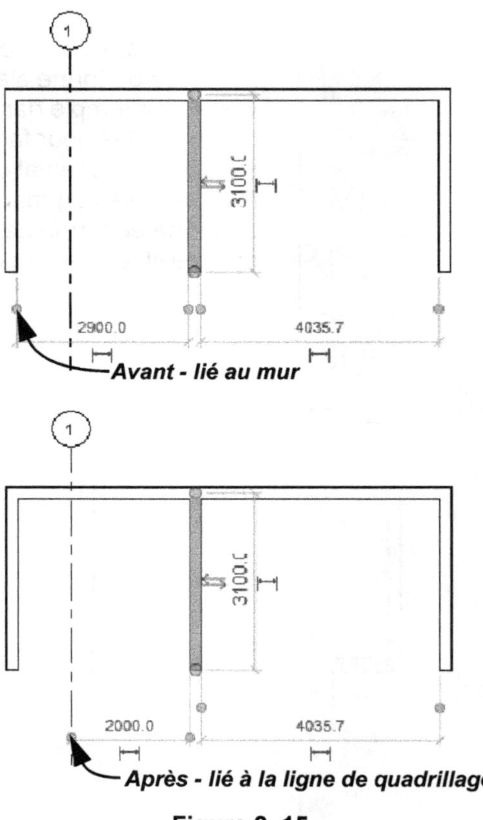

Figure 2–15

- Le nouvel emplacement d'une cote temporaire pour un élément est sauvegardé tant que vous ne changez pas de session du logiciel.

Sélectionner plusieurs éléments

- Une fois que vous avez sélectionné au moins un élément, maintenez la touche <Ctrl> enfoncée et sélectionnez un autre élément pour l'ajouter à un jeu de sélection.
- Pour supprimer un élément d'un jeu de sélection, maintenez la touche <Maj> enfoncée et sélectionnez l'élément.

- Si vous cliquez et faites glisser le curseur vers la *fenêtre* autour des éléments, vous disposez de deux options de sélection, comme illustré en Figure 2–16. Si vous faites glisser votre curseur de gauche à droite, vous sélectionnez uniquement les éléments complètement à l'intérieur de la fenêtre. Si vous faites glisser votre curseur de droite à gauche, vous sélectionnez les éléments se trouvant entièrement dans la fenêtre et ceux qui la coupent.

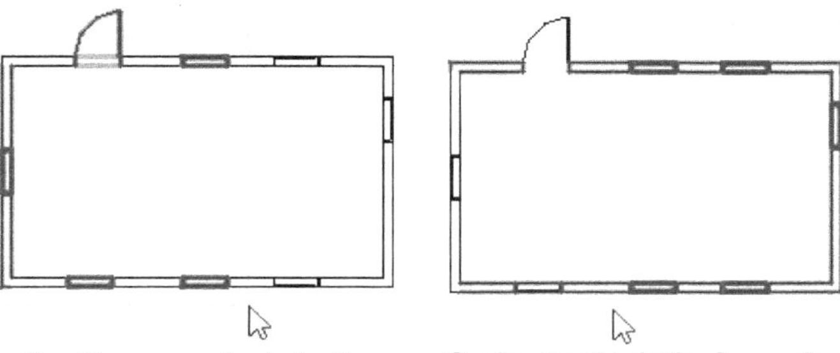

Fenêtre : gauche à droite ***Croisement : droite à gauche***

Figure 2–16

- Si plusieurs éléments sont superposés ou proches les uns des autres, appuyez sur la touche <Tab> pour les passer en revue avant de cliquer. Si des éléments peuvent être reliés entre eux, comme des murs reliés, le fait d'appuyer sur la touche <Tab> sélectionne la chaîne d'éléments.

- Appuyez sur <Ctrl>+<flèche gauche> pour sélectionner une nouvelle fois le jeu de sélection précédent. Vous pouvez également cliquer avec le bouton droit de la souris dans la fenêtre d'affichage en ne sélectionnant rien et sélectionner **Sélectionner précédent**.

- Pour sélectionner tous les éléments d'un type spécifique, cliquez avec le bouton droit de la souris sur un élément et sélectionnez **Sélectionner toutes les occurrences>Visible dans la vue** ou **Dans l'ensemble du projet**, comme illustré en Figure 2–17.

Figure 2–17

Conseil : Outils de mesure

Lors de la modification d'un modèle, il est utile de connaître la distance entre les éléments. Cette distance peut être mesurée grâce aux cotes temporaires, ou plus fréquemment, à l'aide des outils de mesure disponibles dans la barre d'outils d'accès rapide ou dans l'onglet *Modifier*>groupe de fonctions Modifier, comme illustré en Figure 2–18.

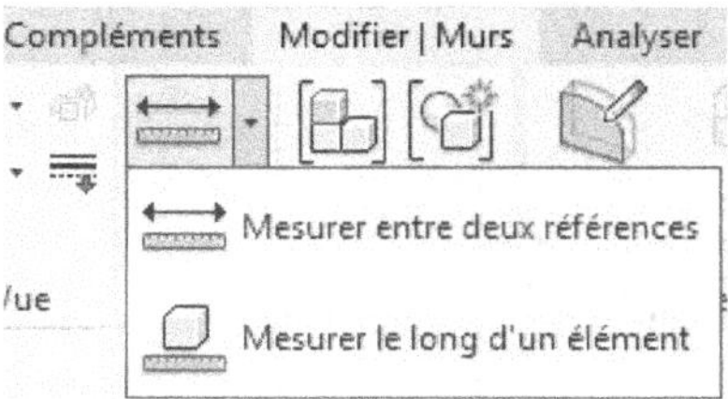

Figure 2–18

- (Mesurer entre deux références) - Sélectionnez deux éléments et la mesure s'affiche.
- (Mesurer le long d'un élément) - Sélectionnez l'arête d'un élément linéaire et sa longueur totale s'affiche. Utilisez la touche <Tab> pour sélectionner d'autres éléments, puis cliquez avec la souris pour mesurer le long de chacun d'eux, comme illustré en Figure 2–19.

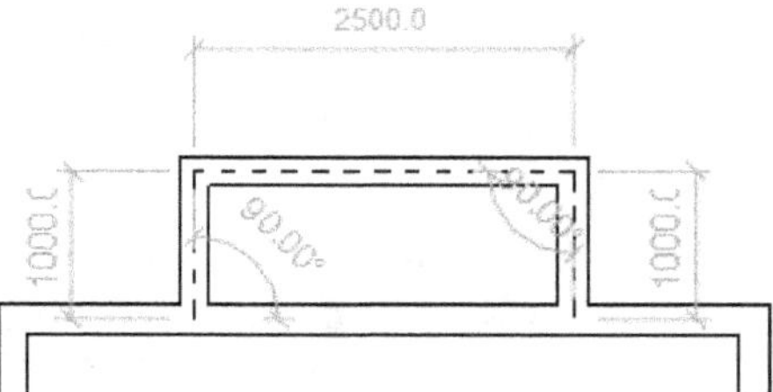

Figure 2–19

- Les références incluent n'importe quel point d'accrochage, des lignes de mur ou d'autres parties d'éléments (tels que des lignes centrales de porte).

Filtrer les jeux de sélection

Lorsque plusieurs catégories d'éléments sont sélectionnées, l'onglet contextuel *Sélection multiple* s'ouvre sur le ruban. Il vous donne accès à tous les outils de modification et à la commande **Filtre**. La commande **Filtre** vous permet de définir les types d'éléments à sélectionner. Par exemple, vous pouvez vouloir seulement sélectionner des poteaux, comme illustré en Figure 2–20.

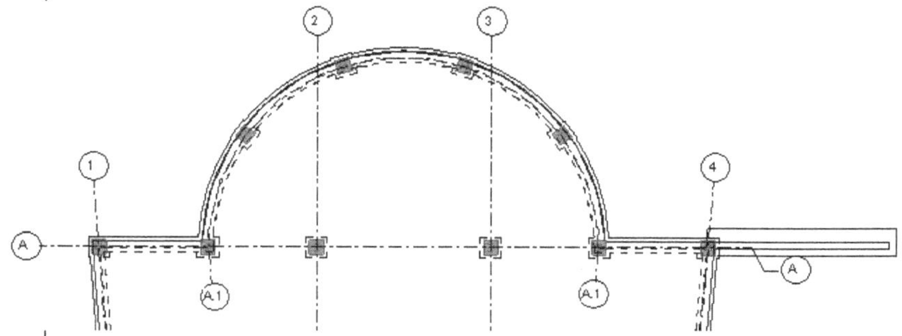

Figure 2–20

Instructions pratiques : Filtrer un jeu de sélection

1. Sélectionnez tout dans la zone requise.
2. Dans l'onglet *Modifier | Sélection multiple*>groupe de fonctions Sélection ou dans la barre d'état, cliquez sur (Filtre). La boîte de dialogue Filtre s'ouvre, comme illustré en Figure 2–21.

La boîte de dialogue Filtre affiche tous les types d'éléments de la sélection d'origine.

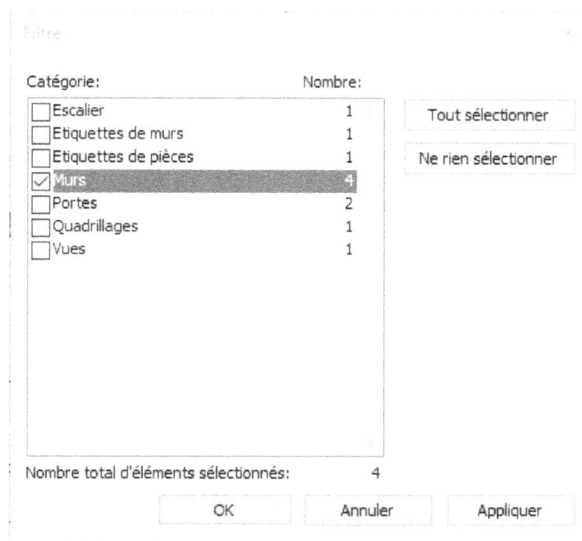

Filtre

Catégorie:	Nombre:
☐ Escalier	1
☐ Etiquettes de murs	1
☐ Etiquettes de pièces	1
☑ Murs	4
☐ Portes	2
☐ Quadrillages	1
☐ Vues	1

Tout sélectionner

Ne rien sélectionner

Nombre total d'éléments sélectionnés: 4

OK Annuler Appliquer

Figure 2–21

3. Cliquez sur **Ne rien sélectionner** pour désélectionner toutes les options ou sur **Tout sélectionner** pour sélectionner toutes les options. Vous pouvez également sélectionner ou désélectionner des catégories individuelles selon les besoins.
4. Cliquez sur **OK**. Le jeu de sélection est maintenant limité aux éléments que vous avez définis.

- Le nombre d'éléments sélectionnés s'affiche sur le côté droit de la barre d'état et dans la palette Propriétés.

- Cliquer sur **Filtre** dans la barre d'état ouvre également la boîte de dialogue Filtre.

Conseil : Options de sélection

Vous pouvez contrôler la façon dont le logiciel sélectionne des éléments spécifiques dans un projet en activant et désactivant les options de sélection dans la barre d'état, comme illustré en Figure 2–22. Sinon, dans n'importe quel onglet du ruban, déroulez le titre groupe de fonctions Sélectionner et sélectionnez l'option.

Figure 2–22

- **Sélectionner des liens :** quand cette option est activée, vous pouvez sélectionner les dessins CAO ou les modèles Autodesk Revit associés. Quand elle est désactivée, vous ne pouvez pas les sélectionner en utilisant les commandes **Modifier** ou **Déplacer**.
- **Sélectionner des éléments de niveau en fond de plan :** quand cette option est activée, vous pouvez sélectionner les éléments de niveau en fond de plan. Quand elle est désactivée, vous ne pouvez pas les sélectionner en utilisant les commandes **Modifier** ou **Déplacer**.
- **Sélectionner des éléments verrouillés :** quand cette option est activée, vous pouvez sélectionner les éléments verrouillés. Quand elle est désactivée, vous ne pouvez pas les sélectionner en utilisant les commandes **Modifier** ou **Déplacer**.
- **Sélectionner les éléments par face :** quand cette option est activée, vous pouvez sélectionner des éléments (tels que les sols ou les murs d'une élévation) en sélectionnant la face intérieure ou une arête. Quand elle est désactivée, vous pouvez uniquement sélectionner les éléments en sélectionnant une arête.
- **Faire glisser les éléments dans la sélection :** quand cette option est activée, vous pouvez placer le curseur au-dessus d'un élément, le sélectionner et le faire glisser vers un nouvel emplacement. Quand elle est désactivée, le mode de sélection Croisement ou Boîte est lancé lorsque vous cliquez avec la souris et faites glisser le curseur, même si vous êtes sur un élément. Une fois que les éléments sont sélectionnés, ils peuvent toujours être déplacés vers un nouvel emplacement.

Exercice 2a

Modifier et esquisser des éléments

Durée estimée : 10 minutes

Objectif de l'exercice

- Utiliser les outils d'esquisse et les aides au dessin.

Dans cet exercice, vous utiliserez la commande **Mur** ainsi que les outils d'esquisse et les aides au dessin, comme les cotes temporaires et les accrochages. Vous utiliserez aussi la commande **Modifier** pour modifierez les murs à l'aide des poignées, des cotes temporaires, du Sélecteur de type et des Propriétés. Vous ajouterez une porte et la modifierez en utilisant les cotes temporaires et les contrôles. Le modèle terminé est illustré en Figure 2–23.

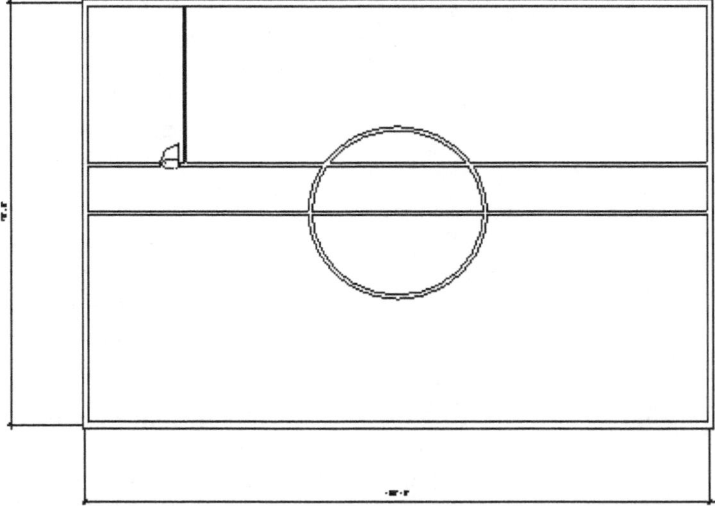

Figure 2–23

Tâche 1 - Dessiner et modifier les murs.

1. Dans l'onglet *Fichier*, cliquez sur (Nouveau)> (Projet).
2. Dans la boîte de dialogue Nouveau projet, sélectionnez **Gabarit architectural** dans la liste déroulante du fichier de gabarit et cliquez sur **OK**.

- Ce guide de formation utilise la configuration métrique américaine. Si vous n'utilisez pas cette configuration, utilisez le fichier **Default_M_FRA.rte**. Dans la boîte de dialogue Nouveau projet, cliquez sur **Parcourir...**, accédez au dossier des fichiers d'exercices, sélectionnez **Default_M_FRA.rte** et cliquez sur **Ouvrir**. Cliquez sur **OK** pour fermer la boîte de dialogue Nouveau projet.

3. Dans la barre d'outils d'accès rapide, cliquez sur (Enregistrer). Nommez le projet **Bâtiment-Simple.rvt**.
4. Dans l'onglet *Architecture*>groupe de fonctions Création, cliquez sur (Mur).
5. Dans l'onglet *Modifier* | *Placer Mur*>groupe de fonctions Dessiner, cliquez sur (Rectangle) et esquissez un rectangle d'environ **30500 mm x 21500 mm**. Vous n'avez pas besoin d'être précis, car vous pourrez modifier les cotes plus tard. Cliquez pour placer les murs.
6. Notez que les cotes sont temporaires. Sélectionnez le texte de cote verticale et tapez **21500**, comme illustré en Figure 2–24. Appuyez sur <Entrée>.

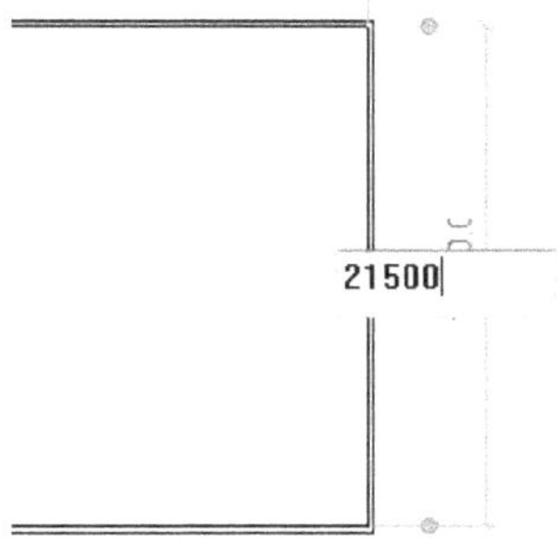

Figure 2–24

7. Les cotes sont toujours affichées temporairement. Cliquez sur les contrôles de cote des deux cotes pour les rendre permanentes, comme illustré en Figure 2–25.

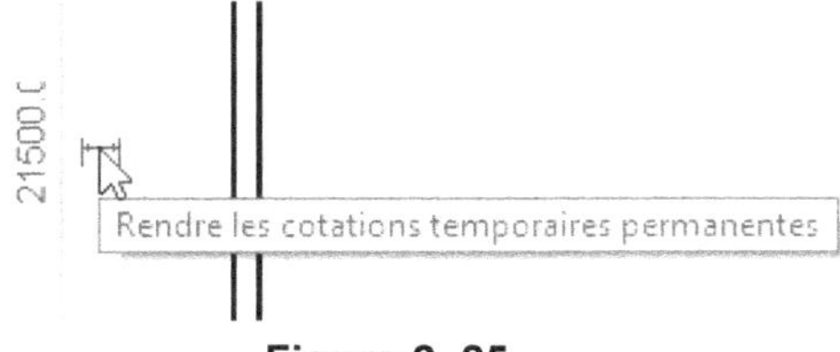

Figure 2–25

- Vous modifierez la cote de mur horizontale en utilisant la cote permanente.

8. Dans le groupe de fonctions Sélectionner, cliquez sur (Modifier). Vous pouvez également utiliser une autre méthode pour passer à la commande **Modifier :**
   - Tapez le raccourci **MD**.
   - Appuyez une fois ou deux sur <Echap>.

9. Sélectionnez un mur vertical. La cote horizontale devient active (devient bleue). Cliquez sur le texte de cote et tapez **30500**, comme illustré en Figure 2–26.

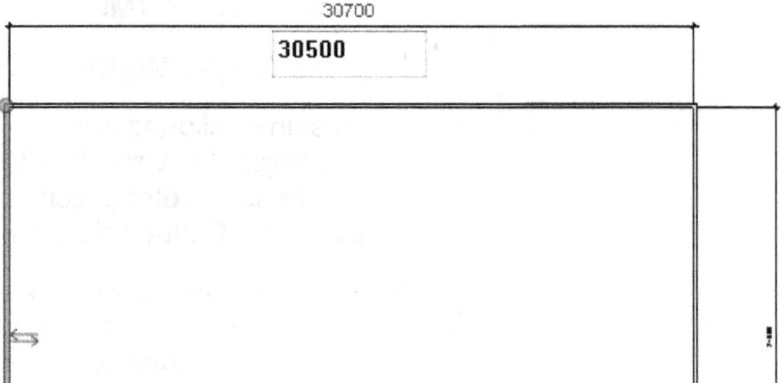

Figure 2–26

10. Cliquez dans un espace vide pour mettre fin à la sélection. Vous êtes toujours dans la commande **Modifier**.

11. Dans l'onglet *Architecture*>groupe de fonctions Création, cliquez sur (Mur). Dans le groupe de fonctions Dessiner, vérifiez que (Ligne) est sélectionnée. Esquissez un mur horizontal partant du centre au centre des murs verticaux.

12. Dessinez un second mur horizontal à une distance de **2500 mm** au-dessus de la moitié du mur horizontal précédemment dessiné. Pour ce faire, vous pouvez utiliser des cotes temporaires ou le champ *Décalage*.

13. Dessinez un mur vertical à exactement **5000 mm** du mur de gauche, comme illustré en Figure 2–27.

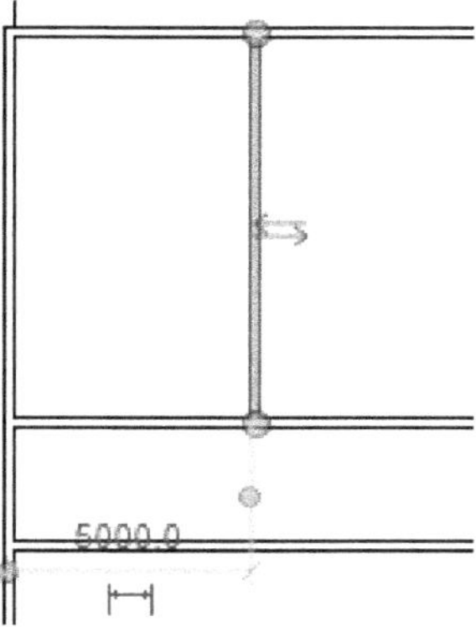

Figure 2–27

14. Dans le groupe de fonctions Dessiner, cliquez sur (Cercle) et réalisez une esquisse d'un mur circulaire dont le rayon est de **4200 mm** au milieu du mur horizontal intérieur le plus bas, comme illustré en Figure 2–28.

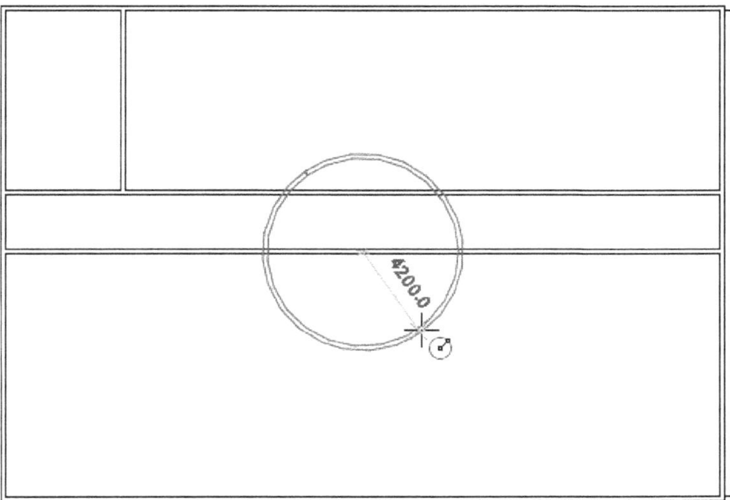

Figure 2–28

15. Cliquez sur (Modifier) pour terminer la commande.

16. Placez le curseur au-dessus de l'un des murs extérieurs, appuyez sur la touche <Tab> pour mettre en surbrillance les murs extérieurs et cliquez pour sélectionner les murs.

17. Dans le Sélecteur de type, sélectionnez **Extérieur - Bloc sur montant métallique**, comme illustré en Figure 2–29. L'épaisseur du mur extérieur change.

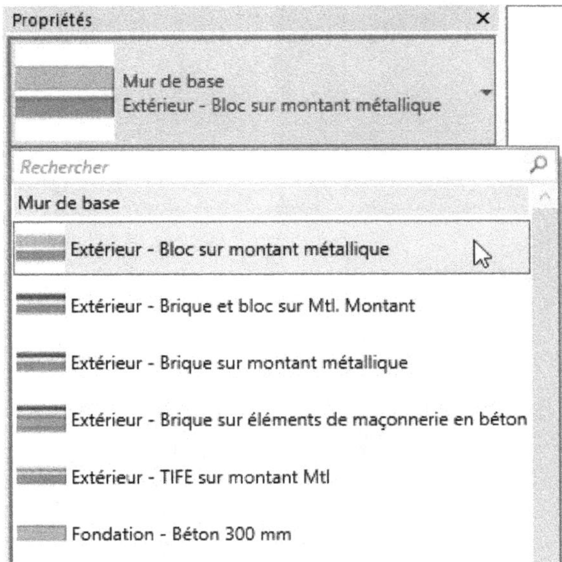

Figure 2–29

18. Cliquez sur un espace vide pour déselectionner les murs.
19. Sélectionnez le mur intérieur vertical. Dans le Sélecteur de type, sélectionnez **Mur de base: Intérieur - Cloison 79 mm (1-hr)**.
20. Cliquez dans un espace vide pour déselectionner les murs.

Tâche 2 - Ajouter et modifier une porte.

1. Faites un zoom vers l'avant dans la pièce, dans le coin supérieur gauche.
2. Dans l'onglet *Architecture*>groupe de fonctions Création, cliquez sur (Porte).
3. Dans l'onglet *Modifier* | *Placer porte*>groupe de fonctions Étiquette, cliquez sur (Étiquette à l'insertion) si l'option n'est pas sélectionnée par défaut.
4. Placez une porte n'importe où le long du mur du couloir.

5. Cliquez sur (Modifier) pour terminer la commande.

6. Sélectionnez la porte. Utilisez les cotes temporaires pour la déplacer et faire en sorte qu'elle se trouve à **300 mm** du mur vertical intérieur droit. Si nécessaire, utilisez les commandes pour inverser la porte afin qu'elle s'ouvre vers l'intérieur de la pièce, comme illustré en Figure 2–30.

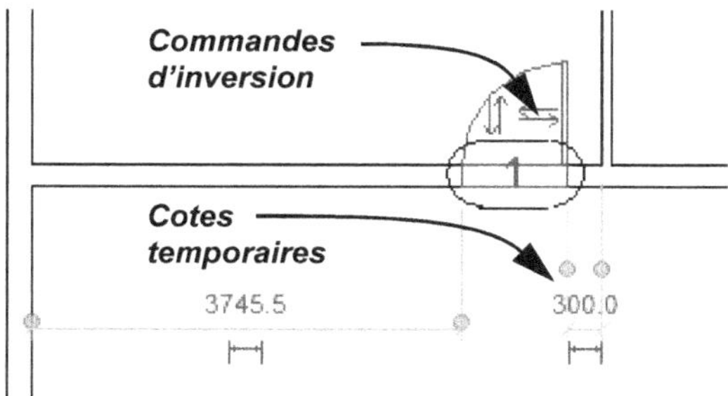

Figure 2–30

7. Tapez **ZE** pour effectuer un zoom arrière jusqu'à la vue complète.

8. Enregistrez le projet.

2.3 Utiliser les outils de modification de base

Le logiciel Autodesk Revit comprend des commandes et des cotes temporaires qui vous permettent de modifier des éléments. D'autres outils de modification peuvent être utilisés pour des éléments individuels ou toute sélection d'éléments. Vous les trouverez dans l'onglet *Modifier*>groupe de fonctions Modifier (voir Figure 2–31) et dans les onglets contextuels.

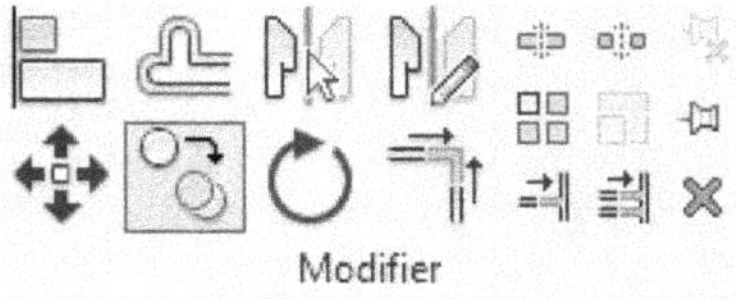

Figure 2–31

- Les commandes **Déplacer**, **Copier**, **Rotation**, **Symétrie** et **Réseau** sont abordées dans cette rubrique. D'autres outils seront abordés plus tard.
- Pour la plupart des commandes de modification, vous pouvez soit sélectionner les éléments et exécuter la commande, soit exécuter la commande, sélectionner les éléments et appuyer sur <Entrée> pour terminer la sélection et passer à l'étape suivante de la commande.

Déplacer et copier les éléments

Les commandes **Déplacer** et **Copier** vous permettent de sélectionner l'élément ou les éléments de votre choix et de le(s) déplacer et copier d'un endroit à un autre. Vous pouvez utiliser des lignes d'alignement, des cotes temporaires et des accrochages pour vous aider à placer les éléments, comme illustré en Figure 2–32.

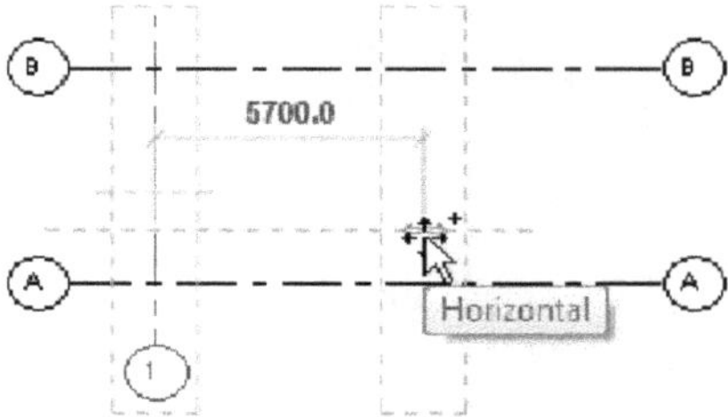

Figure 2–32

Conseil : Pousser

La fonction **Pousser** vous permet de déplacer un élément par petits incréments. Lorsqu'un élément est sélectionné, vous pouvez appuyer sur l'un des quatre boutons fléchés pour déplacer l'élément dans cette direction. La distance sur laquelle l'élément se déplace dépend de votre zoom avant ou arrière.

Instructions pratiques : Déplacer ou copier des éléments

Vous pouvez également utiliser le raccourci pour ***Déplacer, MV*** *ou pour* ***Copier, CO****.*

1. Sélectionnez les éléments que vous souhaitez déplacer ou copier.
2. Dans le groupe de fonctions Modifier, cliquez sur (Déplacer) ou sur (Copier). Une zone de contour s'affiche autour des éléments sélectionnés.
3. Sélectionnez un point de départ de déplacement sur ou à côté de l'élément.
4. Sélectionnez un second point. Utilisez des lignes d'alignement ou des cotes temporaires pour vous aider à placer les éléments.
5. Une fois terminé, vous pouvez exécuter une autre commande de modification en utilisant les éléments qui restent sélectionnés ou revenir à **Modifier** pour mettre fin à la commande.

- Si vous exécuter la commande **Déplacer** tout en maintenant la touche <Ctrl> enfoncée, les éléments sont copiés.

Options des commandes Déplacer et Copier

Les commandes **Déplacer** et **Copier** proposent plusieurs options qui s'affichent dans la Barre des options, comme illustré en Figure 2–33.

☐ Contraindre ☐ Détacher Multiple

Figure 2–33

Contrainte	Restreint les mouvements du curseur à l'horizontale ou la verticale, ou le long de l'axe d'un élément qui se trouve dans un angle. Cela vous empêche de sélectionner un point sur un angle par erreur. L'option **Contrainte** est désactivée par défaut.
Détacher (Déplacer uniquement)	Coupe tout lien existant entre les éléments en cours de déplacement et les autres éléments. Si l'option **Détacher** est activée, les éléments se déplacent séparément. Si elle est désactivée, les éléments liés se déplacent ou s'étirent aussi. L'option **Détacher** est désactivée par défaut.
Multiple (Copier uniquement)	Vous permet de faire plusieurs copies d'une sélection. L'option **Multiple** est désactivée par défaut.

- Cette commande ne fonctionne que dans la vue en cours, et non entre les vues ou les projets. Pour effectuer une copie entre les vues ou projets, dans l'onglet *Modifier*>groupe de fonctions Presse-papiers, utilisez (Copier dans le Presse-papiers), (Couper vers le Presse-papiers) et (Coller depuis le Presse-papiers).

Conseil : Verrouiller des éléments

Si vous ne souhaitez pas que des éléments soient déplacés, vous pouvez les verrouiller in situ, comme illustré en Figure 2–34. Sélectionnez les éléments et dans l'onglet *Modifier*, dans le groupe de fonctions Modifier, cliquez sur (Verrouiller). Les éléments verrouillés peuvent être copiés, mais pas déplacés. Si vous essayez de supprimer un élément verrouillé, une boîte de dialogue d'avertissement s'affiche et vous rappelle que vous devez déverrouiller l'élément pour que la commande puisse être lancée.

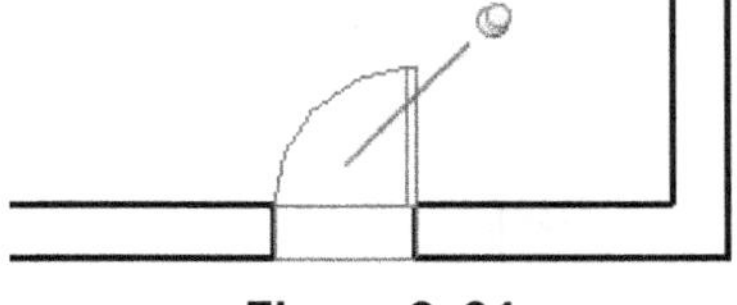

Figure 2–34

Sélectionnez l'élément et cliquez sur (Déverrouiller) ou tapez le raccourci **UP** pour le libérer.

Rotation d'éléments

La commande **Rotation** vous permet de faire pivoter les éléments sélectionnés autour d'un point central ou d'une origine, comme illustré en Figure 2–35. Vous pouvez utiliser des lignes d'alignement, des cotes temporaires et des accrochages pour préciser le centre de rotation et l'angle. Vous pouvez également créer des copies de l'élément pendant qu'il est pivoté.

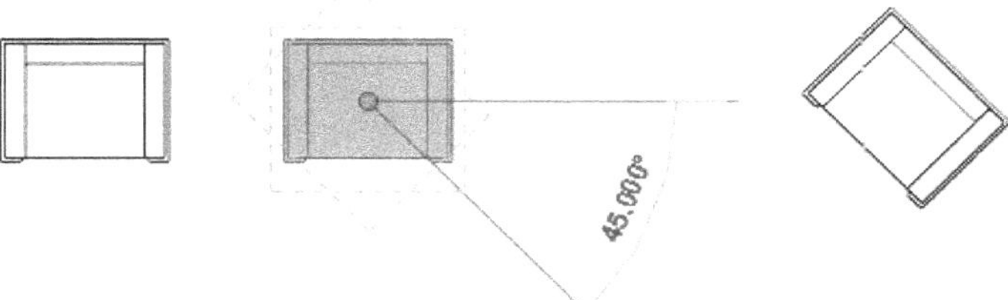

Figure 2–35

Instructions pratiques : Faire pivoter des éléments

1. Sélectionnez l'élément ou les éléments que vous désirez faire pivoter.
2. Dans le groupe de fonctions Modifier, cliquez sur (Rotation) ou tapez le raccourci **RO**.
3. Le centre de rotation est automatiquement réglé sur le centre de l'élément ou du groupe d'éléments, comme illustré à gauche en Figure 2–36. Pour changer le centre de rotation (à droite sur la Figure 2–36), procédez comme suit :
   - Faites glisser le contrôle du (Centre de rotation) vers un nouveau point.
   - Dans la Barre des options, à côté de **Centre de rotation**, cliquez sur **Placer** et utilisez des accrochages pour le déplacer vers un nouvel emplacement.
   - Appuyez sur la <barre d'espacement> pour sélectionner le centre de rotation et cliquez pour le déplacer vers un nouvel emplacement.

*Pour lancer la commande **Rotation** avec une invite pour sélectionner le centre de rotation, sélectionnez d'abord les éléments et tapez **R3**.*

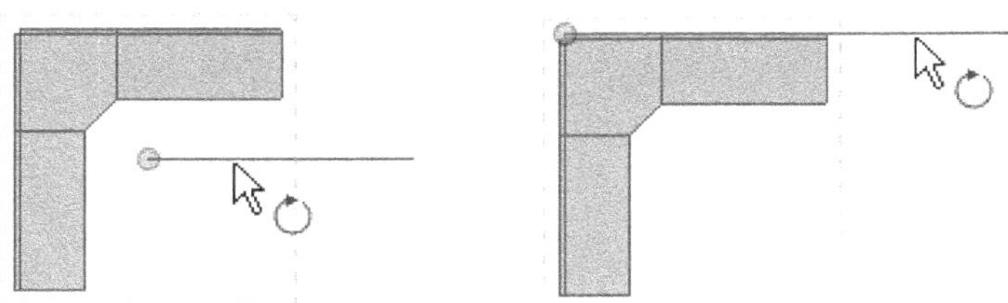

Figure 2–36

4. Dans la Barre des options, précisez si vous voulez faire une copie (sélectionnez **Copie**), saisissez un angle dans le champ *Angle* (voir Figure 2–37) et appuyez sur <Entrée>. Vous pouvez également préciser l'angle sur l'écran en utilisant des cotes temporaires.

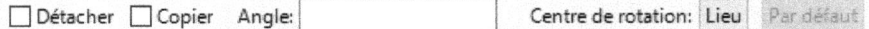

☐ Détacher ☐ Copier Angle: Centre de rotation: Lieu Par défaut

Figure 2–37

5. L'élément ou les éléments pivotés restent en surbrillance, ce qui vous permet de lancer une autre commande en utilisant la même sélection, ou cliquez sur (Modifier) pour terminer.

- L'option **Détacher** coupe tout lien existant entre les éléments en cours de rotation et les autres éléments. Si l'option **Détacher** est activée (sélectionnée), les éléments pivotent distinctement. Si elle est désactivée, les éléments liés se déplacent et s'étirent aussi, comme illustré en Figure 2–38. L'option **Détacher** est désactivée par défaut.

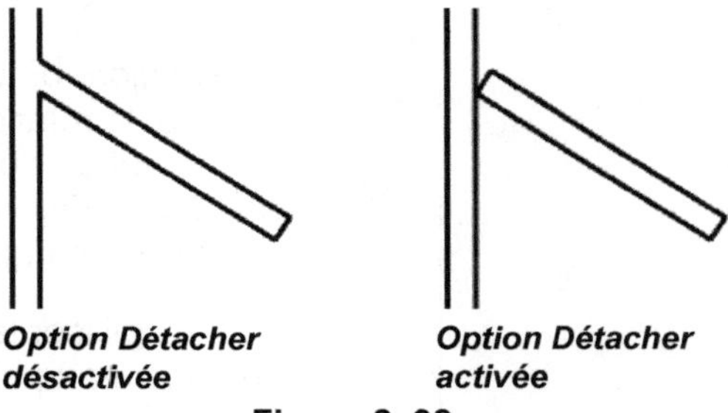

Option Détacher désactivée ***Option Détacher activée***

Figure 2–38

Symétrie d'éléments

La commande **Symétrie** vous permet de mettre en symétrie des éléments par rapport à un axe défini par un élément sélectionné (voir Figure 2–39) ou par des points sélectionnés.

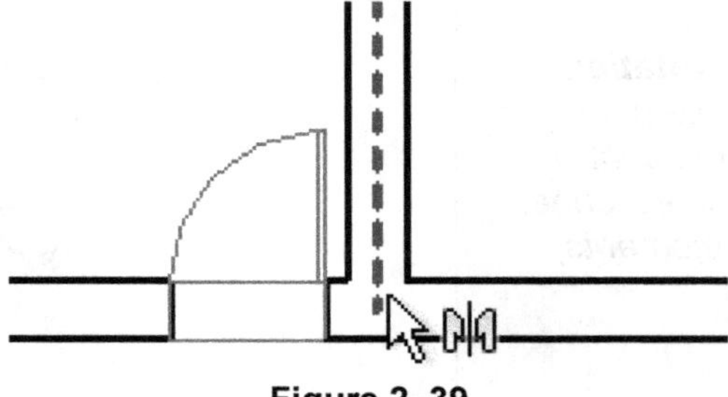

Figure 2–39

Instructions pratiques : Mettre des éléments en symétrie

1. Sélectionnez l'élément ou les éléments à mettre en symétrie.
2. Dans le groupe de fonctions Modifier, sélectionnez la méthode que vous désirez utiliser :

   - Cliquez sur (Symétrie - Choisir l'axe) ou tapez le raccourci **MM**. Vous êtes alors invité à sélectionner un élément comme **Axe de réflexion** (ligne de symétrie).

   - Cliquez sur (Symétrie - Dessiner l'axe) ou tapez le raccourci **DM**. Vous êtes alors invité à sélectionner deux points pour définir l'axe par rapport auquel l'élément est symétrique.
3. Le nouvel élément ou les nouveaux éléments en symétrie restent en surbrillance, ce qui vous permet de lancer une autre commande ou de revenir à **Modifier** pour terminer.

- Par défaut, les éléments d'origine qui ont été mis en symétrie restent. Pour supprimer les éléments d'origine, désactivez l'option **Copier** dans la Barre des options.

Conseil : Echelle

Le logiciel Autodesk Revit est conçu avec des éléments en taille réelle. C'est pourquoi il n'est plus nécessaire de calculer l'échelle. Par exemple, la mise à l'échelle d'un mur augmente sa longueur mais n'influence pas la largeur, qui est définie par le type de mur. Vous pouvez cependant utiliser (Echelle) dans des plans de référence, des images et des fichiers importés d'autres programmes.

Créer des réseaux linéaires et radiaux

Un réseau linéaire crée un motif de ligne droite d'éléments, alors qu'un réseau radial crée un motif circulaire autour du point central.

La commande **Réseau** crée plusieurs copies d'éléments sélectionnés dans un réseau linéaire ou radial, comme illustré en Figure 2–40. Par exemple, vous pouvez mettre en réseau une rangée de poteaux pour créer une rangée de poteaux à espacement régulier sur un quadrillage, ou mettre en réseau une rangée de places de parking. Les éléments mis en réseau peuvent être regroupés ou placés comme des éléments séparés.

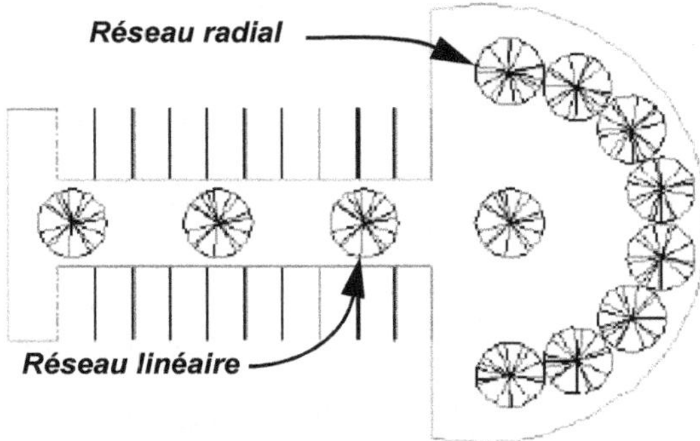

Figure 2–40

Instructions pratiques : Créer un réseau linéaire

1. Sélectionnez l'élément ou les éléments à mettre en réseau.
2. Dans le groupe de fonctions Modifier, cliquez sur (Réseau) ou tapez le raccourci **AR**.
3. Dans la Barre des options, cliquez sur (Linéaire).
4. Précisez d'autres options si nécessaire.
5. Sélectionnez un point de départ et un point d'arrivée pour définir l'espacement et la direction du réseau. Le réseau est affiché.
6. Si l'option **Regrouper et associer** est sélectionnée, vous êtes à nouveau invité à préciser le nombre d'éléments, comme illustré en Figure 2–41. Entrez un nouveau nombre ou cliquez sur l'écran pour mettre fin à la commande.

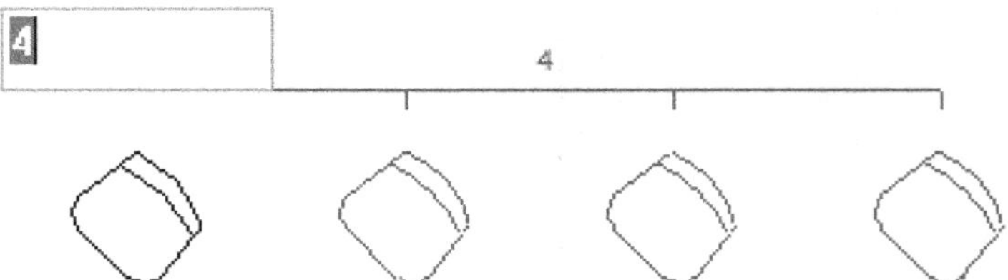

Figure 2–41

- Pour créer un réseau linéaire dans deux directions, vous devez d'abord mettre en réseau une direction, sélectionner les éléments mis en réseau et les mettre ensuite à nouveau en réseau dans l'autre direction.

Options de réseau

Dans la Barre des options, réglez les options **Réseau** pour le **Réseau Linéaire** (en haut sur la Figure 2–42) ou le **Réseau radial** (en bas sur la Figure 2–42).

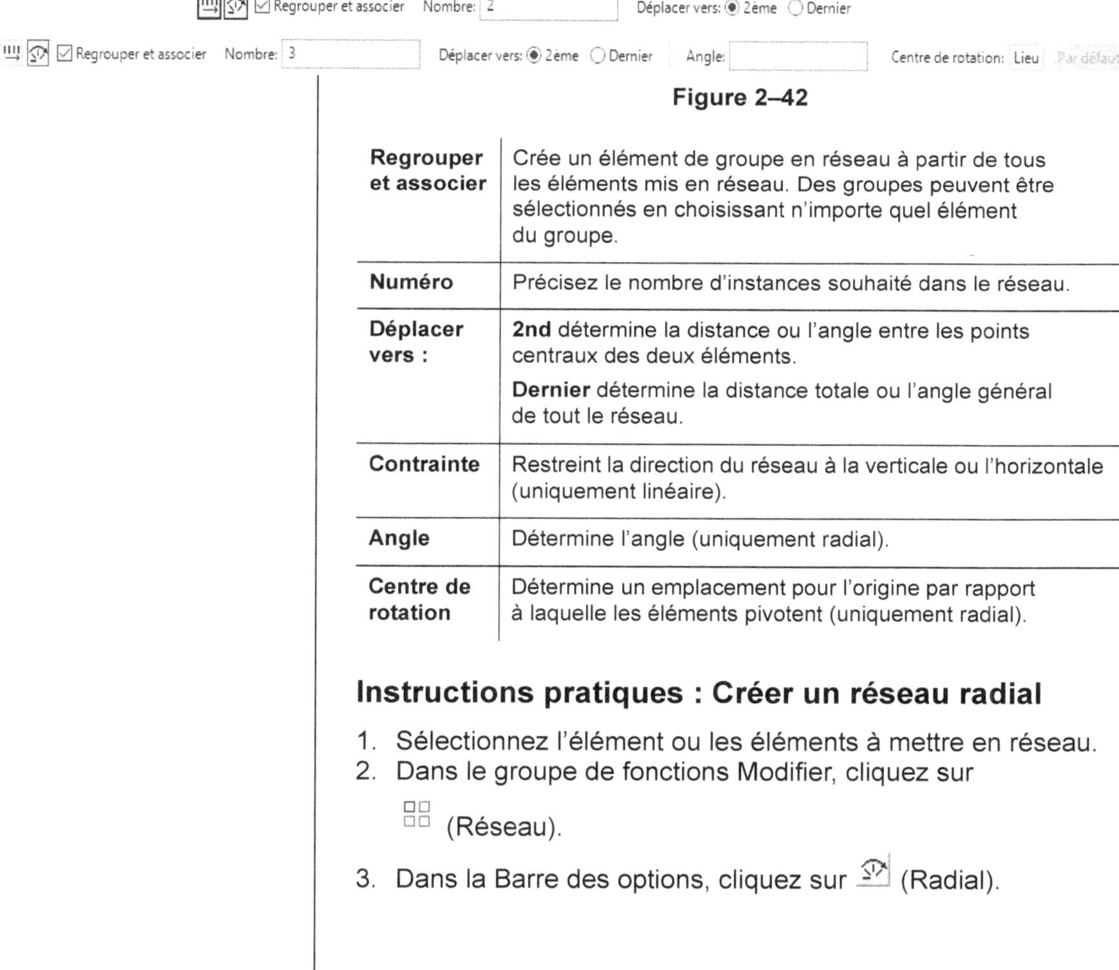

Figure 2–42

Regrouper et associer	Crée un élément de groupe en réseau à partir de tous les éléments mis en réseau. Des groupes peuvent être sélectionnés en choisissant n'importe quel élément du groupe.
Numéro	Précisez le nombre d'instances souhaité dans le réseau.
Déplacer vers :	**2nd** détermine la distance ou l'angle entre les points centraux des deux éléments. **Dernier** détermine la distance totale ou l'angle général de tout le réseau.
Contrainte	Restreint la direction du réseau à la verticale ou l'horizontale (uniquement linéaire).
Angle	Détermine l'angle (uniquement radial).
Centre de rotation	Détermine un emplacement pour l'origine par rapport à laquelle les éléments pivotent (uniquement radial).

Instructions pratiques : Créer un réseau radial

1. Sélectionnez l'élément ou les éléments à mettre en réseau.
2. Dans le groupe de fonctions Modifier, cliquez sur (Réseau).
3. Dans la Barre des options, cliquez sur (Radial).

*N'oubliez pas de commencer par régler le contrôle du **Centre de rotation**, car il est facile d'oublier de le déplacer avant de préciser l'angle.*

4. Faites glisser ⭮ (Centre de rotation) ou utilisez **Placer** pour déplacer le centre de rotation vers l'emplacement approprié, comme illustré en Figure 2–43.

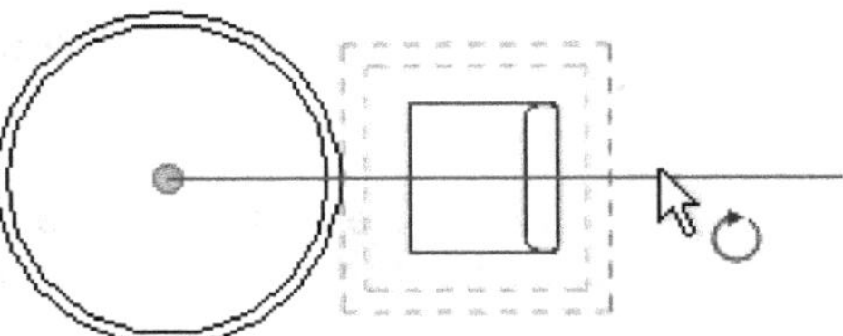

Figure 2–43

5. Précisez d'autres options si nécessaire.
6. Dans la Barre des options, saisissez un angle et appuyez sur <Entrée>, ou précisez l'angle de rotation en sélectionnant des points sur l'écran.

Modifier des groupes de réseau

Quand vous sélectionnez un élément dans un réseau qui a été regroupé, vous pouvez modifier le nombre d'instances du réseau, comme illustré en Figure 2–44. Pour les réseaux radiaux, vous pouvez aussi modifier la distance jusqu'au centre.

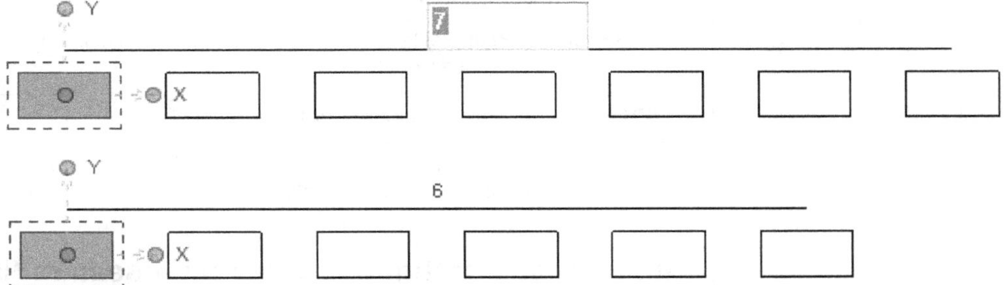

Figure 2–44

- Des lignes discontinues entourent les éléments d'un groupe et la commande XY vous permet de déplacer le point d'origine du groupe.

Si vous déplacez un des éléments dans le groupe de réseau, les autres éléments se déplacent en réaction en fonction de la distance et/ou de l'angle, comme illustré en Figure 2–45.

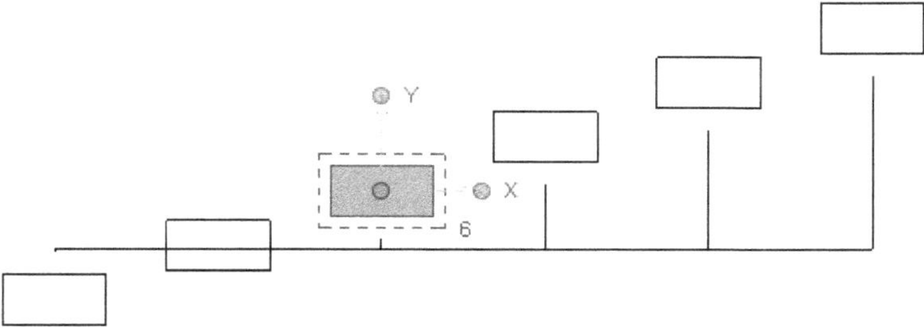

Figure 2–45

- Pour supprimer la contrainte de réseau sur le groupe, sélectionnez tous les éléments du groupe de réseau et, dans l'onglet contextuel *Modifier*>groupe de fonctions Groupe, cliquez sur (Dissocier).
- Si vous sélectionnez un élément individuel dans un réseau et cliquez sur (Dissocier), l'élément que vous avez sélectionné est supprimé du réseau, alors que le reste des éléments reste dans le groupe de réseau.
- Vous pouvez utiliser (Filtre) pour vous assurer que vous ne sélectionnez que **Groupes de modèle**.

Exercice 2b

Utiliser les outils de modification de base

Durée estimée : 15 minutes

Objectif de l'exercice

- Utilisez les outils de modification de base tels que Déplacer, Copier, Rotation et Éléments de réseau.

Dans cet exercice, vous créerez une série de bureaux en utilisant les commandes Copier et Symétrie. Ensuite, vous mettrez en réseau des bureaux autour d'un mur circulaire et ferez pivoter et mettrez en réseau une paire de poteaux en face d'un simple bâtiment, comme illustré en Figure 2–46.

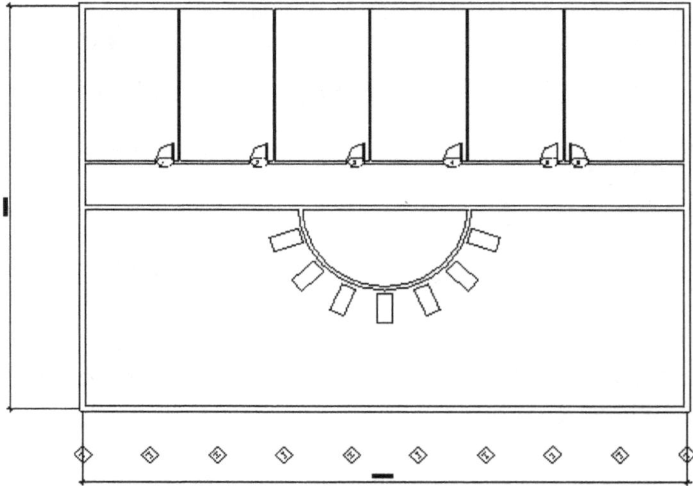

Figure 2–46

Tâche 1 - Modifier des murs et des portes.

1. Ouvrez le projet **Bâtiment-Simple-1.rvt** depuis le dossier des fichiers d'exercices.
2. Sélectionnez l'arc supérieur du mur circulaire.
3. Dans le groupe de fonctions Modifier, cliquez sur ✖ (Supprimer).

*N'oubliez pas que vous pouvez aussi appuyer sur <Suppr> ou cliquer avec le bouton droit de la souris et sélectionner **Supprimer**.*

4. Sélectionnez le mur intérieur vertical, la porte et l'étiquette de porte. Maintenez la touche <Ctrl> enfoncée pour sélectionner plusieurs éléments, ou utilisez une fenêtre de sélection.

5. Dans le groupe de fonctions Modifier, cliquez sur  (Copier).

6. Dans la Barre des options, sélectionnez **Contraindre** et **Multiple**. L'option **Contraindre** force le curseur à ne se déplacer qu'horizontalement ou verticalement.

7. Sélectionnez le point de départ et le point d'arrivée, comme illustré en Figure 2–47. Le mur, la porte et l'étiquette de porte sont copiés vers la droite. L'étiquette de la porte affiche le numéro **2**.

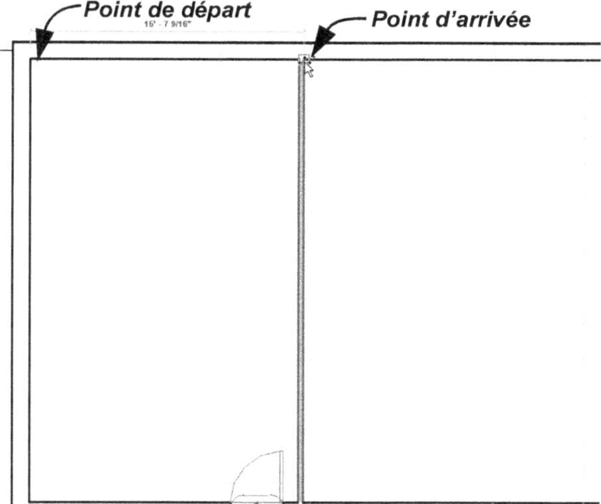

Figure 2–47

8. Les nouveaux éléments sont toujours sélectionnés et vous pouvez continuer à les copier. Utilisez les mêmes points de départ et d'arrivée pour les copies supplémentaires ou saisissez **4800** et appuyez sur <Entrée> pour régler la distance entre chaque copie. Vous pouvez voir la mise en page finale sur la Figure 2–48.

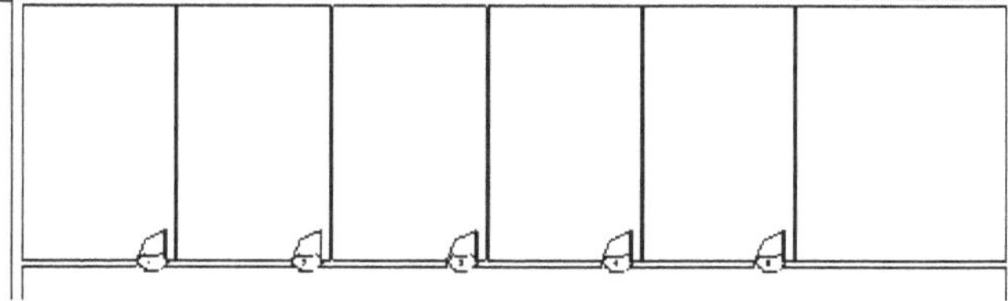

Figure 2–48

9. Cliquez sur (Modifier) pour terminer la commande.
10. Effectuez un zoom avant vers l'extrémité droite.
11. Sélectionnez la porte n° 5 et l'étiquette de porte correspondante.
12. Dans le groupe de fonctions Modifier, cliquez sur (Symétrie - Choisir l'axe). Dans la Barre des options, assurez-vous que **Copier** est sélectionné.
13. Sélectionnez le mur vertical entre les pièces comme axe de symétrie. Une ligne d'alignement s'affiche le long du centre du mur. Placez la nouvelle porte, comme illustré en Figure 2–49.

Figure 2–49

14. Cliquez sur un espace vide pour déselectionner.

Tâche 2 - Ajouter des plans de référence et les utiliser pour placer un composant.

1. Dans l'onglet *Architecture*>groupe de fonctions Plan de construction, cliquez sur (Plan de référence).

2. Dessinez deux plans de référence, comme illustré en Figure 2–50. Le plan vertical commence au milieu du mur. Vous pouvez placer le plan horizontal n'importe où et ensuite utiliser des cotes temporaires pour le placer plus précisément.)

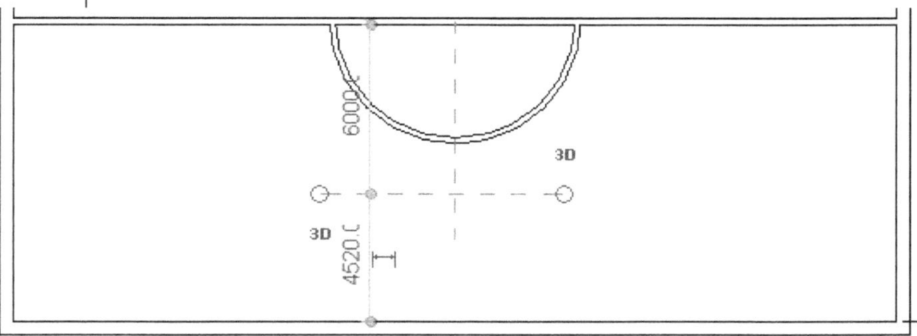

Figure 2–50

3. Dans l'onglet *Architecture*>groupe de fonctions Création, cliquez sur (Composant).

4. Dans la Palette Propriétés, dans le Sélecteur de type, vérifiez que **M_Bureau: 1525 x 762mm** est sélectionné, comme illustré en Figure 2–51.

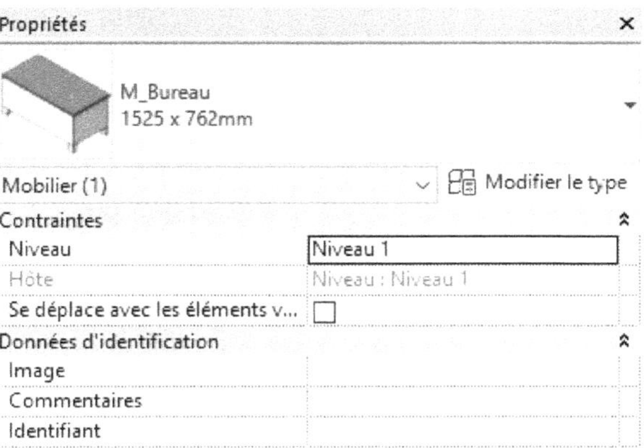

Figure 2–51

5. En déplaçant le curseur, vous pouvez voir que le bureau est horizontal. Appuyez sur la <barre d'espacement> pour faire pivoter le bureau de 90 degrés.

6. Placez le bureau à l'intersection des deux plans de référence, comme illustré en Figure 2–52. Effectuez un zoom avant si nécessaire, pour vous assurer que vous êtes connecté aux plans de référence, et pas à d'autres lignes d'alignement.

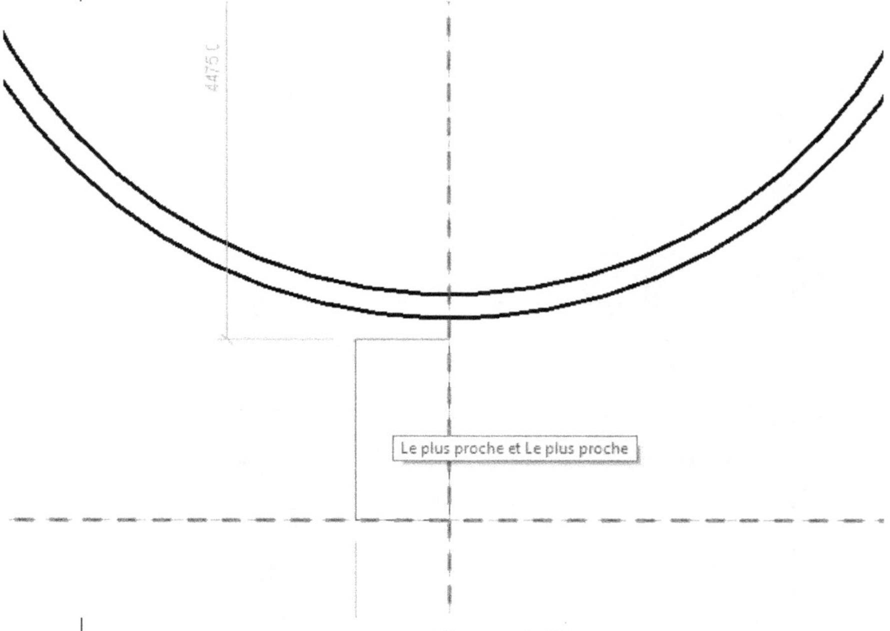

Figure 2–52

7. Cliquez sur (Modifier) et sélectionnez le bureau que vous venez de placer.

8. Dans le groupe de fonctions Modifier, cliquez sur (Déplacer). Pour le point de départ du déplacement, sélectionnez la ligne d'alignement verticale du bureau. Pour le point d'arrivée, sélectionnez le plan de référence vertical.

9. Enregistrez le projet.

Tâche 3 - Créer un réseau radial.

1. Sélectionnez le bureau.

2. Dans le groupe de fonctions Modifier, cliquez sur (Réseau).

3. Dans la Barre des options, cliquez sur (Radial). Désactivez l'option **Regrouper et associer**, définissez le champ *Nombre* sur **15** et le champ *Déplacer vers :* sur **2ème**.
4. Faites glisser le centre de rotation du centre du bureau vers le milieu du mur, comme illustré en Figure 2–53.

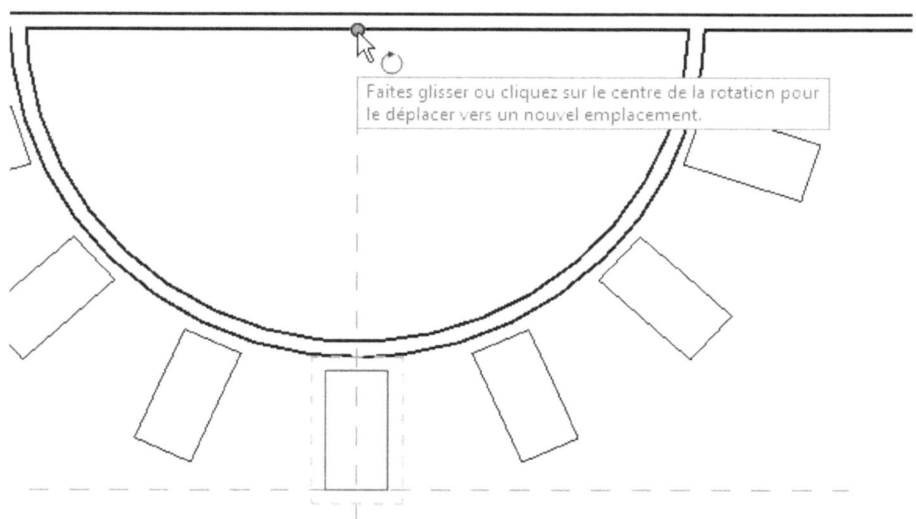
Faites glisser ou cliquez sur le centre de la rotation pour
le déplacer vers un nouvel emplacement.

Figure 2–53

5. Revenez à la Barre des options et définissez l'*angle* sur **360**. Appuyez sur <Entrée>. Le réseau s'affiche, comme illustré en Figure 2–54.

Il est parfois plus facile de créer plus d'éléments que nécessaire et de supprimer ensuite ceux dont vous n'avez pas besoin, comme le montre cet exemple.

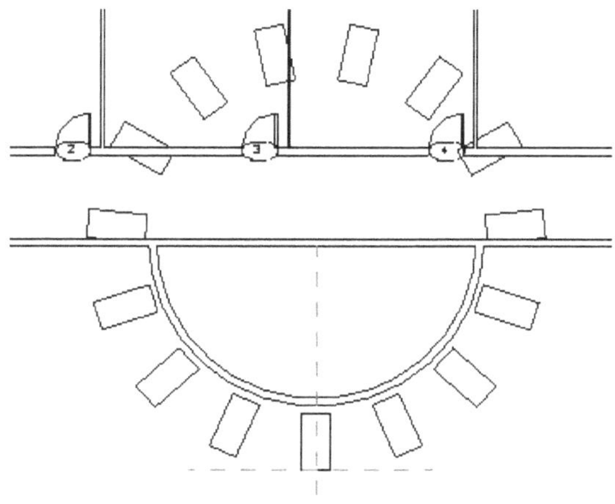

Figure 2–54

6. Supprimez tous les bureaux qui se trouvent à l'extérieur de la pièce qui contient le bureau d'origine.

7. Effectuez un zoom arrière pour afficher l'intégralité de la vue.

Tâche 4 - Placer les poteaux à des emplacements appropriés.

1. Deux poteaux (un architectural et un porteur) ont été ajoutés au projet. Sélectionnez le poteau architectural carré et faites-le glisser de sorte qu'il s'aligne avec le mur, comme illustré en Figure 2–55. Utilisez la cote temporaire pour définir la distance depuis le mur.

2. Placez le poteau porteur au centre du poteau architectural en utilisant les accrochages **Milieu et Extension**, comme illustré en Figure 2–56.

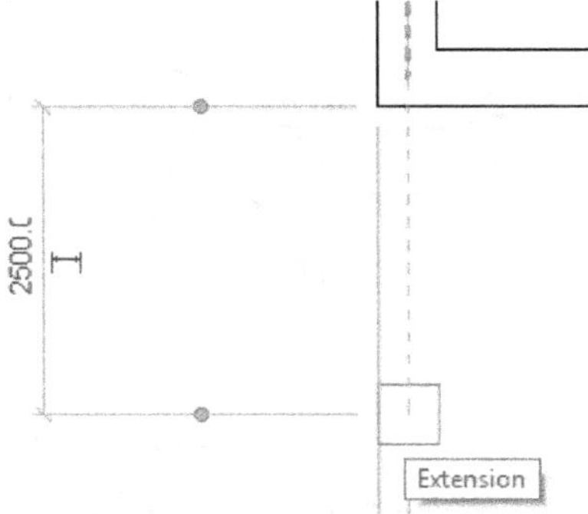

Figure 2–55

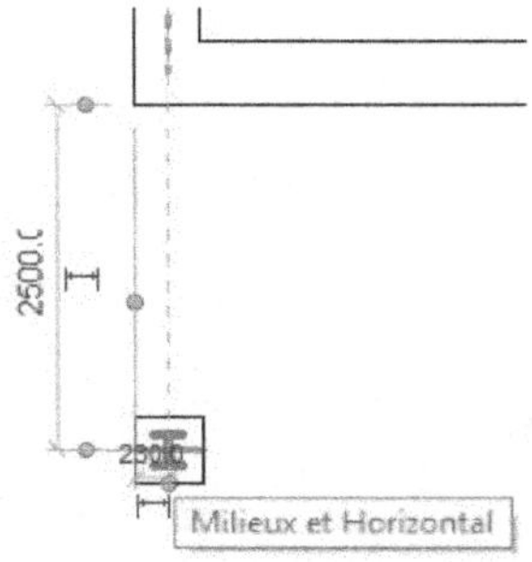

Figure 2–56

3. Enregistrez le projet.

Tâche 5 - Faire pivoter les poteaux et les mettre en réseau.

1. Cliquez sur (Modifier) et sélectionnez les deux poteaux.

2. Dans l'onglet *Modifier | Sélection multiple*>groupe de fonctions Modifier, cliquez sur (Rotation).

3. Pour le rayon de début, cliquez horizontalement, comme illustré à gauche en Figure 2–57.

4. Déplacez la ligne de rayon jusqu'à ce que vous voyiez la cote temporaire **45000**, comme illustré à droite en Figure 2–57.

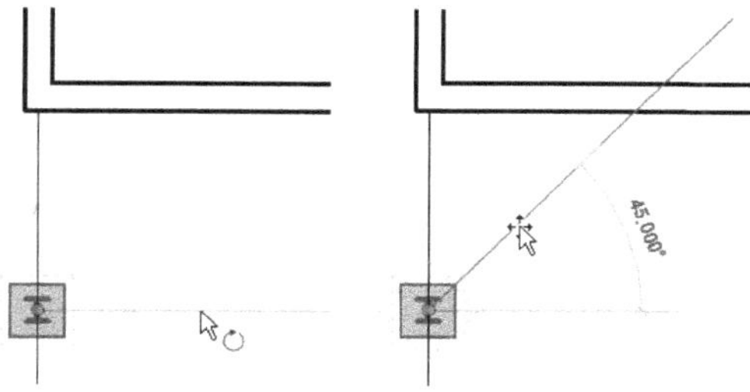

Figure 2–57

5. Les deux poteaux toujours sélectionnés, dans l'onglet *Modifier | Sélection multiple*>groupe de fonctions Modifier, cliquez sur (Réseau).

6. Dans la Barre des options, cliquez sur (Linéaire), désactivez l'option **Regrouper et associer**, définissez *Nombre* sur **10** et réglez *Déplacer vers :* sur **Dernier**.

7. Pour le point de départ, cliquez sur le milieu des poteaux. Pour le point d'arrivée du réseau, sélectionnez les accrochages **Horizontal et Extension** pour le centre du mur à l'extrême droite, comme illustré en Figure 2–58.

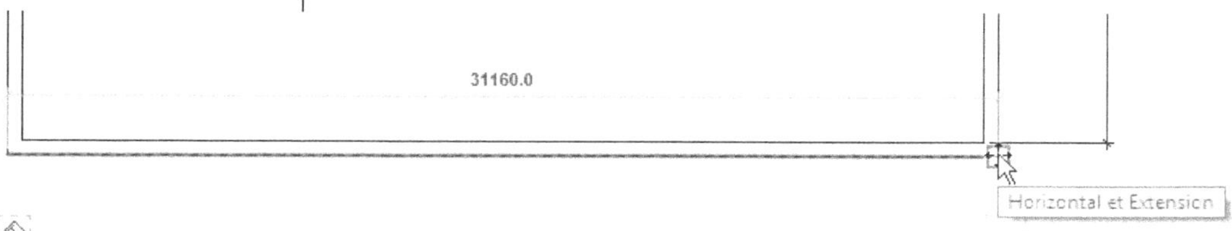

Figure 2–58

8. Effectuez un zoom arrière pour afficher l'intégralité du bâtiment.

9. Les poteaux sont mis en réseau uniformément en face du bâtiment, comme illustré en Figure 2–59.

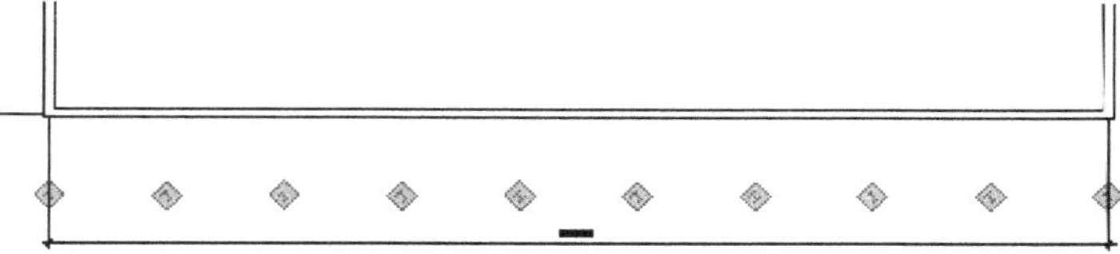

Figure 2–59

10. Enregistrez le projet.

2.4 Utiliser les autres outils de modification

Lorsque vous travaillez sur un projet, certains outils supplémentaires de l'onglet *Modifier*>groupe de fonctions Modifier (voir Figure 2–60) peuvent vous aider à placer, modifier et contraindre des éléments. L'option **Aligner** peut s'utiliser avec un large choix d'éléments, alors que les options **Scinder l'élément**, **Ajuster/Prolonger** et **Décalage** ne peuvent être utilisées qu'avec des éléments linéaires.

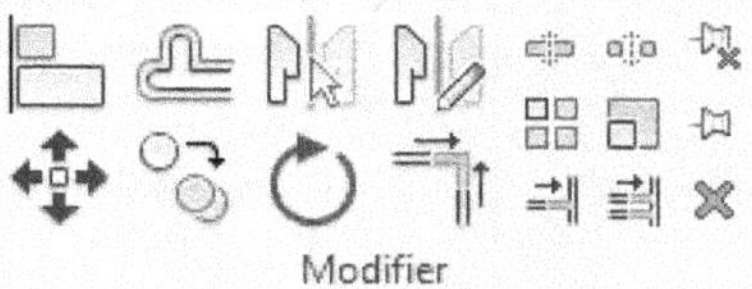

Figure 2–60

Aligner des éléments

La commande **Aligner** vous permet d'aligner un élément avec un autre, comme illustré en Figure 2–61. La plupart des éléments Autodesk Revit peuvent être alignés. Par exemple, vous pouvez aligner le haut des fenêtres avec le haut d'une porte, ou aligner du mobilier avec un mur.

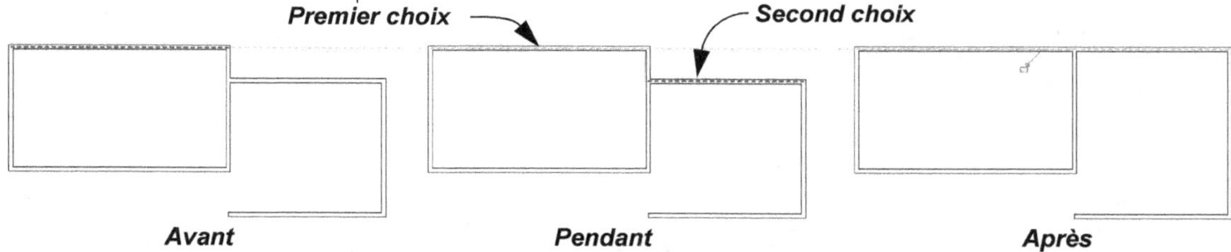

Figure 2–61

Instructions pratiques : Aligner des éléments

1. Dans l'onglet *Modifier*>groupe de fonctions Modifier, cliquez sur (Aligner).
2. Sélectionnez une ligne ou un point sur l'élément qui restera fixe. Pour les murs, appuyez sur la touche <Tab> pour sélectionner le bon côté du mur.
3. Sélectionnez une ligne ou un point sur l'élément à aligner. Le deuxième élément se déplace dans l'alignement du premier.

- La commande **Aligner** fonctionne dans toutes les vues de modèle, y compris les vues en 3D parallèles et en perspective.

- Vous pouvez verrouiller des alignements pour que les éléments se déplacent ensemble si l'un d'entre eux est déplacé. Une fois que vous avez créé l'alignement, un cadenas s'affiche. Cliquez sur le cadenas pour le verrouiller, comme illustré en Figure 2–62.

Le verrouillage d'éléments augmente la taille du fichier de projet. Veillez donc à utiliser cette option prudemment.

Figure 2–62

- Sélectionnez **Alignement multiple** pour sélectionner plusieurs éléments à aligner avec le premier élément. Vous pouvez également maintenir la touche <Ctrl> enfoncée pour effectuer des alignements multiples.

- Pour les murs, vous pouvez préciser si vous souhaitez que la commande favorise **Axes de mur**, **Faces de mur**, **Axe du porteur** ou **Faces du porteur**, comme illustré en Figure 2–63. Le terme « porteur » renvoie aux éléments structurels d'un mur par opposition aux matériaux de face tels que les plaques de plâtre.

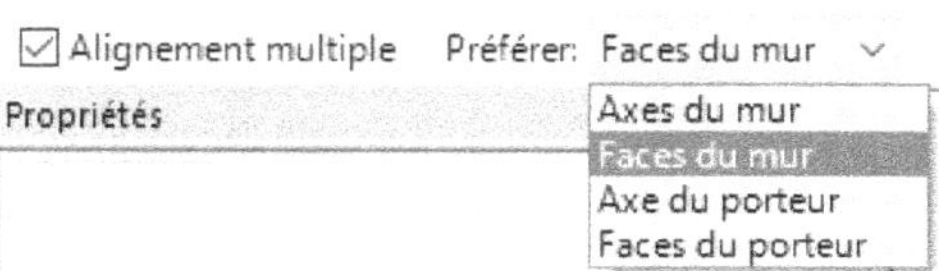

Figure 2–63

Scinder des éléments linéaires

Vous pouvez scinder des murs dans des vues en plan, des vues d'élévation ou des vues 3D.

La commande **Scinder** l'élément vous permet de briser un élément linéaire à un point spécifique. Vous pouvez utiliser des lignes d'alignement, des accrochages et des cotes temporaires pour vous aider à placer le point de scission. Après avoir scindé l'élément linéaire, vous pouvez utiliser d'autres commandes pour modifier les deux parties ou changer le type d'une partie, comme cela a été fait avec des murs sur la Figure 2–64.

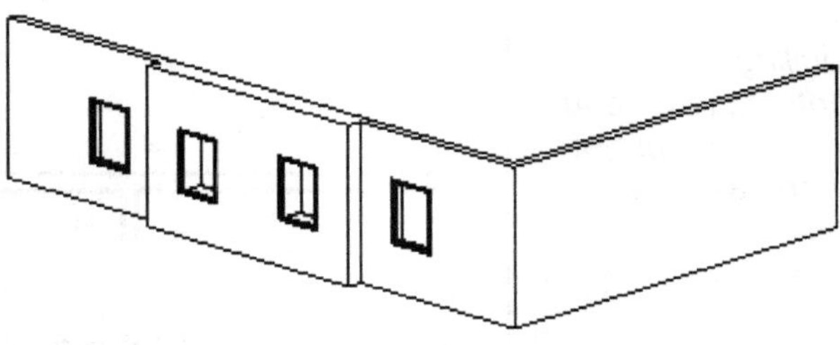

Figure 2–64

Instructions pratiques : Scinder des éléments linéaires

1. Dans l'onglet *Modifier*>groupe de fonctions Modifier, cliquez sur (Scinder l'élément) ou tapez le raccourci **SL**.
2. Dans la Barre des options, sélectionnez ou désactivez l'option **Supprimer le segment interne**.
3. Déplacez le curseur vers le point que vous voulez scinder et sélectionnez le point.
4. Répétez l'opération pour tout emplacement de scission supplémentaire.
5. Modifier les éléments qui ont été scindés si nécessaire.

- L'option **Supprimer le segment interne** est utilisée lorsque vous sélectionnez deux points de scission le long d'un élément linéaire. Lorsque l'option est sélectionnée, le segment entre les deux points de scission est automatiquement supprimé.

- Une option supplémentaire, (Scinder avec un espace), scinde l'élément linéaire au niveau du point que vous avez sélectionné (voir Figure 2–65), mais crée également un *Espace entre les joints* précisé dans la Barre des options.

Cette commande est généralement utilisée avec des dalles structurelles préfabriquées.

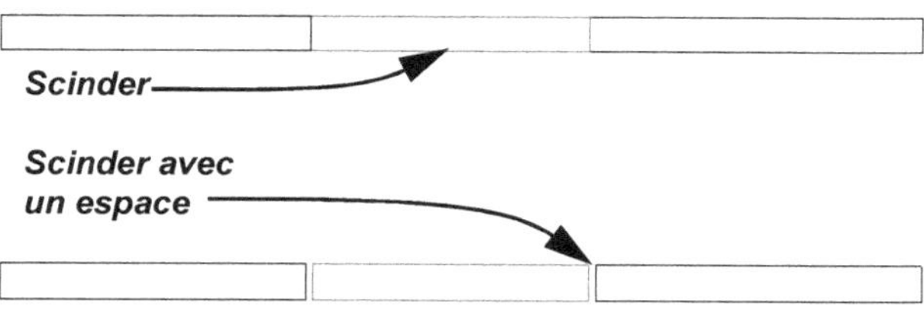

Figure 2–65

Ajuster et prolonger

Il existe trois méthodes pour ajuster/prolonger que vous pouvez utiliser avec des éléments linéaires : **Ajuster/Prolonger en angle**, **Ajuster/Prolonger un seul élément** et **Ajuster/Prolonger plusieurs éléments**.

- Lorsque vous sélectionnez des éléments à ajuster, cliquez sur la partie de l'élément que vous souhaitez conserver. La partie opposée à la ligne est ajustée.

Instructions pratiques : Ajuster/Prolonger en angle

1. Dans l'onglet *Modifier*>groupe de fonctions Modifier, cliquez sur (Ajuster/Prolonger en angle) ou saisissez le raccourci **TR**.
2. Sélectionnez le premier élément linéaire sur le côté que vous souhaitez conserver.
3. Sélectionnez le second élément linéaire sur le côté que vous souhaitez conserver, comme illustré en Figure 2–66.

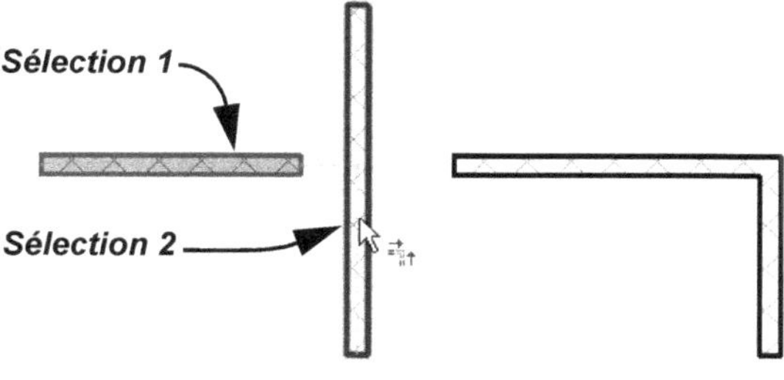

Figure 2–66

Instructions pratiques : Ajuster/Prolonger un seul élément

1. Dans l'onglet *Modifier*>groupe de fonctions Modifier, cliquez sur (Ajuster/Prolonger un seul élément).
2. Sélectionnez l'arête sécante ou le contour.
3. Sélectionnez l'élément linéaire à ajuster ou à prolonger, comme illustré en Figure 2–67.

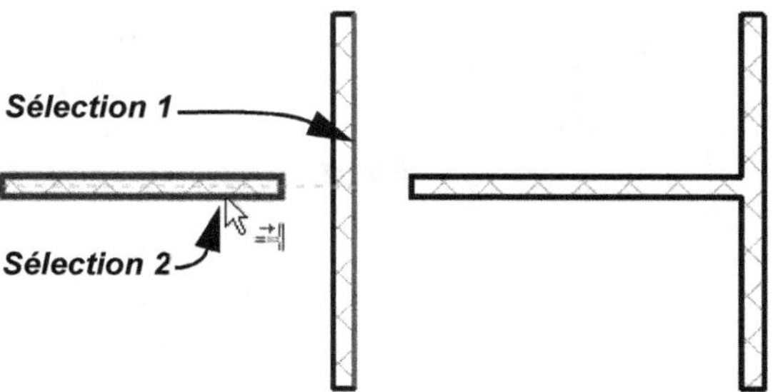

Figure 2–67

Instructions pratiques : Ajuster/Prolonger plusieurs éléments

1. Dans l'onglet *Modifier*>groupe de fonctions Modifier, cliquez sur (Ajuster/Prolonger plusieurs éléments).
2. Sélectionnez l'arête sécante ou le contour.
3. Sélectionnez les éléments linéaires que vous souhaitez ajuster ou prolonger un par un ou en utilisant une fenêtre de croisement, comme illustré en Figure 2–68. Pour ajuster, sélectionnez le côté que vous souhaitez conserver.

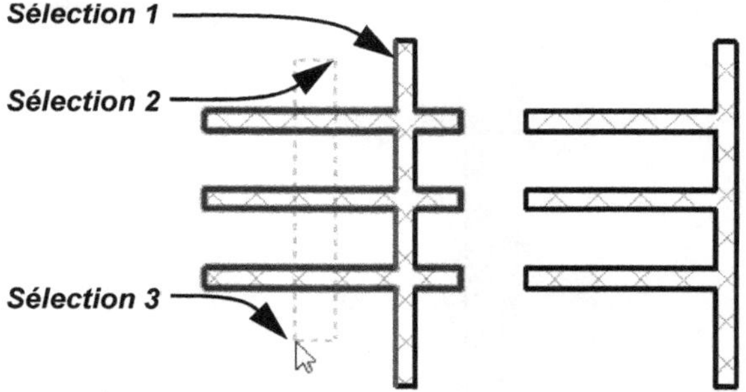

Figure 2–68

- Vous pouvez cliquer sur un espace vide pour annuler la sélection et sélectionner une autre arête sécante ou un autre contour.

Décaler des éléments

La commande **Décaler** est une manière simple de créer des copies parallèles d'éléments linéaires à une distance spécifique, comme illustré en Figure 2–69. Les murs, les poutres, les contreventements et les lignes font partie des éléments pouvant être décalés.

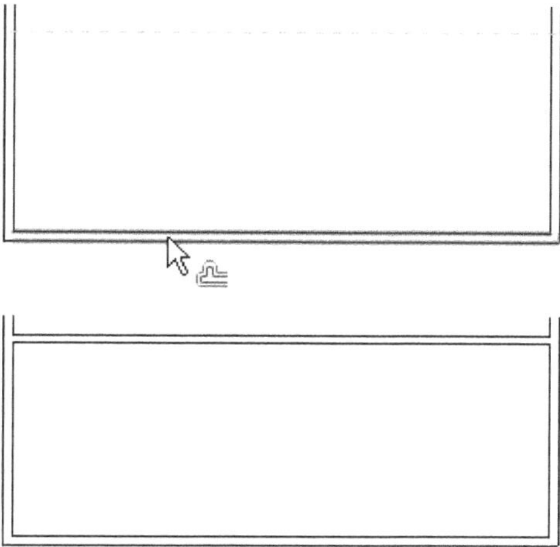

Figure 2–69

- Si vous décalez un mur qui comprend une porte ou une fenêtre intégrée, les éléments sont copiés avec le mur décalé.

La distance de décalage peut être définie en saisissant la distance (méthode **Numérique**, illustrée en Figure 2–70) ou en sélectionnant des points à l'écran (méthode **Graphique**).

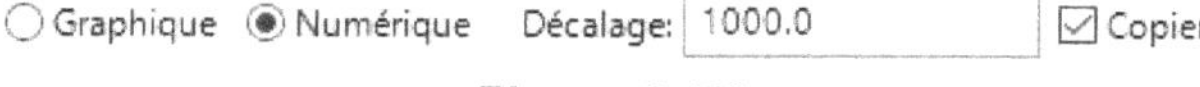

Figure 2–70

Instructions pratiques : Décaler en utilisant la méthode Numérique

*L'option **Copier** (activée par défaut) effectue une copie de l'élément décalé. Si cette option n'est pas sélectionnée, la commande **Décaler** déplace l'élément à la distance de décalage définie.*

1. Dans l'onglet *Modifier*>groupe de fonctions Modifier, cliquez sur (Décaler) ou tapez le raccourci **OF**.
2. Dans la Barre des options, sélectionnez l'option **Numérique**.
3. Dans la Barre des options, saisissez la distance nécessaire dans le champ *Décaler*.
4. Déplacez le curseur au-dessus de l'élément que vous souhaitez décaler. Une ligne discontinue donne un aperçu de l'emplacement du décalage. Déplacez le curseur pour inverser les côtés, si besoin.

5. Cliquez pour effectuer le décalage.
6. Répétez les étapes 4 et 5 pour décaler d'autres éléments à la même distance ou pour modifier la distance d'un autre décalage.

- Grâce à l'option **Numérique**, vous pouvez sélectionner plusieurs éléments linéaires connectés pour les décaler. Passez le curseur au-dessus d'un élément et appuyez sur la touche <Tab> jusqu'à ce que les autres éléments associés soient sélectionnés. Sélectionnez l'élément pour décaler tous les éléments en même temps.

Instructions pratiques : Décaler en utilisant la méthode Graphique

1. Exécutez la commande **Décaler**.
2. Dans la Barre des options, sélectionnez **Graphique**.
3. Sélectionnez l'élément linéaire à décaler.
4. Sélectionnez deux points qui définissent la distance du décalage et le côté auquel il s'applique. Vous pouvez saisir un remplacement dans la cote temporaire pour le second point.

- La plupart des éléments connectés à un angle s'ajustent ou se prolongent automatiquement pour correspondre à la distance de décalage, comme illustré en Figure 2–71.

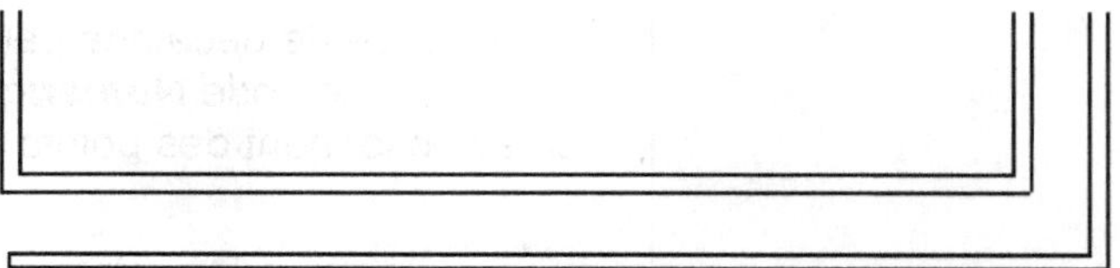

Figure 2–71

Exercice 2c Utiliser les autres outils de modification

Objectif de l'exercice

- Aligner, scinder, ajuster/prolonger et décaler des éléments.

Durée estimée : 10 minutes

Dans cet exercice, vous scinderez un mur en trois parties et supprimerez la partie centrale. Vous décalerez les murs, puis vous les ajusterez ou les prolongerez pour créer de nouvelles pièces. Vous alignerez ensuite les nouveaux murs pour qu'ils s'adaptent aux murs existants, comme illustré en Figure 2–72.

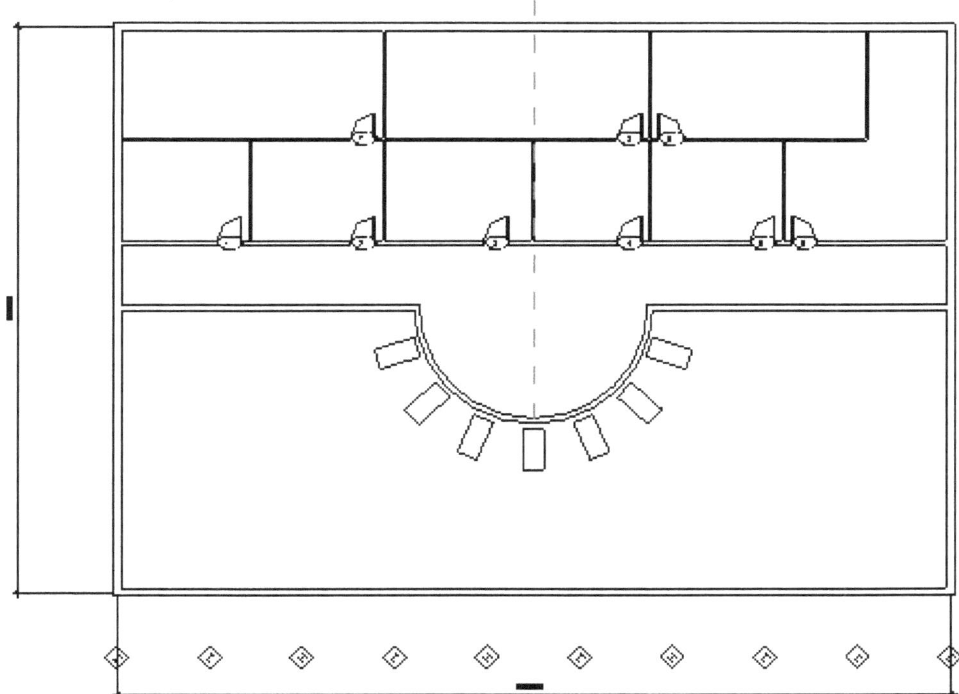

Figure 2–72

Tâche 1 - Scinder et supprimer des murs

1. Ouvrez le projet **Bâtiment-Simple-2.rvt** depuis le dossier des fichiers d'exercices.
2. Dans l'onglet *Modifier*>groupe de fonctions Modifier, cliquez sur (Scinder l'élément).

3. Dans la Barre des options, sélectionnez **Supprimer le segment interne**.

4. Sélectionnez le mur horizontal aux extrémités gauche et droite du mur incurvée. Le segment de mur entre ces points est supprimé, comme illustré en Figure 2–73.

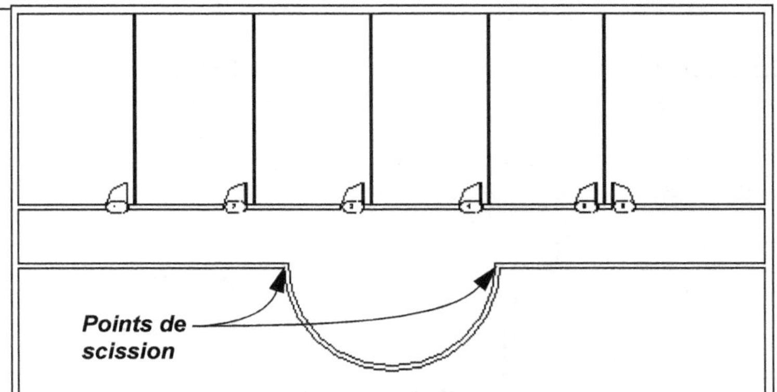

Figure 2–73

5. Cliquez sur (Modifier) pour terminer.

Tâche 2 - Décaler et ajuster des murs

1. Dans l'onglet *Modifier*>groupe de fonctions Modifier, cliquez sur (Décaler).

2. Dans la Barre des options, définissez l'option *Décalage* sur **4250mm** et assurez-vous que l'option **Copier** est sélectionnée.

3. Sélectionnez le mur horizontal supérieur tout en vous assurant que la ligne d'alignement discontinue s'affiche à l'intérieur du bâtiment, comme illustré en Figure 2–74.

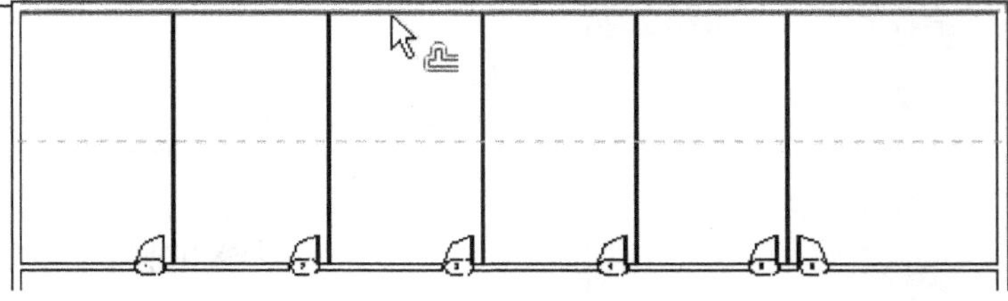

Figure 2–74

4. La commande **Décaler** toujours active, définissez l'option *Décalage* sur **3000mm** et décalez le dernier mur vertical sur la droite, comme illustré en Figure 2–75.

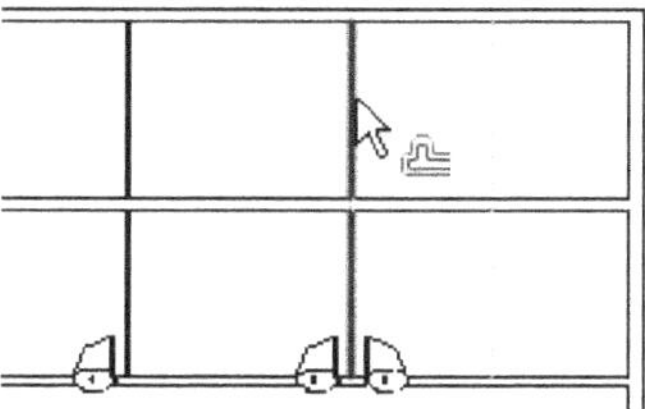

Figure 2–75

5. Cliquez sur (Modifier) et sélectionnez le nouveau mur horizontal qui a été créé à partir du mur extérieur. Définissez le mur sur **Mur de base: Intérieur - Cloison 138 mm (1-hr).** La disposition des nouveaux murs doit s'afficher comme illustré en Figure 2–76.

Le mur vertical ne nécessite pas de modification puisqu'il a été décalé à partir d'un mur intérieur.

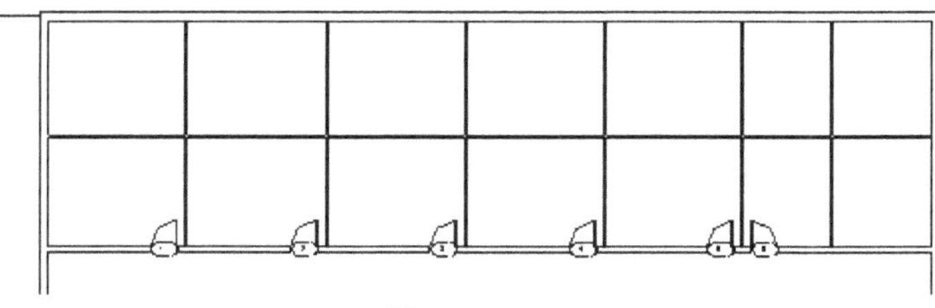

Figure 2–76

6. Dans l'onglet *Modifier*>groupe de fonctions Modifier, cliquez sur (Ajuster/Prolonger plusieurs éléments).

7. Sélectionnez le nouveau mur horizontal comme élément de référence.

8. Sélectionnez tous les autres murs en dessous du nouveau mur. (Rappel : sélectionnez les éléments que vous souhaitez conserver.) Les murs doivent s'afficher comme illustré en Figure 2–77.

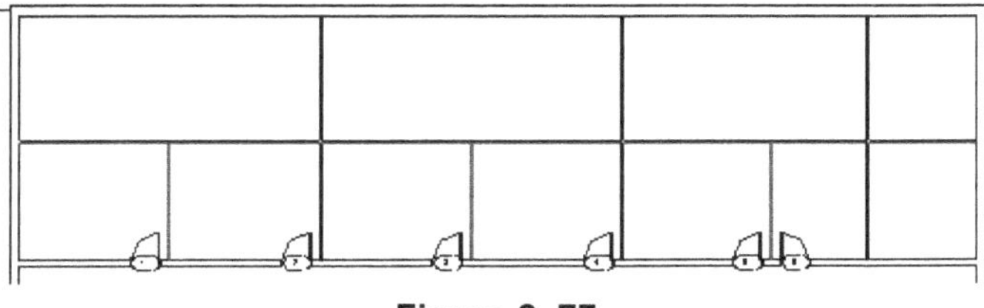

Figure 2–77

9. Dans l'onglet *Modifier*>groupe de fonctions Modifier, cliquez sur (Ajuster/Prolonger en angle) et sélectionnez les deux murs à ajuster comme illustré en Figure 2–78.

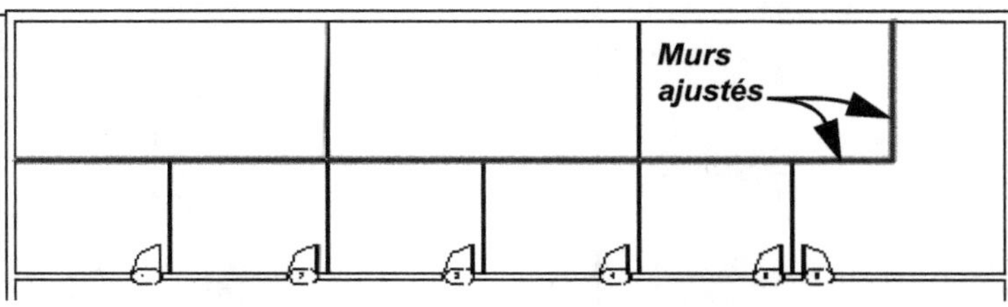

Figure 2–78

10. Ajoutez des portes dans les nouvelles pièces.

11. Enregistrez le projet.

Tâche 3 - Aligner les murs.

1. Sélectionnez le plan de référence vertical et utilisez le contrôle pour étendre l'extrémité supérieure afin qu'elle se prolonge derrière le mur extérieur, comme illustré en Figure 2–79.

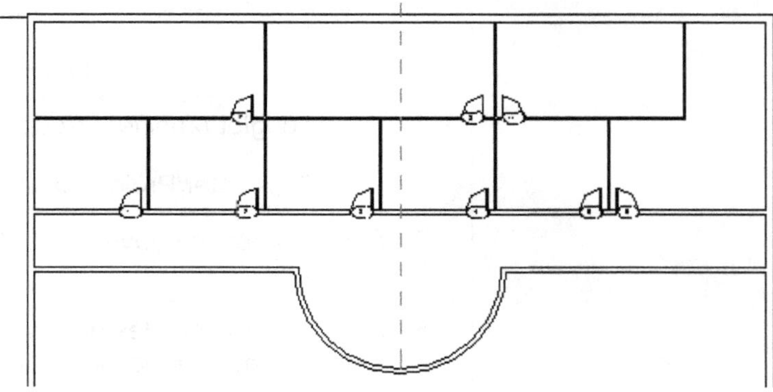

Figure 2–79

2. Dans l'onglet *Modifier*>groupe de fonctions Modifier, cliquez sur (Aligner).

3. Sélectionnez le plan de référence, puis le mur de gauche. Le mur doit s'aligner avec le plan de référence.

4. Enregistrez et fermez le projet.

Questions de révision

1. Quel est le but d'une ligne d'alignement ?
   a. Elle s'affiche lorsque le nouvel élément que vous placez ou modélisez est aligné avec le système de quadrillage.
   b. Elle indique que le nouvel élément que vous placez ou modélisez est aligné avec un objet existant.
   c. Elle s'affiche lorsque le nouvel élément que vous placez ou modélisez est aligné avec un point de suivi sélectionné.
   d. Elle indique que le nouvel élément est aligné avec le nord géographique et non pas avec le nord du projet.
2. Lorsque vous modélisez (sans modifier) un élément linéaire, comment modifiez-vous la cote temporaire, comme illustré en Figure 2–80 ?

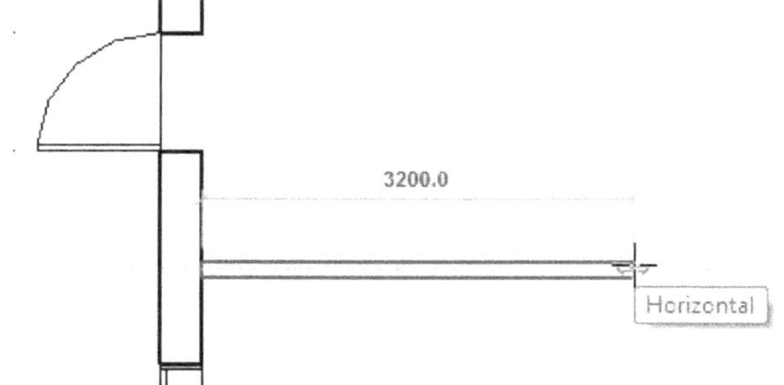

Figure 2–80

   a. Vous sélectionnez la cote temporaire et saisissez une nouvelle valeur.
   b. Vous saisissez une nouvelle valeur et appuyez sur <Entrée>.
   c. Vous saisissez une nouvelle valeur dans la zone Distance ou Longueur de la Barre des options et appuyez sur <Entrée>.

3. Comment sélectionnez-vous tous les types de portes sans les autres éléments dans une vue ?

    a. Vous sélectionnez la catégorie *Porte* dans l'Arborescence du projet.

    b. Vous sélectionnez une porte, faites un clic droit et choisissez **Sélectionner toutes les occurrences> Visible dans la vue**.

    c. Vous sélectionnez tous les objets d'une vue et utilisez (Filtre) pour annuler les autres catégories.

    d. Vous sélectionnez une porte et cliquez sur (Sélection multiple) dans le ruban.

4. Quelles sont les deux méthodes pour lancer la commande (Déplacer) ou (Copier) ?

    a. Lancer d'abord la commande et sélectionner les objets ensuite ou sélectionner d'abord les objets et lancer la commande ensuite.

    b. Lancer la commande dans l'onglet *Modifier* ou sélectionner **Déplacer** ou **Copier** dans le menu contextuel.

    c. Lancer la commande dans l'onglet *Modifier* ou sélectionner les objets et choisir **Déplacement automatique**.

    d. Utiliser la commande **Déplacer/Copier** ou **Couper/Copier** et **Coller** en utilisant le Presse-papiers.

5. Où modifiez-vous le type de mur d'un mur sélectionné, comme illustré en Figure 2–81 ?

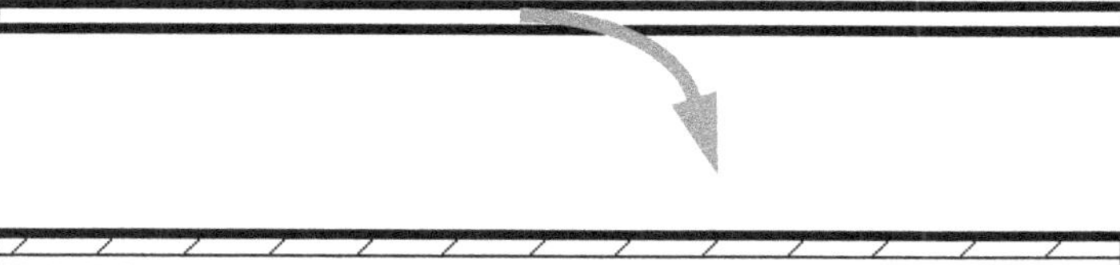

Figure 2–81

   a. Dans l'onglet *Modifier* | *Murs*>groupe de fonctions Propriétés, vous cliquez sur (Propriétés du type) et sélectionnez un nouveau type de mur dans la boîte de dialogue.
   b. Dans la Barre des options, vous cliquez sur **Changement de type d'éléments**.
   c. Vous sélectionnez le contrôle dynamique près du mur sélectionné et sélectionnez un nouveau type dans la liste déroulante.
   d. Dans Propriétés, vous sélectionnez un nouveau type dans la liste déroulante Sélecteur de type.

6. Le centre de rotation des commandes (Rotation) et (Réseau) avec (Radial) correspond par défaut au centre de l'élément ou du groupe d'éléments que vous avez sélectionné. Comment déplacez-vous le centre de rotation vers un autre point, comme illustré en Figure 2–82 ? (Sélectionnez toutes les réponses possibles).

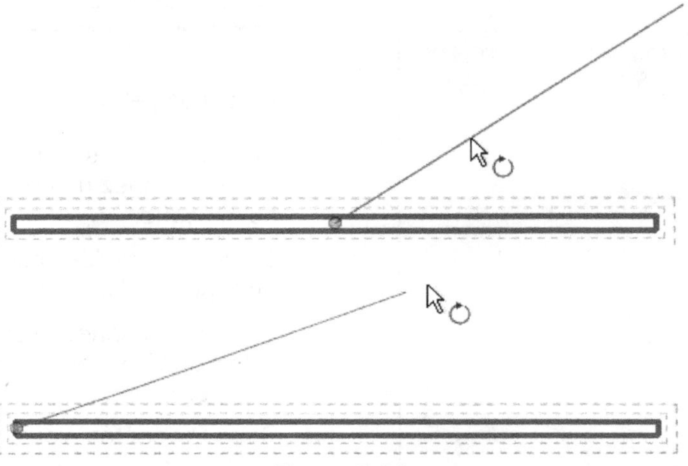

Figure 2–82

   a. Vous sélectionnez le centre de rotation et le faites glisser vers son nouvel emplacement.
   b. Dans la Barre des options, vous cliquez sur **Emplacement** et sélectionnez le nouveau point.
   c. Dans l'onglet *Modifier*>groupe de fonctions Positionnement, vous cliquez sur (Centre) et sélectionnez le nouveau point.
   d. Vous faites un clic droit et sélectionnez **Remplacements d'accrochage>Centres**, puis vous choisissez le nouveau point.

7. Quelle commande utiliseriez-vous pour supprimer la partie d'un mur ?
   a. (Scinder l'élément)
   b. (Jonctions de murs)
   c. (Couper la géométrie)
   d. (Démolir)

8. Parmi les propositions suivantes, lesquelles représentent un moyen de créer des murs parallèles supplémentaires, comme illustré en Figure 2–83 ? (Sélectionnez toutes les réponses possibles).

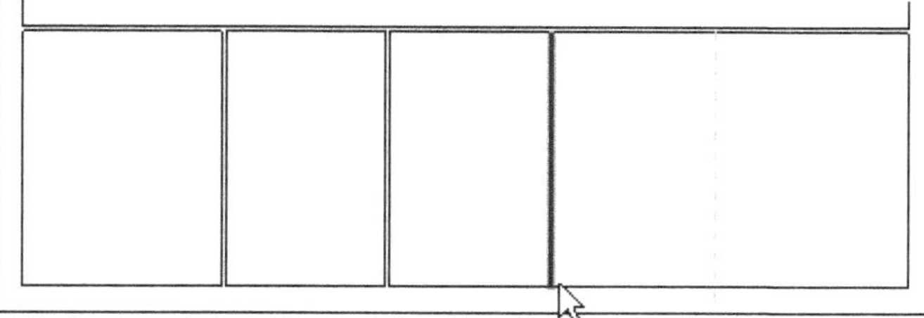

Figure 2–83

   a. Sélectionner un mur existant, faire un clic droit et sélectionner **Créer un décalage**.
   b. Utilisez l'outil **Décalage** dans l'onglet *Modifier*.
   c. Sélectionnez un mur existant, maintenez la touche <Ctrl> enfoncée et faites glisser le mur à un nouvel emplacement.
   d. Utilisez l'outil **Mur** et définissez un décalage dans la Barre des options.

9. Quelle commande utilisez-vous si vous souhaitez faire se rejoindre deux murs qui ne se touchent pas, comme illustré en Figure 2–84 ?

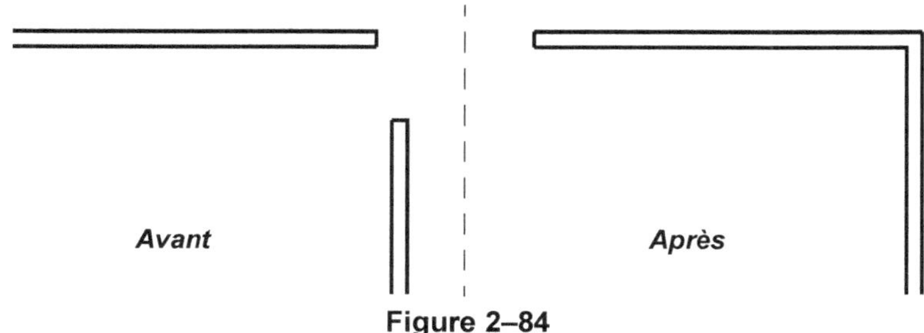

Figure 2–84

   a. (Jonctions de mur)
   b. (Ajuster/Prolonger en angle)
   c. (Attacher la géométrie)
   d. (Modifier le profil)

Récapitulatif des commandes

Bouton	Commande	Emplacement
Outils de dessin		
	Arc centre-fins	• **Ruban :** Onglet *Modifier* | *(plusieurs éléments linéaires)*>groupe de fonctions Dessiner
	Cercle	• **Ruban :** Onglet *Modifier* | *(plusieurs éléments linéaires)*>groupe de fonctions Dessiner
	Polygone circonscrit	• **Ruban :** Onglet *Modifier* | *(plusieurs éléments linéaires)*>groupe de fonctions Dessiner
	Ellipse	• **Ruban :** *Modifier* | *Placer Lignes, Placer Lignes de détail, et plusieurs esquisses de limite*>groupe de fonctions Dessiner
	Ellipse partielle	• **Ruban :** *Modifier* | *Placer Lignes, Placer Lignes de détail, et plusieurs esquisses de limite*>groupe de fonctions Dessiner
	Arc de congé	• **Ruban :** Onglet *Modifier* | *(plusieurs éléments linéaires)*>groupe de fonctions Dessiner
	Polygone inscrit	• **Ruban :** Onglet *Modifier* | *(plusieurs éléments linéaires)*>groupe de fonctions Dessiner
	Ligne	• **Ruban :** Onglet *Modifier* | *(plusieurs éléments linéaires)*>groupe de fonctions Dessiner
	Choisir des faces	• **Ruban :** *Modifier* | *Placer un mur*> groupe de fonctions Dessiner
	Choisir des lignes	• **Ruban :** Onglet *Modifier* | *(plusieurs éléments linéaires)*>groupe de fonctions Dessiner
	Choisir des murs	• **Ruban :** *Modifier* | *(plusieurs esquisses de limite)*>groupe de fonctions Dessiner
	Rectangle	• **Ruban :** Onglet *Modifier* | *(plusieurs éléments linéaires)*>groupe de fonctions Dessiner
	Spline	• **Ruban :** *Modifier* | *Placer Lignes, Placer Lignes de détail, et plusieurs esquisses de limite*>groupe de fonctions Dessiner
	Arc début-fin-rayon	• **Ruban :** Onglet *Modifier* | *(plusieurs éléments linéaires)*>groupe de fonctions Dessiner
	Arc fin tangente	• **Ruban :** Onglet *Modifier* | *(plusieurs éléments linéaires)*>groupe de fonctions Dessiner

Outils de modification		
	Aligner	• **Ruban :** Onglet *Modifier*>groupe de fonctions Modifier • **Raccourci :** AL
	Réseau	• **Ruban :** Onglet *Modifier*>groupe de fonctions Modifier • **Raccourci :** AR
	Copier	• **Ruban :** Onglet *Modifier*>groupe de fonctions Modifier • **Raccourci :** CO
	Copier dans le presse-papier s	• **Ruban :** Onglet *Modifier*>groupe de fonctions Presse-papiers • **Raccourci :** <Ctrl>+<C>
	Supprimer	• **Ruban :** Onglet *Modifier*>groupe de fonctions Modifier • **Raccourci :** DE
	Symétrie - Dessiner l'axe	• **Ruban :** Onglet *Modifier*>groupe de fonctions Modifier • **Raccourci :** DM
	Symétrie - Choisir l'axe	• **Ruban :** Onglet *Modifier*>groupe de fonctions Modifier • **Raccourci :** MM
	Déplacer	• **Ruban :** Onglet *Modifier*>groupe de fonctions Modifier • **Raccourci :** MV
	Décaler	• **Ruban :** Onglet *Modifier*>groupe de fonctions Modifier • **Raccourci :** OF
	Coller	• **Ruban :** Onglet *Modifier*>groupe de fonctions Presse-papiers • **Raccourci :** <Ctrl>+<V>
	Verrouiller	• **Ruban :** Onglet *Modifier*>groupe de fonctions Modifier • **Raccourci :** PN
	Rotation	• **Ruban :** Onglet *Modifier*>groupe de fonctions Modifier • **Raccourci :** RO
	Echelle	• **Ruban :** Onglet *Modifier*>groupe de fonctions Modifier • **Raccourci :** RE
	Scinder l'élément	• **Ruban :** Onglet *Modifier*>groupe de fonctions Modifier • **Raccourci :** SL
	Scinder avec un espace	• **Ruban :** Onglet *Modifier*>groupe de fonctions Modifier

	Ajuster/ Prolonger plusieurs éléments	• **Ruban :** Onglet *Modifier*>groupe de fonctions Modifier
	Ajuster/ Prolonger un seul élément	• **Ruban :** Onglet *Modifier*>groupe de fonctions Modifier
	Ajuster/ Prolonger en angle	• **Ruban :** Onglet *Modifier*>groupe de fonctions Modifier • **Raccourci :** TR
	Déverrouiller	• **Ruban :** Onglet *Modifier*>groupe de fonctions Modifier • **Raccourci :** UP
Outils de sélection		
	Faire glisser les éléments dans la sélection	• **Ruban :** Tous les onglets>groupe de fonctions Sélectionner développé • **Barre d'état**
	Filtre	• **Ruban :** *Modifier* | *Sélection multiple*> groupe de fonctions Filtre • **Barre d'état**
	Sélectionner les éléments par face	• **Ruban :** Tous les onglets>groupe de fonctions Sélectionner développé • **Barre d'état**
	Sélectionner des liens	• **Ruban :** Tous les onglets>groupe de fonctions Sélectionner développé • **Barre d'état**
	Sélectionner des éléments verrouillés	• **Ruban :** Tous les onglets>groupe de fonctions Sélectionner développé • **Barre d'état**
	Sélectionner des éléments de niveau en fond de plan	• **Ruban :** Tous les onglets>groupe de fonctions Sélectionner développé • **Barre d'état**
Outils supplémentaires		
	Cote alignée	• **Ruban :** Onglet *Modifier*>groupe de fonctions Mesurer • Barre d'outils d'accès rapide
	Ligne de détail	• **Ruban :** Onglet *Annoter*>groupe de fonctions Détail • **Raccourci :** DL
	Ligne de modèle	• **Ruban :** Onglet *Architectural*>groupe de fonctions Modèle • **Raccourci :** LI
	Plan de référence	• **Ruban :** Onglet *Architecture / Structure / Systèmes*>groupe de fonctions Plan de construction

Chapitre 3

Configurer les niveaux et les quadrillages

Les éléments de référence donnent la structure d'un bâtiment et comprennent des niveaux qui définissent les hauteurs verticales, et des quadrillages qui définissent la disposition structurelle des poteaux architecturaux et porteurs. Les fichiers CAO importés ou liés peuvent également être utilisés comme base de développement d'un projet.

Objectifs d'apprentissage de ce chapitre

- Ajouter et modifier les niveaux afin de définir les hauteurs de plancher à plancher et d'autres références verticales.
- Ajouter et modifier les quadrillages structurels qui donnent les emplacements des poteaux.
- Ajouter des poteaux architecturaux (décoratifs) et porteurs.
- Lier et importer des fichiers CAO à utiliser comme base de développement d'une conception.

3.1 Configurer les niveaux

Les niveaux définissent les étages et les autres hauteurs verticales (comme un parapet ou des hauteurs de référence), comme illustré en Figure 3–1. Le gabarit par défaut comprend deux niveaux, mais vous pouvez définir autant de niveaux qu'il en faut pour un projet. Ils peuvent descendre (pour les sous-sols) ou monter.

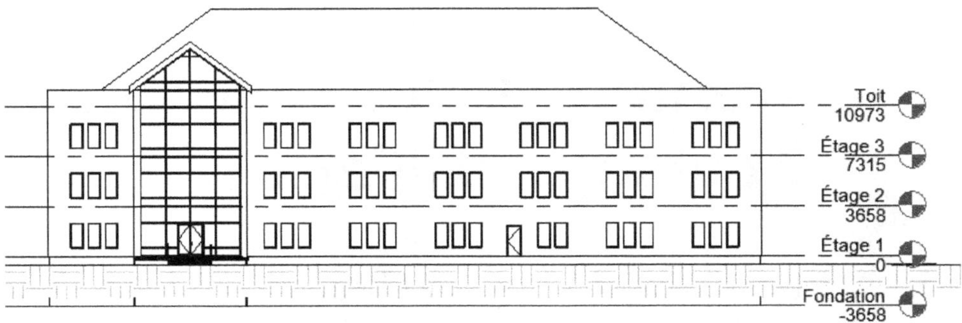

Figure 3–1

- Vous devez vous trouver sur une vue d'élévation ou en coupe pour définir les niveaux.
- Dès que vous limitez un élément à un niveau, il se déplace avec le niveau lorsque vous modifiez ce dernier.

Instructions pratiques : Créer des niveaux

1. Ouvrez une vue d'élévation ou en coupe.
2. Dans l'onglet *Architecture*>groupe de fonctions Référence, cliquez sur (Niveau) ou tapez **LL**.
3. Dans le Sélecteur de type, définissez le type de marqueur de niveau si nécessaire.
4. Dans la Barre des options, sélectionnez ou désélectionnez l'option **Réaliser une vue en plan** selon les besoins. Vous pouvez également cliquer sur **Types de vues en plan...** afin de sélectionner les types de vues à créer lorsque vous placez le niveau.
5. Dans l'onglet *Modifier* | *Positionner des niveaux*>groupe de fonctions Dessiner, cliquez soit sur (Choisir des lignes) pour sélectionner un élément soit sur (Ligne) pour esquisser un niveau.
6. Continuez à ajouter des niveaux si nécessaire.

- Les noms de niveaux sont automatiquement incrémentés lorsque vous les placez. Cette numérotation automatique est plus efficace lorsque vous utilisez des noms comme Étage 1, Étage 2 etc. (plutôt que 1er Étage, 2ème Étage, etc.). De plus, cela facilite la recherche de vues dans l'Arborescence du projet.

Vous pouvez esquisser les lignes de niveau de gauche à droite ou de droite à gauche selon où vous souhaitez que la bulle apparaisse. Cependant, assurez-vous qu'elles soient toutes esquissées dans la même direction.

- Pour créer rapidement plusieurs niveaux, utilisez l'option (Choisir des lignes). Dans la Barre des options, définissez un *Décalage*, sélectionnez un niveau existant et choisissez au-dessus ou en dessous pour placer le nouveau niveau, comme illustré en Figure 3–2.

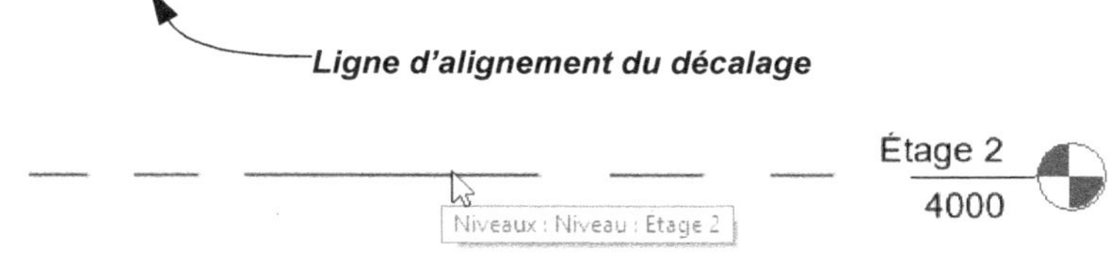

Figure 3–2

- Lorsque vous utilisez l'option (Ligne), les alignements et les cotes temporaires vous aident à placer la ligne correctement, comme illustré en Figure 3–3.

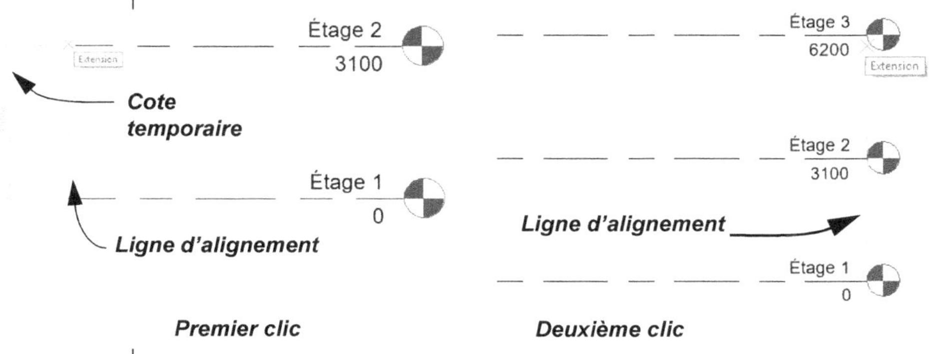

Figure 3–3

- Vous pouvez également utiliser (Copier) pour dupliquer les lignes de niveau. Les noms de niveaux sont incrémentés automatiquement, mais aucune vue en plan n'est créée.

Modifier les niveaux

Vous pouvez modifier les niveaux en utilisant les contrôles standard et les cotes temporaires comme illustré en Figure 3–4. Vous pouvez également effectuer des modifications dans la palette Propriétés.

Figure 3–4

- ☑ ☐ (Masque/Affiche la bulle) s'affiche à chaque extrémité de la ligne de niveau et active ou désactive le symbole de marqueur du niveau et les informations de niveau.

- 2D 3D (Passe aux étendues 3D/2D) vérifie que le déplacement ou l'ajustement d'une ligne de niveau se répercute sur les autres vues (3D) ou n'affecte que la vue active (2D).

- (Permet de faire glisser l'extrémité de la ligne) vous permet de faire glisser le marqueur de niveau vers un nouvel emplacement à chaque extrémité de la ligne.

- (Verrouiller ou Déverrouiller) contrôle le verrouillage du niveau dans l'alignement des autres niveaux. S'il est verrouillé et que la ligne de niveau est étirée, toutes les autres lignes s'étirent également. S'il est déverrouillé, la ligne de niveau s'étend indépendamment des autres niveaux.

- Cliquez sur (Ajouter coude) pour ajouter un raccourcissement à la ligne de niveau comme illustré en Figure 3–5. Faites glisser les poignées de forme vers de nouveaux emplacements si nécessaire. Il s'agit d'un changement spécifique à une vue.

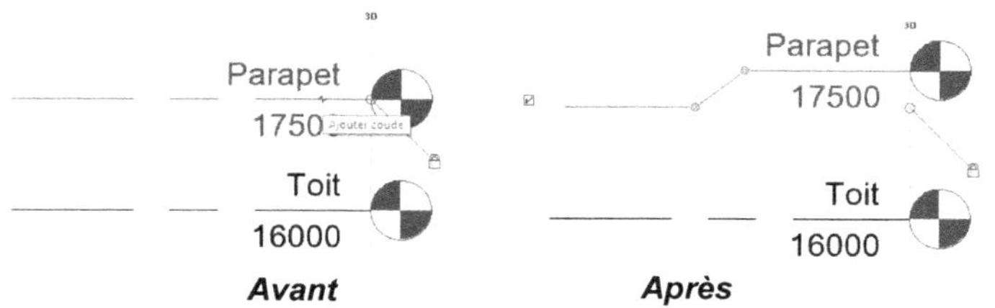

Figure 3–5

- Pour modifier l'élévation ou le nom d'un niveau, double-cliquez sur les informations en regard du marqueur de niveau ou sélectionnez le niveau et modifiez les champs *Nom* ou *Élévation* dans Propriétés, comme illustré en Figure 3–6.

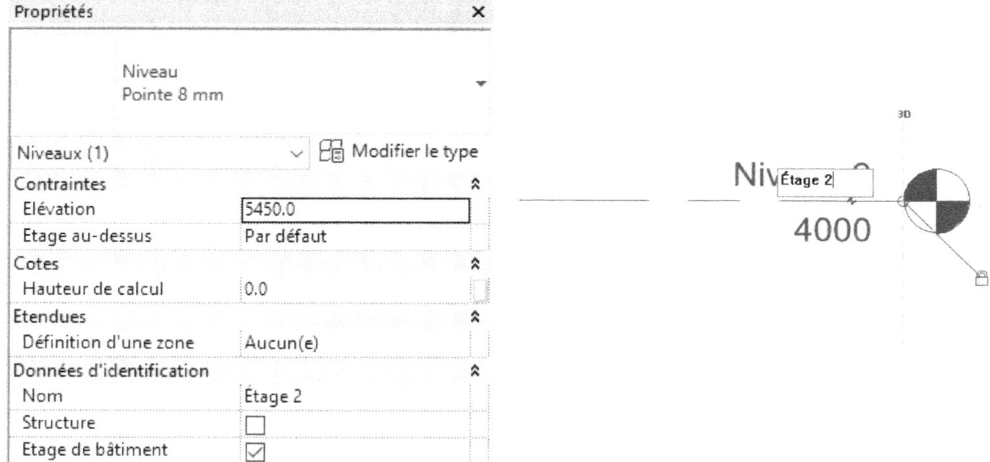

Figure 3–6

- Lorsque vous renommez un niveau, un message d'alerte s'affiche et vous invite à renommer les vues correspondantes, comme illustré en Figure 3–7.

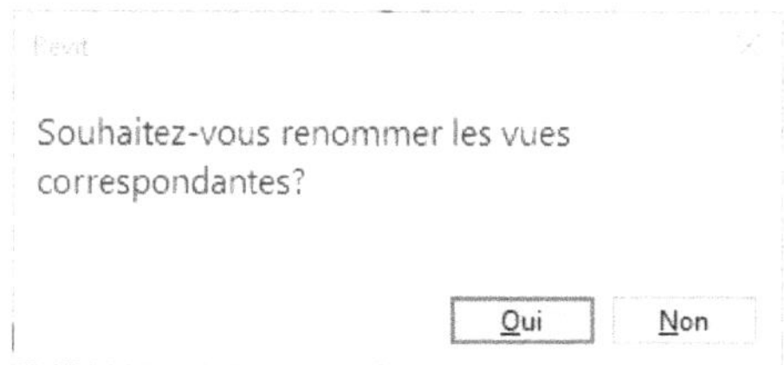

Figure 3–7

- La vue est également renommée dans l'Arborescence du projet.

Conseil : Copier des niveaux et des quadrillages d'autres projets

Des lignes de niveau et de quadrillage peuvent être ajoutées en dessinant par dessus les quadrillages et les niveaux existants dans un fichier CAO importé ou lié. Elles peuvent aussi être copiées et contrôlées depuis un fichier Autodesk® Revit® lié. Certains projets peuvent nécessiter les deux méthodes.

Créer des vues en plan

Par défaut, lorsque vous placez un niveau, des vues en plan sont automatiquement créées pour ce niveau. Si l'option **Réaliser une vue en plan** était désactivée lorsque vous avez ajouté le niveau ou si le niveau a été copié, vous pouvez créer des vues en plan qui correspondent aux niveaux.

Généralement, vous n'avez pas besoin de créer de vues en plan pour les niveaux qui précisent des données comme le haut d'une vitrine ou le haut d'un parapet.

- Les marqueurs de niveaux avec vues sont bleus et les marqueurs de niveaux sans vues sont noirs, comme illustré en Figure 3–8.

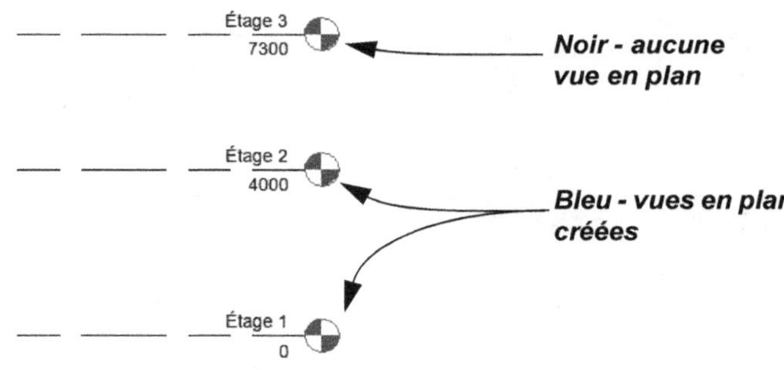

Figure 3–8

Instructions pratiques : Créer des vues en plan

Maintenez la touche <Ctrl> enfoncée pour sélectionner plusieurs niveaux.

1. Dans l'onglet *Vue*>groupe de fonctions Créer, déroulez (Vues en plan) et sélectionnez le type de vue en plan que vous souhaitez créer, comme illustré à gauche sur la Figure 3–9.
2. Dans la boîte de dialogue Nouveau plan d'étage (comme illustré à droite en Figure 3–9), sélectionnez les niveaux pour lesquels vous souhaitez créer des vues en plan.

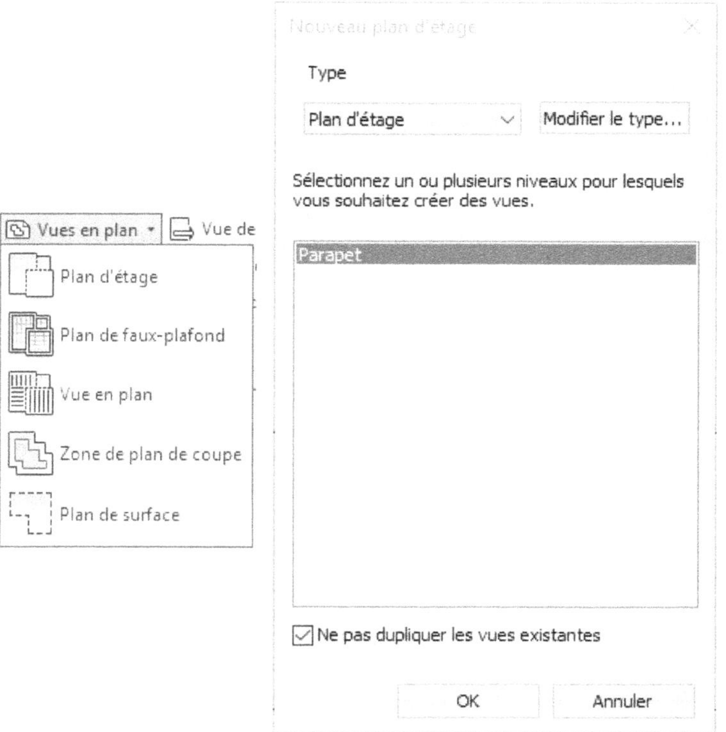

Figure 3–9

3. Cliquez sur **OK**.

Exercice 3a

Configurer des niveaux

Durée estimée : 10 minutes

Objectif de l'exercice

- Ajouter et modifier des niveaux.

Dans cet exercice, vous configurerez les niveaux nécessaires au projet Hôtel Moderne, notamment les étages, la partie supérieure de la semelle et le parapet, comme illustré en Figure 3–10.

Figure 3–10

Tâche 1 - Ajouter et modifier des niveaux.

1. Ouvrez le projet **Hôtel-Moderne-Début.rvt** depuis le dossier des fichiers d'exercices.

2. Ouvrez la vue **Elévation (Elévation de construction): Nord**.

3. Le projet comprend deux niveaux existants nommés **Niveau 1** et **Niveau 2**. Ils ont été définis dans le gabarit.

4. Zoomez sur les noms de niveaux.

5. Double-cliquez sur le nom *Niveau 1* et renommez-le **Étage 1** comme illustré en Figure 3–11. Appuyez sur <Entrée>.

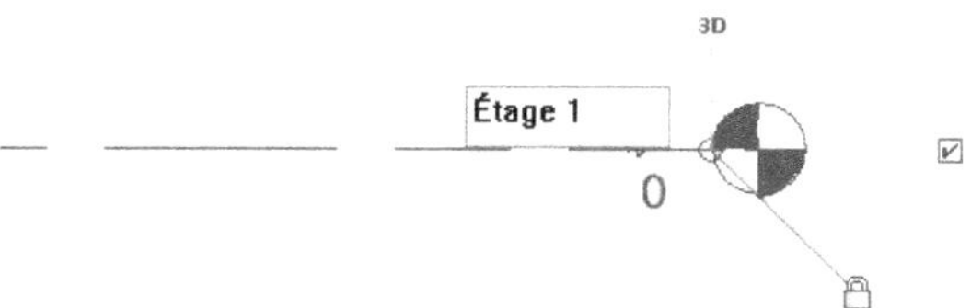

Figure 3–11

6. Cliquez sur **Oui** (appuyez sur <Entrée> ou tapez **Y**) lorsque vous êtes invité à renommer les vues correspondantes.

7. Répétez le processus et renommez *Niveau 2* en **Étage 2**. Double-cliquez sur la hauteur de Étage 2 *(4000 mm)* et remplacez-la par **5450 mm**.

8. Dans l'onglet *Architecture*>groupe de fonctions Référence, cliquez sur (Niveau).

9. Dans l'onglet *Modifier | Positionner des niveaux*>groupe de fonctions Dessiner, cliquez sur (Choisir des lignes). Dans la Barre des options, définissez le *Décalage* sur **3650 mm**.

10. Passez le curseur au-dessus de la ligne de niveau de **Étage 2** et déplacez légèrement le curseur vers le haut de sorte que la ligne de niveau décalée s'affiche en haut du niveau de **Étage 2**. Cliquez pour créer le nouveau niveau **Étage 3**

11. Créez des niveaux supplémentaires jusqu'à un total de huit niveaux au-dessus de Étage 1 (jusqu'à Étage 9).

12. Renommez *Étage 9* en **Toit**. (Renommez les vues correspondantes).

13. Relancez la commande **Niveau**. Dans la Barre des options, désactivez l'option **Réaliser une vue en plan** et définissez le *Décalage* sur **1220 mm**. Créez un niveau supplémentaire au-dessus du niveau le plus élevé, **Toit**. Ce niveau ne nécessite pas de vue en plan.

14. Renommez le niveau supérieur **Parapet**, comme illustré en Figure 3–12.

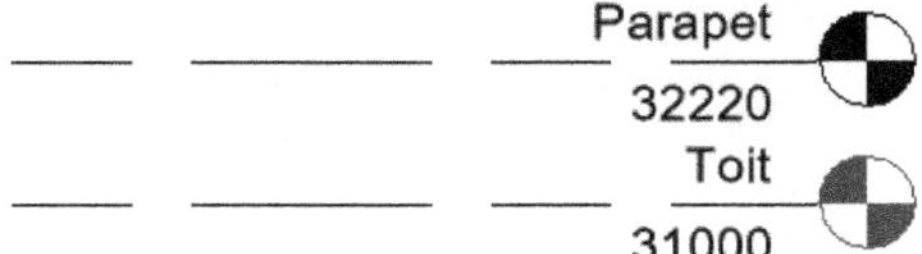

Figure 3–12

15. Ajoutez deux niveaux en dessous de **Étage 1**. Nommez-les **Fondation** et **Soubassement** et configurez les hauteurs comme illustré en Figure 3–13. Vous pouvez modifier les niveaux pour plus de clarté en utilisant les contrôles comme **Ajouter coude**.

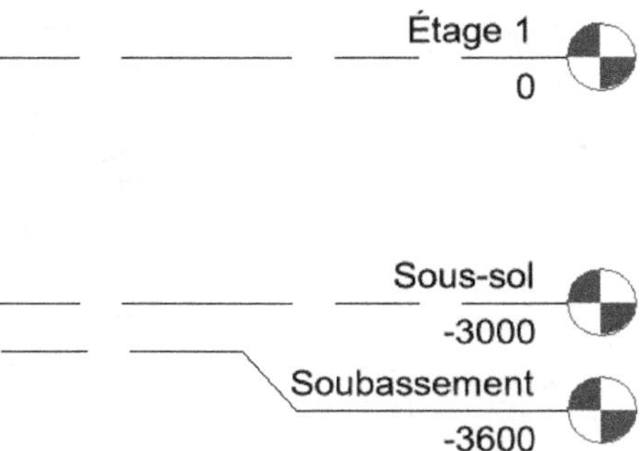

Figure 3–13

16. Effectuez un zoom arrière pour afficher l'intégralité du projet.

17. Enregistrez le projet.

3.2 Créer des quadrillages structurels

Le quadrillage structurel indique comment espacer les travées d'un bâtiment et où placer les poteaux, comme illustré en Figure 3–14. Toutes les modifications apportées au quadrillage influencent les éléments associés.

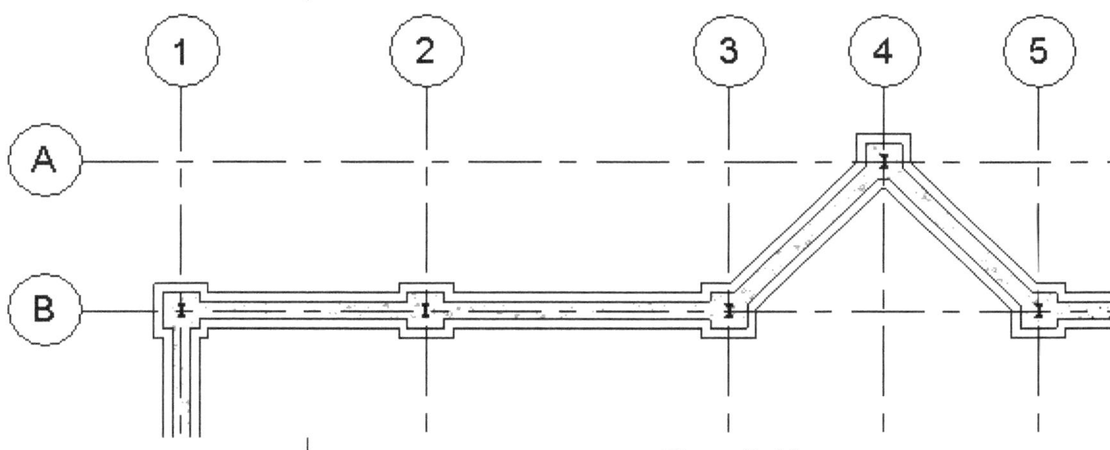

Figure 3–14

Chaque ligne ou arc du quadrillage est une entité autonome qui peut être placée, déplacée et modifiée individuellement.

Instructions pratiques : Créer un quadrillage structurel

1. Dans l'onglet *Architecture*>groupe de fonctions Référence, cliquez sur (Quadrillage) ou tapez **GR**.
2. Dans le Sélecteur de type, sélectionnez le type de quadrillage qui contrôle la taille de la bulle et le style de ligne.

3. Dans l'onglet *Modifier | Placer Quadrillage*>groupe de fonctions Dessiner (voir Figure 3–15), sélectionnez la méthode que vous souhaitez utiliser.

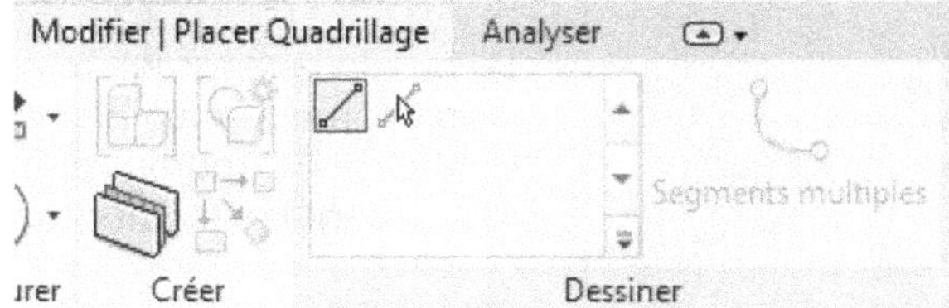

Figure 3–15

4. Dans la Barre des options, définissez le *Décalage* si nécessaire.
5. Continuez d'ajouter des lignes de quadrillage si nécessaire.

- Les quadrillages peuvent être esquissés sous n'importe quel angle, mais vous devez vous assurer que tous les quadrillages parallèles sont esquissés dans la même direction (de gauche à droite ou de bas en haut).
- Lorsque vous utilisez l'outil Segments multiples (voir Figure 3–16), esquissez la ligne et cliquez sur ✔ (Terminer le mode de modification) pour terminer la commande.

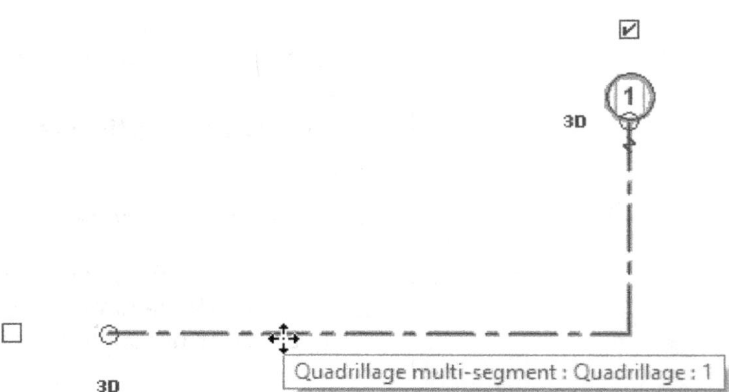

Figure 3–16

Modifier les lignes de quadrillage

Les lignes de quadrillage sont très similaires aux lignes de niveau. Vous pouvez modifier les lignes de quadrillage en utilisant les contrôles, les alignements et les cotes temporaires (voir Figure 3–17), ainsi que dans la palette Propriétés et le Sélecteur de type.

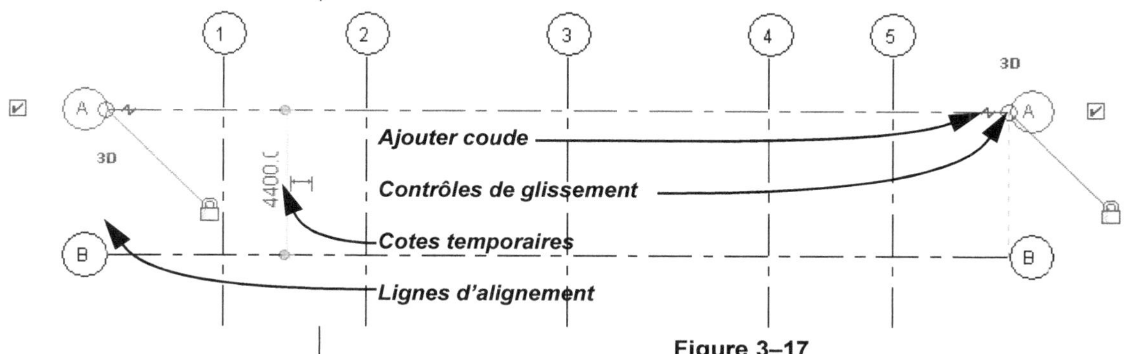

Figure 3–17

- Pour modifier un numéro de quadrillage, double-cliquez sur le numéro dans la bulle et saisissez le nouveau numéro. Les numéros de quadrillage peuvent être des chiffres, des lettres ou une combinaison des deux.
- Les numéros de quadrillage sont incrémentés automatiquement.

3.3 Ajouter des poteaux

Le logiciel Autodesk Revit comprend deux types de poteaux : architecturaux et porteurs, comme illustré en Figure 3–18. Les poteaux architecturaux sont des espaces réservés ou des éléments décoratifs, tandis que les poteaux porteurs comprennent des informations plus précises concernant les paramètres de résistance et de force portante.

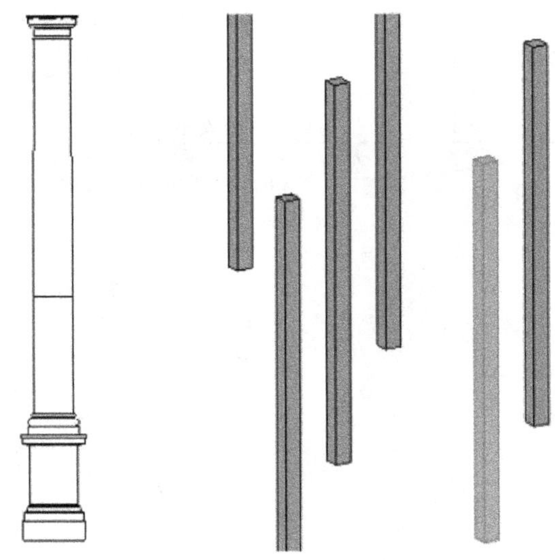

Poteau architectural ***Poteaux porteurs***

Figure 3–18

Instructions pratiques : Ajouter des poteaux

Le poteau porteur est sélectionné par défaut.

1. Dans l'onglet *Architecture*>groupe de fonctions Création, déroulez (Poteau) et cliquez soit sur (Poteau architectural) soit sur (Poteau porteur).
2. Dans le Sélecteur de type, sélectionnez le poteau que vous souhaitez utiliser, comme illustré en Figure 3–19.

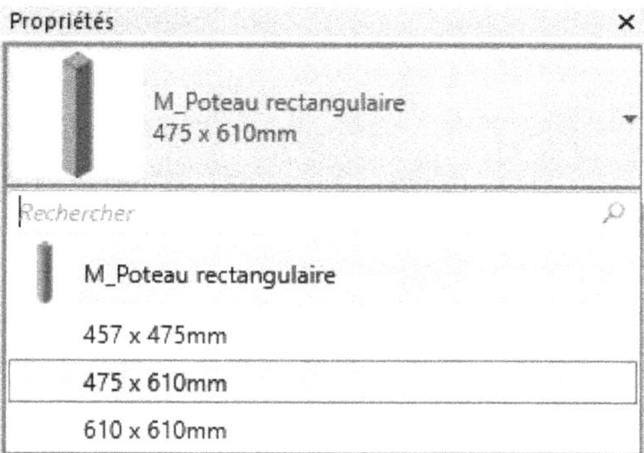

Figure 3–19

3. Dans la Barre des options, définissez la *Hauteur* (ou la *Profondeur*) du poteau. Vous pouvez sélectionner un niveau (voir Figure 3–20) ou sélectionner **Sans contrainte** pour préciser la hauteur.

Les poteaux architecturaux sont généralement placés au niveau où vous vous trouvez jusqu'à une hauteur spécifique. Les poteaux porteurs sont généralement placés au niveau où vous vous trouvez jusqu'à une profondeur spécifique.

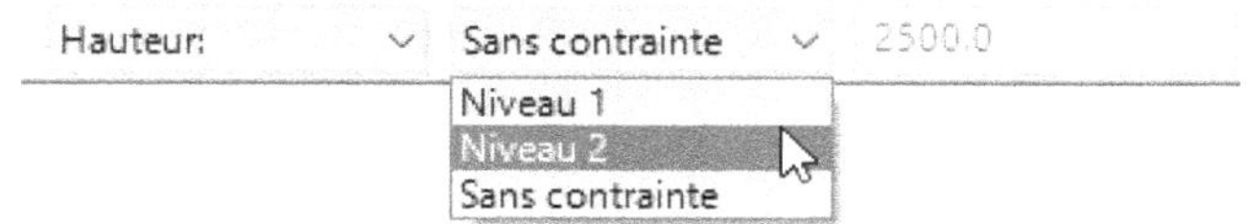

Figure 3–20

4. Placez le poteau selon vos besoins. Il s'accroche aux lignes de quadrillage et aux murs.
   - Les poteaux peuvent être placés comme occurrences libres sans contrainte par rapport à toutes les lignes de quadrillage.
   - Si vous sélectionnez l'option **Rotation après placement**, vous êtes invité à saisir un angle de rotation après avoir sélectionné le point d'insertion du poteau.
5. Continuez à placer les poteaux selon vos besoins.

- Si vous travaillez avec des poteaux porteurs, vous disposez de deux options supplémentaires de positionnement des poteaux dans l'onglet *Modifier | Placer Poteau porteur*> groupes de fonctions Multiple :
  - Pour placer des poteaux à l'intersection de lignes de quadrillage, cliquez sur (Sur les quadrillages) et sélectionnez les lignes de quadrillage. Les poteaux ne sont placés qu'aux intersections des lignes de quadrillage sélectionnées.

- Pour placer des poteaux porteurs aux emplacements de vos poteaux architecturaux, cliquez sur (Sur les poteaux) et sélectionnez les poteaux architecturaux. Les poteaux porteurs sont placés au centre des poteaux architecturaux, comme illustré en Figure 3–21.

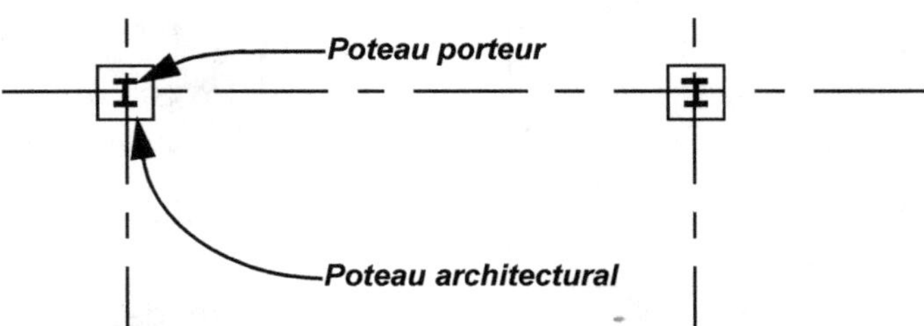

Figure 3–21

- Un poteau architectural placé dans un mur est automatiquement effacé si les matériaux du poteau et du mur correspondent. Les poteaux porteurs restent autonomes même s'ils sont dans le même matériau que les murs qui les entourent, comme illustré en Figure 3–22.

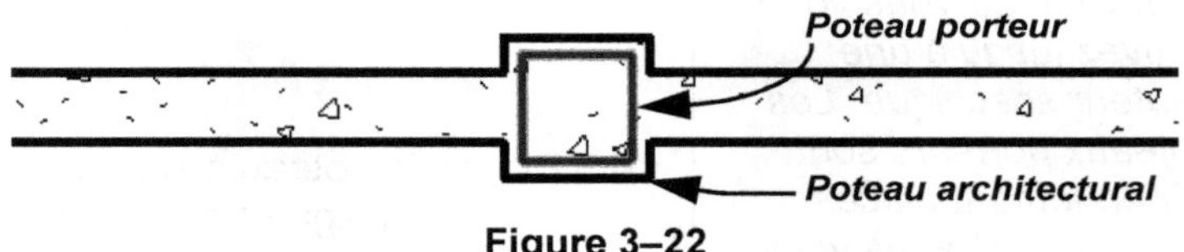

Figure 3–22

- Pour accéder à des styles de poteaux architecturaux supplémentaires, dans l'onglet *Modifier* | *Placer un poteau*> groupe de fonctions Mode, cliquez sur (Charger la famille). Dans la boîte de dialogue Charger la famille, naviguez jusqu'au dossier *Poteaux* dans la bibliothèque du logiciel, comme illustré pour les poteaux architecturaux en Figure 3–23.

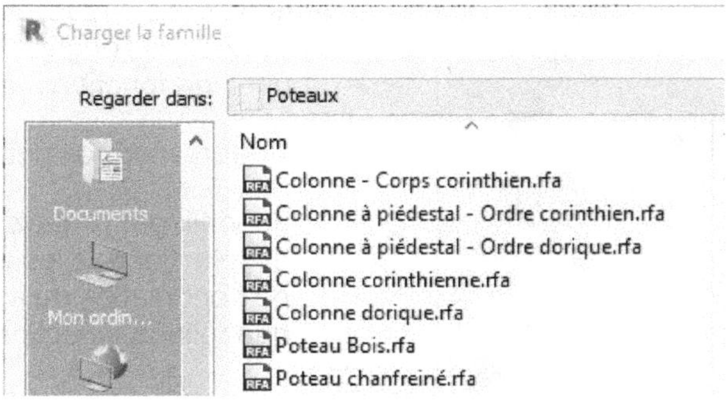

Charger la famille

Regarder dans: Poteaux

Nom

Colonne - Corps corinthien.rfa
Colonne à piédestal - Ordre corinthien.rfa
Colonne à piédestal - Ordre dorique.rfa
Colonne corinthienne.rfa
Colonne dorique.rfa
Poteau Bois.rfa
Poteau chanfreiné.rfa

Documents
Mon ordin...

Figure 3–23

- Les poteaux porteurs sont divisés en dossiers par type de matériau dans le dossier *Poteaux porteurs*. Il existe un dossier pour chaque matériau : *Acier*, *Acier de faible épaisseur*, *Béton*, *Béton précoulé*, et *Bois*.

- Lorsque vous ouvrez une famille de poteaux porteurs, vous êtes invité à choisir dans une liste de types, comme illustré en Figure 3–24. Maintenez la touche <Ctrl> ou <Maj> enfoncée pour sélectionner plusieurs types.

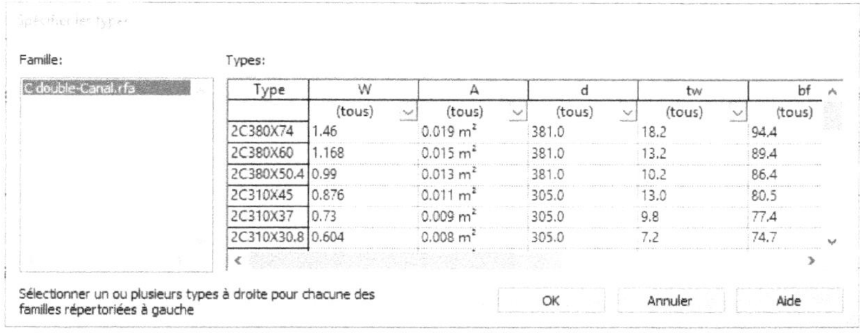

Figure 3–24

Modifier les poteaux

Les poteaux porteurs possèdent des paramètres supplémentaires.

- Dans Propriétés, vous pouvez modifier le *Niveau de base* et le *Niveau supérieur*, ainsi que les décalages de ces niveaux et différentes autres options, comme illustré en Figure 3–25.

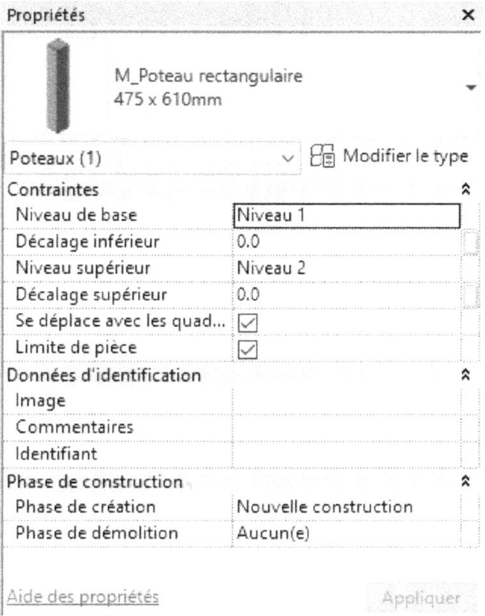

Figure 3–25

- La suppression d'une ligne de quadrillage ou d'un mur n'entraîne pas la suppression des poteaux qui y sont placés.
- Par défaut, les poteaux se déplacent avec les quadrillages voisins, même si vous pouvez toujours les déplacer indépendamment. Sélectionnez le ou les poteaux et, dans la Barre des options ou dans Propriétés, sélectionnez ou désélectionnez l'option **Se déplace avec les quadrillages** pour changer de méthode.
- Dans l'onglet *Modifier* | *Poteau*>groupe de fonctions Modifier le poteau (voir Figure 3–26), vous pouvez attacher ou détacher les parties supérieure et inférieure d'un poteau aux sols, aux plafonds, aux toits, aux plans de référence et à l'ossature.

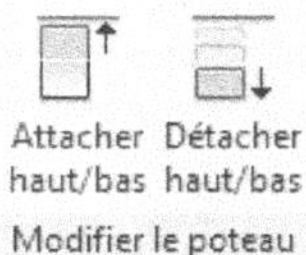

Figure 3–26

3.4 Lier et importer des fichiers CAO

Vous pouvez imprimer un dessin hybride - moitié projet Autodesk Revit, moitié dessin importé/lié.

De nombreuses entreprises possèdent des dessins hérités de programmes CAO vectoriels ou travaillent avec des consultants qui utilisent ce genre de programmes. Par exemple, vous pouvez lier un plan DWG dans votre projet (voir Figure 3–27) que vous tracerez ensuite grâce aux outils Autodesk Revit.

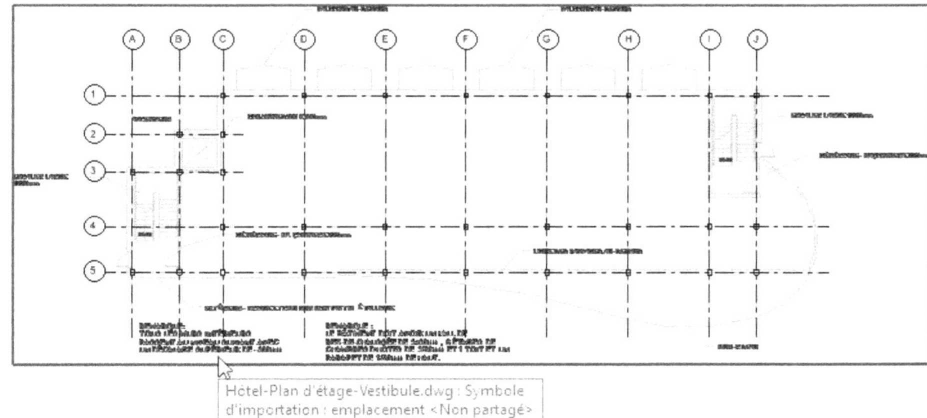

Figure 3–27

Les formats de fichiers CAO pouvant être liés ou importés sont les suivants : AutoCAD® (DWG et DXF), MicroStation (DGN), moteur de rendu 3D ACIS (SAT) et SketchUp (SKP).

Lier et importer

- **Lier :** une liaison avec le fichier d'origine est conservée et le lien se met à jour si le fichier d'origine est mis à jour.
- **Importer :** aucune liaison n'est conservée avec le fichier d'origine. Il devient un élément autonome dans le modèle Autodesk Revit.

Instructions pratiques : Lier ou importer un fichier CAO

Les boîtes de dialogue Lier les formats CAO et Importer les formats CAO sont identiques.

1. Ouvrez la vue dans laquelle vous souhaitez lier ou importer le fichier.
   - Pour un fichier 2D, il doit s'agir d'une vue 2D. Pour un fichier 3D, ouvrez une vue 3D.
2. Dans l'onglet *Insérer*>groupe de fonctions Lier, cliquez sur (Lier CAO), ou dans l'onglet *Insérer*>groupe de fonctions Importer, cliquez sur (Importer CAO).
3. Dans la boîte de dialogue Lier les formats CAO ou Importer les formats CAO (voir Figure 3–28), sélectionnez le fichier que vous souhaitez importer.
   - Sélectionnez un format de fichier dans la liste déroulante Fichiers de type pour limiter les fichiers qui s'affichent.

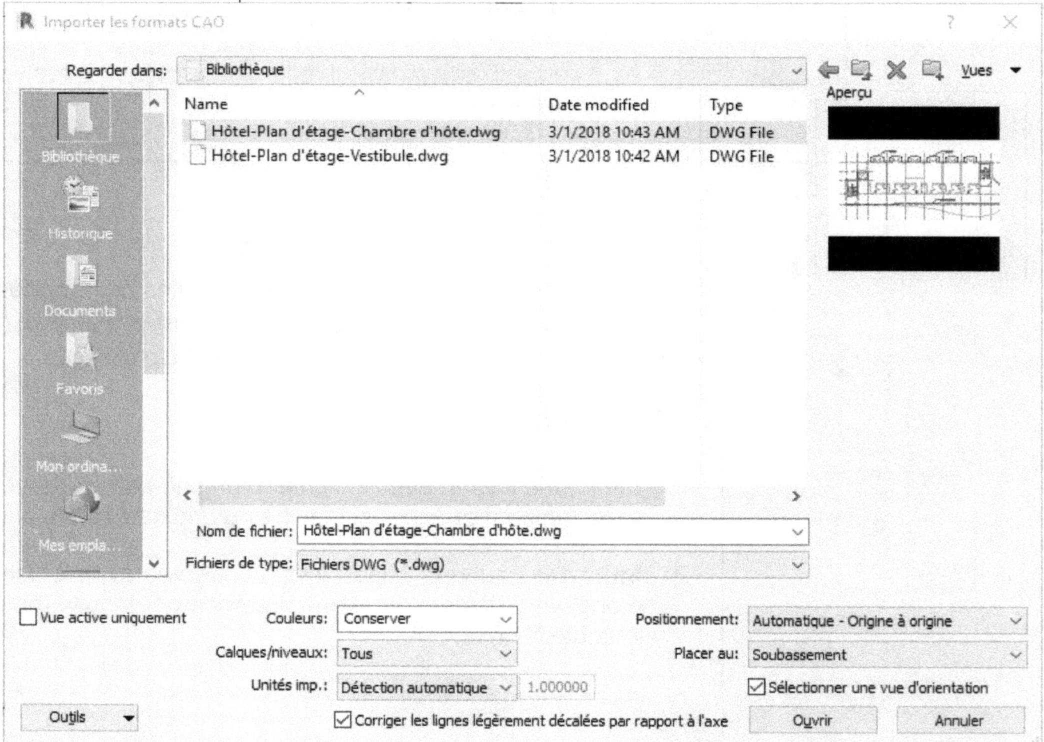

Figure 3–28

4. Configurez les autres options comme illustré en Figure 3–29.

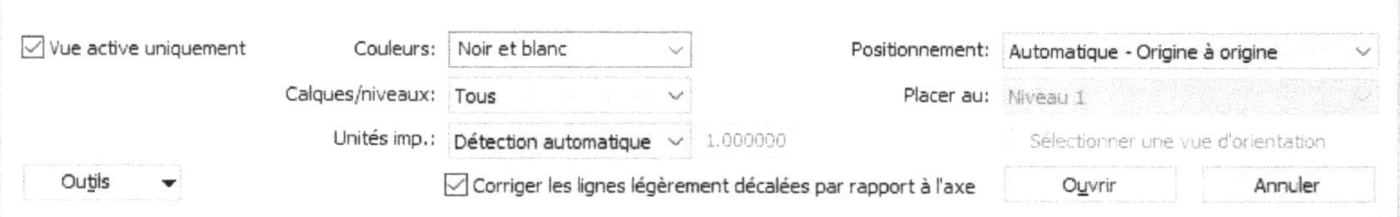

Figure 3–29

5. Cliquez sur **Ouvrir**.

Options de liaison et d'importation

Vue active uniquement	Déterminez si le fichier CAO est placé dans toutes les vues ou seulement dans la vue active. Cela est particulièrement utile si vous travaillez sur un plan d'étage en 2D qui ne nécessite qu'une seule vue.
Couleurs	Précisez les paramètres de couleur. En général, les projets Autodesk Revit sont principalement en noir et blanc. Cependant, d'autres logiciels utilisent fréquemment des couleurs. Vous pouvez **Inverser** les couleurs d'origine, les **Conserver** ou tout modifier en **Noir et blanc**.
Calques/ Niveaux	Indique quels calques CAO vont être apportés au modèle. Sélectionnez la manière dont vous souhaitez que les calques soient importés : **Tous**, **Visibles** ou **Spécifier...**
Unités d'importation	Sélectionnez les unités du fichier d'origine selon vos besoins. La **Détection automatique** fonctionne dans la plupart des cas.
Correction des lignes...	Si les lignes d'un fichier CAO sont décalées par rapport à l'axe de moins de 0,1 degré, cette option permet de les redresser. Elle est sélectionnée par défaut.
Positionnement	Précisez la manière dont vous souhaitez que le fichier importé soit positionné dans le projet en cours : **Automatique - Centre à centre**, **Automatique - Origine à origine**, **Manuel - Origine**, **Manuel - Point de base** ou **Manuel - Centre**. La position par défaut est **Automatique - Origine à origine.** Si vous liez le fichier, l'option **Automatique - A l'emplacement partagé** est aussi disponible.
Placer au niveau	Sélectionnez un niveau dans lequel placer le fichier importé. Si vous avez sélectionné **Vue active uniquement**, cette option est grisée.

- Lorsqu'un fichier est positionné en mode **Automatique - Origine à origine**, il est verrouillé et ne peut pas être déplacé. Pour le déplacer, cliquez sur la punaise afin de le déverrouiller, comme illustré en Figure 3–30.

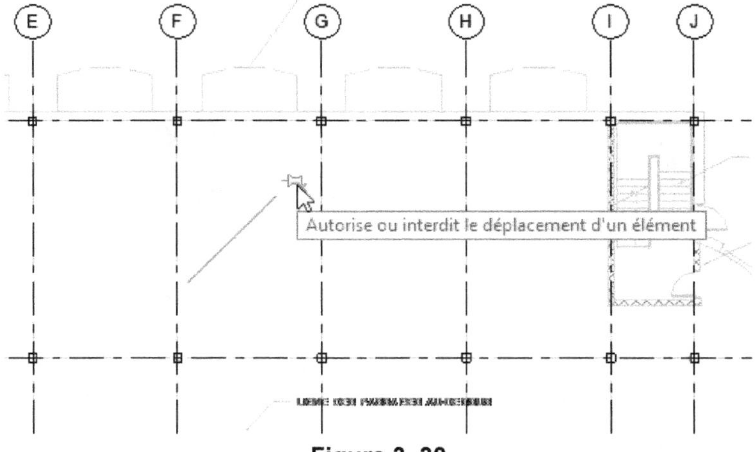

Figure 3–30

Configurer un fichier lié ou importé en demi-teinte

Pour voir la différence entre les nouveaux éléments et le fichier lié ou importé, vous pouvez configurer le fichier en demi-teinte, comme illustré en Figure 3–31.

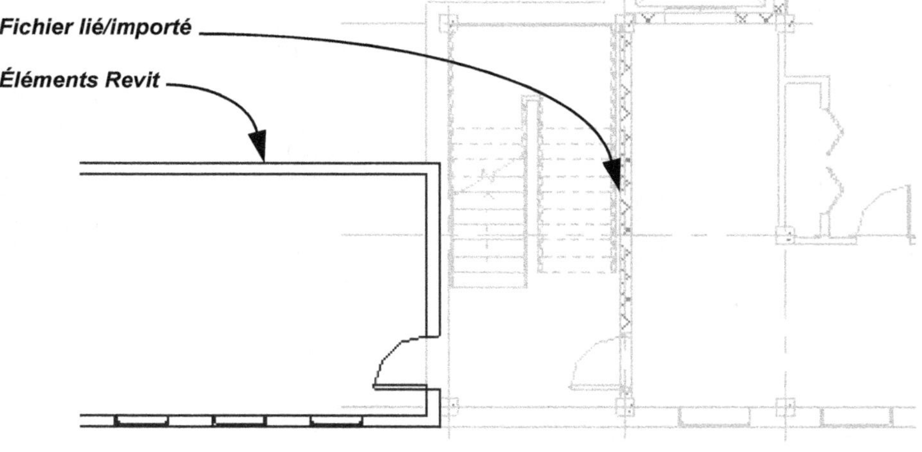

Figure 3–31

Instructions pratiques : Configurer un élément en demi-teinte

1. Sélectionnez le fichier importé.
2. Faites un clic droit et sélectionnez **Remplacer les graphismes dans la vue>Par élément...**.
3. Dans la boîte de dialogue Graphismes d'éléments spécifiques à la vue, sélectionnez **Demi-teinte**, comme illustré en Figure 3–32.

Figure 3–32

4. Cliquez sur **OK**.

Exercice 3b

Ajouter des quadrillages structurels et des poteaux porteurs

Durée estimée : 15 minutes

Objectifs de l'exercice

- Lier un fichier CAO.
- Ajouter et modifier des lignes de quadrillage structurel.
- Ajouter des poteaux porteurs.

Dans cet exercice, vous importerez des plans d'étage depuis le logiciel AutoCAD et les utiliserez comme disposition de base pour le hall du premier étage et pour un hall d'entrée typique. Vous ajouterez ensuite des lignes de quadrillage en utilisant les informations du fichier importé et ajouterez des poteaux porteurs au quadrillage, comme illustré en Figure 3–33.

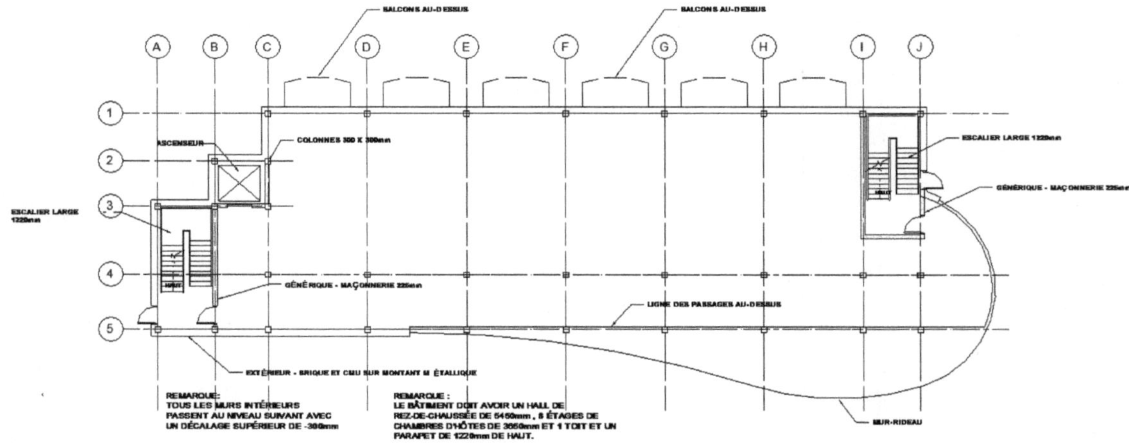

Figure 3–33

Tâche 1 - Importer un fichier CAO.

1. Ouvrez le projet **Hôtel-Moderne-Quadrillage.rvt** depuis le dossier des fichiers d'exercices.
2. Ouvrez la vue **Plan d'étage : Étage 1**.
3. Dans l'onglet *Insérer*>groupe de fonctions Lier, cliquez sur (Lier CAO).

4. Dans la boîte de dialogue Lier les formats CAO, naviguez jusqu'au dossier *Bibliothèque* dans les fichiers d'exercices et sélectionnez le fichier **Hôtel-Plan d'étage-Vestibule.dwg**.

5. Définissez les options suivantes :

   - Sélectionnez **Vue active uniquement**.
   - *Couleurs :* **Noir et blanc**
   - *Calques/Niveaux :* **Tous**
   - *Unités d'importation :* **Détection automatique**
   - *Positionnement :* **Automatique - Origine à origine**

6. Cliquez sur **Ouvrir**. Le fichier lié est placé dans le projet, dans la vue **Plan d'étage : Étage 1**.

7. Sélectionnez le fichier lié. Il s'agit d'un élément tout-en-un verrouillé dût au positionnement d'importation origine à origine.

8. Faites un clic droit et sélectionnez **Remplacer les graphismes dans la vue>Par élément...**.

9. Dans la boîte de dialogue Graphismes d'éléments spécifiques à la vue, sélectionnez **Demi-teinte**.

10. Cliquez sur **OK**.

11. Cliquez sur un espace vide pour déselectionner les sélection. Le fichier lié s'affiche en demi-teinte, comme illustré en Figure 3–34.

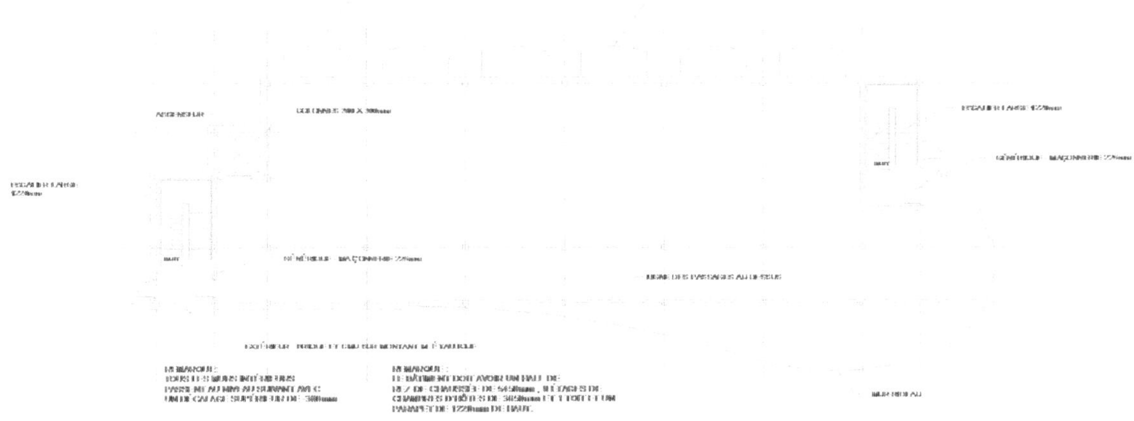

Figure 3–34

12. Déplacez les marqueurs d'élévation de sorte qu'ils s'ajustent au plan.
13. Ouvrez la vue **Plan d'étage : Étage 2**.
14. Liez le fichier CAO **Hôtel-Plan d'étage-Chambre d'hôtel.dwg** en utilisant les options utilisées pour **Étage 1**.
15. Remplacez les graphismes et configurez le fichier importé en demi-teinte.
16. Enregistrez le projet.

Tâche 2 - Créer des quadrillages structurels.

1. Ouvrez la vue **Plan d'étage : Étage 1**.
2. Dans l'onglet *Architecture*>groupe de fonctions Référence, cliquez sur (Quadrillage).
3. Dans l'onglet *Modifier* | *Placer Quadrillage*>groupe de fonctions Dessiner, cliquez sur (Choisir des lignes).
4. Sélectionnez la première ligne de quadrillage verticale à gauche du fichier lié. Cliquez à l'intérieur de la bulle, tapez **A** et appuyez sur <Entrée>.
5. Continuez de sélectionner les lignes de quadrillage verticales affichées dans le fichier importé. Les lettres s'incrémentent automatiquement.
6. Cliquez sur la première ligne de quadrillage horizontale et remplacez les lettres dans la bulle par **1**.
7. Continuez de sélectionner les lignes de quadrillage horizontales. Les chiffres s'incrémentent automatiquement.
8. Cliquez sur (Modifier).
9. Vérifiez la longueur de toutes les lignes de quadrillage. Modifiez la longueur en faisant glisser l'extrémité de la ligne si nécessaire. Vous pouvez voir les informations finales sur la Figure 3–35.

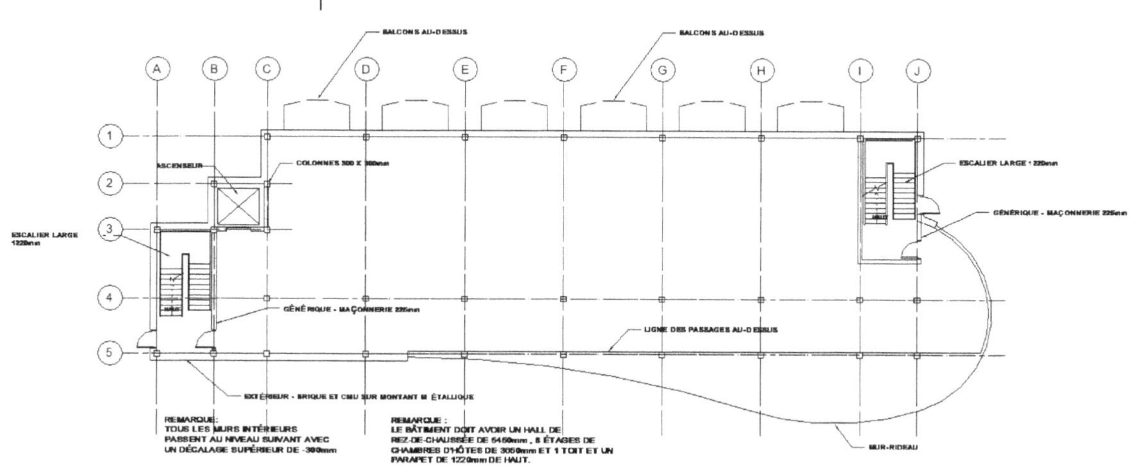

Figure 3–35

10. Enregistrez le projet.

Tâche 3 - Ajouter des poteaux.

1. Dans l'onglet *Architecture*>groupe de fonctions Création, dérouler le menu et cliquez sur (Poteau porteur).
2. Dans le Sélecteur de type, sélectionnez **Poteau béton - Carré: 300mm x 300mm**.
3. Dans la Barre des options, définissez l'option *Hauteur* sur **Étage 2**.

Vérifiez que l'option Hauteur (pas Profondeur) est sélectionnée dans la Barre des options.

4. Dans l'onglet *Modifier | Placer Poteau porteur*>groupe de fonctions Multiple, cliquez sur (Sur les quadrillages).
5. Sélectionnez toutes les lignes de quadrillage verticales et horizontales du projet.

Vous pouvez utiliser une fenêtre de capture de droite à gauche pour sélectionner les quadrillages. Tous les autres éléments sont filtrés automatiquement.

6. Dans l'onglet *Modifier | Placer Poteau porteur> A l'intersection trame*>groupe de fonctions Multiple, cliquez sur (Terminer).
7. Revenez à la commande **Modifier**.

8. Supprimez les poteaux aux emplacements **A1**, **A2**, **A4**, **B1** et **B4**. Le projet s'affiche, comme illustré en Figure 3–36.

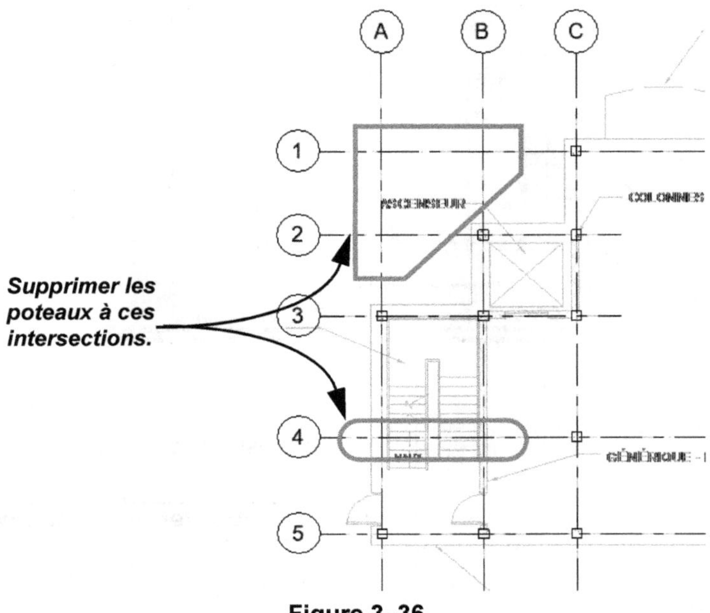

Figure 3–36

9. Dans la barre d'outils d'accès rapide, cliquez sur (Vue 3D par défaut). Les poteaux sont définis à la hauteur du deuxième étage (**Étage 2**) seulement, comme illustré en Figure 3–37.

Le fichier lié ne s'affiche pas dans la vue 3D parce qu'il a été lié uniquement à la vue en plan.

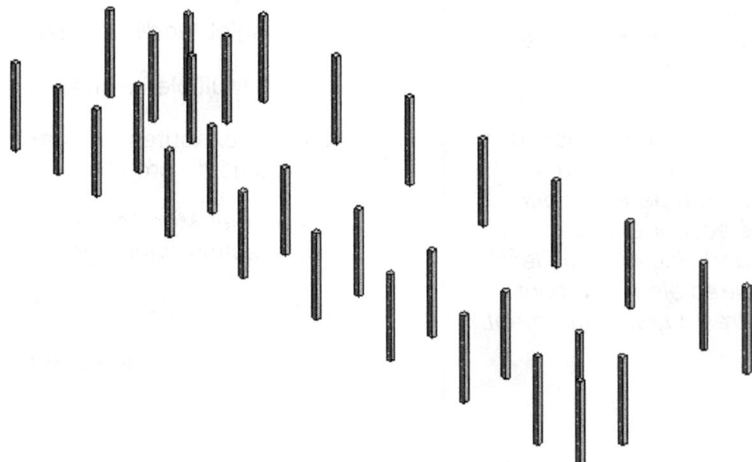

Figure 3–37

10. Sélectionnez tous les poteaux. Vous pouvez sélectionner un poteau, faire un clic droit et choisir **Sélectionner toutes les occurrences>Visible dans la vue**.

11. Dans Propriétés, dans la zone *Contraintes*, remplacez le *Niveau de base* par **Soubassement** et le *Niveau supérieur* par **Toit**. Cliquez sur **Appliquer** ou déplacez le curseur dans la fenêtre de visualisation. Les poteaux s'étendent désormais du haut de la semelle jusqu'au toit.

12. Cliquez dans un espace pour déselectionner la sélection.

Tapez ***ZA*** *pour effectuer un zoom arrière dans la vue si nécessaire.*

13. Visualisez plusieurs vues de plan d'étage pour vérifier que les quadrillages et les poteaux s'affichent.

14. Revenez à la vue **Plan d'étage : Étage 1**.

15. Enregistrez le projet.

Questions de révision

1. Dans quel type de vue devez-vous être pour pouvoir ajouter un niveau à votre projet ?
   a. Toute vue autre qu'une vue en plan.
   b. Étant donné que cela se fait à l'aide d'une boîte de dialogue, la vue n'a pas d'importance.
   c. N'importe quelle vue, sauf une vue 3D.
   d. N'importe quelle vue en coupe ou d'élévation.

2. Comment alignez-vous des lignes de quadrillage dont la longueur peut être différente, comme illustré en Figure 3–38 ?

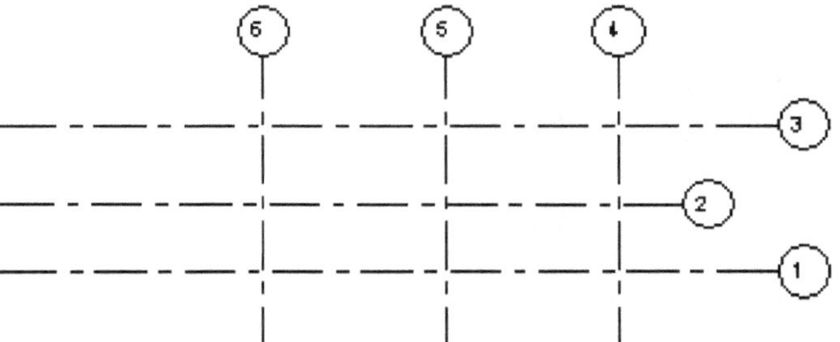

Figure 3–38

   a. Vous utilisez (Ajuster/Prolonger plusieurs éléments) pour les aligner avec une ligne de référence commune.
   b. Vous sélectionnez la ligne de quadrillage et faites glisser l'extrémité de son modèle pour l'aligner avec les autres lignes de quadrillage.
   c. Vous sélectionnez la ligne de quadrillage, faites un clic droit et sélectionnez **Alignement automatique**.
   d. Dans Propriétés, vous modifiez la *Longueur* et utilisez ensuite (Déplacer) pour les placer au bon endroit.

3. Où les poteaux peuvent-ils être placés (voir Figure 3–39 pour l'accès aux commandes) ?

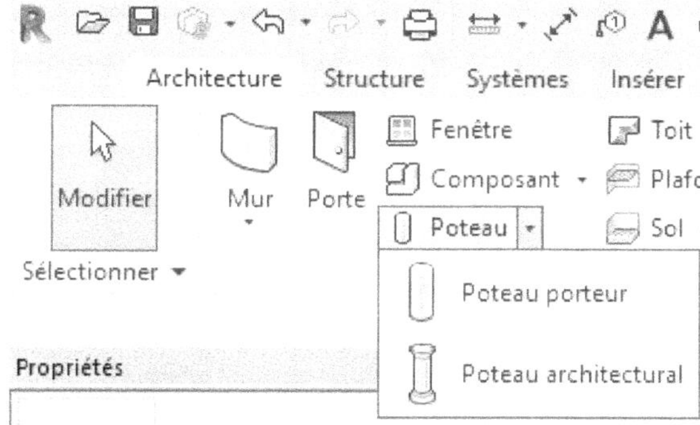

Figure 3–39

   a. Les poteaux ne peuvent être placés que sur des quadrillages.
   b. Les poteaux architecturaux peuvent être placés n'importe où, mais les poteaux porteurs ne peuvent être placés que sur des quadrillages.
   c. Les deux types de poteaux peuvent être placés n'importe où.
   d. Les types de poteaux basés sur le quadrillage doivent être placés sur le quadrillage, mais les types de poteaux indépendants peuvent être placés n'importe où.

4. Lesquels des types de formats CAO suivants peuvent être importés dans le logiciel Autodesk Revit ? (Sélectionnez toutes les réponses possibles).
   a. .DWG
   b. .XLS
   c. .SAT
   d. .DGN

Récapitulatif des commandes

Bouton	Commande	Emplacement
	Sur les poteaux	• **Ruban :** Onglet *Modifier | Placer Poteau porteur*>groupe de fonctions Multiple
	Sur les quadrillages	• **Ruban :** Onglet *Modifier | Placer Poteau porteur*>groupe de fonctions Multiple
	Poteau	• **Ruban :** Onglet *Architecture*>groupe de fonctions Création
	Poteau architectural	• **Ruban :** Onglet *Architecture*>groupe de fonctions Création>déroulez Poteau
	Poteau porteur	• **Ruban :** Onglet *Architecture*>groupe de fonctions Création>déroulez Poteau
	Quadrillage	• **Ruban :** Onglet *Architecture*>groupe de fonctions Référence • **Raccourci :** GR
CAD	**Importer CAO**	• **Ruban :** Onglet *Insérer*>groupe de fonctions Importer
	Niveau	• **Ruban :** Onglet *Architecture*>groupe de fonctions Référence • **Raccourci :** LL
CAD	**Lier CAO**	• **Ruban :** Onglet *Insérer*>groupe de fonctions Lier
	Segments multiples	• **Ruban :** Onglet *Modifier | Placer Quadrillage*>groupe de fonctions Dessiner

Phase de développement de la conception

La deuxième partie de ce guide d'apprentissage est centrée sur l'utilisation des outils disponibles dans le logiciel Autodesk® Revit® qui vous permettront de créer le modèle de bâtiment. Cette partie décrit également les outils de visualisation nécessaires pour produire le modèle.

Cette partie comprend les chapitres suivants :

- Chapitre 4 : Modélisation des murs
- Chapitre 5 : Travailler avec des portes et des fenêtres
- Chapitre 6 : Travailler avec des murs-rideaux
- Chapitre 7 : Travailler avec les vues
- Chapitre 8 : Ajouter des composants
- Chapitre 9 : Modélisation des sols
- Chapitre 10 : Modélisation des plafonds
- Chapitre 11 : Modélisation des toits
- Chapitre 12 : Modélisation des escaliers, garde-corps et rampes d'accès

Chapitre

4

Modélisation des murs

Les murs sont les principaux éléments qui définissent les espaces dans les bâtiments. Le logiciel Autodesk® Revit® propose plusieurs types de murs disponibles dans différents matériaux et largeurs. Vous pouvez modifier la hauteur, la largeur et le type si nécessaire.

Objectifs d'apprentissage de ce chapitre

- Modéliser des murs en utilisant des types de murs spécifiques.
- Modifier des murs en changeant le type de mur, la hauteur et la longueur.
- Définir la façon dont les murs se rejoignent aux intersections.
- Ajouter des ouvertures dans les murs autres qu'une porte ou une fenêtre.

4.1 Modélisation des murs

Dans le logiciel Autodesk® Revit®, les murs ne sont pas seulement représentés par deux lignes sur un plan. Il s'agit d'éléments 3D complets qui enregistrent des informations, notamment la hauteur, l'épaisseur et les matériaux. Cela signifie qu'ils sont utiles dans les vues 2D et 3D et qu'ils ont aussi un impact sur les nomenclatures des relevés de matériaux, comme illustré en Figure 4–1.

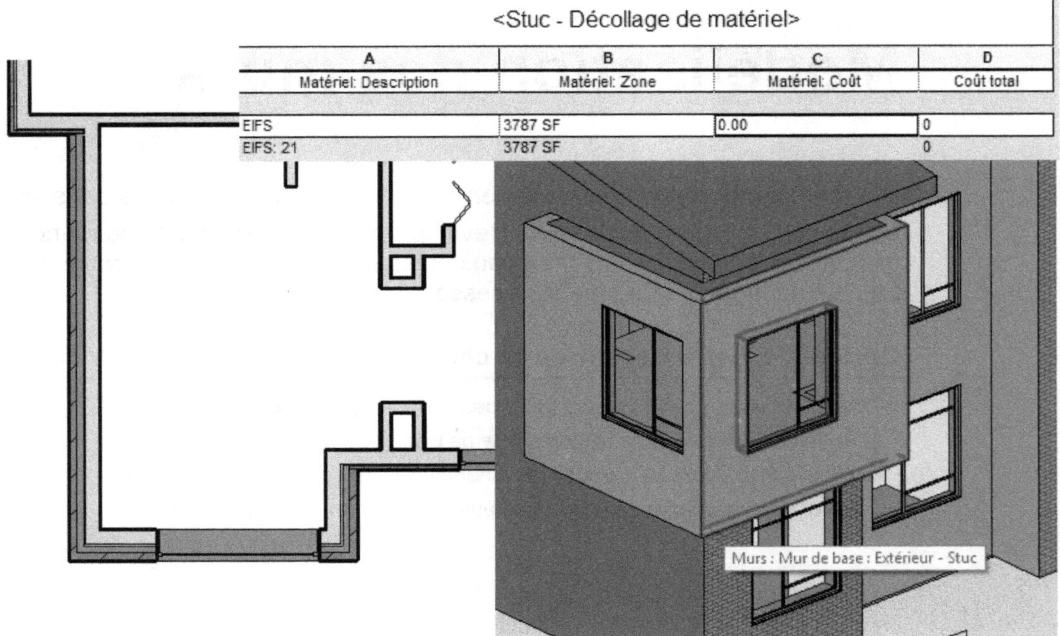

<Stuc - Décollage de matériel>
A
B
C
D
Matériel: Description
Matériel: Zone
Matériel: Coût
Coût total
EIFS
3787 SF
0.00
0
EIFS: 21
3787 SF
0
Murs : Mur de base : Extérieur - Stuc

Figure 4–1

- Les murs-rideaux de base sont ajoutés avec la commande **Mur**.
- Pour afficher les hachures sur les murs sur les vues en plan, dans la Barre de contrôle Vue, réglez le *Niveau de détail* sur **Elevé** ou **Moyen**, comme illustré en Figure 4–2.

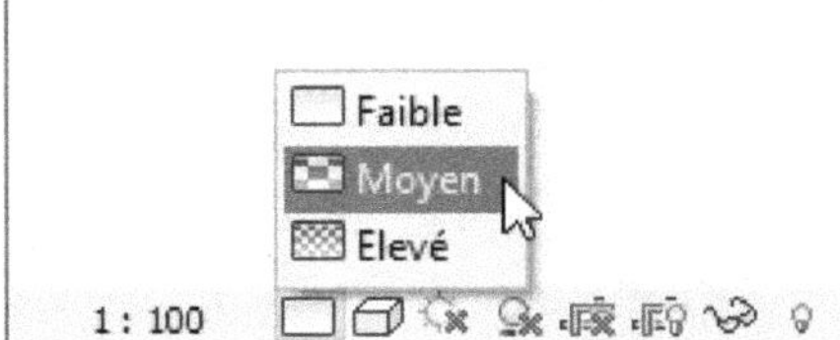

Figure 4–2

Instructions pratiques : Modéliser un mur

1. Dans l'onglet *Architecture*>groupe de fonctions Création, cliquez sur (Mur) ou tapez la combinaison de touches de raccourci **WA**.
2. Dans le Sélecteur de type, sélectionnez un type de mur comme illustré en Figure 4–3.

Vous pouvez utiliser la zone de recherche pour trouver rapidement des types de mur.

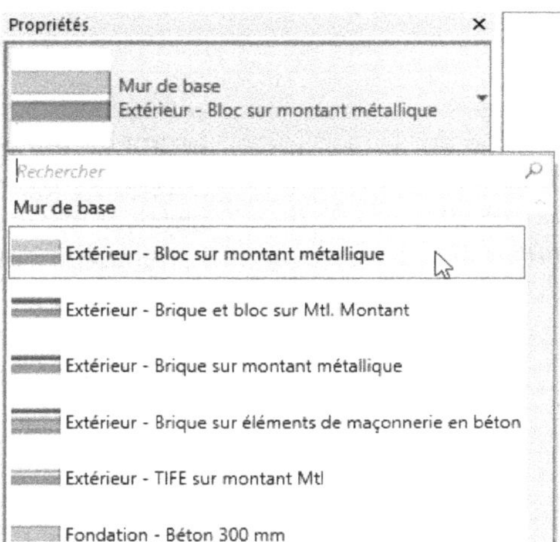

Figure 4–3

3. Dans la Barre des options (voir Figure 4–4), précisez les informations suivantes concernant le mur avant de démarrer la modélisation :

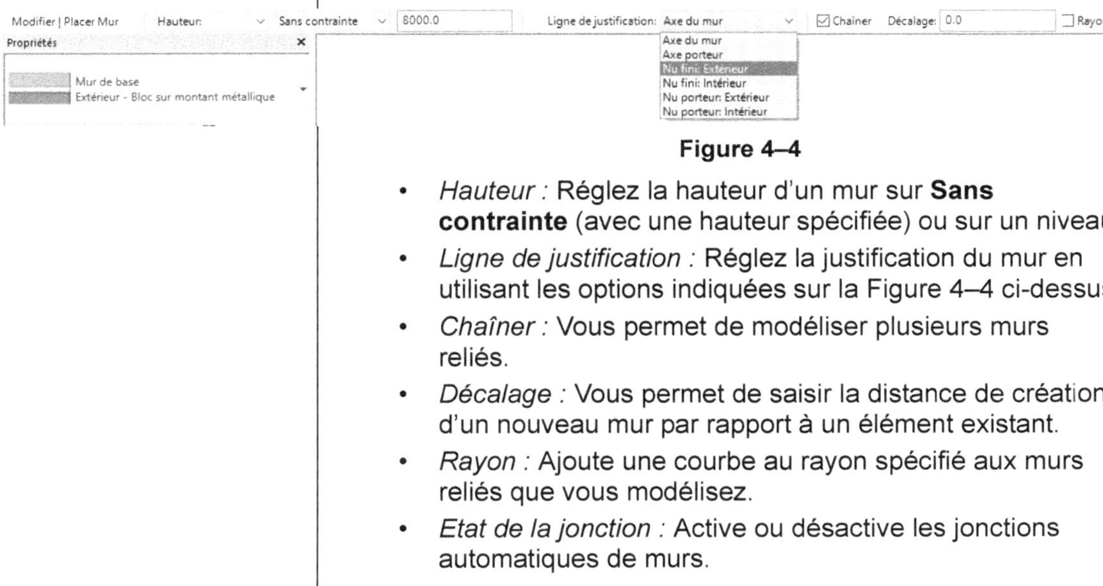

Figure 4–4

- *Hauteur :* Réglez la hauteur d'un mur sur **Sans contrainte** (avec une hauteur spécifiée) ou sur un niveau.
- *Ligne de justification :* Réglez la justification du mur en utilisant les options indiquées sur la Figure 4–4 ci-dessus.
- *Chaîner :* Vous permet de modéliser plusieurs murs reliés.
- *Décalage :* Vous permet de saisir la distance de création d'un nouveau mur par rapport à un élément existant.
- *Rayon :* Ajoute une courbe au rayon spécifié aux murs reliés que vous modélisez.
- *Etat de la jonction :* Active ou désactive les jonctions automatiques de murs.

4. Dans l'onglet *Modifier* | *Placer Mur*>groupe de fonctions Dessiner (voir Figure 4–5), sélectionnez l'une des options pour créer le mur.

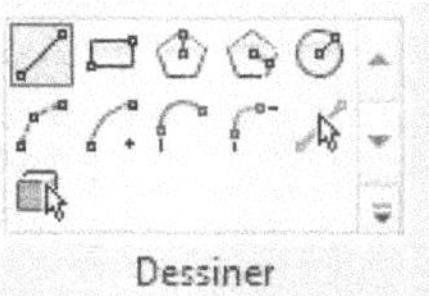

Figure 4–5

Les murs composés constituent un type de mur qui comprend plusieurs couches (p. ex., blocs, lame d'air, briques, etc.).

- Utilisez des lignes d'axe, des cotes temporaires et des accrochages pour placer les murs.
- Lorsque vous réalisez une esquisse, vous pouvez appuyer sur la barre d'espacement pour basculer l'orientation des murs composés.
- Lorsque vous utilisez l'option *Chaîner*, appuyez sur <Echap> pour terminer la chaîne de murs et rester dans la commande Mur.

Conseil : Niveaux en fond de plan

Cela permet parfois d'afficher un niveau différent dans un niveau en fond de plan dans la vue actuelle, comme illustré en Figure 4–6. Vous pouvez tracer ou copier des éléments dans un niveau en fond de plan, dans le niveau actuel d'une vue.

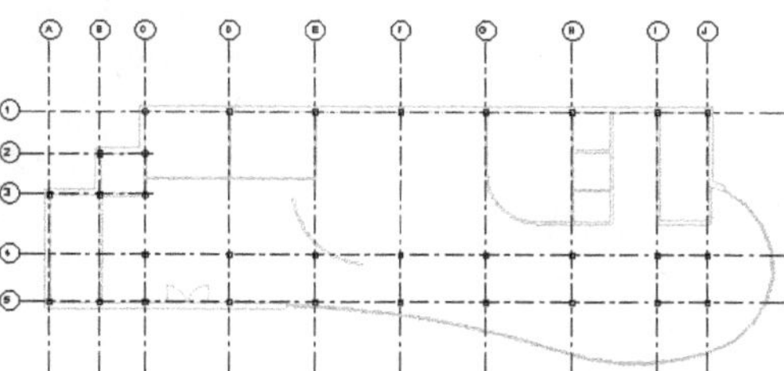

Figure 4–6

- Dans la palette Propriétés, *Niveau en fond de plan*, spécifiez la *Plage : niveau de base* et la *Plage : niveau supérieur* ainsi que l'*Orientation du niveau en fond de plan* (**Regarder vers le bas** ou **Regarder vers le haut**). Les niveaux en fond de plan sont disponibles uniquement dans les vues en plan.
- Pour empêcher le déplacement d'éléments dans le niveau en fond de plan, dans la Barre d'état, désactivez l'option (Sélectionner des éléments de niveau en fond de plan).

4.2 Modification des murs

Plusieurs méthodes sont disponibles pour modifier les murs. Vous pouvez changer le type de mur en utilisant le Sélecteur de type, utiliser des contrôles et poignées de forme pour modifier la longueur et l'orientation du mur et utiliser des cotes temporaires et permanentes pour changer l'emplacement ou la longueur d'un mur en 2D et 3D, comme illustré en Figure 4–7. D'autres outils vous permettent de modifier les jonctions de mur, de modifier le profil d'un mur et d'ajouter des ouvertures dans les murs.

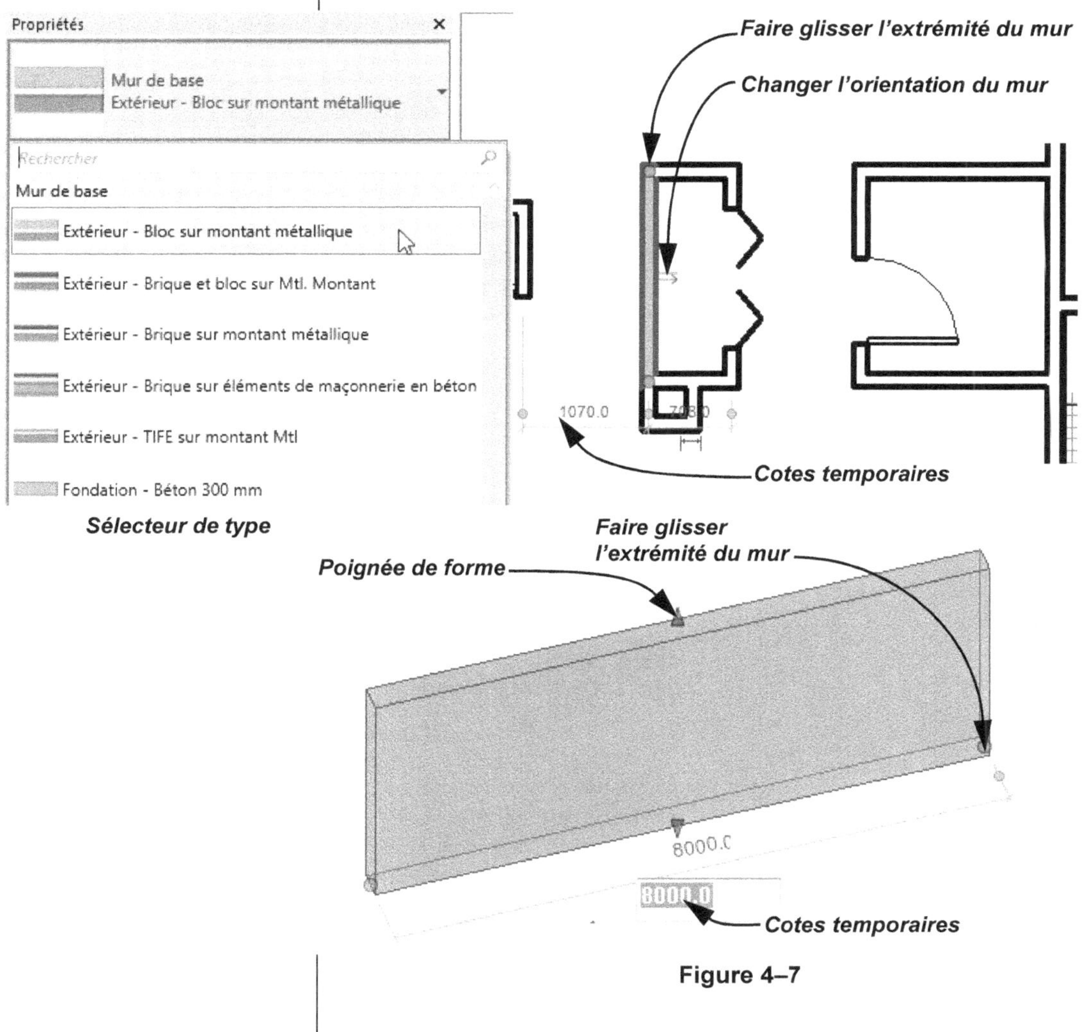

Figure 4–7

Jonctions de mur

Le logiciel relie automatiquement les murs avec des matériaux courants lorsqu'ils se rejoignent à une intersection, comme illustré sur la gauche en Figure 4–8. Néanmoins, il est possible que vous ne souhaitiez pas nettoyer les murs, lorsqu'un mur résistant au feu est emboîté dans un autre par exemple, ou lorsqu'un mur touche un poteau, comme illustré sur la droite en Figure 4–8.

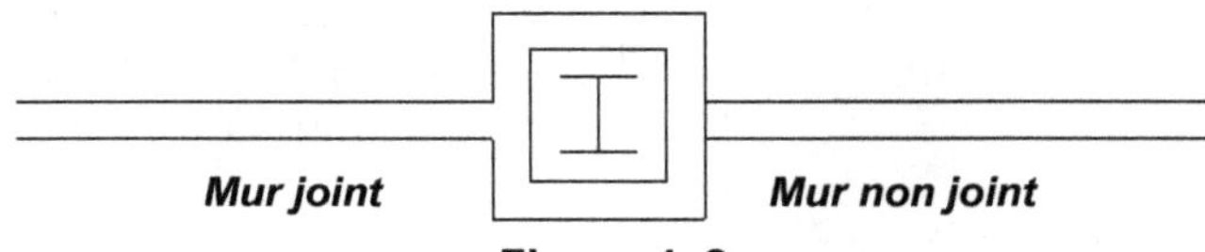

Figure 4–8

- Lorsque vous créez des murs, placez l'*Etat de la jonction* sur **Interdire** dans la Barre des options.
- Si un mur est déjà placé, cliquez avec le bouton droit de la souris sur le contrôle situé à l'extrémité du mur et sélectionnez **Interdire le joint** comme illustré sur la gauche en Figure 4–9. Tant que l'extrémité n'est pas jointe, vous pouvez la faire glisser jusqu'à l'emplacement qui convient, comme illustré sur la droite en Figure 4–9.

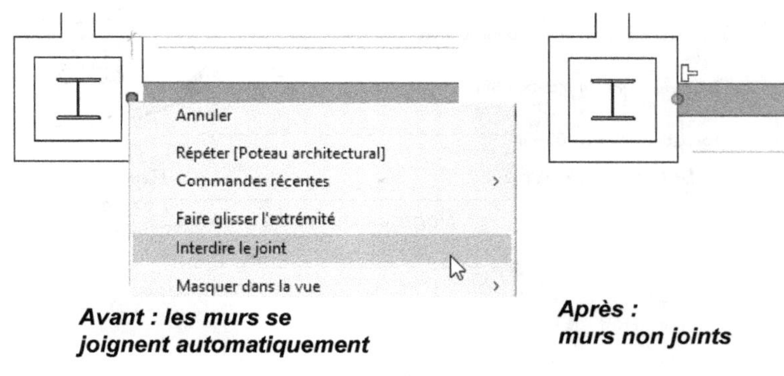

Figure 4–9

- Pour joindre à nouveau les murs, cliquez sur (Autoriser le joint) ou cliquez avec le bouton droit de la souris sur le contrôle d'extrémité et sélectionnez **Autoriser le joint**. Replacez manuellement le mur en le faisant glisser là où vous souhaitez qu'il touche le mur cible.

Modification des profils de mur

Les murs épousent souvent les contours d'un site ou d'un angle, par exemple en suivant une ligne d'escalier, comme illustré en Figure 4–10. Si nécessaire, vous pouvez modifier le profil d'un mur.

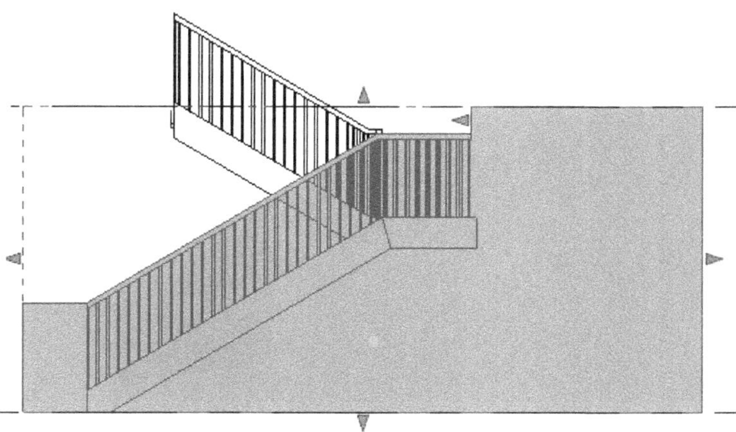

Figure 4–10

Instructions pratiques : Modifier le profil d'un mur

Vous pouvez aussi double-cliquer sur un mur pour modifier le profil.

1. Ouvrez une vue en élévation ou en coupe dans laquelle vous pouvez voir la face du mur que vous souhaitez modifier.
2. Sélectionnez le mur (en mettant les limites en surbrillance).
3. Dans l'onglet *Modifier* | *Murs*>groupe de fonctions Mode, cliquez sur (Modifier le profil). Le mur est mis en évidence en magenta pour indiquer le profil.
4. Dans l'onglet *Modifier* | *Murs>Modifier le profil*>Groupe de fonctions Dessiner, utilisez les outils qui permettent de modifier l'esquisse de contour du mur, comme illustré en haut sur la Figure 4–11.
5. Une fois le profil terminé, cliquez sur (Terminer le mode de modification). Le mur est alors conforme au nouveau profil, comme illustré en bas sur la Figure 4–11.

L'esquisse doit former une boucle continue. Vérifiez que les lignes sont propres sans espaces ni chevauchements. Utilisez l'un des outils du groupe de fonctions Modifier pour nettoyer l'esquisse.

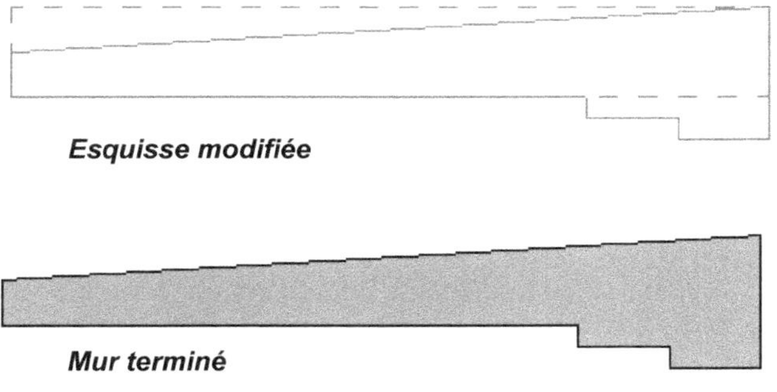

Figure 4–11

Ouvertures dans les murs

Vous pouvez ajouter des ouvertures dans les murs autres que des fenêtres ou des portes en utilisant l'outil **Ouverture dans un mur**. Cela permet de créer des ouvertures rectangulaires dans des murs droits et incurvés, comme illustré en Figure 4–12.

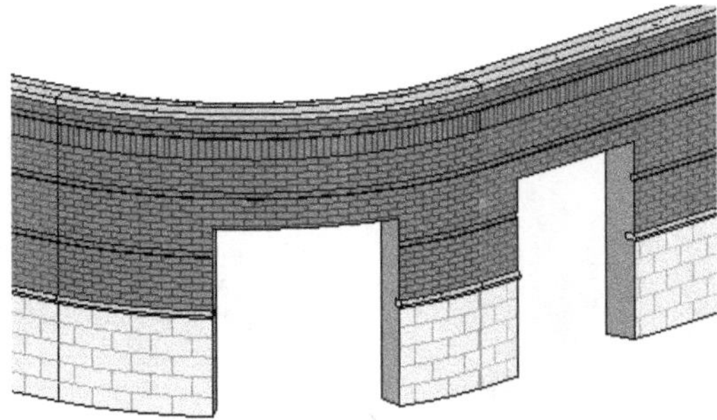

Figure 4–12

Instructions pratiques : Ajouter des ouvertures dans les murs

1. Ouvrez une vue en élévation, en coupe ou 3D.
2. Dans l'onglet *Architecture*>groupe de fonctions Ouverture, cliquez sur (Ouverture dans un mur).
3. Sélectionnez le mur.
4. Sélectionnez deux points sur la diagonale pour déterminer la taille de l'ouverture.

- Vous pouvez utiliser des cotes temporaires pour dimensionner l'ouverture dans la commande et des cotes temporaires et des poignées de forme pour modifier l'ouverture lorsqu'elle est sélectionnée, comme illustré en Figure 4–13.

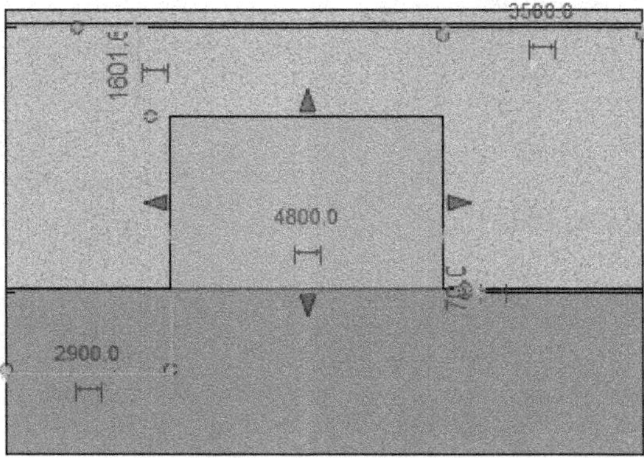

Figure 4–13

Conseil : Copie des propriétés

Vous pouvez sélectionner un mur existant et l'utiliser pour assigner le type de mur et les propriétés d'occurrence à d'autres murs en utilisant la commande **Copier propriétés du type**. Cette commande fonctionne également avec tous les éléments présentant des types.

1. Dans l'onglet *Modifier*>groupe de fonctions Presse-papiers, cliquez sur (Copier propriétés du type) ou tapez **MA**. Le curseur se transforme en flèche avec un pinceau propre.
2. Sélectionnez l'élément source que vous souhaitez copier pour tous les autres. Le pinceau change et ressemble à un pinceau que l'on aurait trempé dans de la peinture noire, comme illustré en Figure 4–14.

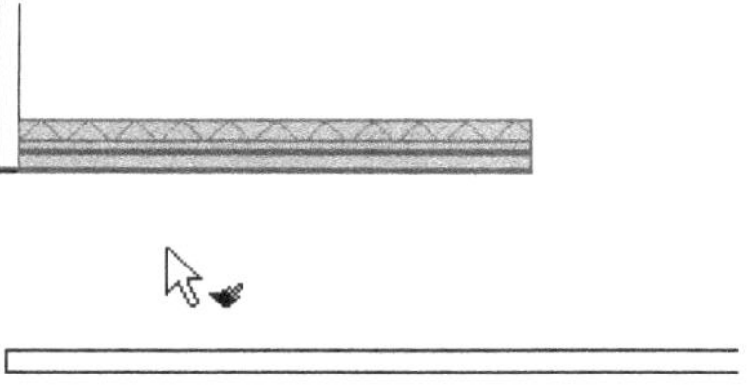

Figure 4–14

3. Pour sélectionner plusieurs éléments, dans l'onglet *Modifier | Copier propriétés du type*>groupe de fonctions Multiple, cliquez sur (Sélect. plusieurs). Vous pouvez alors utiliser des fenêtres, des captures, les touches <Ctrl> et <Maj> pour créer un jeu de sélection d'éléments à changer.
4. Sélectionnez les éléments que vous voulez changer.

   Pour de multiples sélections, cliquez sur (Terminer) pour appliquer le type à la sélection.

- Cliquez dans un espace vide du projet pour nettoyer le pinceau de façon à vous permettre de répéter la commande avec un autre élément.
- Les éléments à copier doivent être de même type (p. ex., tous les murs, toutes les portes, etc.).

Exercice 4a

Modéliser l'enveloppe du bâtiment

Durée estimée : 20 minutes

Objectifs de l'exercice

- Tracer des murs dans un fichier DWG importé.
- Ajouter des murs-rideaux.
- Modifier les jonctions de mur.

Dans cet exercice, vous ajouterez des murs extérieurs, notamment un mur-rideau, pour créer l'enveloppe du bâtiment du projet. Vous utiliserez un fichier importé pour définir l'emplacement des murs. Vous ajouterez ensuite un parapet sur le mur-rideau. Le modèle terminé est présenté sur la Figure 4–15.

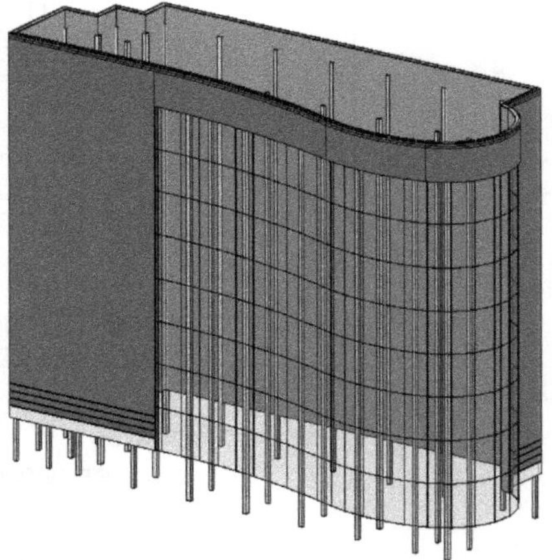

Figure 4–15

Tâche 1 - Ajouter des murs en choisissant des lignes.

1. Ouvrez le projet **Hôtel-Moderne-Murs.rvt** dans le dossier des fichiers d'exercices.
2. Vérifiez que vous êtes dans la vue **Plan d'étage : Étage 1**.
3. Dans la Barre de contrôle Vue, réglez le *Niveau de détail* sur (Elevé). Cela permet d'afficher les multiples couches du mur à ajouter.
4. Dans l'onglet *Architecture*>groupe de fonctions Création, cliquez sur (Mur).

5. Dans le Sélecteur de type, sélectionnez **Mur de base: Extérieur - Brique et bloc sur Mtl. Montant**.

6. Dans la Barre des options ou Propriétés, réglez ou vérifiez les options suivantes :

   - *Hauteur :* **Parapet**
   - *Ligne de justification :* **Nu fini : Extérieur**
   - Sélectionnez **Chaîner**.
   - *Etat de la jonction :* **Autoriser**
   - *Décalage inférieur :* **0.0**
   - *Décalage supérieur :* **0.0**

7. Dans le groupe de fonctions Dessiner, cliquez sur (Choisir des lignes).

8. Sélectionnez l'un des murs extérieurs dans le fichier importé, comme illustré en Figure 4–16. Veillez à ce que la ligne discontinue s'affiche à l'intérieur du mur. Il s'agit d'un mur composé et vous voulez afficher la brique à l'extérieur.

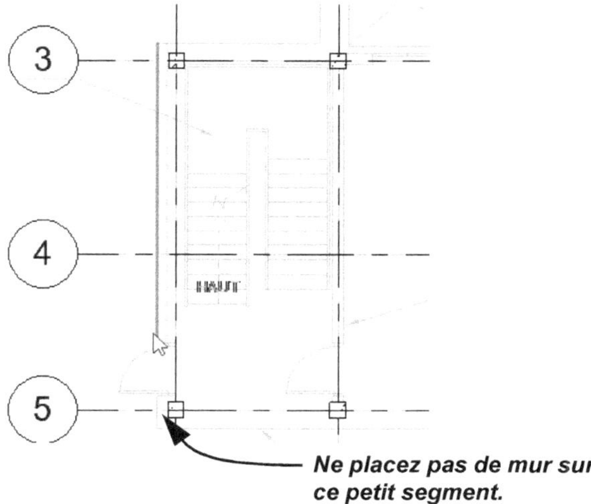
3
4
5
Ne placez pas de mur sur ce petit segment.

Figure 4–16

9. Continuez à choisir des lignes autour de l'extérieur du bâtiment. Ne sélectionnez pas les lignes incurvées du mur-rideau.

   - Utilisez (Inverser) pour changer l'orientation du mur si le côté brique du mur n'est pas à l'extérieur.

10. Cliquez sur (Modifier).

11. Au niveau des ouvertures de porte des extrémités du bâtiment, n'ajoutez pas de murs sur les côtés de la porte. Utilisez plutôt le contrôle **Faire glisser l'extrémité du mur**, comme illustré en Figure 4–17, pour prolonger le mur à travers l'ouverture. Les intersections se nettoieront automatiquement.

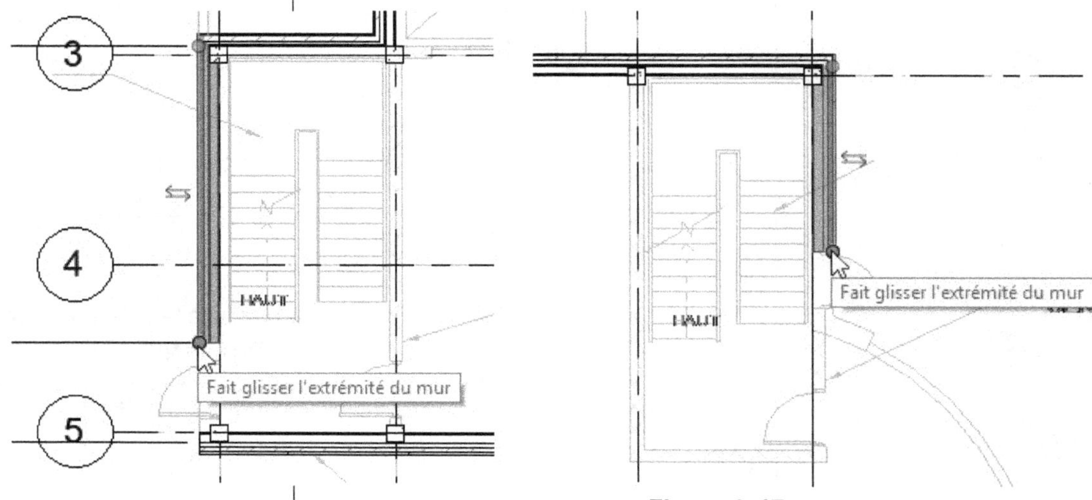

Figure 4–17

12. Enregistrez le projet.

Tâche 2 - Ajoutez des murs-rideaux de base.

1. Cliquez sur (Mur).
2. Dans le Sélecteur de type, sélectionnez **Mur-rideau: Vitrage extérieur** et définissez les propriétés suivantes :

Cela permet de placer le haut du mur-rideau sous le niveau du toit.

- *Contrainte inférieure :* **Étage 1**
- *Décalage inférieur :* (négatif) **0**
- *Contrainte supérieure :* **Jusqu'au niveau : Toit**
- *Décalage supérieur:* (négatif) **-1850**

3. Utilisez (Choisir des lignes) et sélectionnez les trois lignes incurvées.
4. Dans la Barre d'outils d'accès rapide, cliquez sur (Vue 3D).
5. Dans la Barre de contrôle Vue, réglez le *Style visuel* sur (Couleurs uniformes). Le mur-rideau ne s'étend pas jusqu'en haut du parapet, comme illustré en Figure 4–18.

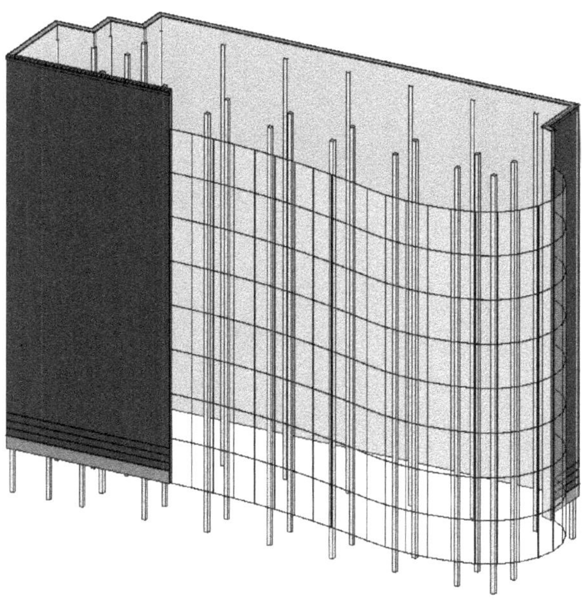

Figure 4–18

Tâche 3 - Ajouter un parapet.

1. Ouvrez la vue **Plan d'étage : Toit**.
2. Dans la Barre de contrôle Vue, réglez le *Niveau de détail* sur (Elevé) pour afficher la composition des murs.
3. Sélectionnez la petite partie incurvée du mur dans l'angle nord-est du bâtiment sur la Ligne de poteau J. Cliquez avec le bouton droit de la souris sur la poignée de connexion de l'extrémité droite et sélectionnez **Interdire le joint**, comme illustré en Figure 4–19.

Le nettoyage automatique de certains murs pose parfois des problèmes. Le fait d'interdire un joint peut permettre de résoudre le problème.

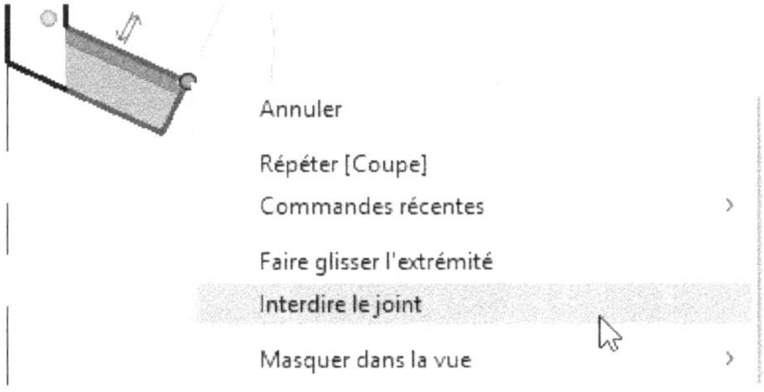

Figure 4–19

4. Répétez à nouveau le processus sur l'autre mur relié au mur-rideau près de l'intersection de la Grille D5.

5. Lancez la commande **Mur**.

6. Dans le Sélecteur de type, sélectionnez **Mur de base: Extérieur - Brique sur Mtl. Montant Parapet**. L'alerte indiquée sur la Figure 4–20 s'affiche parce que le logiciel a gardé en mémoire les derniers réglages des propriétés.

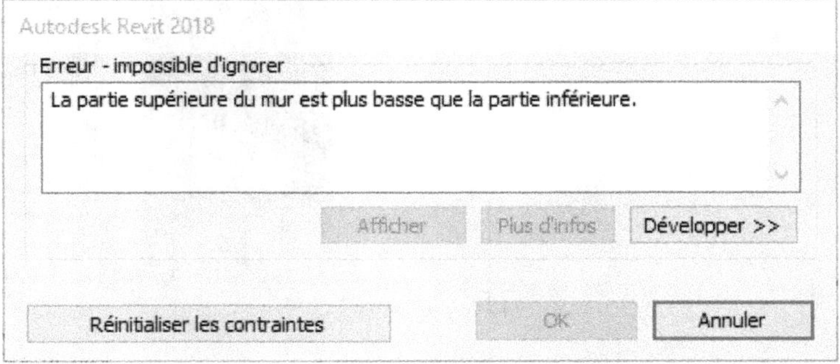

Figure 4–20

7. Cliquez sur **Réinitialiser les contraintes**. Toutes les propriétés sont réinitialisées.

8. Sélectionnez à nouveau le **Mur de base : Extérieur - Brique sur Mtl. Montant Parapet** et réglez les propriétés suivantes :

   - *Contrainte inférieure :* **Toit**
   - *Décalage inférieur :* (négatif) **-1850 mm**
   - *Contrainte supérieure :* **Jusqu'au niveau : Parapet**
   - *Décalage supérieur :* **0.0**

Veillez à bien sélectionner la principale ligne du mur-rideau ou une ligne de grille et non pas l'un des panneaux du mur-rideau.

9. Dans le groupe de fonctions Dessiner, cliquez sur (Choisir des lignes). Déplacez le curseur sur le mur-rideau incurvé du milieu et appuyez sur <Tab> jusqu'à ce que la référence du mur-rideau s'affiche comme illustré en Figure 4–21 puis cliquez pour placer le mur.

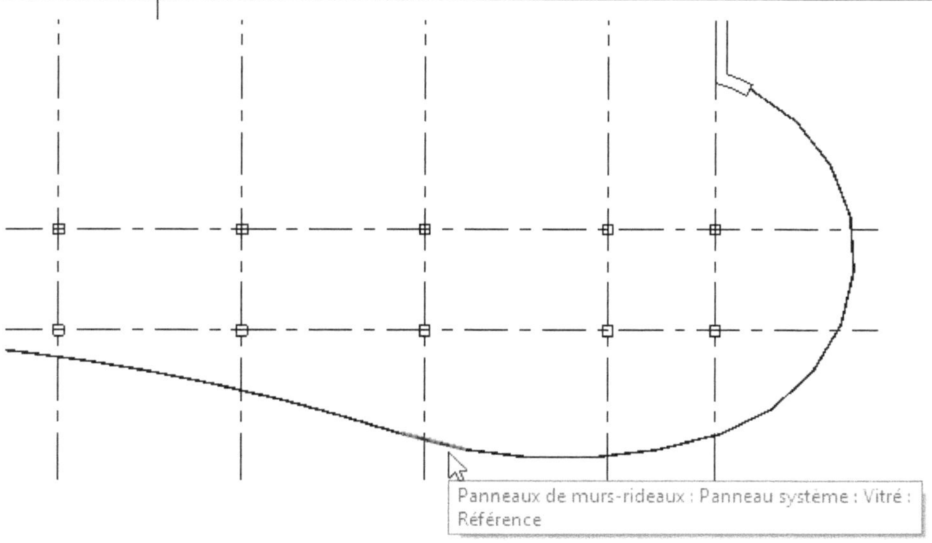

Figure 4–21

10. Dans l'onglet *Modifier* | *Placer Mur*>groupe de fonctions Dessiner, cliquez sur (Arc début-fin-rayon).
11. Sélectionnez les points dans l'ordre indiqué en Figure 4–22. Veillez à bien sélectionner les extrémités avant de sélectionner le point de tangence sur l'arc.

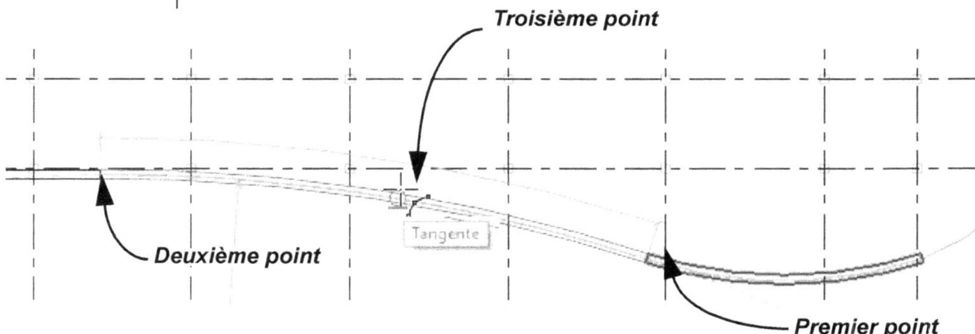

Figure 4–22

- Cette façon de créer le mur permet de résoudre certains problèmes car l'axe central du mur-rideau se trouve légèrement décalé du mur principal.
- Si un avertissement s'affiche au sujet du profil de coupe de mur, vous pouvez l'ignorer.

12. Répétez le processus de la même façon pour l'autre partie de l'arc, en commençant par l'extrémité du petit mur puis l'extrémité du mur incurvé et enfin le point de tangence.

13. Cliquez sur (Modifier).

14. Tapez **ZA** pour afficher l'ensemble du plan au sol.

15. Revenez à la vue 3D. Le nouveau parapet sur le mur-rideau s'affiche comme illustré en Figure 4–23.

Les poteaux sont masqués pour clarifier l'image.

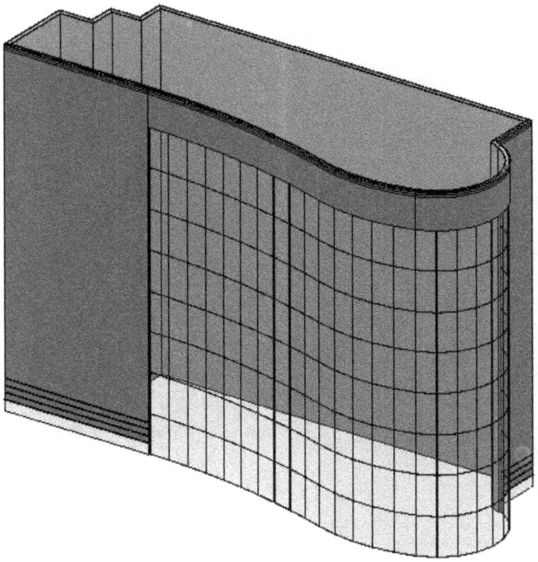

Figure 4–23

16. Enregistrez le projet.

Exercice 4b Ajouter des murs intérieurs

Objectifs de l'exercice

- Modéliser et modifier des murs.
- Utiliser les outils de modification, notamment **Aligner**, **Décalage**, **Ajuster/Prolonger**, **Copier** et **Symétrie**.

Durée estimée : 20-30 minutes

Dans cet exercice, vous ajouterez des murs intérieurs sur le plan du premier étage, comme illustré en Figure 4–24, en utilisant les options **Décalage**, **Scinder l'élément**, **Ajuster** et **Aligner** pour faciliter leur création. Optionnellement, vous pouvez ajouter des murs au deuxième étage, au sous-sol et aux fondations.

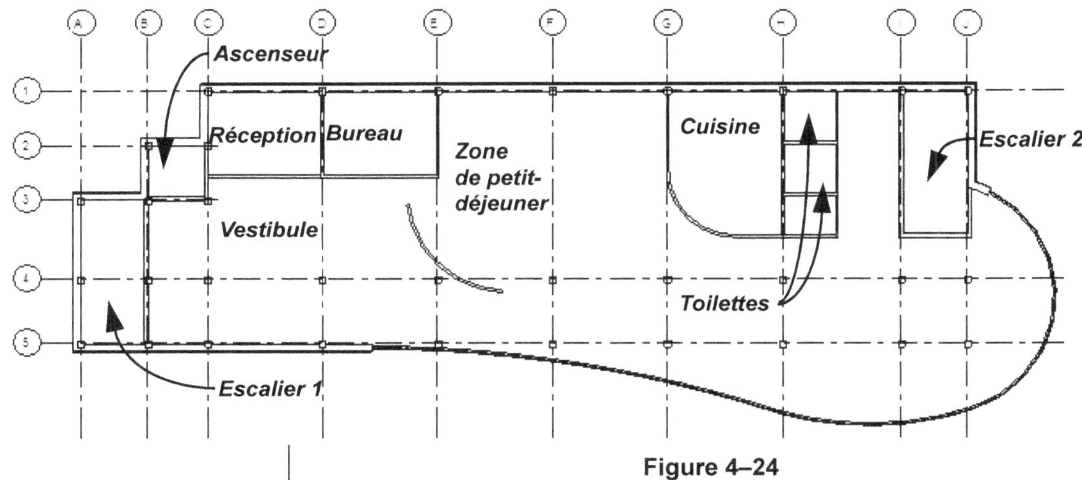

Figure 4–24

Tâche 1 - Ajouter et aligner les murs de l'escalier et de l'ascenseur.

1. Ouvrez le projet **Hôtel-Moderne-Murs-Intérieurs.rvt** dans le dossier des fichiers d'exercice.
2. Ouvrez la vue **Plan d'étage : Étage 1**.
3. Zoomez sur la zone de l'escalier et de l'ascenseur à gauche du bâtiment.
4. Lancez la commande **Mur**.

5. Dans la Barre des options ou Propriétés, réglez les options suivantes :
   - *Type de mur :* **Mur de base: Générique - Maçonnerie 225 mm**
   - *Contrainte inférieure :* **Fondation**
   - *Décalage inférieur :* **0.0**
   - *Contrainte supérieure :* **Jusqu'au niveau : Toit**
   - *Décalage supérieur :* **0.0**
   - Effacez l'option **Chaîner**.
6. Dessinez les murs de l'escalier et de l'ascenseur, comme illustré en Figure 4–25. Dessinez chaque mur séparément d'un poteau à l'autre, comme illustré en Figure 4–26. (Cela ne correspond pas au fichier CAO).

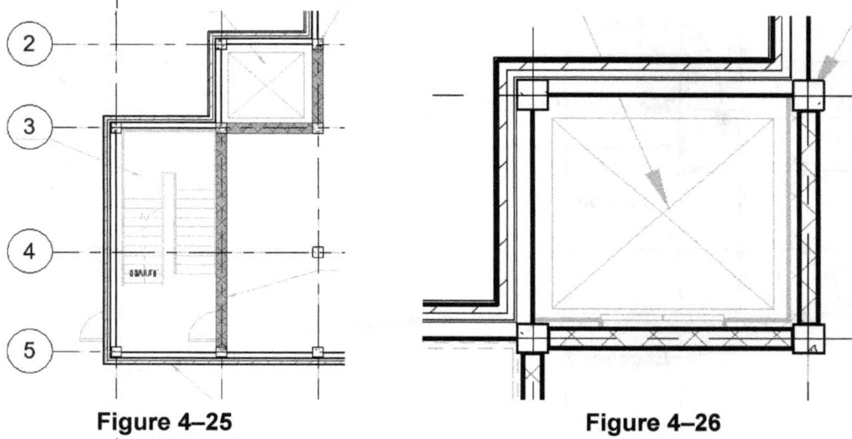

Figure 4–25 **Figure 4–26**

7. Cliquez sur (Modifier).

Si nécessaire, vous pouvez utiliser la commande ***Aligner*** *pour garantir que les murs se trouvent au bon endroit.*

8. Zoomez sur l'autre escalier. En utilisant le même type de mur et propriétés utilisés précédemment, mais avec l'option **Chaîner** activée, ajoutez les murs en suivant le fichier CAO, comme illustré en Figure 4–27.

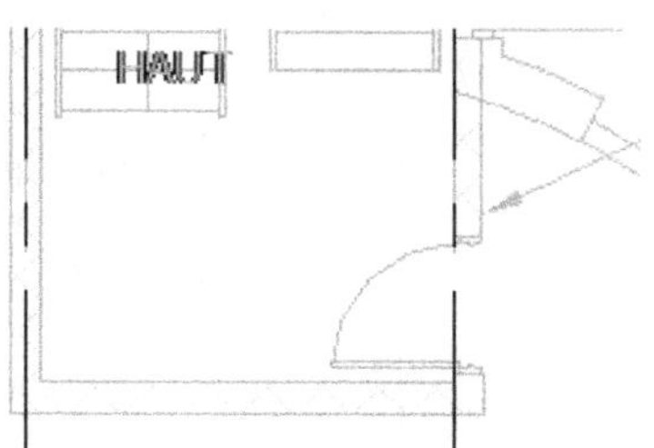

Figure 4–27

9. Effectuez un zoom arrière pour afficher l'ensemble du plan au sol du bâtiment.

10. Enregistrez le projet.

Tâche 2 - Ajouter les murs du secrétariat et de la réception.

1. Sélectionnez le fichier lié. Faire un clique droit avec la souris et sélectionnez **Masquer dans la vue>Elément**.

2. Lancez la commande **Mur** et réglez les propriétés suivantes :
   - *Type de mur :* **Mur de base: Intérieur - Cloison 138 mm (1-hr)**
   - *Hauteur :* **Étage 2**
   - *Ligne de justification :* **Axe du mur**
   - *Décalage supérieur :* (négatif) **-300 mm**

Le réglage du décalage supérieur sur un nombre négatif donne suffisamment d'espace pour insérer un autre étage au-dessus.

3. Dessinez les murs comme illustré en Figure 4–28.

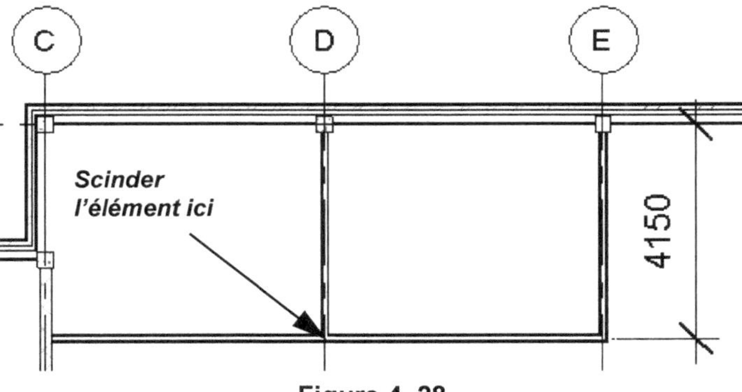

Figure 4–28

4. Dans l'onglet *Modifier* | *Placer Mur*>groupe de fonctions Modifier, cliquez sur (Scinder l'élément).

5. Cliquez sur le mur horizontal au point indiqué sur la Figure 4–28.

6. Cliquez sur (Modifier) et sélectionnez le mur à gauche. Changez la *Contrainte supérieure* sur **Sans contrainte** et la *Hauteur non contrainte* sur **1220 mm**. Cela devient la base de l'aile de Réception.

7. Modifiez le mur inférieur pour l'emboîter dans les murs plus hauts, comme illustré en Figure 4–29.

Dans la Barre d'outils d'accès rapide, cliquez sur (Lignes fines) pour rendre le gros plan plus facile à voir.

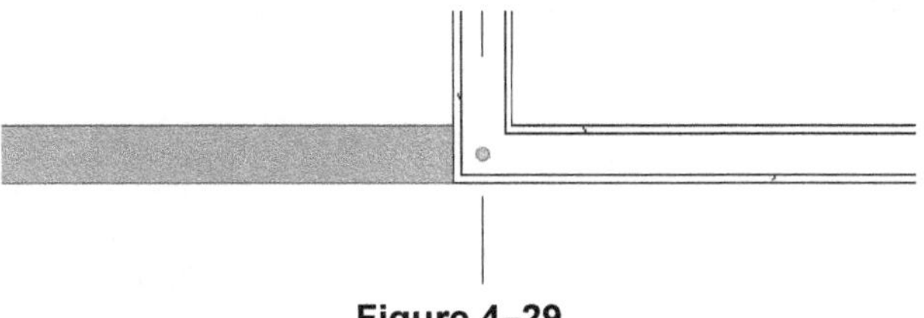

Figure 4–29

Tâche 3 - Ajouter les murs porteurs de la pièce.

1. Zoomez sur la cage d'escalier à droite et ajoutez les murs tel qu'indiqué sur la Figure 4–30. Utilisez le même type de mur et les mêmes propriétés que les murs intérieurs placés dans la Tâche 2.

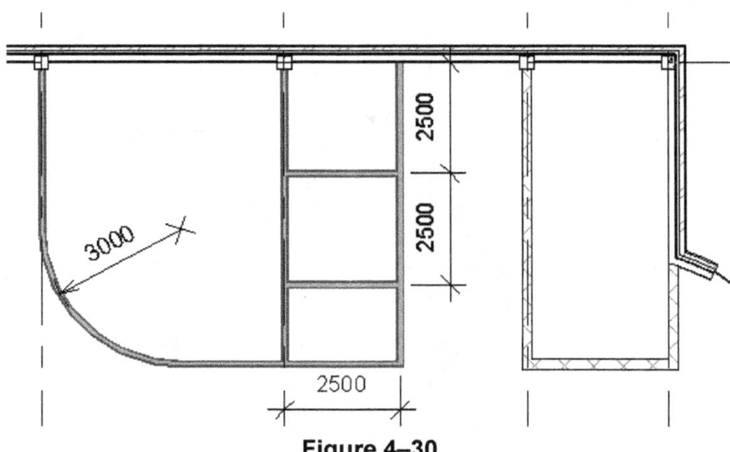

Figure 4–30

L'utilisation de la commande Décalage créera une réplique du mur extérieur.

- Lorsque vous ajoutez les murs des toilettes, utilisez la commande **Mur** et réglez le *Décalage* sur (négatif) **-2500 mm**. Esquissez ensuite les nouveaux murs par rapport aux murs extérieurs.
- Utilisez (Aligner) pour assembler la face avant du mur inférieur à la face avant du mur de la cage d'escalier.

- Pour créer le mur en arc, ajoutez deux murs droits d'abord. Cliquez sur (Arc de congé), réglez le *Rayon du congé* sur **3000 mm** et sélectionnez les deux murs pour créer l'arc dans l'angle.
- Utilisez (Ajuster/Prolonger en angle), (Ajuster/Prolonger un seul élément) et (Ajuster/Prolonger plusieurs éléments) si nécessaire pour placer les murs.

2. Effectuez un zoom arrière et ajoutez un mur incurvé d'une hauteur de **2500 mm** en utilisant le même type de mur intérieur pour séparer le *Vestibule* de la *Zone de petit-déjeuner*, comme illustré en Figure 4–31.

La taille et l'emplacement exacts n'ont pas d'importance mais veillez à ce que l'espace soit suffisant de façon à permettre l'accès des deux côtés.

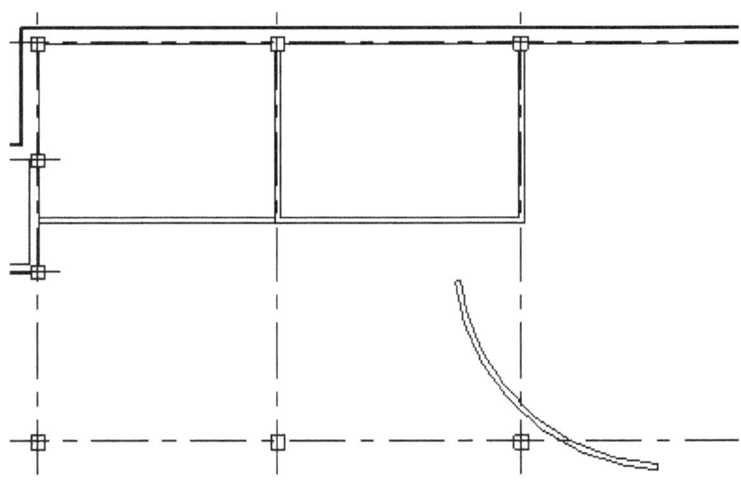

Figure 4–31

3. Effectuez un zoom arrière et enregistrez le projet.

Tâche 4 - (En option) Ajouter des murs typiques de l'étage réservé aux invités.

1. Ouvrez la vue **Plan d'étage : Étage 2**. La vue affiche les murs créés dans le projet et le dessin lié du deuxième étage.
2. Ajoutez des murs aux chambres d'hôtel, comme illustré en Figure 4–32, en utilisant les options suivantes :
   - *Type de mur :* **Mur de base: Intérieur - Cloison 138 mm (1-hr)**
   - *Hauteur :* **Étage 3**
   - *Décalage supérieur :* (négatif) **-300 mm**
   - Aligner le centre des murs verticaux sur les grilles.
   - Ignorer toutes les ouvertures de porte.
   - Vous pouvez utiliser les outils (Copier) et (Symétrie) pour dupliquer les murs dès que vous avez modélisé une disposition de chambre d'hôtel.

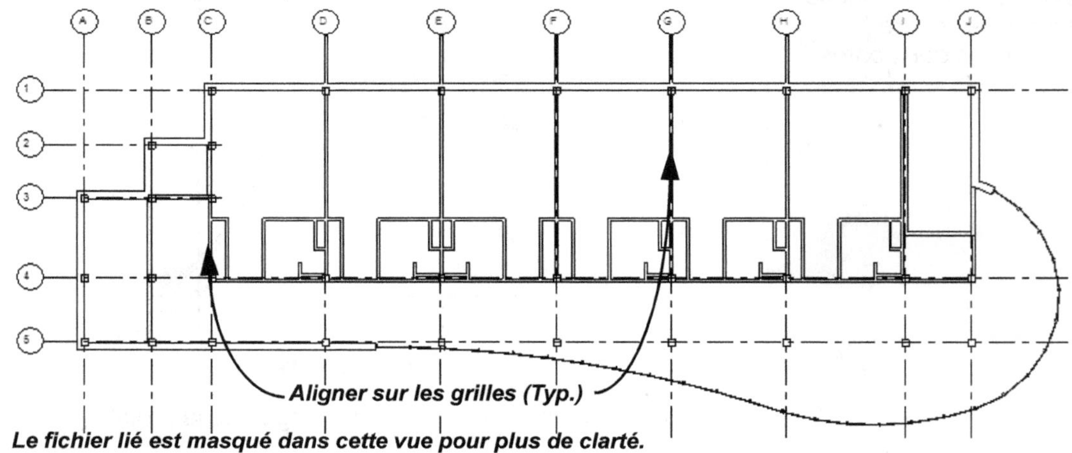

Figure 4–32

3. Revenez à la vue **Plan d'étage : Étage 1**.

Tâche 5 - (En option) Ajouter des murs de sous-sol.

Dans toutes les tâches suivantes, vous utiliserez la commande standard **Mur** pour modéliser les fondations et les semelles des murs. Des outils supplémentaires pour les fondations structurelles sont également disponibles.

1. Ouvrez la vue **Plan d'étage : Soubassement**.
2. Masquez les grilles des poteaux.
3. Dans Propriétés, *Niveau en fond de plan*, définissez la *Plage : niveau de base* sur **Étage 1** de façon à afficher les murs existants.
4. Dans l'onglet *Architecture*>groupe de fonctions Création, cliquez sur (Mur).
5. Dans Propriétés, réglez les options suivantes : (Réinitialisez les contraintes si nécessaire).
   - *Type de mur :* **Mur de base: Générique - Maçonnerie 225 mm**
   - *Ligne de justification :* **Axe porteur**
   - *Contrainte inférieure :* **Soubassement**
   - *Décalage inférieur :* **0.0**
   - *Contrainte supérieure :* **Jusqu'au niveau : Étage 1**
   - *Décalage supérieur :* **0.0**
6. Créez les murs tel qu'illustré en Figure 4–33.

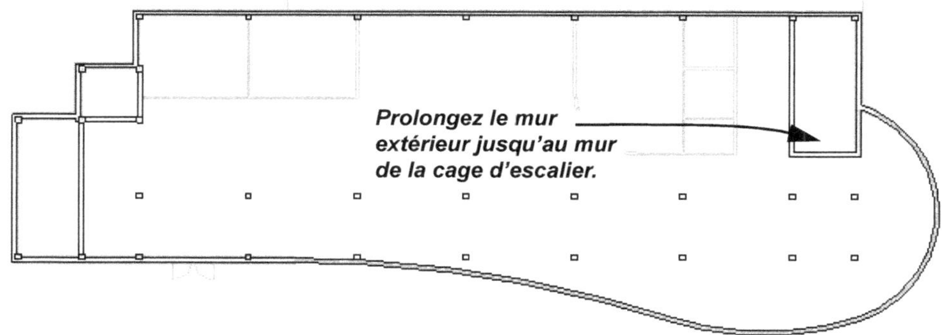
Prolongez le mur
extérieur jusqu'au mur
de la cage d'escalier.

Figure 4–33

Placez le curseur sur un mur puis appuyez sur la touche de tabulation jusqu'à ce que l'axe central s'affiche.

   - Utilisez (Choisir des lignes) et sélectionnez l'axe porteur des murs extérieurs et des murs-rideaux.
   - Zoomez sur la cage d'escalier pour ajouter les murs intérieurs, en utilisant **Aligner** et les autres outils de modification pour les mettre en place.

7. Cliquez sur (Modifier).
8. Dans Propriétés, replacez *Niveau en fond de plan* sur **Aucun**.

Tâche 6 - (En option) Ajouter des semelles aux murs.

1. Cliquez sur (Mur).

2. Dans la Barre des options ou Propriétés, réglez les options suivantes :

   - *Type de mur :* **Mur de base: Générique - Béton 600 mm**
   - *Ligne de justification :* **Axe porteur**
   - *Contrainte inférieure :* **Soubassement**
   - *Décalage inférieur :* (négatif) **-450 mm**
   - *Contrainte supérieure :* **Jusqu'au niveau : Soubassement**
   - *Décalage supérieur :* **0.0**

Vous aurez peut-être besoin de zoomer pour mettre en surbrillance l'axe porteur.

3. Cliquez sur (Choisir des lignes) et sélectionnez l'axe porteur de tous les murs de fondation. Les semelles des murs s'affichent comme illustré en Figure 4–34. Vous ajoutez des semelles de poteaux ultérieurement.

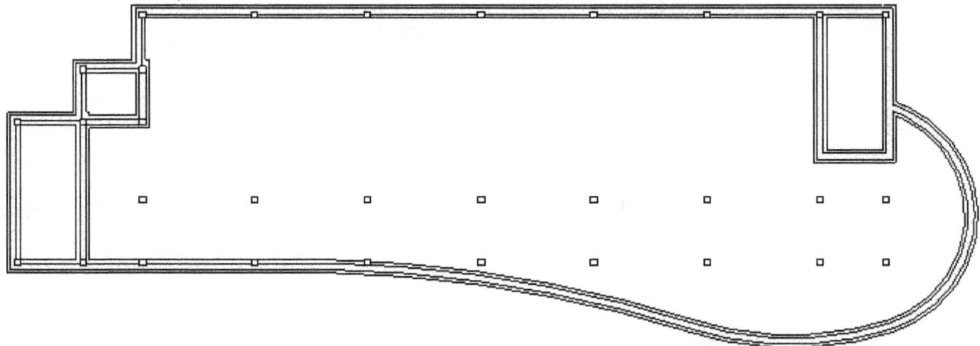

Figure 4–34

4. Enregistrez le projet.

Questions de révision

1. Où devez-vous spécifier la hauteur d'un mur avant de commencer à le modéliser ? (Plusieurs réponses possibles.)
   a. Dans l'onglet *Modifier* | *Placer Mur*.
   b. Dans la Barre des options.
   c. Dans Palette Propriétés.
   d. Dans la Barre d'outils d'accès rapide.
2. Certains murs sont composés de multiples couches de matériaux, tels que des briques, des blocs et du plâtre, comme illustré en bas sur la Figure 4–35. Si les hachures de ces matériaux ne s'affichent pas (voir Figure 4–35, en haut), comment faire pour changer cela ?

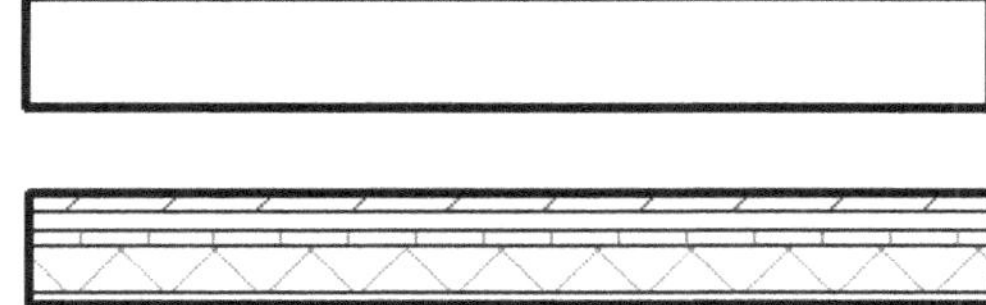

Figure 4–35

   a. Réglez le *Style visuel* sur **Réaliste**.
   b. Réglez le *Niveau de détail* sur **Moyen**.
   c. Augmentez l'*Echelle de la vue*.
   d. Réglez la *Phase* sur **Nouvelle**.
3. Parmi les outils suivants, lequel vous permet de remplacer un mur composé de goujons et de briques par un mur composé de béton ?
   a. Propriétés
   b. Changer le mur
   c. Sélecteur de type
   d. Modifier le mur

4. Attribuez un chiffre aux contrôles suivants représentés sur la Figure 4–36.

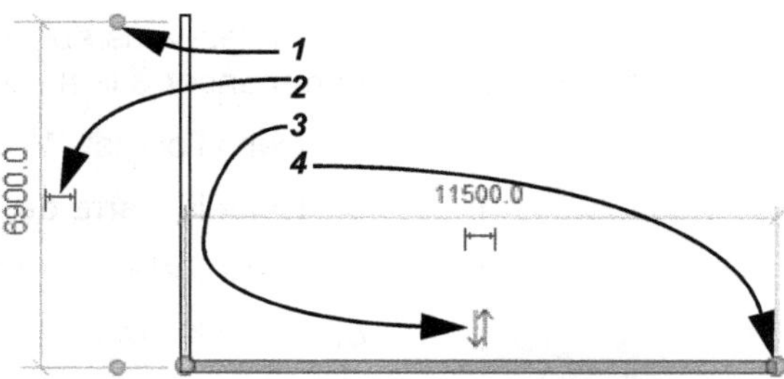

Figure 4–36

Control	**Numéro**
Faire glisser l'extrémité du mur	
Inverser	
Déplacer la ligne d'attache	
Rendre cette cote temporaire permanente	

5. Parmi les propositions suivantes, quelles sont les différences potentielles entre le mur du poteau et les murs associés, comme illustré en Figure 4–37 ? (Plusieurs réponses possibles.)

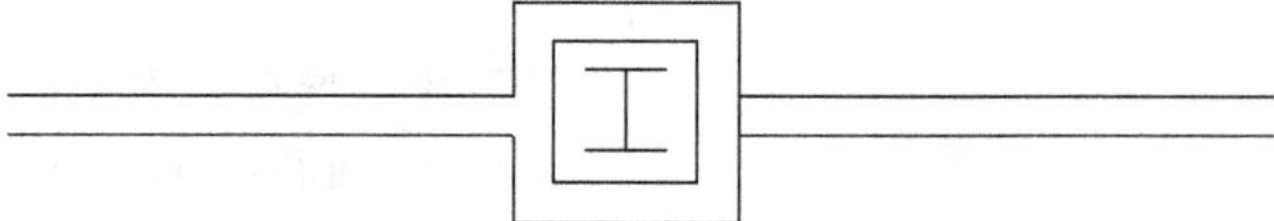

Figure 4–37

   a. La poteau et le mur de gauche sont composés du même type de mur contrairement au type de mur de droite.
   b. Le mur de gauche a été joint au poteau alors que le mur de droite a été réglé sur **Interdire le joint**.
   c. Le mur de gauche a été ajusté au poteau.
   d. Le mur de droite a été prolongé jusqu'au poteau.

6. Parmi les propositions suivantes, lesquelles sont vraies si vous avez changé la contrainte supérieure d'un mur d'une hauteur non contrainte à un certain niveau ? (Plusieurs réponses possibles.)
    a. Tous les murs de ce type changent aussi la hauteur.
    b. Seul ce mur change la hauteur.
    c. Si vous avez changé la hauteur du niveau, la hauteur du mur change aussi.

Récapitulatif des commandes

Bouton	Commande	Emplacement
	Niveau de détail : Faible	• **Barre de contrôle Vue**
	Niveau de détail : Élevé	• **Barre de contrôle Vue**
	Niveau de détail : Moyen	• **Barre de contrôle Vue**
	Modifier le profil	• **Ruban :** (lorsqu'un mur est sélectionné) onglet *Modifier* | *Murs*> groupe de fonctions Mode
	Copier propriétés du type	• **Ruban :** Onglet *Modifier*>groupe de fonctions Presse-papiers • **Raccourci :** MA
	Propriétés	• **Ruban :** Onglet *Modifier*>groupe de fonctions Propriétés • **Raccourci :** PP
N/D	**Sélecteur de type**	• **Palette Propriétés** • **Ruban :** Onglet *Modifier* (*en option*) • **Barre d'outils d'accès rapide** (*en option*)
	Mur	• **Ruban :** Onglet *Architecture*>groupe de fonctions Création
	Ouverture dans un mur	• **Ruban :** Onglet *Architecture*>groupe de fonctions Ouverture

Chapitre

5

Travailler avec des portes et des fenêtres

Les portes et les fenêtres sont des éléments hôtes qui sont placés dans les murs. De nombreux types de portes et fenêtres sont disponibles dans les bibliothèques Autodesk® Revit® et vous pouvez facilement créer des tailles supplémentaires des types fournis avec le logiciel pour répondre à vos exigences de conception.

Objectifs d'apprentissage de ce chapitre

- Insérer des portes et des fenêtres dans les murs.
- Modifier l'emplacement des portes et des fenêtres et les propriétés pouvant être référencées dans les nomenclatures.
- Charger des types de portes et de fenêtres supplémentaires à partir de la bibliothèque.
- Créer des tailles de portes et de fenêtres supplémentaires pour un type sélectionné.

5.1 Insertion de portes et de fenêtres

Les portes et les fenêtres disponibles dans le logiciel Autodesk Revit ont été conçues pour être logées dans les murs. Vous pouvez utiliser des cotes temporaires (voir Figure 5–1) ainsi que des lignes d'axe et des accrochages pour placer les ouvertures à l'endroit exact où vous avez besoin de les placer dans les murs.

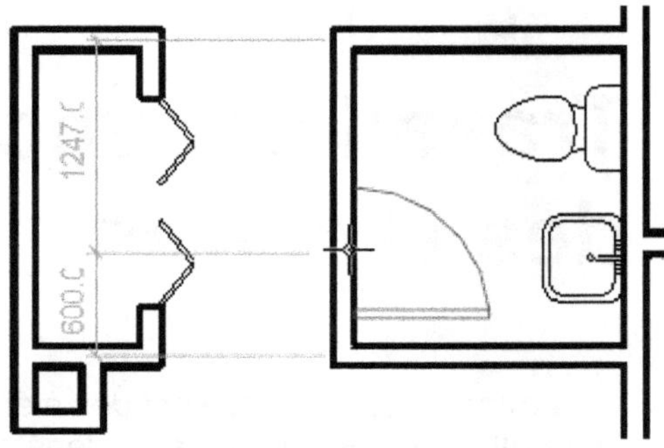

Figure 5–1

Instructions pratiques : Ajouter une porte ou une fenêtre

1. Dans l'onglet *Architecture*>groupe de fonctions Création, cliquez sur (Mur) ou (Fenêtre). Les raccourcis clavier sont **DR** pour les portes et **WN** pour les fenêtres.
2. Pour insérer une étiquette avec chaque porte ou fenêtre, vérifiez que (Etiquette à l'insertion) est activé. Vous pouvez spécifier les options d'étiquetage en utilisant la Barre des options, comme illustré en Figure 5–2.

Figure 5–2

3. Dans le Sélecteur de type, sélectionnez le type de porte ou de fenêtre, comme illustré en Figure 5–3.

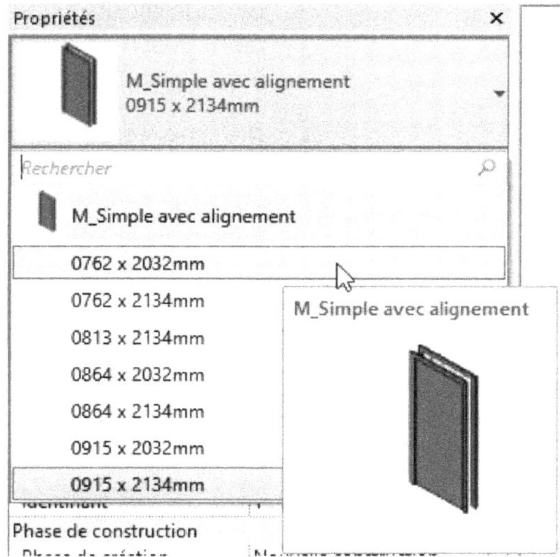

Figure 5–3

4. Sélectionnez le mur où placer la porte ou la fenêtre.
   - Pour forcer l'ouverture et l'accrochage au milieu du mur, tapez **SM**.
5. Continuez à ajouter des portes ou des fenêtres si nécessaire.

- Lors du placement ou de la modification des portes ou fenêtres, vous pouvez ajuster l'élément en utilisant les cotes temporaires et les contrôles **Inverser Tirer/Pousser** et **Inverser gauche/droite** pour changer le sens d'ouverture et l'emplacement des charnières, comme illustré en Figure 5–4. Avec les fenêtres, vous pouvez basculer entre intérieur et extérieur en utilisant la même technique.

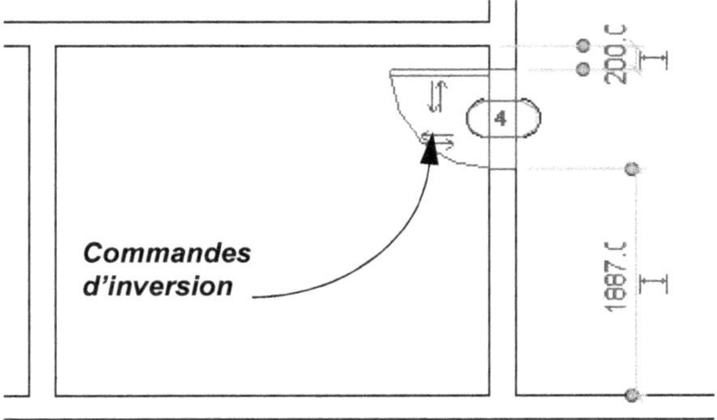

Figure 5–4

- Si vous ajoutez des étiquettes de fenêtre, selectionnez un point proche de l'extérieur du mur lors de l'insertion de la fenêtre de façon à placer l'étiquette à l'extérieur.

- Pour déplacer une étiquette de porte ou de fenêtre, commencez par sélectionner l'étiquette. Un contrôle s'affiche, comme illustré en Figure 5–5. Il vous permet de faire glisser l'étiquette jusqu'à son nouvel emplacement.

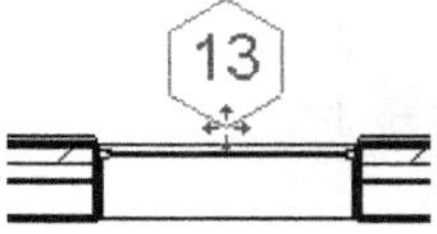

Figure 5–5

Conseil : Masquer/Isoler temporairement

Vous pouvez souhaiter supprimer temporairement des éléments d'une vue, modifier le projet puis restaurer les éléments. Plutôt que de désactiver complètement les éléments, vous pouvez les masquer temporairement.

Sélectionnez les éléments que vous souhaitez masquer (rendre invisibles) ou isoler (garder affichés alors que tous les autres éléments sont masqués) et cliquez sur (Masquer/Isoler temporairement). Sélectionnez la méthode que vous souhaitez utiliser, comme illustré en Figure 5–6.

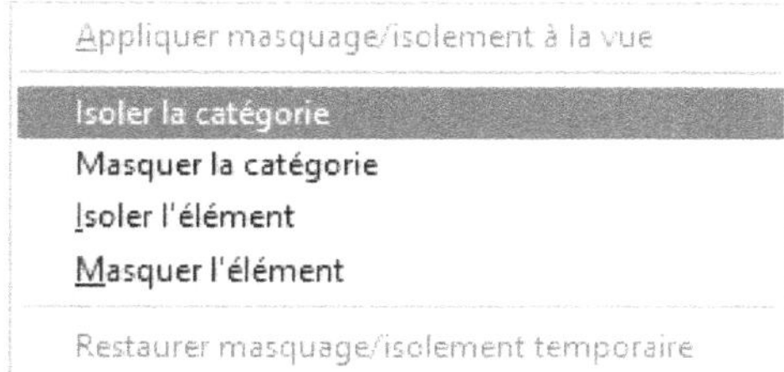

Figure 5–6

Les éléments ou la catégorie sont masqués ou isolés. Une bordure cyan s'affiche autour de la vue avec une note dans l'angle supérieur gauche, comme illustré en Figure 5–7. Cela indique que la vue contient des éléments temporairement masqués ou isolés.

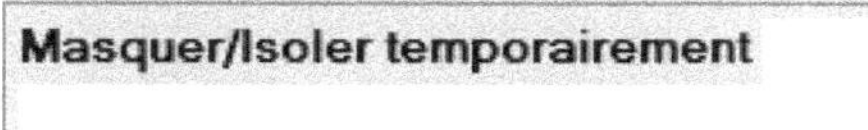

Figure 5–7

- Cliquez à nouveau sur (Masquer/Isoler temporairement) et sélectionnez **Restaurer masquage/ isolement temporaire** pour restaurer les éléments dans la vue.
- Si vous voulez masquer définitivement les éléments dans la vue, sélectionnez **Appliquer masquage/isolement à la vue**.
- Des éléments temporairement masqués dans une vue ne seront pas masqués sur la vue imprimée.

Modification des propriétés des portes et des fenêtres

Les types de porte ou de fenêtre contrôlent la plupart de leurs propriétés. Pour modifier les informations relatives aux propriétés, vous devez modifier le type dans le Sélecteur de type. Vous pouvez aussi modifier les paramètres d'occurrence (voir Figure 5–8) qui ont un impact sur la porte ou la fenêtre spécifique dans la nomenclature associée. Les paramètres d'occurrence incluent des éléments tels que *Hauteur de l'appui, Cadre* ou *Encastrement de Maçonnerie,* ou *Dormant de cloison sèche*, etc.

Les propriétés exactes varient selon la porte ou la fenêtre sélectionnée.

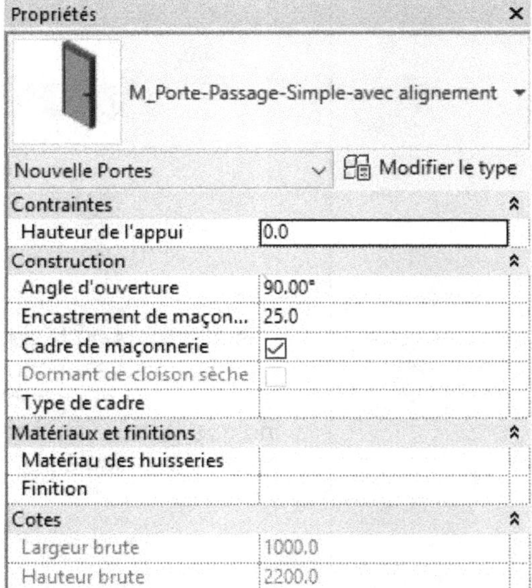

Figure 5–8

Conseil : Copie d'éléments dans les niveaux

Les commandes Windows standard (Couper ou <Ctrl>+<X>), (Copier dans le Presse-papiers ou <Ctrl>+<C>) et (Coller depuis le Presse-papiers ou <Ctrl>+<V>) fonctionnent avec le logiciel Autodesk Revit exactement comme dans d'autres logiciels compatibles. Elles sont disponibles dans l'onglet *Modifier*>groupe de fonctions Presse-papiers mais pas dans le menu des raccourcis.

Dans le logiciel, vous pouvez aussi coller des éléments alignés sur plusieurs vues ou niveaux, comme illustré en Figure 5–9.

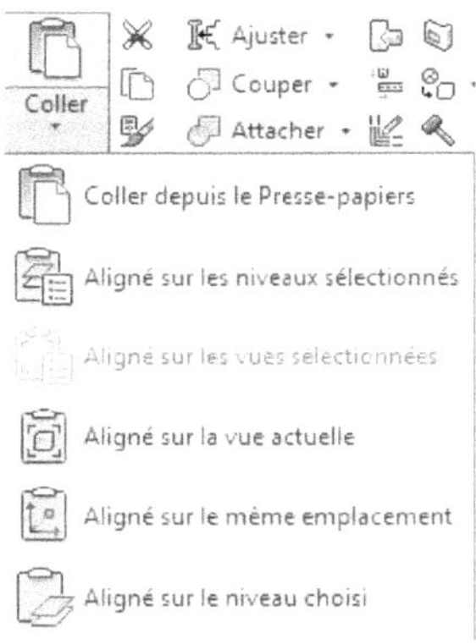

Figure 5–9

- **Aligné sur les niveaux sélectionnés :** Ouvre une boîte de dialogue dans laquelle vous pouvez sélectionner le niveau auquel vous voulez réaliser la copie. Cela vous permet de copier des éléments sur un niveau et de les coller au même endroit sur un autre niveau (p. ex. des fenêtres dans un bâtiment très haut).
- **Aligné sur les vues sélectionnées :** Copie des éléments spécifiques à la vue (tels que du texte ou des cotes) dans une vue sélectionnée dans une boîte de dialogue. Seules les vues Plan d'Étage ou Plan de plafond réfléchi sont disponibles.
- **Aligné sur la vue actuelle :** Colle des éléments copiés dans une vue au même emplacement dans une autre vue.
- **Aligné sur le même emplacement :** Colle les éléments au même emplacement dans la même vue.
- **Aligné sur le niveau choisi :** Colle les éléments sur le niveau sélectionné dans une vue d'élévation ou en coupe.

Exercice 5a

Insérer des portes et des fenêtres

Objectifs de l'exercice

- Ajouter des portes et des fenêtres.
- Copier des éléments dans plusieurs niveaux.

Durée estimée : 15 minutes

Dans cet exercice, vous ajouterez des portes et des fenêtres à un modèle, comme pour l'étage 1 illustré en Figure 5–10. Vous utiliserez des contrôles, des cotes temporaires et des cotes réglées sur Égales pour vous aider à placer les portes et les fenêtres. Vous copierez également les fenêtres dans plusieurs niveaux.

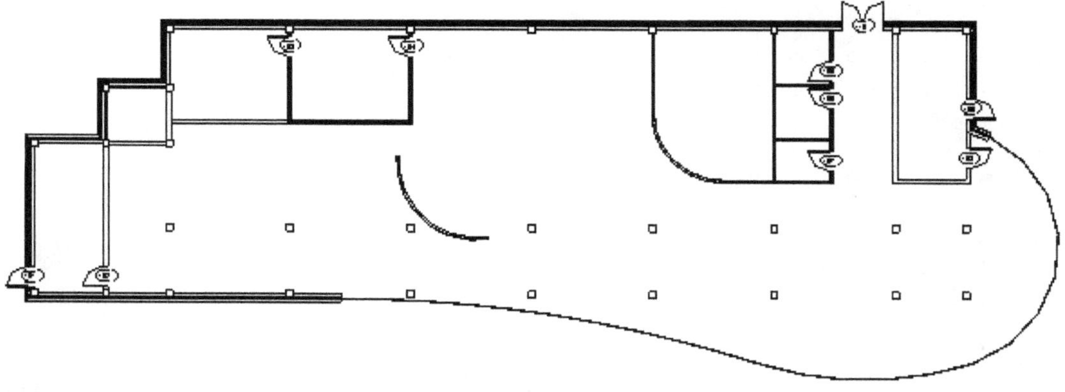

Figure 5–10

Tâche 1 - Ajouter des portes.

1. Ouvrez le projet **Hôtel-Moderne-Portes.rvt** dans le dossier des fichiers d'exercices.
2. Dans la vue **Plan d'étage : Étage 1**, sélectionnez l'une des lignes de quadrillage. Cliquez avec le bouton droit de la souris et sélectionnez **Masquer dans la vue>Catégorie** pour désactiver toutes les lignes de quadrillage.
3. Dans l'onglet *Architecture*>groupe de fonctions Création, cliquez sur (Porte).

4. Dans le Sélecteur de type, sélectionnez **M_Simple avec alignement: 0915 x 2134mm**.

5. Dans l'onglet *Modifier* | *Placer Porte*>groupe de fonctions Etiquette, vérifiez que (Etiquette à l'insertion) est activé.

6. Placez la porte près de l'angle inférieur gauche du bâtiment comme illustré en Figure 5–11. Utilisez les flèches d'inversion pour l'ouvrir dans le bon sens et les cotes temporaires pour la placer au bon endroit sur le mur. Cliquez sur l'étiquette et remplacez le nombre par **101**.

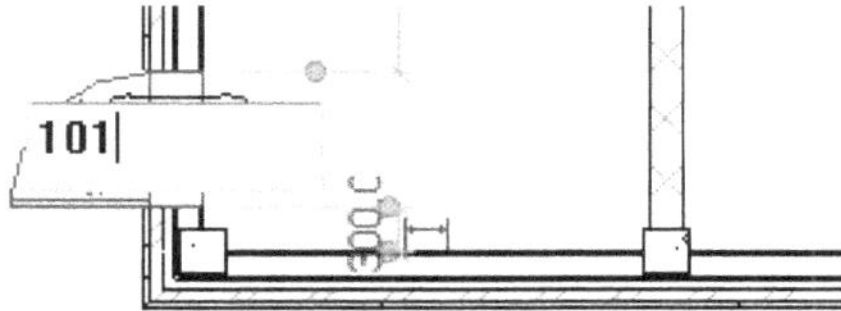

Figure 5–11

7. Continuez à ajouter des portes simples dans le projet, comme aux emplacements présentés sur la Figure 5–12. Utilisez le même type de porte. Le numéro de l'étiquette augmente automatiquement.

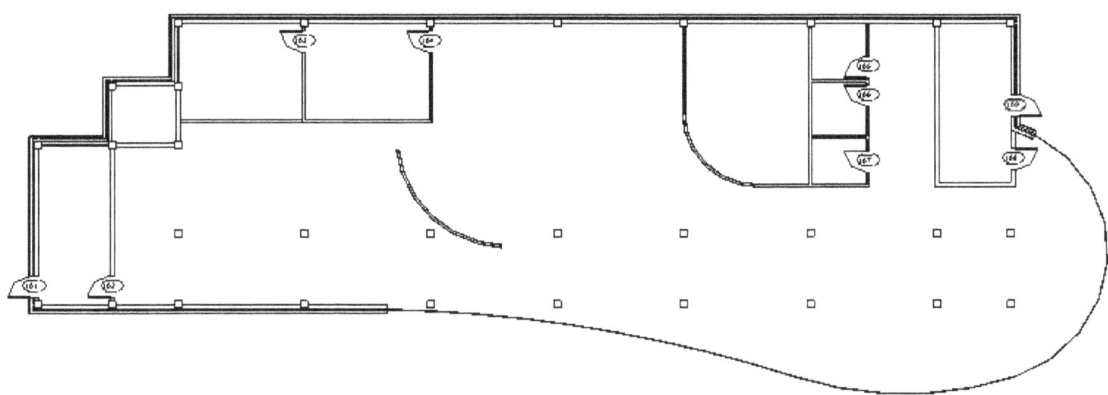

Figure 5–12

8. Cliquez sur (Modifier) et sélectionnez deux ensembles de portes de cage d'escalier (deux portes à gauche et deux portes à droite du bâtiment).
   - Si vous sélectionnez plusieurs catégories, utilisez (Filtre) pour sélectionner uniquement les portes.
9. Dans le Sélecteur de type, sélectionnez **M_Simple avec alignement-Fenêtre: 0915 x 2032mm**.
10. Zoomez sur l'angle droit du bâtiment, dans la zone de la cage d'escalier et du couloir.
11. Cliquez sur (Porte) et dans le Sélecteur de type, sélectionnez **M_Porte-Double-Verre: 1830 x 2134mm**.
12. Placez la porte à l'extrémité du hall. À ce stade, l'emplacement n'a pas besoin d'être exact car vous allez modifier le positionnement au cours des étapes suivantes.
13. Dans la barre d'outils d'accès rapide, cliquez sur (Alignée). Notez qu'en exécutant une autre commande, vous mettez automatiquement fin à la commande précédente.

Appuyez sur la touche <Tab> pour parcourir les points de référence.

14. Pour l'emplacement des cotes, sélectionnez l'intérieur du mur (la ligne pointillée verticale), le centre de la porte et l'intérieur du mur de droite (la ligne pointillée verticale), comme illustré en Figure 5–13. Cliquez pour placer la cote.
15. Cliquez sur le contrôle **EQ**. La porte est centrée de manière égale entre les deux murs, comme illustré sur la droite en Figure 5–13.

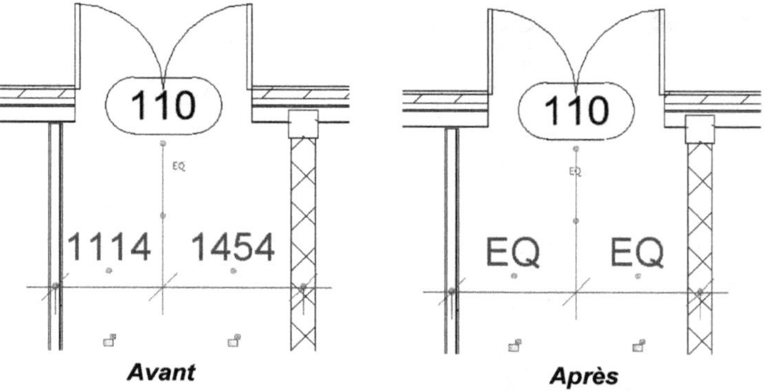

Figure 5–13

16. Supprimez la cote. Une alerte s'affiche, comme illustré en Figure 5–14. Dans ce cas, vous voulez que les cotes contraintes soient égales. Cliquez sur **OK**.

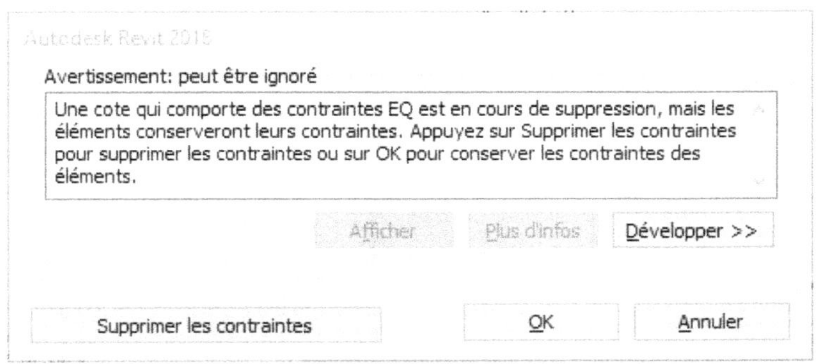

Autodesk Revit 2018
Avertissement: peut être ignoré
Une cote qui comporte des contraintes EQ est en cours de suppression, mais les éléments conserveront leurs contraintes. Appuyez sur Supprimer les contraintes pour supprimer les contraintes ou sur OK pour conserver les contraintes des éléments.
Afficher
Plus d'infos
Développer >>
Supprimer les contraintes
OK
Annuler

Figure 5–14

17. Effectuez un zoom arrière pour voir l'ensemble du plan au sol.

18. Enregistrez le projet.

Tâche 2 - Ajouter des fenêtres et les espacer de façon régulière.

1. Ouvrez la vue **Plan d'étage : Étage 2**.
2. Le fichier CAO lié est toujours affiché dans cette vue. Sélectionnez-le et dans la barre d'état, cliquez sur (Masquer/Isoler temporairement)>**Masquer l'élément**. Laissez les quadrillages affichés car ils vous permettent de placer correctement les fenêtres.
3. Dans l'onglet *Architecture*>groupe de fonctions Création, cliquez sur (Fenêtre).
4. Dans l'onglet *Modifier | Placer Fenêtre*>groupe de fonctions Etiquette, vérifiez que (Etiquette à l'insertion) est activé.
5. Dans le Sélecteur de type, sélectionnez **M_Châssis 3 x 3 avec cadre: 1220 x 1220mm**.

6. Ajoutez quatre fenêtres le long du mur extérieur inférieur, comme illustré en Figure 5–15. L'emplacement exact n'est pas important pour l'instant.

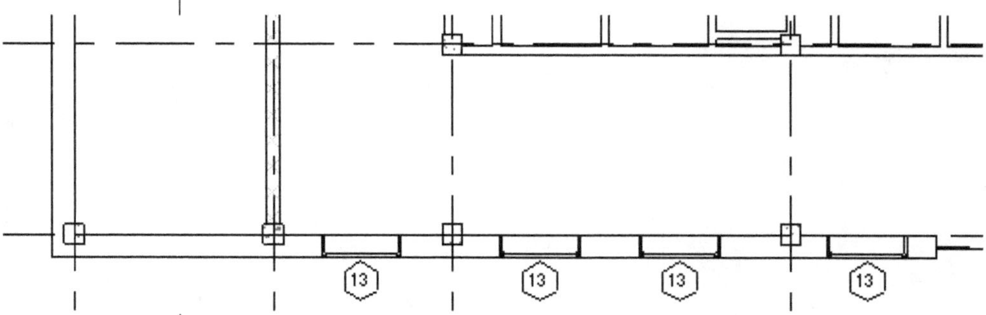

Figure 5–15

7. Cliquez sur (Modifier), sélectionnez la fenêtre la plus proche de l'escalier et utilisez les cotes temporaires pour la déplacer de façon à ce qu'elle se trouve à **790 mm** de la ligne de quadrillage, comme illustré en Figure 5–16. Vous pouvez avoir besoin de déplacer la ligne d'attache de façon à ce qu'elle fasse référence au quadrillage, plutôt qu'à un mur. Procédez de la même façon avec la fenêtre la plus proche du mur-rideau.

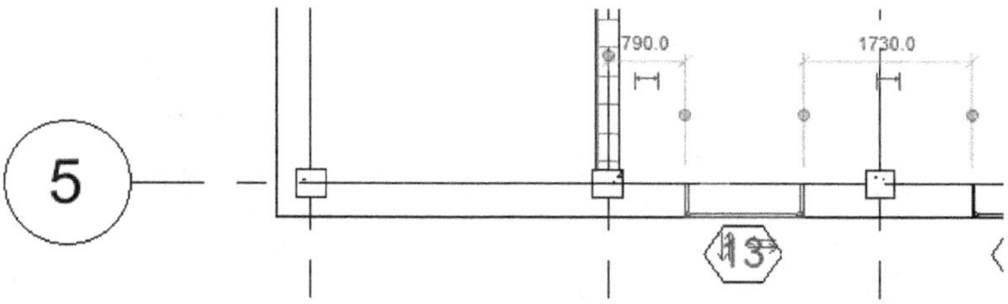

Figure 5–16

8. Dans la barre d'outils d'accès rapide ou dans l'onglet *Annoter*> groupe de fonctions Cote, cliquez sur (Alignée). Relevez la cote entre le quadrillage et le centre de la fenêtre et verrouillez la cote comme illustré en Figure 5–17.

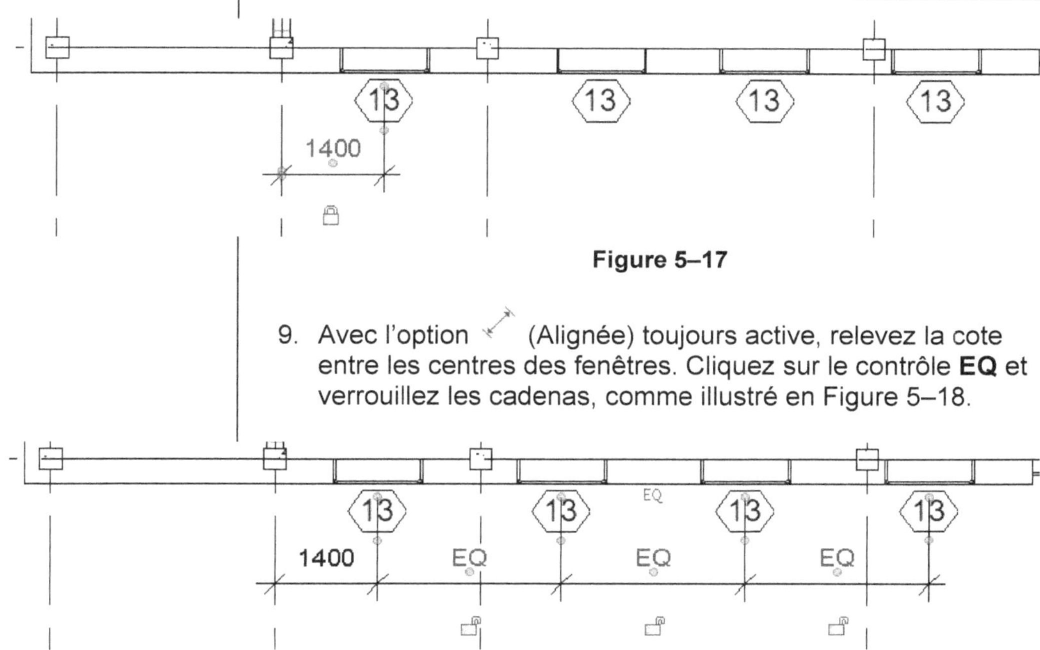

Figure 5–17

9. Avec l'option (Alignée) toujours active, relevez la cote entre les centres des fenêtres. Cliquez sur le contrôle **EQ** et verrouillez les cadenas, comme illustré en Figure 5–18.

Figure 5–18

10. Supprimez les cotes mais gardez les contraintes.

Tâche 3 - Copier des éléments sur plusieurs niveaux.

1. Ouvrez la vue 3D et vérifiez que le devant du bâtiment où les fenêtres se trouvent s'affiche.
2. Sélectionnez les quatre fenêtres individuellement en maintenant la touche <Ctrl> enfoncée.
3. Dans l'onglet *Modifier | Fenêtres*>groupe de fonctions Presse-papiers, cliquez sur (Copier dans le Presse-papiers).
4. Dans le groupe de fonctions Presse-papiers, déroulez (Coller) et cliquez sur (Aligné sur les niveaux sélectionnés).

5. Dans la boîte de dialogue Choisir les niveaux, sélectionnez les **Étage 3** à **Étage 8**, comme illustré en Figure 5–19.

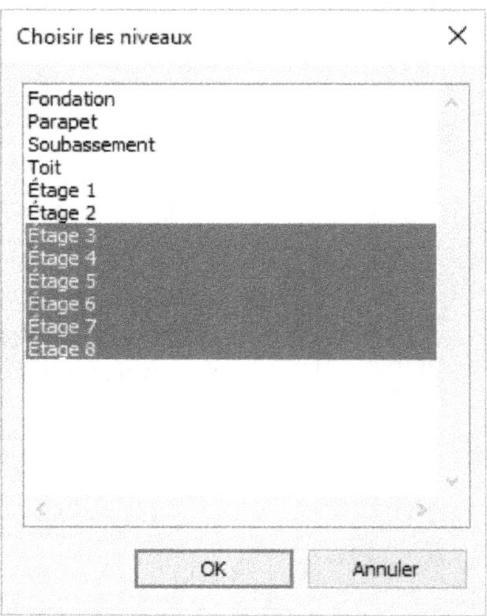

Figure 5–19

6. Cliquez sur **OK**. Les fenêtres sont copiées sur le côté du bâtiment, comme illustré en Figure 5–20.

Les portes et fenêtres supplémentaires seront placées en utilisant les murs-rideaux à vitrine.

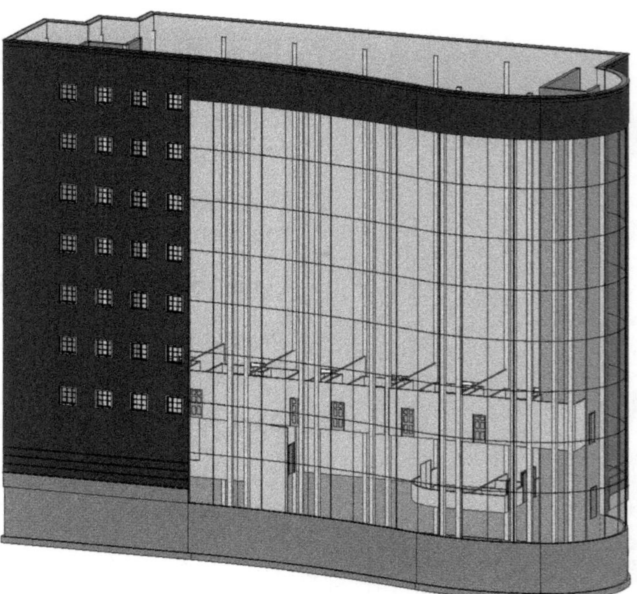

Figure 5–20

7. Enregistrez le projet.

5.2 Charger des types de portes et de fenêtres supplémentaires à partir de la bibliothèque

Plusieurs styles de portes et de fenêtres sont disponibles dans la bibliothèque Autodesk Revit, comme illustré en Figure 5–21. Ils sont regroupés dans les fichiers *Famille* qui portent l'extension .RFA. Par exemple, lorsque vous chargez la famille **M_Porte-Double-Verre.rfa**, vous pouvez sélectionner plusieurs tailles pour la porte que vous souhaitez utiliser dans le projet.

- Le processus est similaire pour charger tous les types de familles.

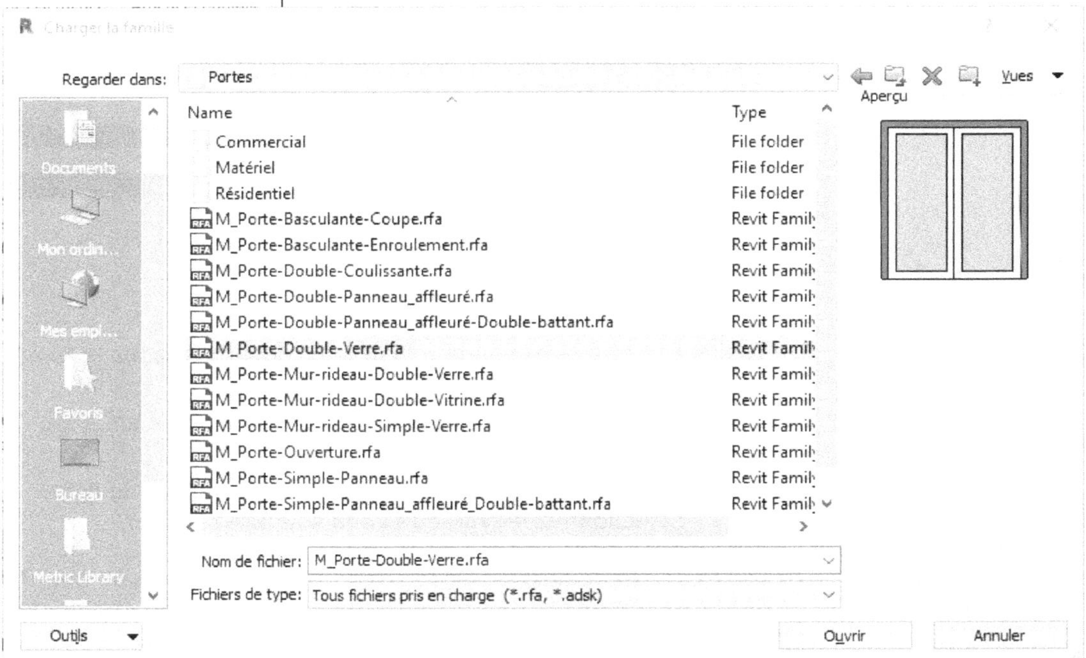

Figure 5–21

Instructions pratiques : Charger une famille

1. Lancez la commande **Porte** ou **Fenêtre** et, dans l'onglet *Modifier | contextuel*>groupe de fonctions Mode ou l'onglet *Insérer*>Charger depuis la bibliothèque, cliquez sur (Charger la famille).
2. Dans la boîte de dialogue Charger la famille, naviguez jusqu'au dossier qui contient la famille que vous souhaitez charger et sélectionnez-la.
3. Cliquez sur **Ouvrir**.
4. Pour certaines familles de portes, la boîte de dialogue Spécifier les types s'affiche, comme illustré en Figure 5–22. Sélectionnez les types que vous souhaitez inclure dans votre projet et cliquez sur **OK**.

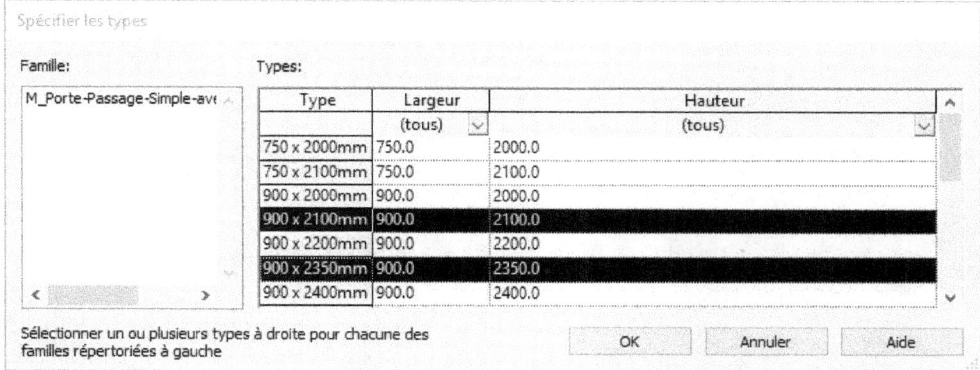

Figure 5–22

- Pour sélectionner plusieurs types, maintenez la touche <Ctrl> enfoncée lors de la sélection.
- Vous pouvez utiliser les listes déroulantes sous les colonnes pour filtrer les tailles.

5. Une fois la famille chargée, dans le Sélecteur de type, sélectionnez le type que vous souhaitez utiliser.

- Lorsque vous travaillez avec une commande telle que **Porte** ou **Fenêtre**, vous pouvez charger des familles issues de cette catégorie d'éléments. Par exemple, vous ne pouvez pas charger des familles de fenêtres lorsque vous travaillez dans la commande **Porte**.

Conseil : Transfert des normes de projet

Certains éléments (les types de mur, par exemple) ne sont pas accessibles à partir d'une bibliothèque spécifique. Vous pouvez toutefois les copier à partir d'autres projets.

1. Ouvrez le projet à partir duquel vous voulez copier des informations.
2. Ouvrez le projet dans lequel vous voulez copier les informations.
3. Dans l'onglet *Gérer*>groupe de fonctions Paramètres, cliquez sur (Transférer les normes du projet).
4. Dans la boîte de dialogue Sélection des éléments à copier, sélectionnez une option dans la liste déroulante Copier depuis puis sélectionnez les paramètres que vous voulez copier dans le fichier actuel, comme illustré en Figure 5–23. Cliquez sur **OK**.

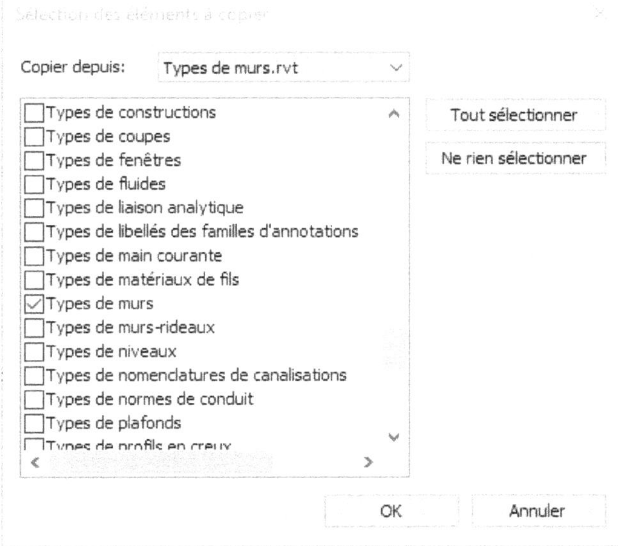

Figure 5–23

5. Dans la boîte de dialogue Duplication des types, cliquez sur **Remplacer** ou **Conserver existant** pour appliquer les paramètres au projet en cours.

5.3 Création de tailles de portes et de fenêtres supplémentaires

Vous pouvez facilement ajouter des tailles supplémentaires aux familles de portes ou de fenêtres existantes chargées dans un projet. Pour ce faire, vous devez créer un nouveau type de la taille requise selon un type existant, comme illustré en Figure 5–24.

Vous pouvez spécifier des matériaux pour les sous-éléments des portes et des fenêtres dans les Propriétés du type.

Les paramètres peuvent être différents selon la porte ou la fenêtre sélectionnée.

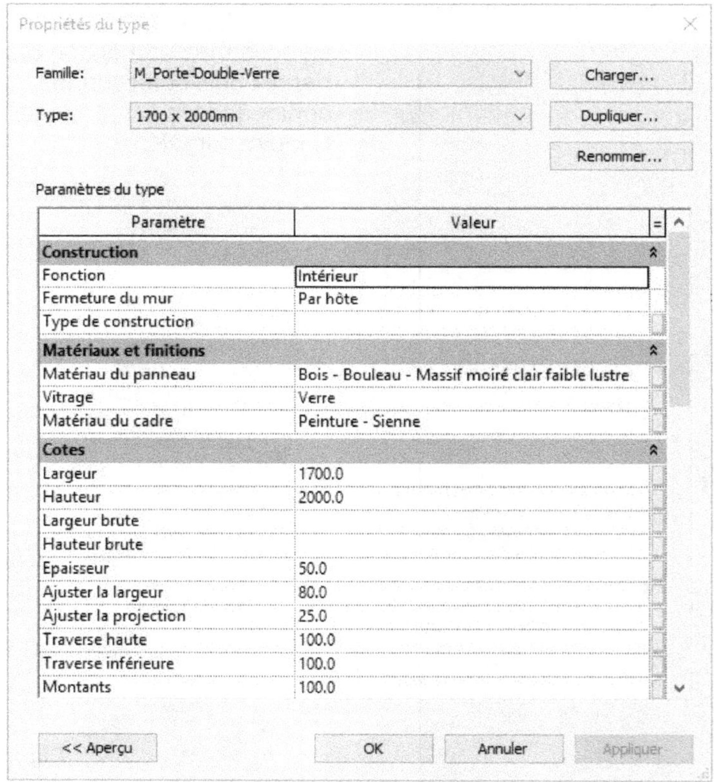

Figure 5–24

Instructions pratiques : Créer des tailles de portes et de fenêtres supplémentaires

1. Exécutez la commande **Porte** ou **Fenêtre**.
2. Dans le Sélecteur de type, sélectionnez le type que vous souhaitez modifier. Dans Propriétés, cliquez sur (Modifier le type) ou dans l'onglet *Modifier>* groupe de fonctions Propriétés, cliquez sur (Propriétés du type).
3. Dans la boîte de dialogue Propriétés du type, cliquez sur **Dupliquer**.
4. Attribuez un nouveau nom à l'élément et cliquez sur **OK**.
5. Dans la boîte de dialogue Propriétés du type, modifiez les paramètres *Hauteur* et *Largeur* pour adapter la taille.
6. Cliquez sur **OK** pour fermer la boîte de dialogue. Le nouveau type de porte ou de fenêtre est désormais utilisable.

Exercice 5b

Charger et créer des types de portes

Durée estimée : 15 minutes

Objectifs de l'exercice

- Charger des types de porte.
- Dupliquer et modifier un type de porte.

Dans cet exercice, vous chargerez des types de portes spécialisées dans les chambres, créerez une nouvelle taille de porte et ajouterez des portes au deuxième étage, comme illustré en Figure 5–25.

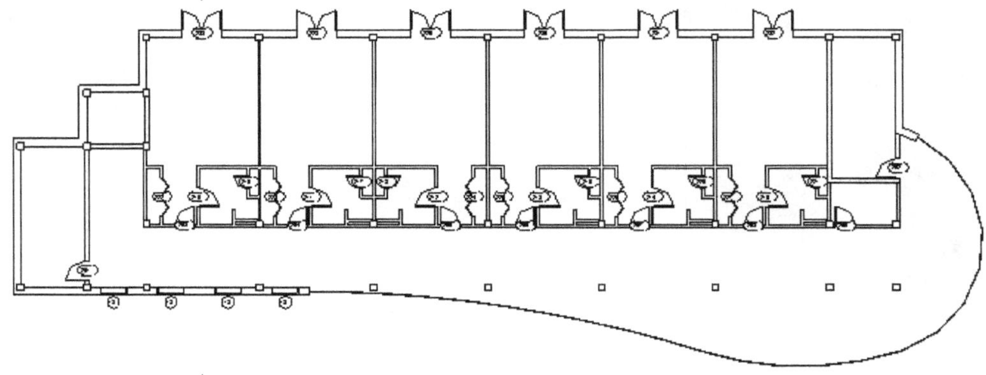

Figure 5–25

Tâche 1 - Charger des types de porte.

1. Ouvrez le projet **Hôtel-Moderne-Charger.rvt** dans le dossier des fichiers d'exercices.
2. Ouvrez la vue **Plan d'étage : Étage 1** et zoomez sur la zone de la cuisine.
3. Dans l'onglet *Architecture*>groupe de fonctions Création, cliquez sur (Porte).
4. Dans l'onglet *Modifier* | *Placer Porte*>groupe de fonctions Mode, cliquez sur (Charger la famille).
5. Dans la boîte de dialogue Charger la famille, naviguez jusqu'au dossier *Bibliothèque* dans les fichiers d'exercices et sélectionnez **M_Porte-Double-Panneau_affleuré-Double-battant.rfa**. Cliquez sur **Ouvrir**.

6. Dans la boîte de dialogue Spécifier les types, sélectionnez le *Type* **1800 x 2050 mm** comme illustré en Figure 5–26 et cliquez sur OK.

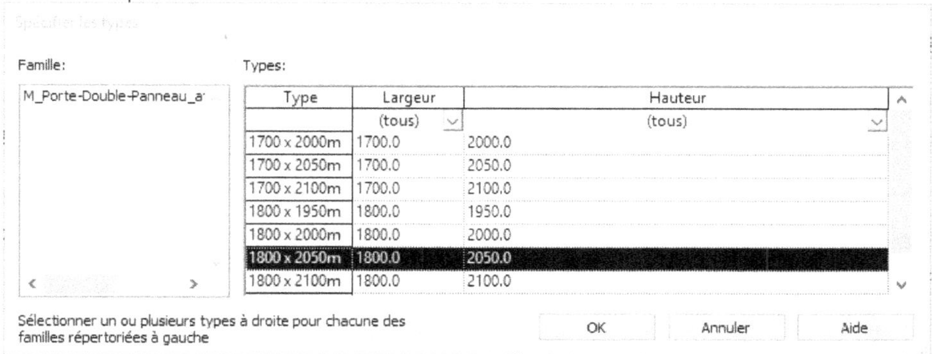

Figure 5–26

7. Relancez la commande Charger la famille. (Conseil : Appuyez sur <Entrée> pour répéter la dernière commande).

8. Dans la boîte de dialogue Charger la famille, naviguez jusqu'au dossier *Bibliothèque* dans les fichiers d'exercices et sélectionnez **M_Porte-Intérieur-Simple-6_panneaux-Bois.rfa**. Cliquez sur **Ouvrir**.

9. Dans la boîte de dialogue Spécifier les types, faites défiler la liste *Type*, sélectionnez **900 x 2000mm**, et cliquez sur **OK**.

10. Dans le Sélecteur de type, sélectionnez **M_Porte-Double-Panneau_affleuré-Double-battant.rfa: 1800 x 2050mm**, et placez une occurrence sur le mur entre la cuisine et le coin repas, comme illustré en Figure 5–27.

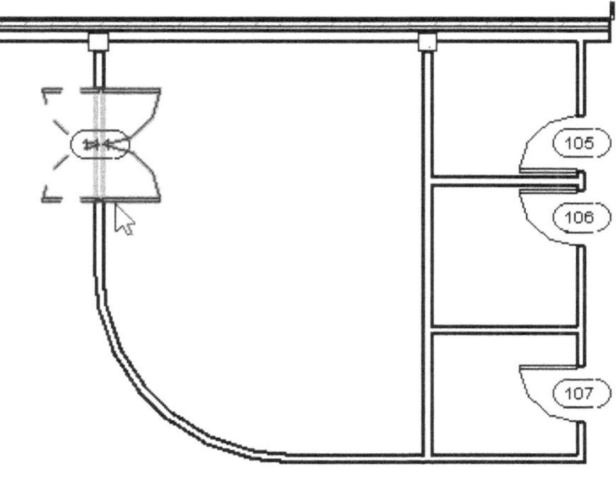

Figure 5–27

11. Zoomez sur l'ensemble de la vue et enregistrez le projet.

Tâche 2 - Ajouter des portes à l'Étage 2.

1. Ouvrez la vue **Plan d'étage : Étage 2**. Le fichier CAO lié s'affiche pour vous aider à placer les portes.
2. Dans l'onglet *Architecture*>groupe de fonctions Création, cliquez sur (Porte).
3. Dans le Sélecteur de type, sélectionnez **M_Simple avec alignement-Fenêtre: 0915 x 2032mm.**
4. Placez la première porte dans la cage d'escalier inférieure gauche comme illustré dans le fichier lié et remplacez le numéro d'étiquette par **201**.
5. Ajoutez une autre porte du même type à l'autre cage d'escalier à l'extrémité opposée du bâtiment.
6. Changez le type de porte sur **M_Porte-Intérieur-Simple-6_panneaux-Bois: 900 x 2000mm** et placez une porte à l'entrée de chacune des pièces, en utilisant le fichier CAO à titre d'orientation.
7. Utilisez le même type pour ajouter des portes aux salles de bain.
8. Changez le type de porte sur **M_Simple avec alignement: 0762 x 2032mm**.

La porte du petit placard dans la salle de bain est plus petite que les portes existantes. Par conséquent, vous devez trouver sa taille et en créer une nouvelle.

9. Dans Propriétés, cliquez sur (Modifier le type) ou dans l'onglet *Modifier | Placer Porte*>groupe de fonctions Propriétés, cliquez sur (Propriétés du type).
10. Dans la boîte de dialogue Propriétés du type, cliquez sur **Dupliquer**.
11. Saisissez **0600 x 2032mm** pour le nom et cliquez sur **OK**.
12. Dans la boîte de dialogue Propriétés du type, réglez la propriété *Largeur* sur **600 mm**.
13. Cliquez sur **OK** pour fermer la boîte de dialogue. Le nouveau type de porte est prêt à être utilisé. Ajoutez-le aux petits placards.

14. Continuez à ajouter d'autres portes en utilisant différents styles de porte (p. ex. en accordéon ou à double vitrage). L'apparence des chambres est similaire à la disposition présentée sur la Figure 5–28, même si vos chiffres sont différents.

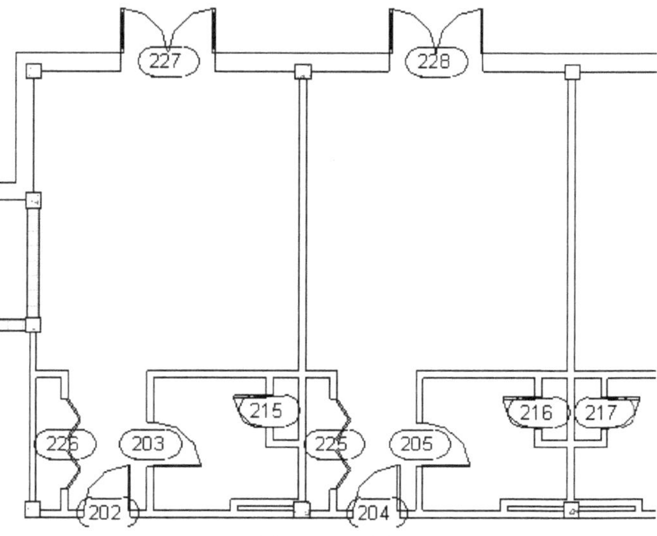

Figure 5–28

15. Sélectionnez et masquez le fichier CAO.

16. Enregistrez le projet.

Questions de révision

1. Comment modifier le sens d'ouverture d'une porte, comme illustré en Figure 5–29 ? (Sélectionnez toutes les réponses possibles).

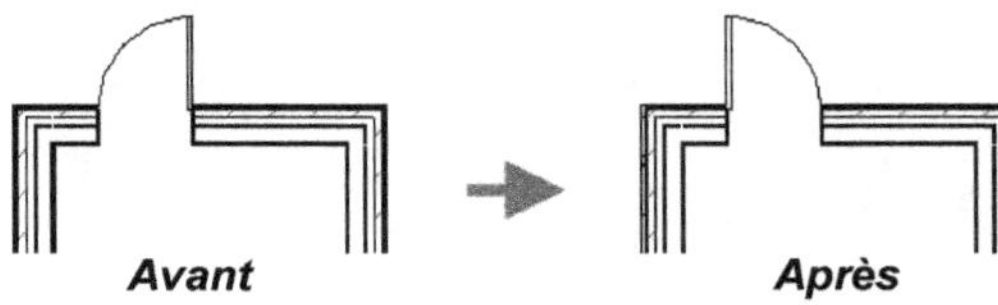

Figure 5–29

   a. Lorsque vous placez la porte, appuyez sur la barre d'espacement.

   b. Lorsque vous placez la porte, cliquez avec le bouton droit de la souris et sélectionnez **Changer la direction d'ouverture**.

   c. Sélectionnez une porte existante puis les flèches d'inversion.

   d. Sélectionnez une porte existante, cliquez avec le bouton droit de la souris et sélectionnez **Changer la direction d'ouverture**.

2. Comment ajouter des familles de fenêtres ou de portes supplémentaires à un projet ?

   a. Trouvez la famille de fenêtres ou de portes en utilisant Windows Explorer, cliquez avec le bouton droit de la souris et sélectionnez **Importer dans le projet Revit**.

   b. Importez-les depuis le catalogue des fenêtres ou des portes.

   c. Chargez-les depuis la bibliothèque.

   d. Utilisez l'assistant de Fenêtres/portes pour créer de nouvelles familles.

3. Comment inclure une étiquette à une porte ou une fenêtre, comme illustré en Figure 5–30 ?

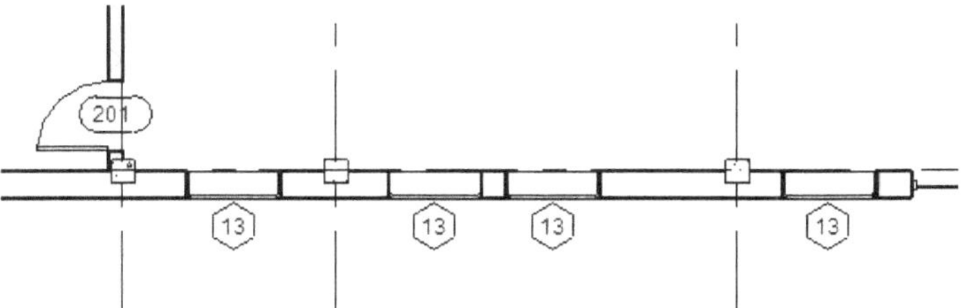

Figure 5–30

   a. Sélectionnez une famille de portes ou de fenêtres incluant une étiquette.

   b. Sélectionnez la case Etiquette de la Barre des options avant de placer la porte ou la fenêtre.

   c. Les étiquettes peuvent être utilisées uniquement après avoir placé la porte ou la fenêtre.

   d. Sélectionnez **Etiquette à l'insertion** dans l'onglet contextuel.

4. Où sont enregistrées les tailles des portes et des fenêtres ?

   a. Dans Propriétés.

   b. Dans Propriétés du type.

   c. Dans Paramètres des portes/fenêtres.

   d. Dans le fichier gabarit.

5. Comment créer des tailles de portes et de fenêtres supplémentaires, comme illustré en Figure 5–31 ?

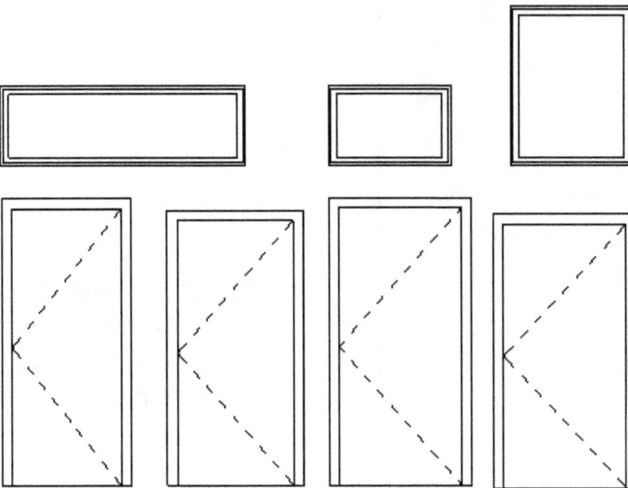

Figure 5–31

a. Sélectionnez la porte ou la fenêtre nécessaire et utilisez l'assistant de Taille pour spécifier une nouvelle taille.

b. Sélectionnez la porte ou la fenêtre nécessaire et dans Propriétés du type, dupliquez une porte existante et modifiez-la.

c. Trouvez la famille de portes ou de fenêtres existante dans l'Arborescence du projet, cliquez avec le bouton droit de la souris et sélectionnez **Nouvelle taille**.

d. Sélectionnez la porte ou la fenêtre dans la vue et modifiez-la en utilisant les contrôles de taille pour définir la taille requise.

Récapitulatif des commandes

Bouton	Commande	Emplacement
Presse-papiers		
	Copier dans le presse-papiers	• **Ruban :** Onglet *Modifier*>groupe de fonctions Presse-papiers • **Raccourci :** <Ctrl>+<C>
	Couper vers le presse-papiers	• **Ruban :** Onglet *Modifier*>groupe de fonctions Presse-papiers • **Raccourci :** <Ctrl>+<X>
	Coller - Aligné sur la vue actuelle	• **Ruban :** Onglet *Modifier*>groupe de fonctions Presse-papiers>développer Coller
	Coller - Aligné sur le même emplacement	• **Ruban :** Onglet *Modifier*>groupe de fonctions Presse-papiers>développer Coller
	Coller - Aligné sur les niveaux sélectionnés	• **Ruban :** Onglet *Modifier*>groupe de fonctions Presse-papiers>développer Coller
	Coller - Aligné sur les vues sélectionnées	• **Ruban :** Onglet *Modifier*>groupe de fonctions Presse-papiers>développer Coller
	Coller - Aligné sur le niveau choisi	• **Ruban :** Onglet *Modifier*>groupe de fonctions Presse-papiers>développer Coller
	Coller depuis le Presse-papiers	• **Ruban :** Onglet *Modifier*>groupe de fonctions Presse-papiers • **Raccourci :** <Ctrl>+<V>
Portes et fenêtres		
	Porte	• **Ruban :** Onglet *Architecture*>groupe de fonctions Création • **Raccourci :** DR
	Modifier le type/ Propriétés du type	• **Palette Propriétés :** Modifier le type • **Ruban :** Onglet *Modifier*>groupe de fonctions Propriétés
	Mesurer	• **Barre d'outils d'accès rapide** • **Ruban :** Onglet *Modifier*>groupe de fonctions Mesurer
	Fenêtre	• **Ruban :** Onglet *Architecture*>groupe de fonctions Création • **Raccourci :** WN

Chapitre

6

Travailler avec des murs-rideaux

Les murs-rideaux constituent la « peau » d'un bâtiment et sont souvent utilisés pour créer des fenêtres et des vitrines complexes. Les murs-rideaux sont créés sur la base d'un type de mur-rideau auquel des quadrillages et des meneaux peuvent être ajoutés et des panneaux individuels transférés pour créer le motif requis.

Objectifs d'apprentissage de ce chapitre

- Créer des murs-rideaux et des vitrines de base en utilisant plusieurs types de murs-rideaux.
- Modifier le motif de quadrillage du mur-rideau.
- Changer les panneaux des murs-rideaux par d'autres types, portes ou fenêtres.
- Ajouter des meneaux aux quadrillages des murs-rideaux.

6.1 Création de murs-rideaux

Les murs-rideaux sont des murs non porteurs constitués de panneaux disposés dans un motif de quadrillage. Ils peuvent protéger un bâtiment entier comme une membrane ou, comme illustré en Figure 6–1, remplir la découpe dans un mur standard, souvent appelé vitrine.

Figure 6–1

Instructions pratiques : Créer un mur-rideau.

Les panneaux peuvent être composés d'un matériau spécifique (p. ex. du verre ou de la pierre) ou intégrer des portes, des fenêtres ou d'autres types de mur.

1. Sur une vue en plan, modélisez un mur en utilisant un type de mur-rideau.
2. Sur une vue d'élévation ou 3D, ajoutez des quadrillages au mur-rideau.
3. Modifiez les panneaux d'un mur-rideau.
4. Ajoutez des meneaux pour séparer les panneaux.

Les composants d'un mur-rideau sont illustrés en Figure 6–2.

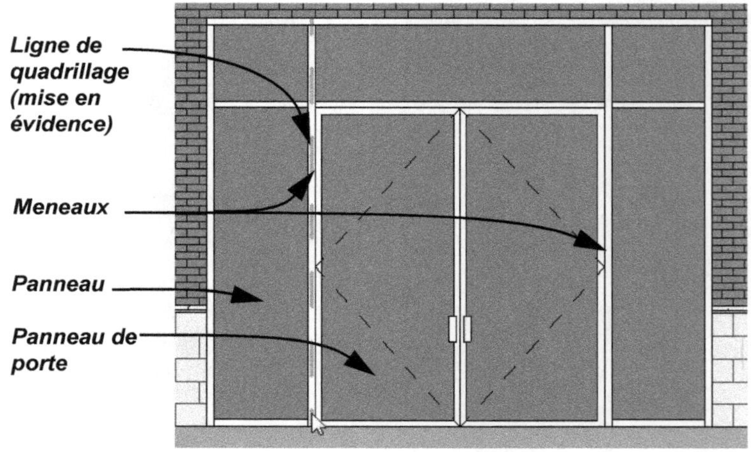

Figure 6–2

- Le moyen le plus simple de créer un mur-rideau est d'utiliser un type de mur-rideau avec un quadrillage uniforme prédéfini qui lui est appliqué, tel que les trois types disponibles avec le logiciel, comme illustré en Figure 6–3.

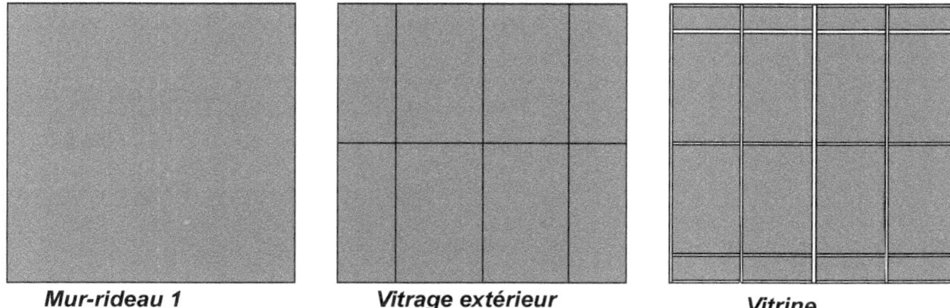

Mur-rideau 1 ***Vitrage extérieur*** ***Vitrine***

Figure 6–3

- Le motif des murs-rideaux n'est pas toujours uniforme, avec des distances exactes entre les quadrillages, comme illustré en Figure 6–4. Par conséquent, la conception doit être créée directement sur le mur-rideau. Vous pouvez commencer par un type de mur-rideau présentant un quadrillage uniforme de base, le cas échéant.

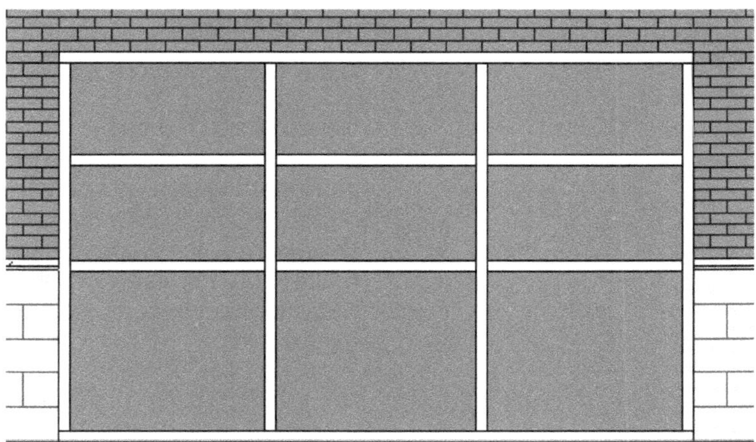

Figure 6–4

Création de vitrines

Les vitrines constituent un type de mur-rideau particulier qui peut être encastré dans d'autres murs, comme illustré en Figure 6–5. Elles peuvent aussi être utilisées pour créer ce qui ressemble à un ensemble complexe de fenêtres. Certains types de murs-rideaux, la **Vitrine** par exemple, ont été conçus pour être encastrés dans un autre mur.

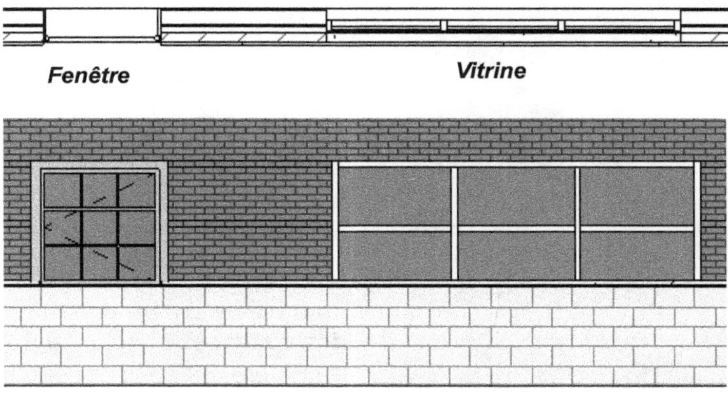

Figure 6–5

Instructions pratiques : Ajouter un mur de vitrine à un mur existant

1. Dans l'onglet *Architecture*>groupe de fonctions Création, cliquez sur (Mur).
2. Dans le Sélecteur de type, sélectionnez le type de mur-rideau que vous souhaitez utiliser. Dans Propriétés, réglez la *Contrainte inférieure*, la *Contrainte supérieure* et les *Décalages* nécessaires. La hauteur peut être inférieure à la hauteur du mur dans lequel vous réalisez l'encastrement.
3. Sélectionnez un point sur le mur existant, comme illustré en Figure 6–6.

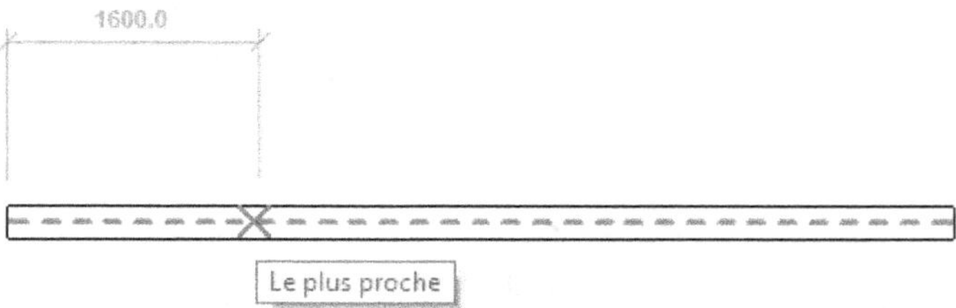

Figure 6–6

4. Sélectionnez le deuxième point le long du mur. (Conseil : Appuyez sur la touche <Tab> pour passer de l'accrochage horizontal et le plus proche par défaut à la cote dynamique puis saisissez la distance pour le mur-rideau encastré). Le mur ressemble au dessin de la Figure 6–7.

Figure 6–7

5. Ouvrez la vue d'élévation appropriée. Sélectionnez le bord extérieur du mur-rideau et utilisez les poignées de forme et les cotes dynamiques, comme illustré en Figure 6–8, pour placer la vitrine dans le mur si nécessaire.

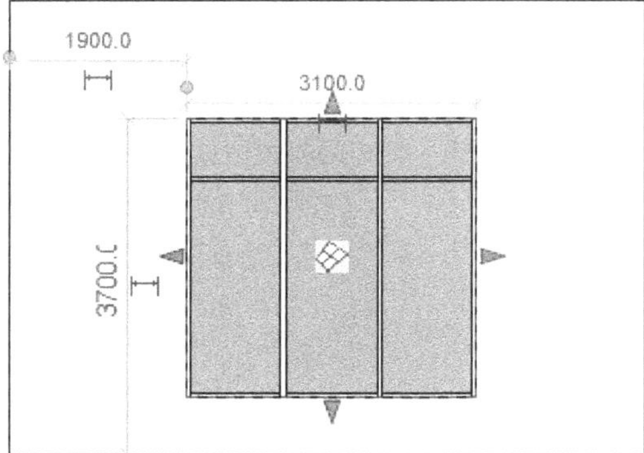

Figure 6–8

6.2 Ajout de quadrillages de murs-rideaux

Une fois qu'un mur-rideau comprenant au moins un panneau est en place, vous devez le séparer en plusieurs panneaux pour la conception. Chaque ligne de quadrillage divise un panneau en deux ou plusieurs panneaux plus petits, comme illustré en Figure 6–9.

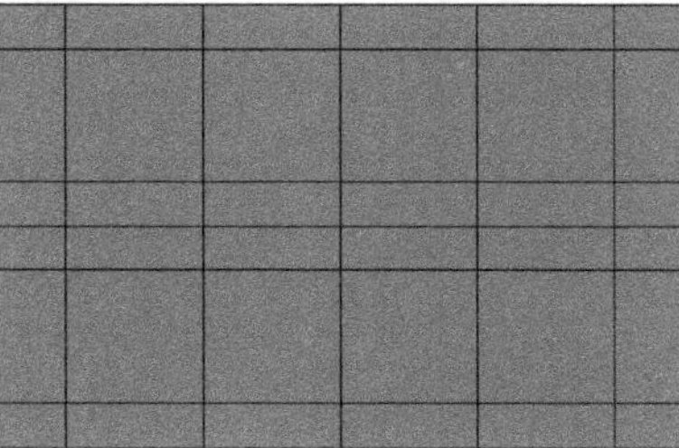

Figure 6–9

Instructions pratiques : Créer un Quadrillage du mur-rideau

1. Après avoir modélisé le mur-rideau de base dans une vue en plan, passez à une vue d'élévation ou 3D.
2. Dans l'onglet *Architecture*>groupe de fonctions Création, cliquez sur (Quadrillage du mur-rideau).
3. Dans l'onglet *Modifier | Placer Quadrillage du mur-rideau*>groupe de fonctions Positionnement, sélectionnez une méthode d'insertion, de la façon décrite ci-après.

(Tous les segments)	Permet de créer une ligne de quadrillage sur toute la hauteur ou dans toute la largeur du mur-rideau.
(Un segment)	Permet de créer une ligne de quadrillage seulement entre le point de sélection et la ligne suivante. La ligne de quadrillage entière est définie mais un seul segment s'affiche. Vous pouvez ajouter d'autres segments ultérieurement.
(Tous sauf sélection)	Permet de créer une ligne de quadrillage dans l'ensemble du quadrillage et de revenir en arrière pour supprimer des segments de la ligne. Le segment supprimé s'affiche sous la forme d'une ligne discontinue jusqu'à ce que vous ajoutiez une autre ligne de quadrillage ou que vous exécutiez une autre commande.

4. Déplacez le curseur sur un bord du mur-rideau ou une ligne de quadrillage existante. Les cotes dynamiques s'affichent, comme illustré en Figure 6–10. La nouvelle ligne de quadrillage est perpendiculaire au bord à l'endroit sélectionné. Cliquez sur l'emplacement choisi.

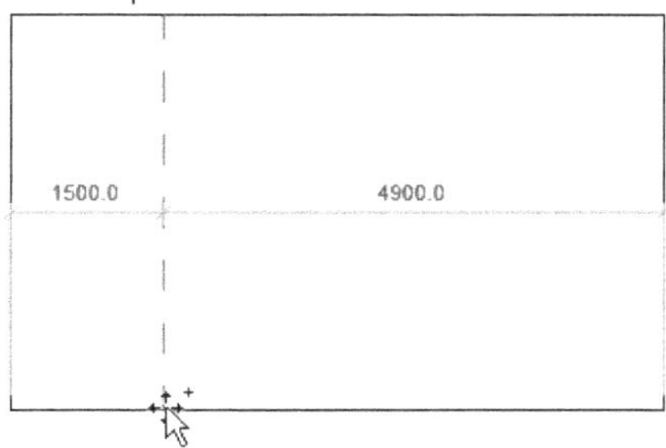

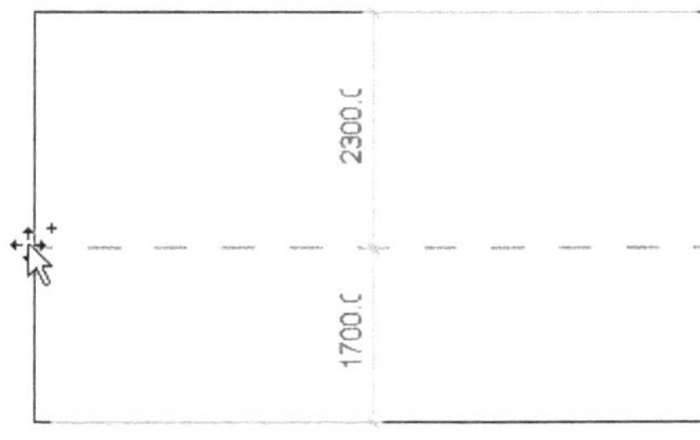

Figure 6–10

- Les quadrillages du mur-rideau s'accrochent automatiquement au milieu ou au tiers du panneau. Ils s'accrochent aussi aux niveaux, aux grilles des poteaux et aux plans de référence.
- Vous pouvez utiliser (Copier) et (Réseau) sur les lignes de quadrillage du mur-rideau. Cette méthode peut constituer le moyen le plus rapide de créer des quadrillages dans la longueur d'un mur.
- Vous pouvez ajouter d'autres quadrillages aux types de murs-rideaux qui comprennent déjà des quadrillages lorsqu'ils sont créés.

Modification des quadrillages des murs-rideaux

Il est possible que les lignes de quadrillage que vous avez placées ne soient pas situées exactement là où vous le souhaitiez ou qu'elles chevauchent d'autres lignes contrairement à ce que vous vouliez. Vous pouvez modifier l'emplacement des lignes dans le quadrillage et ajouter ou supprimer des segments des lignes, comme illustré en Figure 6–11.

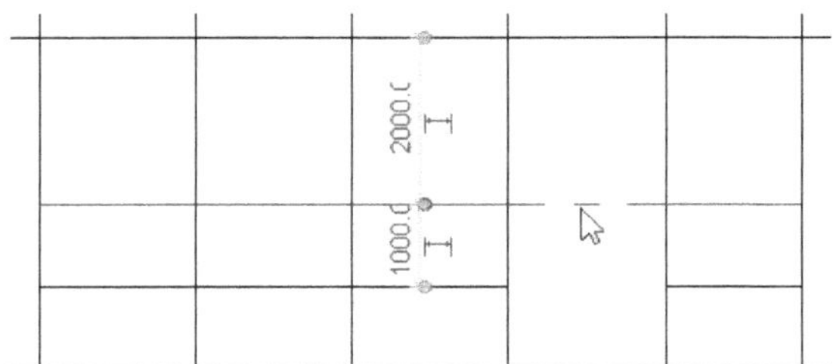

Figure 6–11

- Pour modifier le quadrillage, vous devez sélectionner une ligne de quadrillage, pas un mur ni le meneau. Appuyez sur la touche <Tab> pour parcourir les éléments.
- Pour déplacer une ligne de quadrillage, sélectionnez-la et utilisez des cotes dynamiques ou (Déplacer).
- Si vous sélectionnez une ligne de quadrillage créée en utilisant un certain type de mur-rideau, (Autorise ou interdit le déplacement d'un élément) s'affiche, indiquant que l'élément est contraint à un élément hôte. Cliquez sur l'icône pour pouvoir déplacer la ligne.

Instructions pratiques : Ajouter ou supprimer des segments des quadrillages des murs-rideaux

1. Sélectionnez une ligne de quadrillage à modifier.
2. Dans l'onglet *Modifier |Quadrillage du mur-rideau*>groupe de fonctions Quadrillage du mur-rideau, cliquez sur (Ajouter/Supprimer des segments).
3. Cliquez sur la partie du quadrillage que vous souhaitez ajouter ou supprimer. Lorsque vous cliquez pour supprimer un segment, la ligne s'affiche sous la forme d'une ligne discontinue, comme illustré en Figure 6–12. Vous devez sélectionner les lignes du quadrillage une par une avec cette commande.

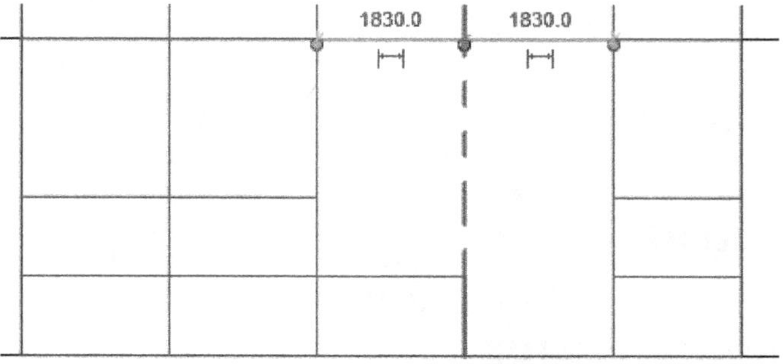

Figure 6–12

4. Cliquez sur un espace vide pour mettre fin à la commande.

- Vous pouvez créer des panneaux non rectangulaires en supprimant des segments individuels du quadrillage.

Conseil : Alignement et verrouillage

Lorsque vous utilisez la commande **Aligner**, vous pouvez aussi verrouiller les lignes ensemble de sorte que si l'une bouge, l'autre aussi. Le verrouillage entraîne cependant un ralentissement du logiciel. Vous devez donc utiliser l'option **Verrouiller** avec parcimonie, uniquement lorsque vous envisagez de réaliser un grand nombre de modifications.

Exercice 6a Travailler avec des murs-rideaux

Durée estimée : 10 minutes

Objectifs de l'exercice

- Modifier les propriétés du mur-rideau.
- Ajouter des lignes de quadrillage des murs-rideaux.

Dans cet exercice, vous modifierez un mur-rideau en utilisant les Propriétés pour garantir que les lignes correspondent aux autres éléments. Vous ajouterez également des lignes de quadrillage qui suivent le motif d'un mur voisin. L'élévation terminée est visible sur la Figure 6–13.

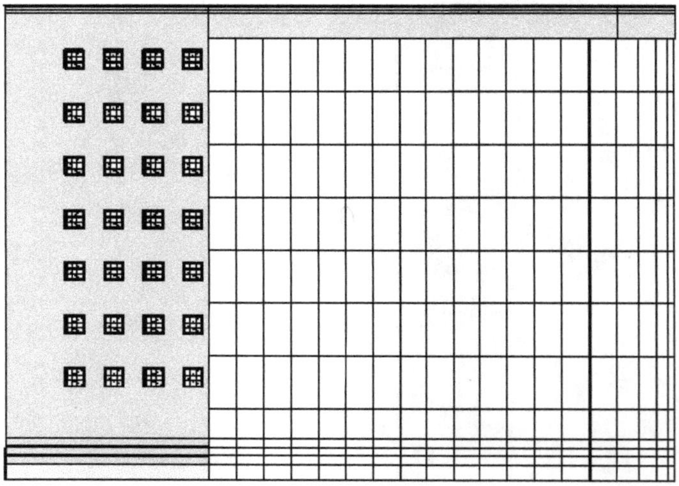

Figure 6–13

Tâche 1 - Modifier le mur-rideau.

1. Ouvrez le projet **Hôtel-Moderne-Mur-Rideau.rvt**.
2. Ouvrez la vue **Elévation (Elévation de construction):Sud**.
3. Pour mieux comprendre la vue, sélectionnez une ligne de quadrillage et une ligne de niveau (maintenez la touche <Ctrl> enfoncée pour sélectionner plusieurs éléments). Cliquez ensuite avec le bouton droit de la souris et sélectionnez **Masquer dans la vue>Catégorie**.

   Notez que le mur-rideau ne s'aligne pas verticalement et horizontalement avec les autres murs du bâtiment, tel que montré dans la Figure 6–14.

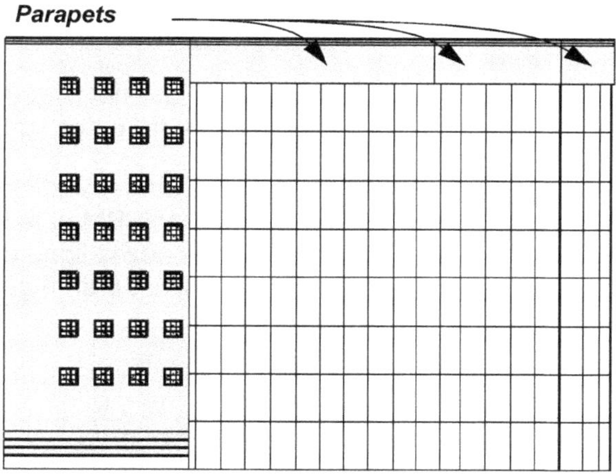

Figure 6–14

4. Sélectionnez les trois parapets. Dans les Propriétés, modifiez le *Décalage inférieur* sur (négatif) **-610 mm** et cliquez sur **Appliquer**. Cela raccourcit le parapet.

5. Sélectionnez les trois murs-rideaux. Dans les Propriétés, modifiez le *Décalage supérieur* sur (négatif) **-610 mm** et cliquez sur **Appliquer**. Cela permet de prolonger le mur-rideau jusqu'au parapet.

6. Avec les murs-rideaux toujours sélectionnés, dans la zone *Quadrillage horizontal* des Propriétés, changez le *Décaler* sur **1220 mm**, comme illustré en Figure 6–15. Le quadrillage est alors mieux ajusté, comme illustré en Figure 6–16.

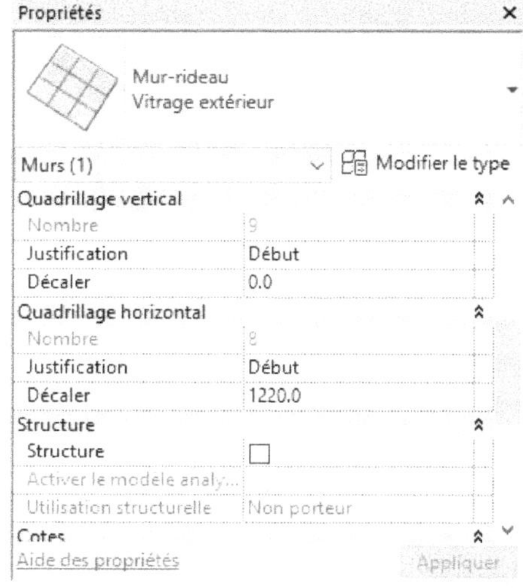

Figure 6–15

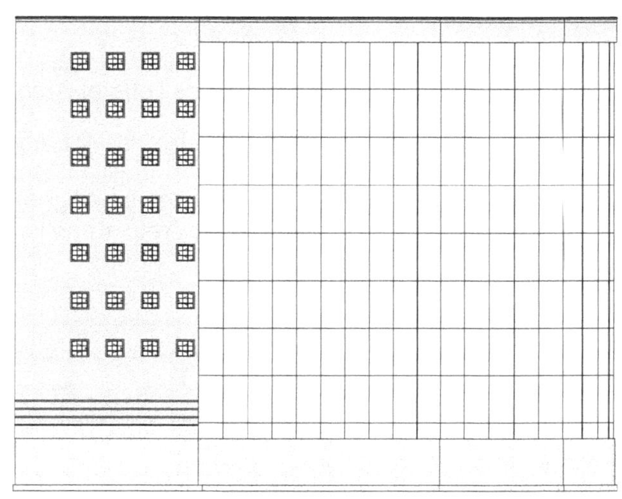

Figure 6–16

Tâche 2 - Ajouter des lignes de quadrillage.

Cette tâche permet d'ajouter des lignes de quadrillage pour les adapter au différentes lignes au bas du bâtiment.

1. Zoomez sur le bord inférieur du bâtiment et veillez à ce que les briques/BBM et le mur-rideau soient affichés. Sélectionnez la ligne de quadrillage et déverrouillez-la, comme illustré en Figure 6–17.

*Si vous ne parvenez pas à voir facilement les assises de briques, dans la barre d'outils d'accès rapide, désactivez **Lignes fines**.*

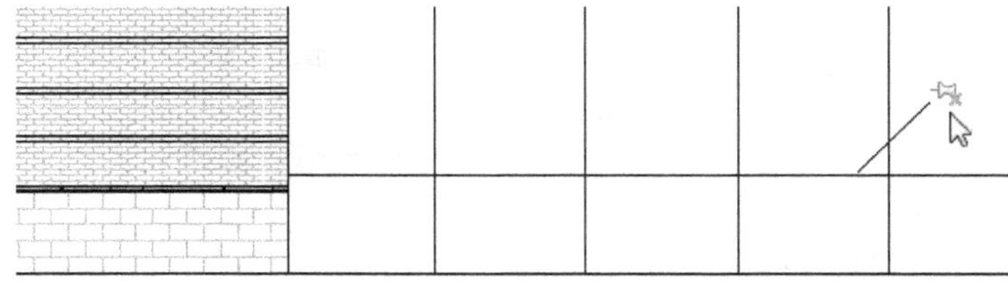

Figure 6–17

2. Utilisez (Aligner) pour déplacer la ligne de quadrillage du mur-rideau de façon à ce qu'elle concorde avec le haut de l'appui du BBM, comme illustré en Figure 6–18.

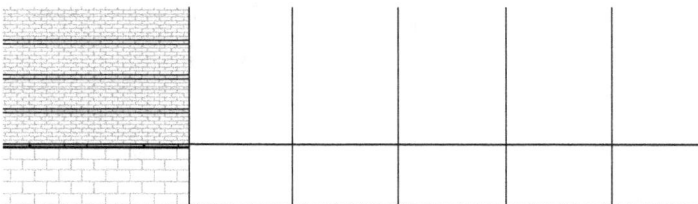

Figure 6–18

3. Dans l'onglet *Architecture*>groupe de fonctions Création, cliquez sur (Quadrillage du mur-rideau).

4. Ajoutez trois lignes de quadrillage et alignez-les sur le haut des creux dans la brique, comme illustré en Figure 6–19.

Zoomez jusqu'à ce que les lignes plus épaisses des creux de brique s'affichent.

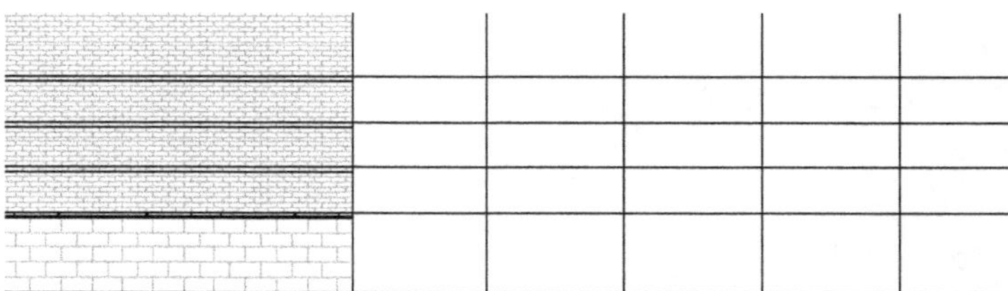

Figure 6–19

5. Sélectionnez ces quatre lignes de quadrillage du mur-rideau (en maintenant la touche <Ctrl> enfoncée, sélectionnez chaque ligne individuellement) et déplacez-les vers le bas **20 mm**. Veillez à faire descendre le curseur avant de saisir la valeur de déplacement. Cela permet de les placer correctement pour les meneaux, lesquels seront ajoutés ultérieurement.

6. Zoomez, ajoutez et alignez les lignes de quadrillage du mur-rideau sur les deux autres parties du mur-rideau, comme illustré en Figure 6–20. Veillez à déverrouiller les lignes de quadrillage horizontales du mur-rideau avant de les aligner.

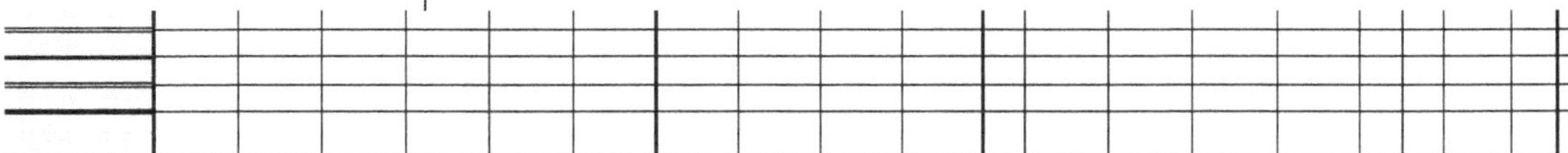

Figure 6–20

7. Effectuez un zoom arrière jusqu'à l'affichage complet du devant du bâtiment.

8. Enregistrez le projet.

6.3 Travailler avec des panneaux de mur-rideau

Le panneau défini par défaut pour un mur-rideau est généralement un panneau vitré. Lorsque vous créez la ligne de quadrillage et affinez la conception du mur, vous pouvez vouloir utiliser d'autres matériaux pour certains panneaux, comme illustré en Figure 6–21. Vous pouvez sélectionner des panneaux existants et choisir, dans le Sélecteur de type, un type de panneau du matériau que vous voulez utiliser.

*Pour sélectionner tous les panneaux, sélectionnez le bord du mur-rideau, cliquez avec le bouton droit de la souris et sélectionnez **Sélectionner les panneaux sur l'hôte**.*

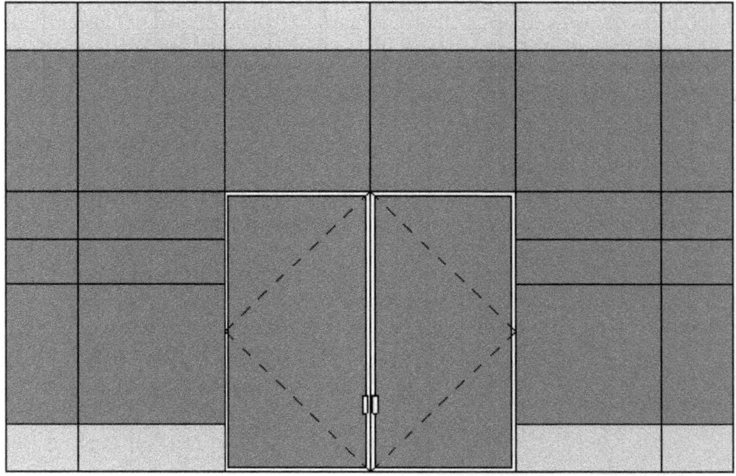

Figure 6–21

- De plus, le type de panneau détermine l'épaisseur et peut définir une porte ou une fenêtre pour le panneau.
- Pour sélectionner un panneau, déplacez le curseur sur son bord, appuyez sur la touche <Tab> jusqu'à ce qu'il soit mis en surbrillance puis cliquez pour le sélectionner.

- Si l'icône (Autorise ou interdit le déplacement d'un élément) s'affiche (voir Figure 6–22), cela indique que le panneau est verrouillé et que toute modification de l'élément est interdite. Cliquez sur l'icône pour désactiver le verrouillage et modifier le panneau.

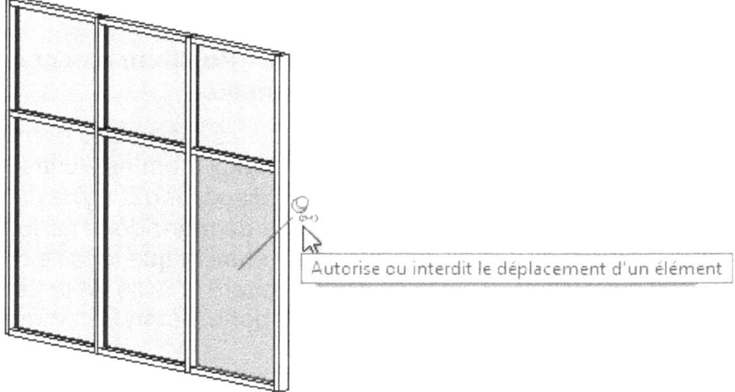
Autorise ou interdit le déplacement d'un élément

Figure 6–22

- Pour déverrouiller plusieurs panneaux, sélectionnez-les et saisissez **UP** (pour **Déverrouiller**).

Types de panneaux définis par défaut

Trois types de panneaux sont fournis par défaut avec le modèle de projet :

Panneau vide	Vous ne pouvez pas supprimer un panneau dans un mur-rideau mais vous pouvez en modifier le type en choisissant un panneau vide.
Panneau vitré	Type de panneau typique constitué de verre.
Panneau plein	Type de panneau composé d'un matériau solide. Vous pouvez créer des variations de ce type avec d'autres matériaux.

- Vous pouvez utiliser tout autre type de mur (y compris d'autres types de murs-rideaux) pour remplir un panneau.

- Les panneaux de porte et de fenêtre sont disponibles dans la Bibliothèque. Comme d'autres types de panneaux, les panneaux de porte et de fenêtre correspondent à la taille du panneau auquel ils sont appliqués. Réglez le quadrillage du mur-rideau sur les tailles qui conviennent.

Conseil : Positionnement des portes dans les murs-rideaux

Vous pouvez placer des portes dans des panneaux de murs-rideaux, comme illustré en Figure 6–23. Vous devez d'abord disposer d'un type de porte pouvant être utilisé comme panneau de mur-rideau (le logiciel en propose plusieurs). Vérifiez ensuite que la taille de l'ouverture dans le mur-rideau correspond à la taille de la porte que vous voulez utiliser. Le type de porte s'étend pour remplir l'ouverture du quadrillage.

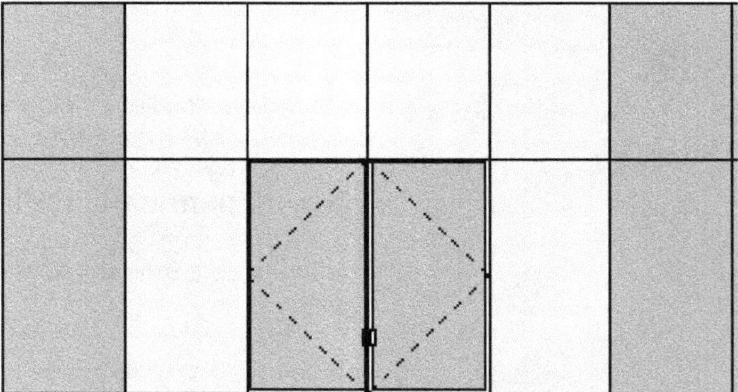

Figure 6–23

- Lorsque vous étiquetez une porte du panneau du mur-rideau, vous devez ajouter le numéro à l'étiquette. Il ne s'incrémente pas automatiquement.

- Vous pouvez aussi utiliser un type de mur standard comme panneau. Vous pouvez ensuite ajouter une porte dans le panneau en utilisant la commande **Porte** standard.

Création d'un panneau de mur-rideau

Lorsque vous créez des panneaux de mur-rideau de plusieurs façons complexes, une technique de base consiste à spécifier un matériau pour un panneau plat, comme illustré en Figure 6–24.

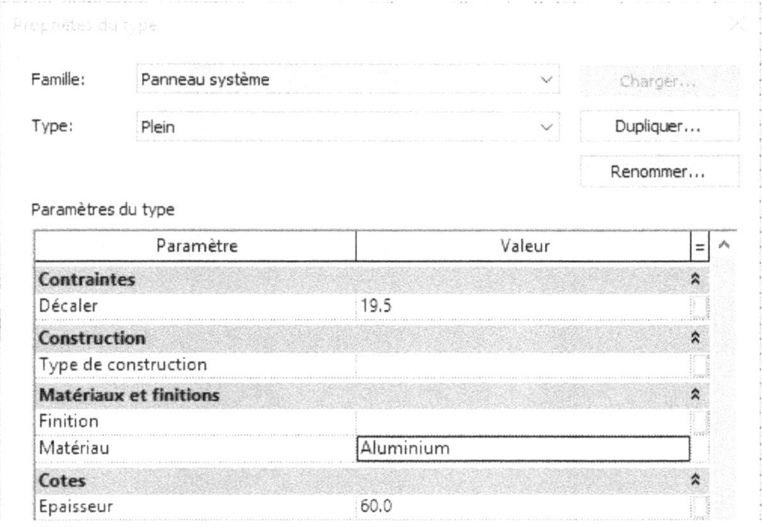

Figure 6–24

Instructions pratiques : Créer un panneau de mur-rideau

1. Sélectionnez un panneau semblable à celui que vous souhaitez créer (p. ex. un panneau plein pour créer un nouveau type de panneau plein). S'il est verrouillé, déverrouillez-le en cliquant sur (Autorise ou interdit le déplacement d'un élément).
2. Dans Propriétés, cliquez sur (Modifier le type) ou dans l'onglet *Modifier | Panneaux de murs-rideaux*>groupe de fonctions Propriétés, cliquez sur (Propriétés du type).
3. Dans la boîte de dialogue Propriétés du type, cliquez sur **Dupliquer** pour créer une copie du type de famille existant.
4. Attribuez un nouveau nom au panneau qui décrit son objet (p. ex. **Brique** ou **Aluminium**). Le nouveau nom inclut automatiquement le nom de la famille, par exemple **Panneau système**.

5. Définissez les paramètres *Epaisseur*, *Décalage* et *Matériau* ainsi que tous les autres paramètres nécessaires. De nombreux matériaux sont disponibles dans la boîte de dialogue Matériaux qui s'ouvre lorsque vous cliquez sur [...] (Parcourir) dans la liste des matériaux.
6. Cliquez sur **OK** pour fermer la boîte de dialogue et terminer le panneau. La sélection est automatiquement appliquée au panneau que vous avez sélectionné pour le modifier.

- L'*Epaisseur* du matériau est centrée dans le quadrillage si vous n'avez pas spécifié de *Décalage*. Si vous voulez encastrer le panneau dans le mur, utilisez un décalage négatif. Si vous voulez sortir le panneau du mur, utilisez un décalage positif.

- Les matériaux avec des motifs tels que le pavé de verre illustré en Figure 6–25 n'affichent pas le motif lorsque la vue est trop éloignée. Zoomez pour voir le matériau.

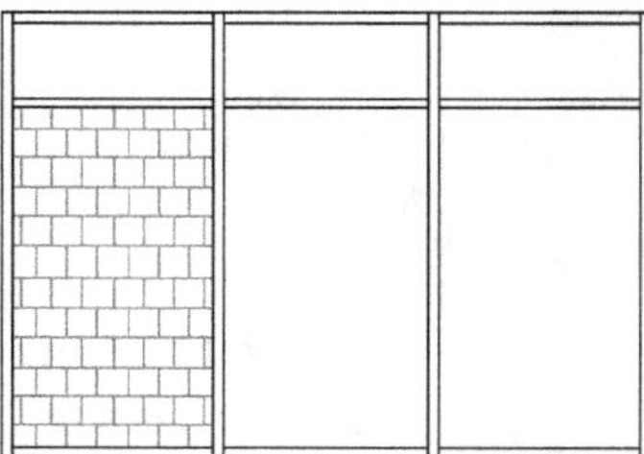

Figure 6–25

6.4 Fixation des meneaux sur les quadrillages des murs-rideaux

Les meneaux sont les cadres des panneaux des murs-rideaux, comme illustré en Figure 6–26. Ils peuvent présenter de nombreuses tailles, formes et être constitués de nombreux matériaux. Ajoutez-les à l'étape finale de la conception de votre mur-rideau après avoir placé les lignes du quadrillage.

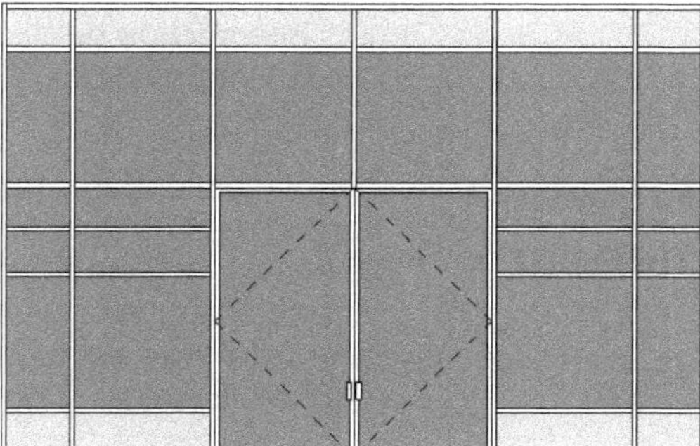

Figure 6–26

Instructions pratiques : Ajouter des meneaux

1. Dans l'onglet *Architecture*>groupe de fonctions Création, cliquez sur (Meneau).
2. Dans le Sélecteur de type, sélectionnez le style de meneau. Certaines propriétés ne peuvent pas être modifiées lorsque vous insérez un meneau.
3. Dans l'onglet *Modifier | Placer meneau*>groupe de fonctions Positionnement, sélectionnez une méthode pour *Créer un meneau sur* : (Ligne de quadrillage), (Segment de la ligne de quadrillage) ou (Toutes les lignes de quadrillage), comme illustré en Figure 6–27.

Les meneaux doivent être positionnés individuellement et ne peuvent être ni copiés ni disposés en réseau.

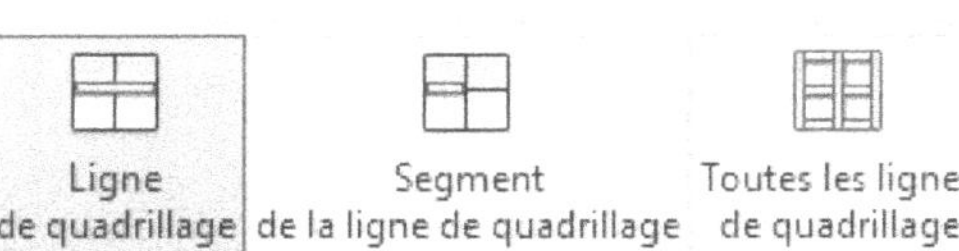

Figure 6–27

4. Sélectionnez la ligne de quadrillage sur laquelle vous voulez placer le meneau. Si la ligne de quadrillage est à l'intérieur d'un quadrillage, le meneau est placé sur l'axe central du quadrillage. Si elle se trouve sur le bord du mur, le meneau est placé de façon à ce que sa partie extérieure soit au contact de l'extérieur du mur.
   - Maintenez la touche <Maj> enfoncée pour placer un meneau uniquement sur le segment sélectionné.
   - Maintenez la touche <Ctrl> enfoncée pour placer le meneau sur tous les segments vides du quadrillage (c.-à-d. tous les segments sans meneaux).

- Les types de meneaux d'angle ont été conçus pour l'intersection de deux murs-rideaux. Ils s'adaptent à l'angle de l'intersection.

Modification des meneaux

Pour sélectionner rapidement des meneaux, cliquez avec le bouton droit de la souris sur le bord du mur-rideau et sélectionnez **Sélectionner les meneaux**. Les options de meneaux sont les suivantes : **Sur le quadrillage vertical** ou **Sur le quadrillage horizontal**, **Internes**, **Externes** ou **Sur l'hôte**, comme illustré en Figure 6–28.

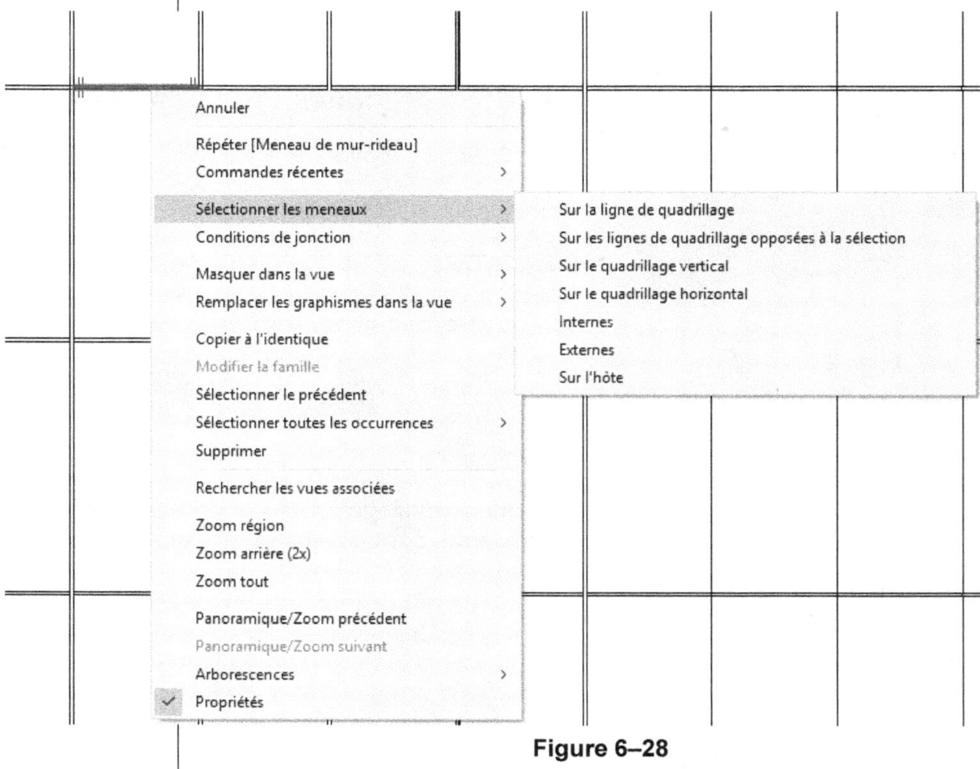

Figure 6–28

- Modifiez les styles de meneaux en changeant leur type dans le Sélecteur de type.
- Si vous déplacez une ligne de quadrillage, le meneau se déplace en même temps.
- Si vous supprimez une ligne de quadrillage, le meneau est également supprimé. Toutefois, si vous supprimez un meneau, la ligne de quadrillage n'est pas supprimée.
- Vous pouvez modifier l'intersection des meneaux. Sélectionnez le meneau pour afficher l'onglet *Modifier | Meneaux de murs-rideaux*. Dans le groupe de fonctions Meneau, cliquez sur (Rendre continu) ou (Couper aux intersections). Vous pouvez aussi intervenir directement sur le meneau, comme illustré en Figure 6–29.

Avant ***Après***

Figure 6–29

Exercice 6b

Ajouter des meneaux et des panneaux aux murs-rideaux

Durée estimée : 15 minutes

Objectifs de l'exercice

- Ajouter et modifier des meneaux.
- Ajouter une entrée avec vitrine et un panneau de porte.

Dans cet exercice, vous ajouterez et modifierez des meneaux le long des murs-rideaux. Vous créerez également une vitrine comprenant un panneau de porte comme entrée principale du bâtiment. L'élévation terminée est visible sur la Figure 6–30.

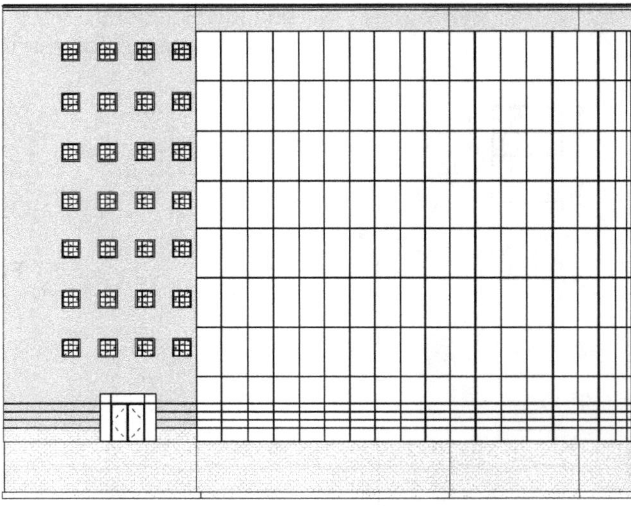

Figure 6–30

Tâche 1 - Ajouter et modifier des meneaux.

1. Ouvrez le projet **Hôtel-Moderne-Meneau.rvt**.
2. Ouvrez la vue **Elévation (Elévation de construction): Sud** ou travaillez dans la vue 3D.
3. Dans l'onglet *Architecture*>groupe de fonctions Création, cliquez sur (Meneau).
4. Dans l'onglet *Modifier* | *Placer un meneau*>groupe de fonctions Positionnement, cliquez sur (Toutes les lignes de quadrillage).

5. Sélectionnez chacun des murs-rideaux. Les meneaux sont placés sur toutes les lignes de quadrillage.

6. Cliquez sur (Modifier).

7. Au niveau des deux lignes où les murs-rideaux se rencontrent, des meneaux supplémentaires sont ajoutés, comme illustré en Figure 6–31. Ils ne sont pas nécessaires et doivent être supprimés.

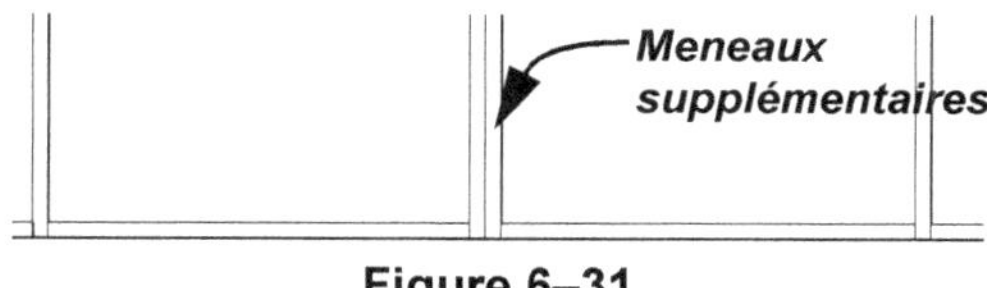

Figure 6–31

8. Sélectionnez l'un des meneaux.

9. Dans la barre de contrôle Vue, cliquez sur (Masquer/ Isoler temporairement) et sélectionnez **Isoler la catégorie**. Cela facilite la sélection des meneaux que vous souhaitez supprimer.

10. Supprimez les meneaux supplémentaires. Sélectionnez un meneau, cliquez avec le bouton droit de la souris et sélectionnez **Sélectionner les meneaux>Sur la ligne de quadrillage**.

11. Effectuez un zoom arrière jusqu'à ce que tous les murs-rideaux soient affichés.

12. Sélectionnez toute la rangée de meneaux inférieure. Vous pouvez utiliser la boîte de sélection Filtre pour sélectionner toute la rangée.

13. Dans l'onglet *Modifier | Meneaux de murs-rideaux*>groupe de fonctions Meneau, cliquez sur (Rendre continu). Cela change le sens du meneau, comme illustré en Figure 6–32.

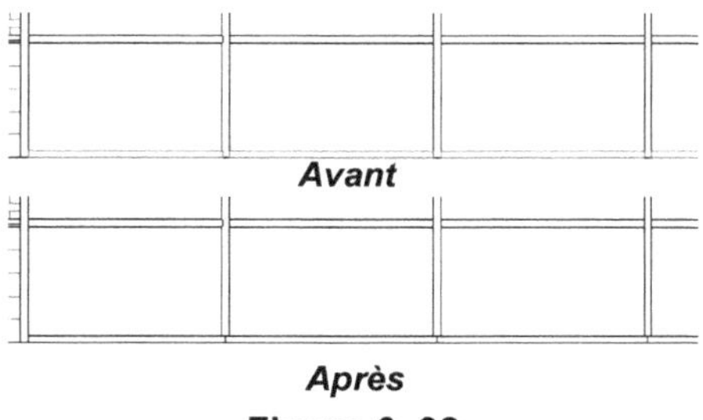

Figure 6–32

14. Répétez avec la rangée de meneaux supérieure.

15. Dans la barre de contrôle Vue, cliquez sur (Masquer/ Isoler temporairement) et sélectionnez **Restaurer masquage/isolement temporaire**.

16. Enregistrez le projet.

Tâche 2 - Ajouter l'entrée de la vitrine.

1. Ouvrez la vue **Plan d'étage : Étage 1**.
2. Dans l'onglet *Architecture*>groupe de fonctions Création, cliquez sur (Mur).
3. Dans le Sélecteur de type, sélectionnez **Mur-rideau: Vitrine**.
4. Dans Propriétés, réglez les valeurs suivantes :
    - *Contrainte inférieure :* **Étage 1**
    - *Décalage inférieur :* **0.0**.
    - *Contrainte supérieure :* **Jusqu'au niveau : Étage 2**
    - *Décalage supérieur :* (négatif) **-1850 mm**
5. Dessinez la vitrine dans le mur existant à **600 mm** de la ligne de quadrillage de droite D5, comme illustré en Figure 6–33.

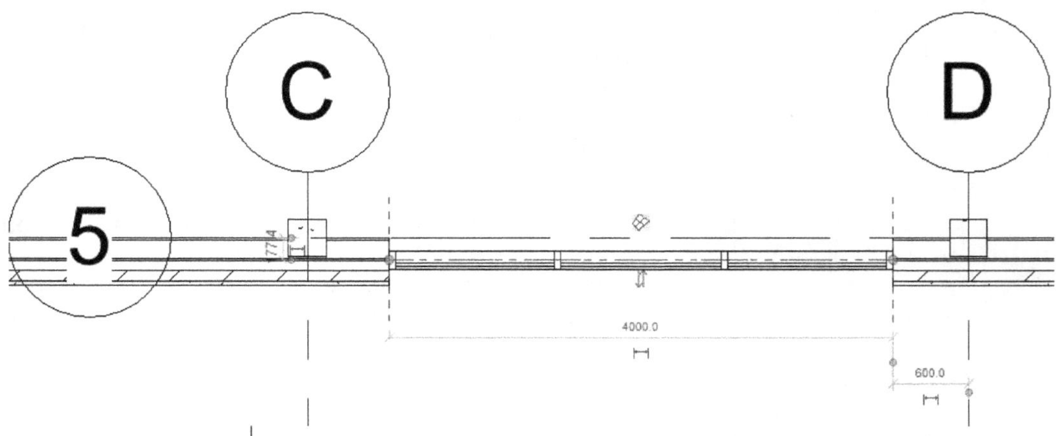

Figure 6–33

- Si vous travaillez de droite à gauche, l'extérieur de la vitrine est correctement placée. Si vous travaillez de gauche à droite, vous devez inverser la vitrine.

6. Ouvrez la vue **Elévation (Elévation de construction): Sud** et zoomez sur la vitrine.

*Tapez **UP** pour déverrouiller les éléments.*

7. Sélectionnez la vitrine. Comme elle a été créée avec un type prédéfini, tous les quadrillages et panneaux sont ancrés, comme illustré à gauche sur la Figure 6–34.

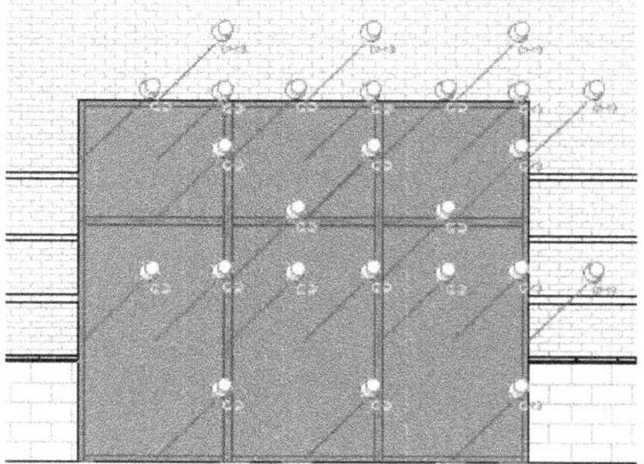

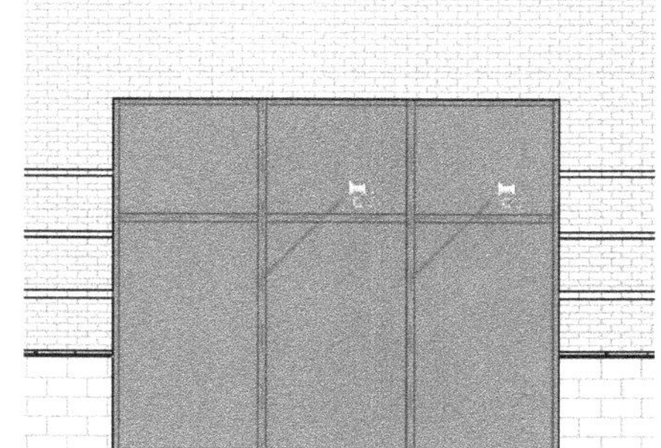

Figure 6–34

8. Modifiez la vitrine, comme illustré en Figure 6–35. Alignez la ligne horizontale sur la ligne de quadrillage du mur-rideau et utilisez des cotes temporaires pour localiser les lignes de quadrillage verticales. Appuyez sur la touche <Tab> pour parcourir les éléments.

Vérifiez que vous sélectionnez bien des lignes de quadrillage de murs-rideaux lorsque vous travaillez et non pas les meneaux.

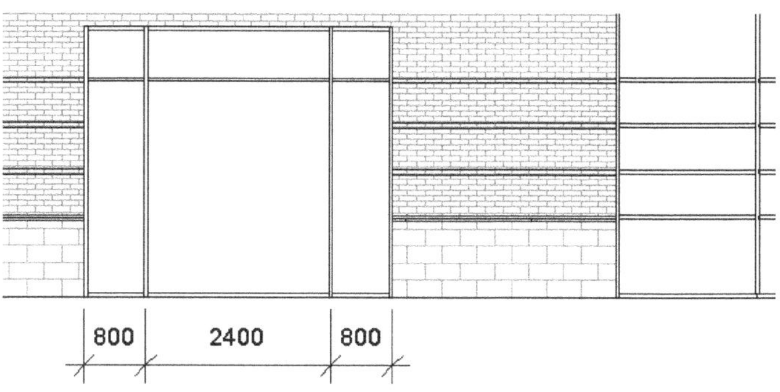

Figure 6–35

9. Sélectionnez les meneaux en haut de la vitrine et basculez les joints de meneaux sur la barre supérieure de façon à ce qu'elle soit en travers, comme illustré en Figure 6–36.

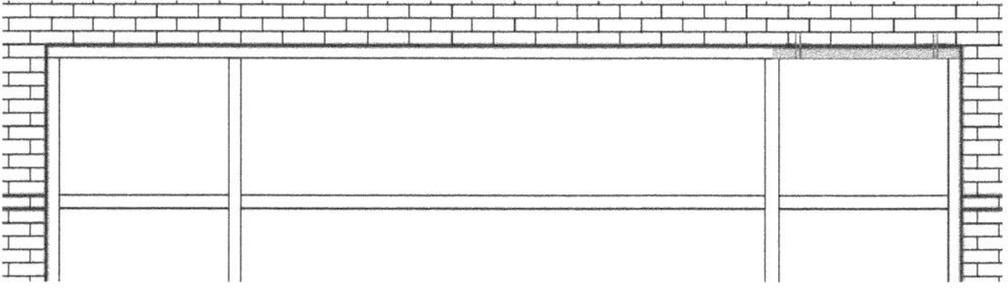

Figure 6–36

10. Enregistrez le projet.

Tâche 3 - Ajouter une porte dans la vitrine.

1. Dans l'onglet *Insérer*>groupe de fonctions Charger depuis la bibliothèque, cliquez sur (Charger la famille). Utilisez cette méthode plus générique de chargement de la famille de portes de murs-rideaux parce que vous ne pouvez pas utiliser la commande **Porte** pour placer des portes dans les murs-rideaux.

2. Dans la boîte de dialogue Charger la famille, naviguez jusqu'au dossier *Bibliothèque* dans les fichiers d'exercices et sélectionnez la porte **M_Porte-Mur-rideau-Double-Vitrine.rfa**, comme illustré en Figure 6–37. Cliquez sur **Ouvrir**.

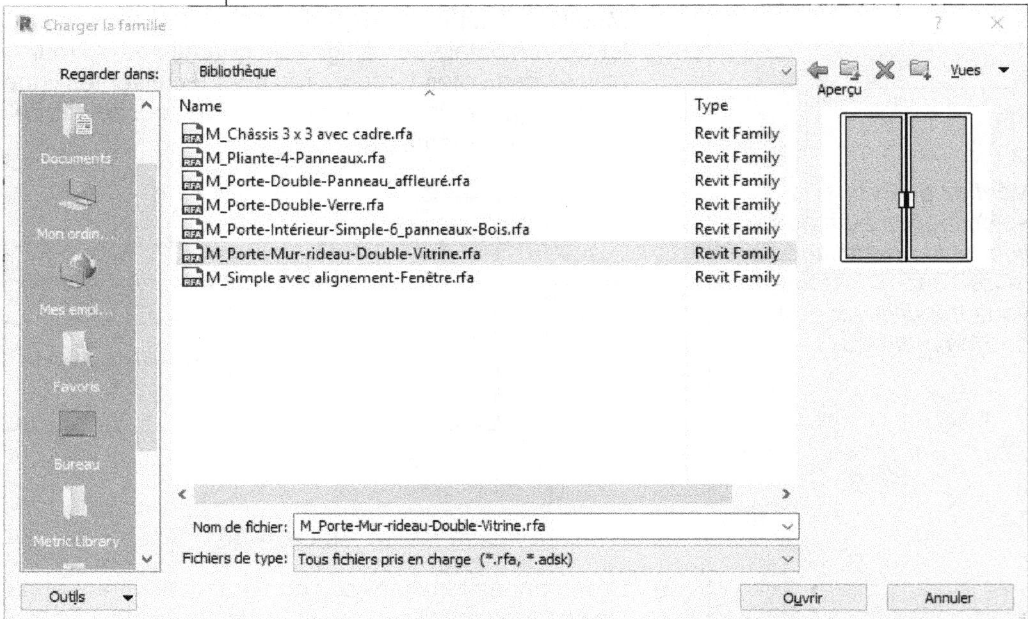

Figure 6–37

3. Sélectionnez le plus grand panneau vitré, comme illustré en Figure 6–38. Utilisez la touche <Tab> pour parcourir les sélections puis cliquez pour le sélectionner.

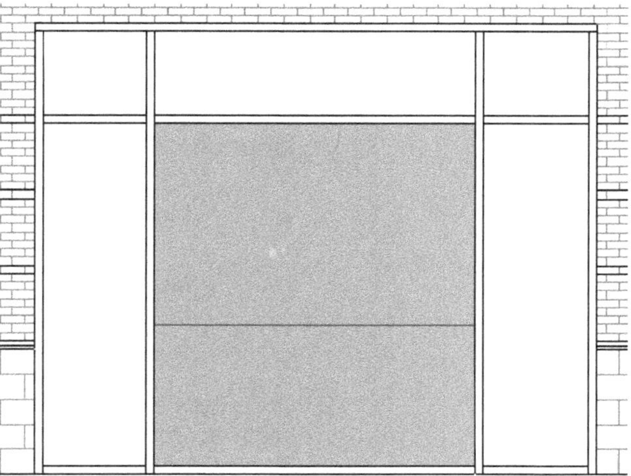

Figure 6–38

4. Dans le Sélecteur de type, sélectionnez **M_Porte-Mur-rideau-Double-Vitrine**. Le plus grand panneau vitré passe à la porte. Supprimez le meneau au bas de la porte, comme illustré en Figure 6–39.

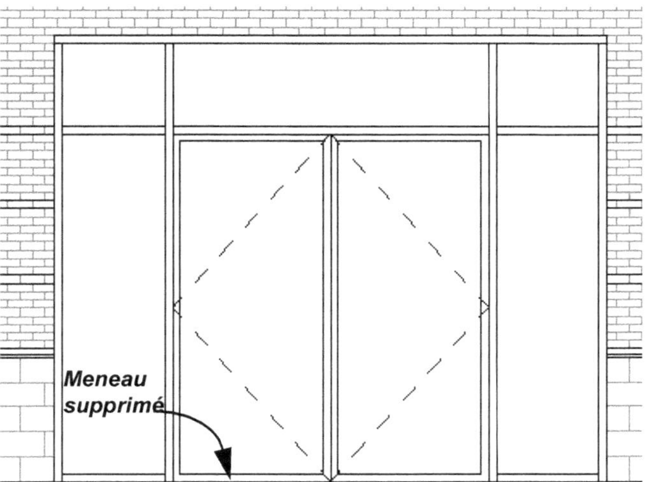

Figure 6–39

5. Effectuez un zoom arrière jusqu'à ce que l'ensemble de l'élévation soit entièrement affiché.

6. Affichez le projet en 3D.

7. Enregistrez le projet.

Questions de révision

1. Quelle commande devez-vous exécuter en premier pour créer un mur-rideau ?

   a. (Mur)

   b. (Mur-rideau)

   c. (Système de mur-rideau)

2. Vous êtes en train de placer un quadrillage de mur-rideau et il reste accroché à une cote, comme les DEUX TIERS DU PANNEAU MUR-RIDEAU visible sur la Figure 6–40, alors que vous souhaitez qu'il soit séparé. Que devez-vous faire ?

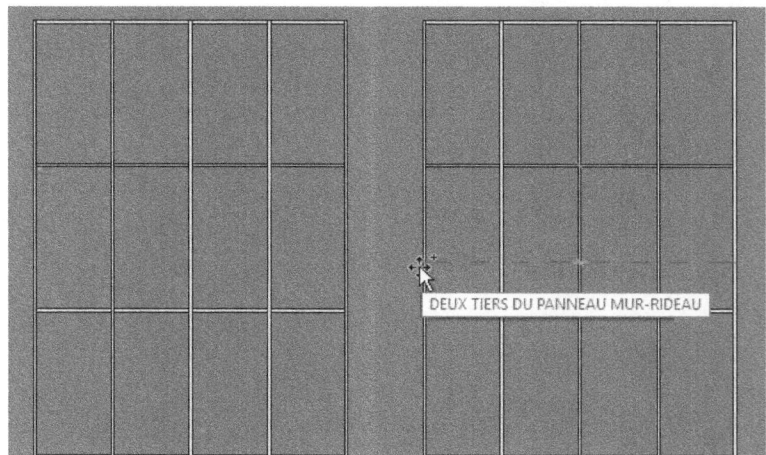

Figure 6–40

   a. Modifier les paramètres d'accrochage.

   b. Modifier le type de mur-rideau pour permettre le positionnement manuel du quadrillage.

   c. Utiliser un type de mur-rideau non uniforme plutôt qu'uniforme.

   d. Placer le quadrillage du mur-rideau, sélectionner la cote temporaire et la régler sur la valeur requise.

3. Comment sélectionner un panneau à modifier ?
   a. Sélectionnez le milieu du panneau.
   b. Pointez la bordure du panneau et appuyez sur la touche <Tab> jusqu'à ce qu'il soit identifié.
   c. Sélectionnez le mur-rideau, cliquez avec le bouton droit de la souris et sélectionnez **Sélection du panneau**.
   d. Dans la liste déroulante Priorité de sélection, sélectionnez **Panneau de mur-rideau**.
4. Dès que vous sélectionnez un panneau, pour quelle raison pouvez-vous l'échanger ? (Sélectionnez toutes les réponses possibles).
   a. Panneau vide
   b. Porte de vitrine
   c. Vide
   d. Type de mur
5. Comment pouvez-vous changer le mode d'intersection de deux meneaux, comme illustré en Figure 6–41 ? (Sélectionnez toutes les réponses possibles).

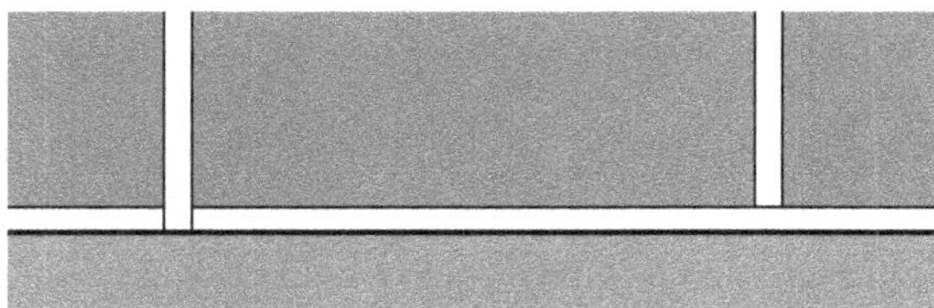

Figure 6–41

   a. Sélectionnez l'un des meneaux et appuyez sur la touche <Tab> jusqu'à ce que l'intersection qui convient s'affiche.
   b. Sélectionnez l'un des meneaux et cliquez sur **Rendre continu** ou **Couper aux intersections** dans l'onglet contextuel.
   c. Sélectionnez l'un des meneaux et cliquez sur le contrôle **Changer le mode raccordement des meneaux**.
   d. Sélectionnez les deux meneaux et cochez la case **Intersection** dans la Barre des options.

Récapitulatif des commandes

Bouton	Commande	Emplacement
	Ajouter/ Supprimer des segments	• **Ruban :** Onglet *Modifier* | *Quadrillage du mur-rideau*>groupe de fonctions Quadrillage du mur-rideau
	Quadrillage du mur-rideau	• **Ruban :** Onglet *Architecture*>groupe de fonctions Création
	Quadrillage du mur-rideau : Tous sauf sélection	• **Ruban :** Onglet *Modifier* | *Placer Quadrillage du mur-rideau*>groupe de fonctions Positionnement
	Quadrillage du mur-rideau : Tous les segments	• **Ruban :** Onglet *Modifier* | *Placer Quadrillage du mur-rideau*>groupe de fonctions Positionnement
	Quadrillage du mur-rideau : Un segment	• **Ruban :** Onglet *Modifier* | *Placer Quadrillage du mur-rideau*>groupe de fonctions Positionnement
	Meneau	• **Ruban :** Onglet *Architecture*>groupe de fonctions Création
	Meneau : Toutes les lignes du quadrillage	• **Ruban :** Onglet *Modifier* | *Placer meneau*>groupe de fonctions Positionnement
	Meneau : Couper aux intersections	• **Ruban :** onglet *Modifier* | *Meneaux de murs-rideaux*>groupe de fonctions Meneau • **Cliquez avec le bouton droit de la souris** (après avoir sélectionné le meneau) sur Conditions de jonction> Couper aux intersections
	Meneau : Ligne de quadrillage	• **Ruban :** Onglet *Modifier* | *Placer meneau*>groupe de fonctions Positionnement
	Meneau : Segment de la ligne de quadrillage	• **Ruban :** Onglet *Modifier* | *Placer meneau*>groupe de fonctions Positionnement
	Meneau : Rendre continu	• **Ruban :** onglet *Modifier* | *Meneaux de murs-rideaux*>groupe de fonctions Meneau • **Cliquez avec le bouton droit de la souris** (après avoir sélectionné le meneau) sur Conditions de jonction> Rendre continu

Chapitre

7

Travailler avec les vues

Les vues constituent la pierre angulaire du travail avec les modèles Autodesk® Revit® car elles vous permettent de voir le modèle à la fois en 2D et en 3D. Au fur et à mesure que votre travail avance, vous pouvez dupliquer et modifier des vues pour afficher différentes informations basées sur la même vue du modèle. Les repères, les élévations et les coupes sont des vues particulièrement importantes pour la documentation du projet.

Objectifs d'apprentissage de ce chapitre

- Changer l'affichage des éléments dans différentes vues pour visualiser les informations requises et définir des vues pour la documentation du projet.
- Dupliquer des vues de façon à pouvoir modifier l'affichage au fur et à mesure de la création du modèle et pour la documentation du projet.
- Créer des vues de détail de parties de plans, coupes ou élévations pour plus de détails.
- Ajouter des élévations intérieures et de bâtiment pouvant être utilisées pour montrer comment un bâtiment sera construit.
- Créer des coupes de bâtiment et de murs pour vous permettre de créer le modèle et l'inclure dans la documentation du projet.

7.1 Réglage de l'affichage des vues

Les vues constituent un outil puissant car elles vous permettent de créer plusieurs versions d'un modèle sans besoin de recréer des éléments de construction. Vous pouvez par exemple disposer de vues utilisées spécifiquement pour travailler sur le modèle alors que d'autres sont annotées et utilisées pour la documentation du projet. Différentes disciplines peuvent avoir différentes vues présentant uniquement les fonctionnalités requises, comme illustré en Figure 7–1. Les propriétés d'une vue sont indépendantes des propriétés des autres vues.

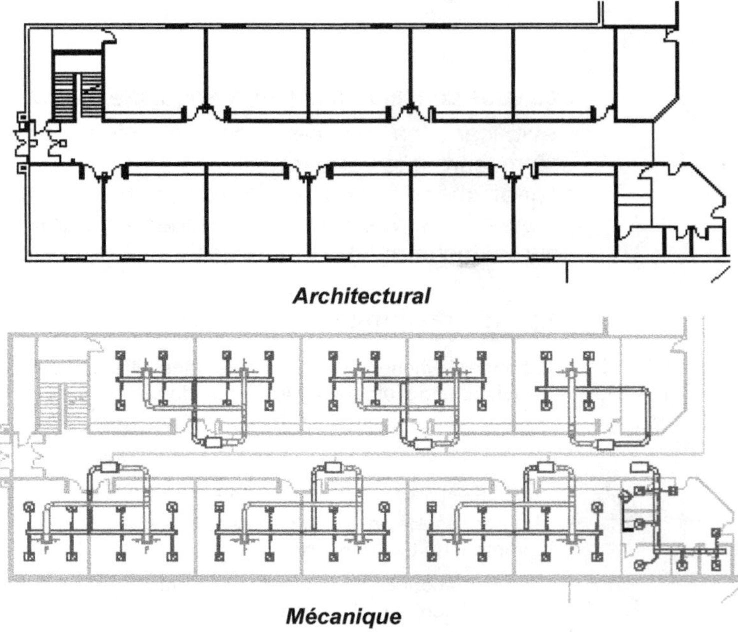

Architectural

Mécanique

Figure 7–1

L'affichage de la vue peut être modifié aux emplacements suivants :

- Barre de contrôle Vue
- Propriétés
- Menu contextuel
- Boîte de dialogue Remplacements visibilité/graphisme

Masquage et remplacement des graphismes

Voici deux moyens courants de personnaliser une vue :

- Masquer des catégories ou éléments individuels
- Modifier la façon dont les graphismes affichent les éléments ou les catégories (p. ex. en modifiant l'épaisseur de ligne, la couleur ou le motif).

Un élément est un objet individuel tel qu'un mur dans une vue alors qu'une catégorie inclut toutes les occurrences d'un élément sélectionné, par exemple tous les murs dans une vue.

Dans l'exemple présenté en Figure 7–2, un Plan du mobilier a été créé en désactivant la catégorie des grilles structurelles puis en grisant tous les murs et colonnes.

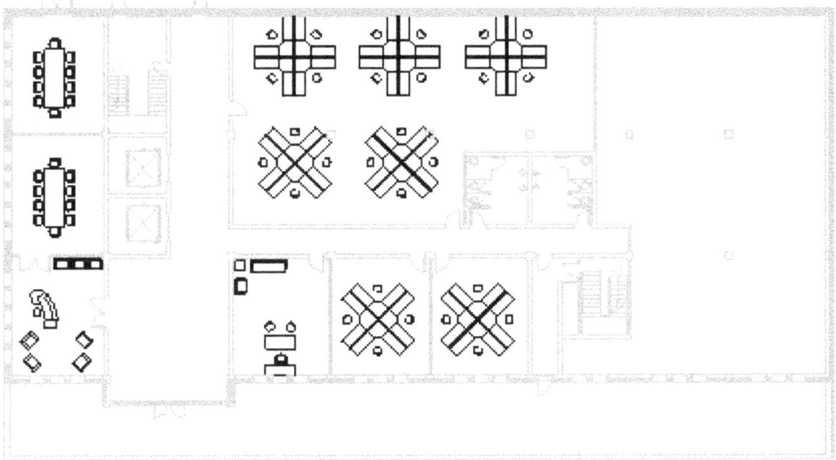

Figure 7–2

Instructions pratiques : Masquer des éléments ou des catégories dans une vue

*Un moyen rapide de masquer des catégories entières consiste à sélectionner un ou plusieurs élément(s) avant de taper **VH**.*

1. Sélectionnez les éléments ou catégories que vous souhaitez masquer.
2. Cliquez avec le bouton droit de la souris et sélectionnez **Masquer dans la vue>Eléments** ou **Masquer dans la vue>Catégorie**, comme illustré en Figure 7–3.
3. Les éléments ou catégories sont masqués dans la vue actuelle uniquement.

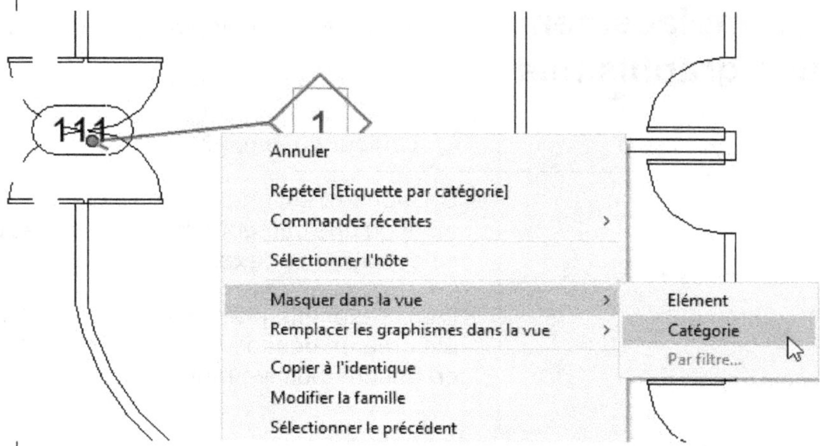

Figure 7–3

Instructions pratiques : Remplacer des graphismes d'éléments ou de catégories dans une vue

1. Sélectionnez le(s) élément(s) que vous voulez modifier.
2. Cliquez avec le bouton droit de la souris et sélectionnez **Remplacer les graphismes dans la vue>Par élément** ou **Par catégorie**. La boîte de dialogue Graphismes d'éléments (ou de catégories) spécifiques à la vue s'ouvre, comme illustré en Figure 7–4.

Les options exactes de la boîte de dialogue varient selon le type d'éléments sélectionnés.

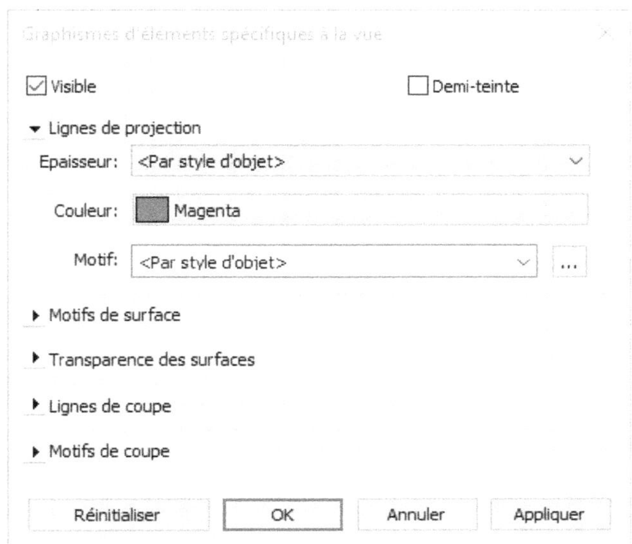

Figure 7–4

3. Sélectionnez les modifications que vous souhaitez apporter et cliquez sur **OK**.

Options spécifiques à la vue

- Le fait de désactiver l'option **Visible** permet d'obtenir le même résultat qu'en masquant les éléments ou les catégories.
- L'option **Demi-teinte** permet de griser les éléments ou les catégories.
- Les options possibles pour les Lignes de projection, Motifs de surface, Lignes de coupe et Motifs de coupe sont **Epaisseur**, **Couleur** et **Motif**, comme illustré en Figure 7–4.
- L'option **Transparences des surfaces** peut être définie en déplaçant la barre de défilement, comme illustré en Figure 7–5.

Figure 7–5

- La boîte de dialogue Graphismes de catégories spécifiques à la vue comprend la boîte de dialogue **Ouvrir la boîte de dialogue Visibilité/Graphismes...**, qui ouvre la boîte de dialogue complète des options.

La boîte de dialogue Remplacements visibilité/graphisme

Les options de la boîte de dialogue Remplacements visibilité/graphisme (voir Figure 7–6) contrôle l'affichage par vue de chaque catégorie et sous-catégorie d'éléments.

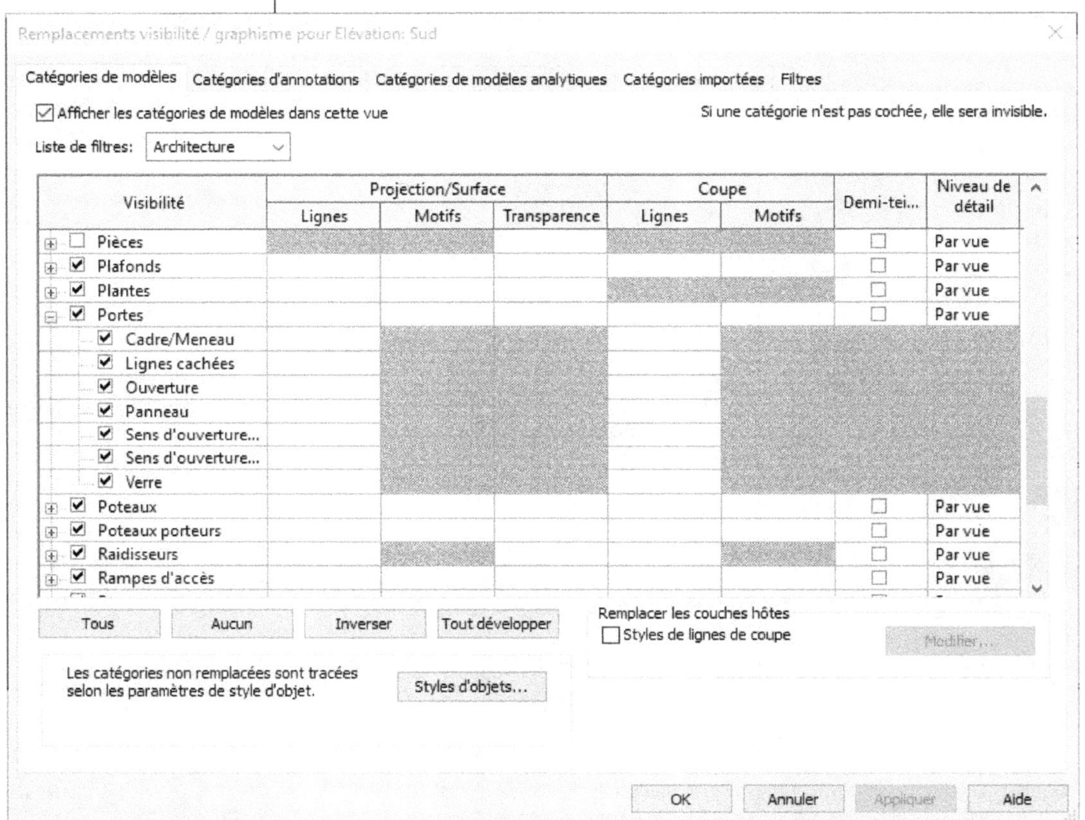

Figure 7–6

Pour ouvrir la boîte de dialogue Remplacements visibilité/graphisme, tapez **VV** ou **VG**. Elle est aussi disponible dans Propriétés : dans la zone *Graphismes*, en regard de *Remplacements visibilité/graphisme*, cliquez sur **Modifier...**

- Les Remplacements visibilité/graphisme sont divisés en plusieurs catégories : *Modèles*, *Annotation*, *Modèles analytiques*, *Importées* et *Filtres*.
- D'autres catégories peuvent être disponibles si des données spécifiques ont été incluses dans le projet, notamment *Variantes*, *Liens Revit* et *Sous-projets*.
- Pour limiter le nombre de catégories affichées dans la boîte de dialogue, sélectionnez une discipline dans la *Liste de filtres*, comme illustré en Figure 7–7.

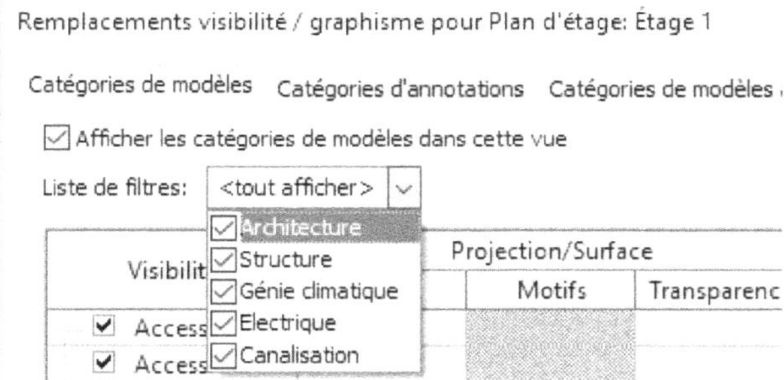

Figure 7–7

- Pour vous aider à sélectionner des catégories, utilisez les boutons **Tous**, **Aucun** et **Inverser**. Le bouton **Tout développer** affiche toutes les sous-catégories.

Conseil : Restauration d'éléments ou de catégories masqués

Si vous avez masqué des catégories, vous pouvez les afficher en utilisant la boîte de dialogue Remplacements visibilité/graphisme. Pour afficher des éléments masqués, vous devez d'abord afficher provisoirement les éléments.

1. Dans la barre de contrôle Vue, cliquez sur (Afficher les éléments cachés). La bordure et tous les éléments masqués sont affichés en magenta, alors que les éléments visibles dans la vue apparaissent grisés, comme illustré en Figure 7–8.

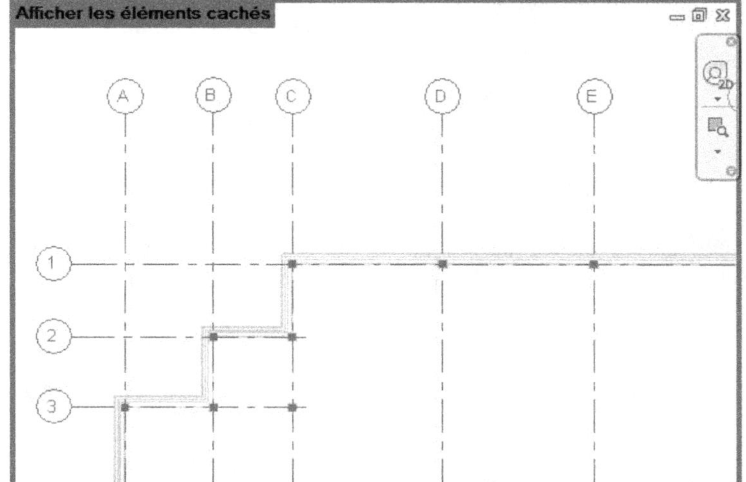

Figure 7–8

2. Sélectionnez les éléments cachés que vous voulez restaurer puis cliquez avec le bouton droit de la souris avant de sélectionner **Afficher dans la vue>Eléments** ou **Afficher dans la vue>Catégorie**. Dans l'onglet contextuel *Modifier* | >groupe de fonctions Afficher les éléments cachés, cliquez sur (Afficher l'élément) ou (Afficher la catégorie).
3. Lorsque vous avez terminé, dans la barre de contrôle Vue, cliquez sur (Fermer Afficher les éléments cachés) ou, dans l'onglet contextuel *Modifier* | >groupe de fonctions Afficher les éléments cachés, cliquez sur (Afficher/Masquer les éléments cachés).

Propriétés de la vue

Les principales propriétés de base d'une vue sont accessibles avec la barre de contrôle Vue, comme illustré en Figure 7–9. Cela comprend les options *Echelle*, *Niveau de détail* et *Style visuel*. Les options supplémentaires incluent des remplacements temporaires et d'autres paramètres avancés.

Figure 7–9

D'autres modifications des vues sont disponibles dans Propriétés, comme illustré en Figure 7–10. Ces propriétés incluent *Niveaux en fond de plan*, *Plage de la vue* et *Zones cadrées*.

Les options des Propriétés varient selon le type de vue. Les propriétés d'une vue en plan sont différentes de celles d'une vue 3D.

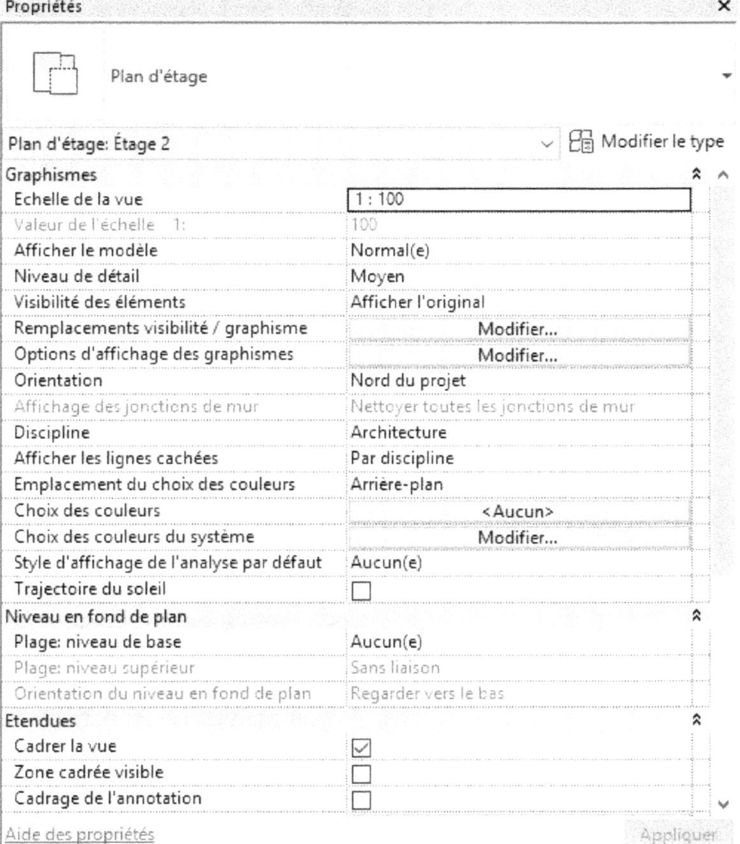

Figure 7–10

Définition d'un niveau en fond de plan

Les niveaux en fond de plan sont disponibles uniquement dans les vues de plan d'étage et de plan de plafond.

La définition d'un *Niveau en fond de plan* est utile si vous avez besoin d'afficher des éléments sur un niveau différent, comme le plan de la cave présenté avec un niveau en fond de plan du premier étage illustré en Figure 7–11. Vous pouvez alors utiliser les éléments pour tracer ou copier dans le niveau actuel de la vue.

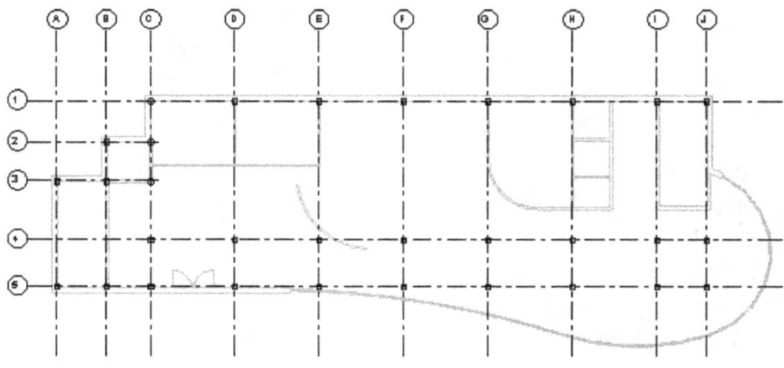

Figure 7–11

Dans Propriétés, *Niveau en fond de plan*, définissez la *Plage : niveau de base* et la *Plage : niveau supérieur*. Vous pouvez aussi spécifier l'*Orientation du niveau en fond de plan* sur **Regarder vers le bas** ou **Regarder vers le haut** comme illustré en Figure 7–12.

Niveau en fond de plan	
Plage: niveau de base	Etage 1
Plage: niveau supérieur	Etage 2
Orientation du niveau en fond de plan	Regarder vers le bas

Figure 7–12

- Pour éviter de déplacer des éléments par erreur dans le niveau en fond de plan, dans le groupe de fonctions Sélectionner, déroulez le titre du groupe et désactivez **Sélectionner des éléments de niveau en fond de plan**. Vous pouvez aussi activer ou désactiver cette option en utilisant (Sélectionner des éléments de niveau en fond de plan) dans la barre d'état.

Instructions pratiques : Définir la plage de la vue

1. Dans Propriétés, zone *Etendues*, en regard de *Plage de la vue*, sélectionnez **Modifier...** ou tapez **VR**.
2. Dans la boîte de dialogue Plage de la vue, illustrée en Figure 7–13, modifiez les Niveaux et Décalages de la *Plage principale* et de la *Profondeur de la vue*.
   - Cliquez sur **Afficher>>** pour afficher les graphismes Exemple de plage de la vue et saisissez les différentes options.
3. Cliquez sur **OK**.

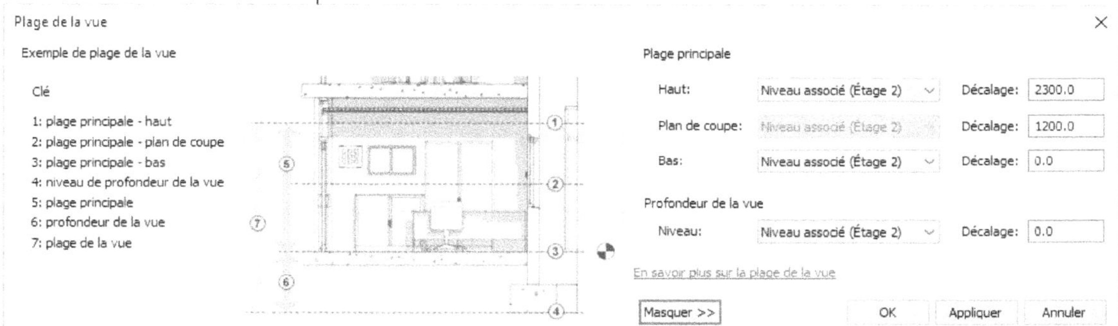

Figure 7–13

- Si les réglages utilisés ne peuvent pas être représentés graphiquement, un avertissement signale l'incohérence.

- Un Plan de faux-plafond est créé comme si le plafond se réfléchissait dans un miroir sur le sol de sorte que le plafond est orienté dans le même sens que le plan au sol. La ligne de coupe est placée juste au-dessous du plafond afin de garantir que les fenêtres et les portes dessous ne s'affichent pas.

Zones de plan de coupe

Lorsque vous disposez d'une vue en plan avec plusieurs niveaux de planchers ou de plafonds, vous pouvez créer des zones de plan de coupe vous permettant de définir une plage de la vue différente pour une partie de la vue, comme illustré en Figure 7–14 pour un ensemble de fenêtres à claire-voie.

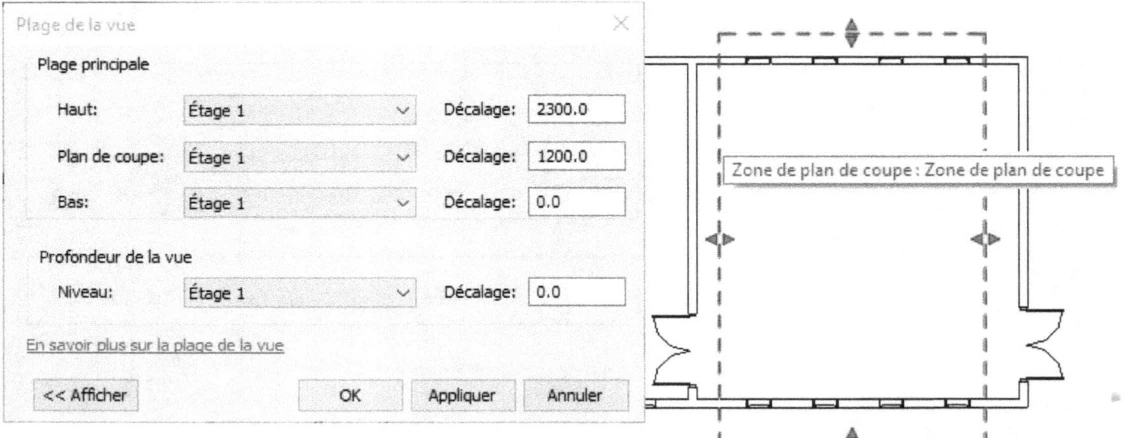

Figure 7–14

Instructions pratiques : Créer des zones de plan de coupe

1. Dans une vue en plan, et à partir de l'onglet *Vue*>groupe de fonctions Créer, déroulez (Vues en plan) et sélectionnez (Zone de plan de coupe).
2. Dans l'onglet *Modifier | Créer une limite pour la zone de plan de coupe*>groupe de fonctions Dessiner, sélectionnez un outil de dessin et créez la limite de la zone de plan de coupe.
   - La limite doit être fermée et ne peut pas chevaucher d'autres limites de plans de coupe mais les limites peuvent être côte à côte.
3. Cliquez sur (Terminer le mode de modification).

4. Dans l'onglet *Modifier* | *Zone de plan de coupe*>groupe de fonctions Zone, cliquez sur (Plage de la vue).
5. Dans la boîte de dialogue Plage de la vue, spécifiez les décalages de la zone de plan de coupe et cliquez sur **OK**. La zone de plan de coupe est appliquée à la zone sélectionnée.

- Les zones de plan de coupe peuvent être copiées dans le presse-papiers puis collées dans d'autres vues en plan.

- Vous pouvez utiliser les poignées de forme pour redimensionner les limites de plan de coupe sans besoin de modifier la limite.

- Si une zone de plan de coupe est au-dessus de la porte, le sens d'ouverture de la porte s'affiche mais pas l'ouverture, comme illustré en Figure 7–15.

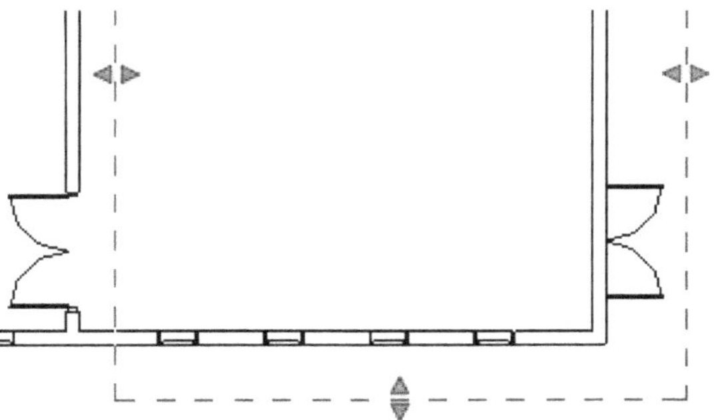

Figure 7–15

- Les zones de plan de coupe peuvent être activées et désactivées dans la boîte de dialogue Remplacements visibilité/graphisme de l'onglet *Catégories d'annotation*. Si elles sont affichées, les zones de plan de coupe sont incluses lors de l'impression et de l'exportation.

Conseil : Délimitation de la profondeur et Délimitation éloignée

La **Délimitation de la profondeur** illustrée en Figure 7–16 est une option de visualisation qui définit la façon dont les murs inclinés sont affichés si la *Plage de la vue* d'un plan est définie sur une vue limitée.

La **Délimitation éloignée** (voir Figure 7–17) est disponible pour les vues en coupe et d'élévation.

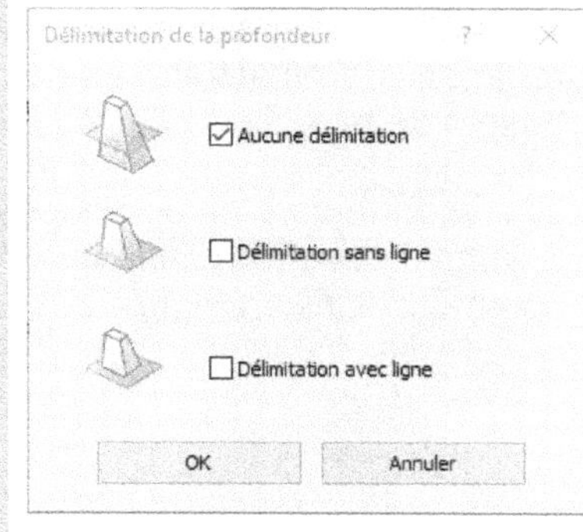

Figure 7–16

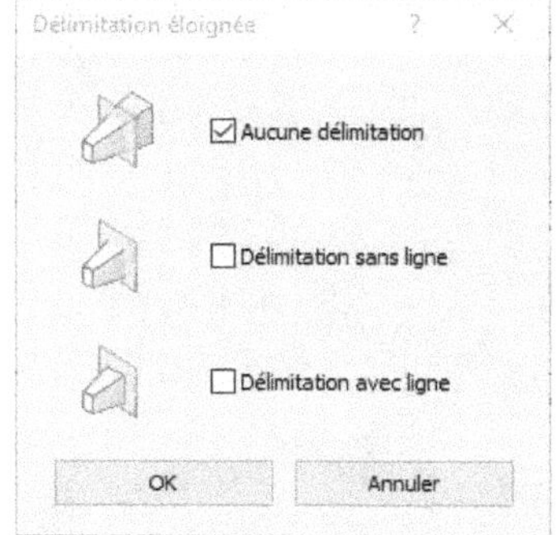

Figure 7–17

- Une option d'affichage graphique supplémentaire vous permet de spécifier les *Repères de profondeur* de façon à éclaircir les éléments qui se trouvent en arrière-plan.

Zones cadrées

Les plans, coupes et élévations peuvent tous être modifiés en changeant la partie du modèle à afficher dans une vue. L'une des méthodes possibles consiste à définir la Zone cadrée. Si des cotes, des étiquettes ou du texte se trouvent près de la zone cadrée requise, vous pouvez aussi utiliser la zone cadrée de l'annotation pour les inclure, comme illustré en Figure 7–18.

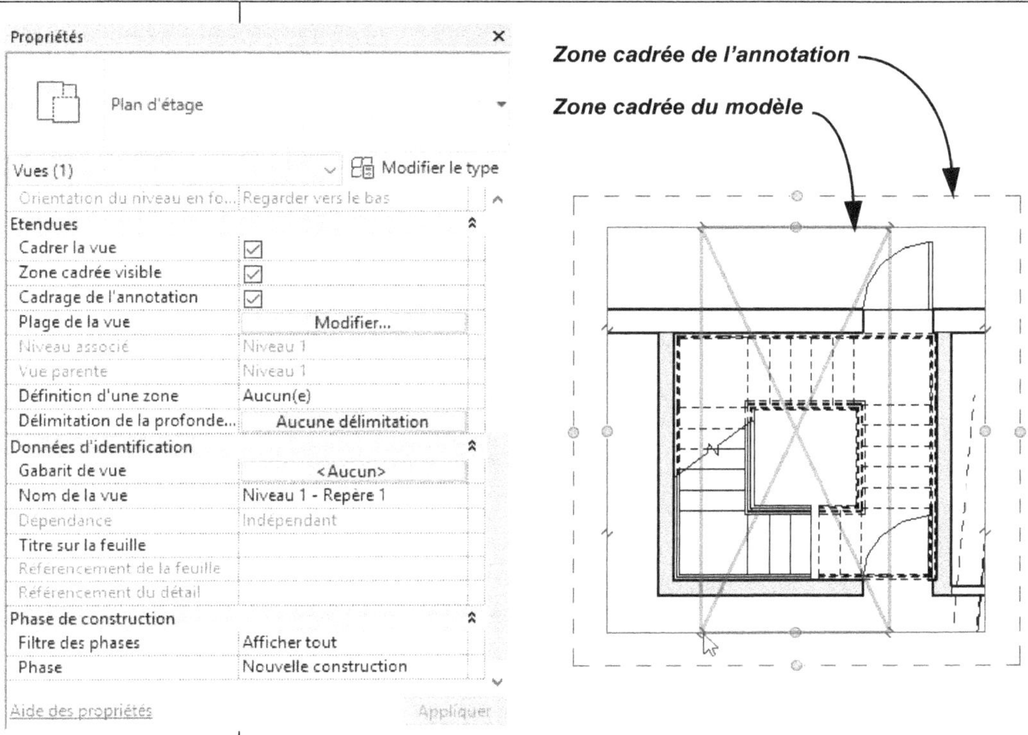

Figure 7–18

Effectuez un zoom arrière si vous ne voyez pas la zone cadrée lorsque vous la définissez pour l'afficher.

- La zone cadrée doit être affichée pour pouvoir modifier la taille de la vue. Dans la barre de contrôle Vue, cliquez sur (Afficher la zone cadrée). Dans Propriétés, zone *Etendues*, vous pouvez aussi sélectionner **Zone cadrée visible**. Le **Cadrage de l'annotation** est aussi disponible dans cette zone.
- Redimensionnez la zone cadrée en utilisant le contrôle de chaque côté de la zone.

La rupture de la zone cadrée est généralement utilisée avec des coupes ou des détails.

- Cliquez sur le contrôle (Ligne de rupture) pour diviser la vue en deux zones, à l'horizontale ou à la verticale. La taille de chaque partie de la vue peut alors être modifiée afin d'afficher ce qui est nécessaire et chaque partie peut être déplacée indépendamment.
- Il est courant de masquer une zone cadrée avant de placer une vue sur une feuille. Dans la barre de contrôle Vue, cliquez sur (Masquer la zone cadrée).

Utilisation des gabarits de vue

Il existe un solide moyen d'utiliser efficacement des vues : en configurant une vue puis en l'enregistrant comme Gabarit de vue. Vous pouvez appliquer des gabarits de vue individuellement ou par le biais de la palette Propriétés. La définition du gabarit de vue avec la palette Propriétés permet de garantir que la vue ne sera pas accidentellement modifiée lors de son utilisation.

Instructions pratiques : Créer un gabarit de vue à partir d'une vue

1. Définissez une vue si nécessaire.
2. Dans l'Arborescence du projet, cliquez avec le bouton droit de la souris sur la vue et sélectionnez **Créer un gabarit de vue à partir de la vue**.
3. Dans la boîte de dialogue Nouveau gabarit de vue, saisissez un nom puis cliquez sur **OK**.
4. Le nouveau gabarit de vue est répertorié dans la boîte de dialogue Gabarits de vues. Procédez aux modifications nécessaires.
5. Cliquez sur **OK**.

Instructions pratiques : Spécifier un gabarit de vue pour une vue

1. Dans l'Arborescence du projet, sélectionnez la ou les vue(s) à laquelle ou auxquelles vous voulez appliquer un gabarit de vue.
2. Dans Propriétés, défilez jusqu'à la section *Données d'identification* et cliquez sur le bouton situé en regard de *Gabarit de vue*.
3. Dans la boîte de dialogue Appliquer le gabarit de vue, sélectionnez le gabarit de vue dans la liste, comme illustré en Figure 7–19.

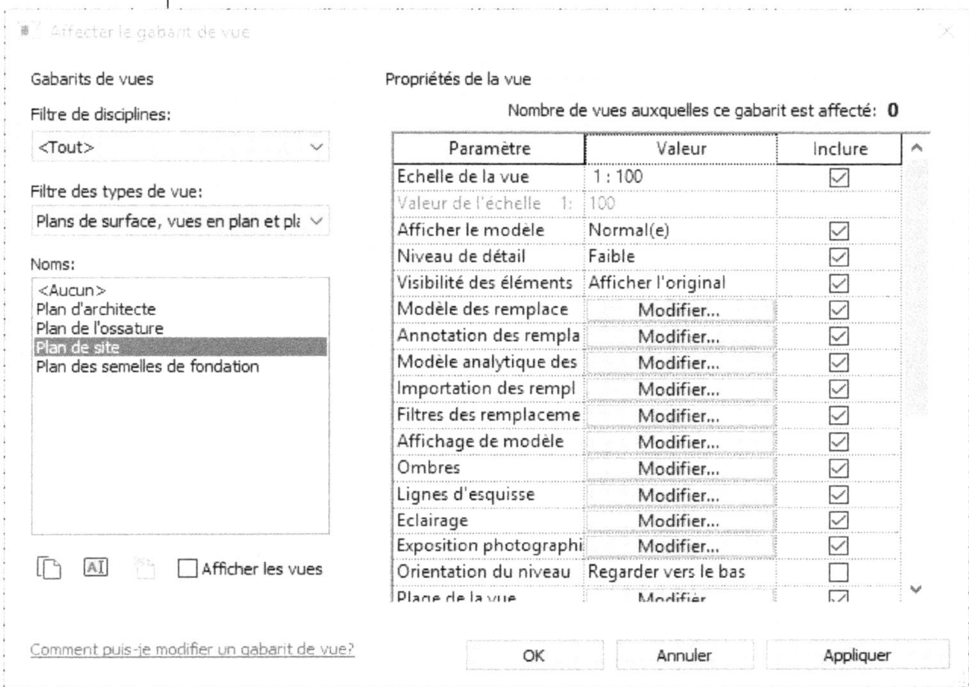

Figure 7–19

4. Cliquez sur **OK**.

- Dans la barre de contrôle Vue, utilisez (Propriétés de la vue temporaire) pour appliquer temporairement un gabarit de vue à une vue.

7.2 Duplication de vues

Une fois que vous avez créé un gabarit, vous ne devez pas recréer les éléments à différentes échelles ni les copier de façon à pouvoir les utiliser sur plusieurs feuilles. Au lieu de cela, vous pouvez dupliquer les vues nécessaires et les modifier pour les adapter à vos besoins.

Types de duplication

Dupliquer crée une copie de la vue qui comprend uniquement les éléments de construction, comme illustré en Figure 7–20. Les annotations et les détails ne sont pas copiés dans la nouvelle vue. Les éléments de modèle de bâtiment changent dans toutes les vues mais les modifications spécifiques aux vues apportées à la nouvelle vue ne sont pas reflétées dans la vue originale.

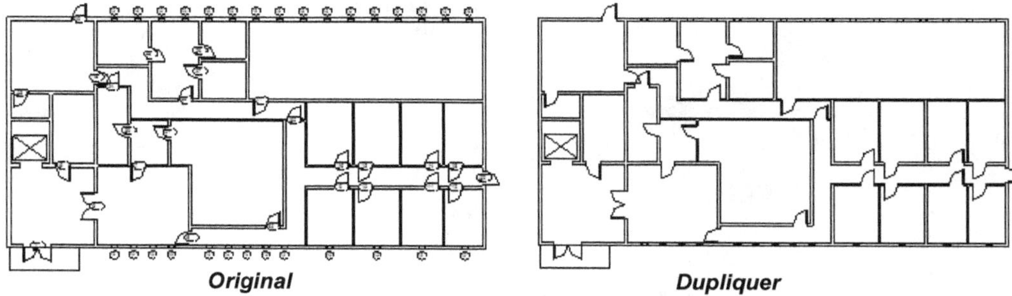

Original ***Dupliquer***

Figure 7–20

Dupliquer avec les détails crée une copie de la vue et comprend tous les éléments d'annotation et de détail (tels que les étiquettes), comme illustré en Figure 7–21. Tous les éléments d'annotation ou spécifiques à la vue créés dans la nouvelle vue n'apparaissent pas dans la vue originale.

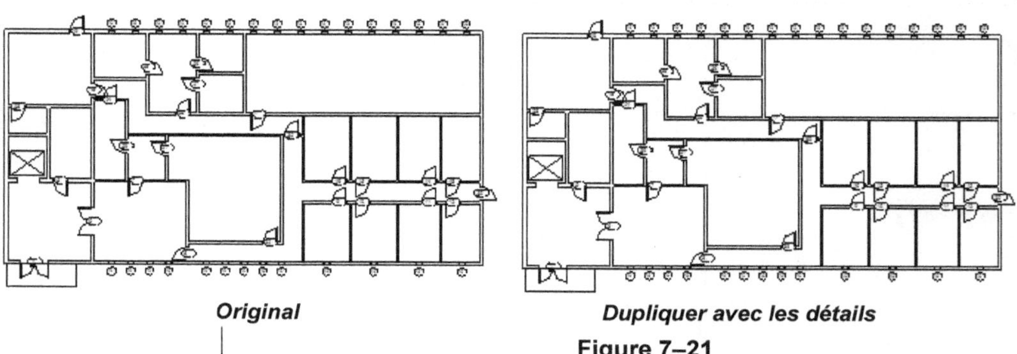

Original ***Dupliquer avec les détails***

Figure 7–21

Dupliquer en tant que vue dépendante crée une copie de la vue et la lie à la vue originale (parent), comme illustré dans l'Arborescence du projet en Figure 7–22. Les modifications spécifiques à la vue apportées à la vue générale, le changement d'*Echelle* par exemple, apparaissent aussi dans les vues dépendantes (enfant) et vice-versa.

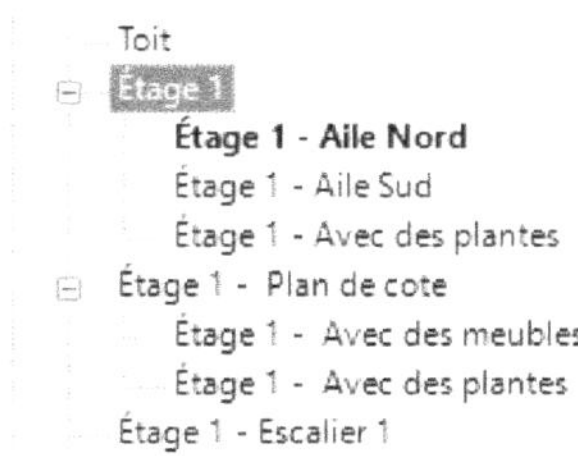

Figure 7–22

- Utilisez les vues dépendantes lorsque le modèle de bâtiment est si grand que vous devez le séparer en plusieurs feuilles séparées, tout en veillant à ce que les vues présentent toutes la même échelle.

- Si vous voulez séparer une vue dépendante de la vue d'origine, cliquez avec le bouton droit de la souris sur la vue dépendante et sélectionnez **Convertir en vue indépendante**.

Instructions pratiques : Créer des vues dupliquées

La plupart des vues peuvent être dupliquées.

1. Ouvrez la vue que vous souhaitez dupliquer.
2. Dans l'onglet *Vue*>groupe de fonctions Créer, déroulez **Dupliquer la vue** et sélectionnez le type de vue dupliquée que vous voulez créer, comme illustré en Figure 7–23.

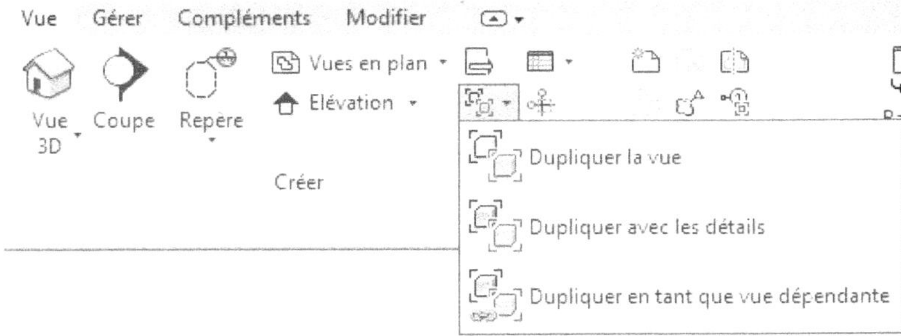

Figure 7–23

- Vous pouvez aussi cliquer avec le bouton droit de la souris dans l'Arborescence du projet et sélectionner le type de vue dupliquée que vous voulez utiliser, comme illustré en Figure 7–24.

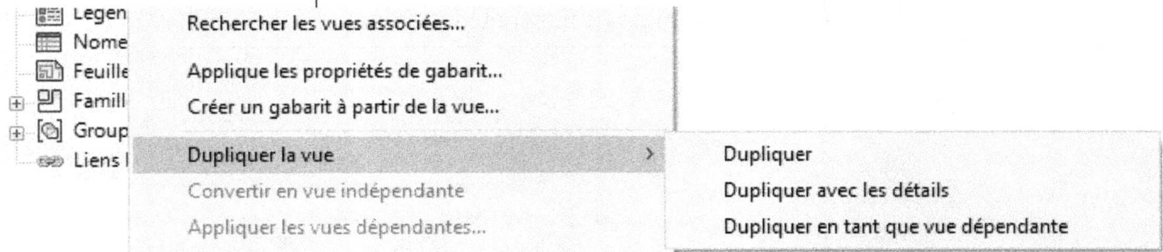

Figure 7–24

*Vous pouvez aussi appuyer sur <F2> pour exécuter la commande **Renommer**.*

- Pour renommer une vue, cliquez avec le bouton droit de la souris sur la nouvelle vue dans l'Arborescence du projet et sélectionnez **Renommer**. Dans la boîte de dialogue Renommer la vue, saisissez le nouveau nom, comme illustré en Figure 7–25.

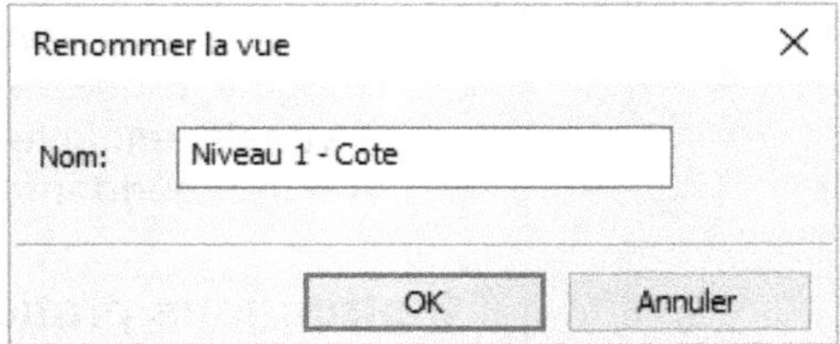

Figure 7–25

Exercice 7a

Dupliquer des vues et définir l'affichage des vues

Objectifs de l'exercice

- Dupliquer des vues.
- Modifier des zones cadrées.
- Changer la visibilité et l'affichage graphique des éléments dans des vues.

Dans cet exercice, vous dupliquerez les vues puis les modifierez en changeant l'échelle et la zone cadrée, en masquant certains éléments et en mettant certains éléments sur demi-teinte pour les préparer à être utilisés dans la documentation du projet. Les vues terminées du deuxième étage sont illustrées en Figure 7–26.

Durée estimée : 10 minutes

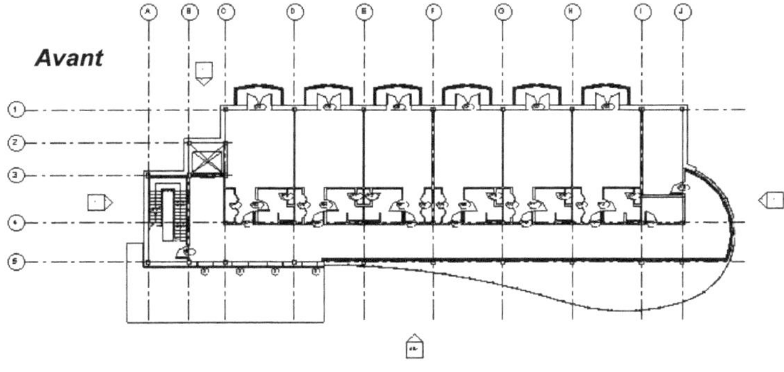

Le modèle utilisé dans cet exercice est celui du bâtiment terminé.

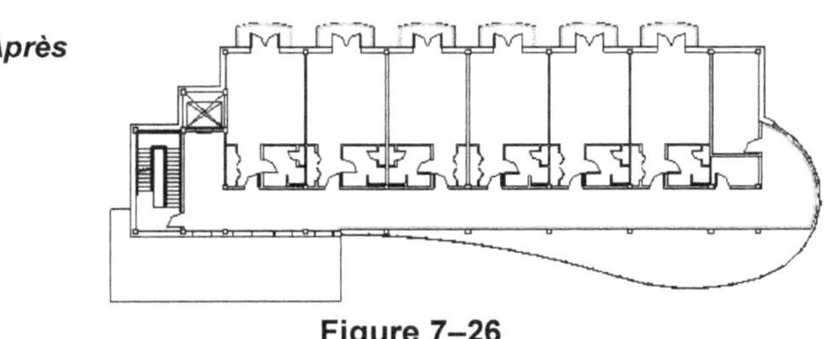

Figure 7–26

Tâche 1 - Dupliquer et modifier la vue en plan du premier étage.

1. Ouvrez le projet **Hôtel-Moderne-Affichage.rvt**.
2. Ouvrez la vue **Plan d'étage : Étage 1**. Cette vue comprend plusieurs étiquettes.

3. Dans l'Arborescence du projet, cliquez avec le bouton droit de la souris sur la vue **Plan d'étage : Étage 1** et sélectionnez **Dupliquer la vue>Dupliquer avec les détails**. Cela crée une vue avec toutes les étiquettes.

4. Cliquez avec le bouton droit de la souris sur la nouvelle vue et remplacez son nom par **Étage 1 - Référence**. Vous utiliserez cette vue plus tard pour placer des repères et des coupes.

5. Dans l'Arborescence du projet, cliquez avec le bouton droit de la souris sur la vue **Plan d'étage : Étage 1** et sélectionnez **Dupliquer la vue>Dupliquer**. Cela crée une vue sans les étiquettes et n'inclut pas les quadrillages et les marqueurs d'élévation.

6. Cliquez avec le bouton droit de la souris sur la nouvelle vue et remplacez son nom par **Étage 1 - Total**.

7. Dans la barre de contrôle Vue, changez l'*Echelle* sur **1:200**. Toutes les annotations sont agrandies car elles doivent être correctement tracées à cette échelle.

8. Dans la barre de contrôle Vue, cliquez sur (Afficher la zone cadrée).

9. Sélectionnez la zone cadrée et faites glisser le contrôle en haut jusqu'à ce que l'abri de piscine s'affiche, comme illustré en Figure 7–27.

10. Sélectionnez l'une des lignes de quadrillage verticales et faites-la glisser de façon à la placer au-dessus de l'abri de piscine.

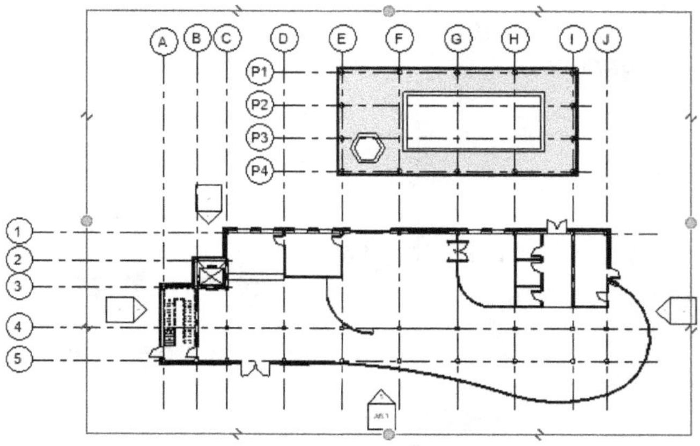

Figure 7–27

11. Dans la barre de contrôle Vue, cliquez sur (Masquer la zone cadrée).

12. Effectuez un zoom arrière pour afficher l'intégralité de la vue. (Conseil : Utilisez les raccourcis **ZF** ou **ZE** ou double-cliquez sur la molette de souris).

13. Enregistrez le projet.

Tâche 2 - Dupliquer et modifier une vue en plan du deuxième étage.

1. Ouvrez la vue **Plan d'étage : Étage 2**.

2. Dans l'Arborescence du projet, cliquez avec le bouton droit de la souris sur la même vue et sélectionnez **Dupliquer la vue>Dupliquer**. Cela crée une nouvelle vue sans aucune annotation.

3. Remplacez le nom de cette vue par **Chambre d'hôtel - Plan d'étage Standard**.

4. Sélectionnez l'un des quadrillages et tapez **VH** (**Masquer dans la vue>par Catégorie...**).

5. Activez la zone cadrée et rapprochez-la du bâtiment de tous les côtés. Si un ou plusieurs marqueurs d'élévation est/sont toujours affiché(s), masquez-le(s).

6. Désactivez la zone cadrée.

7. Sélectionnez l'un des garde-corps le long des balcons. Cliquez avec le bouton droit de la souris et sélectionnez **Sélectionner toutes les occurrences>Visible dans la vue**. Les garde-corps sont sélectionnés comme illustré en Figure 7–28.

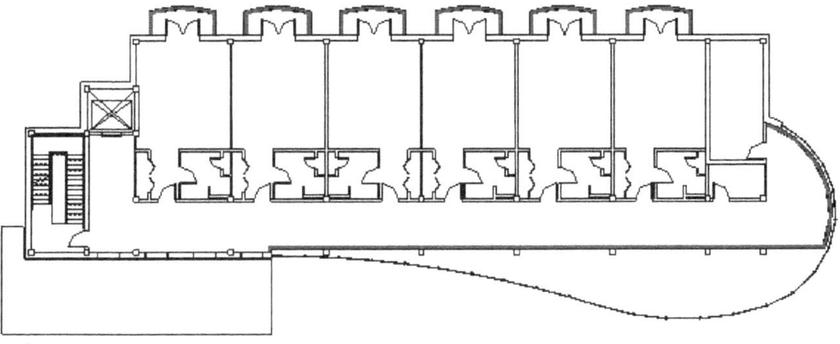

Figure 7–28

8. Cliquez à nouveau avec le bouton droit de la souris et sélectionnez **Remplacer les graphismes dans la vue> Par élément...**.

9. Dans la boîte de dialogue Graphismes d'éléments spécifiques à la vue, sélectionnez **Demi-teinte** et cliquez sur **OK**.

10. Cliquez dans la vue pour déselectionner la sélection. Les garde-corps sont maintenant grisés et ne sont plus aussi apparents.

11. Fermez tous les autres projets ouverts.

12. Dans la barre d'outils d'accès rapide, cliquez sur (Fermer les fenêtres cachées). Seule la vue **Chambre d'hôtel - Plan d'étage Standard** doit être ouverte.

13. Rouvrez la vue **Plan d'étage : Étage 2**.

14. Tapez **WT** pour afficher les deux fenêtres en mosaïque puis tapez **ZA** de façon à ce que le modèle s'affiche complètement et vous permette de voir les différences dans les vues.

15. Enregistrez le projet.

7.3 Ajout de vues de détail

Les repères sont des détails des vues en plan, d'élévation ou en coupe. Lorsque vous placez un repère dans une vue, comme illustré en Figure 7–29, cela crée automatiquement une nouvelle vue délimitée par la limite du repère, comme illustré en Figure 7–30. Si vous modifiez la taille de la zone de repère dans la vue originale, la vue de détail est automatiquement mise à jour et vice-versa. Vous pouvez créer des limites de repères esquissés ou rectangulaires.

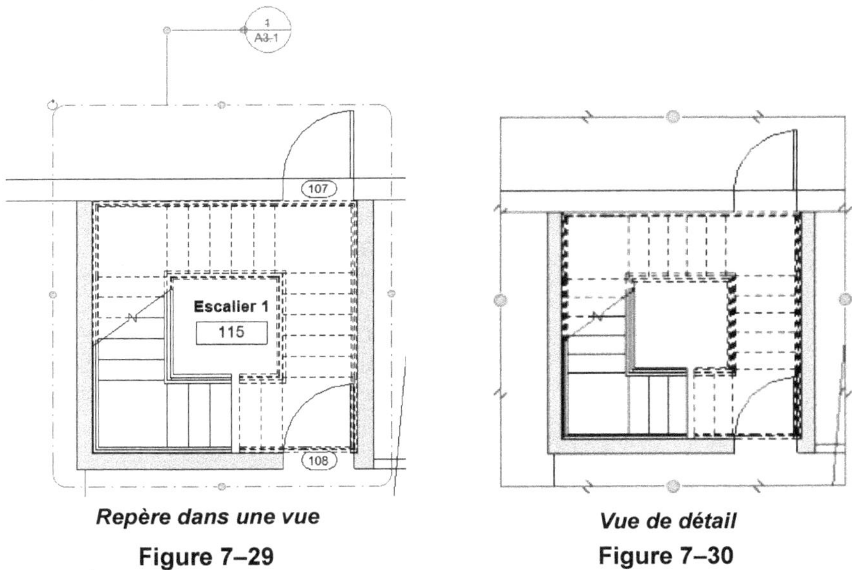

Repère dans une vue

Figure 7–29

Vue de détail

Figure 7–30

Instructions pratiques : Créer un repère rectangulaire

1. Dans l'onglet *Vue*>groupe de fonctions Créer, cliquez sur 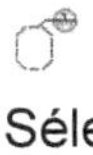 (Repère).
2. Sélectionnez les points de deux angles opposés afin de définir la zone de repère autour de la zone que vous souhaitez détailler.
3. Sélectionnez le repère et utilisez les poignées de forme pour modifier l'emplacement de la bulle et tous les autres bords qui auraient besoin d'être modifiés.
4. Dans l'Arborescence du projet, renommez le repère.

Instructions pratiques : Créer un repère esquissé

1. Dans l'onglet *Vue*>groupe de fonctions Créer, déroulez (Repère) et cliquez sur (Esquisse).
2. Esquissez la forme du repère en utilisant les outils disponibles dans l'onglet *Modifier | Modifier le profil*>groupe de fonctions Dessiner, comme illustré en Figure 7–31.

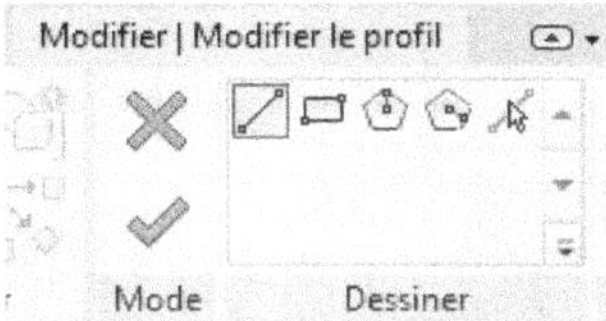

Figure 7–31

3. Cliquez sur (Terminer) pour terminer la limite.
4. Sélectionnez le repère et utilisez les poignées de forme pour modifier l'emplacement de la bulle et les autres bords qui auraient besoin d'être modifiés.
5. Dans l'Arborescence du projet, renommez le repère.

- Pour ouvrir la vue de détail, double-cliquez sur son nom dans l'Arborescence du projet ou sur la bulle de détail (vérifiez que le repère lui-même n'est pas sélectionné avant de cliquer dessus).

Modification des repères

La bulle de détail affiche les nombres lorsque la vue est placée sur une feuille.

Dans la vue originale où le repère est créé, vous pouvez utiliser les poignées de forme pour modifier la limite de repère et l'emplacement de la bulle, comme illustré en Figure 7–32.

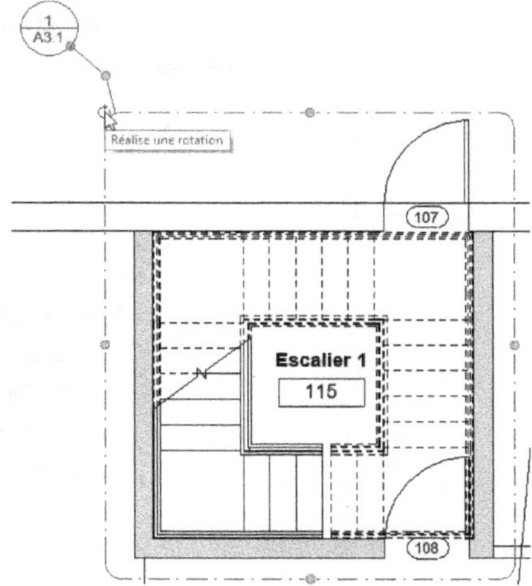

Figure 7–32

- Vous pouvez faire pivoter la zone de repère en faisant glisser le contrôle (Rotation) ou en cliquant avec le bouton droit de la souris sur le bord du repère avant de sélectionner **Rotation**.

La zone cadrée peut être modifiée dans la vue de détail à l'aide des poignées de forme et des séparations de vue, comme illustré en Figure 7–33.

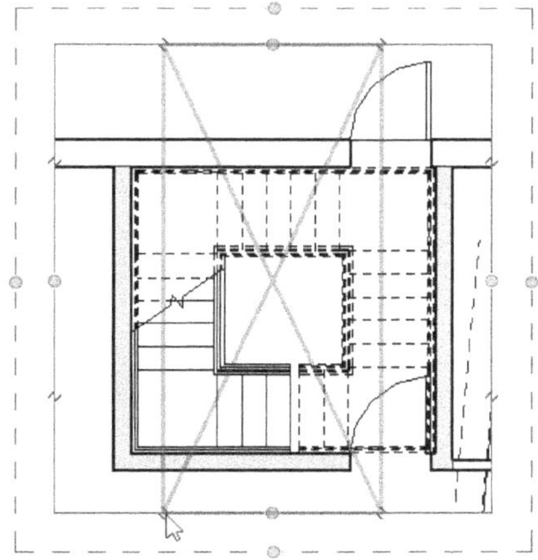

Figure 7–33

- Si vous voulez modifier la zone cadrée pour reformer la limite de la vue, sélectionnez la zone cadrée puis, dans l'onglet *Modifier | Plan d'étage*>groupe de fonctions Mode, cliquez sur (Modifier le cadrage).
- Si vous voulez rétablir une zone cadrée modifiée sur la configuration rectangulaire d'origine, cliquez sur (Réinitialiser le cadrage).

- Vous pouvez aussi redimensionner la zone cadrée et la zone cadrée de l'annotation en utilisant la boîte de dialogue Dimensions de la zone cadrée, comme illustré en Figure 7–34. Dans l'onglet *Modifier* | *Plan d'étage*>groupe de fonctions Cadrage, cliquez sur (Taille de cadrage) pour ouvrir la boîte de dialogue.

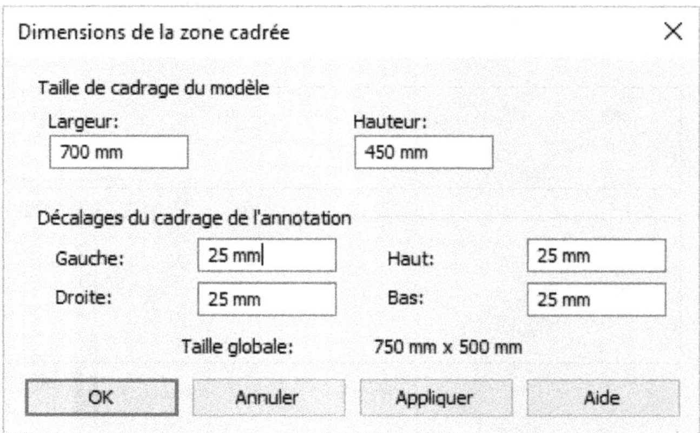

Figure 7–34

Exercice 7b Ajouter des vues de détail

Durée estimée : 10 minutes

Objectif de l'exercice

- Créer des repères.
- Remplacer des styles de visibilité et de graphismes dans des vues.

Dans cet exercice, vous créerez des vues de détail d'une chambre et apporterez des modifications aux graphismes de visibilité de façon à ce que l'un n'affiche pas les meubles et l'autre oui, comme illustré en Figure 7–35. Vous ajouterez par ailleurs des vues de détail pour d'autres zones nécessitant des plans élargis.

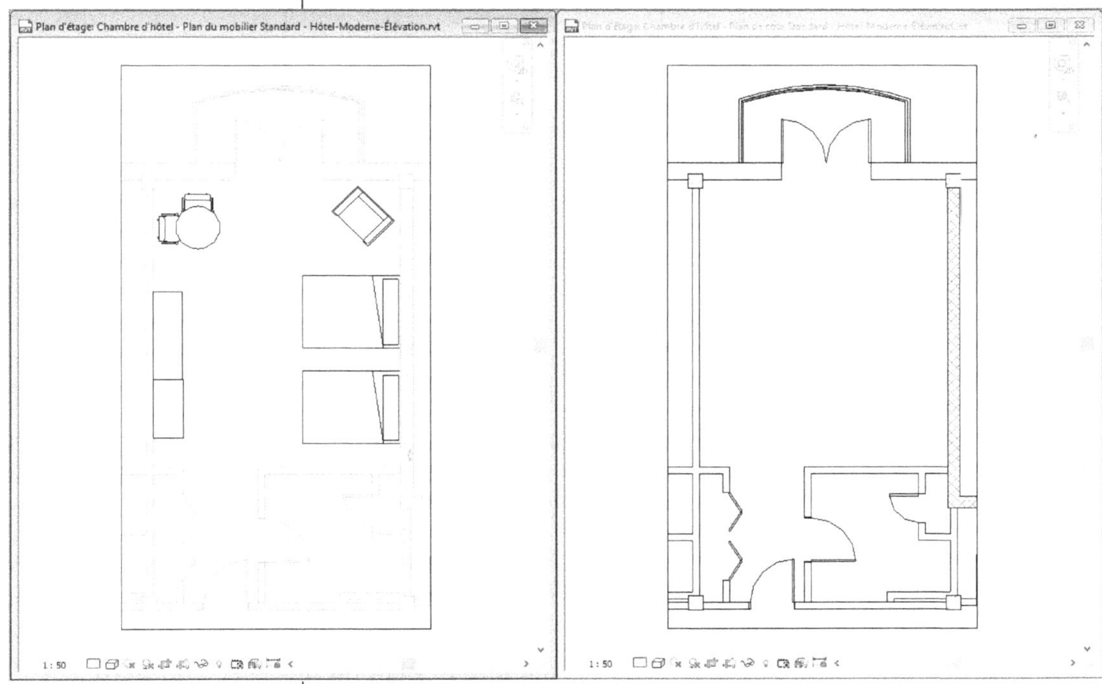

Figure 7–35

Tâche 1 - Ajouter des vues de détail.

1. Ouvrez le projet **Hôtel-Moderne-Repères.rvt**.
2. Ouvrez la vue **Plan d'étage : Chambre d'hôtel - Plan d'étage Standard** (si elle n'est pas déjà ouverte).

3. Dans l'onglet *Vue*>groupe de fonctions Créer, cliquez sur (Repère).

4. Placez un repère autour de la chambre avec du mobilier, comme illustré sur Figure 7–36. Déplacez la bulle selon les besoins.

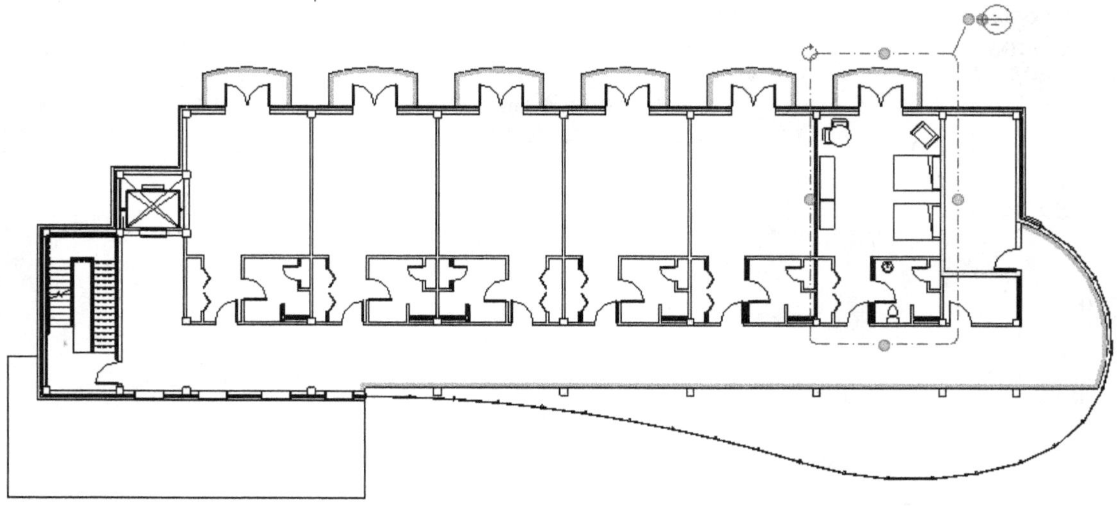

Figure 7–36

5. Cliquez sur un espace vide pour déselectionner la sélection.

6. Double-cliquez sur la bulle de la vue de détail pour afficher la vue. Elle est automatiquement redimensionnée au **1:50** car il s'agit d'une vue en plan partielle.

7. Remplacez le nom de cette vue par **Chambre d'hôtel - Plan de cote Standard**.

8. Dupliquez (sans détail) la vue de détail et remplacez son nom par **Chambre d'hôtel - Plan du mobilier Standard**.

9. Fermez toutes les autres vues à l'exception des plans des cotes et du mobilier.

10. Tapez **WT** pour afficher les fenêtres en mosaïque et **ZA** pour faire un zoom arrière, comme illustré en Figure 7–37.

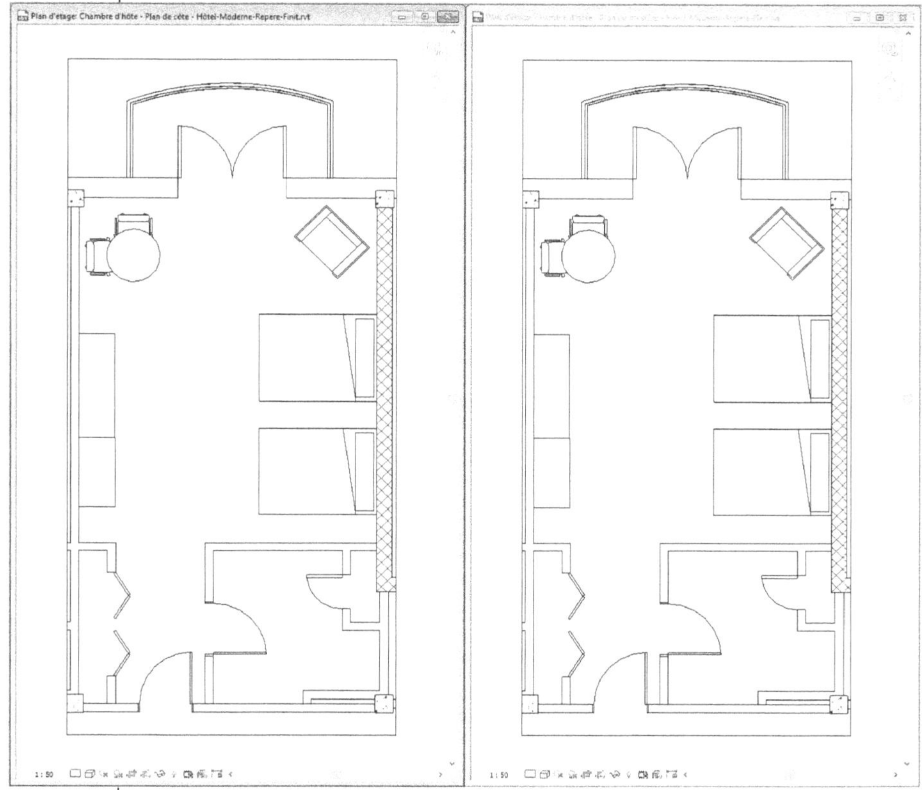

Figure 7–37

11. Enregistrez le projet.

Tâche 2 - Remplacer les graphismes dans les vues.

1. Cliquez dans la vue **Plan d'étage : Chambre d'hôtel - Plan de cote Standard**.
2. Ouvrez la boîte de dialogue Remplacements visibilité/graphisme en tapant **VV**.

3. Dans la boîte de dialogue, réglez la *Liste de filtres* sur **Architecture** (en décochant les autres options). Dans la colonne *Visibilité*, décochez le **Mobilier**, **Systèmes de mobilier** (voir Figure 7–38) ainsi que **Meubles de rangement** et **Appareils sanitaires**.

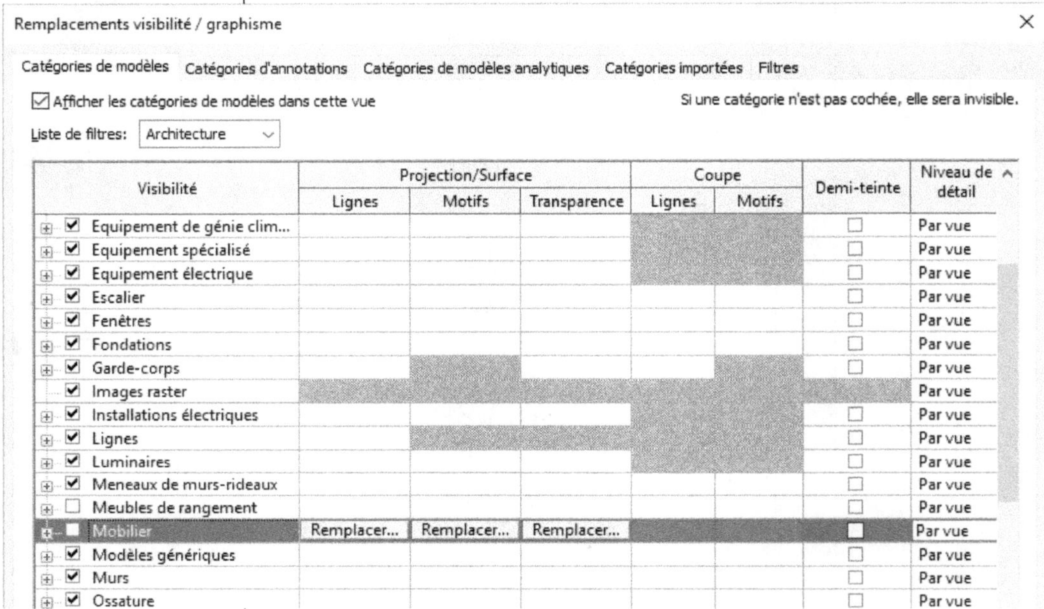

Figure 7–38

4. Cliquez sur **OK**. Le mobilier est supprimé de la pièce.

5. Cliquez dans la vue **Plan d'étage : Chambre d'hôtel - Plan du mobilier Standard**.

6. Ouvrez à nouveau la boîte de dialogue Remplacements visibilité/graphisme. Sous le tableau, cliquez sur **Tous** et cochez l'une des colonnes *Demi-teinte*. Tous les éléments sont réglés sur Demi-teinte.

7. Cliquez sur **Aucun** pour désactiver toutes les catégories.

8. Dans la colonne *Demi-teinte*, désélectionnez les catégories **Meubles de rangement**, **Mobilier**, **Systèmes de mobilier** et **Appareils sanitaires**.

9. Cliquez sur **Appliquer** pour définir les modifications sans quitter la boîte de dialogue.

10. Dans l'onglet *Catégories d'annotation*, désactivez **Afficher les catégories d'annotations dans cette vue**. Aucun élément d'annotation ne s'affichera dans cette vue.

11. Cliquez sur **OK** pour fermer la boîte de dialogue. La vue doit s'afficher avec tous les éléments existants en demi-teinte, comme illustré en Figure 7–39.

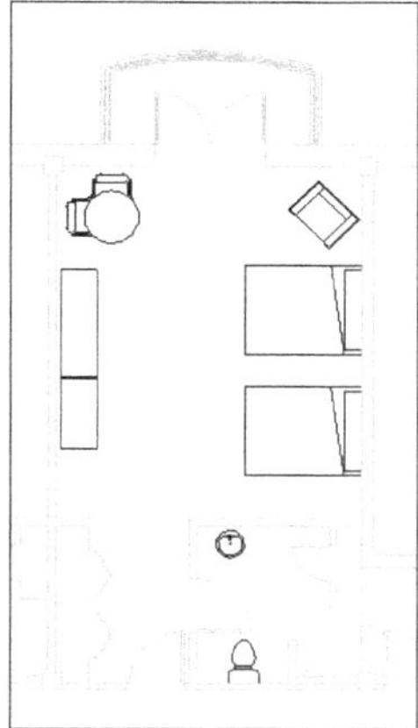

Figure 7–39

12. Enregistrez le projet.

Tâche 3 - Repères supplémentaires

1. Ouvrez la vue **Plan d'étage : Étage 1 - Référence**.
2. Dans l'onglet *Vue*>groupe de fonctions Créer, cliquez sur (Repère) et ajoutez des repères aux escaliers et aux toilettes. Nommez les vues comme illustré en Figure 7–40.

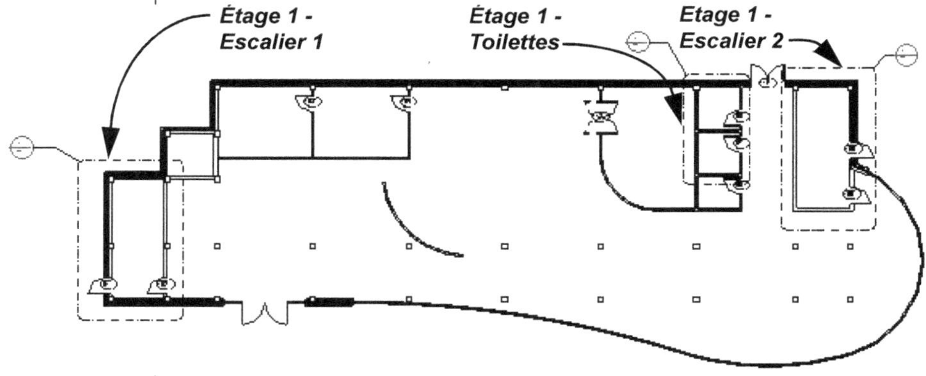

Figure 7–40

- La vue a été simplifiée pour plus de clarté.

3. Enregistrez le projet.

7.4 Création d'élévations et de coupes

Les élévations et les coupes sont des éléments critiques de la documentation du projet qui peuvent vous aider lorsque vous travaillez sur un modèle. Toutes les modifications apportées à l'une de ces vues (la coupe illustrée en Figure 7–41 par exemple), au modèle complet et au modèle de projet sont également affichées dans les élévations et les coupes.

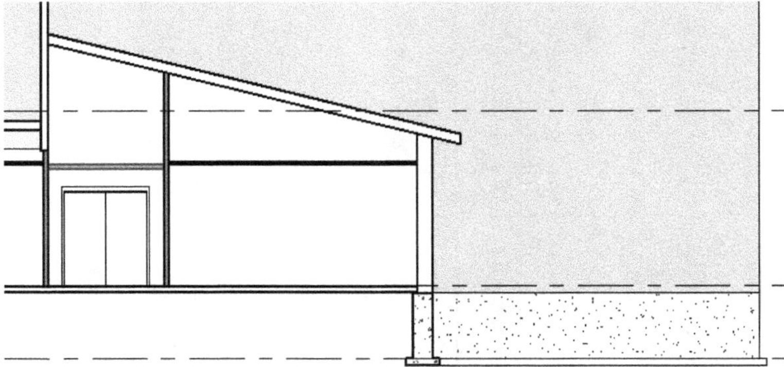

Figure 7–41

- Dans l'Arborescence du projet, les élévations sont séparées par type d'élévation et les coupes par type de coupe, comme illustré en Figure 7–42.

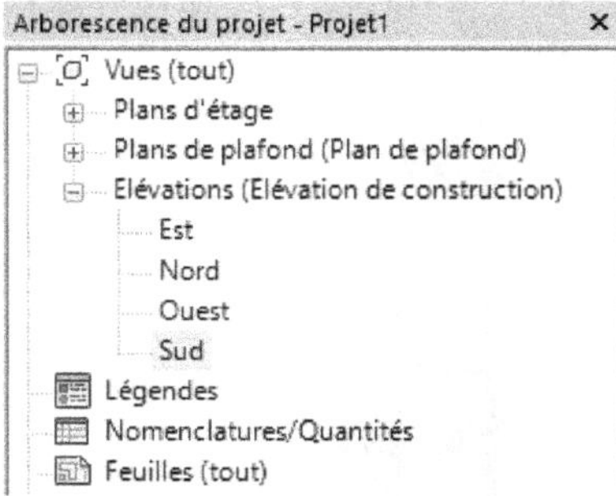

Figure 7–42

- Pour ouvrir une vue d'élévation ou en coupe, double-cliquez sur la flèche du marqueur ou sur son nom dans l'Arborescence du projet.

- Pour attribuer un nouveau nom à l'élévation ou à la coupe, cliquez dessus avec le bouton droit de la souris dans l'Arborescence du projet et sélectionnez **Renommer.**

Elévations

Les élévations sont des vues de *face* des intérieurs et des extérieurs d'un bâtiment. Quatre vues d'élévation extérieures sont définies dans le gabarit par défaut : **Nord**, **Sud**, **Est** et **Ouest**. Vous pouvez créer des vues d'élévation de bâtiments supplémentaires sous d'autres angles ou des vues d'élévation intérieures, comme illustré en Figure 7–43.

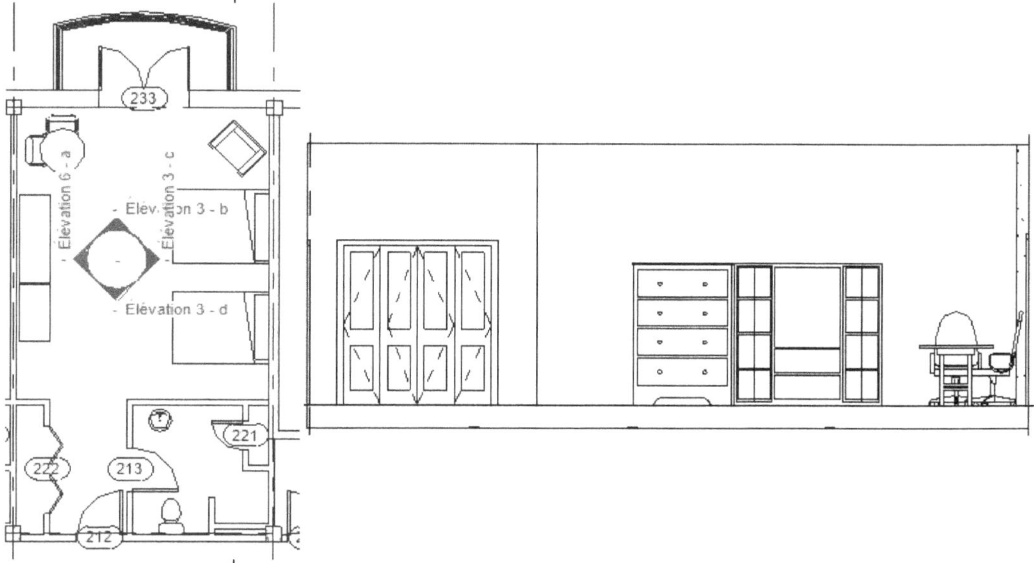

Figure 7–43

- Les élévations doivent être créées dans des vues en plan.
- Lorsque vous ajoutez une élévation ou une coupe à une feuille, les détails et le numéro de feuille sont automatiquement ajoutés au titre de la vue.

Instructions pratiques : Créer une élévation

Le logiciel se rappelle du dernier type d'élévation utilisé, ce qui vous pemet de cliquer sur le bouton du haut si vous voulez utiliser la même commande d'élévation.

1. Dans l'onglet *Vue*>groupe de fonctions Créer, déroulez (Elévation) et cliquez sur (Elévation).
2. Dans le Sélecteur de type, sélectionnez le style d'élévation. Deux types sont disponibles avec les modèles : **Elévation de construction** et **Elévation intérieure**.
3. Déplacez le curseur près de l'un des murs qui définit l'élévation. Le marqueur suit l'angle du mur.
4. Cliquez pour placer le marqueur.

- La longueur, la largeur et la hauteur d'une élévation sont définies par les murs et le plafond/plancher vers lequel/lesquels le marqueur d'élévation est orienté.

- Lorsque vous créez des élévations intérieures, veillez à ce que le plancher ou le plafond au-dessus soit en place avant de créer l'élévation ou vous aurez besoin de modifier la zone cadrée d'élévation de façon à ce que les marqueurs d'élévation ne s'affichent pas à tous les étages.

Coupes

Les coupes peuvent être créées dans des vues en plan, d'élévation ou en coupe.

Les coupes sont des sections d'un modèle. Vous pouvez créer une coupe à travers un bâtiment entier, comme illustré en Figure 7–44, ou à travers un mur pour un détail.

Figure 7–44

Instructions pratiques : Créer une coupe

1. Dans l'onglet *Vue*>groupe de fonctions Créer ou dans la barre d'outils d'accès rapide, cliquez sur (Coupe).
2. Dans le Sélecteur de type, sélectionnez **Coupe: Coupe du bâtiment** ou **Coupe: Coupe de mur.** Si vous voulez une coupe dans une Vue de dessin, sélectionnez **Vue de détail: Détail.**
3. Dans la vue, sélectionnez un point où vous souhaitez localiser la bulle et la pointe de flèche.
4. Sélectionnez l'autre point final qui décrit la coupe.
5. Les contrôles de forme s'affichent. Vous pouvez inverser le sens de la flèche et changer la taille du plan de coupe mais aussi l'emplacement de la bulle et de l'indicateur.

Conseil : Zone de sélection

Vous pouvez modifier une vue 3D pour afficher les parties d'un bâtiment, comme illustré en Figure 7–45.

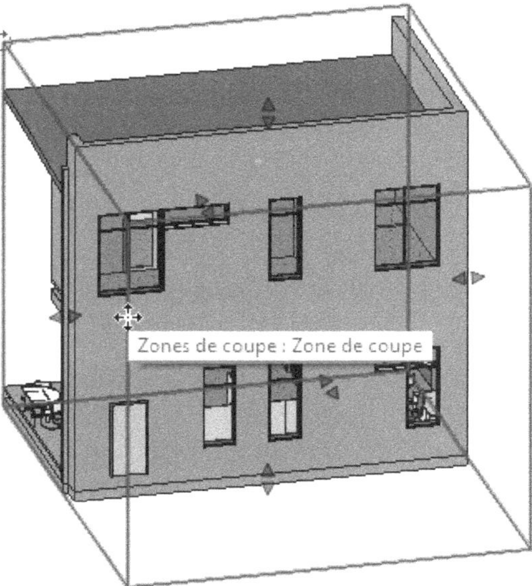

Figure 7–45

1. Dans une vue 3D, sélectionnez les éléments que vous voulez isoler. Dans l'exemple illustré en Figure 7–45, le mur avant a été sélectionné.
2. Dans l'onglet *Modifier*>groupe de fonctions Vue, cliquez sur (Zone de sélection) ou tapez **BX**.
3. La vue est limitée à une zone autour du ou des élément(s) sélectionné(s).
4. Utilisez les contrôles de la Zone de coupe pour modifier la taille de la zone et afficher exactement ce que vous voulez.

- Pour désactiver une zone de coupe et restaurer le modèle complet, dans les Propriétés de la vue, zone *Etendues*, désactivez l'option **Zone de coupe**.

Modification des élévations et des coupes

La modification des élévations et des coupes se divise en deux parties :

- Pour modifier la vue (voir Figure 7–46), utilisez les contrôles pour modifier la taille et créer des séparations de vue.
- Pour modifier les marqueurs (voir Figure 7–47), utilisez les contrôles pour changer la longueur et la profondeur des élévations et des coupes. Il existe d'autres options spécifiques au type.

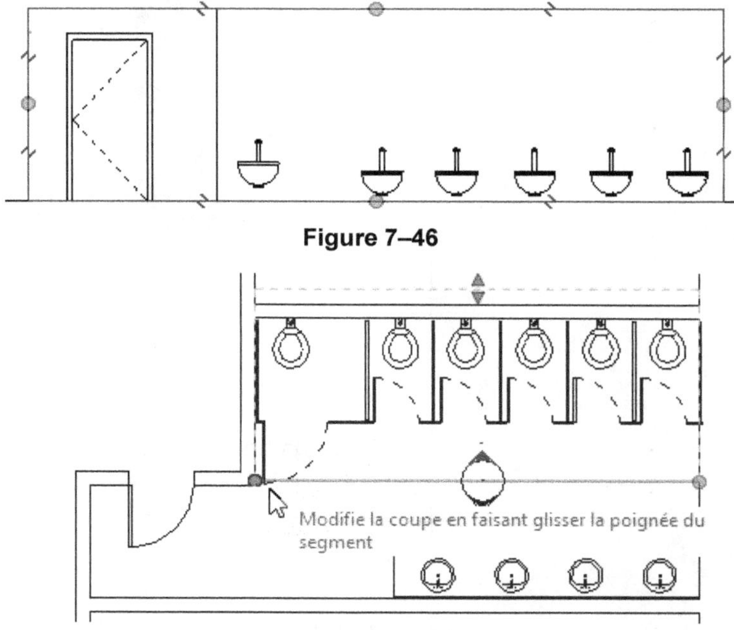

Figure 7–46

Figure 7–47

Modification des marqueurs d'élévation

Lorsque vous modifiez des marqueurs d'élévation, vous pouvez spécifier la longueur et la profondeur du plan de délimitation, comme illustré en Figure 7–48.

- Sélectionnez la pointe de flèche du marqueur d'élévation (pas la partie du cercle) pour afficher le plan de délimitation.
- Faites glisser les poignées de forme rondes pour rallonger ou raccourcir l'élévation.

- Faites glisser les contrôles (Faire glisser) pour ajuster la profondeur de l'élévation.

Pour afficher les élévations intérieures supplémentaires à partir d'un marqueur, sélectionnez la partie du cercle (pas la pointe de flèche) et cochez les directions que vous voulez afficher, comme illustré en Figure 7–48.

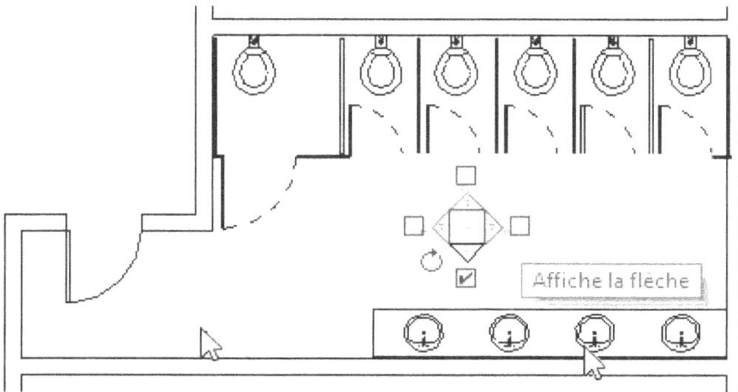

Figure 7–48

- Utilisez le contrôle (Rotation) pour régler l'angle du marqueur (c.-à-d. pour une pièce avec des murs en angle).

Modification des marqueurs de coupe

Lorsque vous modifiez les marqueurs de coupe, plusieurs poignées de forme et contrôles vous permettent de modifier une coupe, comme illustré en Figure 7–49.

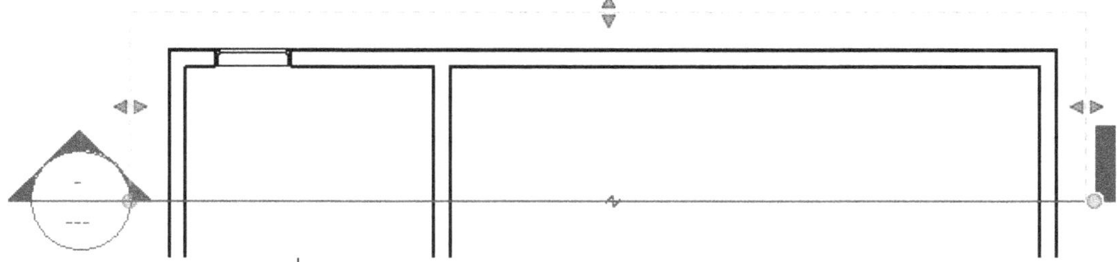

Figure 7–49

- Faites glisser les contrôles (Faire glisser) pour changer la longueur et la profondeur du plan de coupe.
- Faites glisser les contrôles circulaires à l'une des extrémités de la ligne de coupe pour changer l'emplacement de la flèche ou de l'indicateur sans changer la limite de coupe.

- Cliquez sur (Inverser) pour changer le sens de la pointe de flèche, qui inverse également l'ensemble de la coupe.
- Cliquez sur (Cycle Trait de coupe/Extrémité de Trait de coupe) pour basculer entre une pointe de flèche, un indicateur ou rien à chaque extrémité de la coupe.
- Cliquez sur (Espaces dans les segments) pour créer une ouverture dans les lignes de coupe, comme illustré en Figure 7–50. Sélectionnez-le à nouveau pour restaurer l'ensemble de la coupe.

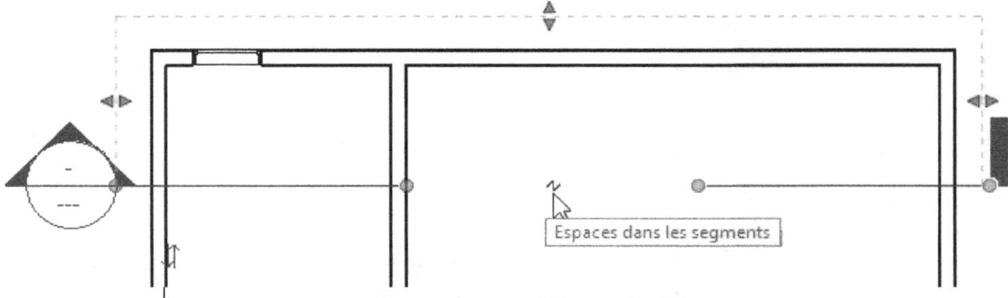

Figure 7–50

Instructions pratiques : Ajouter une réduction à une ligne de coupe

1. Sélectionnez la ligne de coupe que vous voulez modifier.
2. Dans l'onglet *Modifier I Vues*>groupe de fonctions Coupe, cliquez sur (Scinder le segment).
3. Sélectionnez le point de la ligne où vous voulez créer la division, comme illustré en Figure 7–51.
4. Spécifiez l'emplacement de la ligne de séparation, comme illustré en Figure 7–52.

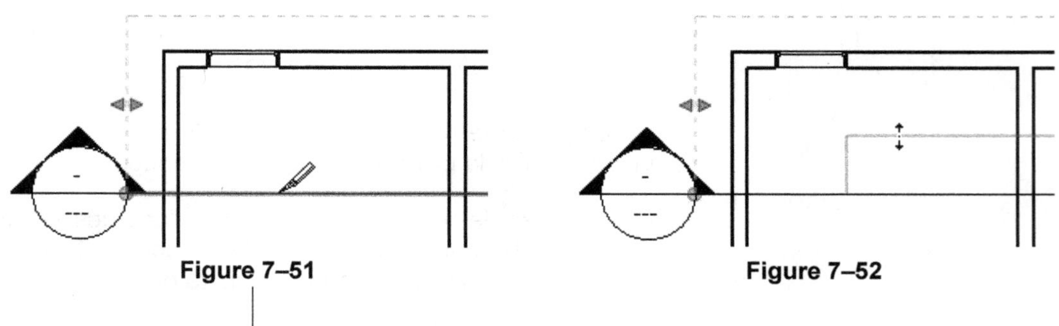

Figure 7–51 **Figure 7–52**

- Si vous avez besoin d'ajuster l'emplacement d'un segment sur la ligne de coupe, modifiez-le et faites glisser les poignées de forme le long de chaque segment de la ligne, comme illustré en Figure 7–53.

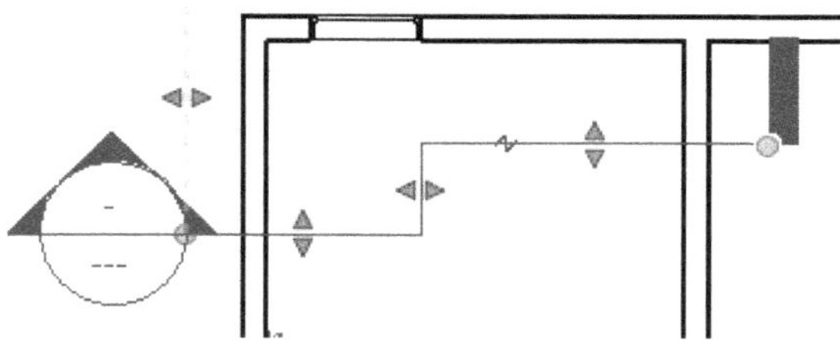

Figure 7–53

Pour rétablir une ligne de coupe divisée, utilisez une poignée de forme pour faire glisser la ligne brisée jusqu'à ce qu'elle soit au même niveau que le reste de la ligne.

Conseil : Utilisation de lignes fines

Le logiciel applique automatiquement les épaisseurs de ligne aux vues, comme illustré pour une coupe à gauche de la Figure 7–54. Si une ligne semble trop épaisse ou occulte votre travail sur les éléments, désactivez les épaisseurs de ligne. Dans la barre d'outils d'accès rapide ou dans l'onglet

Vue>groupe de fonctions Graphismes, cliquez sur (Lignes fines) ou tapez **TL**. Les lignes s'affichent avec la même épaisseur, comme illustré en Figure 7–54.

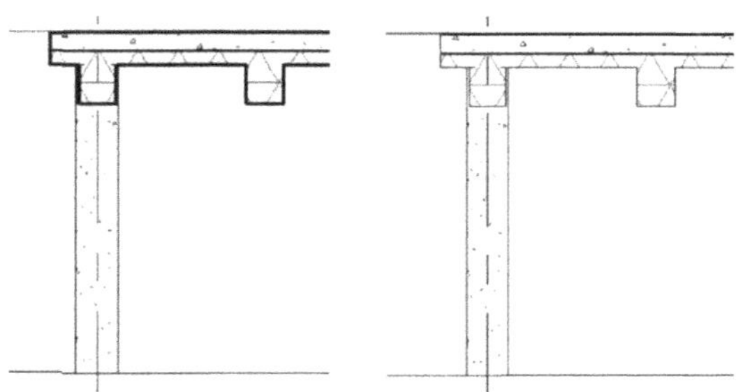

Lignes fines désactivées ***Lignes fines activées***

Figure 7–54

- Le paramètre Lignes fines est rappelé jusqu'à ce qu'il soit modifié, même si vous éteignez puis redémarrez le logiciel.

Exercice 7c

Créer des élévations et des coupes

Objectifs de l'exercice

- Créer des élévations extérieures et intérieures
- Ajouter des coupes de bâtiments et des coupes de murs.

Durée estimée : 20 minutes

Dans cet exercice, vous créerez des élévations extérieures de l'abri de piscine et des élévations intérieures des toilettes. Vous ajouterez également des coupes de bâtiment, comme illustré en Figure 7–55, et plusieurs coupes de murs au projet.

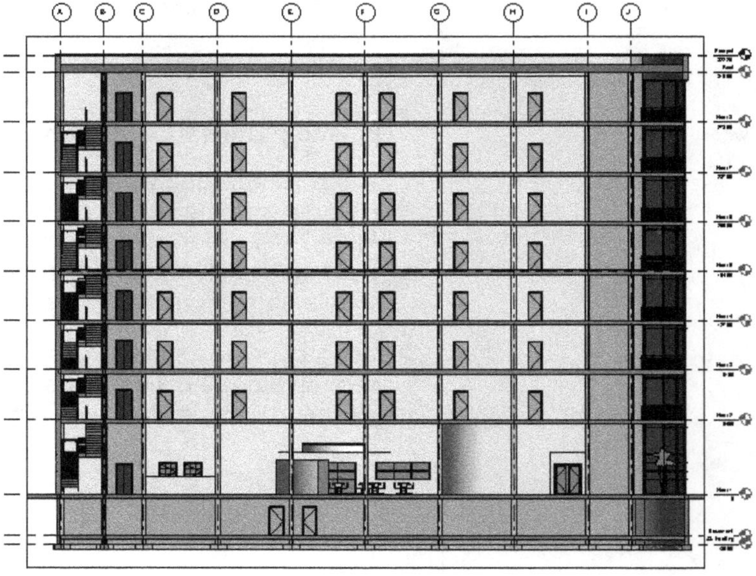

Figure 7–55

Tâche 1 - Ajouter des élévations extérieures.

1. Ouvrez le projet **Hôtel-Moderne-Élévation.rvt**.
2. Ouvrez la vue **Plan d'étage : Étage 1 - Total**.
3. Dans la barre de contrôle Vue, cliquez sur (Afficher la zone cadrée).
4. Veillez à ce que l'espace au-dessus de la piscine soit suffisant pour ajouter une cote de niveau à cette échelle, sinon élargissez la zone cadrée.

5. Dans l'onglet *Vue*>groupe de fonctions Créer, déroulez (Elévation) et cliquez sur (Elévation). Dans le Sélecteur de type, sélectionnez **Elévation: Elévation de construction**.

6. Placez un marqueur d'élévation à l'extérieur du bâtiment de la piscine, comme illustré en Figure 7–56.

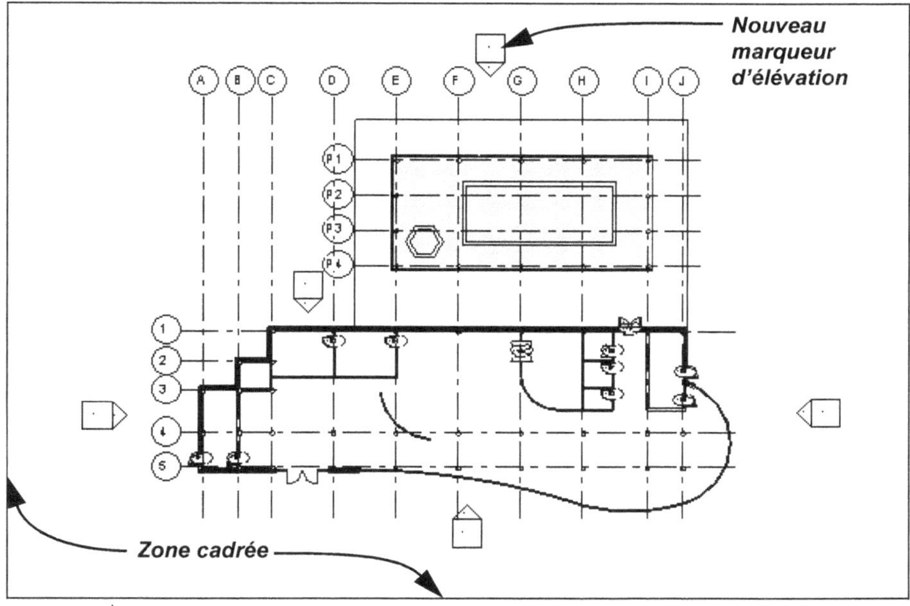

Figure 7–56

7. Cliquez sur (Modifier) et sélectionnez la partie fléchée du nouveau marqueur d'élévation.

8. Changez la longueur et la profondeur des limites d'élévation de façon à ce que seul l'abri de piscine soit affiché, comme illustré en Figure 7–57.

Les quadrillages sont masqués pour clarifier la vue.

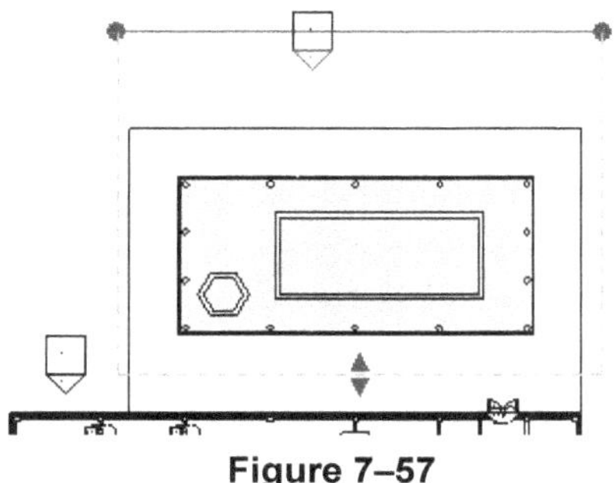

Figure 7–57

9. Double-cliquez sur la partie fléchée du marqueur d'élévation pour ouvrir la vue d'élévation.

10. Changez la zone cadrée de façon à ce que la hauteur atteigne **Étage 3** et à ce que le bas soit juste au-dessous de la ligne de plancher. Rapprochez les côtés de la zone cadrée au bâtiment de la piscine.

11. Masquez les quadrillages et les niveaux de façon à ce que l'élévation soit similaire à celle illustrée en Figure 7–58.

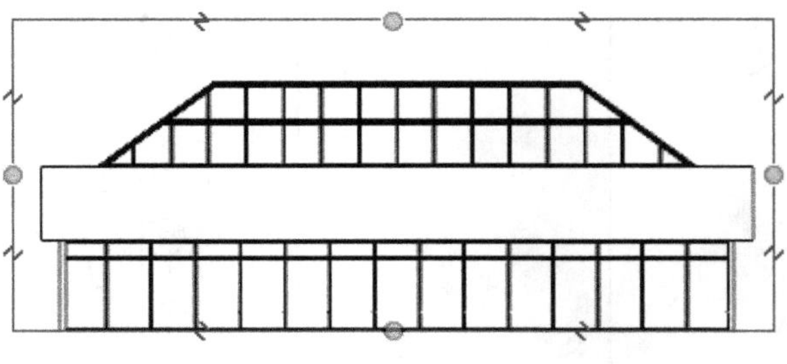

Figure 7–58

12. Masquez la zone cadrée.

Dans ce projet, le Nord est considéré comme le haut du projet.

13. Dans l'Arborescence du projet, zone **Elévation (Elévation de construction)** changez le nom de l'élévation (*Élévation 1 -a* si vous avez d'abord sélectionné ce sens) par **Piscine - Nord**.

14. Revenez à la vue **Plan d'étage : Étage 1 - Total**.

15. Ajoutez des marqueurs d'élévation aux autres côtés de l'abri de piscine.

16. Ouvrez les nouvelles élévations. Redimensionnez-les et renommez-les si nécessaire.

17. Enregistrez le projet.

Tâche 2 - Ajouter des élévations intérieures.

1. Ouvrez la vue **Plan d'étage : Étage 1 - Toilettes**.

2. Dans l'onglet *Vue*>groupe de fonctions Créer, cliquez sur (Elévation).

3. Dans le Sélecteur de type, sélectionnez **Elévation: Elévation intérieure**.

4. Placez une élévation dans l'une des pièces correspondante aux toilettes et une seconde élévation dans les autres toilettes.

5. Cliquez sur (Modifier) et sélectionnez la partie circulaire de l'un des marqueurs d'élévation et cochez toutes les cases, comme illustré en Figure 7–59. Cela permet de placer une élévation dans chaque direction.

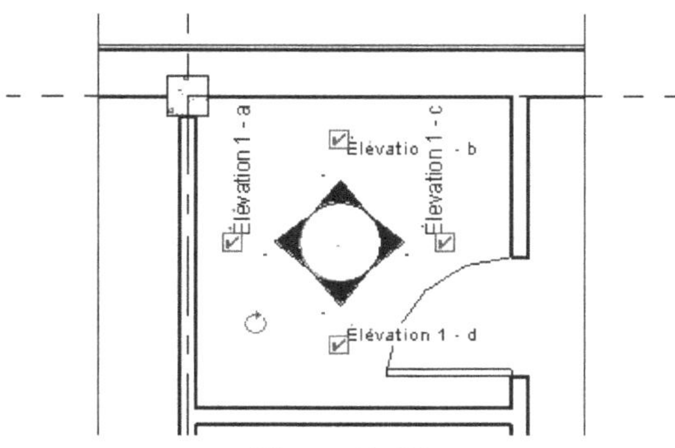

Figure 7–59

6. Répétez la procédure pour les autres toilettes.

7. Dans l'Arborescence du projet, sous **Elévations (Elévation intérieure)**, comme illustré en Figure 7–60, renommez les élévations des toilettes supérieures **Hommes-Nord**, **Hommes-Sud**, **Hommes-Est**, **Hommes-Ouest** et les élévations des toilettes du bas **Femmes-Nord, Femmes-Sud, Femmes-Est, Femmes-Ouest**.

Figure 7–60

Cela évite que ces marqueurs s'affichent dans d'autres plans à de plus larges échelles.

8. Sélectionnez toutes les flèches du marqueur d'élévation (pas les cercles) et, dans Propriétés, réglez *Cacher pour une échelle plus petite que* sur **1:50**, comme illustré en Figure 7–61.

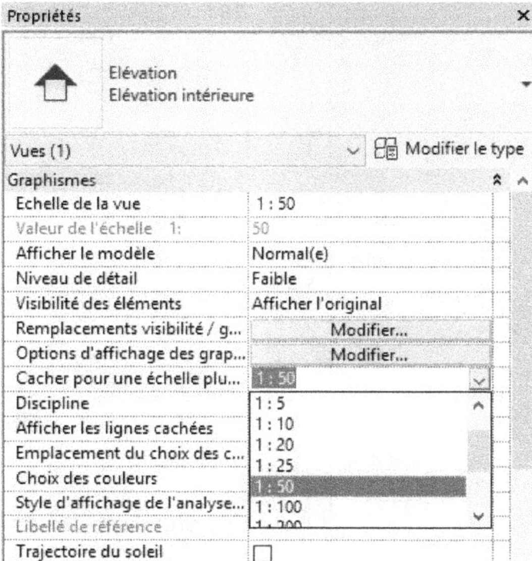

Figure 7–61

9. Ouvrez l'une des élévations en face de la porte (**Hommes-Est**). L'élévation intérieure doit automatiquement s'arrêter aux limites des murs et du plafond.

10. Si l'élévation n'est pas limitée comme prévu, déplacez la zone cadrée de façon à ce qu'elle soit bien contre les murs, comme illustré en Figure 7–62

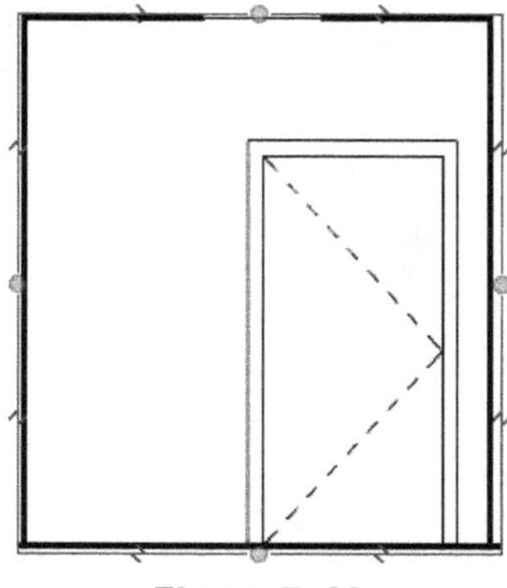

Figure 7–62

11. Enregistrez le projet.

Tâche 3 - Nettoyer une vue et ajouter des coupes de bâtiment.

1. Ouvrez la vue **Plan d'étage : Étage 1 - Référence**.
2. Sélectionnez et masquez les marqueurs d'élévation en face de l'abri de piscine. (Ne masquez pas la catégorie car cela masquerait également les marqueurs que vous voulez afficher).
3. Dans l'onglet *Vue*>groupe de fonctions Créer, cliquez sur (Coupe).
4. Dans le Sélecteur de type, sélectionnez **Coupe: Coupe du bâtiment**.
5. Dessinez une coupe horizontale et une coupe verticale à travers le bâtiment, comme illustré en Figure 7–63.

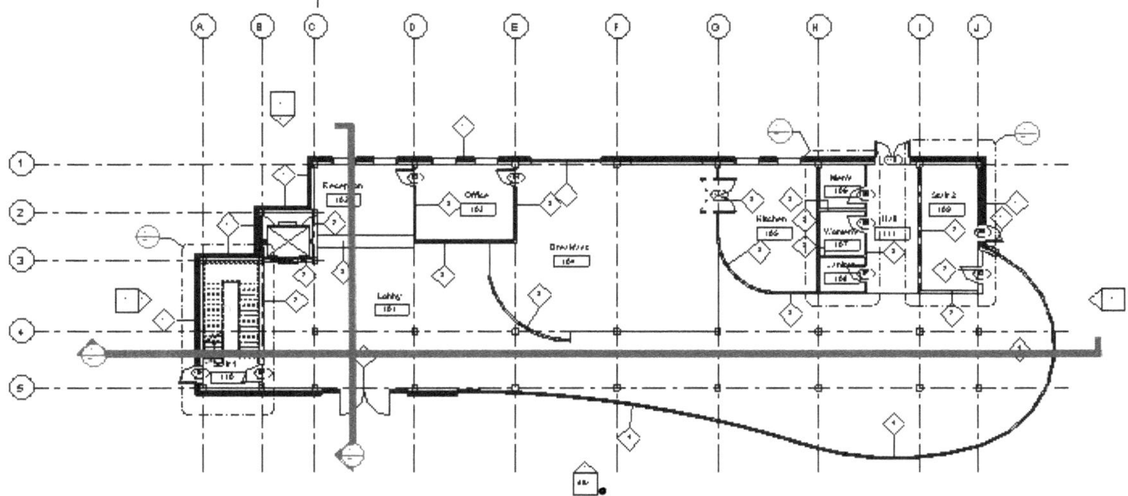

Figure 7–63

6. Dans l'Arborescence du projet, sous **Coupes (Coupe du bâtiment)**, renommez-les **Est-Ouest** et **Nord-Sud**.
7. Visualisez chaque coupe du bâtiment.

*Vous êtes en train d'utiliser la vue **Étage 2** pour placer les coupes de mur car vous voulez garantir qu'elles traversent certaines pièces, telles que les portes et les fenêtres.*

Tâche 4 - Ajouter des coupes de mur.

1. Ouvrez la vue **Plan d'étage : Étage 2**.
2. Masquez par élément les marqueurs d'élévation en face de l'abri de piscine.
3. Dans l'onglet *Vue*>groupe de fonctions Créer, cliquez sur (Coupe). Dans le Sélecteur de type, sélectionnez **Coupe: Coupe du mur**.
4. Dessinez quatre coupes de mur, comme illustré en Figure 7–64. Veillez à ce que l'une des coupe au mur avant traverse une fenêtre et que l'une des coupe au mur arrière traverse une porte.

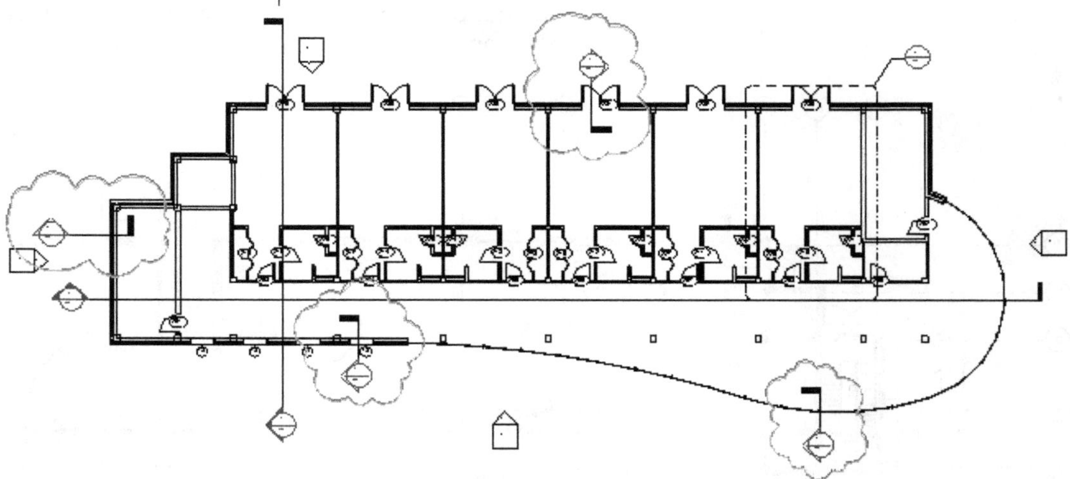

Figure 7–64

5. Déplacez les éléments d'annotation de façon à ce qu'ils n'interfèrent pas avec la coupe.
6. Visualisez chaque coupe de mur.
7. Enregistrez le projet.

Questions de révision

1. Parmi les commandes suivantes illustrées en Figure 7–65, laquelle crée une vue indépendante affichant la même géométrie de modèle et contenant une copie de l'annotation ?

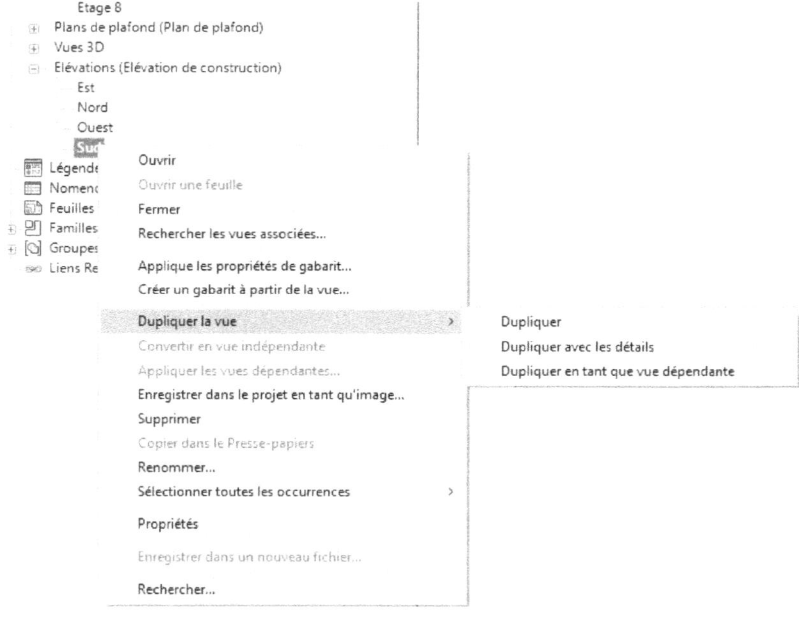

Figure 7–65

   a. Dupliquer
   b. Dupliquer avec les détails
   c. Dupliquer en tant que vue dépendante

2. Laquelle des affirmations suivantes relatives à la boîte de dialogue Remplacements visibilité/graphisme est vraie ?
   a. Les modifications apportées à la boîte de dialogue s'appliquent uniquement à la vue en cours.
   b. Elle peut être utilisée uniquement pour activer et désactiver des catégories.
   c. Elle peut être utilisée pour activer et désactiver des éléments.
   d. Elle peut être utilisée pour changer la couleur d'éléments individuels.

3. Les repères servent à créer une...
   a. Limite autour de la partie du modèle qui a besoin d'être révisée, comme un nuage de révision.
   b. Vue d'une partie du modèle à exporter dans le logiciel AutoCAD® pour plus détails.
   c. Vue d'une partie du modèle liée à la vue principale à partir de laquelle elle est extraite.
   d. Vue 2D d'une partie du modèle.

4. Vous avez placé des cotes dans une vue : certaines s'affichent, d'autres non (comme illustré à gauche en Figure 7–66) et vous vous attendiez à ce que la vue s'affiche comme à droite en Figure 7–66. Pour afficher les cotes manquantes, vous devez modifier le, la ou les...

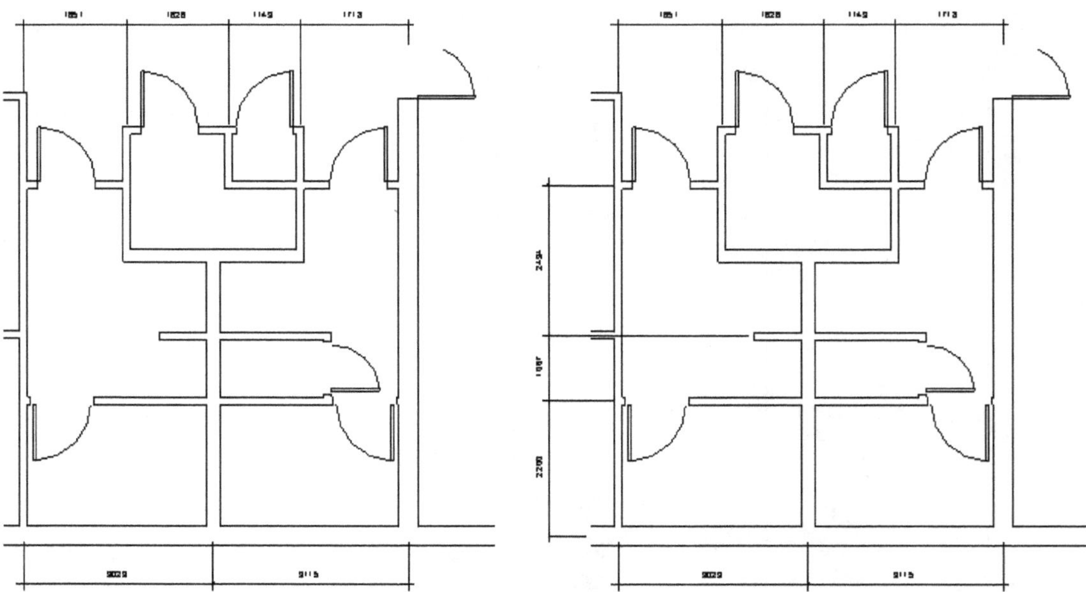

Figure 7–66

   a. Paramètres des cotes
   b. Type de cote
   c. Remplacements visibilité/graphisme
   d. Zone cadrée de l'annotation

5. Comment créer plusieurs élévations intérieures dans une pièce ?

   a. En utilisant la commande **Elévation intérieure**, placez le marqueur d'élévation.

   b. En utilisant la commande **Elévation**, placez le premier marqueur, sélectionnez-le puis cochez les cases Afficher la flèche qui conviennent.

   c. En utilisant la commande **Elévation intérieure**, placez un marqueur d'élévation pour chaque mur de la pièce que vous voulez afficher.

   d. En utilisant la commande **Elévation**, sélectionnez un type de marqueur Multiple Élévation et placez le marqueur d'élévation.

6. Comment créer une réduction dans une coupe de bâtiment telle que celle illustrée en Figure 7–67 ?

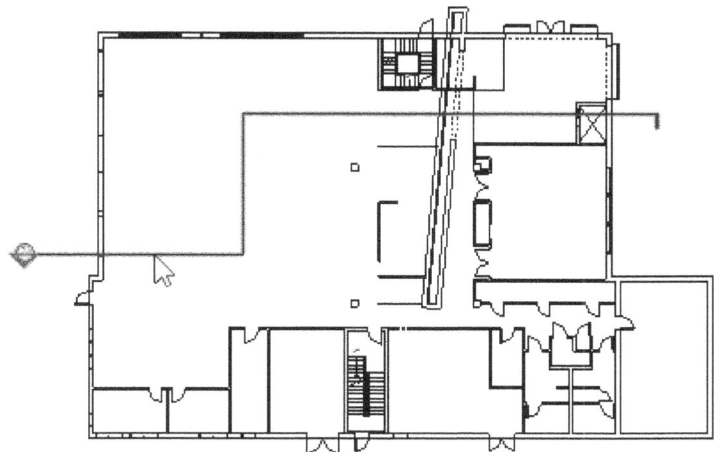

Figure 7–67

   a. Utilisez l'outil **Scinder l'élément** dans l'onglet *Modifier>* groupe de fonctions Modifier.

   b. Sélectionnez la coupe du bâtiment puis cliquez sur **Scinder le segment** dans l'onglet contextuel.

   c. Sélectionnez la coupe du bâtiment et cliquez sur le contrôle bleu au milieu de la ligne de coupe.

   d. Dessinez deux coupes séparées et utilisez l'outil de raccourcissement de coupe pour les associer dans une coupe brisée.

Récapitulatif des commandes

Bouton	Commande	Emplacement
Vues		
	Elévation	• **Ruban :** Onglet *Vue*>groupe de fonctions Créer>déroulez Elévation
	Repère : Rectangle	• **Ruban :** Onglet *Vue*>groupe de fonctions Créer>déroulez Repère
	Repère : Esquisse	• **Ruban :** Onglet *Vue*>groupe de fonctions Créer>déroulez Repère
	Dupliquer	• **Ruban :** Onglet *Vue*>groupe de fonctions Créer>déroulez Dupliquer la vue • **Cliquez avec le bouton droit de la souris** (*sur une vue de l'Arborescence du projet*) déroulez Dupliquer la vue
	Dupliquer en tant que vue dépendante	• **Ruban :** Onglet *Vue*>groupe de fonctions Créer>déroulez Dupliquer la vue • **Cliquez avec le bouton droit de la souris** (*sur une vue de l'Arborescence du projet*) déroulez Dupliquer la vue
	Dupliquer avec les détails	• **Ruban :** Onglet *Vue*>groupe de fonctions Créer>déroulez Dupliquer la vue • **Cliquez avec le bouton droit de la souris** (*sur une vue de l'Arborescence du projet*) Dupliquer la vue
	Zone de plan de coupe	• **Ruban :** Onglet *Vue*>groupe de fonctions Créer>déroulez Vues en plan
	Coupe	• **Ruban :** Onglet *Vue*>groupe de fonctions Créer • **Barre d'outils d'accès rapide**
	Scinder le segment	• **Ruban :** (*lorsque le marqueur d'élévation ou de coupe est sélectionné*) onglet *Modifier | Vues*>groupe de fonctions Coupe
Cadrer les vues		
	Cadrer la vue	• **Barre de contrôle Vue** • **Propriétés de la vue :** Cadrer la vue (*activer*)
	Ne pas cadrer la vue	• **Barre de contrôle Vue** • **Propriétés de la vue :** Cadrer la vue (*désactiver*)

	Modifier le cadrage	• **Ruban :** (*lorsque la zone cadrée d'un repère, d'une élévation ou d'une vue en coupe est sélectionnée*) onglet *Modifier* | *Vues*>groupes de fonctions Mode
	Masquer la zone cadrée	• **Barre de contrôle Vue** • **Propriétés de la vue :** Zone cadrée visible (*désactiver*)
	Réinitialiser le cadrage	• **Ruban :** (*lorsque la zone cadrée d'un repère, d'une élévation ou d'une vue en coupe est sélectionnée*) onglet *Modifier* | *Vues*>groupes de fonctions Mode
	Afficher la zone cadrée	• **Barre de contrôle Vue** • **Propriétés de la vue :** Zone cadrée visible (*activer*)
	Taille du cadre	• **Ruban :** (*lorsque la zone cadrée d'un repère, d'une élévation ou d'une vue en coupe est sélectionnée*) onglet *Modifier* | *Vues*>groupes de fonctions Mode
Affichage des vues		
	Masquer dans la vue	• **Ruban :** Onglet *Modifier*>groupe de fonctions Graphismes de vue> Masquer>Eléments *ou* Par catégorie • **Cliquez avec le bouton droit de la souris** *(lorsqu'un élément est sélectionné)* Masquer dans la vue> Eléments *ou* Catégorie
	Remplacer les graphismes dans la vue	• **Ruban :** Onglet *Modifier*>groupe de fonctions Graphismes de vue> Masquer>Eléments *ou* Par catégorie • **Cliquez avec le bouton droit de la souris** *(lorsqu'un élément est sélectionné)* Remplacer les graphismes dans la vue>Par élément *ou* Par catégorie • **Raccourci :** *(catégorie seulement)* VV ou VG
	Afficher les éléments cachés	• **Barre de contrôle Vue**
	Masquer/Isoler temporairement	• **Barre de contrôle Vue**
	Propriétés de la vue temporaire	• Barre de contrôle Vue

Chapitre 8

Ajouter des composants

Si vous construisez un modèle de bâtiment, vous ajoutez des familles de composants telles que du mobilier, des luminaires, des équipements mécaniques et des éléments d'ossature. Ces composants peuvent être chargés à partir du gabarit de votre société, de la bibliothèque du logiciel Autodesk® Revit®, d'une bibliothèque personnalisée ou du service BIMobject® Cloud Solution.

Objectifs d'apprentissage de ce chapitre

- Placer des composants dans un projet pour poursuivre le développement de la conception.
- Charger des composants à partir de la bibliothèque Autodesk Revit.
- Modifier les types et les emplacements des composants.
- Purger les éléments de composant non utilisés pour accroître la vitesse de traitement du modèle.

8.1 Ajouter des composants

De nombreux types d'éléments sont ajoutés à un projet utilisant les familles de composants. Ces dernières peuvent contenir des composants autonomes tels que du mobilier, un lampadaire et une lampe de bureau, comme illustré en Figure 8–1. Elles peuvent aussi comprendre des composants de mur, de plafond, de sol, de toit, de face et des composants hébergés basés sur une ligne. Ces composants hébergés doivent être placés sur l'élément référencé, comme les luminaires fluorescents illustrés en Figure 8–1.

Figure 8–1

- Certains composants font partie du modèle par défaut, ce qui les rend automatiquement disponibles dans les nouveaux projets. Vous pouvez en charger davantage dans un projet ou créer votre propre composant selon vos besoins.

- Les composants figurent dans des fichiers de famille et portent l'extension RFA. Par exemple, une famille de composants nommée **M_Bureau.rfa** peut contenir plusieurs types et plusieurs tailles.

Instructions pratiques : Placer un composant

1. Dans l'onglet *Architecture*>groupe de fonctions Création, cliquez sur (Placer un composant) ou tapez **CM**.
2. Dans le Sélecteur de type, sélectionnez le composant que vous souhaitez ajouter au projet.

3. Procédez comme suit, en fonction du type de composant utilisé :

Si le composant...	Alors...
N'est pas hébergé	Définissez le *Niveau* et le *Décalage* dans les Propriétés, comme illustré en Figure 8–2.
Est hébergé par un mur	Définissez l'*Elévation* dans Propriétés, comme illustré en Figure 8–3.
Est hébergé par une face	Sélectionnez la méthode appropriée dans l'onglet contextuel>groupe de fonctions Positionnement, comme illustré en Figure 8–4. • Les faces verticales comprennent les murs et les poteaux. • Les faces incluent les plafonds, les poutres et les toits. • Les plans de construction peuvent être configurés sur des niveaux, des faces et des plans de référence nommés.

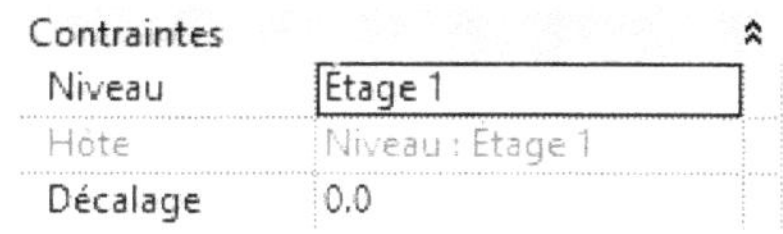

Figure 8–2

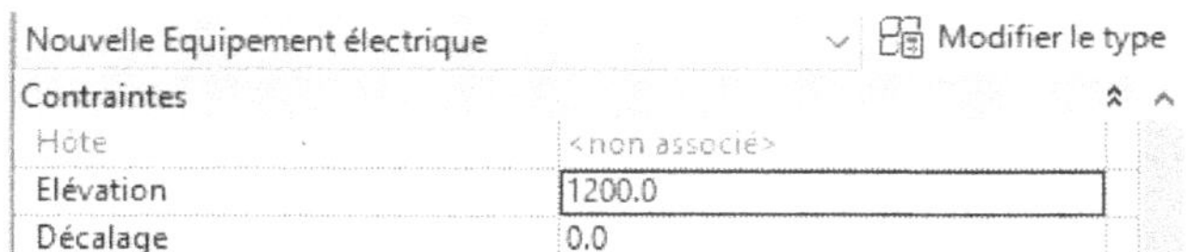

Figure 8–3

Figure 8–4

4. Placez le composant dans le modèle.

*La fonction **Copier à l'identique** s'applique à tous les éléments.*

Pour ajouter rapidement des composants identiques à ceux figurant déjà dans votre projet, sélectionnez-en un, cliquez dessus avec le bouton droit de la souris et sélectionnez **Copier à l'identique**. Cela permet de lancer la commande **Composant** avec le même type sélectionné.

Charger des composants

Si les composants que vous cherchez ne sont pas disponibles, vous pouvez regarder dans la bibliothèque Autodesk Revit qui contient de nombreuses options. Vous pouvez également consulter les composants dont dispose votre société. Si vous commencez à créer une bibliothèque personnalisée, vous trouverez des composants spécifiques au fournisseur sur le service BIMobject Cloud Solution.

Instructions pratiques : Charger une famille

Il vous est également possible de charger une famille à partir de l'onglet Modifier | Placer un composant>groupe de fonctions Mode lorsque vous placez un composant.

1. Dans l'onglet *Insérer*>groupe de fonctions Charger depuis la bibliothèque, cliquez sur (Charger la famille).
2. Dans la boîte de dialogue Charger la famille, localisez le dossier qui contient la ou les familles que vous souhaitez charger et sélectionnez-la/les, comme illustré en Figure 8–5. Pour charger plusieurs familles à la fois, maintenez la touche <Ctrl> enfoncée pendant la sélection.

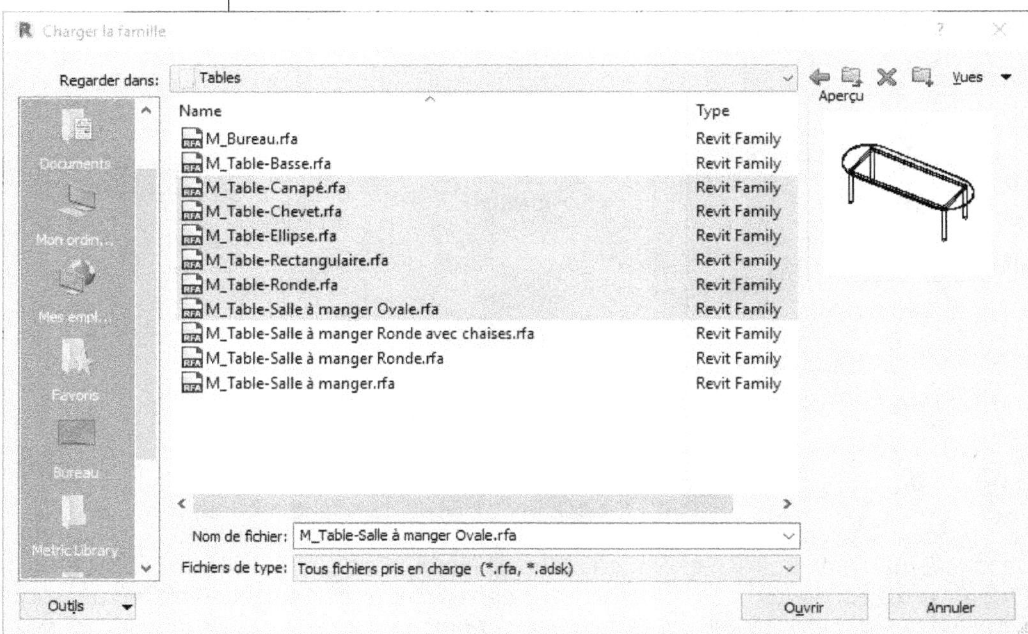

Figure 8–5

3. Cliquez sur **Ouvrir**.
4. Une fois la ou les familles chargées, cliquez sur (Composant) et sélectionnez le type que vous souhaitez utiliser depuis le Sélecteur de type, comme illustré en Figure 8–6.

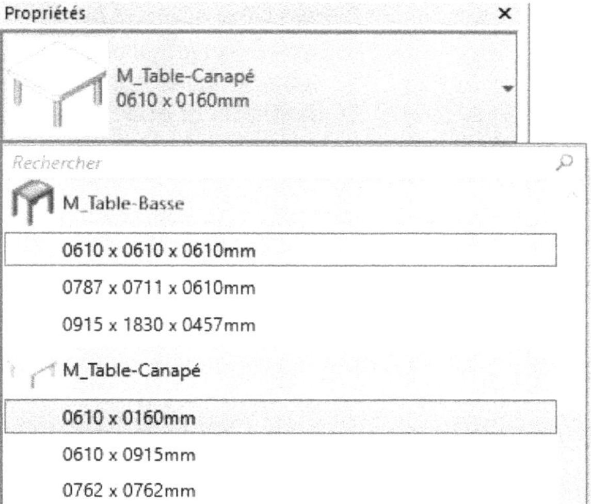

Figure 8–6

8.2 Modifier les composants

Les composants peuvent être modifiés quand ils sont sélectionnés en changeant le type dans le Sélecteur de type. Par exemple, vous avez peut-être placé un fauteuil de travail dans un projet (voir Figure 8–7), mais vous devez maintenant le remplacer par un fauteuil de direction. Avec certains types, vous pouvez utiliser les commandes pour modifier le composant. Vous pouvez également sélectionner un nouvel hôte pour un composant et déplacer les composants avec les éléments voisins.

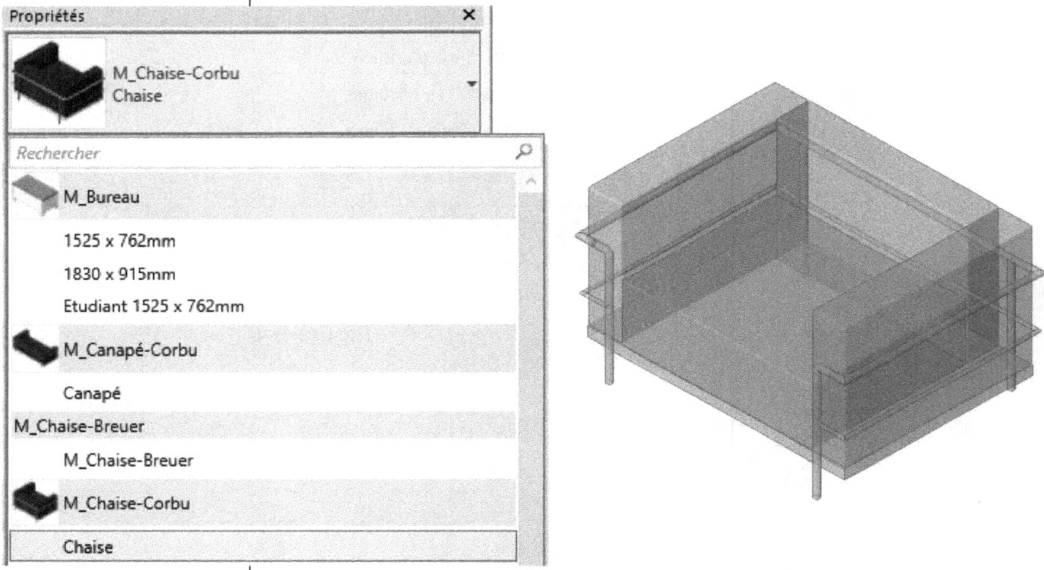

Figure 8–7

Travailler avec des éléments hôtes

Si vous devez déplacer un composant du niveau sur lequel il a été inséré, vous pouvez changer son hôte. Par exemple, sur la Figure 8–8, un des bureaux flotte au-dessus du sol. Il a été placé sur le Niveau 1 lorsqu'il a été inséré, mais doit se trouver sur le sol en dessous de ce niveau.

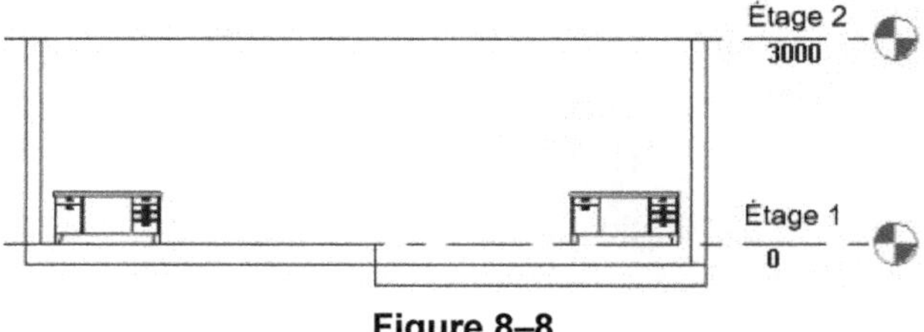

Figure 8–8

Instructions pratiques : Choisir un nouvel élément hôte

1. Sélectionnez un composant.
2. Dans l'onglet contextuel *<type de composant>*>groupe de fonctions Hôte, cliquez sur (Choisir un nouvel hôte).
3. Sélectionnez le nouvel hôte (par exemple, le sol).

- Vous pouvez sélectionner un sol, une surface ou un niveau pour qu'il/elle devienne le nouvel hôte du composant en fonction des exigences de ce dernier.

Déplacer les composants avec les éléments hôtes voisins

Les composants peuvent se déplacer avec des éléments hôtes voisins (comme les murs) quand ils sont déplacés. Sélectionnez le composant et, dans la Barre des options, sélectionnez **Se déplace avec les éléments voisins**. Le composant est automatiquement assigné aux éléments hôtes les plus proches.

Par exemple, un bureau près du coin de deux murs est lié à ces deux murs. Si vous déplacez un des murs, le bureau se déplace également. Cependant, il est toujours possible de déplacer le bureau séparément des murs.

- Vous ne pouvez pas choisir à quels éléments le composant est lié ; le logiciel le détermine automatiquement. Cette option de fonctionne qu'avec des éléments hôtes (comme les murs), et pas avec d'autres composants.

Purger les éléments non utilisés

Vous pouvez supprimer les éléments non utilisés d'un projet, y compris les types de composants individuels, comme illustré en Figure 8–9.

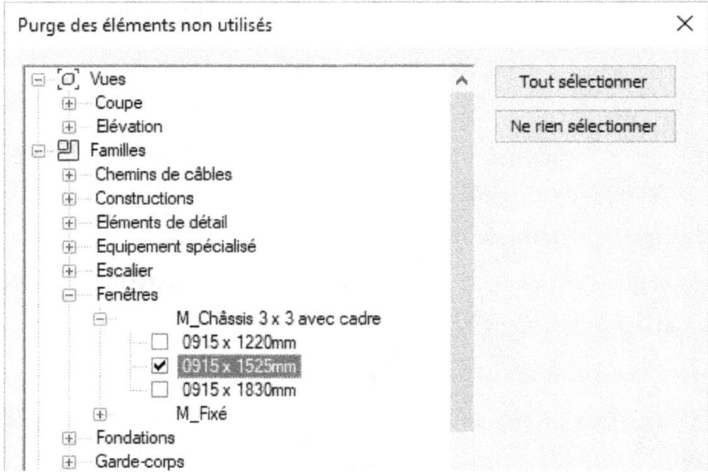

Figure 8–9

- Certains éléments sont imbriqués dans d'autres éléments et leur suppression peut demander plusieurs purges du projet.

Instructions pratiques : Purger les éléments non utilisés

1. Dans l'onglet *Gérer*>groupe de fonctions Paramètres, cliquez sur (Purger les éléments non utilisés).
2. Dans la boîte de dialogue Purger les éléments non utilisés, cliquez sur **Ne rien sélectionner** et sélectionnez les éléments que vous souhaitez purger.
3. Cliquez sur **OK**.

- Purger des composants non utilisés permet de simplifier la liste des composants, mais surtout de réduire la taille du fichier de projet.

Exercice 8a

Ajouter des composants

Objectif de l'exercice

- Charger et ajouter des composants.

Durée estimée : 20 minutes

Dans cet exercice, vous ajouterez du mobilier au hall d'entrée de l'hôtel, comme illustré en Figure 8–10. Vous chargerez un composant depuis une bibliothèque personnalisée et utiliserez les commandes pour modifier le positionnement. Si vous avez le temps, ajoutez des meubles de rangement et des équipements dans les zones Petit-déjeuner et Préparation. Enfin, vous ajouterez des composants de semelle à la base des poteaux.

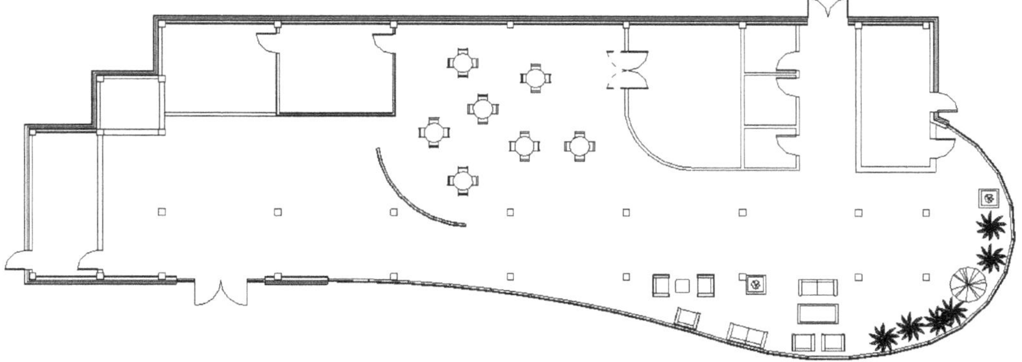

Figure 8–10

Tâche 1 - Ajouter du mobilier au hall d'entrée.

1. Ouvrez le projet **Hôtel-Moderne-Composants.rvt**.
2. Dans l'Arborescence du projet, cliquez avec le bouton droit de la souris sur la vue **Plan d'étage : Étage 1** et sélectionnez **Dupliquer la vue>Dupliquer**.
3. Renommez la nouvelle vue **Étage 1 - Plan du mobilier**.
4. Dans l'onglet *Architecture*>groupe de fonctions Création, déroulez (Composant) et cliquez sur (Placer un composant).
5. Dans le Sélecteur de type, parcourez les divers composants de mobilier disponibles pour le projet. Sélectionnez la chaise **M_Chair-Corbu** et placez-la dans la zone de l'entrée près des murs-rideaux incurvés.

6. Ouvrez la vue **Plan d'étage : Étage 1**. La chaise s'affiche également dans cette vue.

7. Ouvrez la boîte de dialogue Remplacements visibilité/graphisme et désactivez la *Visibilité* de **Meubles de rangement**, **Mobilier**, **Systèmes de mobilier**, **Plantes** et **Site**. Cliquez sur **OK**. La chaise ne s'affiche plus dans la vue **Étage 1**.

8. Revenez à la vue **Plan d'étage : Étage 1 - Plan du mobilier**.

9. Exécutez la commande **Composant**.

10. Chargez les familles suivantes à partir du dossier *Bibliothèque* des fichiers d'exercices:

    - **M_Table-Salle à manger Ronde avec chaises.rfa**
    - **M_RPC Plante - Tropical.rfa**
    - **M_RPC Arbre - Tropical.rfa**
    - **M_Jardinière.rfa**
    - **M_Table-Canapé.rfa**
    - **M_Table-Basse.rfa**

11. Placez et organisez les composants selon vos besoins, en plaçant les tables à manger dans la salle de petit-déjeuner et d'autres éléments dans le hall d'entrée, comme illustré en Figure 8–10. Vous pouvez appliquer la disposition suggérée ou créer votre propre conception.

Tâche 2 - Charger et placer des composants personnalisés.

Aucun composant d'ascenseur n'est inclus avec le logiciel Autodesk Revit. Vous devrez donc peut-être rechercher ces pièces sur le site Internet du service BIMobject Cloud Solution.

1. Lancez la commande **Composant** et, depuis le dossier des fichiers d'exercices *Bibliothèque*, chargez les composants suivants :

    - **M_Comptoir-Vestibule.rfa**
    - **M_Ascenseur-porte-centre.rfa**
    - **M_Ascenseur-électrique.rfa**

2. Zoomez sur la zone de bureau près de l'ascenseur, où se trouve un mur de hauteur partielle.

3. Dans le Sélecteur de type, sélectionnez **M_Comptoir-Vestibule 600mm profondeur**.

4. Dans Propriétés, définissez le *Décalage* sur **345 mm**.

5. Placez le composant sur le mur à côté de la cage d'ascenseur. Modifiez sa longueur à l'aide des commandes situées à chaque extrémité, comme illustré en Figure 8–11.

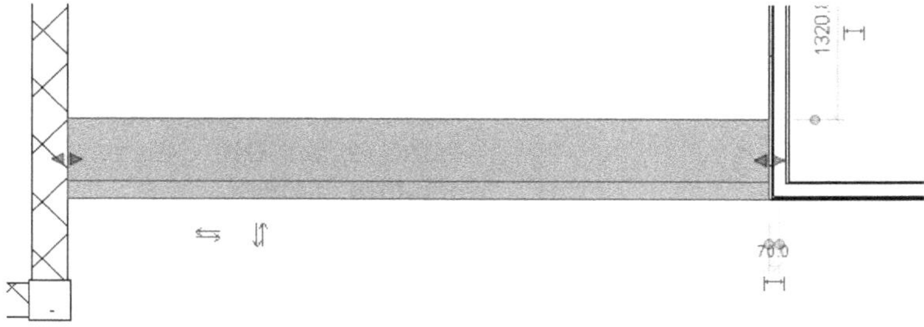

Figure 8–11

- Les plans de travail sont automatiquement réglés à **920 mm** au-dessus du niveau sur lequel ils sont placés. Ce mur a une hauteur de **1220 mm** et l'épaisseur du plan de travail est d'environ **45 mm**.

6. Effectuez un panoramique sur l'ascenseur.

7. Placez le composant **M_Ascenseur-électrique: 1150kg** dans la cage d'ascenseur et placez le composant **M_Ascenseur-porte-centre: 1050 x 2100mm** dans le mur, comme illustré en Figure 8–12. Notez que la porte est aussi un composant.

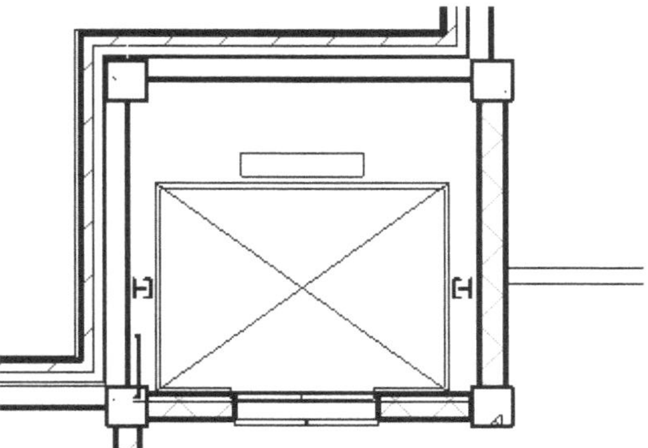

Figure 8–12

8. Sélectionnez la porte d'ascenseur qui a été placée.

9. Dans l'onglet *Modifier* | *Equipement spécialisé*>groupe de fonctions Presse-papiers, cliquez sur (Copier dans le Presse-papiers).

10. Dans le groupe de fonctions Presse-papiers, déroulez (Coller) et cliquez sur (Aligné sur les niveaux sélectionnés).

11. Dans la boîte de dialogue Choisir les niveaux, utilisez <Maj> pour sélectionner **Étage 2** à **Étage 8**, puis utilisez <Ctrl> pour sélectionner **Fondation**, comme illustré en Figure 8–13. Cliquez sur **OK**. Cela permet de copier la porte vers les autres niveaux.

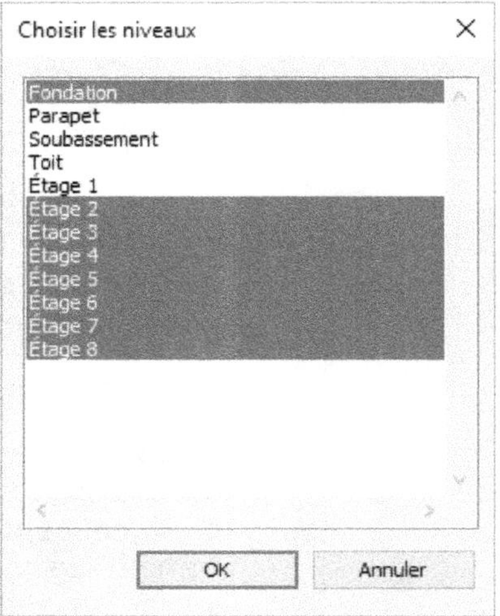

Figure 8–13

12. Enregistrez le projet.

Tâche 3 - Ajouter des semelles de poteau.

1. Ouvrez la vue **Plan d'étage : Soubassement** et sélectionnez tous les éléments qui s'y trouvent.
2. Dans la barre d'état (ou dans l'onglet *Modifier | Sélection multiple*>groupe de fonctions Sélection), cliquez sur (Filtre).
3. Dans la boîte de dialogue Filtre, désactivez l'option **Poteaux porteurs** et cliquez sur **OK**.
4. Dans la barre d'état, déroulez (Masquer/Isoler temporairement) et sélectionnez **Masquer l'élément**. Tout doit être masqué, sauf les poteaux, comme illustré en Figure 8–14. Il est désormais plus facile d'identifier les emplacements des semelles.

Figure 8–14

5. Dans l'onglet *Architecture*>groupe de fonctions Création, cliquez sur (Composant).
6. Dans l'onglet *Modifier | Placer un composant*>groupe de fonctions Mode, cliquez sur (Charger la famille).
7. Naviguez jusqu'au dossier *Bibliothèque* dans les fichiers d'exercices et sélectionnez **M_Base-Rectangulaire.rfa** et cliquez sur **Ouvrir**.
8. Dans le Sélecteur de type, sélectionnez **M_Base-Rectangulaire: 1800 x 1200 x 450mm**. Réglez le *Niveau* sur **Soubassement**.
9. Placez une semelle à chaque poteau. Une fois que vous avez placé au moins une semelle, vous pouvez utiliser l'option **Copier** pour en ajouter d'autres. Assurez-vous que vous copiez à partir du milieu du poteau, comme illustré en Figure 8–15.

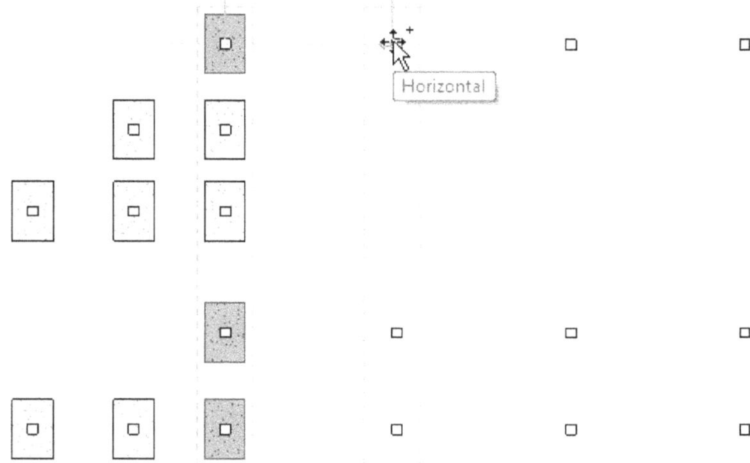

Figure 8–15

10. Dans la barre de contrôle Vue, cliquez sur

    (Masquer/Isoler temporairement) et sélectionnez **Restaurer masquage/isolement temporaire**.

*Vous pouvez taper **VR** pour ouvrir la boîte de dialogue Plage de la vue.*

11. Dans Propriétés, modifiez la *Plage de la vue* pour que le *Décalage* du *Plan de coupe* soit de **300 mm**. Cela permet de masquer tous les éléments qui ne doivent pas faire partie du plan des fondations, comme illustré en Figure 8–16. (Remarque : les fondations sont mises en surbrillance par souci de clarté).

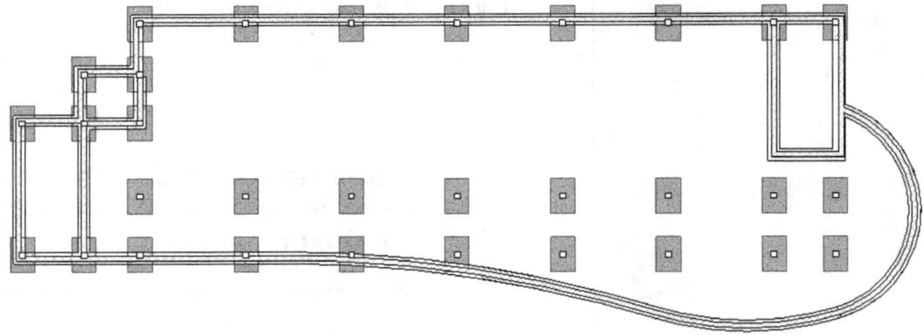

Figure 8–16

12. Enregistrez le projet.

Questions de révision

1. Lorsque vous insérez un composant, vous sélectionnez la famille que vous souhaitez utiliser dans...
   a. Barre d'outils d'accès rapide
   b. Sélecteur de type
   c. Barre des options
   d. Palette Propriétés
2. Si le composant que vous souhaitez utiliser n'est pas disponible dans le projet en cours, où pouvez-vous l'obtenir ? (Sélectionnez toutes les réponses possibles).
   a. Dans un autre projet, en copiant le composant dans le presse-papiers et en le collant dans le projet en cours.
   b. Dans le projet en cours, en utilisant (Insérer à partir du fichier) et en sélectionnant la famille dans la liste de la boîte de dialogue.
   c. Dans le projet en cours, en utilisant (Charger la famille) et en sélectionnant la famille dans la liste de la boîte de dialogue.
   d. En le recherchant dans le service BIMobject Cloud Solution et en le téléchargeant.
3. Quand vous utilisez l'option **Se déplace avec les éléments voisins**, pouvez-vous contrôler les éléments qui se déplacent avec un composant ?
   a. Oui, il est possible de sélectionner l'élément avec lequel le composant se déplace.
   b. Non, le composant se déplace avec l'élément hôte le plus proche.

4. Laquelle des commandes suivantes utiliseriez-vous si vous souhaitiez déplacer un composant de mobilier vers un étage inférieur à celui sur lequel il a été placé au départ, comme illustré en Figure 8–17 ?

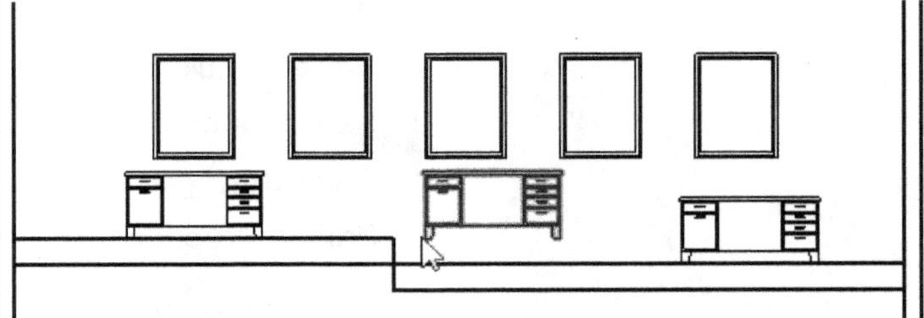

Figure 8–17

   a. En utilisant la commande (Niveau) et en ajoutant un Niveau à la hauteur de l'étage inférieur.

   b. En utilisant la commande (Plan de référence) et en dessinant un plan aligné avec l'étage inférieur.

   c. En utilisant la commande (Choisir un nouvel hôte) et en sélectionnant l'étage inférieur.

   d. En utilisant la commande (Modifier la famille) et en changeant le plan de construction de la famille pour qu'il corresponde à la hauteur de l'étage inférieur.

Récapitulatif des commandes

Bouton	Commande	Emplacement
	Charger une famille	• **Ruban :** Onglet *Modifier* | *Placer un composant*>groupe de fonctions Charger ou onglet *Insérer*>groupe de fonctions Charger depuis la biblicthèque
	Choisir un nouvel hôte	• **Ruban :** Onglet contextuel *Modifier* | *Sélection multiple* ou *type de composant*>groupe de fonctions Hôte
	Placer un composant	• **Ruban :** Onglet *Architecture*> groupe de fonctions Création> déroulez Composant • **Raccourci :** CM
	Placer sur la face	• **Ruban** : Onglet *Modifier* | *Placer un composant*>groupe de fonctions Positionnement
	Placer sur la face verticale	• **Ruban** : Onglet *Modifier* | *Placer un composant*>groupe de fonctions Positionnement
	Placer sur le plan de construction	• **Ruban** : Onglet *Modifier* | *Placer un composant*>groupe de fonctions Positionnement
	Purger les éléments non utilisés	• **Ruban :** Onglet *Gérer*>groupe de fonctions Paramètres

Chapitre 9

Modélisation des sols

Dans le logiciel Autodesk® Revit®, les sols peuvent être utilisés sous forme d'épaisseur totale ou de revêtement fin indiquant le matériau posé sur le sol sous-jacent. Vous pouvez personnaliser les sols en créant des pentes d'écoulement, des trous de perçage ou des cages passant à travers plusieurs sols.

Objectifs d'apprentissage de ce chapitre

- Esquisser et modifier des contours de sol.
- Attacher la géométrie entre sols et murs pour une présentation visuelle plus claire.
- Ajouter une ouverture de cage traversant plusieurs étages.
- Incliner un sol dans une ou plusieurs directions pour l'écoulement des eaux.

9.1 Modélisation des sols

La commande **Sol** peut générer n'importe quelle surface plane ou inclinée, telles que des sols, des balcons, des terrasses et des patios, comme illustré en Figure 9–1. Généralement créé dans une vue en plan, le sol peut se baser sur des murs de délimitation ou sur un contour d'esquisse.

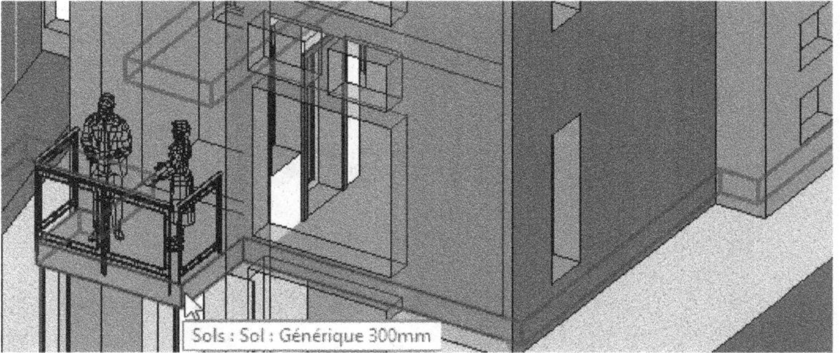

Figure 9–1

- Le type de sol détermine l'épaisseur d'un sol.

Instructions pratiques : Ajouter un sol

1. Dans l'onglet *Architecture*>groupe de fonctions Création, déroulez (Sol) et cliquez sur (Dalle : architecture) ou (Plancher) Vous êtes en mode esquisse lorsque d'autres éléments du modèle sont grisés.
2. Dans le Sélecteur de type, définissez le type de sol que vous souhaitez utiliser. Dans Propriétés, définissez les autres options dont vous pourriez avoir besoin.
3. Dans l'onglet *Modifier | Créer un contour du sol*>Groupe de fonctions Dessiner, cliquez sur (Ligne de contour).
   - Cliquez sur (Choisir des murs) et sélectionnez les murs, en définissant le bord intérieur ou le bord extérieur. Si vous avez sélectionné un mur, vous pouvez cliquer sur (Inversion) pour passer à l'état intérieur/extérieur de la délimitation, comme illustré en Figure 9–2.
   - Cliquez sur (Ligne) ou sur l'un des autres outils Dessiner et esquissez les contours.

Les lignes de l'esquisse doivent former une boucle fermée. Utilisez les outils du groupe de fonctions Modifier pour ajuster les intersections.

Le sens de portée est automatiquement placé sur la première ligne d'esquisse.

4. Cliquez sur (Flèche d'inclinaison) pour définir une inclinaison sur tout le sol.

5. Cliquez sur (Sens de portée), comme illustré en Figure 9–2, pour modifier la direction des éléments porteurs dans le sol.

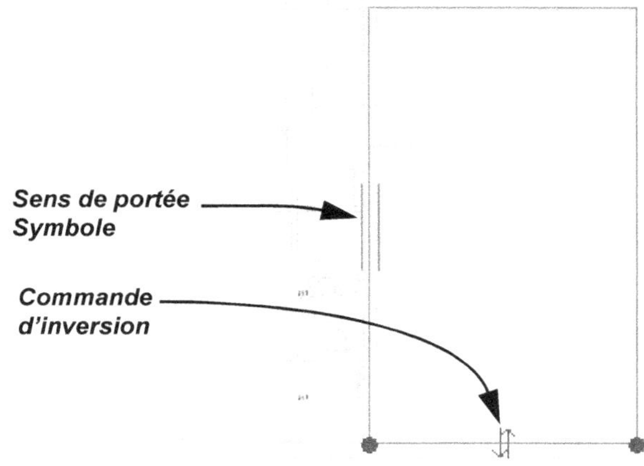

Figure 9–2

6. Cliquez sur (Terminer le mode de modification) pour créer le sol.

- Si vous utilisez (Choisir des murs), sélectionnez l'option **À partir des limites de la couche principale** dans la Barre des options si vous souhaitez que le sol soit coupé dans le mur. Par exemple, le sol peut traverser la plaque de gypse et la lame d'air mais s'arrêter au niveau d'une couche porteuse en BBM.

- Si vous sélectionnez une ou plusieurs lignes de contour, vous pouvez également définir des *Consoles* pour le *Béton* ou l'*Acier*, comme illustré en Figure 9–3.

Décalage: 0.0 Définit l'inclinaison ☑ A partir des limites de la couche principale Consoles: béton: 0.0 Acier:

Figure 9–3

- Pour créer une ouverture à l'intérieur du sol, créez une boucle fermée séparée à l'intérieur de la première, comme illustré en Figure 9–4.

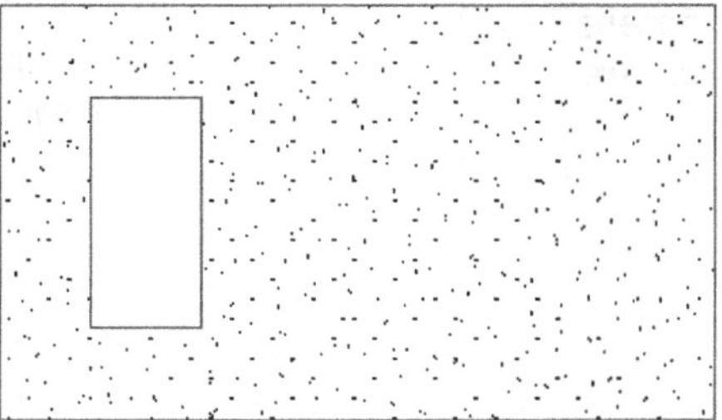

Figure 9–4

Conseil : Arcs d'esquisse et verrous de tangente.

Dans une esquisse, si vous ajoutez des ellipses ou des arcs tangentiels par rapport à d'autres lignes, vous pouvez verrouiller la géométrie en place en cliquant sur la commande de verrouillage (Verrouiller/Déverrouiller la tangence), comme illustré en Figure 9–5.

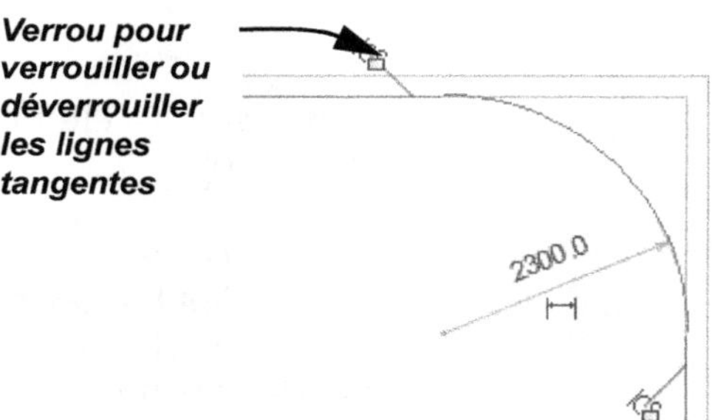

Figure 9–5

- Ce verrou est disponible à chaque fois que vous êtes en mode esquisse.

- Si vous créez un sol sur un niveau supérieur, une boîte d'alerte s'affiche vous demandant si vous souhaitez que les murs inférieurs soient attachés à la partie inférieure du sol et son niveau. Si vous disposez de plusieurs hauteurs de murs, il vaut mieux cliquer sur **Non** et attacher les murs séparément.

- Une autre boîte d'alarme pourrait s'ouvrir comme illustré en Figure 9–6. Vous pouvez joindre automatiquement la géométrie ou vous pouvez le faire plus tard.

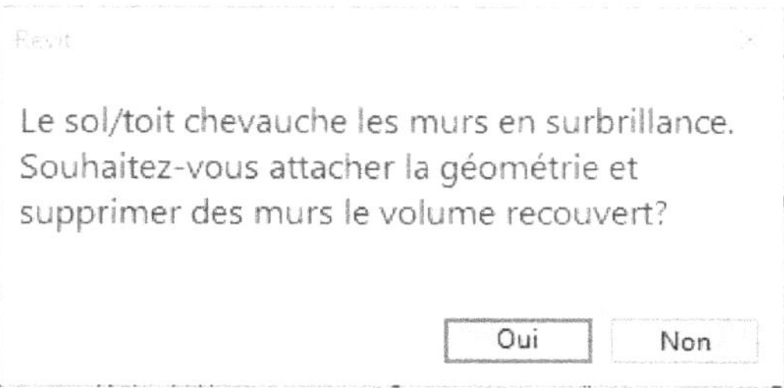

Figure 9–6

- Les planchers peuvent être placés au-dessus de sols. Par exemple, un plancher peut disposer d'un sol fini en mosaïques ou en moquette, comme illustré en Figure 9–7. Ces planchers peuvent alors être planifiés séparément.

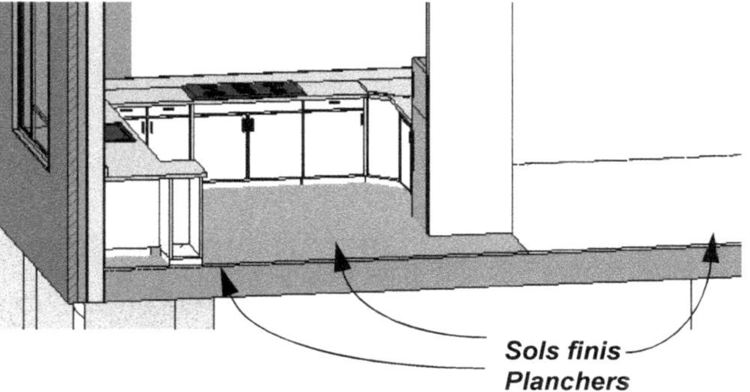

Figure 9–7

Modification des sols

Vous pouvez changer un sol et passer à un type différent à l'aide du Sélecteur de type. Dans Propriétés, vous pouvez modifier les paramètres y compris le *Décalage par rapport au niveau*, comme illustré en Figure 9–8. Après avoir sélectionné un sol, vous pouvez également en modifier les contours.

Dans Propriétés, de nombreux paramètres sont utilisés dans les nomenclatures, y compris Élévation en haut (à la base) et Élévation au niveau du noyau supérieur (à la base) pour les sols multicouches.

Figure 9–8

Instructions pratiques : Modifier l'esquisse de sol

1. Sélectionnez un sol. Vous pourriez avoir besoin de mettre en surbrillance un élément proche du sol et d'appuyer sur la touche de tabulation jusqu'à ce que le type de sol s'affiche dans la Barre d'état ou dans une info-bulle, comme illustré en Figure 9–9.

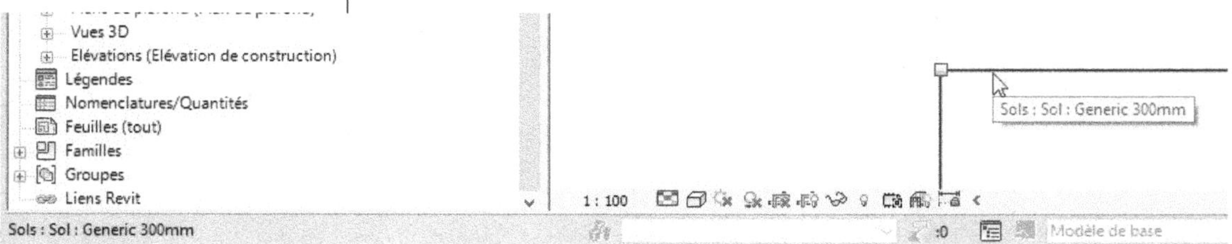

Figure 9–9

2. Dans l'onglet *Modifier* | *Sols*>groupe de fonctions Mode, cliquez sur (Modifier la limite). Vous êtes en mode esquisse.
3. Modifier les lignes d'esquisse à l'aide des outils Dessiner, des commandes et des différents outils de modification.
4. Cliquez sur (Terminer le mode de modification).

- Double-cliquez sur un sol pour passer directement à la modification de la limite.
- Les esquisses de sols peuvent être modifiées dans une vue en plan et en 3D, mais pas en élévations. Si vous tentez de faire une modification en vue élévation, vous êtes invité à sélectionner une autre vue dans laquelle modifier.

Conseil : Sélectionner des faces du sol

S'il est difficile de sélectionner des bords de sol, passez à l'option Sélection (Sélectionner les éléments par face). Vous pouvez ensuite sélectionner la face du sol, et pas seulement les bords.

Attacher la géométrie

Attacher la géométrie est une commande polyvalente utilisée pour nettoyer les intersections. Les éléments restent séparés mais les intersections sont nettoyées. Elle peut être utilisée avec de nombreux types d'éléments y compris des sols, des murs et des toits. En Figure 9–10, le mur de gauche et le sol ont été assemblés, mais le mur de droite n'a pas été assemblé avec le sol, par conséquent les lignes définissant les bords d'intersection ne sont pas affichées.

Faire une coupe traversant les objets que vous souhaitez attacher vous aide à les afficher plus clairement.

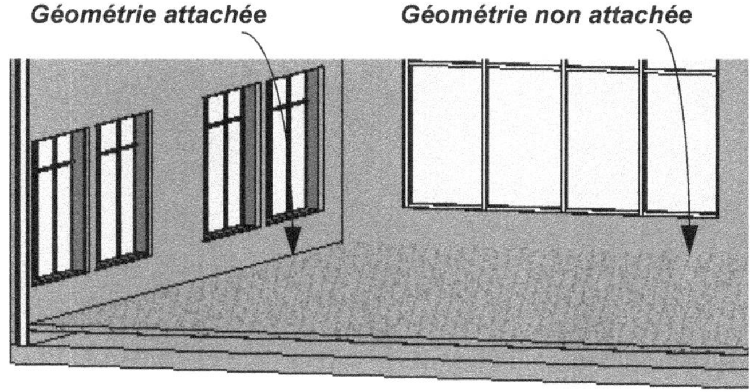

Figure 9–10

Instructions pratiques : Attacher la géométrie

1. Dans l'onglet *Modifier*>groupe de fonctions Géométrie, déroulez (Attacher) et cliquez sur (Attacher la géométrie).
2. Sélectionner les éléments à attacher.

- Si vous passez à l'option **Joints multiples** dans la Barre des options, vous pouvez sélectionner plusieurs éléments à attacher à la première sélection.

- Pour les détacher, déroulez (Attacher), cliquez sur (Détacher la géométrie), et sélectionnez les éléments à détacher.

Exercice 9a — Modéliser des sols

Objectifs de l'exercice

- Ajouter des sols.
- Copier un sol sur plusieurs niveaux.

Durée estimée : 30 minutes

Dans cet exercice, vous créerez ou modifierez des sols au sous-sol, au premier étage et au deuxième étage d'un projet. Vous copierez alors le sol du deuxième étage aux autres niveaux et nettoierez les assemblages entre les sols et le mur. Le deuxième étage avec balcons est présenté à la Figure 9–11.

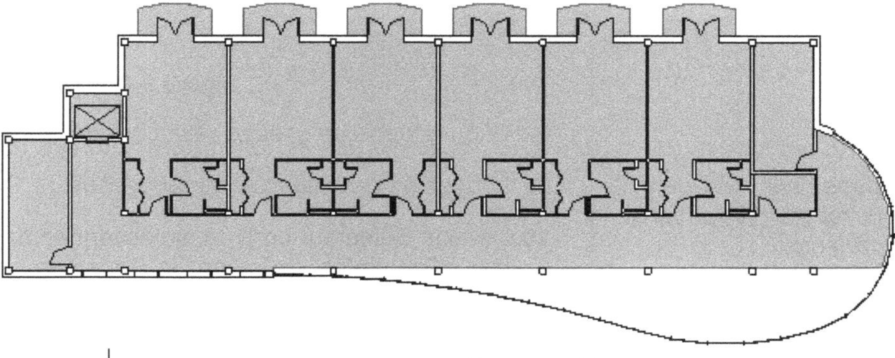

Figure 9–11

Tâche 1 - Ajoutez le sol du sous-sol.

1. Ouvrez le projet **Hôtel-Moderne-Sols.rvt**.
2. Ouvrez la vue **Plan d'étage : Fondation**.
3. Dans l'onglet *Architecture*>groupe de fonctions Création, cliquez sur (Sol).
4. Dans le Sélecteur de type, sélectionnez **Sol: Insitu Béton - 225mm**.
5. Dans l'onglet *Modifier | Créer un contour du sol*>groupe de fonctions Dessiner, cliquez sur (Choisir des murs) et sélectionnez la face intérieure des murs de fondation extérieurs. Utilisez les outils Modifier pour garantir que le contour est une boucle fermée.
6. Cliquez sur (Terminer le mode de modification).

7. Lorsque la boîte d'alerte concernant l'attachement de la géométrie s'ouvre, cliquez sur **Oui**. Le motif du sol s'affiche comme illustré en Figure 9–12.

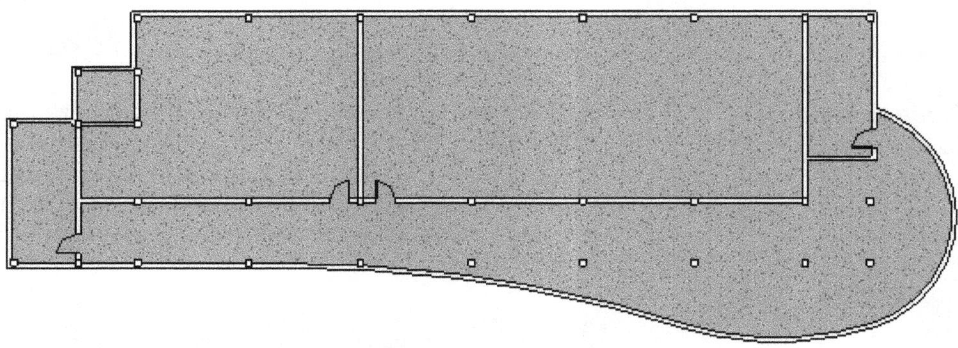

Figure 9–12

8. Cliquez dans un espace vide pour désélectionner le sol.

Appuyez sur <Entrée> pour répéter la dernière commande.

9. Lancez à nouveau la commande **Sol**.

10. Dans le Sélecteur de type, sélectionnez **Sol: Carrelage**. Dans Propriétés, définissez le *Décalage par rapport au niveau* sur **6 mm** pour que cela corresponde à l'épaisseur de la mosaïque.

11. Dessinez le contour autour des cages d'escaliers et de l'entrée comme illustré en Figure 9–13.

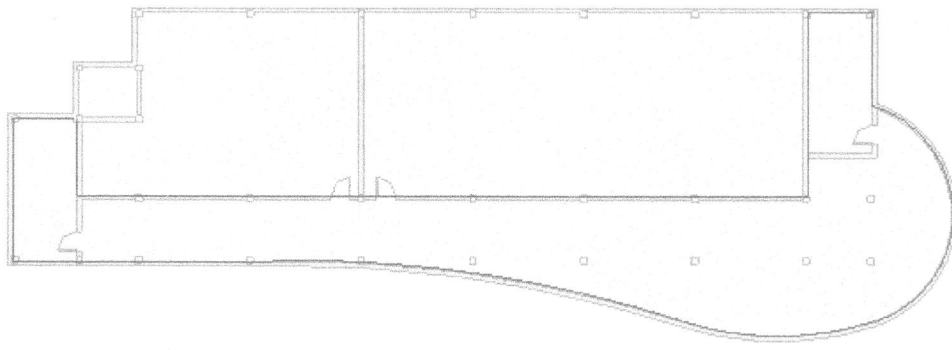

Figure 9–13

12. Cliquez sur ✔ (Terminer le mode de modification).

13. Si vous êtes invité à attacher la géométrie en chevauchement, cliquez sur **Oui**.

14. Cliquez sur un espace vide pour déselectionner la sélection et zoomez pour afficher les différents revêtements de sol, comme illustré en Figure 9–14.

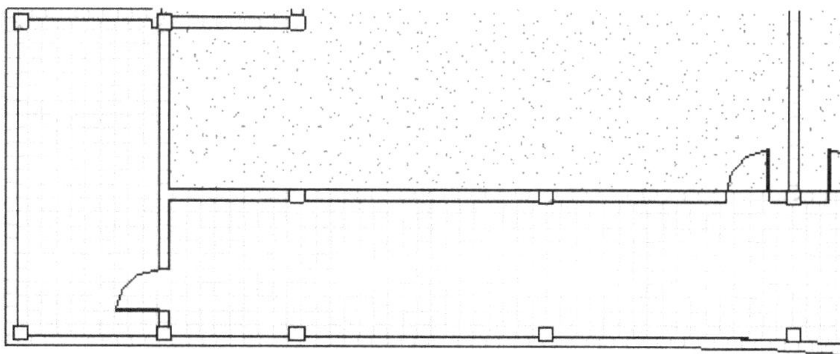

Figure 9–14

15. Enregistrez le projet.

Tâche 2 - Modifier un sol en tant que plate-forme pour la construction.

Modifier le contour de ce sol crée une plate-forme pour la construction.

1. Ouvrez la vue **Plan d'étage : Étage 1 avec Piscine**.
2. Sélectionnez le sol existant autour du bâtiment de la piscine. Dans l'onglet *Modifier* | *Sols*>groupe de fonctions Mode, cliquez sur (Modifier la limite).
3. Modifier le contour comme illustré en Figure 9–15.

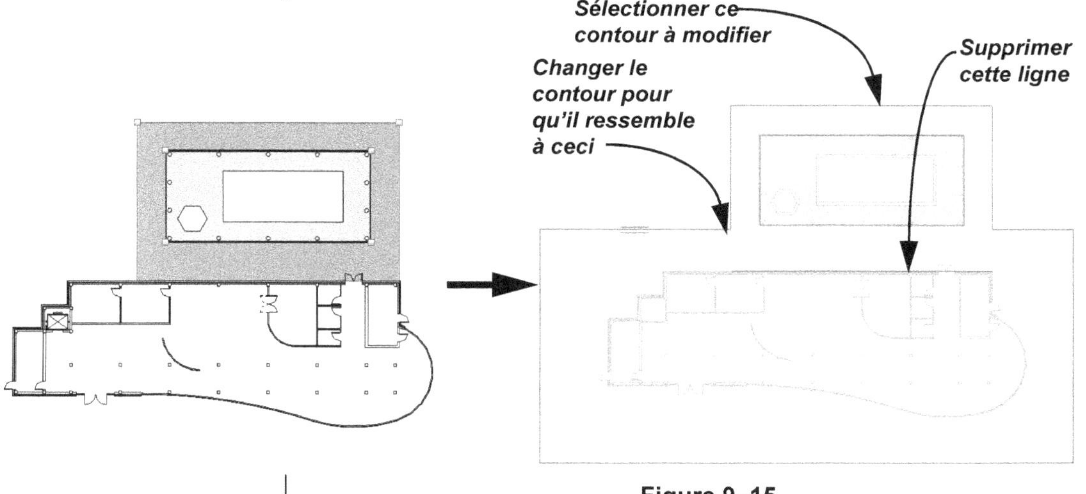

Figure 9–15

4. Cliquez sur (Terminer le mode de modification).
5. Lorsque vous êtes invité à attacher les murs au sol, cliquez sur **Non**. Certains murs doivent être attachés, mais pas tous.
6. Cliquez sur un espace vide pour déselectionner la sélection.
7. Visualisez le bâtiment en 3D. Il s'appui désormais sur une base.
8. Enregistrez le projet.

Tâche 3 - Ajouter le deuxième étage avec balcons.

1. Ouvrez la vue **Plan d'étage : Étage 2**.
2. Dans la Barre de contrôle Vue, cliquez sur (Afficher les éléments cachés).
3. Sélectionnez l'une des notes de texte dans le fichier CAO importé. Cliquez avec le bouton droit de la souris et sélectionnez **Afficher dans la vue>Éléments**.
4. Cliquez sur (Fermer Afficher les éléments cachés).

Utiliser Masquer/Isoler temporairement nettoie temporairement la vue lorsque vous créez le sol.

5. Sélectionnez un élément (comme la porte et son étiquette) qui empêcherait d'afficher le contour du sol et du balcon.

   Dans la barre de contrôle Vue, cliquez sur (Masquer/Isoler temporairement) et sélectionnez **Masquer la catégorie**.
6. Dans l'onglet *Architecture*>groupe de fonctions Création, cliquez sur (Sol) et définissez les options suivantes :
   - Dans le Sélecteur de type, sélectionnez **Sol: Générique 300mm**.
   - Dans la Barre des options, définissez le *Décalage* sur **0.0** et sélectionnez **À partir des limites de la couche principale**.
   - Dans Propriétés, définissez le *Décalage par rapport au niveau* sur **0.0**.
7. Utilisez (Choisir des murs) et sélectionnez les principaux murs extérieurs. Ne sélectionnez pas les trois murs incurvés.

8. Passez à (Choisir des lignes) et sélectionnez les lignes de passages dans le fichier CAO lié comme illustré en Figure 9–16.

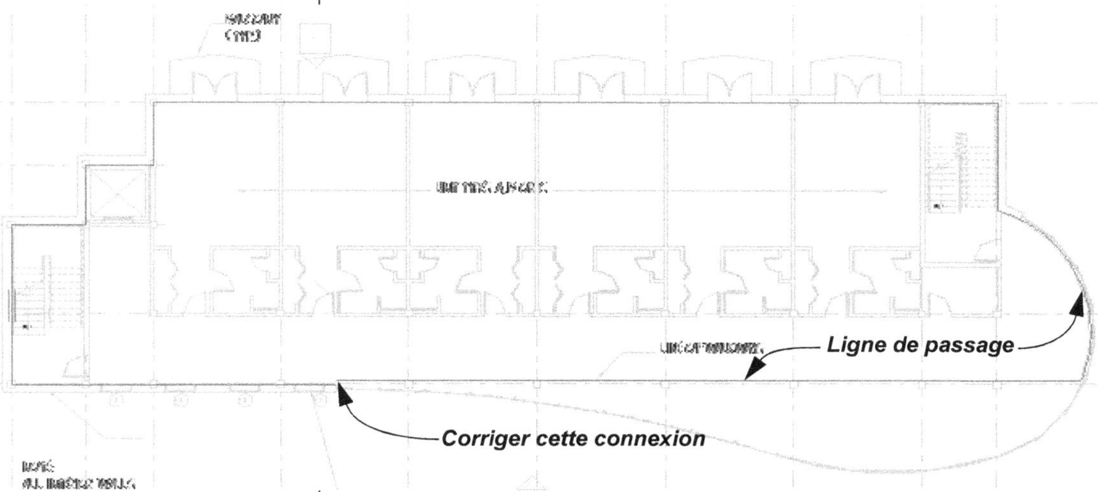

Figure 9–16

9. Zoomez et corrigez la connexion au niveau de la paroi avant et du passage, comme illustré en Figure 9–17, et vérifiez les autres connexions.

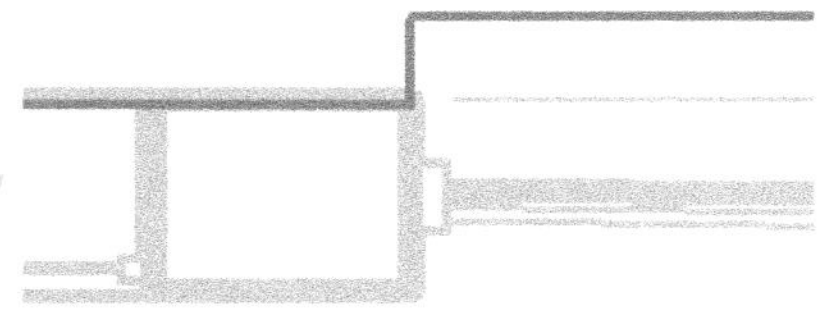

Figure 9–17

10. Zoomez sur l'un des balcons.

11. Utilisez (Choisir des lignes) pour créer le contour du balcon.

12. Utilisez les contrôles de glissement pour que les lignes du balcon rejoignent les lignes du sol.

13. Utilisez (Scinder l'élément) avec **Supprimer le segment interne** sélectionné sur la Barre des options, et découpez la ligne comme illustré en Figure 9–18.

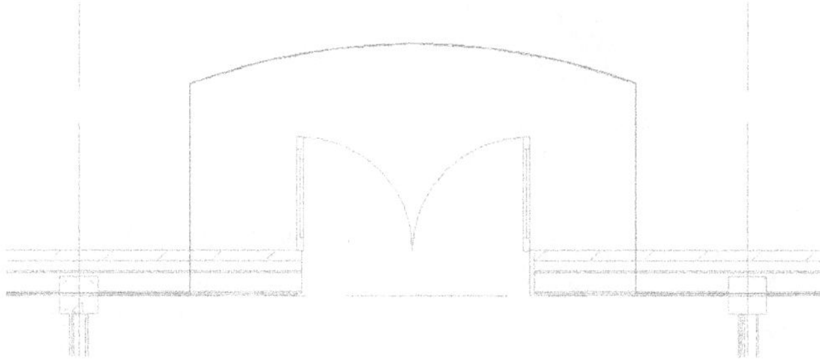

Figure 9–18

14. Cliquez sur (Modifier) et sélectionnez les lignes de contour du balcon.

15. Copiez les lignes de contour sur les autres balcons et scindez les lignes pour créer une esquisse continue.

16. Cliquez sur (Terminer le mode de modification).

17. Lorsque la première boîte d'alerte s'affiche (voir Figure 9–19), cliquez sur **Non**. Vous ne voulez pas attacher les murs à ce sol.

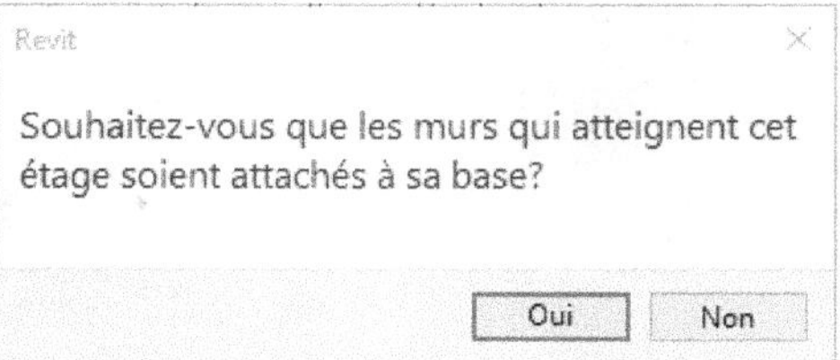

Figure 9–19

18. Lorsque la boîte d'alerte illustrée en Figure 9–20 s'affiche, cliquez sur **Oui** pour découper la géométrie en chevauchement en dehors des murs.

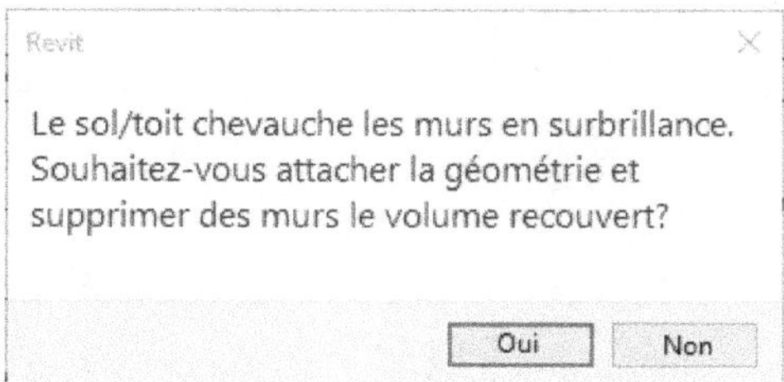

Figure 9–20

19. Cliquez dans un espace vide pour déselectionner le sol.

20. Masquez le fichier CAO importé dans la vue.

21. Dans la Barre de contrôle Vue, cliquez sur (Masquer/Isoler temporairement) et sélectionnez **Restaurer masquage/isolement temporaire**. Les éléments que vous avez masqués précédemment s'affichent.

22. Enregistrez le projet.

Tâche 4 - Copier le deuxième étage à d'autres étages et nettoyer les assemblages du sol et des murs.

1. Dans la vue **Plan d'étage : Étage 2**, sélectionnez le nouveau sol.

2. Dans l'onglet *Modifier* | *Sols*>groupe de fonctions Presse-papiers, cliquez sur (Copier dans le Presse-papiers).

3. Dans le groupe de fonctions Presse-papiers, déroulez (Coller) et cliquez sur (Aligné sur les niveaux sélectionnés).

4. Dans la boîte de dialogue Choisir les niveaux, sélectionnez **Étage 3** à **Étage 8**, comme illustré en Figure 9–21. Cliquez sur **OK**.

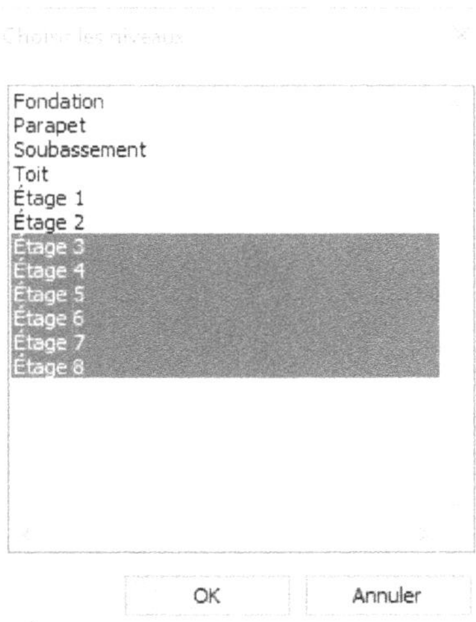

Figure 9–21

5. Ouvrez une vue 3D et faites-la tourner pour afficher les nouveaux étages placés dans le bâtiment, comme illustré en Figure 9–22.

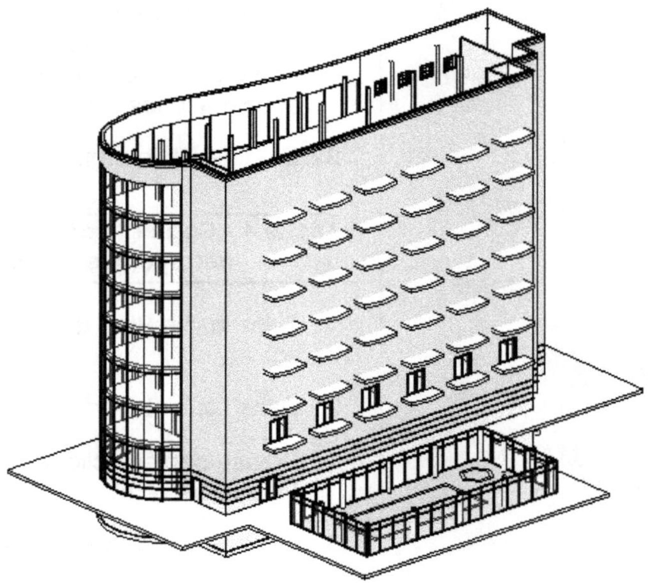

Figure 9–22

6. Revenez à la vue **Plan d'étage : Étage 2**.

7. Sélectionnez tous les murs intérieurs et les portes intérieures des chambres ainsi que les portes extérieures sur le balcon.

   - Maintenez la touche <Maj> enfoncée pour supprimer la sélection de tout ce que vous ne voulez pas, comme les murs extérieurs et les cages d'escaliers intérieures ainsi que les parois d'ascenseurs.

   - Utilisez (Filtre) pour filtrer les éléments que vous ne voulez pas copier, comme les poteaux, les étiquettes de portes, les élévations et les vues.

8. Copiez les éléments sélectionnés dans le presse-papier et collez-les aux mêmes niveaux que les sols.

9. Ouvrez plusieurs vues en plan du sol pour vérifier l'emplacement des portes et des murs des chambres.

10. Revenez à la vue 3D pour afficher le bâtiment avec toutes les portes et les chambres, comme illustré en Figure 9–23.

Figure 9–23

11. Zoomez sur l'arrière du bâtiment. Les dalles qui s'étendent jusqu'aux balcons ne sont pas attachées aux murs, par conséquent elles n'affichent pas de ligne au travers de l'assemblage entre le mur et le balcon, comme illustré en Figure 9–24. Faites un zoom arrière pour afficher tous les étages.

Figure 9–24

12. Dans l'onglet *Modifier*>groupe de fonctions Géométrie, déroulez (Attacher) et cliquez sur (Attacher la géométrie). Dans la Barre des options, sélectionnez **Joints multiples**.

13. Sélectionnez le mur extérieur arrière puis sélectionnez chaque étage avec un balcon pour assembler le mur et les sols, comme illustré en Figure 9–25. L'étage 2 est déjà assemblé et n'a pas besoin d'être sélectionné.

Figure 9–25

14. Cliquez sur **Modifier** pour mettre fin à la commande puis cliquez dans l'espace pour supprimer la sélection.

15. Faites un zoom arrière pour voir tout le bâtiment.

16. Enregistrez le projet.

9.2 Créer des ouvertures de cages

Des ouvertures peuvent être ajoutés aux sols (ainsi qu'aux toits et aux plafonds) en dessinant une esquisse fermée dans l'esquisse existante. Lorsque vous avez des cages d'ascenseurs ou d'autres ouvertures de plancher qui s'étendent sur plus d'un étage, créez une ouverture de cage, comme illustré en Figure 9–26, sur le plan et en 3D.

Les ouvertures de cage coupent uniquement les sols, les toits et les plafonds. Elles ne coupent pas les murs, les poutres ou d'autres objets.

Figure 9–26

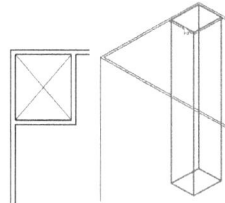

Instructions pratiques : Ajouter une ouverture de cage

1. Dans l'onglet *Architecture*>groupe de fonctions Ouverture, cliquez sur (Cage).
2. Dans l'onglet *Modifier | Créer une esquisse de l'ouverture de cage*>groupe de fonctions Dessiner, cliquez sur (Ligne de contour) et esquissez une ligne pour définir l'ouverture.
3. Dans le groupe de fonctions Dessiner, cliquez sur (Ligne symbolique) et ajoutez des lignes qui montrent le symbole d'ouverture dans une vue en plan.
4. Dans Propriétés, définissez ce qui suit :
   - *Contrainte inférieure* et *supérieure*
   - *Décalage inférieur* et *supérieur* ou *Hauteur non contrainte*
5. Cliquez sur (Terminer le mode de modification) pour créer l'ouverture.

- Un élément d'ouverture de cage peut inclure des lignes symboliques qui se répètent à chaque niveau, affichant la cage dans une vue en plan.
- Les cages sont un élément séparé du sol, du toit, du plafond ou du mur, et elles peuvent être effacées sans avoir sélectionné d'élément hôte.

9.3 Créer des sols inclinés

La flèche d'inclinaison ne s'affiche que lorsque le mode Esquisse est actif.

Il est possible d'appliquer des pentes à certains sols. Pour incliner un sol dans un sens, placez une *flèche d'inclinaison* dans l'esquisse du sol, comme illustré en Figure 9–27.

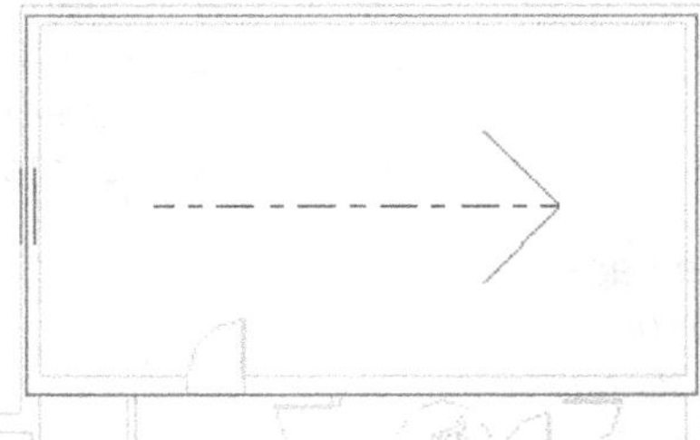

Figure 9–27

- Une fois que le sol est créé, vous pouvez ajouter de nombreux points de drainage et faire en sorte que le sol aille dans leur direction.
- Ces outils fonctionnent également avec les toits et les dalles structurelles.

Instructions pratiques : Incliner un sol dans une direction

1. Sélectionnez le sol que vous souhaitez incliner. Dans l'onglet *Modifier* | *Sols*>groupe de fonctions Mode, cliquez sur (Modifier la limite).
2. Dans l'onglet *Modifier* | *Sols>Modifier la limite*>groupe de fonctions Dessiner, cliquez sur (Flèche d'inclinaison).
3. Sélectionnez deux points pour définir la flèche. Le premier point est la flèche et le deuxième, la pointe. On peut spécifier des hauteurs à l'emplacement des flèches et des pointes. La direction de la flèche détermine l'orientation de la pente.
4. Dans Propriétés, précisez le *Niveau* et le *Décalage* au niveau de la *Flèche* et de la *Pointe*, comme illustré en Figure 9–28.

Contraintes	
Spécifier	Hauteur au niveau du bas de la flèche
Niveau au bas de la flèche	Par défaut
Décalage de la hauteur de la base de la flèche	300.0
Niveau à la pointe	Par défaut
Décalage de la hauteur au niveau de la pointe	0.0

Figure 9–28

Création de pentes multiples pour l'écoulement des eaux

Les toilettes, les laboratoires, les garages et autres salles ont souvent besoin d'avoir des sols inclinés vers l'écoulement des eaux, comme illustré en Figure 9–29. De plus, tous les toits plats ne sont pas vraiment plats, mais ils sont également inclinés vers l'écoulement des eaux. Plusieurs outils fournissent des façons de créer des points pour l'emplacement de l'évacuation, ainsi que des lignes pour définir la manière dont l'inclinaison ira jusqu'à l'évacuation.

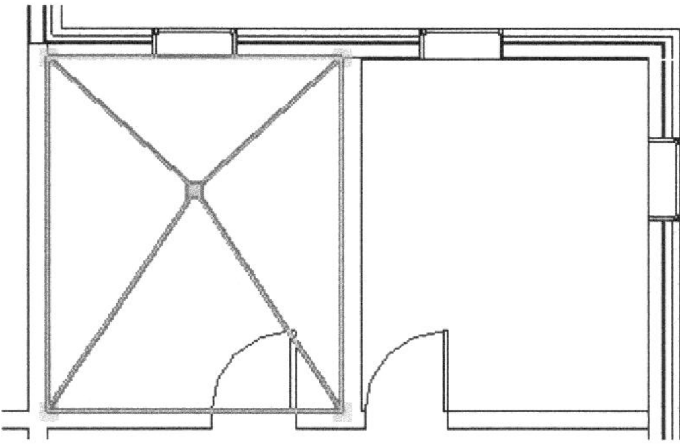

Figure 9–29

- Ces outils fonctionnent avec les sols, les toits et les planchers.

Instructions pratiques : Créer de multiples pentes d'écoulement

1. Sélectionnez la dalle, le sol ou le toit plats requis.
2. Dans l'onglet *Modifier* | *Sols*>groupe de fonctions Modification de forme (voir Figure 9–30), sélectionnez les outils que vous souhaitez utiliser pour définir les pentes.

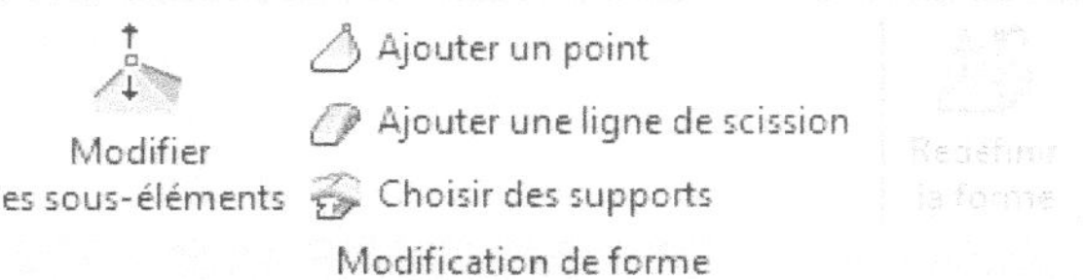

Figure 9–30

Ajouter un point : Précisez l'emplacement des points inférieurs ou supérieurs sur la surface. Dans la Barre des options, définissez l'*Élévation*. •Par défaut, l'élévation est relative à la partie supérieure de la surface. Supprimer l'option **Relative** si vous souhaitez utiliser l'élévation du projet.

Elévation: -75 ☑ Relatif:

- s'affiche lorsque vous placez le point. Les lignes de pente sont automatiquement ajoutées à partir des coins de la surface jusqu'au point.

Ajouter une ligne de scission : Définissez de plus petites zones sur la surface lorsque vous placez plus d'une évacuation. En fonction de la taille de la zone sur laquelle vous travaillez, vous pourriez vouloir les créer avant d'ajouter les évacuations.

Sélectionnez l'option **Chaîner** si vous voulez ajouter plus d'un segment assemblé.

Choisir des supports : Sélectionnez les poutres qui définissent les lignes de séparation.

Modifier les sous-éléments : Changez l'élévation des bords et des points et changez l'emplacement des points. Vous pouvez également déplacer des points à l'aide des poignées de forme sans cliquer sur (Modifier les sous-éléments), comme illustré ci-dessous. Appuyez sur la touche de tabulation pour faire défiler les options jusqu'à l'élément que vous souhaitez modifier.

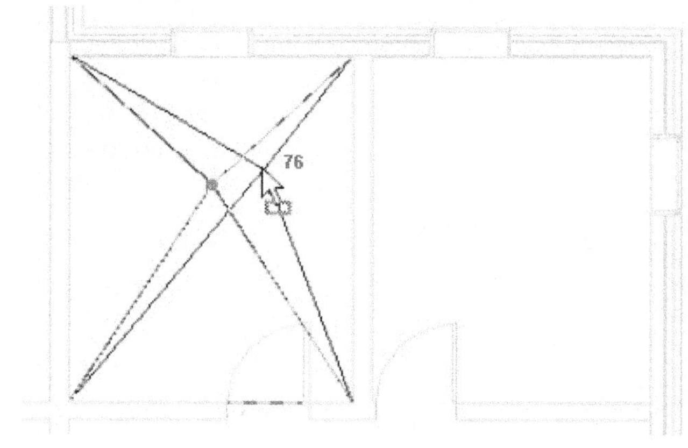

- Si vous voulez supprimer les pentes d'une surface, cliquez sur (Redéfinir la forme).
- Les sols, les toits et les dalles utilisent des styles définis à une épaisseur constante (au niveau de toutes les pentes du bâtiment), comme illustré en Figure 9–31.

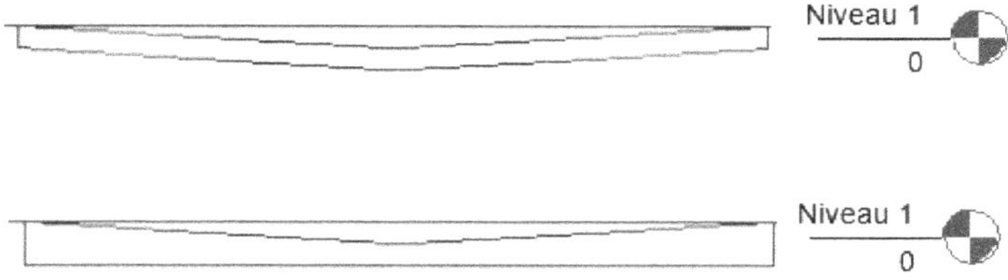

Figure 9–31

Exercice 9b

Créer des ouvertures de cages et des sols inclinés

Objectifs de l'exercice

- Créer une ouverture de cage.
- Incliner des sols.

Durée estimée : 15 minutes

Dans cet exercice, vous ajouterez une ouverture de cage pour l'ascenseur, comme illustré sur la gauche en Figure 9–32. Vous créerez également des pentes d'écoulement dans les toilettes et dans le local des concierges à l'aide des outils de Modification de forme, comme illustré sur la droite en Figure 9–32.

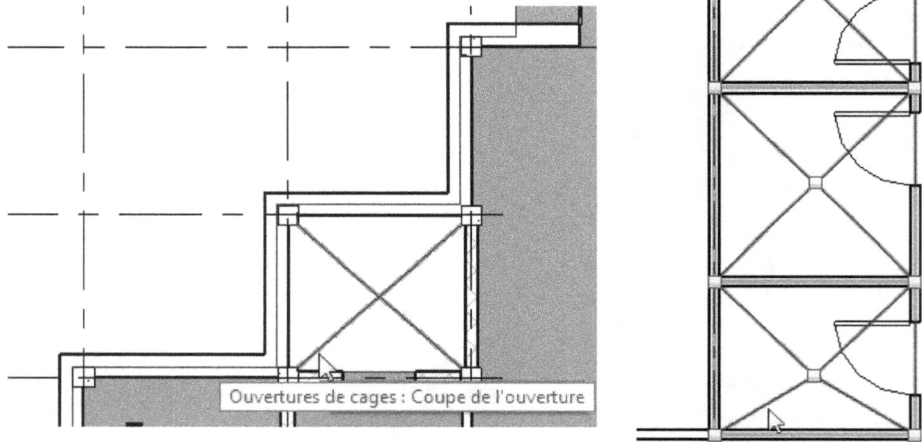

Figure 9–32

Tâche 1 - Créer une ouverture de cage.

1. Ouvrez le projet **Hôtel-Moderne-Cage.rvt**.
2. Ouvrez la vue **Plan d'étage : Étage 1** et zoomez sur la zone de l'ascenseur.
3. Masquez temporairement l'ascenseur.
4. Dans l'onglet *Architecture*>groupe de fonctions Ouverture, cliquez sur (Cage).
5. Dans l'onglet *Modifier | Créer une esquisse de l'ouverture de cage*>groupe de fonctions Dessiner, vérifiez que la (Ligne de contour) est sélectionnée.

6. Utilisez (Choisir des murs) pour créer le contour. Puis utilisez (Ajuster/Prolonger en angle) pour garantir que le contour est fermé, comme illustré en Figure 9–33.

7. Dans le groupe de fonctions Dessiner, cliquez sur (Ligne symbolique) et ajoutez deux lignes traversant l'ouverture, comme illustré en Figure 9–33.

Les cages ne sont pas découpées au travers des éléments porteurs.

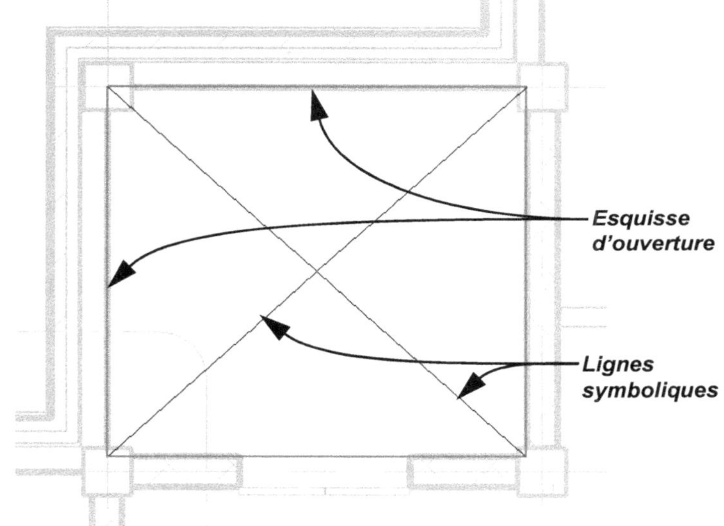

Figure 9–33

8. Dans Propriétés, vérifiez que la *Contrainte inférieure* est **Étage 1** et que le *Décalage inférieur* est (négatif) **-300 mm**.

9. Dans Propriétés, définissez la *Contrainte supérieure* sur **Jusqu'au niveau : Toit**.

10. Cliquez sur (Terminer le mode de modification).

11. Cliquez sur **Restaurer Masquage/Isolement temporairement** et faites un zoom arrière pour cadrer la vue.

12. Ouvrez la vue **Plan d'étage : Étage 2**.

13. Dans la barre de contrôle Vue, changez le*Style visuel* et passez à (Couleurs uniformes) pour afficher l'ouverture.

14. Revenez sur *Style visuel* et (Ligne cachée).

15. Ouvrez la vue en 3D et faites-la tourner pour afficher la cage traversant tous les étages, comme illustré en Figure 9–34.

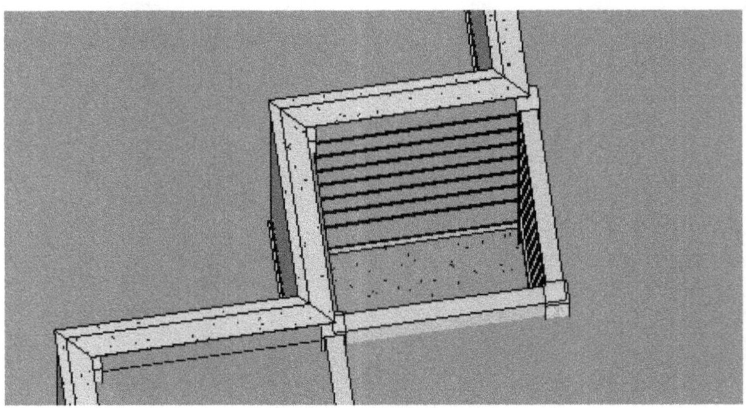

Figure 9–34

16. Ouvrez quelques vues en plan du sol. Les lignes symboliques s'affichent dans toutes les vues.
17. Revenez à la vue **Plan d'étage : Étage 1**.
18. Faites un zoom arrière pour afficher toute la vue, si nécessaire.
19. Dans la barre d'outils d'accès rapide, cliquez sur (Fermer les fenêtres cachées).
20. Enregistrez le projet.

Tâche 2 - Pente d'écoulement.

1. Ouvrez la vue **Plan d'étage : Étage 1 - Toilettes**.
2. Développez la taille de la zone cadrée pour que le local des concierges en-dessous soit aussi inclus dans le plan
3. Sélectionnez un des marqueurs d'élévation et cachez la catégorie.
4. Le bord du sol ne s'affiche pas dans cette vue, vous ne pouvez donc pas le sélectionner avec la méthode standard.

   Dans la Barre d'état, cliquez sur (Sélectionner les éléments par face), et cliquez sur la face du sol pour le sélectionner.

Utiliser l'option ***Chaîner*** *et ajouter d'abord tous les bords extérieurs.*

5. Dans l'onglet *Modifier* | *Sols*>groupe de fonctions Modification de forme, cliquez sur (Ajouter une ligne de scission). Dessinez les lignes, comme illustré en Figure 9–35.

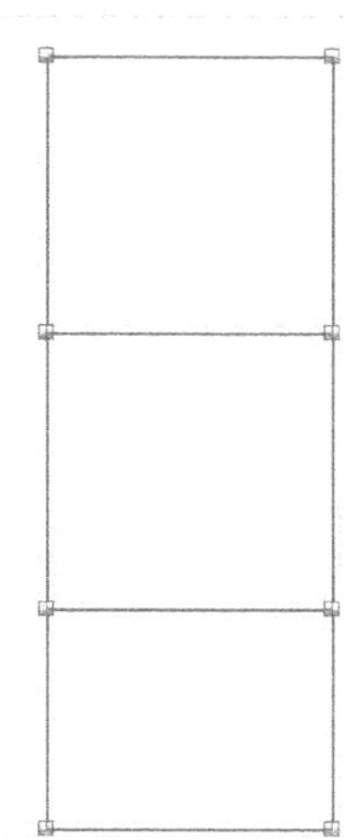

Figure 9–35

6. Dans le groupe de fonctions Modification de forme, cliquez sur (Ajouter un point). Dans la Barre des options, réglez l'*Élévation* à (négatif) **-15 mm**. Placez un point au centre de chaque pièce, comme illustré pour l'un d'entre eux en Figure 9–36.

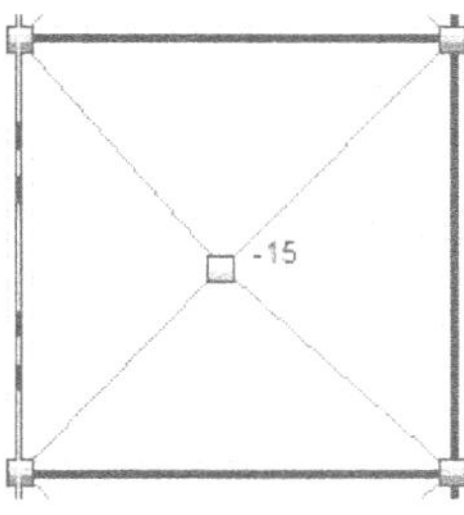

Figure 9–36

7. Mettez fin à la commande.
8. Dans la Barre d'état, cliquez sur (Sélectionner les éléments par face)
9. Ouvrez la vue 3D, faites un zoom arrière et enregistrez le projet.

Questions de révision

1. Lorsque vous créez un sol, l'esquisse du contour doit être...
    a. Ouverte
    b. Fermée
    c. Cela n'a pas d'importance.
2. Comment changer l'épaisseur d'un sol comme ceux indiqués à la Figure 9–37 ?

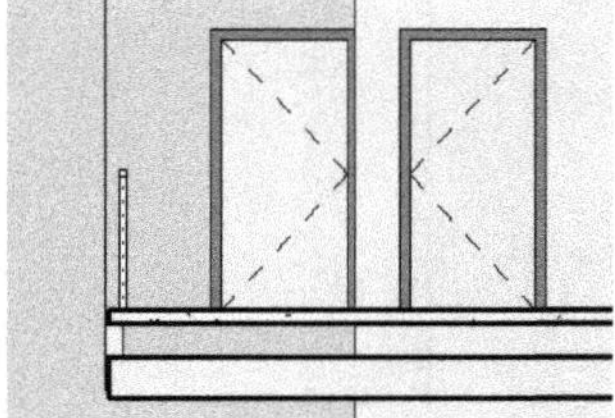

Figure 9–37

    a. Dans le Sélecteur de type, changez le *Type de sol*.
    b. Dans la Barre des options, changez l'*Épaisseur du sol*.
    c. Dans Propriétés, changez l'*Épaisseur du sol*.
    d. Dans le ruban contextuel, changez le *Décalage*.
3. Laquelle de ces commandes d'Ouverture suivantes découpe une ouverture dans plusieurs sols en même temps ?
    a. **Par face**
    b. **Cage**
    c. **Mur**
    d. **Vertical**
4. Lorsque vous créez un sol incliné, (Ajouter un point) place un point à...
    a. L'extrémité du sol où vous souhaitez que la pente s'arrête.
    b. L'extrémité du sol où vous souhaitez que la pente commence.
    c. Un point où plusieurs pentes convergent.
    d. Un point où deux pentes convergent.

Récapitulatif des commandes

Bouton	Commande	Emplacement
	Cage	• **Ruban :** Onglet *Architecture*>groupe de fonctions Ouverture
	Dalle : architecture	• **Ruban :** Onglet *Architecture*>groupe de fonctions Création>déroulez Sol
	Plancher	• **Ruban :** Onglet *Architecture*>groupe de fonctions Création>déroulez Sol
Outils de modification de forme		
	Ajouter un point	• **Ruban :** Onglet *Modifier* | *Sols*>groupe de fonctions Modification de forme
	Ajouter une ligne de séparation	• **Ruban :** Onglet *Modifier* | *Sols*>groupe de fonctions Modification de forme
	Choisir des supports	• **Ruban :** Onglet *Modifier* | *Sols*>groupe de fonctions Modification de forme
	Modifier les sous-éléments	• **Ruban :** Onglet *Modifier* | *Sols*>groupe de fonctions Modification de forme
	Redéfinir la forme	• **Ruban :** Onglet *Modifier* | *Sols*>groupe de fonctions Modification de forme

Chapitre

10

Modélisation des plafonds

Dans le logiciel Autodesk® Revit®, les plafonds sont modélisés à l'aide de plans de faux-plafonds. Vous pouvez ajouter des plafonds en sélectionnant une limite de pièce ou en dessinant à main levée des plafonds qui n'emplissent pas la totalité d'une pièce. Vous pouvez créer des plafonds de base fabriqués avec des grilles de panneaux acoustiques, ou des plafonds personnalisés de différentes hauteurs avec un mur de sous-face y étant ajouté. En plus de créer un plafond, vous pouvez également placer des plafonniers directement sur les éléments de plafond.

Objectifs d'apprentissage de ce chapitre

- Ajouter des plafonds automatiques qui emplissent toute une limite de pièce et des plafonds esquissés qui sont personnalisés afin de s'adapter à une conception.
- Modifier les contours de plafond et les emplacements des grilles pour les panneaux acoustiques afin de garantir que les panneaux s'adaptent correctement à la pièce.
- Ajouter des composants de plafond, y compris des éclairages et des éléments mécaniques.
- Ajouter des murs de sous-face dans l'espace entre les plafonds de différentes hauteurs.

10.1 Modélisation des plafonds

L'ajout de plafonds à des modèles d'Autodesk Revit est un processus simple. Pour placer un plafond, cliquez à l'intérieur des zones délimitées par des murs, et le plafond est créé, comme illustré dans la grande pièce à droite dans la Figure 10–1. Vous pouvez également dessiner à main levée des plafonds personnalisés si nécessaire. Tout élément que vous attachez à un plafond s'affiche dans les plans de sous-plafonds, ainsi que dans les coupes et les vues en 3D.

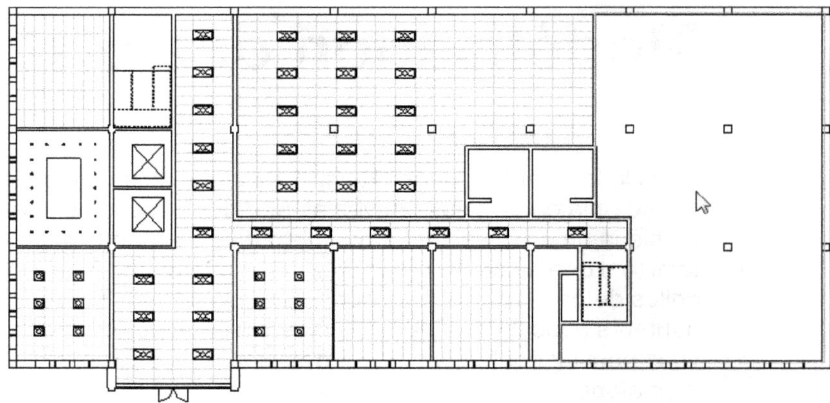

Figure 10–1

- Les plans de plafond sont généralement créés par défaut lorsque vous ajoutez un niveau avec une vue, comme illustré en Figure 10–2.

Si vous ne souhaitez pas qu'un niveau ait un plan de plafond, vous pouvez cliquer avec le bouton droit de la souris sur son nom dans l'Arborescence du projet et sélectionner ***Supprimer***.

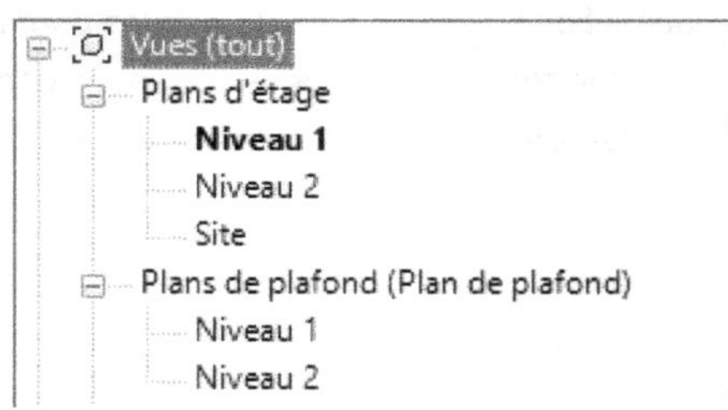

Figure 10–2

Instructions pratiques : Créer un contour de plafond automatique

1. Passez à la vue Plan de plafond appropriée.
2. Dans l'onglet *Architecture*>groupe de fonctions Création, cliquez sur (Plafond).

3. Dans le Sélecteur de type, sélectionnez le type de plafond. Dans Propriétés, définissez le *Décalage par rapport au niveau*.
4. Dans l'onglet *Modifier | Placer plafond*>groupe de fonctions Plafond, vérifiez que (Plafond automatique) est sélectionné. Cliquez à l'intérieur d'une pièce pour créer un plafond, comme illustré en Figure 10–3.

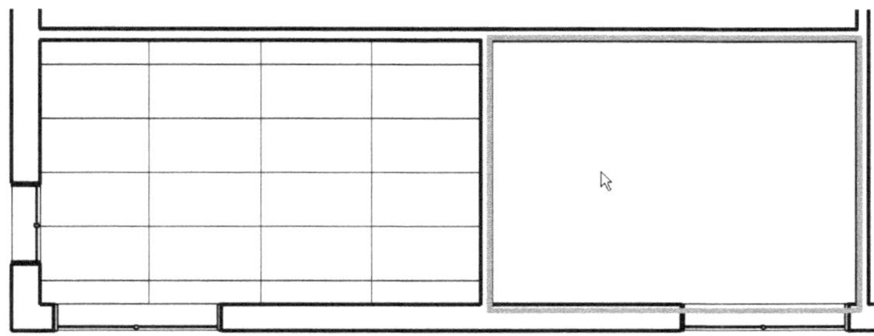

Figure 10–3

5. Continuez à ajouter des plafonds à d'autres pièces, si nécessaire.

Conseil : État de limite de pièce

Les éléments (comme les murs, les sols, les plafonds et les toits) ont une propriété de *Limite de pièce* définie dans Propriétés. Dans la plupart des cas, cela est activé par défaut car ces éléments définissent généralement des zones et des volumes.

L'outil de **Plafond automatique** utilise cette propriété pour identifier les murs qui définissent le contour d'un plafond. Si vous désactivez cette propriété pour un mur (comme un mur de hauteur partielle), l'outil de **Plafond automatique** ignore le mur.

Les plafonds peuvent aussi être utilisés comme délimitation de pièce pour des calculs de volume.

- Pour modifier des contours de plafond, sélectionnez un plafond et :
  - Dans l'onglet *Modifier | Plafonds*>groupe de fonctions Mode, cliquez sur (Modifier la limite), ou bien
  - Double-cliquez sur le plafond.

Esquisser des plafonds

Pour ajouter un plafond à une partie d'une pièce (voir Figure 10–4) ou pour avoir deux types de plafonds différents à des niveaux séparés, vous devrez dessiner un plafond.

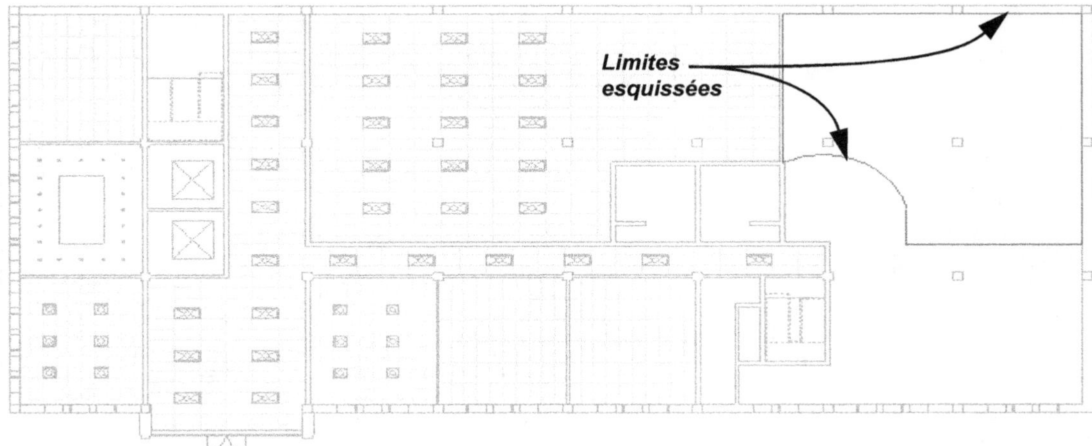

Figure 10–4

Instructions pratiques : Esquisser un plafond

1. Dans l'onglet *Architecture*>groupe de fonctions Création, cliquez sur (Plafond).
2. Dans l'onglet *Modifier | Placer plafond*>groupe de fonctions Plafond, cliquez sur (Esquisse du plafond).
3. Dans le groupe de fonctions Dessiner, cliquez sur (Ligne) ou (Choisir des murs) et définissez une boucle fermée pour le contour de plafond, comme si vous esquissiez un contour de sol.
4. Cliquez sur (Terminer le mode de modification) pour créer le plafond.

- Pour inclure un trou dans un plafond, inclure le trou dans l'esquisse. Le trou doit être une boucle fermée se trouvant complètement à l'intérieur des contours du plafond.

- Dans l'onglet *Architecture*>groupe de fonctions Ouverture, vous pouvez également utiliser (Ouverture par face), (Ouverture de cage) ou (Ouverture verticale) pour découper un trou dans un plafond qui est séparé de l'esquisse.

Conseil : Sélectionner des faces de plafond

S'il est difficile de sélectionner les plafonds sans les quadrillages, vous pouvez activer l'option Sélection (Sélectionner des éléments par face). Vous pouvez ensuite sélectionner la face du plafond, et pas seulement les bords. Si vous double-cliquez sur la face du plafond (ou une ligne de quadrillage), les options Modifier la limite s'affichent.

Modifier des quadrillages de plafonds

Lorsque vous utilisez des types de plafonds avec panneaux acoustiques, vous pouvez replacer les grilles en déplaçant ou en faisant pivoter les lignes de quadrillage, comme illustré en Figure 10–5.

- Pour changer un motif de panneau de plafond rectangulaire et passer d'horizontal à vertical, sélectionner une ligne de quadrillage et la faire pivoter à 90 degrés.

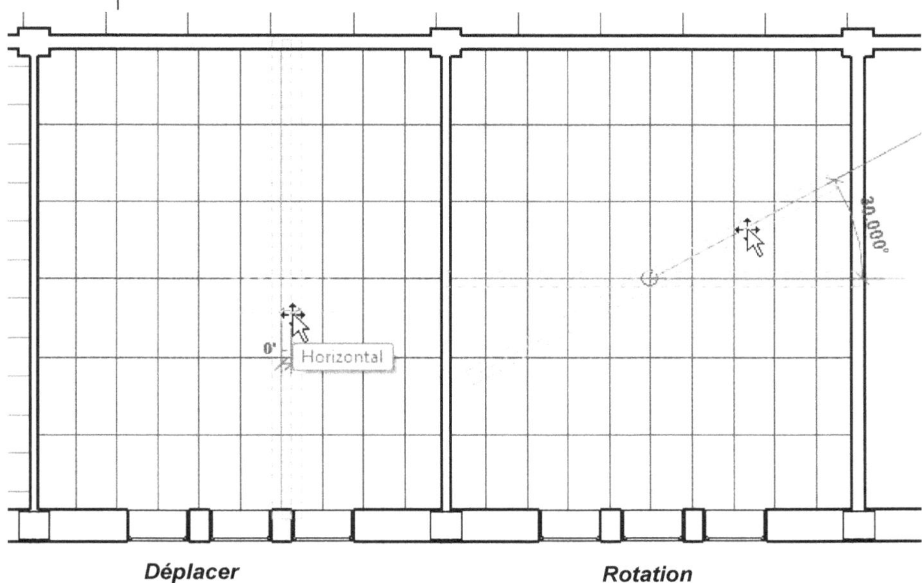

Figure 10–5

Instructions pratiques : Déplacer un quadrillage de plafond

1. Sélectionnez une ligne de quadrillage dans le plafond que vous souhaitez modifier.
2. Dans l'onglet *Modifier* | *Plafonds*>groupe de fonctions Modifier, cliquez sur (Déplacer).
3. Déplacez le curseur d'un côté et tapez une distance, en général un incrément de la taille du quadrillage de plafond.

Instructions pratiques : Rotation d'un quadrillage de plafond

1. Sélectionnez une ligne de quadrillage dans le plafond que vous souhaitez modifier.
2. Dans l'onglet *Modifier* | *Plafonds*>groupe de fonctions Modifier, cliquez sur (Rotation).
3. Dans la Barre des options, tapez un *Angle* ou utilisez (Rotation) pour sélectionner visuellement l'angle.

10.2 Ajouter des plafonniers

Plusieurs groupes de composants sont souvent utilisés avec les plafonds, il s'agit de :

- Luminaires (voir Figure 10–6)
- Équipement mécanique (pour les registres et les diffuseurs)
- Équipement spécial (comme les indications de sortie ou les sprinklers)

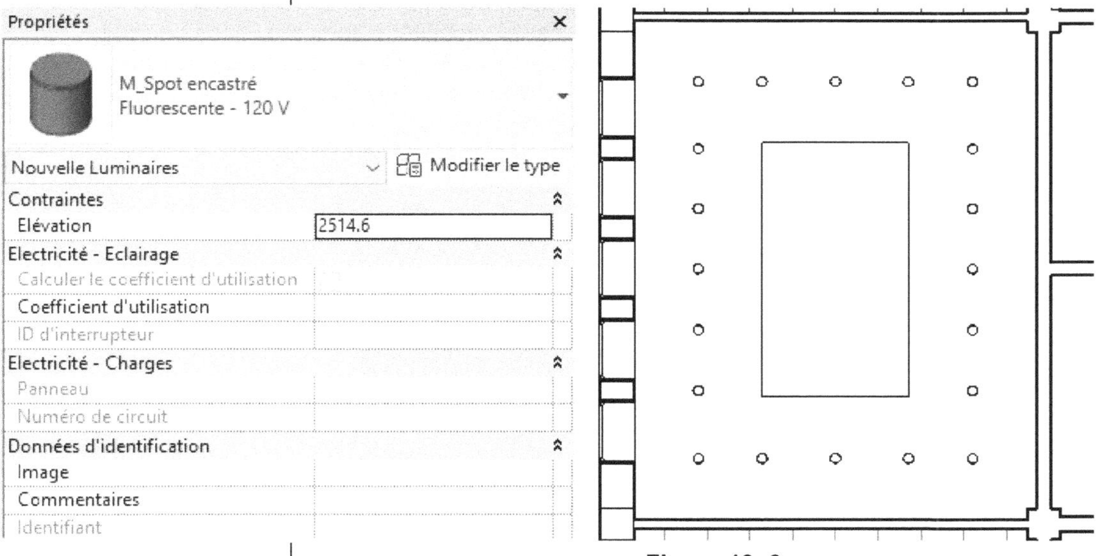

Figure 10–6

Après avoir placé un composant, appuyez sur la <barre d'espacement> pour le faire pivoter par incréments de 90 degrés.

- Utilisez (Composant) pour placer les plafonniers dans la vue du plafond.
- La Bibliothèque Autodesk Revit contient une variété de luminaires et d'éléments mécaniques. Vous pouvez également télécharger des éléments à partir d'Autodesk Seek.
- De nombreux luminaires incluent des types qui spécifient la tension de la lampe, comme illustré en Figure 10–6.
- Certains luminaires sont muraux au lieu d'être fixés au plafond et ils doivent être placés sur un mur dans une vue en plan du sol. Ils incluent des éléments tels que des appliques murales.

- Lorsque vous supprimez un plafond, les composants y étant associés (comme les luminaires) sont également supprimés.
- Certains composants sont basés sur leur point central et répondent aux murs les plus proches, et non au quadrillage de plafond. Par conséquent, vous devez placer une occurrence du composant puis la déplacer au bon endroit sur la grille. Vous pouvez alors utiliser **Copier** pour placer des occurrences supplémentaires sur la grille.
- Certains luminaires peuvent afficher la source d'éclairage, comme illustré sur la coupe en Figure 10–7. Pour afficher la source d'éclairage, dans la boîte de dialogue Remplacements visibilité/graphisme, dans l'onglet *Catégories de modèles*, développez **Luminaires** et sélectionnez **Source d'éclairage**, comme illustré sur la gauche en Figure 10–7

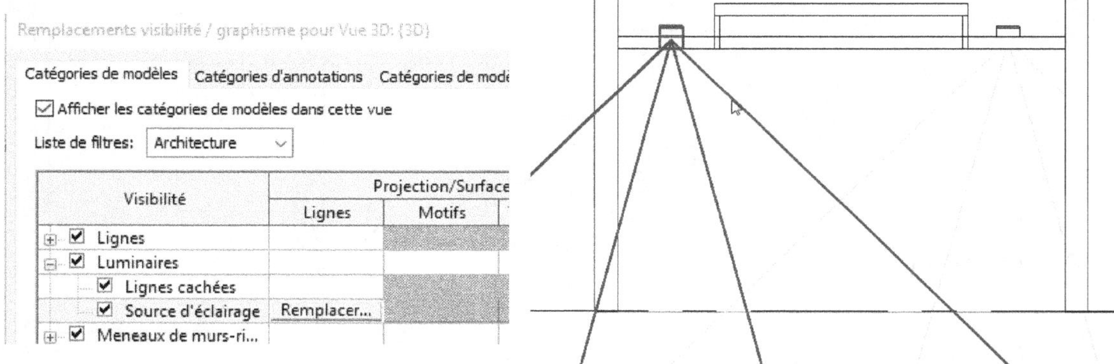

Figure 10–7

- Les sources d'éclairage affichent leur véritable force dans les rendus.

Conseil : Mise en place de composants dans des pièces sans plafond

Si vous devez placer des composants dans une pièce sans plafond, vous pouvez créer un plan de référence à la hauteur à laquelle vous souhaitez les placer et y mettre des familles basées sur le plan de construction.

1. Dans une coupe ou une vue d'élévation, esquissez un plan de référence à la hauteur désirée.
2. Cliquez sur le champ <*Cliquer pour nommer*> et tapez un nom puis appuyez sur <Entrée>.
3. Ouvrez le plan de plafond sur lequel vous souhaitez travailler.
4. Lancez la commande **Composant** et sélectionnez un composant basé sur un plan de construction.
5. Dans l'onglet *Modifier* | *Placer un composant*>groupe de fonctions Positionnement, cliquez sur (Placer sur le plan de construction), comme illustré en Figure 10–8.

Figure 10–8

6. Dans la Barre des options, spécifiez le plan de référence à partir de la liste déroulante Plan de placement, comme illustré en Figure 10–9.

Figure 10–9

7. Placer le composant.

- Ces options ne sont disponibles que si vous avez sélectionné un composant basé sur un plan de construction.

Exercice 10a Modéliser des plafonds et ajouter des plafonniers

Durée estimée : 15 minutes

Objectifs de l'exercice

- Créer des plafonds automatiques avec des quadrillages.
- Ajouter des composants de plafond.

Dans cet exercice, tout en travaillant sur un plan de sous-plafond, vous ajouterez des plafonds avec panneaux acoustiques à plusieurs espaces de support. Vous ajouterez alors des luminaires et des bouches d'aération, comme illustré en Figure 10–10.

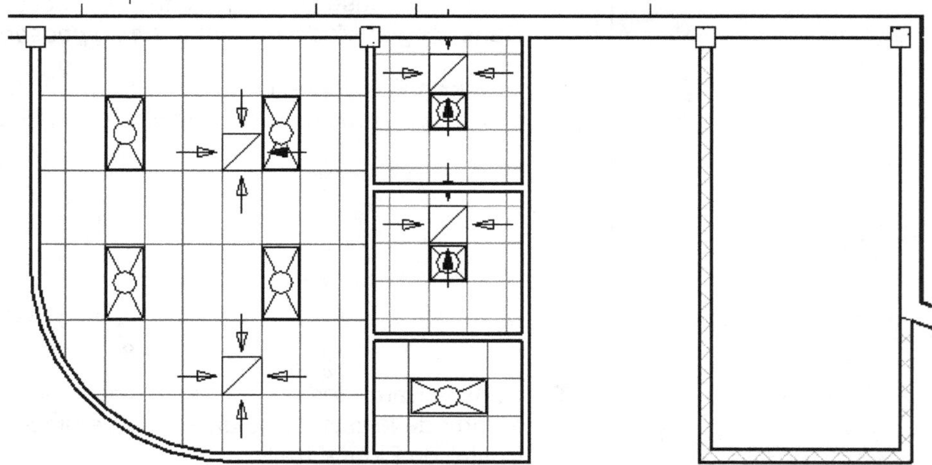

Figure 10–10

Tâche 1 - Créer des plafonds avec des quadrillages de plafonds.

1. Ouvrez le projet **Hôtel-Moderne-Plafonds.rvt**.
2. Ouvrez la vue **Plans de plafond : Étage 1**.
   - Pour alléger la vue, vous pouvez cacher les grilles, les élévations et les catégories de coupes. Pour rapidement cacher ces éléments, sélectionnez un élément de chaque type, puis tapez **VH**.
3. Dans l'onglet *Architecture*>groupe de fonctions Création, cliquez sur (Plafond).

4. Dans le Sélecteur de type, vérifiez que **Plafond composé: Quadrillage 600 x 1200 mm** est sélectionné.
5. Cliquez à l'intérieur des locaux d'entretien, comme illustré en Figure 10–11.

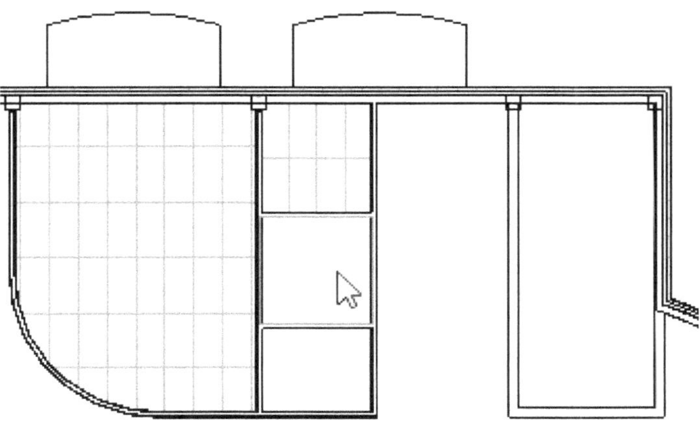

Figure 10–11

Maintenez <Ctrl> enfoncé pour sélectionner plus d'un élément.

6. Lancez la commande **Modifier** et sélectionnez une ligne de quadrillage dans chaque toilette.
7. Dans le Sélecteur de type, sélectionnez **Plafond composé: Quadrillage 600 x 600 mm**. Dans Propriétés, définissez le *Décalage par rapport au niveau* à **2800 mm**.
8. Enregistrez le projet.

Tâche 2 - Ajouter des composants de plafond.

1. Dans l'onglet *Architecture*>groupe de fonctions Création, cliquez sur (Composant).
2. Dans *Modifier* | *Placer un composant*>groupe de fonctions Mode, cliquez sur (Charger la famille) et chargez les composants suivants depuis le dossier *Bibliothèque* dans les fichiers d'exercice :
   - **M_Spot encastré.rfa**
   - **M_Luminaire encastré - Rectangulaire parabolique.rfa**
   - **M_Luminaire encastré - Carré parabolique.rfa**
   - **M_Bouche de soufflage - Encastrée.rfa**
   - **M_Bouche de reprise - Encastrée.rfa**

3. Ajoutez les plafonniers, comme illustré en Figure 10–12.
   - Sélectionnez une ligne de quadrillage de plafond et utilisez **Déplacer** pour modifier le quadrillage afin qu'il s'adapte à l'emplacement des plafonniers.
   - Sélectionnez un luminaire et placez-le sur le quadrillage. Appuyez sur <Echap> et sélectionnez le luminaire. Appuyez sur la <barre d'espacement> pour faire pivoter la lumière de 90 degrés.
   - Utilisez des accrochages ou **Aligner** pour le placer précisément sur le quadrillage.
   - Copiez-le à d'autres emplacements.
   - Placez des diffuseurs (bouches de soufflage ou bouches de reprise) dans chaque pièce. Compte tenu du fait que vous utilisez la version MEP hébergée, dans l'onglet *Modifier* | *Placer un composant*>groupe de fonctions Positionnement, cliquez sur (Placer sur la face).

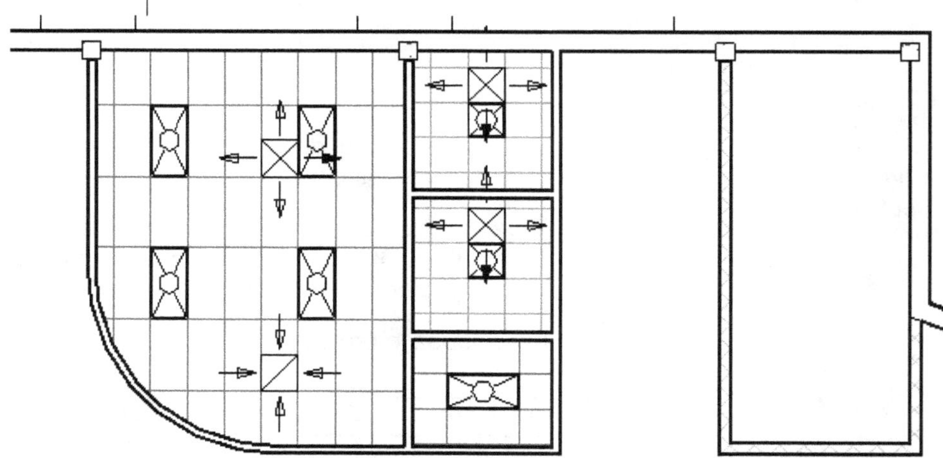

Figure 10–12

4. Enregistrez le projet.

10.3 Création des sous-faces de plafond

Les sous-faces de plafond sont les parties d'un plafond qui ont été rabaissées, comme illustré en Figure 10–13, ou qui connecte deux plafonds de différentes hauteurs. La création d'une sous-face de plafond se fait en deux étapes. Tout d'abord, vous créez un plafond, puis vous modeler des murs à l'aide d'un type de mur de sous-face.

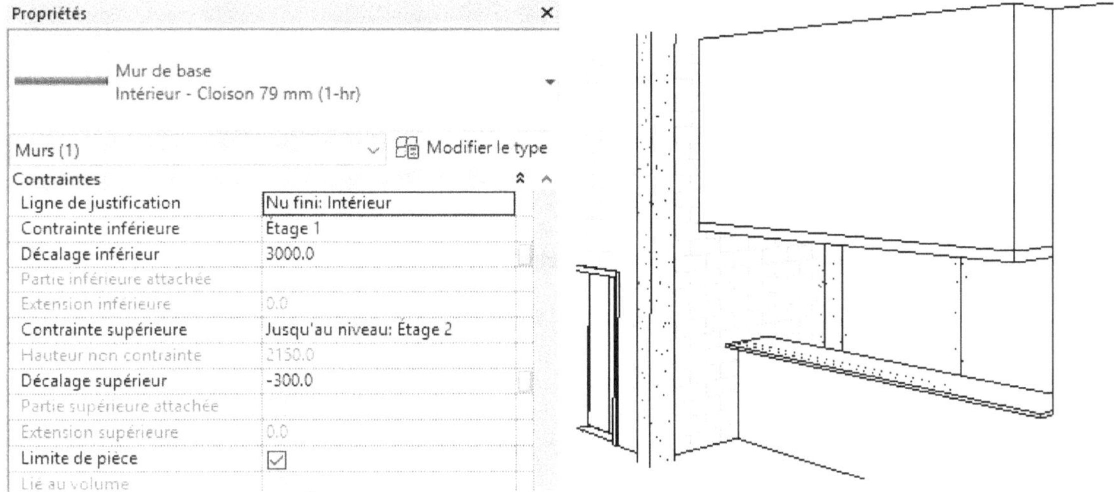

Figure 10–13

Instructions pratiques : Créer un plafond avec une sous-face

1. Ouvrez un plan de plafond.
2. Dans l'onglet *Architecture*>groupe de fonctions Création, cliquez sur (Plafond).
3. Dans le Sélecteur de type, sélectionnez le type de plafond. Dans Propriétés, définissez le *Décalage par rapport au niveau*.
4. Dans l'onglet *Modifier* | *Placer plafond*>groupe de fonctions Plafond, cliquez sur (Esquisse du plafond).

5. Dessinez le contour du plafond, comme illustré en Figure 10–14.

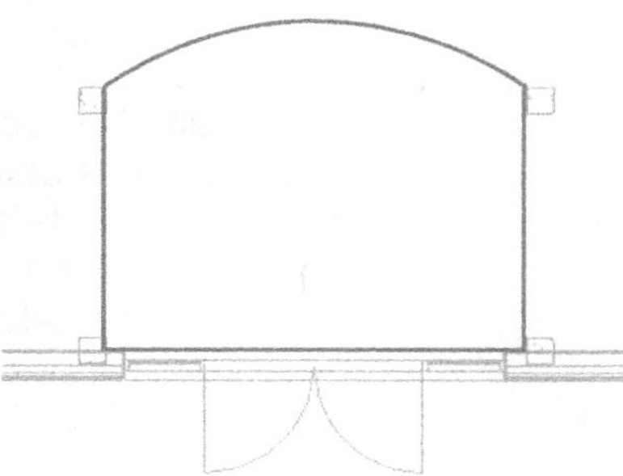

Figure 10–14

6. Cliquez sur (Terminer le mode de modification).
7. Dans l'onglet *Architecture*>groupe de fonctions Création, cliquez sur (Mur) pour créer le mur de sous-face.
8. Dans le Sélecteur de type, sélectionnez le type de mur de sous-face. Dans Propriétés, définissez le *Décalage inférieur* à partir du sol et la *Contrainte supérieure/Hauteur non contrainte* tel que requis pour établir la hauteur de la sous-face.
   - Parfois, il est plus facile de définir la hauteur des murs de sous-face en prolongeant ou en ajustant des éléments dans une vue en coupe.
9. Dans l'onglet *Modifier | Placer un mur*>groupe de fonctions Dessiner, cliquez sur (Choisir des lignes). Sélectionnez les bords du plafond pour créer les murs, comme illustré en Figure 10–15.

Si le mur se trouve à l'extérieur du plafond, l'inverser à l'aide de la commande Inverser et créer le reste des murs avec l'option opposée ***Ligne de justification****.*

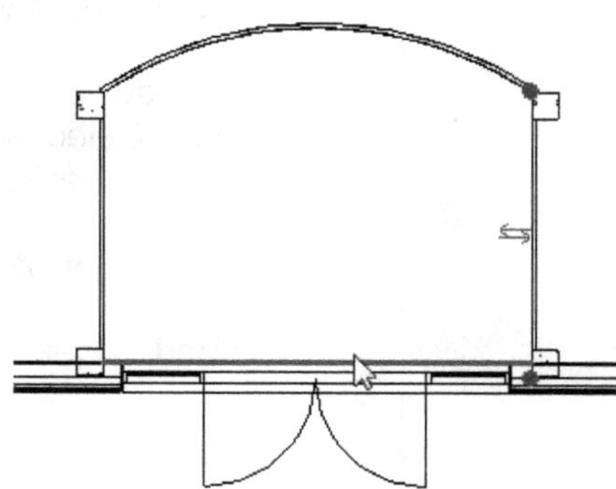

Figure 10–15

10. Affichez le plafond en 3D pour vérifier qu'il s'affiche correctement.

Conseil : Attacher la géométrie

Lorsque vous travaillez avec des éléments qui sont les uns à côté des autres, il peut être nécessaire de les modifier davantage pour qu'ils s'affichent comme souhaité. Par exemple, une façon de corriger les assemblages entre les murs et les plafonds est d'attacher la géométrie.

Dans l'onglet *Modifier*>groupe de fonctions Géométrie, cliquez sur (Attacher la géométrie) et sélectionnez les éléments à attacher.

Exercice 10b Créer des sous-faces de plafond

Durée estimée : 15 minutes

Objectif de l'exercice

- Créer des sous-faces de plafond.

Dans cet exercice, vous esquisserez un plafond, ajouterez des plafonniers, et créerez un mur de sous-face dans l'entrée, comme illustré en Figure 10–16. Vous ajouterez également, en option, un plafond encastré et une sous-face à la zone de petit-déjeuner.

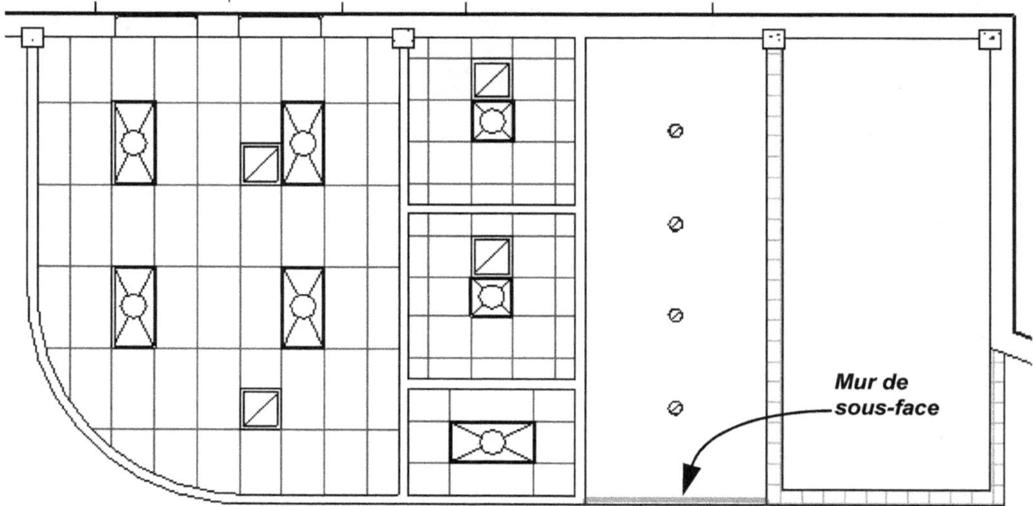

Figure 10–16

Tâche 1 - Esquisser un plafond.

1. Ouvrez le projet **Hôtel-Moderne-Sous-face.rvt**.
2. Ouvrez la vue **Plans de plafond : Étage 1** et zoomez sur le couloir à côté des toilettes.
3. Dans l'onglet *Architecture*>groupe de fonctions Création, cliquez sur (Plafond).
4. Dans le Sélecteur de type, sélectionnez **Plafond composé: Simple** et dans Propriétés, définissez le *Décalage par rapport au niveau* à **3000 mm**.

5. Dans l'onglet *Modifier* | *Placer plafond*>groupe de fonctions Plafond, cliquez sur (Esquisse du plafond) et esquissez le contour d'un plafond dans le couloir, comme illustré en Figure 10–17.

Figure 10–17

6. Cliquez sur (Terminer le mode de modification).
7. Ajoutez en ligne droite quatre composants de type **M_Spot encastré** dans le couloir et dans Propriétés, définissez l'*Élévation* sur **3000 mm**.
   - Utilisez des plans de référence, des lignes de détails, des dimensions égales, ou la commande **Réseau** pour les espacer de façon égale dans le couloir.
8. Enregistrez le projet.

Tâche 2 - Ajouter une sous-face.

1. Ouvrez la vue **Coupe (Coupe du bâtiment): Est-Ouest** et zoomez sur la zone du couloir illustrée en Figure 10–18.

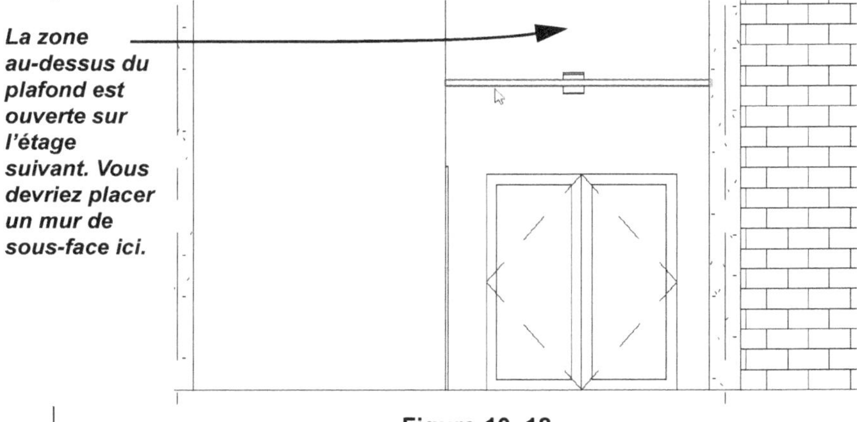

La zone au-dessus du plafond est ouverte sur l'étage suivant. Vous devriez placer un mur de sous-face ici.

Figure 10–18

2. Revenez à la vue **Plans de plafond : Étage 1**.

3. Cliquez sur (Mur). Dans le Sélecteur de type, sélectionnez **Mur de base: Intérieur - Cloison 79 mm (1-hr)**.

4. Dans Propriétés, réglez la *Ligne de justification* sur **Nu fini : Intérieur**, le *Décalage inférieur* sur **3000 mm** et la *Contrainte supérieure* sur **Jusqu'au niveau : Étage 2** avec un *Décalage supérieur de* (négatif) **-300 mm**.

5. Dessinez le mur le long de la face du plafond, comme illustré en Figure 10–19.

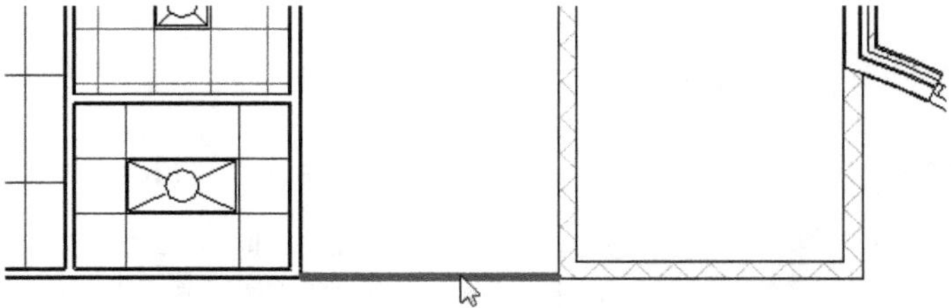

Figure 10–19

6. Ouvrez la vue **Coupe (Coupe du bâtiment) : Est-Ouest**.

7. Dans l'onglet *Modifier*>groupe de fonctions Géométrie, cliquez sur (Attacher).

8. Sélectionnez le mur de sous-face au-dessus du plafond puis sélectionnez le plafond, comme illustré sur la gauche en Figure 10–20.

9. Sélectionnez à nouveau le plafond, puis le mur à gauche. Les éléments sont nettoyés comme illustré sur la droite en Figure 10–20.

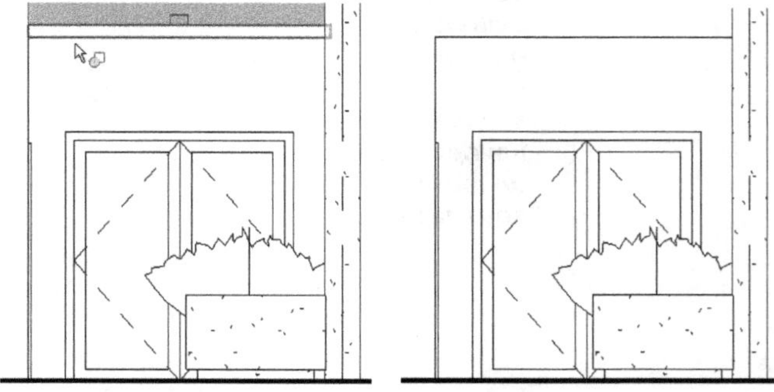

Figure 10–20

10. Enregistrez le projet.

Tâche 3 - (En option) Ajouter un plafond encastré.

1. Dans la vue **Plans de plafond : Étage 1**, zoomez sur la zone de petit-déjeuner à proximité du mur incurvé.
2. Cliquez sur (Plafond) et cliquez sur (Esquisse du plafond).
3. Créez un plafond, similaire à celui illustré en Figure 10–21, avec une ouverture au centre.

S'il vous est difficile de sélectionner le centre du mur incurvé, tapez ***SC*** *puis sélectionnez le mur incurvé. Cela permet un accrochage au point central de l'arc.*

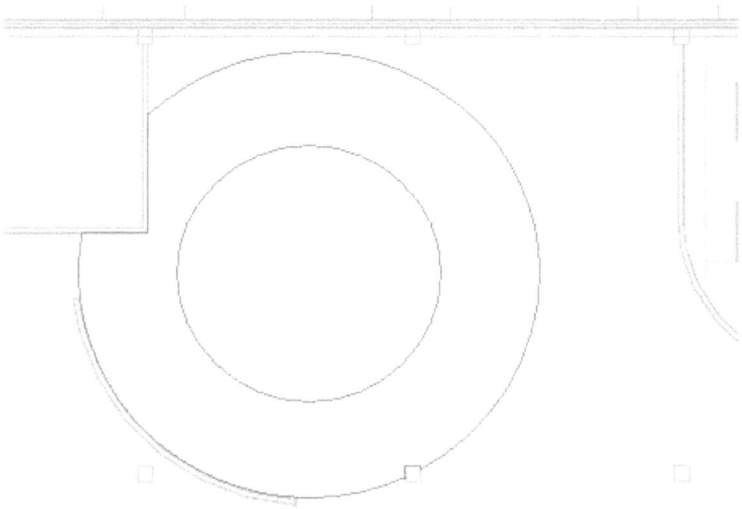

Figure 10–21

4. Cliquez sur (Terminer le mode de modification). Le plafond est toujours sélectionné.
5. Dans le Sélecteur de type, sélectionnez **Plafond composé: Simple** et dans Propriétés, définissez le *Décalage par rapport au niveau* à **3000 mm**.

6. Cliquez sur (Mur). Dans le Sélecteur de type, sélectionnez **Mur de base: Intérieur - 79mm Cloison (1hr)** avec les propriétés suivantes :
   - *Ligne de justification :* **Nu fini : Intérieur**
   - *Contrainte inférieure :* **Étage 1**
   - *Décalage inférieur :* **3000mm**
   - *Contrainte supérieure :* **Jusqu'au niveau : Étage 1**
   - *Décalage supérieur :* **3600 mm**
7. Dans l'onglet *Modifier* | *Placer un mur*>groupe de fonctions Dessiner, cliquez sur (Choisir des lignes) et sélectionnez le trou intérieur du plafond, comme illustré en Figure 10–22.

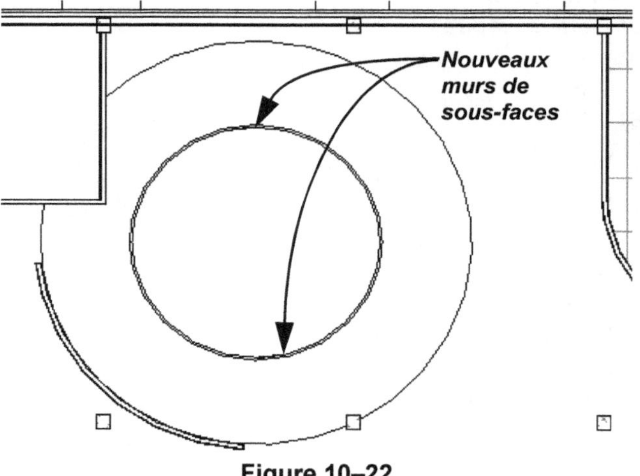

Figure 10–22

8. Cliquez à nouveau sur (Plafond) et utilisez (Esquisse du plafond) pour esquisser le contour d'un plafond à l'intérieur de la zone ouverte. Utilisez (Choisir des murs) pour sélectionner les murs de sous-face.
9. Cliquez sur (Terminer le mode de modification).
10. Dans le Sélecteur de type, sélectionnez **Plafond composé: Simple** et dans Propriétés, définissez le *Décalage par rapport au niveau* à **3600 mm**.

*Utilisez **Masquer dans la vue>Éléments** pour dégager la vue.*

11. Ouvrez la vue **Plan d'étage : Étage 1** et créez une vue de caméra tournée vers la zone de petit-déjeuner, comme illustré en Figure 10–23.

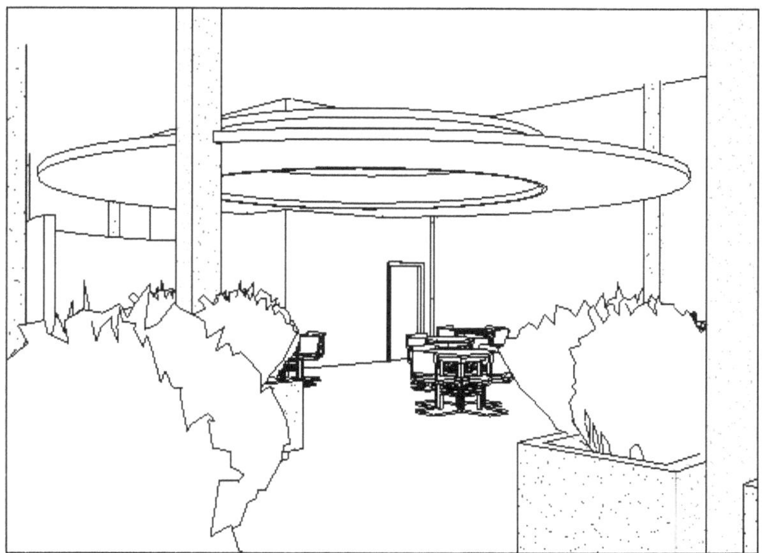

Figure 10–23

12. Enregistrez le projet.

Questions de révision

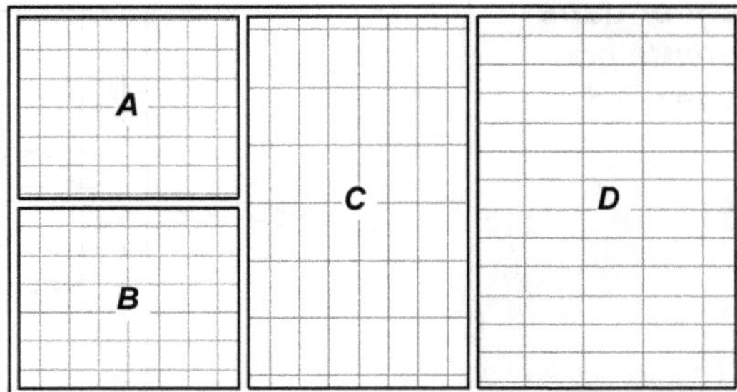

Figure 10–24

1. Pour les pièces étiquetées A et B dans la Figure 10–24, quelle commande utilisez-vous pour changer le positionnement du quadrillage de plafond ?

   a. (Aligner)

   b. (Déplacer)

   c. (Rotation)

   d. (Copier)

2. Pour les pièces étiquetées C et D dans la Figure 10–24, quelle commande utilisez-vous pour changer la direction des quadrillages ?

   a. (Aligner)

   b. (Déplacer)

   c. (Rotation)

   d. (Copier)

3. Lequel des types de composants suivants peut être hébergé par des éléments de plafond ? (Sélectionnez toutes les réponses possibles).
    a. Diffuseurs mécaniques et retours
    b. Luminaires
    c. Quadrillages de mur-rideau
    d. Poteaux
4. Laquelle des commandes suivantes utiliseriez-vous pour créer un plafond avec une sous-face autour des bords ? (Sélectionnez toutes les réponses possibles).
    a. (Plafond automatique)
    b. (Esquisse du plafond)
    c. (Mur)
    d. (Attacher)
5. Laquelle des commandes suivantes pouvez-vous utiliser pour adapter exactement un luminaire dans un quadrillage de plafond comme illustré en Figure 10–25 ? (Sélectionnez toutes les réponses possibles).

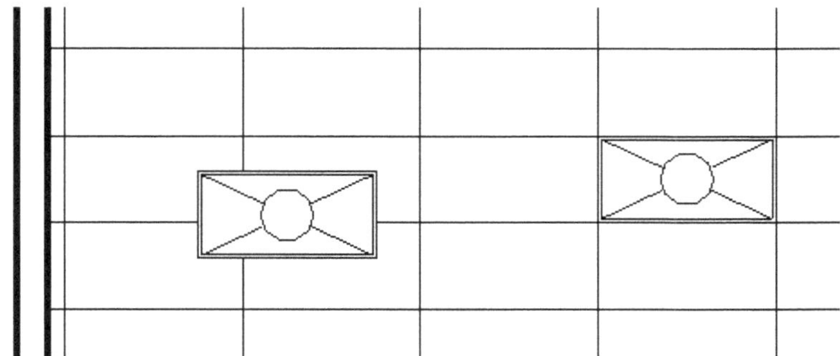

Figure 10–25

    a. (Ajuster/Prolonger en angle)
    b. (Aligner)
    c. (Attacher)
    d. (Déplacer)

Récapitulatif des commandes

Bouton	Commande	Emplacement
	Plafond	• **Ruban :** Onglet *Architecture*>groupe de fonctions Création
	Placer un composant	• **Ruban :** Onglet *Architecture*>groupe de fonctions Création

Chapitre

11

Modélisation des toits

Vous pouvez créer des toits simples ou très complexes dans le logiciel Autodesk® Revit® grâce à deux méthodes différentes. La méthode du tracé vous permet de créer des toits à l'aide d'une procédure similaire à celle permettant de créer un sol. Vous pouvez aussi utiliser la méthode d'extrusion basée sur un profil qui contrôle la forme du toit.

Objectifs d'apprentissage de ce chapitre

- Esquisser des toits avec la méthode du tracé pour des toits plats, en appentis, à pignon ou en croupe.
- Définir des plans de construction pour vous aider à créer des profils de toit extrudé.
- Esquisser un profil pour la forme d'un toit pouvant ensuite être extrudé.

11.1 Modélisation des toits

Le logiciel Autodesk Revit offre deux façons principales de créer des toits :

- **Tracé :** Créé dans une vue en plan du sol en définissant la zone à couvrir.
- **Extrusion :** Créé dans une vue d'élévation ou une coupe en définissant une esquisse de profil.

La méthode du tracé peut générer des types de toits les plus courants, y compris des toits plats, en appentis, à pignon et en croupe. La méthode d'extrusion est nécessaire pour un toit de forme irrégulière ou un toit à deux pentes sur la même face, comme illustré en Figure 11–1.

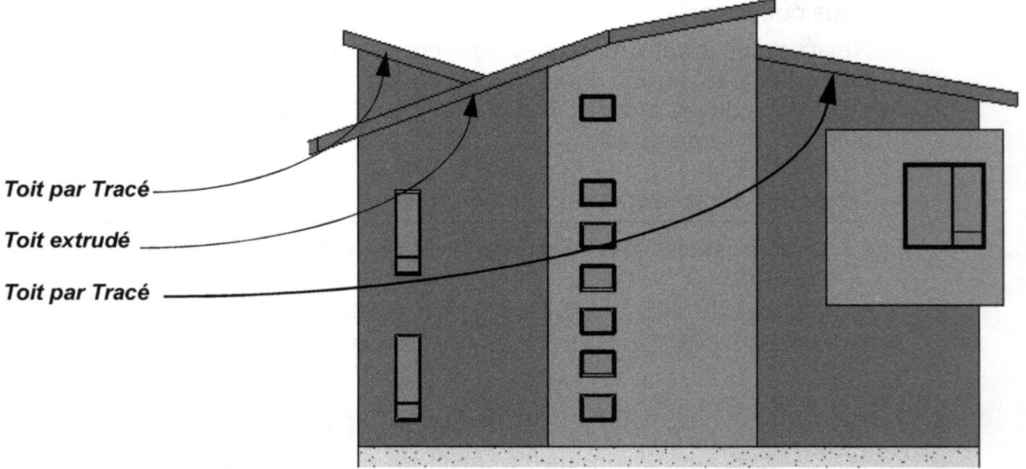

Figure 11–1

- D'autres options de toits, se trouvant dans la liste déroulante Toit, incluent le **Toit par face**, qui est utilisé avec des masses élémentaires, la **Sous-face du toit**, qui relie le **Bord de toiture** au mur, qui place une plaque plane sur le bord extérieur du toit et la **Gouttière**, qui ajoute une gouttière sur le bord du toit.

11.2 Création de toits par tracé

Pour créer un toit plat ou n'importe quel toit de base à une seule pente (en croupe, en appentis ou à pignon), commencez par une vue et définissez une esquisse ou « tracé » autour de la zone que le toit doit couvrir, comme illustré en Figure 11–2.

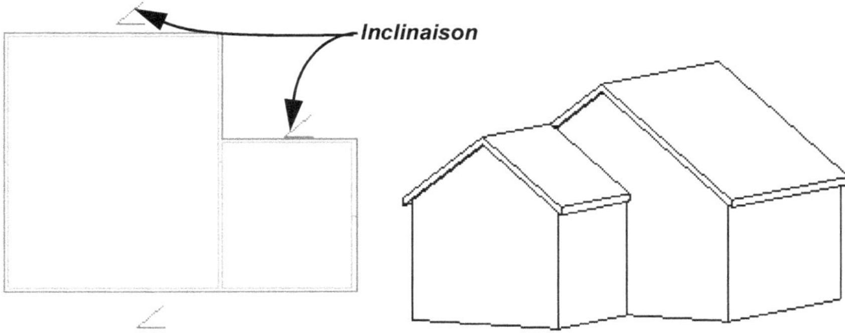

Figure 11–2

Vous contrôlez le type de toit en spécifiant quel(s) bord(s) définit/définissent l'inclinaison :

- Aucun bord incliné = toit plat
- Un bord incliné = toit en appentis
- Deux bords opposés inclinés = toit à pignon
- Tous les bords inclinés = toit en croupe

Instructions pratiques : Ajouter un toit par Tracé

1. Ouvrez une vue en plan au niveau du toit du bâtiment.
2. Dans l'onglet *Architecture*>groupe de fonctions Création, déroulez (Toit) et cliquez sur (Toit par Tracé).
3. Dans l'onglet *Modifier| Créer un tracé du toit*>groupe de fonctions Dessiner, cliquez sur (Choisir des murs) ou (Ligne) ou n'importe quel autre outil de Dessin pour créer le tracé du toit. Vous pouvez inclure des arcs dans l'esquisse.
   - Les lignes doivent former une délimitation fermée sans aucune ligne de chevauchement.

- Utilisez des commandes telles que (Ajuster), pour modifier les lignes, si nécessaire.

4. Sélectionnez et modifiez chaque segment de l'esquisse en fonction de vos besoins à l'aide de la Barre des options, des propriétés ou des contrôles, comme illustré en Figure 11–3.

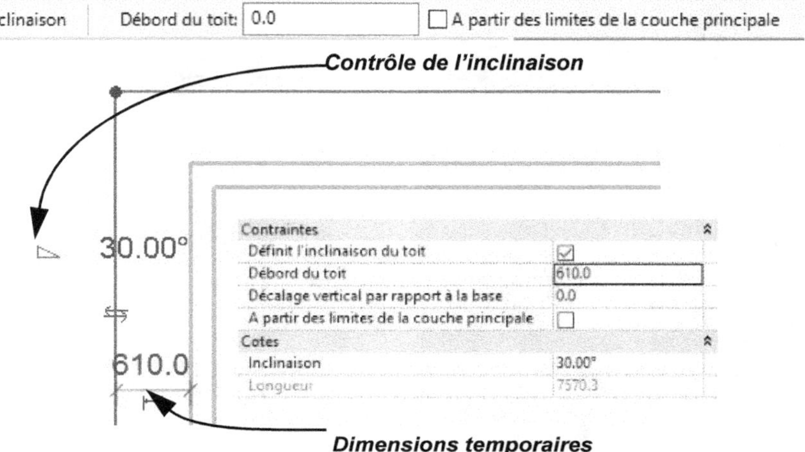

Figure 11–3

5. Cliquez sur (Terminer le mode de modification).
6. Un message d'alerte pourrait s'ouvrir, comme montré dans la Figure 11–4. Vous pouvez attacher, maintenant ou plus tard, les murs en surbrillance au toit.

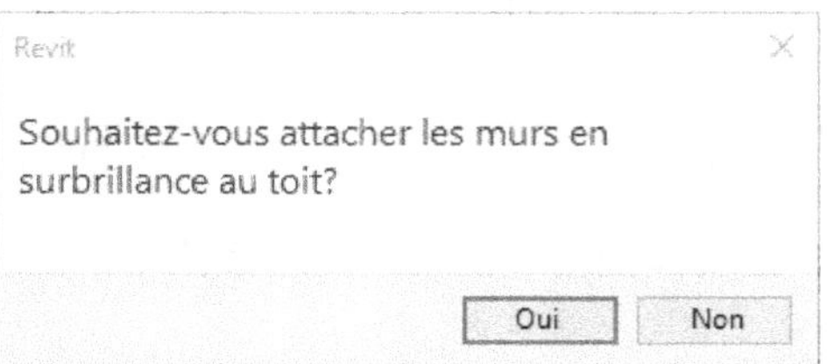

Figure 11–4

7. Le toit est toujours sélectionné et, dans Propriétés, vous pouvez définir les propriétés pour l'ensemble du toit. Elles incluent le type de toit, le *Décalage inférieur à partir du niveau*, la *Coupe en chevron*, et le *Niveau de la coupure*.

Pour modifier une esquisse de toit, vous pouvez :

- Double-cliquer sur le bord du toit.

OU

- Une fois le toit sélectionné, cliquer sur (Modifier le tracé).

Attacher les murs au toit

Attacher des murs au toit permet d'étendre les murs jusqu'au toit, comme illustré en Figure 11–5. Vous attachez des murs alors que vous êtes toujours dans la commande de toit, ou vous pouvez utiliser les commandes **Attacher Haut/Bas** plus tard dans la procédure de conception.

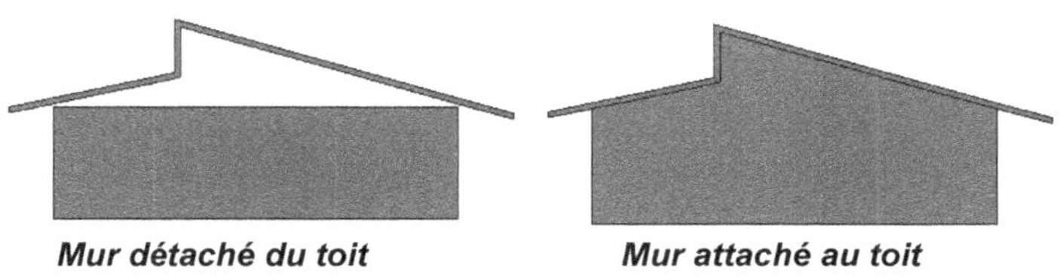

Figure 11–5

- **Attacher Haut/Bas** peut aussi être utilisé avec des murs se trouvant contre des sols inclinés ou des caractéristiques de site topographique.

Instructions pratiques : Attacher des murs aux toits

1. Sélectionnez le ou les mur(s) que vous souhaitez attacher au toit.
2. Dans l'onglet *Modifier* | *Murs*>groupe de fonctions Modifier, cliquez sur (Attacher Haut/Bas). Vérifiez que *Attacher mur* est réglé sur **Haut**, comme illustré en Figure 11–6.

Figure 11–6

3. Sélectionnez le toit. Les murs sont ajustés ou prolongés jusqu'à la ligne de toit.

Conseil : Définir un plan de toit

Lors de la création d'un toit, ajoutez un niveau avec une vue en plan du sol où devra se situer le bas du toit. En cas de toits à différentes hauteurs, créez un niveau pour chaque emplacement.

La plupart des vues en plan sont généralement coupées à 1200 mm au-dessus du bas du niveau, comme illustré en Figure 11–7. Cependant, cela ne fonctionne pas avec des toitures inclinées, dont les structures peuvent atteindre 9000 mm de haut ou plus. Pour changer la hauteur de la zone affichée dans le plan de toit, changez la *Plage de la vue*.

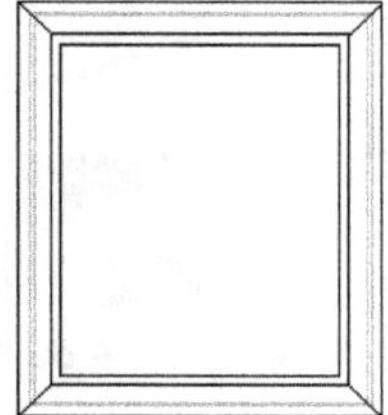

Plan de coupe de la plage de vue @ 1200 mm

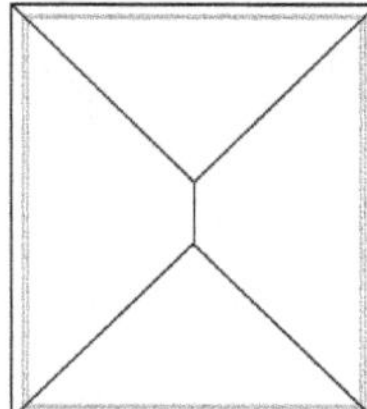

Plan de coupe de la plage de vue @ 9000mm

Figure 11–7

Exercice 11a Création de toits par tracé

Durée estimée : 25 minutes

Objectifs de l'exercice

- Créer des toits plats et inclinés à l'aide de Toit par tracé.
- Créer une vue en plan de toit.

Dans cet exercice, vous créerez un toit plat sur la partie principale de l'hôtel, puis des toits plats et inclinés sur le bâtiment de la piscine couverte, comme illustré en Figure 11–8.

Figure 11–8

Tâche 1 - Créer un toit plat.

1. Ouvrez **Hôtel-Moderne-Toit par tracé.rvt**.
2. Ouvrez la vue **Plan d'étage : Toit** et définissez le *Niveau en fond de plan>Plage : niveau de base* sur **Aucun**.
3. Masquez les lignes du quadrillage et les marqueurs d'élévation et de coupe.
4. Dans l'onglet *Architecture*>groupe de fonctions Création, déroulez (Toit) et cliquez sur (Toit par Tracé).

5. Dans la Barre des options, décochez l'option **Inclinaison**.
6. Dans l'onglet *Modifier | Créer un tracé du toit*>groupe de fonctions Dessiner, cliquez sur (Choisir des murs) et sélectionnez l'intérieur des murs de l'enveloppe du bâtiment, comme illustré en Figure 11–9.

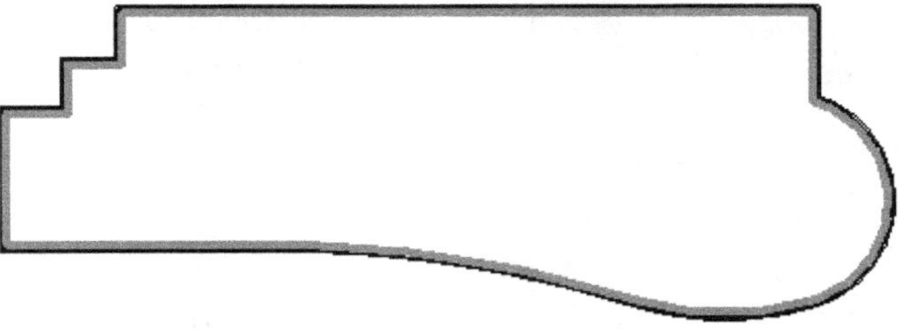

Figure 11–9

7. Cliquez sur (Terminer le mode de modification).
8. Dans le Sélecteur de type, sélectionnez **Toit de base: Poutrelle en acier - Isolation sur platelage en acier - EPDM**.
9. Visualisez le bâtiment en 3D pour afficher le toit appliqué sous le parapet, comme illustré en Figure 11–10.

Figure 11–10

10. Enregistrez le projet.

Tâche 2 - Créer un plan de toit.

Maintenez la touche <Maj> et la molette de la souris enfoncées pour pivoter en vue 3D.

1. Faites pivoter la vue 3D jusqu'à ce que la piscine couverte à l'arrière du bâtiment s'affiche. Elle n'a pas encore de toit mais plusieurs éléments sont en place, y compris les parapets et la sous-face de toit, comme illustré en Figure 11–11.

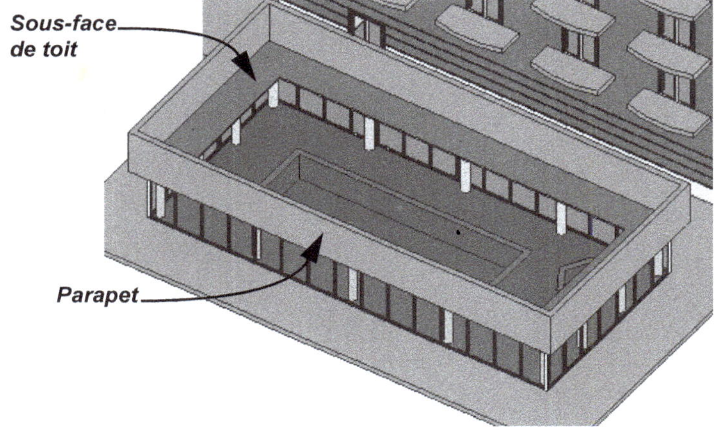

Figure 11–11

2. Dupliquer (sans les détails) une copie de la vue de **Plan d'étage : Étage 2** et renommez-la **Toit - Piscine couverte**.

3. Vérifiez que cette vue est ouverte.

4. Ouvrez la boîte de dialogue de la Plage de la vue (tapez **VR**) et définissez-la tel qu'illustré en Figure 11–12. Cliquez sur **OK**.

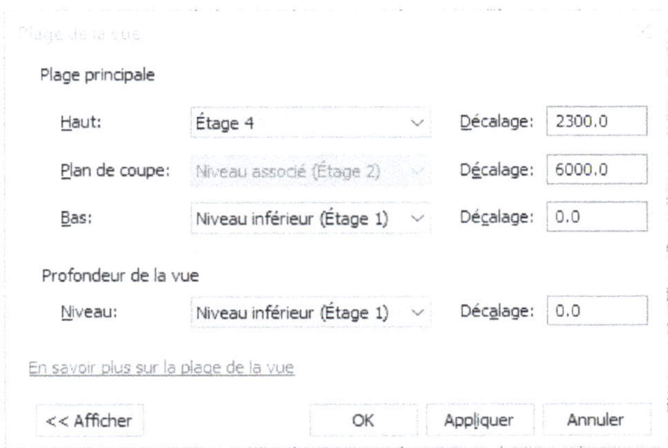

Figure 11–12

5. Développez la zone cadrée pour afficher la zone de la piscine puis modifiez-la pour que seule le bâtiment de la piscine couverte s'affiche, comme illustré en Figure 11–13. Masquez tous les autres éléments, en fonction des besoins.

Figure 11–13

6. Masquez la zone cadrée.

Tâche 3 - Créer des toits sur la piscine.

1. Dans l'onglet *Architecture*>groupe de fonctions Création, cliquez sur (Toit). Le logiciel se souvient de la dernière commande utilisée de **Toit par tracé**.
2. Dans la Barre des options, vérifiez que l'option **Inclinaison** est décochée et qu'il n'y a aucun débord.
3. Dans l'onglet *Modifier* | *Créer un tracé du toit*>groupe de fonctions Dessiner, cliquez sur (Choisir des murs) et sélectionnez l'intérieur des parapets, comme illustré en Figure 11–14.
4. Utilisez (Choisir des lignes) et sélectionnez l'ouverture de la sous-face, comme illustré en Figure 11–14. Cela crée un toit plat avec une ouverture.

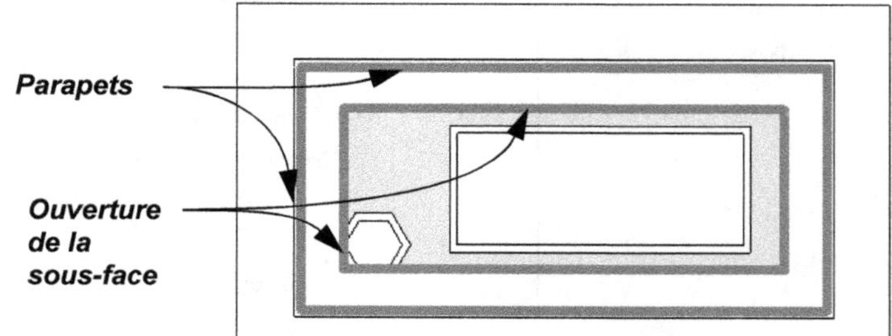

Figure 11–14

5. Cliquez sur ✓ (Terminer le mode de modification).
6. Lorsque le toit est toujours sélectionné, définissez ce qui suit :
   - *Type :* **Toit de base: Toit générique - 400 mm**
   - *Niveau de base :* **Étage 2**
   - *Décalage inférieur à partir du niveau :* (négatif) **-200 mm**
7. Cliquez dans la vue pour relâcher le toit.
8. Cliquez sur (Mur).
9. Dans Propriétés, définissez les propriétés suivantes :
   - *Type de mur :* **Mur de base: Extérieur - TIFE sur montant Mtl**
   - *Ligne de justification :* **Nu fini : Intérieur**
   - *Contrainte inférieure :* **Étage 2**
   - *Décalage inférieur :* (négatif) **-200 mm**
   - *Contrainte supérieure :* **Sans contrainte**
   - *Hauteur non contrainte :* **200 mm**
10. Dessinez ce petit mur autour de l'ouverture, comme illustré en Figure 11–15.

Figure 11–15

11. Cliquez sur (Toit par tracé).
12. Dans la Barre des options, sélectionnez **Inclinaison**.

13. Utilisez (Choisir des murs) et sélectionnez l'extérieur des nouveaux murs que vous venez de créer, comme illustré en Figure 11–16.

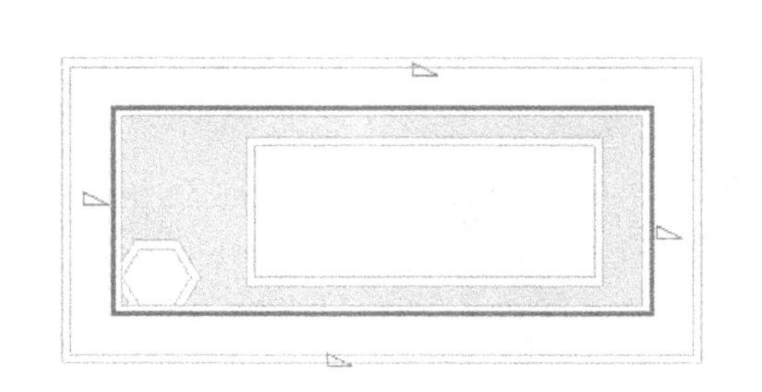

Figure 11–16

14. Cliquez sur (Terminer le mode de modification). Dans la boîte de dialogue Message, cliquez sur **Non** pour ne pas attacher les murs au toit.

15. Dans le Sélecteur de type, sélectionnez **Vitres inclinées: Toit pour la piscine** et vérifiez que le *Niveau de base* est **Étage 2**. Dans la zone *Quadrillage 1*, réglez la *Justification* sur **Centre**. Le nouveau toit s'affiche comme illustré en Figure 11–17.

La modification de la justification corrige tous les avertissements qui pourraient s'afficher.

Figure 11–17

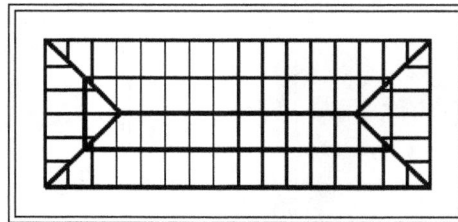

16. Visualisez le modèle en 3D.

17. Enregistrez le projet.

Tâche 4 - (En option) Appliquer des inclinaisons au toit plat principal.

Si le temps le permet, sélectionnez le toit plat sur l'hôtel principal et utilisez les outils de Modification de forme dans l'onglet *Modifier | Toits* pour ajouter les inclinaisons appropriées pour écoulement.

11.3 Établissement de plans de construction

Dans certaines procédures, comme la création d'un toit par extrusion, vous devez spécifier un plan de construction. Un plan de construction est la surface sur laquelle vous faites une esquisse ou depuis laquelle vous extrudez.

- Dans une vue en plan, le plan de construction est automatiquement parallèle au niveau.
- Dans une vue d'élévation ou 3D, vous devez spécifier le plan de construction avant de commencer l'esquisse.

Pour voir le plan de construction actuel, dans l'onglet *Architecture*>groupe de fonctions Plan de construction, cliquez sur (Visionneuse). Cela ouvre la Visionneuse du plan de construction, une fenêtre séparée affichant le plan de construction actuel, comme illustré en Figure 11–18.

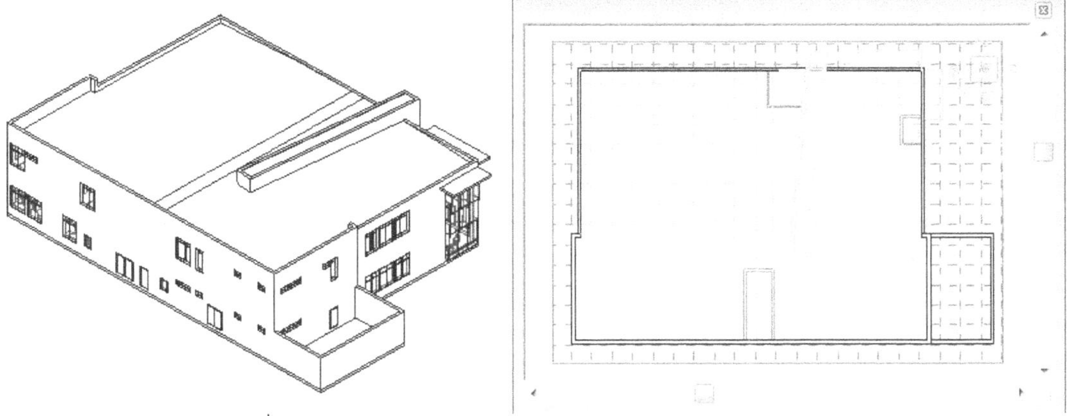

Figure 11–18

- Des plans de référence précis peuvent être utilisés pour spécifier un plan de construction qui ne s'afficherait pas, autrement, dans une vue. Cela est particulièrement utile lors de la création de toits extrudés.

Instructions pratiques : Sélectionner un plan de construction

1. Démarrez une commande qui nécessite un plan de construction ou, dans l'onglet *Architecture*>groupe de fonctions Plan de construction, cliquez sur (Définir).
2. Dans la boîte de dialogue Plan de construction, sélectionnez une des options.
   - **Nom :** Sélectionnez un niveau, une grille ou un plan de référence précis existant, comme illustré en Figure 11–19 et cliquez sur **OK**.

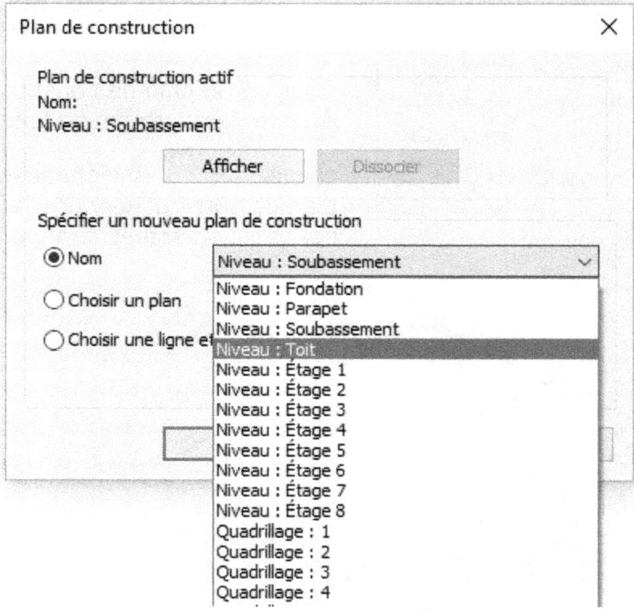

Figure 11–19

   - **Choisir un plan :** Cliquez sur **OK** et sélectionnez un plan dans la vue, tel qu'une face de mur. Veillez à ce que tout le plan soit en surbrillance avant de le sélectionner.
   - **Choisir une ligne et utiliser le plan correspondant :** Cliquez sur **OK** et sélectionnez une ligne de modèle comme une ligne de séparation de pièce.

- Si vous êtes dans une vue dans laquelle l'esquisse ne peut pas être créée, la boîte de dialogue Aller à la vue s'ouvre, comme illustré en Figure 11–20. Sélectionnez une des vues et cliquez sur **Ouvrir la vue**.

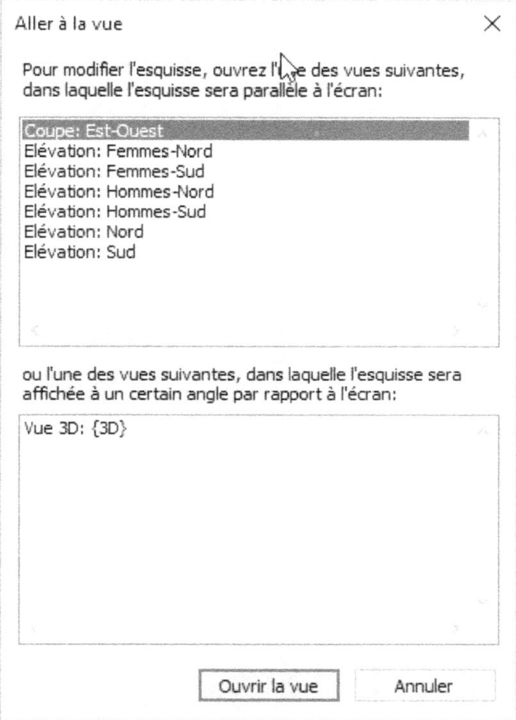

Figure 11–20

11.4 Création de toits par extrusion

Les toits extrudés vous permettent de créer des formes de toits complexes, comme le toit incurvé illustré en Figure 11–21. Les toits extrudés se basent sur une esquisse du profil de toit dans une vue d'élévation ou une coupe. Le profil est extrudé entre un point de début et de fin.

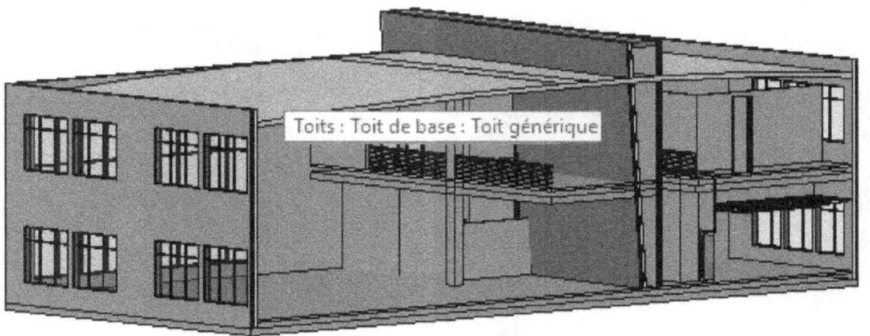

Figure 11–21

Instructions pratiques : Créer un toit extrudé

1. Ouvrez une vue d'élévation ou une coupe.
2. Dans l'onglet *Architecture*>groupe de fonctions Création, déroulez (Toit) et cliquez sur (Toit par Extrusion).
3. Dans la boîte de dialogue Plan de construction, sélectionnez le plan de construction sur lequel vous souhaitez esquisser le profil de toit, et cliquez sur **OK**.
4. Dans la boîte de dialogue Niveau de référence du toit et décalage, voir la Figure 11–22, spécifiez le *Niveau* de base et le *Décalage* (le cas échéant).

Par défaut, ce niveau est réglé sur le plus élevé du projet. Le décalage crée un plan de référence à cette distance.

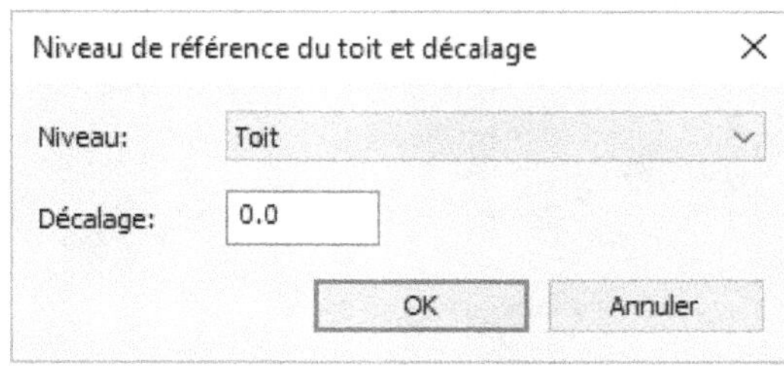

Figure 11–22

5. Dessinez des plans de référence pour vous aider à créer le profil de toit. Les plans de référence créés en mode esquisse ne s'affichent pas une fois que le toit est terminé.

Esquisser uniquement la forme du toit en profil, non l'épaisseur.

6. Utilisez les outils Dessiner pour créer le profil, comme illustré en Figure 11–23.

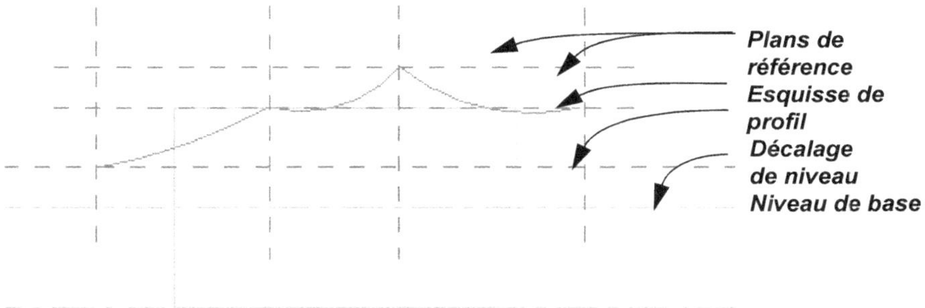

Figure 11–23

7. Dans Propriétés, définissez le *Début* et la *Fin de l'extrusion*.
8. Cliquez sur (Terminer le mode de modification).
9. Dans le Sélecteur de type, sélectionnez le type de toit.
   - L'épaisseur qui est déterminée par le type de toit est ajoutée sous la ligne d'esquisse du profil.
10. Visualisez le toit en 3D et faites toutes les autres modifications requises. Par exemple, vous pouvez utiliser les contrôles aux extrémités du toit pour prolonger le débord (voir Figure 11–24), et pour modifier le toit en utilisant des dimensions temporaires et les Propriétés**.**

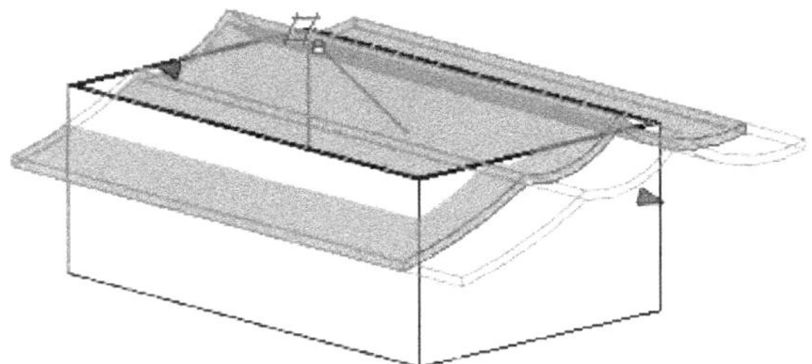

Figure 11–24

11. Attachez les murs au toit.

- Vous pouvez changer le profil du toit de l'une des façons suivantes :
  - Double-cliquer sur le bord du toit.
  - Sélectionnez le toit. Dans l'onglet *Modifier* | *Toits*>groupe de fonctions Mode, cliquez sur (Modifier le profil).

Instructions pratiques : Modifier la vue en plan d'un toit extrudé

1. Ouvrez une vue en plan où l'ensemble du toit s'affiche.
2. Sélectionnez le toit.
3. Dans l'onglet *Modifier* | *Toits*>groupe de fonctions Ouverture, cliquez sur (Vertical).
4. Dans l'onglet *Modifier* | *Créer un profil de toit par extrusion*> groupe de fonctions Dessiner, utilisez les outils pour créer une délimitation fermée. La délimitation peut se trouver totalement à l'intérieur du toit ou toucher les contours du toit.
5. Cliquez sur (Terminer le mode de modification). La vue extrudée présente désormais une découpe, comme illustré en Figure 11–25.

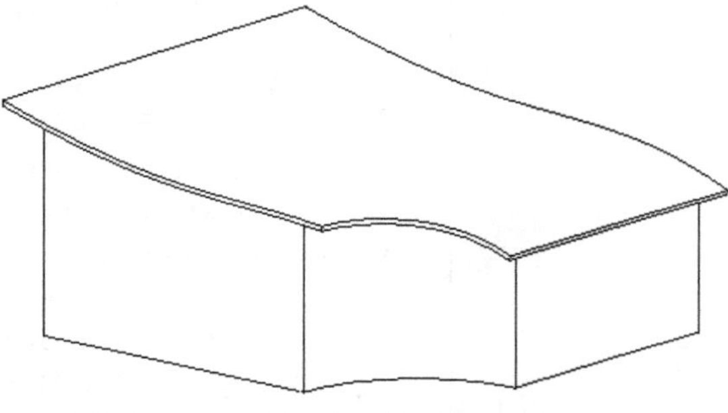

Figure 11–25

Attachement de toits

Lorsque vous souhaitez attacher un toit extrudé à un autre toit, ou une face de mur qui est plus haute que le toit, vous pouvez utiliser la commande **Attacher/Détacher le toit**, comme illustré en Figure 11–26.

Avant d'attacher des toits

Après avoir attaché des toits

Figure 11–26

Instructions pratiques : Utiliser Attacher/Détacher le toit

1. Dans l'onglet *Modifier*>groupe de fonctions Géométrie, cliquez sur (Attacher/Détacher le toit).
2. Sélectionnez l'un des bords du toit.
3. Sélectionnez l'autre toit ou le mur.

Conseil : Attacher la géométrie

Lorsque des toits et des murs ou des toits et d'autres toits se chevauchent, utilisez **Attacher la géométrie** pour nettoyer les intersections. Les éléments restent séparés, mais les intersections sont nettoyées comme illustré en Figure 11–27.

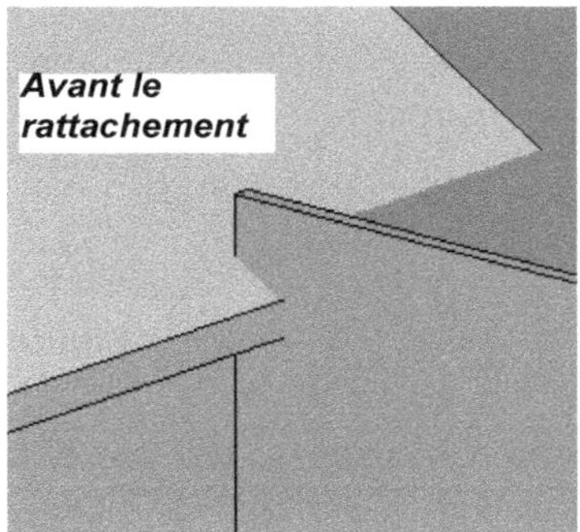

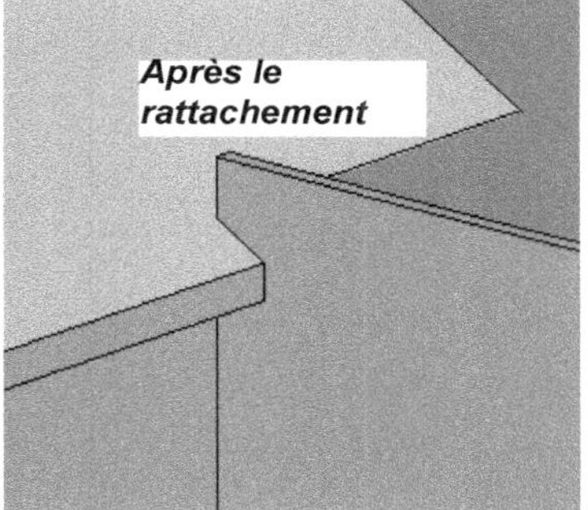

Figure 11–27

Exercice 11b Création de toits par extrusion

Durée estimée : 20 minutes

Objectifs de l'exercice

- Créer un toit extrudé.
- Modifier le profil en plan d'un toit.

Dans cet exercice, vous créerez un toit extrudé incurvé couvrant l'entrée principale du bâtiment et modifierez son profil en plan pour couvrir l'entrée latérale, comme illustré en Figure 11–28.

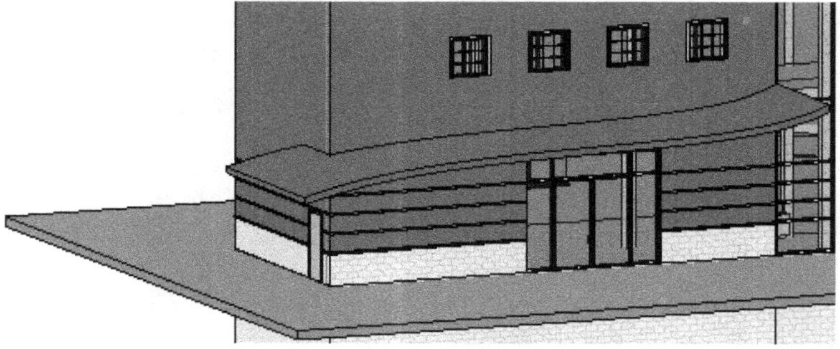

Figure 11–28

Tâche 1 - Créer un toit par extrusion.

1. Ouvrez **Hôtel-Moderne-Toit par extrusion.rvt**.
2. Ouvrez la vue **Elévation (Elévation de construction): Sud**.
3. Zoomez sur la zone autour de l'entrée avant.
4. Dans l'onglet *Architecture*>groupe de fonctions Création, déroulez (Toit) et cliquez sur (Toit par Extrusion).
5. Dans la boîte de dialogue Plan de construction, vérifiez que **Choisir un plan** est sélectionné et cliquez sur **OK**.
6. Sélectionnez la face avant du mur.
7. Dans la boîte de dialogue Niveau de référence du toit et décalage, définissez le *Niveau* sur **Étage 2** et cliquez sur **OK**. Un plan de référence est défini à ce niveau et le modèle est grisé.

8. En utilisant la commande (Spline), esquissez le profil d'un toit similaire à celui illustré en Figure 11–29. Il devrait s'étendre au-delà du bâtiment à gauche mais se terminer à l'extrémité du mur en briques sur la droite.

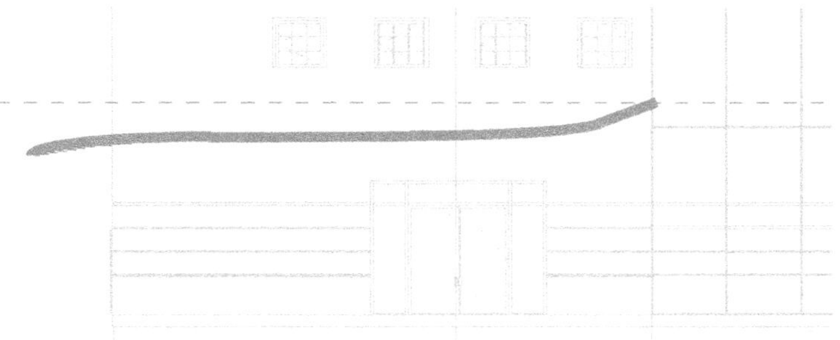

Figure 11–29

9. Dans Propriétés, définissez la *Fin de l'extrusion* sur (négatif) **-1850 mm**.

10. Cliquez sur (Terminer le mode de modification).

11. Dans le Sélecteur de type, sélectionnez **Toit de base: Toit générique - 125 mm**.

12. Visualisez le nouveau toit en 3D. Il se trouve principalement à l'intérieur du bâtiment à ce stade.

Tâche 2 - Modifier le toit extrudé.

1. Ouvrez la vue **Plan d'étage : Site**. Cette vue affiche tout le bâtiment en plan y compris tous les toits.

2. Sélectionnez le toit de l'entrée et dans Propriétés**,** définissez le *Début de l'extrusion* sur **1650 mm**, comme illustré en Figure 11–30.

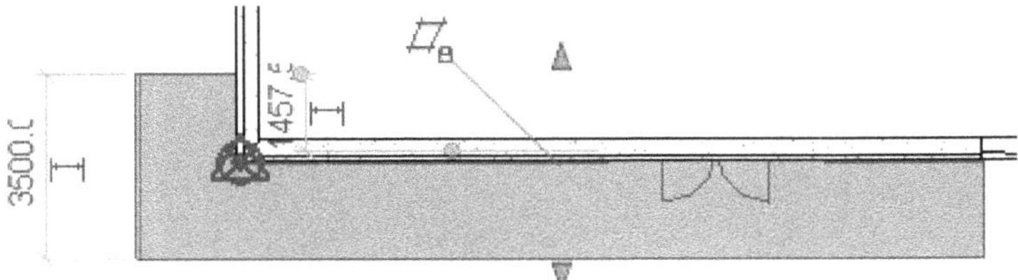

Figure 11–30

3. Dans l'onglet *Modifier* | *Toits*>groupe de fonctions Ouverture, cliquez sur (Vertical).
4. Créez une découpe rectangulaire du toit pour la portion qui traverse le bâtiment, comme illustré en Figure 11–31.

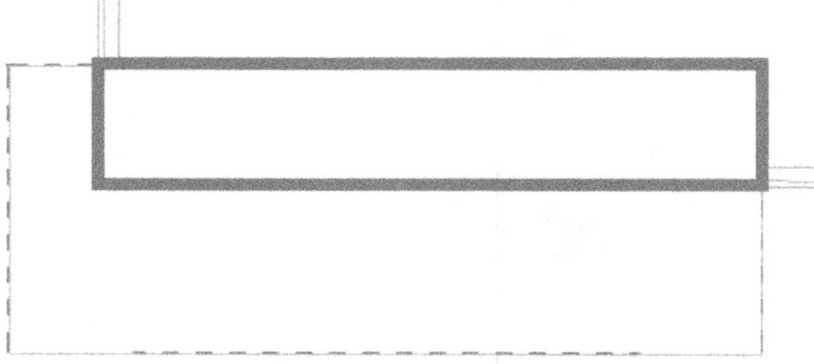

Figure 11–31

5. Cliquez sur (Terminer le mode de modification).
6. Visualisez le toit modifié en 3D. Le toit enveloppe désormais le côté du bâtiment et couvre l'entrée latérale, comme illustré en Figure 11–32.

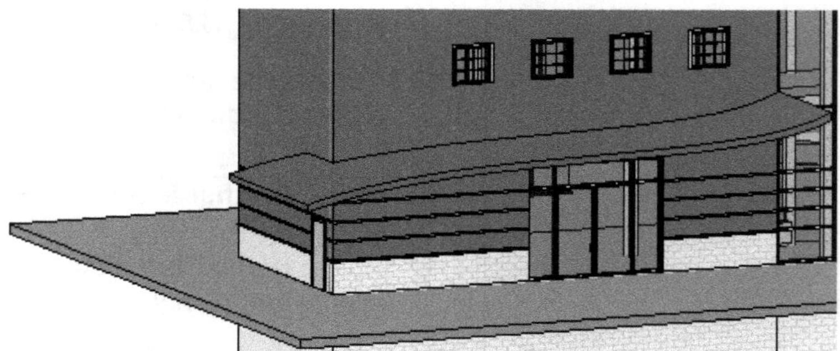

Figure 11–32

7. Enregistrez le projet.

Questions de révision

1. Pour créer une inclinaison du toit dans une direction seulement (voir l'avant du bâtiment en Figure 11–33), vous créeriez un toit...

Figure 11–33

   a. Par extrusion et vous feriez pivoter le toit dans l'angle approprié.
   b. Par tracé et vous spécifieriez l'inclinaison sur un côté.
   c. Par extrusion et vous utiliseriez la flèche d'inclination pour définir la pente générale du toit.
   d. Par tracé et vous utiliseriez les outils de **Modification de forme** pour créer la pente.

2. Pour créer un toit plat, laquelle des commandes suivantes utiliseriez-vous pour esquisser le contour du toit et pour définir son épaisseur ?
   a. **Toit par tracé** avec l'épaisseur définie par le type de toit.
   b. **Toit par extrusion** avec l'épaisseur extrudée à partir de l'esquisse.

3. Laquelle des méthodes suivantes permet d'avoir un mur qui touche la partie inférieure d'un toit ?
   a. Sélectionner le mur et utiliser (Attacher Haut/Bas).
   b. Sélectionner le toit et utiliser (Attacher Haut/Bas).
   c. Sélectionner le mur et modifier le profil.
   d. Sélectionner le toit et utiliser **Par face**.

4. Quel type de toit et quelle vue devriez-vous utiliser pour créer un toit incliné comme illustré en Figure 11–34 ?

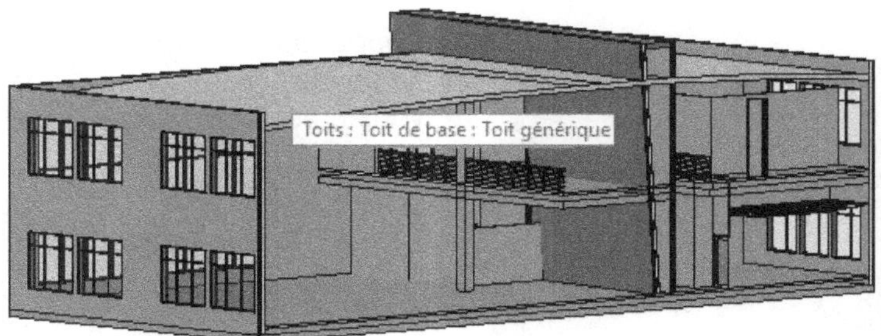

Figure 11–34

   a. Toit par tracé, Vue en plan
   b. Toit par tracé, vue d'élévation ou en coupe
   c. Toit par extrusion, Vue en plan
   d. Toit par extrusion, vue d'élévation ou en coupe

5. Vous pouvez nommer des Plans de référence.
   a. Vrai
   b. Faux

Récapitulatif des commandes

Bouton	Commande	Emplacement
	Attacher Haut/Bas	• **Ruban :** Onglet *Modifier | Murs*>groupe de fonctions Modifier le mur
	**Attacher la géométrie**	• **Ruban :** Onglet *Modifier*>groupe de fonctions Géométrie, déroulez Attacher
	Attacher/Détacher le toit	• **Ruban :** Onglet *Modifier*>groupe de fonctions Géométrie
	Définir le plan de construction	• **Ruban :** Onglet *Architecture*>groupe de fonctions Plan de construction
	**Détacher la géométrie**	• **Ruban :** Onglet *Modifier*>groupe de fonctions Géométrie, déroulez Attacher
	**Plan de référence**	• **Ruban :** Onglet *Architecture*>groupe de fonctions Plan de construction
	**Toit par extrusion**	• **Ruban :** Onglet *Architecture*>groupe de fonctions Création, déroulez Toit
	**Toit par Tracé**	• **Ruban :** Onglet *Architecture*>groupe de fonctions Création, déroulez Toit
	**Vertical (Ouverture)**	• **Ruban :** Onglet *Modifier | Toits*> Ouverture

Chapitre

12

Modélisation des escaliers, garde-corps et rampes d'accès

Lors de la modélisation dans le logiciel Autodesk® Revit®, vous pouvez facilement créer un escalier de base dans des configurations droites, en demi-tournant et à plusieurs paliers. Pour créer des formes plus complexes, vous pouvez convertir les volées et les paliers en esquisses. Des rampes d'accès peuvent aussi être créées en spécifiant les volées et les paliers. Des garde-corps peuvent être ajoutés automatiquement avec les commandes Escalier et Rampe d'accès ou vous pouvez esquisser des garde-corps et les ajouter aux balcons et aux terrasses.

Objectifs d'apprentissage de ce chapitre

- Créer et modifier un escalier basé sur l'utilisation de composants tels que des volées, des paliers, des supports et des garde-corps.
- Convertir des volées et des paliers en esquisses.
- Ajouter et modifier les garde-corps reliés aux escaliers ainsi que les garde-corps indépendants pour balcons.
- Créer des rampes d'accès permettant l'accès à votre conception.

12.1 Création de composants d'escalier

Comme avec d'autres éléments d'Autodesk Revit, les escaliers sont des éléments paramétriques *intelligents*. En quelques clics seulement, vous pouvez créer des escaliers de différentes tailles et formes, complétés de garde-corps. Des escaliers peuvent être créés en assemblant des composants d'escalier (voir Figure 12–1) ou en esquissant une présentation personnalisée.

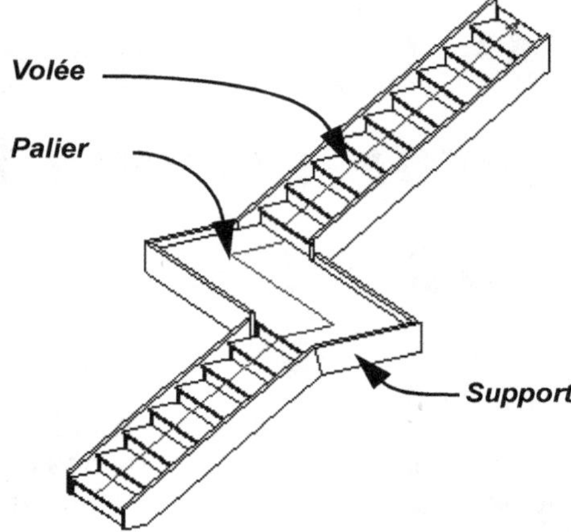

Figure 12–1

Lorsque vous créez des composants d'escalier, trois parties d'un escalier peuvent être assemblées, comme illustré en Figure 12–1 :

- **Volées :** Éléments réels des marches et contremarches de l'escalier. Cela comprend des volées droites qui peuvent être combinées pour créer un escalier à plusieurs paliers, un escalier en colimaçon, quart tournant ou demi-tournant balancé.

- **Paliers :** Plates-formes entre les volées. Ils sont généralement crées automatiquement puis modifiés si nécessaire.

- **Supports :** Limons ou crémaillères qui maintiennent les éléments de l'escalier. Ils peuvent être créés automatiquement mais vous pouvez aussi sélectionner les bords où vous souhaitez placer les différents types. Ils peuvent être placés sur un côté de l'escalier ou au centre.

- Les garde-corps sont généralement ajoutés à la commande **Escalier**. Ils s'affichent une fois l'escalier terminé.
- Vous pouvez sélectionner et modifier chaque composant lorsque vous êtes en mode de modification ou après la création de l'escalier.
- Chaque composant de l'escalier est indépendant mais a un lien avec les autres composants. Par exemple, si des marches sont supprimées d'une volée, elles sont ajoutées aux volées connectées afin de préserver la hauteur globale, comme illustré en Figure 12–2.

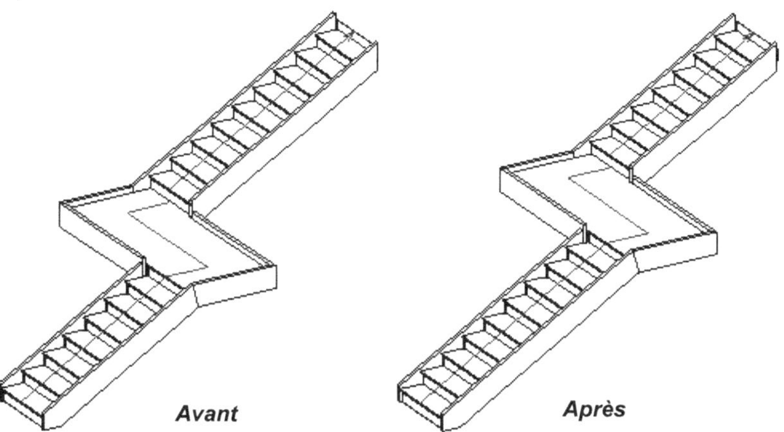

Figure 12–2

Création de volées

Les composants d'escalier peuvent inclure un mélange des différents types de volées.

Pour créer un composant d'escalier, vous devez d'abord placer les éléments de volée. Six options sont disponibles dans le groupe de fonctions Composants, comme illustré en Figure 12–3. Elles sont décrites ci-après :

Figure 12–3

	Droites	Dessine une volée droite en sélectionnant le point de départ et le point d'arrivée de la volée.
	En colimaçon avec marches complètes	Dessine une volée en colimaçon avec un point de départ et un rayon.

	En colimaçon centre-fins	Dessine une volée en colimaçon basée sur un point central, un point de départ et un point d'arrivée.
	Quart tournant balancé	Dessine un quart tournant balancé sur l'extrémité inférieure.
	Balancement en U	Dessine un demi-tournant balancé sur l'extrémité inférieure.
	Créer une esquisse	Ouvre les outils supplémentaires qui permettent d'esquisser la limite de l'escalier et les contremarches individuellement.

Conseil : Escaliers et vues

Lorsque vous créez un escalier, vous pouvez travailler dans des vues en plan ou 3D. Cela peut permet de disposer de la vue en place et d'une vue 3D ouvertes et affichées côte à côte. Ouvrez uniquement les vues dans lesquelles vous voulez travailler et tapez **WT** pour afficher les vues en mosaïque.

Instructions pratiques : Créer un escalier à base de composants avec des volées droites

Le type d'escalier peut avoir un impact sur tous les autres paramètres. Il est donc important de le sélectionner d'abord.

1. Dans l'onglet *Architecture*>groupe de fonctions Circulation, cliquez sur (Escalier par composant).
2. Dans le Sélecteur de type, sélectionnez le type d'escalier, comme illustré en Figure 12–4.

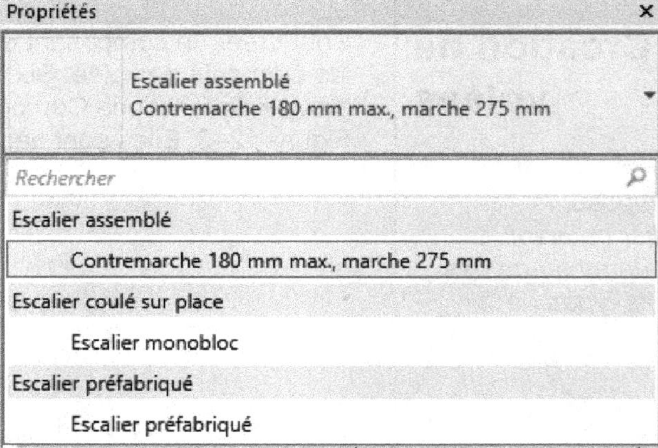

Figure 12–4

3. Dans Propriétés (voir Figure 12–5), réglez le *Niveau de base* et le *Niveau supérieur* et toutes les autres informations nécessaires.

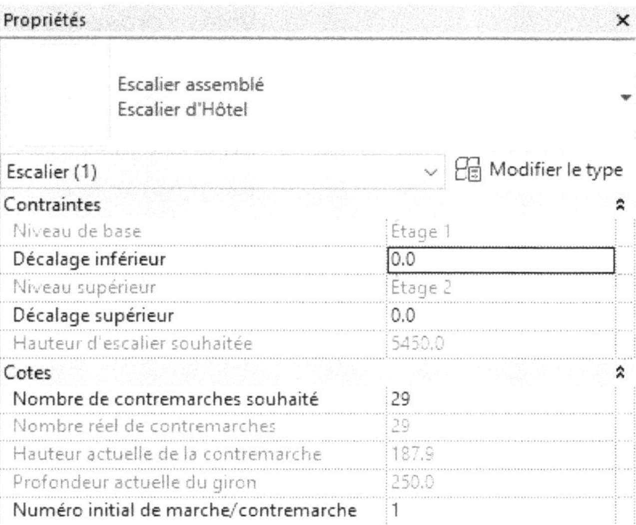

Figure 12–5

4. Dans l'onglet *Modifier | Créer un escalier*>groupe de fonctions Outils, cliquez sur (Garde-corps), sélectionnez un type de garde-corps dans la boîte de dialogue Garde-corps comme illustré en Figure 12–6, et spécifiez si la *Position* est sur **Marches** ou **Limon à la française**. Cliquez sur **OK**.

Des garde-corps peuvent aussi être ajoutés et modifiés après la mise en place de l'escalier.

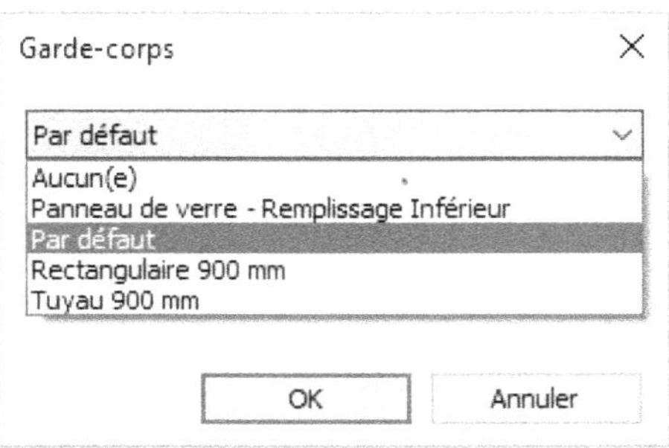

Figure 12–6

5. Dans l'onglet *Modifier | Créer un escalier*>groupe de fonctions Composants, cliquez sur (Volée) puis sur (Droite).

6. Dans la Barre des options (voir Figure 12–7), réglez les options suivantes :
   - **Ligne de justification :** Sélectionnez **Support extérieur : gauche**, **Volée : gauche**, **Volée : centre**, **Volée : droite**, ou **Support extérieur : droite**.
   - **Décalage :** Spécifiez une distance à partir de la ligne de justification. Ceci est généralement utilisé si vous suivez un mur existant mais qu'il n'est pas nécessaire que les escaliers soient directement contre lui.
   - **Largeur réelle de la volée :** Spécifiez la largeur de la volée d'escalier (sans les supports).
   - **Palier automatique :** Permet de créer des paliers entre les volées d'escalier (recommandé).

Ligne de justification: Volée: centre | Décalage: 0.0 | Largeur réelle de la volée: 1000.0 | ☑ Palier automatique

Figure 12–7

7. Cliquez sur l'écran pour sélectionner le point de départ de la volée. Une boîte s'affiche, indiquant l'orientation de l'escalier et le nombre de contremarches créées et restantes, comme illustré en Figure 12–8.

Si vous créez un motif d'escalier complexe, esquissez des plans de référence dans la commande ***Escaliers*** *pour vous permettre de sélectionner les points de départ et d'arrivée de chaque volée.*

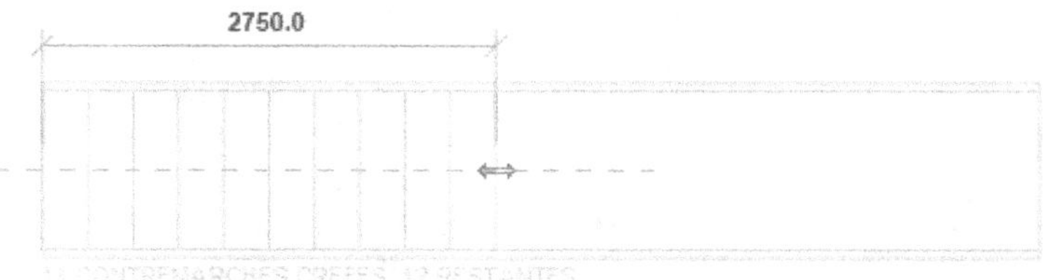

Figure 12–8

Si l'escalier est orienté dans la mauvaise direction, cliquez sur (Inverser) dans l'onglet Modifier | Créer un escalier>groupe de fonctions Outils.

   - Pour un escalier droit d'une seule volée, sélectionnez un deuxième point n'importe où dans la zone pour créer la volée.
   - Pour les escaliers à plusieurs paliers ou en demi-tournant, sélectionnez un deuxième point à l'intérieur de la zone pour définir la longueur de la première volée. Sélectionnez ensuite un point de départ et un point d'arrivée pour la volée suivante.

8. Cliquez sur (Terminer le mode de modification) pour créer les escaliers et définir les garde-corps.

Création d'autres types de volées

La plupart des escaliers sont créés avec des volées droites mais vous avez parfois besoin de créer des volées spécialisées telles que des colimaçons et des balancements.

Instructions pratiques : Créer une volée en colimaçon avec marches complètes

1. Exécutez la commande **Escalier** et définissez les Propriétés requises.
2. Dans le groupe de fonctions Composants, cliquez sur (En colimaçon avec marches complètes).
3. Sélectionnez le point central du colimaçon.
4. Sélectionnez (ou saisissez) le rayon du colimaçon. La volée est créée comme illustré en Figure 12–9.

En cours

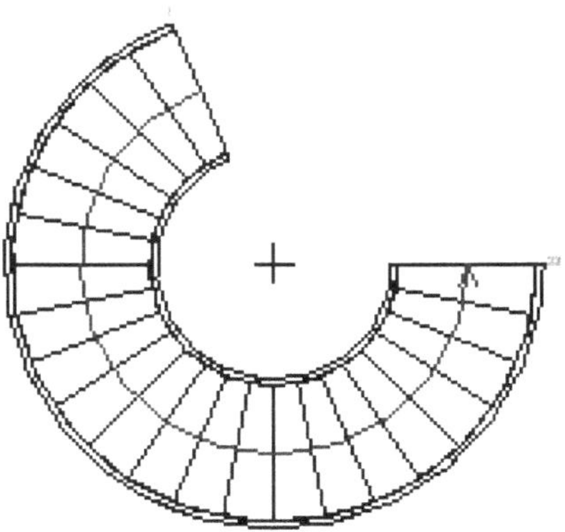

Terminé

Figure 12–9

Instructions pratiques : Créer une volée en colimaçon centre-fins

1. Exécutez la commande **Escalier** et définissez les Propriétés requises.
2. Dans le groupe de fonctions Composants, cliquez sur (En colimaçon centre-fins).
3. Sélectionnez le centre du colimaçon.

Vous pouvez créer un escalier en colimaçon avec des paliers grâce à cette option.

4. Sélectionnez (ou saisissez) le rayon du colimaçon, comme illustré sur la gauche en Figure 12–10.
5. Faites glisser le curseur pour afficher le nombre de contremarches, comme illustré sur la droite en Figure 12–10.

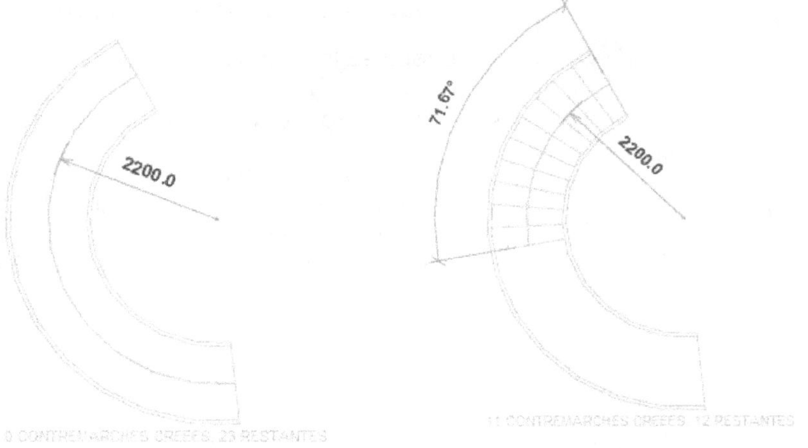

Sélectionnez le rayon ***Sélectionnez l'extrémité de la volée***

Figure 12–10

Instructions pratiques : Créer un escalier avec balancement

1. Exécutez la commande **Escalier** et définissez les Propriétés requises.
2. Dans le groupe de fonctions Composants, cliquez sur (Quart tournant balancé) ou (Balancement en U).
3. Cliquez sur un point de départ pour placer l'escalier global.
4. Sélectionnez l'escalier et utilisez les flèches pour modifier la longueur, comme illustré en Figure 12–11.

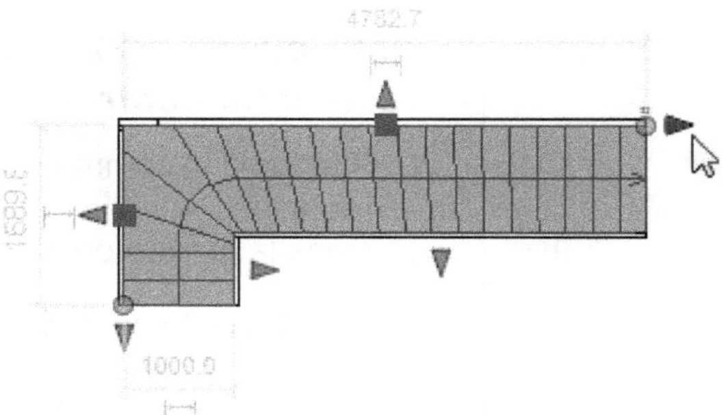

Figure 12–11

Création de paliers

Les paliers sont généralement créés automatiquement entre les volées. Une fois l'escalier terminé, vous pouvez facilement modifier les paliers pour créer des conceptions personnalisées. Deux options supplémentaires sont disponibles pour créer des paliers, comme illustré en Figure 12–12 :

- **Choisir deux volées :** Place le palier à la hauteur qui convient entre les volées.
- **Créer une esquisse :** Vous permet d'esquisser la forme du palier mais vous devez le placer à la hauteur qui convient.

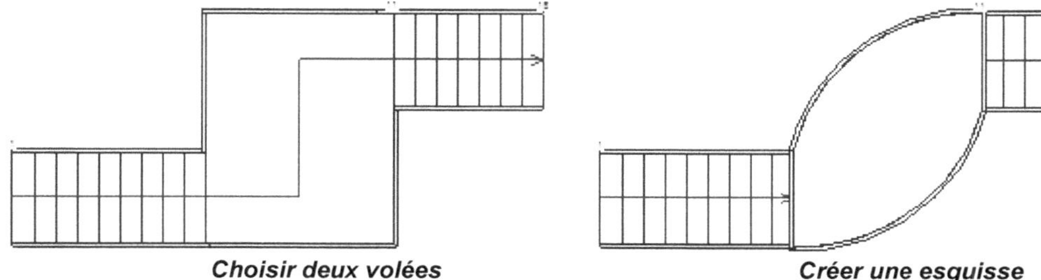

Choisir deux volées *Créer une esquisse*

Figure 12–12

- Vous pouvez relier des volées avec un palier à condition que le niveau de départ et le niveau d'arrivée des paliers soient à la même hauteur.

Ajout de supports

Les supports d'escalier sont inclus dans le type d'escalier si nécessaire. Vous pouvez cependant avoir besoin de les supprimer et de les ajouter ultérieurement. Notez que cela fonctionne uniquement si le type d'escalier comporte des supports spécifiés dans les Propriétés du type.

Instructions pratiques : Ajouter des composants de support d'escalier

1. S'il n'existe pas de supports, dans l'onglet *Modifier | Créer un escalier*> groupe de fonctions Composants, cliquez sur (Support) puis sur (Sélectionner des arêtes).
2. Sélectionnez le bord sur lequel vous voulez placer le support. Placez le curseur au-dessus du premier support et appuyez sur la touche <Tab> si vous avez plusieurs bords connectés sur lesquels vous voulez placer les supports.
3. Terminez l'assemblage de l'escalier selon les besoins.

Conseil : Dépannage

Lorsque vous travaillez avec des escaliers et d'autres éléments, des Avertissements (tels que celui illustré en Figure 12–13) s'affichent en cas d'anomalie mais ne vous empêchent pas de poursuivre votre travail. Dans la plupart des cas, vous pouvez fermer la boîte de dialogue et corriger l'erreur, ou attendre et le faire plus tard.

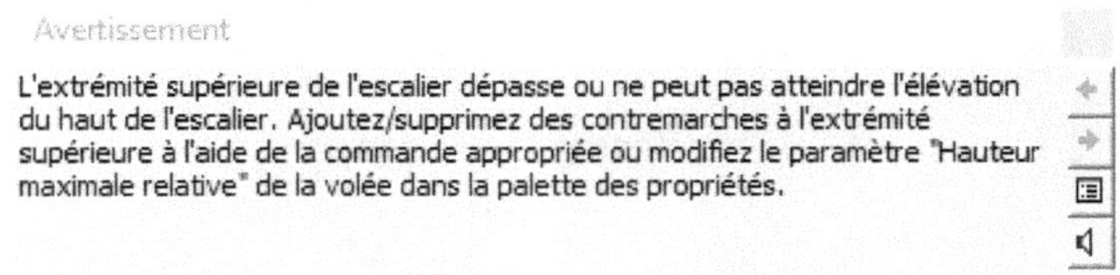

Avertissement

L'extrémité supérieure de l'escalier dépasse ou ne peut pas atteindre l'élévation du haut de l'escalier. Ajoutez/supprimez des contremarches à l'extrémité supérieure à l'aide de la commande appropriée ou modifiez le paramètre "Hauteur maximale relative" de la volée dans la palette des propriétés.

Figure 12–13

Parfois, des erreurs s'affichent lorsque vous devez prendre une mesure. Ils vous obligent à vous arrêter et à corriger le problème.

Lorsque vous sélectionnez un élément pour lequel un avertissement a été émis, l'option (Afficher les avertissements liés) s'affiche dans le ruban. Cela ouvre une boîte de dialogue dans laquelle vous pouvez consulter le(s) avertissement(s) associé(s) à l'élément sélectionné. Vous pouvez aussi afficher une liste de tous les avertissements dans le projet en cliquant sur (Consulter les avertissements) dans l'onglet *Gérer*>groupe de fonctions Renseignements.

12.2 Modification des composants d'escalier

Les escaliers créés par la commande **Escalier par composant** peuvent être modifiés de différentes façons. Par exemple, en Figure 12–14, un escalier droit avec un palier a été modifié de façon à ce que l'une des volées soit plus large que l'autre et à ce que le palier soit plus large que les deux volées, créant ainsi un balcon. Le palier a ensuite été personnalisé en le modifiant par une esquisse et en créant une caractéristique incurvée.

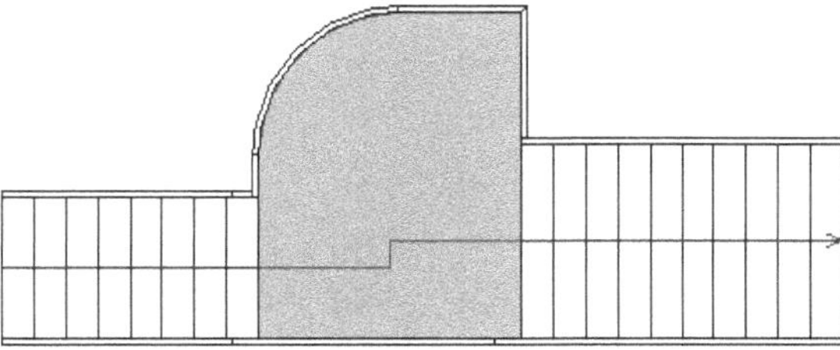

Figure 12–14

- La modification de composants d'escalier peut être réalisée lorsque vous créez d'abord l'escalier et que vous le modifiez plus tard.

Modification d'assemblages d'escalier

Lorsque vous travaillez avec un assemblage d'escalier terminé, vous pouvez modifier le type et les propriétés, mais aussi inverser le sens de l'escalier et utiliser les cotes temporaires pour modifier la largeur des volées individuelles, comme illustré en Figure 12–15.

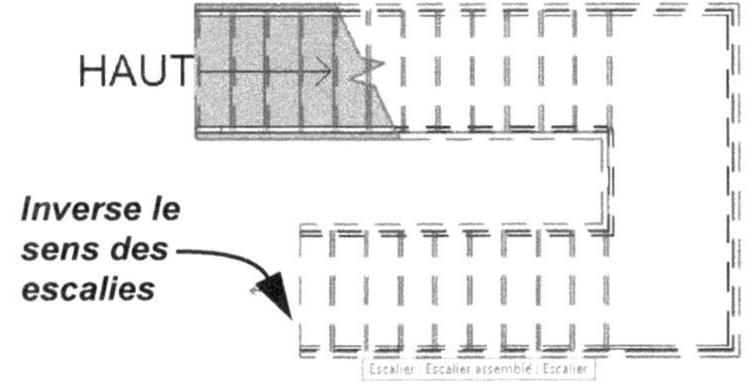

Assemblage sélectionné

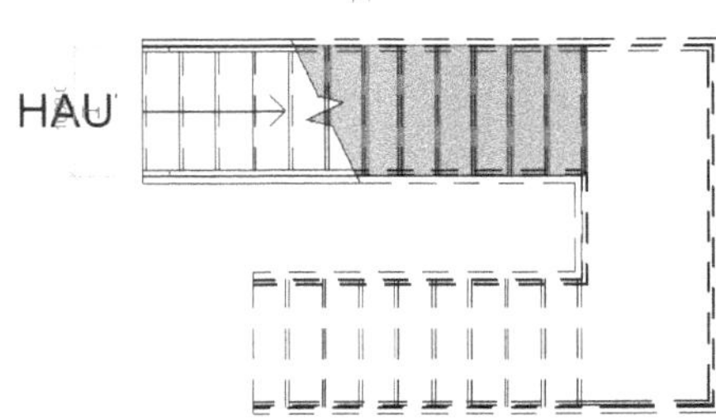

Une volée sélectionnée

Figure 12–15

- Pour sélectionner une volée d'escalier, passez le curseur sur l'escalier et appuyez sur la touche <Tab> pour parcourir les choix jusqu'à ce que celui qui vous convient apparaisse.

Modification de composants individuels dans un assemblage d'escalier

Il existe deux moyens de modifier l'assemblage d'escalier :

- Double-cliquez sur les escaliers.
- Dans l'onglet *Modifier* | *Escalier*>groupe de fonctions Modifier, cliquez sur (Modifier l'escalier).
- Vous pouvez apporter d'autres modifications importantes aux composants individuels en utilisant les cotes temporaires et les poignées de forme, comme illustré en Figure 12–16. De nombreux accrochages et lignes d'axe sont également disponibles lorsque vous modifiez les composants.

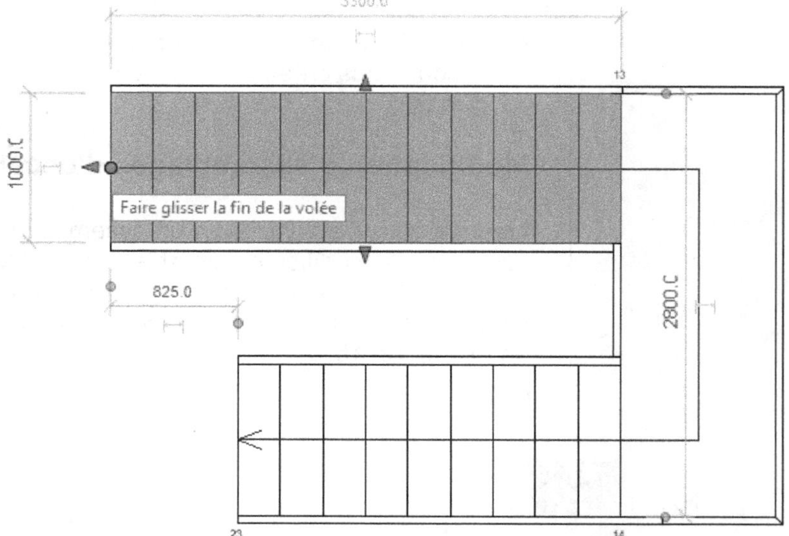

Figure 12–16

- La poignée en forme de flèche à l'extrémité d'une volée rallonge ou raccourcit la volée et modifie l'autre volée de façon à ce que le nombre total de marches reste cohérent et conserve le niveau de départ et d'arrivée.

- La poignée en forme de cercle à l'extrémité d'une volée rallonge ou raccourcit la volée, ne modifie pas les autres volées mais change le niveau de départ et d'arrivée.
- La poignée en forme de flèche sur les côtés des volées peut être utilisée pour modifier la largeur.
- Vous pouvez utiliser des cotes temporaires pour la largeur de la volée et les connexions à d'autres éléments mais pas pour la longueur de la volée. Utilisez plutôt les poignées de forme.
- Lorsque vous avez fini de modifier l'escalier, cliquez sur (Terminer le mode de modification).

Conversion des composants en esquisses

Pour personnaliser une volée ou un palier avec plus d'options, convertissez-le/la en esquisse et modifiez le contour de l'esquisse, comme illustré en Figure 12–17 pour un palier incurvé.

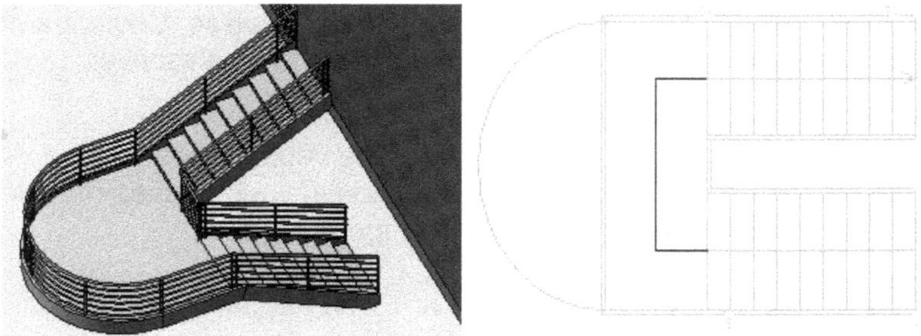

Figure 12–17

Instructions pratiques : Convertir un composant d'escalier en esquisse

1. Sélectionnez un escalier créé avec la commande **Escalier par composant**.
2. Dans l'onglet *Modifier* | *Escalier*>groupe de fonctions Modifier, cliquez sur (Modifier l'escalier).
3. Sélectionnez la volée ou le palier que vous souhaitez personnaliser.
4. Dans le groupe de fonctions Outils, cliquez sur (Convertir en basé sur esquisse). Vous convertirez ainsi le composant en élément esquissé personnalisé.

5. Dans le groupe de fonctions Outils, cliquez sur (Modifier l'esquisse).
6. Dans l'onglet *Modifier | Créer un escalier>Esquisser un palier (ou une volée)>* groupe de fonctions Dessiner, cliquez sur (Limite) et utilisez les outils **Dessiner** pour modifier le contour du palier (ou de la volée), comme illustré en Figure 12–18.

Il s'agit du moyen le plus facile de créer un palier personnalisé.

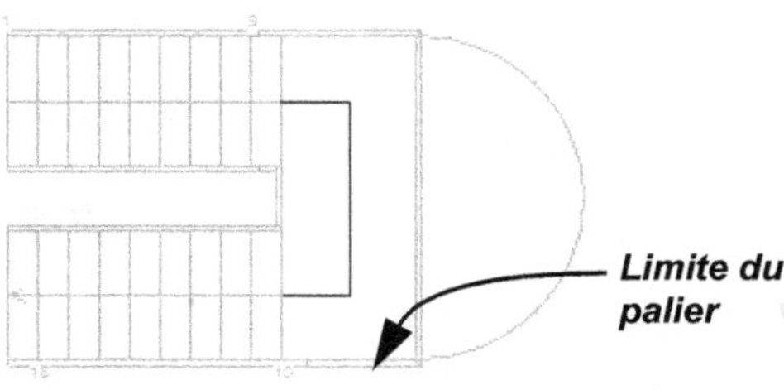

Figure 12–18

7. Cliquez sur (Terminer le mode de modification) pour terminer l'esquisse. Cliquez à nouveau pour revenir à l'assemblage de l'escalier.

- Lorsque vous utilisez l'option (Volée) des escaliers esquissés, vous pouvez modifier l'esquisse comme illustré en Figure 12–19.

La ligne bleue au centre est la longueur de la volée, laquelle peut également être modifiée. Cela ajoute ou supprime des contremarches ou raccourcit la ligne.

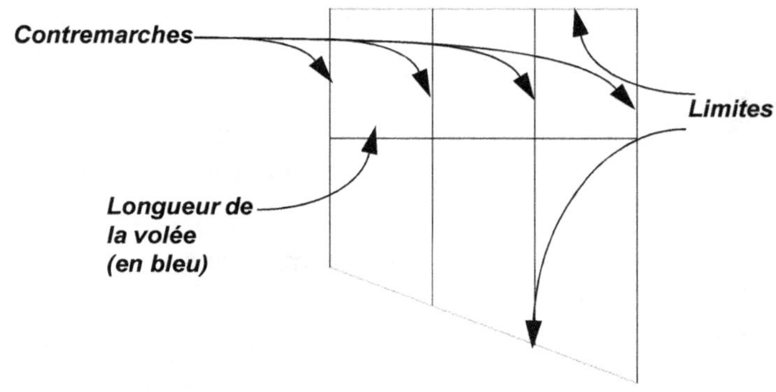

Figure 12–19

- Vous pouvez esquisser un escalier personnalisés, tel que l'escalier semi-circulaire illustré en Figure 12–20. Dans l'onglet *Modifier* | *Créer un escalier*> groupe de fonctions Composants, cliquez sur (Créer une esquisse).

Vous pouvez esquisser à la fois les volées et les paliers.

Figure 12–20

Modifiez les décalages de niveau avant de commencer à esquisser l'escalier.

- Dans de nombreux cas, l'escalier personnalisé est plus court et doit être défini avec un décalage inférieur et supérieur à partir du même niveau, comme illustré en Figure 12–21. Par défaut, la hauteur d'escalier est définie de niveau à niveau.

Contraintes	
Niveau de base	Étage 1
Décalage inférieur	0.0
Niveau supérieur	Étage 1
Décalage supérieur	600.0
Hauteur d'escalier souhaitée	600.0

Figure 12–21

Escalier multiétage

Une fois que vous avez créé un composant d'escalier d'un niveau à un autre, vous pouvez développer cet escalier pour l'étendre à plusieurs étages du bâtiment. Vous pouvez choisir à quels niveaux les escaliers multiétage s'étendent, et ignorer des niveaux si nécessaire, comme illustré en Figure 12–22.

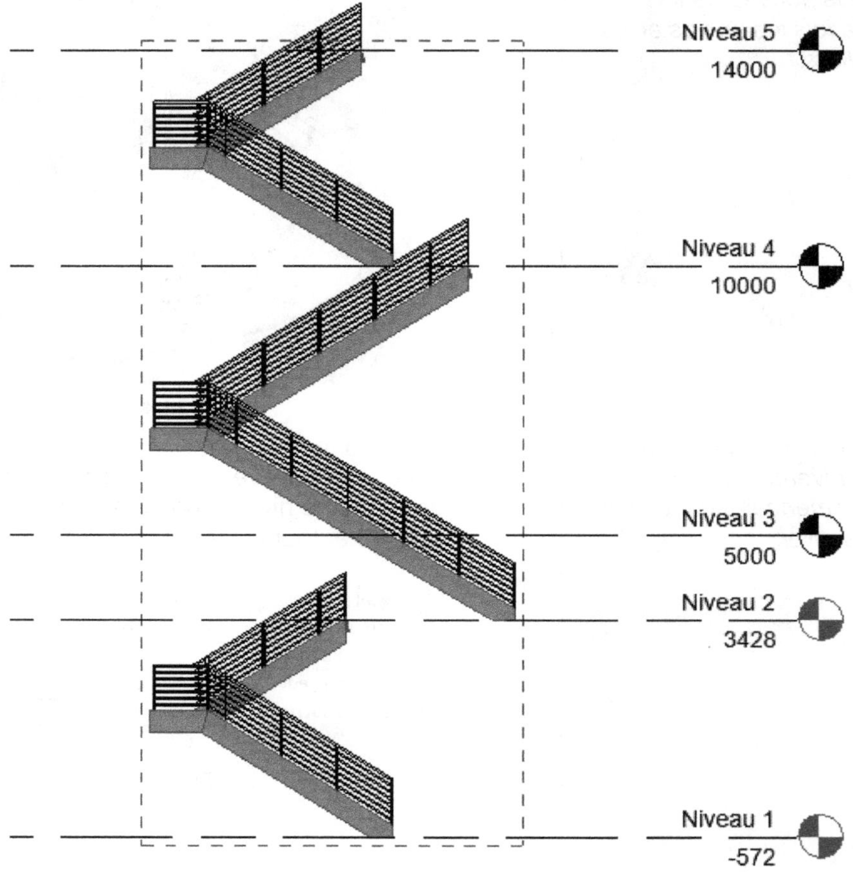

Figure 12–22

Instructions pratiques : Créer des escaliers multiétage

*Vous pouvez créer des escaliers multiétage lorsque vous êtes dans la commande **Créer un escalier**.*

1. Ouvrez une vue d'élévation ou en coupe où les escaliers et niveaux de base sont affichés.
2. Sélectionnez l'escalier que vous voulez convertir en escalier multiétage.
3. Dans l'onglet *Modifier* | *Escalier*>groupe de fonctions Escalier multiétage, cliquez sur (Sélectionner les niveaux).

4. Dans l'onglet *Modifier* | *Escalier*>groupe de fonctions Escalier multiétage, cliquez sur (Connecter les niveaux).
5. Sélectionnez les niveaux que vous voulez connecter. Maintenez la touche <Ctrl> enfoncée pour sélectionner plusieurs niveaux.
   - Si vous avez besoin de supprimer des niveaux, cliquez sur (Déconnecter les niveaux) et sélectionnez les niveaux que vous voulez supprimer.
6. Cliquez sur (Terminer le mode de modification).

- Si vous n'êtes pas dans une vue d'élévation ou en coupe, lorsque vous exécutez la commande **Escalier multiétage**, la boîte de dialogue Aller à la vue s'affiche, vous permettant de sélectionner et d'ouvrir une vue en cliquant sur **Ouvrir la vue**.
- Pour modifier des escaliers multiétage, veillez à bien sélectionner l'élément complet de l'escalier multiétage, comme illustré en Figure 12–23. Appuyez sur la touche <Tab> pour parcourir les différents composants des escaliers selon les besoins.

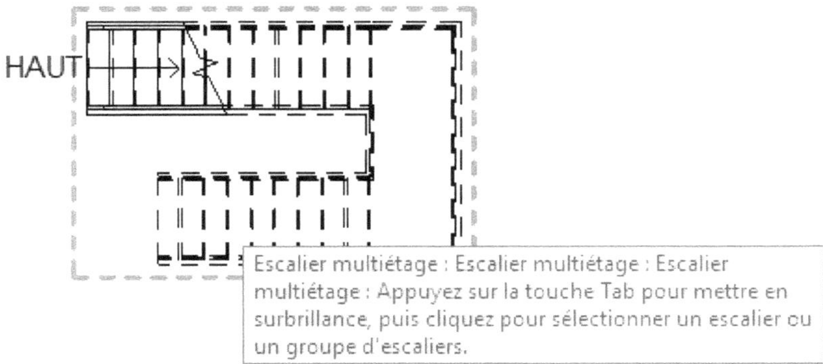
HAUT
Escalier multiétage : Escalier multiétage : Escalier multiétage : Appuyez sur la touche Tab pour mettre en surbrillance, puis cliquez pour sélectionner un escalier ou un groupe d'escaliers.

Figure 12–23

- Si vous changez la hauteur d'un niveau, les composants de l'escalier multiétage sont mis à jour pour adapter la nouvelle distance.
- Si vous changez un type de garde-corps après la mise en place d'un escalier multiétage, toutes les volées de la même hauteur (c.-à-d. regroupées) sont également mises à jour. Les volées de hauteurs différentes doivent être modifiées séparément.

Exercice 12a Créer des composants d'escalier

Objectifs de l'exercice

- Créer un escalier à composants.
- Transformer un ensemble d'escaliers en escalier multiétage.
- Découper des planchers traversés par des escaliers.

Durée estimée : 25 minutes

Dans cet exercice, vous créerez un escalier demi-tournant, y compris des escaliers multiétage, comme illustré en Figure 12–24. Vous modifierez aussi les planchers pour les ouvertures d'escalier et (si vous avez le temps) vous ajouterez une cage pour créer une ouverture aux étages supérieurs.

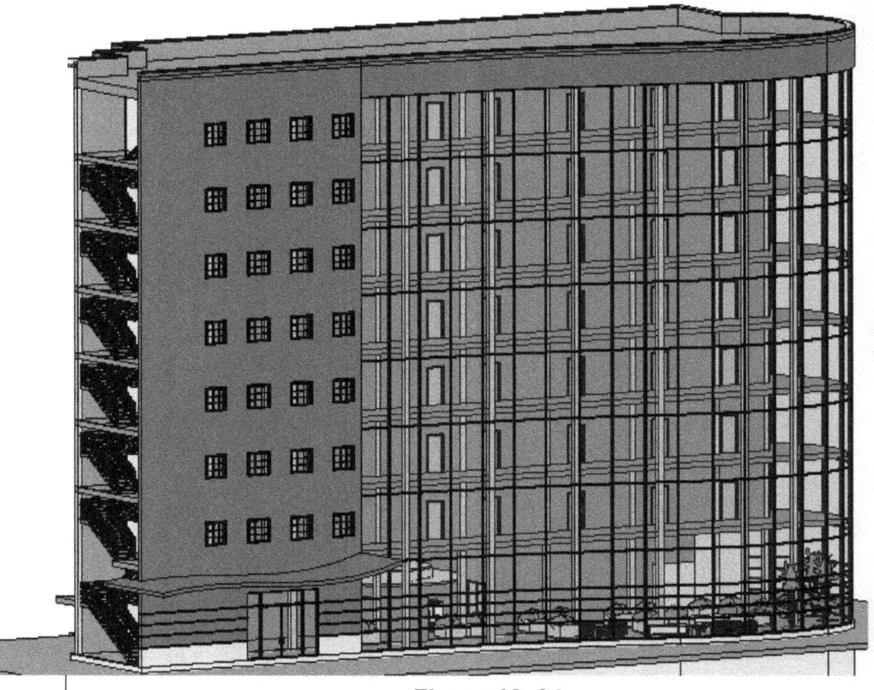

Figure 12–24

Tâche 1 - Créer les escaliers au premier étage.

1. Ouvrez le projet **Hôtel-Moderne-Escaliers.rvt**.
2. Ouvrez la vue **Plan d'étage : Étage 1 - Escalier 1**. Il s'agit d'un repère depuis le plan de l'étage principal.

3. Dans l'onglet *Architecture*>groupe de fonctions Circulation, cliquez sur (Escalier).
4. Dans Propriétés, définissez ou vérifiez les propriétés suivantes :
   - *Type d'escalier :* **Escalier assemblé : Escalier d'Hôtel**
   - *Niveau de base :* **Étage 1**
   - *Niveau supérieur :* **Étage 2**
   - *Décalage inférieur :* **0,0**
   - *Décalage supérieur :* **0,0**
5. Dans l'onglet *Modifier | Créer un escalier*>groupe de fonctions Outils, cliquez sur (Garde-corps). Dans la boîte de dialogue Garde-corps, sélectionnez **Garde-corps: Rambarde - Escalier d'Hôtel**, comme illustré en Figure 12–25. Vérifiez que la *Position* est réglée sur **Marches** et cliquez sur **OK**.

Les rambardes sont différentes pour les étages supérieurs. Il existe donc deux styles de rambardes différents.

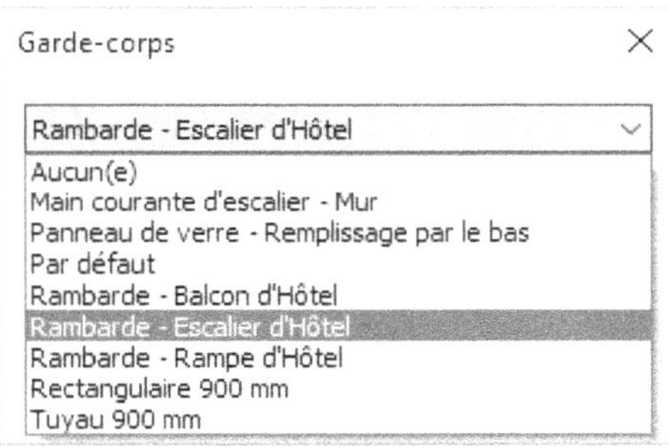

Figure 12–25

6. Dans l'onglet *Modifier | Créer un escalier*>groupe de fonctions Plan de construction, cliquez sur (Plan de référence). Dessinez un plan de référence horizontal de **1200 mm** à partir du bord interne du mur supérieur de la cage d'escalier, comme illustré en Figure 12–26. Cliquez sur (Modifier).

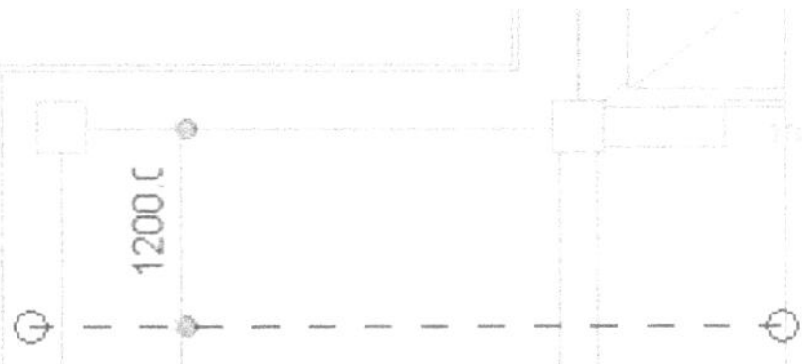

Figure 12–26

7. Dans l'onglet *Modifier* | *Créer un escalier*>groupe de fonctions Composants, cliquez sur (Volée).
8. Dans la Barre des options, réglez la *Ligne de justification* sur **Volée : gauche**, le *Décalage* sur **0.0**, la *Largeur réelle de la volée* sur **1200 mm** et sélectionnez **Palier automatique**.
9. Sélectionnez le point de départ de la première volée sur le mur près de la porte, comme illustré en Figure 12–27. L'emplacement exact n'est pas important à ce stade. Sélectionnez un deuxième point près du plan de référence.
10. Sélectionnez le point de départ de la deuxième volée à l'intersection entre le mur et le plan de référence, comme illustré en Figure 12–27. Sélectionnez le deuxième point après l'image fantôme du nombre final d'escaliers.

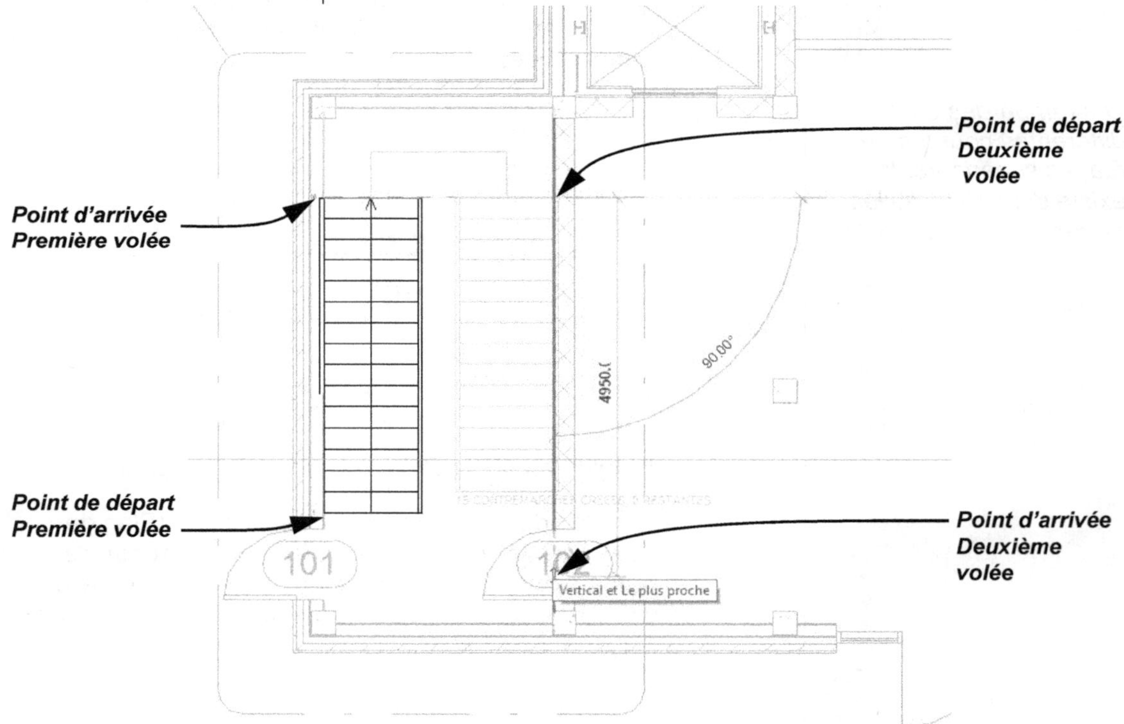

Figure 12–27

11. La volée du mur de gauche n'est peut-être pas à la bonne place. Sélectionnez la volée et cliquez sur (Déplacer). Sélectionnez un point sur la contremarche du haut sur le plan de référence, comme illustré en Figure 12–28.

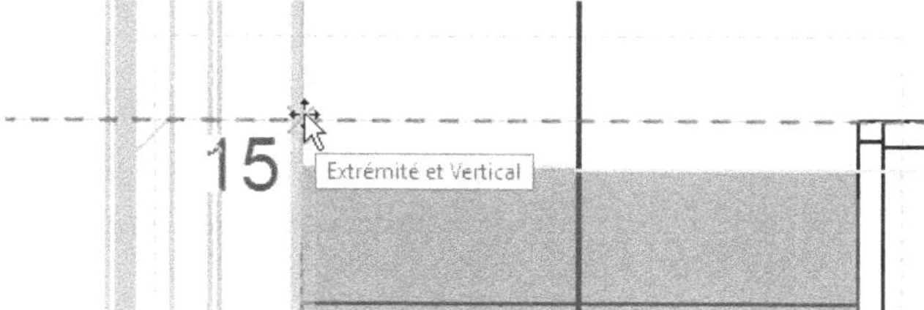

Figure 12–28

12. En fonction de la façon dont vous avez dessiné les volées, vous devrez aussi peut-être modifier la longueur de volée. Celle de gauche doit avoir les marches d'escalier 1 à 15 et celle de droite doit avoir les marches d'escalier 16 à 29. Sélectionnez les escaliers à gauche et utilisez la poignée en forme de flèche à la base des escaliers pour modifier le nombre d'escaliers requis.

13. Cliquez sur ✓ (Terminer le mode de modification). Enregistrez le projet.

Tâche 2 - Créer des escaliers multiétage.

1. Ouvrez la vue **Coupe (Coupe du bâtiment): Est-Ouest**.
2. Sélectionnez l'escalier assemblé, comme illustré en Figure 12–29.

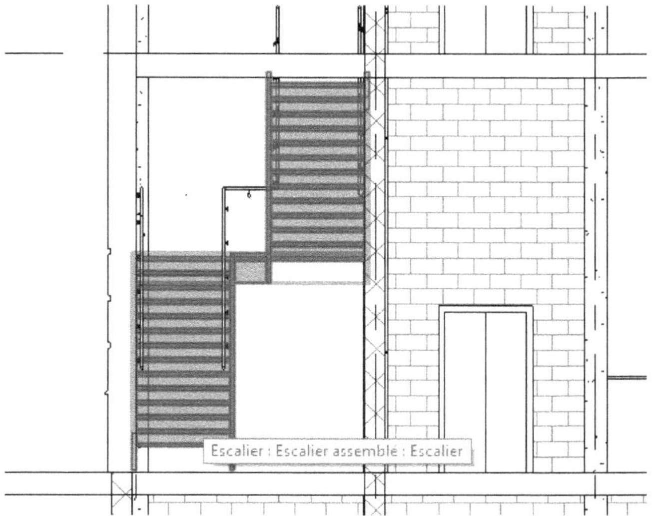

Figure 12–29

3. Dans l'onglet *Modifier* | *Escalier*>groupe de fonctions Escalier multiétage, cliquez sur (Sélectionner les niveaux).
4. Maintenez la touche <Ctrl> enfoncée et sélectionnez les lignes de niveau pour les **Étage 3** à **Étage 8**.
5. Cliquez sur (Terminer le mode de modification). Les escaliers sont ajoutés entre les autres étages, comme illustré en Figure 12–30.

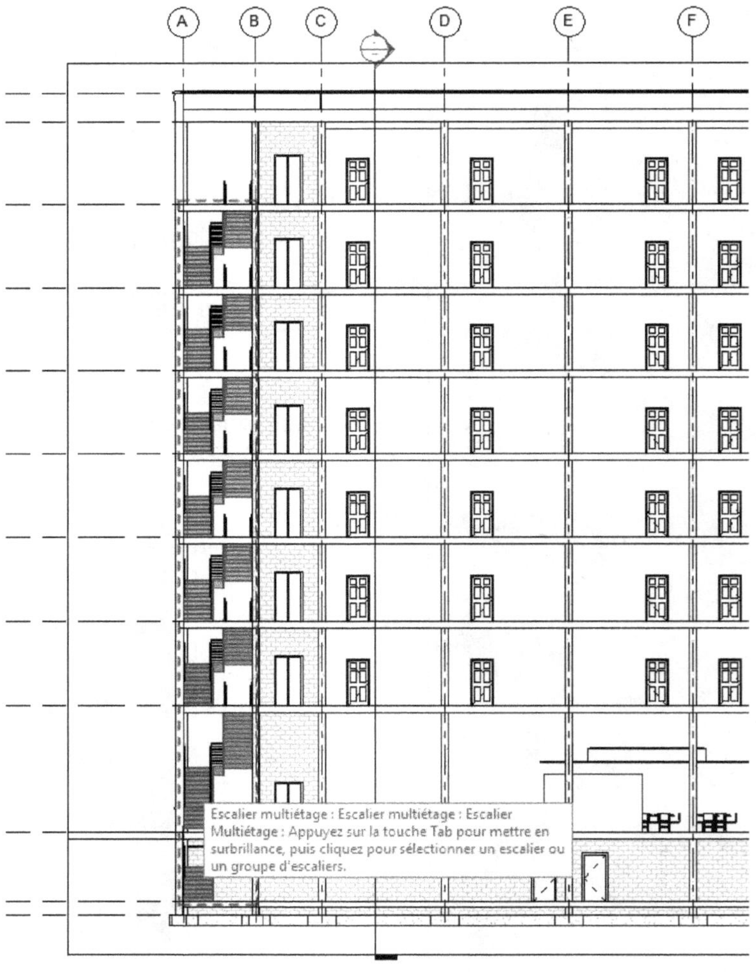
A
B
C
D
E
F
Escalier multiétage : Escalier multiétage : Escalier Multiétage : Appuyez sur la touche Tab pour mettre en surbrillance, puis cliquez pour sélectionner un escalier ou un groupe d'escaliers.

Figure 12–30

6. Sélectionnez les nouveaux escaliers multiétage.

7. *Dans l'onglet Modifier | Escalier*>groupe de fonctions Escalier multiétage, cliquez sur (Connecter/Déconnecter les niveaux).

8. Cliquez sur (Connecter les niveaux) puis sélectionnez la ligne de niveau **Fondation** et cliquez sur (Terminer le mode de modification). Les escaliers vers le sous-sol sont ajoutés.

9. Enregistrez le projet.

10. Pour voir les escaliers à tous les étages, réglez le Style visuel sur (Couleurs uniformes), comme illustré en Figure 12–31.

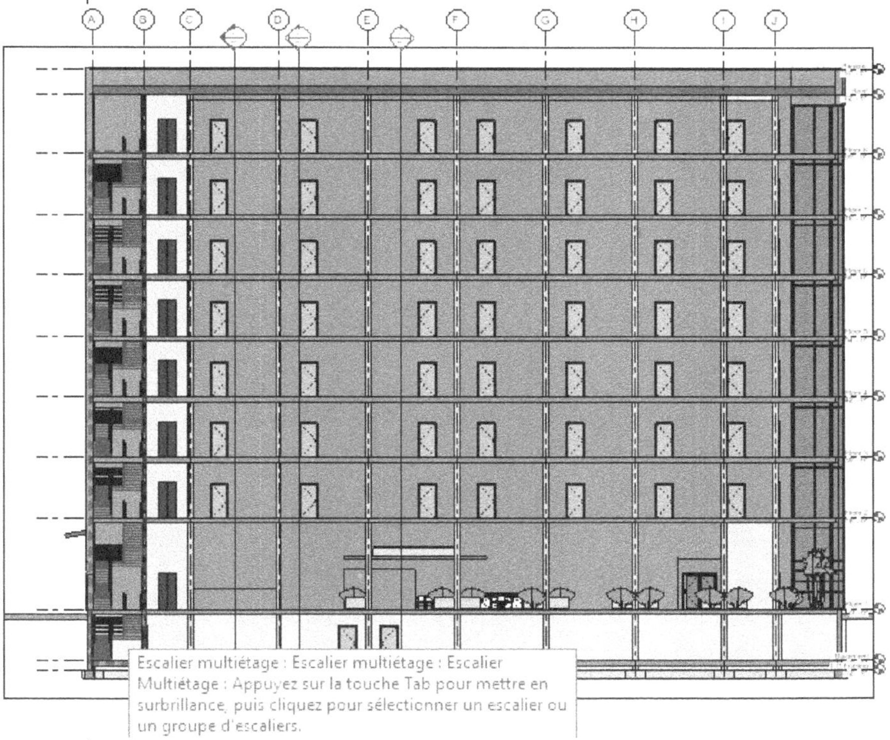
A
B
C
D
E
F
G
H
I
J
Escalier multiétage : Escalier multiétage : Escalier Multiétage : Appuyez sur la touche Tab pour mettre en surbrillance, puis cliquez pour sélectionner un escalier ou un groupe d'escaliers.

Figure 12–31

11. Enregistrez le projet.

Tâche 3 - Modifier les ouvertures d'escalier du deuxième étage.

1. Ouvrez la vue **Plan d'étage : Étage 2**.
2. Sélectionnez le sol. (Il est plus facile de sélectionner l'un des balcons).
3. Dans l'onglet *Modifier* | *Sols*>groupe de fonctions Mode, cliquez sur (Modifier la limite).
4. Modifiez la ligne de contour de façon à ce qu'elle crée une ouverture pour les escaliers, comme illustré en Figure 12–32.

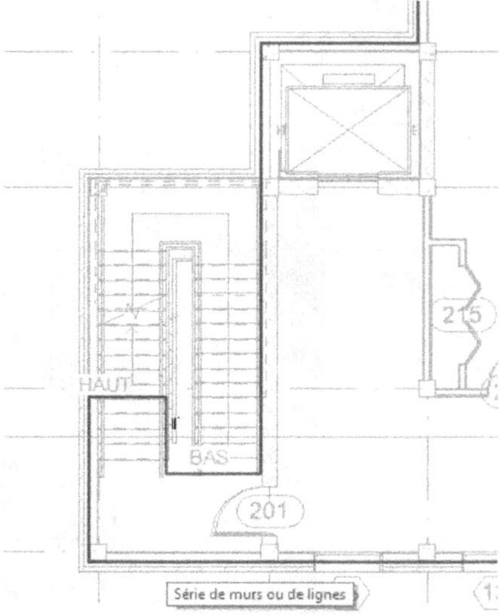

Figure 12–32

5. Cliquez sur (Terminer le mode de modification). Ne fixez pas les murs au sol.
6. Effectuez un zoom arrière pour afficher l'ensemble du deuxième étage.
7. Enregistrez le projet.
8. Si vous avez du temps à la fin de l'exercice, modifiez l'étage pour l'ouverture de l'escalier de l'étage 1 vers le sous-sol. Placez un cage pour les étages 3 à 8. Vous pouvez utiliser un cage ici parce que les ouvertures sont identiques à tous les étages.
9. Enregistrez le projet.

12.3 Travailler avec des garde-corps

Les hôtes des garde-corps esquissés incluent les planchers, les bords de dalle, le haut des murs et les toits. Vous pouvez aussi ajouter des garde-corps aux surfaces topographiques.

Les garde-corps sont automatiquement créés avec les escaliers mais vous pouvez les modifier ou les supprimer indépendamment de l'élément d'escalier. Vous pouvez aussi ajouter des garde-corps séparés des escaliers à d'autres emplacements, comme illustré en Figure 12–33.

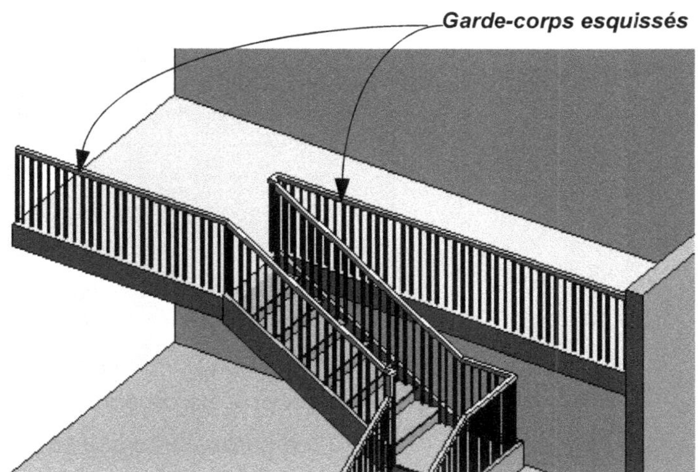

Figure 12–33

- Vous pouvez ajouter des garde-corps aux escaliers et rampes d'accès existants s'ils n'ont pas été inclus au moment de leur création.

Instructions pratiques : Ajouter des garde-corps en les esquissant

1. Ouvrez une vue en plan ou 3D.
2. Dans l'onglet *Architecture*>groupe de fonctions Circulation, déroulez (Garde-corps) et cliquez sur (Esquisser la trajectoire).
3. Dans le Sélecteur de type, sélectionnez le type de garde-corps.
4. Dans l'onglet *Modifier | Créer une trajectoire pour le garde-corps*>groupe de fonctions Outils, cliquez sur (Choisir un nouvel hôte) et sélectionnez l'élément auquel le garde-corps est associé, comme un escalier ou un plancher.

- Si vous travaillez dans une vue 3D ou en coupe, vous pouvez sélectionner **Aperçu** dans l'onglet *Modifier | Créer une trajectoire pour le garde-corps*>groupe de fonctions Options et le garde-corps s'affiche lorsque vous êtes encore en mode de modification. Cela fonctionne uniquement si vous avez sélectionné un hôte.
- Si l'hôte est incliné, le garde-corps suivra l'inclinaison, comme illustré en Figure 12–34.

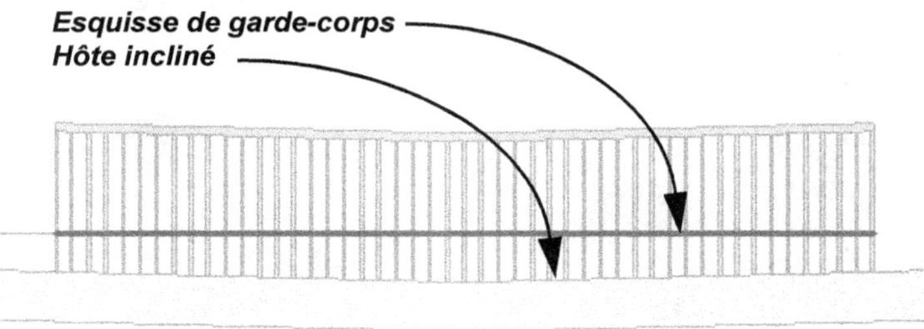

Figure 12–34

5. Utilisez les outils de dessin pour esquisser les lignes qui définissent les garde-corps.
6. Cliquez sur (Terminer le mode de modification) pour créer le garde-corps.

- Le garde-corps doit être une esquisse continue reliée. Si ce n'est pas le cas, vous êtes informé par un avertissement, comme illustré en Figure 12–35.

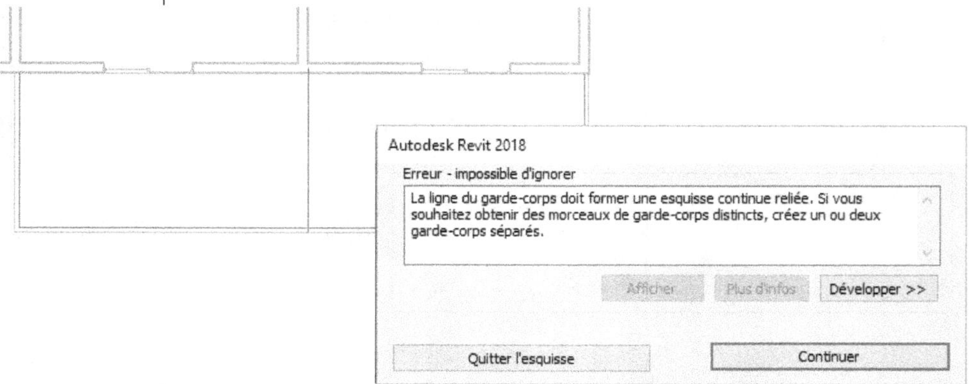

Figure 12–35

Instructions pratiques : Ajouter des garde-corps en sélectionnant un hôte

1. Dans l'onglet *Architecture*>groupe de fonctions Circulation, déroulez (Garde-corps) et cliquez sur (Placer sur l'escalier/la rampe).
2. Dans l'onglet *Modifier | Créer un emplacement de garde-corps sur l'hôte*>groupe de fonctions Position, cliquez sur (Marches) ou sur (Limon à la française).
3. Sélectionnez l'escalier ou la rampe d'accès où vous voulez ajouter les garde-corps.

- **Placer sur l'hôte** fonctionne uniquement en l'absence de garde-corps sur l'escalier. Si vous voulez ajouter un garde-corps supplémentaire (p. ex. au milieu d'un escalier large), vous devez esquisser le garde-corps.

Modification des garde-corps

La modification des garde-corps peut être aussi simple que la modification de leur type dans le Sélecteur de type pour afficher différentes extensions, comme illustré en Figure 12–36, ou aussi complexe que la création de styles de garde-corps personnalisés. Plusieurs méthodes de base incluent la modification de la trajectoire d'un garde-corps et la jonction de garde-corps à différentes hauteurs.

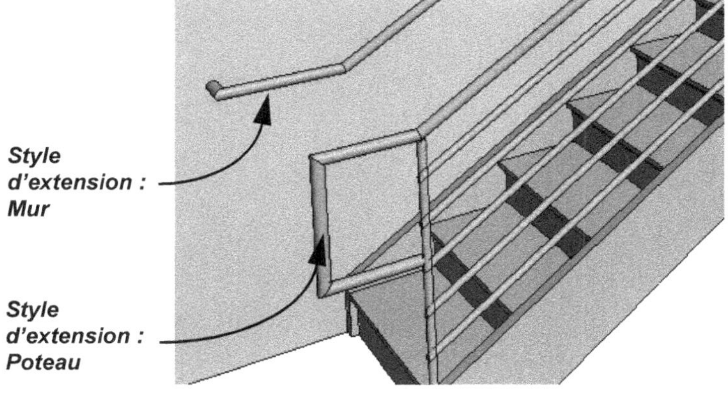

Figure 12–36

- Vous pouvez supprimer des garde-corps séparément des escaliers ou des rampes d'accès. Cependant, le fait de supprimer un escalier ou une rampe d'accès supprime automatiquement les garde-corps associés.

Modification de la trajectoire d'un garde-corps

Pour modifier la trajectoire d'un garde-corps, double-cliquez sur le garde-corps et, dans l'onglet *Modifier* | *Garde-corps*>groupe de fonctions Mode, cliquez sur (Modifier la trajectoire). Cela vous place dans le mode de modification, qui vous permet de modifier les lignes individuelles qui définissent le garde-corps, comme illustré en Figure 12–37. Vous pouvez créer des lignes supplémentaires mais elles doivent être connectées aux lignes existantes.

Contrairement à de nombreux autres éléments du mode de modification, les garde-corps ne doivent pas être dans une boucle fermée.

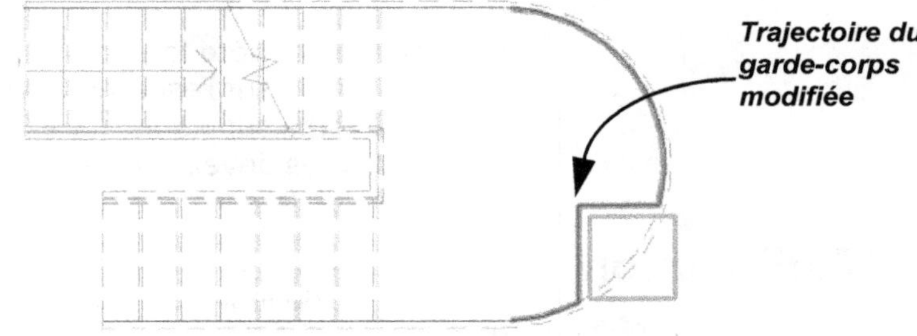

Figure 12–37

Exercice 12b Modifier et ajouter des garde-corps

Objectifs de l'exercice

- Modifier des garde-corps et des mains courantes.
- Ajouter des garde-corps indépendants.

Durée estimée : 25 minutes

Dans cet exercice, vous modifierez les garde-corps dans les cages d'escalier en modifiant les garde-corps contre le mur par un nouveau type. Vous ajouterez également des garde-corps indépendants pour connecter les volées dans les cages d'escalier. Vous ajouterez ensuite des garde-corps aux balcons intérieurs (voir Figure 12–38) et aux balcons extérieurs.

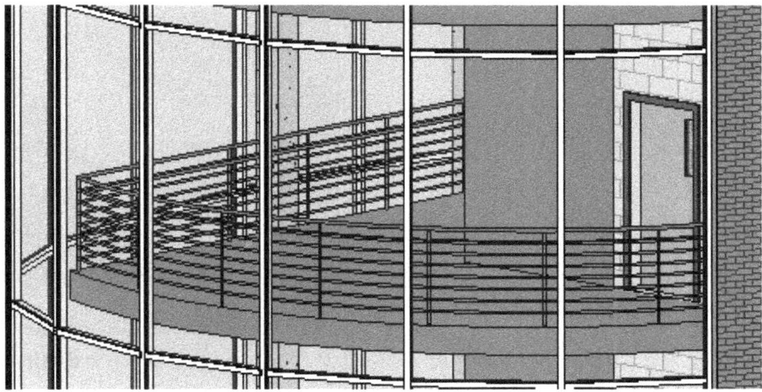

Figure 12–38

Tâche 1 - Modifier les garde-corps des cages d'escalier.

1. Ouvrez le projet **Hôtel-Moderne-Garde-corps.rvt**.
2. Ouvrez la vue **Plan d'étage : Étage 1 - Escalier 1**.
3. Créez une vue de la caméra depuis la porte de droite dans la cage d'escalier pour afficher les nouveaux escaliers et garde-corps.

*Appuyez sur <Ctrl>+<Tab> pour passer de la vue **3D Camera** à la vue **Plan d'étage**.*

4. Dans l'Arborescence du projet, dans *Vues 3D*, cliquez avec le bouton droit de la souris sur la nouvelle vue 3D et renommez-la **Escalier 1 - Étage1 3D**.

5. Modifiez les contrôles si nécessaire pour afficher la première volée de l'escalier et réglez le *Style visuel* sur (Ombré). La traverse haute et la main courante des garde-corps affichent un matériau différent.

6. Sélectionnez le garde-corps qui est contre le mur et, dans le Sélecteur de type, sélectionnez **Garde-corps: Main courante d'escalier - Mur**. Le type de garde-corps change, comme illustré en Figure 12–39.

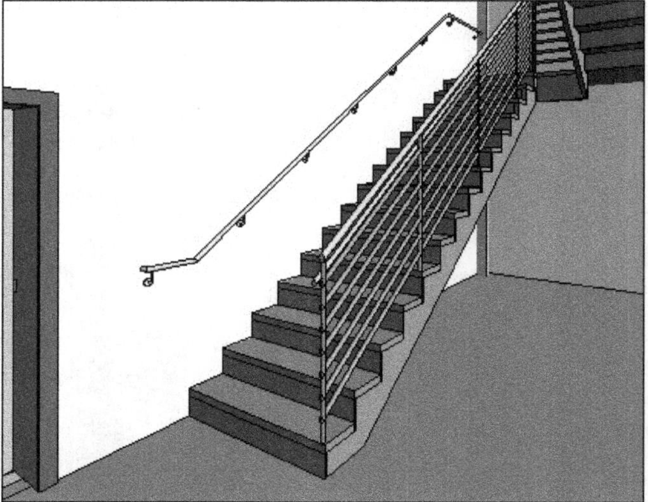

Figure 12–39

7. Avec la main courante toujours sélectionnée, dans Propriétés, réglez le *Décalage à partir de la trajectoire* sur **0**. Cela évite que la main courante soit trop loin du mur.

8. Ouvrez la vue **Plan d'étage : Étage 2**.

9. Zoomez sur la cage d'escalier et sélectionnez le garde-corps extérieur. Dans le Sélecteur de type, modifiez le type en sélectionnant **Garde-corps: Rambarde - Escalier d'Hôtel** et **0** pour le *Décalage à partir de la trajectoire*.

10. Sélectionnez le garde-corps intérieur et dans l'onglet *Modifier | Garde-corps*, groupe de fonctions Mode, cliquez sur (Modifier la trajectoire) ou double-cliquez sur le garde-corps.

11. Sélectionnez la trajectoire verticale et utilisez le contrôle pour faire glisser l'extrémité de la ligne gauche pour la rallonger à **2500 mm**, comme illustré en Figure 12–40.

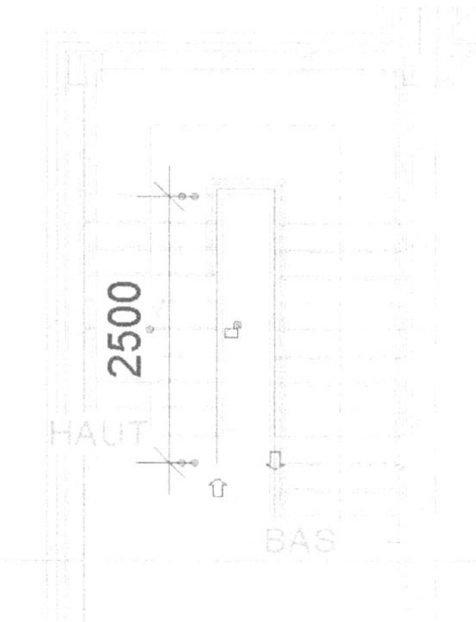

Figure 12–40

Si vous recevez un avertissement indiquant que certaines barreaux ne sont pas créées, ignorez-le et continuez l'exercice. Cela pourrait s'afficher si vous utilisez une autre version du logiciel Revit.

12. Cliquez sur (Terminer le mode de modification).

13. Dans l'onglet *Architecture*>groupe de fonctions Circulation, cliquez sur (Garde-corps) et sélectionnez (Esquisser la trajectoire). Dans le Sélecteur de type, sélectionnez **Garde-corps: Rambarde - Escalier d'Hôtel**. Esquissez la trajectoire à partir du milieu de la rambarde de chaque côté, comme illustré en Figure 12–41. Conseil : Tapez **SM** pour forcer un accrochage sur le milieu de l'extrémité du garde-corps.

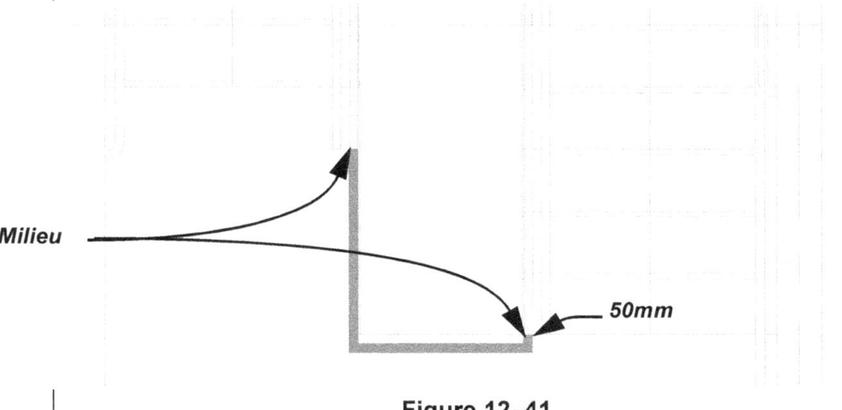

Figure 12–41

Si le garde-corps n'est pas à l'emplacement correct, sélectionnez le nouveau garde-corps, cliquez avec le bouton droit de la souris et sélectionnez

(Inverser).

14. Cliquez sur (Terminer le mode de modification).

15. Créez une vue de caméra pour afficher les escaliers et les garde-corps, comme illustré en Figure 12–42.

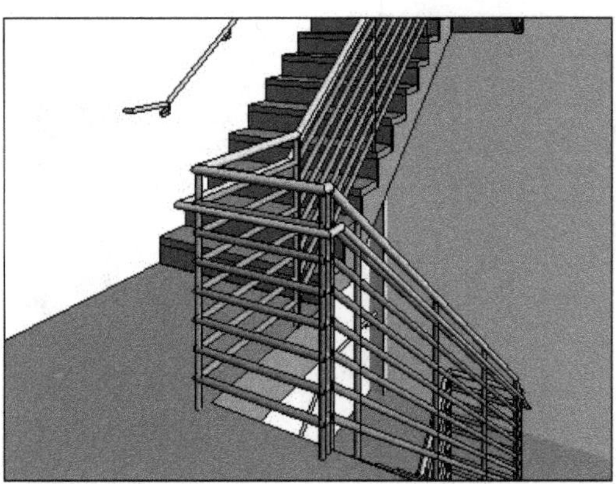

Figure 12–42

16. Renommez cette vue **Escalier 1 - Étage 2 3D**.

17. Copiez le nouveau garde-corps dans le presse-papiers et utilisez la commande **Aligné sur les niveaux sélectionnés** pour le copier à l'étage 3.

18. Ouvrez la vue **Plan d'étage : Étage 3**.

19. Modifiez le nouveau garde-corps pour adapter la configuration différente des escaliers, comme illustré en Figure 12–43.

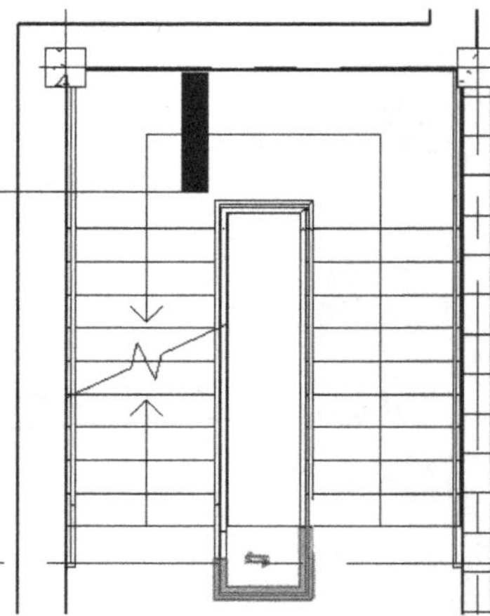

Figure 12–43

20. Copiez les nouveaux garde-corps aux étages 4 à 8. Si vous avez le temps, vous pouvez modifier le garde-corps à l'étage 8 pour adapter l'ouverture.

21. Enregistrez le projet.

Tâche 2 - Ajouter des garde-corps indépendants.

1. Ouvrez la vue **Plan d'étage : Étage 2** et zoomez sur le balcon intérieur (ligne de passage) si nécessaire.

2. Dans l'onglet *Architecture*>groupe de fonctions Circulation, déroulez (Garde-corps) et cliquez sur (Esquisser la trajectoire).

3. Dans le Sélecteur de type, sélectionnez **Garde-corps: Rambarde - Balcon d'Hôtel**.

4. Dessinez une ligne avec un *Décalage* de **75 mm** du bord du sol du balcon sur le vestibule de l'hôtel, comme illustré en Figure 12–44. Veillez à bien inclure la portion incurvée à l'extrémité.

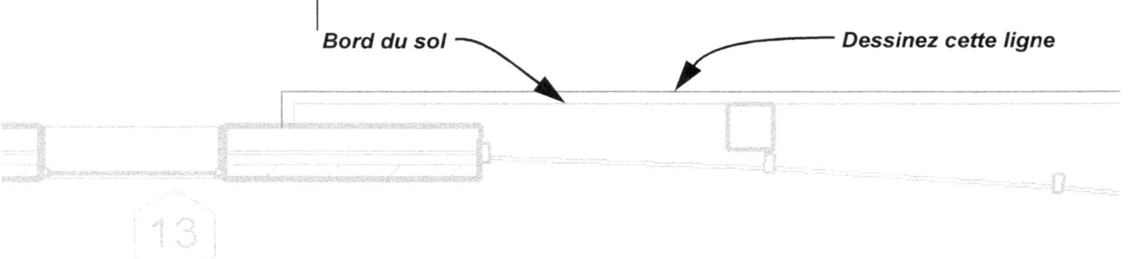

Figure 12–44

Si vous recevez un avertissement indiquant que certaines barreaux ne sont pas créées, ignorez-le et continuez l'exercice. Cela pourrait s'afficher si vous utilisez une autre version du logiciel Revit.

5. Cliquez sur (Terminer le mode de modification).

6. Zoomez sur l'un des balcons extérieurs derrière le bâtiment.

7. Ajoutez des garde-corps de balcon, comme sur l'esquisse illustrée en Figure 12–45, en utilisant les mêmes propriétés que les garde-corps de balcons intérieurs.

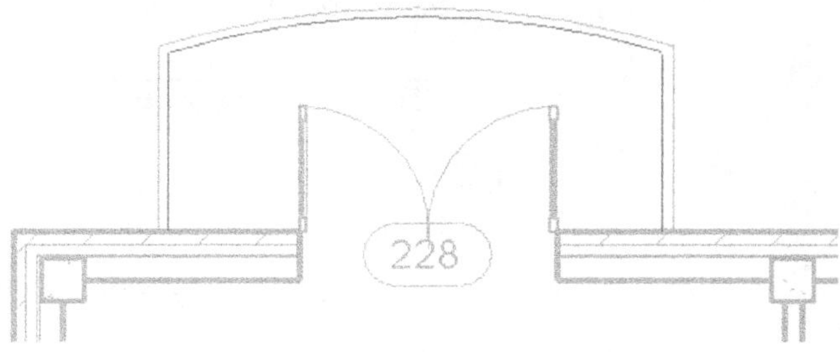

Figure 12–45

Si vous recevez un avertissement indiquant que certaines barreaux ne sont pas créées, ignorez-le et continuez l'exercice. Cela pourrait s'afficher si vous utilisez une autre version du logiciel Revit.

8. Cliquez sur ✔ (Terminer le mode de modification).
9. Copiez les garde-corps terminés pour d'autres balcons.
10. Copiez tous les garde-corps de balcon, à l'intérieur et à l'extérieur, aux autres étages.
11. Ouvrez une vue 3D extérieure et vérifiez le placement de tous les garde-corps.
12. Enregistrez le projet.

12.4 Création de rampes d'accès

Le processus de création de rampes d'accès est similaire à celui de création d'escaliers avec des volées et des paliers automatiques. Vous pouvez aussi esquisser un contour avec des contremarches au départ et à l'arrivée de chaque pente. Les rampes d'accès sont souvent utilisées pour de courtes distances verticales (voir Figure 12–46), car elles nécessitent beaucoup d'espace pour les volées. Consultez les normes de construction locales pour déterminer la longueur possible pour une volée avant qu'un palier soit nécessaire.

Figure 12–46

Instructions pratiques : Créer une rampe d'accès en utilisant des volées

1. Dans l'onglet *Architecture*>groupe de fonctions Circulation, cliquez sur (Rampe d'accès).
2. Dans le Sélecteur de type, sélectionnez le type de rampe d'accès.
3. Dans l'onglet *Modifier | Créer une esquisse de la rampe d'accès*>groupe de fonctions Outils, cliquez sur (Garde-corps) et sélectionnez un type de garde-corps dans la boîte de dialogue Types de garde-corps. Cliquez sur **OK**.

4. Dans Propriétés, spécifiez les *Contraintes*, en particulier le **Niveau de base** et le **Niveau supérieur** et leurs décalages, comme illustré en Figure 12–47, ainsi que d'autres propriétés. La **Largeur** de la rampe d'accès est définie dans la zone *Cotes*.

Rampes d'accès	Modifier le type
Contraintes	
Niveau de base	Niveau 1
Décalage inférieur	0.0
Niveau supérieur	Niveau 2
Décalage supérieur	600.0
Niveau supérieur multiétage	Aucun(e)

Figure 12–47

5. Dessinez les plans de référence pour spécifier les emplacements des points de départ et d'arrivée des volées avant de créer la rampe d'accès. La volée est basée sur le milieu de la rampe d'accès.
6. Dans le groupe de fonctions Dessiner, cliquez sur (Volée) et sélectionnez le point de départ de la volée. Un aperçu affiche l'orientation et la longueur de la rampe d'accès. Cliquez sur (Ligne) ou (Arc centre-fins) pour basculer entre les volées linéaires et incurvées.
   - Des paliers sont automatiquement créés entre les volées, comme illustré en Figure 12–48.

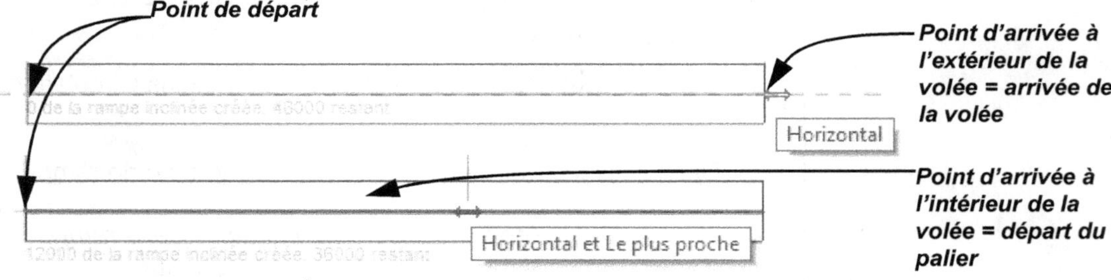

Figure 12–48

7. Cliquez sur (Terminer le mode de modification). La rampe d'accès (incluant les garde-corps) est créée.

Instructions pratiques : Esquisser une rampe d'accès en utilisant le contour et la contremarche

1. Cliquez sur (Rampe d'accès) et définissez le type de rampe et les Propriétés.
2. Dans l'onglet *Modifier | Créer une esquisse de la rampe d'accès*>groupe de fonctions Dessiner, cliquez sur (Limite).
3. Utilisez les outils Dessiner pour dessiner les côtés (pas les extrémités) de la rampe d'accès, comme illustré par les lignes vertes sur la Figure 12–49.
4. Dans l'onglet *Modifier | Créer une esquisse de la rampe d'accès*>groupe de fonctions Dessiner, cliquez sur (Contremarche).
5. Utilisez les outils Dessiner pour spécifier les extrémités de la pente de chaque rampe d'accès, comme illustré par les lignes noires en Figure 12–49.

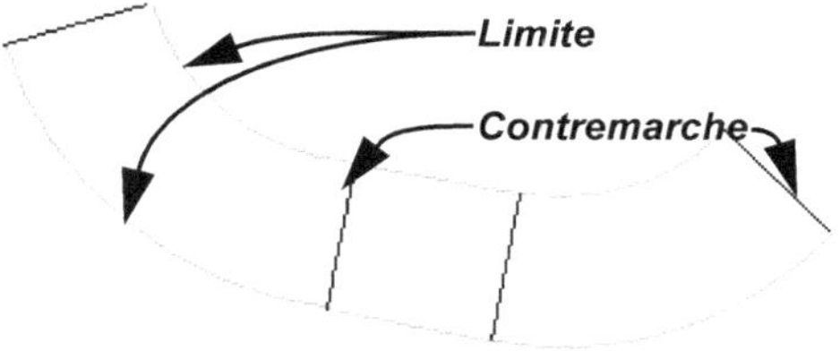

Figure 12–49

6. Cliquez sur (Terminer le mode de modification).

Exercice 12c Créer des rampes d'accès

Objectif de l'exercice

- Ajouter une rampe d'accès.

Durée estimée : 10 minutes

Dans cet exercice, vous créerez une rampe d'accès avec des garde-corps, comme illustré en Figure 12–50.

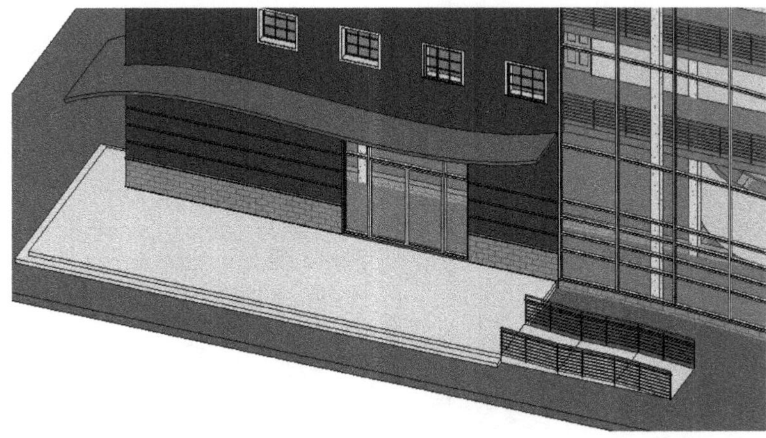

Figure 12–50

Tâche 1 - Ajout d'une rampe d'accès

1. Ouvrez le projet **Hôtel-Moderne-Rampes.rvt**.
2. Ouvrez la vue **Plan d'étage : Étage 1**.
3. Dans l'onglet *Architecture*>groupe de fonctions Circulation, cliquez sur (Rampe d'accès).
4. Dans le Sélecteur de type, sélectionnez **Rampe d'accès: Rampe d'hôtel**.
5. Dans Propriétés, réglez le *Niveau de base* sur **Étage 1**, avec un *Décalage inférieur* de (négatif) **-300 mm**. Réglez le *Niveau supérieur* sur **Étage 1**, avec un *Décalage supérieur* de **0.0**. Réglez la *Largeur* sur **1800 mm**.

Si vous recevez un avertissement indiquant que certaines barres ne sont pas créées, ignorez-les et continuez l'exercice. Cela pourrait s'afficher si vous utilisez une autre version du logiciel Revit.

6. Dans l'onglet *Modifier | Créer une esquisse de la rampe d'accès*>groupe de fonctions Outils, cliquez sur (Garde-corps), sélectionnez le type de garde-corps **Garde-corps: Rambarde - Rampe d'Hôtel** et cliquez sur **OK**.

7. Dans le groupe de fonctions Plan de construction, cliquez sur (Plan de référence).

8. Dessinez les plans de référence illustrés en Figure 12–51.

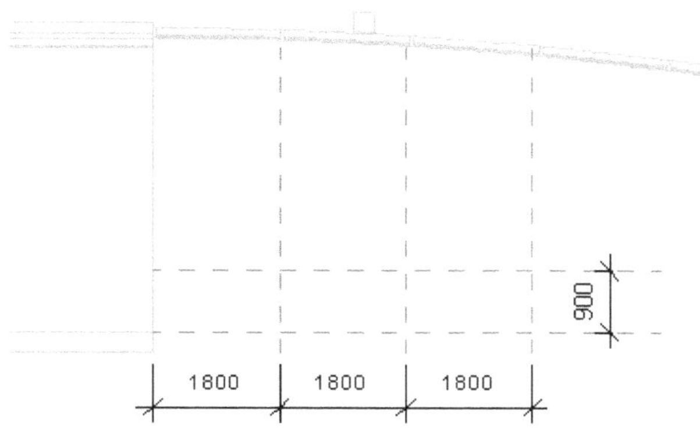

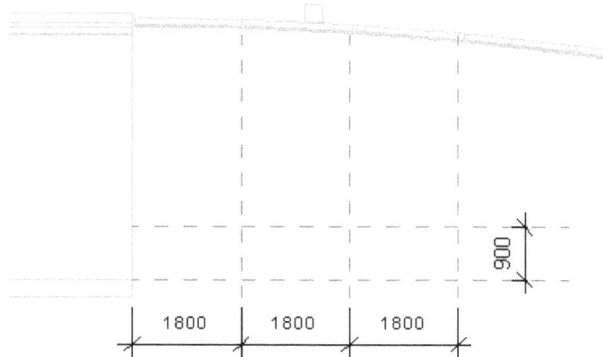

Figure 12–51

9. Cliquez sur (Modifier) pour revenir à l'onglet *Modifier | Créer une esquisse de la rampe d'accès* dans le ruban.

10. Dans le groupe de fonctions Dessiner, cliquez sur (Volée). Démarrez la volée, comme illustré en Figure 12–52. Utilisez les intersections du plan de référence pour mettre fin à la première volée puis esquissez la deuxième volée.

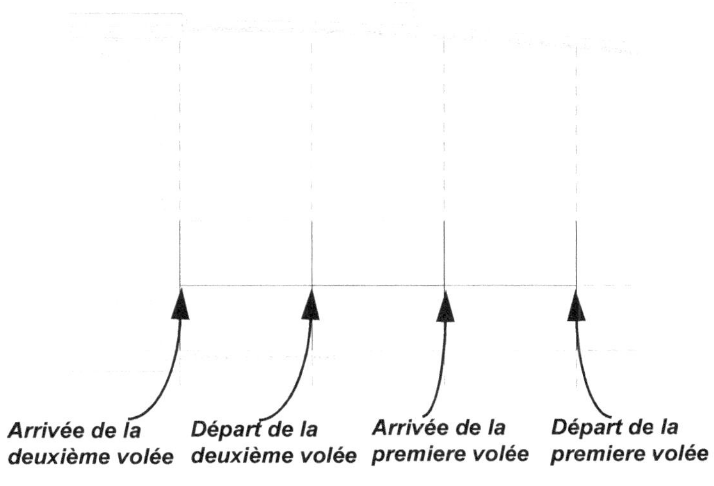

Figure 12–52

11. Cliquez sur ✓ (Terminer le mode de modification).

12. Les garde-corps doivent être déplacés de façon à être fixés sur la rampe d'accès. Sélectionnez les garde-corps et, dans Propriétés, modifiez le *Décalage* à partir de la trajectoire (négatif) **-50mm**.

13. Ouvrez la vue 3D et vérifiez que la rampe d'accès s'affiche, comme illustré en Figure 12–53.

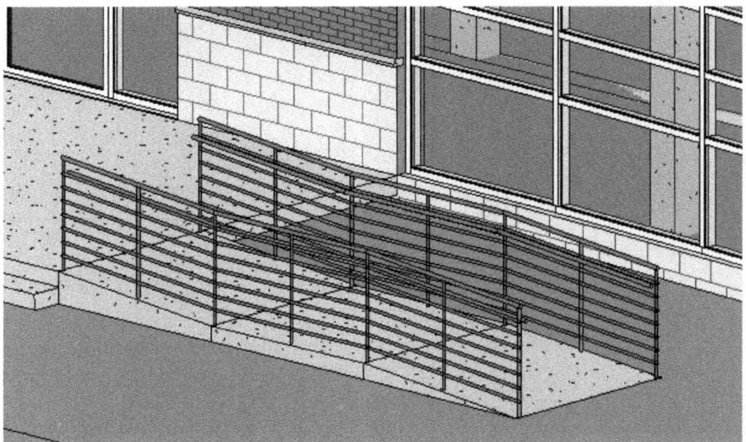

Figure 12–53

14. Effectuez un zoom arrière et enregistrez le projet.

Questions de révision

1. Parmi les composants suivants, lequel n'est PAS un composant d'escalier ?
    a. Volées
    b. Paliers
    c. Marches
    d. Supports
2. Comment modifier un escalier de façon à ce qu'il soit plus large au bas qu'en haut, comme illustré en Figure 12–54 ?

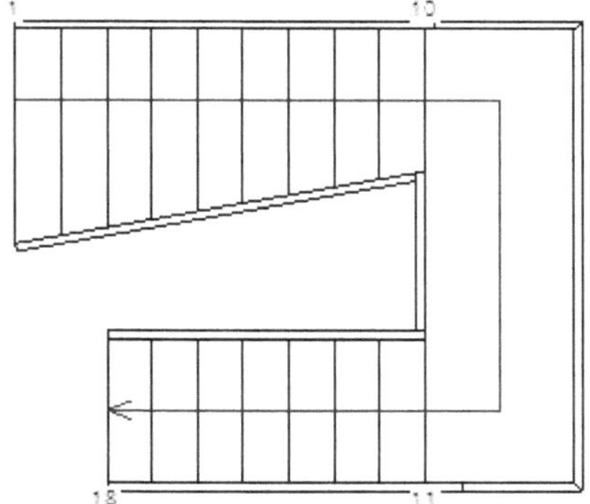

Figure 12–54

    a. En utilisant les poignées situées à chaque angle de l'escalier et en les faisant glisser vers un nouvel emplacement.
    b. En convertissant la volée en esquisse et en modifiant les lignes des contours et des contremarches.
    c. En utilisant la touche <Tab> pour parcourir les composants de façon à sélectionner uniquement la marche à modifier.
    d. En divisant l'escalier en composants puis en utilisant les poignées pour modifier la largeur de l'escalier.

3. Quand avez-vous besoin d'utiliser la commande

   (Garde-corps) ? (Sélectionnez toutes les réponses possibles).

   a. Lorsque vous voulez un garde-corps supplémentaire au milieu d'escaliers très larges.
   b. Lorsque vous créez un escalier ou une rampe d'accès.
   c. Lorsque vous créez des garde-corps qui ne sont pas reliés aux escaliers ou aux rampes d'accès.
   d. Lorsque vous utilisez la commande **Escalier par esquisse**.

4. Pour créer un escalier qui couvre plusieurs étages de même hauteur (voir Figure 12–55), vous devez créer un escalier et...

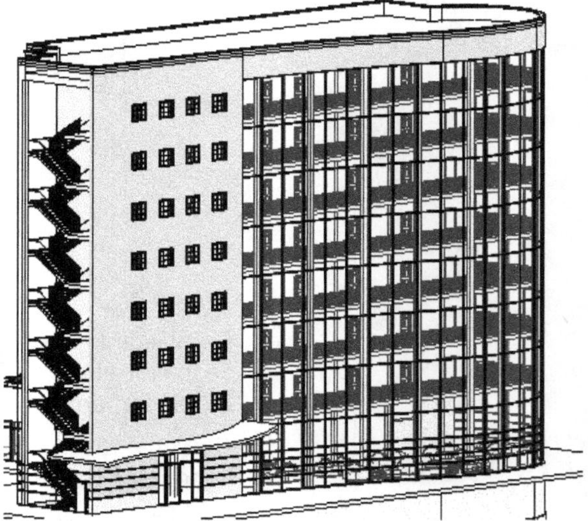

Figure 12–55

   a. Dans Propriétés, sélectionner le **Niveau supérieur multiétage** à partir de la liste déroulante des niveaux.
   b. Sélectionner également un escalier créé au niveau supérieur des étages, cliquer avec le bouton droit de la souris et sélectionner **Escalier multiétage**.
   c. Le copier dans le presse-papiers. Utiliser **Aligné sur les niveaux sélectionnés** et spécifier les niveaux où vous souhaitez placer les escaliers.
   d. Sélectionner les escaliers. Dans le ruban, sélectionner **Connecter les niveaux** puis les niveaux où vous souhaitez placer les escaliers.

5. Parmi les éléments suivants, lequel est le plus utile pour spécifier les volées de départ et d'arrivée des rampes d'accès ?
    a. Murs
    b. Escaliers
    c. Lignes d'esquisse
    d. Plans de référence

Récapitulatif des commandes

Bouton	Commande	Emplacement
Escaliers et rampes d'accès		
	Convertir en basé sur esquisse	• **Ruban :** Onglet *Modifier | Créer un escalier*>groupe de fonctions Outils
	Connecter les niveaux	• **Ruban :** Onglet *Modifier | Escalier*>groupe de fonctions Escalier multiétage
	Escalier	• **Ruban :** Onglet *Architecture*>groupe de fonctions Circulation
	Inverser	• **Ruban :** Onglet *Modifier | Créer un escalier*>groupe de fonctions Outils
	Modifier l'esquisse	• **Ruban :** Onglet *Modifier | Créer un escalier*>groupe de fonctions Outils
	Modifier l'escalier	• **Ruban :** Onglet *Modifier | Escalier*>groupe de fonctions Modifier
	Palier	• **Ruban :** Onglet *Modifier | Créer un escalier*>groupe de fonctions Composants
	Rampe d'accès	• **Ruban :** Onglet *Architecture*>groupe de fonctions Circulation
	Support	• **Ruban :** Onglet *Modifier | Créer un escalier*>groupe de fonctions Composants
	Volée	• **Ruban :** Onglet *Modifier | Créer un escalier*>groupe de fonctions Composants
Garde-corps		
	Choisir un nouvel hôte	• **Ruban :** Onglet *Modifier | Créer une trajectoire pour le garde-corps (Garde-corps)*>groupe de fonctions Outils
	Garde-corps	• **Ruban :** *Modifier | Créer un escalier (Créer une esquisse des escaliers) (Créer une esquisse de la rampe d'accès)*>groupe de fonctions Outils
	Garde-corps> Placer sur l'escalier/la rampe	• **Ruban :** Onglet *Architecture*>groupe de fonctions Circulation, déroulez Garde-corps

	Garde-corps> Esquisser la trajectoire	• **Ruban :** Onglet *Architecture*>groupe de fonctions Circulation, déroulez Garde-corps
	Modifier la trajectoire (Garde-corps)	• **Ruban :** Onglet *Modifier | Garde-corps*>groupe de fonctions Mode

Phase de création de la documentation du projet

La troisième section de ce guide de formation poursuit l'apprentissage des outils Autodesk® Revit®, en se centrant sur des outils qui vous aident à créer de documentation du projet précise pour une conception.

Cette partie comprend les chapitres suivants :

- Chapitre 13 : Création de la documentation du projet
- Chapitre 14 : Annotation de la documentation du projet
- Chapitre 15 : Ajouts d'étiquettes et de nomenclatures
- Chapitre 16 : Création de détails

Chapitre 13

Création de la documentation du projet

La création précise de la documentation du projet dans le logiciel Autodesk® Revit® garantit une bonne communication de la conception aux utilisateurs en aval. La documentation du projet est principalement créée dans des vues spéciales appelées feuilles. Savoir comment sélectionner des cartouches, assigner des informations des cartouches, placer des vues et imprimer les feuilles sont des étapes essentielles du processus de documentation de construction.

Objectifs d'apprentissage de ce chapitre

- Ajouter des feuilles avec des cartouches et des vues d'un projet.
- Entrer les informations du cartouche pour des feuilles individuelles et pour un projet complet.
- Placer et organiser des vues sur des feuilles.
- Imprimer des feuilles à l'aide de la boîte de dialogue Imprimer par défaut.

13.1 Configuration des feuilles

Pendant la modélisation d'un projet, les fondations des plans d'exécution sont déjà en cours. Toute vue (plan d'étage, en coupe, de détail ou de nomenclature) peut être placée sur une feuille, comme illustré en Figure 13–1.

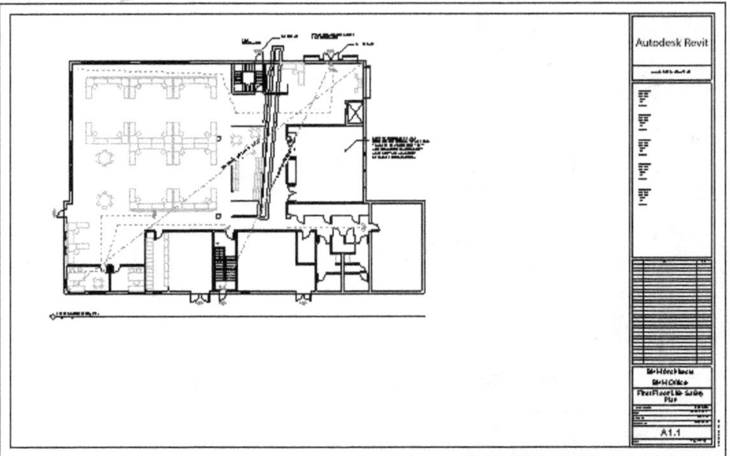

Figure 13–1

- Des gabarits d'entreprises peuvent être créés avec des feuilles standards utilisant un cartouche de l'entreprise (ou du projet) et des vues associées déjà placées sur la feuille.
- La taille de la feuille est basée sur la famille de cartouche sélectionnée.
- Les feuilles sont répertoriées dans la zone *Feuilles* de l'Arborescence du projet.
- La plupart des informations sur les feuilles sont incluses dans les vues. Vous pouvez ajouter des notes générales et d'autres éléments ne faisant pas partie du modèle directement à la feuille, bien qu'il soit préférable de les ajouter à l'aide de vues de dessin ou de légendes, car celles-ci peuvent être placées sur plusieurs feuilles.

Instructions pratiques : Configurer des feuilles

1. Dans l'Arborescence du projet, double-cliquez sur l'en-tête de la zone de *Feuilles* et sélectionnez **Nouvelle feuille...** ou dans l'onglet *Vue*>groupe de fonctions Composition de feuille, cliquez sur (Feuille).
2. Dans la boîte de dialogue Nouvelle feuille, sélectionnez un cartouche dans la liste, comme illustré en Figure 13–2. Alternativement, s'il existe une liste de feuilles disponibles, sélectionnez-en une ou plusieurs dans la liste.

*Cliquer sur **Charger...** pour charger une feuille à partir de la Bibliothèque.*

Maintenir la touche <Ctrl> enfoncée pour sélectionner plusieurs feuilles disponibles.

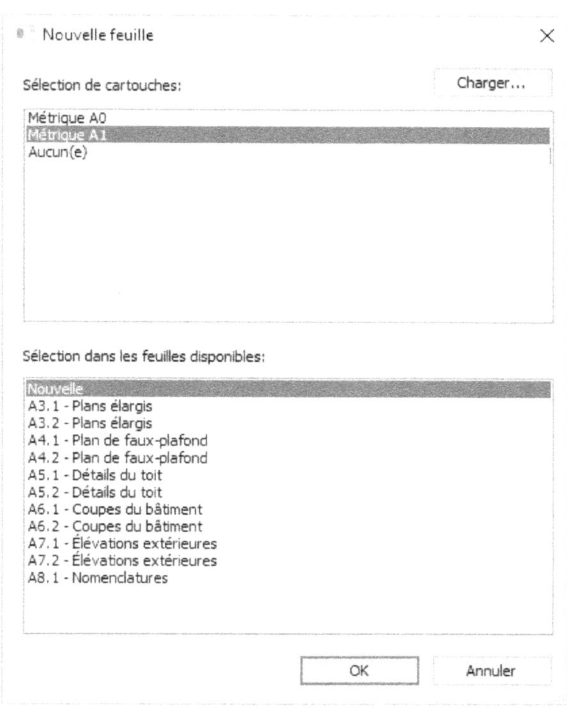

Figure 13–2

3. Cliquez sur **OK**. Une nouvelle feuille est créée avec le cartouche préféré.
4. Complétez les informations requises dans le cartouche.
5. Ajoutez des vues à la feuille.

- Lorsque vous créez des feuilles, la feuille suivante est incrémentée de façon numérique.
- Lorsque vous changez le *Nom de la feuille* et/ou le *Numéro* dans le cartouche, cela change automatiquement le nom et le numéro de la feuille dans l'Arborescence du projet.

- L'horodate du tracé sur le côté de la feuille est automatiquement mise à jour à la date et l'heure actuelles. Le format de l'affichage utilise les paramètres régionaux de votre ordinateur.
- L'Echelle est saisie automatiquement lorsqu'une vue est insérée sur une feuille. Si une feuille possède plusieurs vues avec différentes échelles, l'échelle s'affiche **Comme indiqué**.

Propriétés de la feuille (cartouche)

Chaque nouvelle feuille inclut un cartouche. Vous pouvez changer les informations du cartouche dans Propriétés, comme illustré en Figure 13–3, ou en sélectionnant n'importe quelle étiquette bleue que vous souhaitez modifier (*Nom du projet*, *Date*, *Dessiné par*, etc.), comme illustré en Figure 13–4.

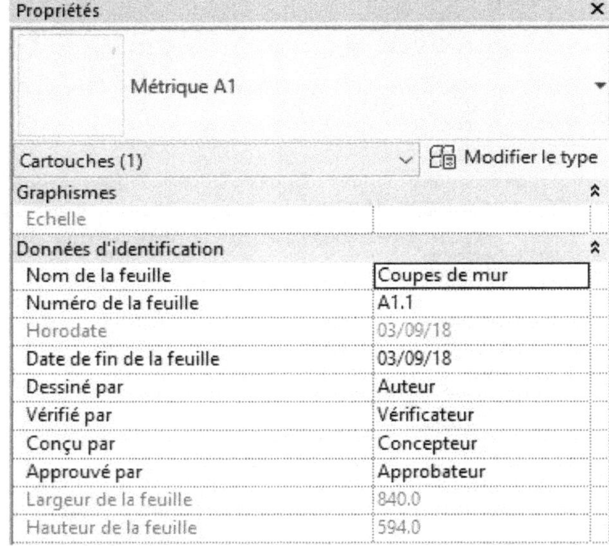

Figure 13–3

Propriétaire
Nom du projet
Sans nom
Numéro du projet
Numéro du projet
Date
Date de fin
Dessiné par
Auteur
Vérifié par
Vérificateur
TF0.0
Echelle

Figure 13–4

Les Propriétés qui s'appliquent à toutes les feuilles peuvent être saisies dans la boîte de dialogue Propriétés du projet (voir Figure 13–5). Dans l'onglet *Gérer*>groupe de fonctions Paramètres, cliquez sur (Informations sur le projet).

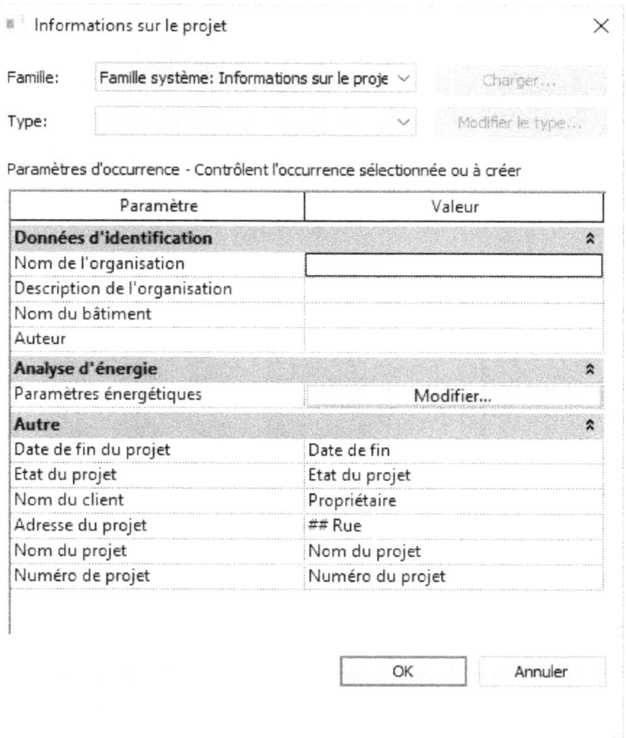

Figure 13–5

13.2 Placer et modifier des vues sur des feuilles

La procédure d'ajout de vues à une feuille est simple. Faites glisser une vue sur la feuille à partir de l'Arborescence du projet. La nouvelle vue s'affiche sur la feuille à l'échelle spécifiée dans la vue originale. Le titre de la vue affiche le nom, le numéro et l'échelle de la vue, comme illustré en Figure 13–6.

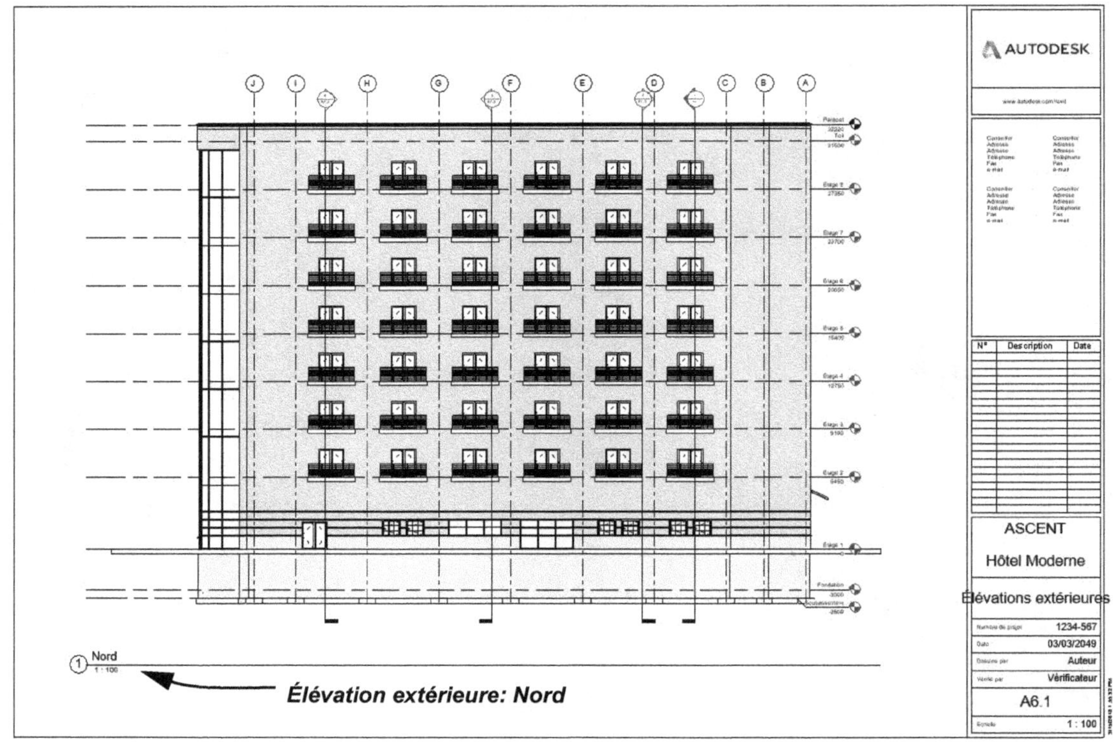

Figure 13–6

Instructions pratiques : Placer des vues sur des feuilles

Des lignes d'alignement à partir des vues existantes s'affichent pour vous aider à placer des vues supplémentaires.

1. Configurez la vue comme vous souhaitez la voir s'afficher sur la feuille, en incluant l'échelle et la visibilité des éléments.
2. Créez ou ouvrez la feuille là où vous voulez placer la vue.
3. Sélectionnez la vue dans l'Arborescence du projet, et faites-la glisser sur la feuille.
4. Le centre de la vue est attaché au curseur. Cliquez pour la placer sur la feuille.

Mise en place de vues sur des feuilles

- Les vues peuvent être placées sur une feuille une fois seulement. Toutefois, vous pouvez dupliquer la vue et placer cette copie sur une feuille.
- Les vues sur une feuille sont associatives. Elles sont automatiquement mises à jour pour refléter les changements effectués sur le projet.
- Chaque vue sur une feuille est répertoriée sous le nom de la feuille dans l'Arborescence du projet, comme illustré en Figure 13–7.

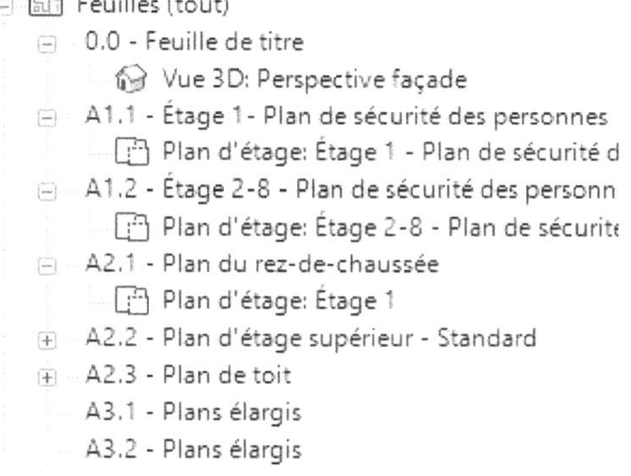

Figure 13–7

- Vous pouvez également utiliser deux autres méthodes pour placer des vues sur des feuilles :
    - Dans l'Arborescence du projet, cliquez avec le bouton droit de la souris sur le nom de la feuille et sélectionnez **Ajouter une vue...**
    - Dans l'onglet *Vue*>groupe de fonctions Composition de feuille, cliquez sur (Placer la vue).

Cette méthode répertorie uniquement les vues qui n'ont pas encore été placées sur une feuille.

Puis, dans la boîte de dialogue Vues (voir Figure 13–8), sélectionnez la vue que vous souhaitez utiliser et cliquez sur **Ajouter la vue à la feuille**.

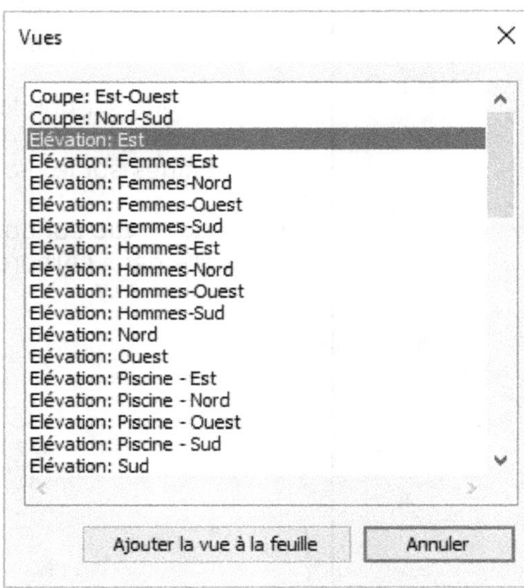

Figure 13–8

- Pour supprimer une vue d'une feuille, sélectionnez-la et appuyez sur <Supprimer>. Alternativement, dans l'Arborescence du projet, développez les informations sur la feuille individuelle pour afficher les vues, cliquez avec le bouton droit de la souris sur le nom de la vue et sélectionnez **Supprimer de la feuille**.

Conseil : Configuration de l'Arborescence du projet

Pour afficher et changer les types d'Arborescence du projet, sélectionnez le premier nœud de l'Arborescence du projet (qui est, par défaut, configuré sur *Vues (toutes)*) et sélectionnez le type que vous souhaitez utiliser à partir du Sélecteur de type. Par exemple, vous pouvez configurer l'Arborescence pour n'afficher que des vues qui ne sont pas sur des feuilles, comme illustré en Figure 13–9.

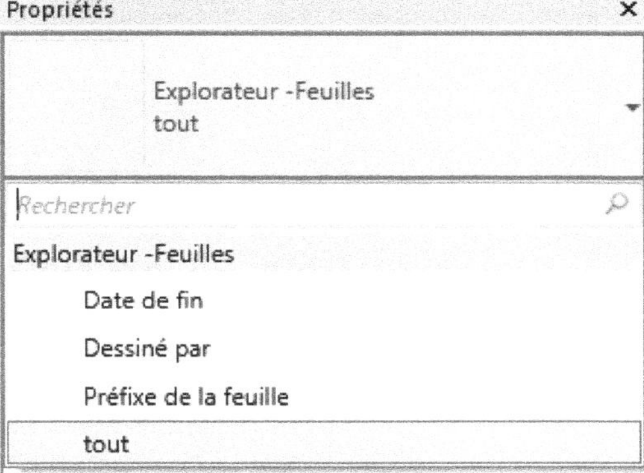

Figure 13–9

Déplacer des vues et des titres de vues

*Vous pouvez utiliser la commande **Déplacer** ou les flèches pour déplacer une vue.*

- Pour déplacer une vue sur une feuille, sélectionnez le bord de la vue et faites-le glisser vers un nouvel emplacement. Le titre de la vue se déplace avec la vue.
- Pour ne déplacer que la titre de la vue, sélectionnez le titre et faites-le glisser vers le nouvel emplacement.
- Pour modifier la longueur de la ligne sous le nom du titre, sélectionnez le bord de la vue et faites glisser les commandes, comme illustré en Figure 13–10.

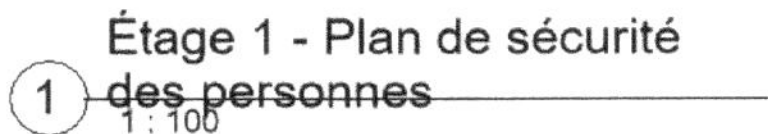

Figure 13–10

- Pour changer le titre d'une vue sur une feuille sans changer son nom dans l'Arborescence du projet, dans Propriétés, dans la zone *Données d'identification*, tapez un nouveau titre pour le paramètre *Titre sur la feuille*, comme illustré en Figure 13–11.

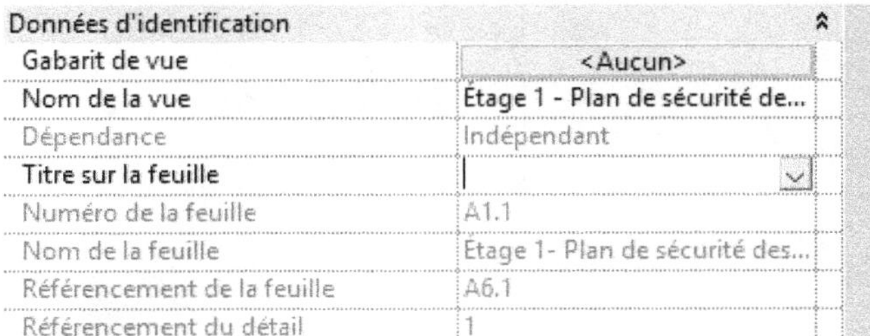

Données d'identification	
Gabarit de vue	<Aucun>
Nom de la vue	Étage 1 - Plan de sécurité de...
Dépendance	Indépendant
Titre sur la feuille	
Numéro de la feuille	A1.1
Nom de la feuille	Étage 1- Plan de sécurité des...
Référencement de la feuille	A6.1
Référencement du détail	1

Figure 13–11

Rotation des vues

- Lors de la création d'une feuille verticale, vous pouvez faire pivoter la vue sur la feuille de 90 degrés. Sélectionnez la vue et réglez le sens de rotation dans la liste déroulante Rotation sur la feuille dans la Barre des options, comme illustré en Figure 13–12.

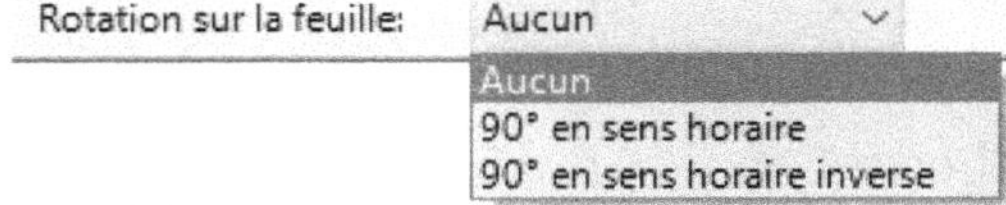

Figure 13–12

- Pour faire pivoter une vue à un angle autre que 90 degrés, ouvrez la vue, activez et sélectionnez la zone cadrée, et utilisez la commande **Rotation** pour modifier l'angle.

Travailler à l'intérieur des vues

Pour effectuer des petits changements sur une vue pendant que vous travaillez sur une feuille :

- Double-cliquez *à l'intérieur* de la vue pour l'activer.
- Double-cliquez *à l'extérieur* de la vue pour la désactiver.

N'utiliser cette méthode que pour les petits changements. Les changements significatifs devront être effectués directement dans la vue.

Seuls les éléments de la fenêtre sont disponibles et peuvent être modifiés. Le reste de la feuille est grisé, comme illustré en Figure 13–13.

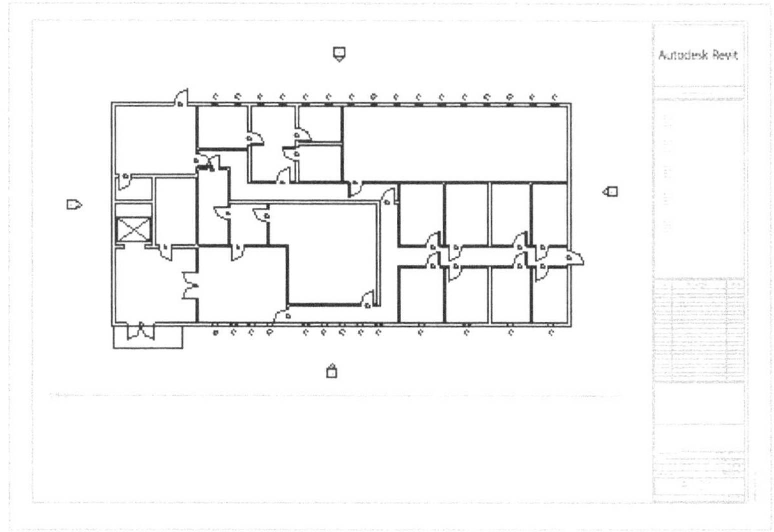

Figure 13–13

- Vous pouvez activer et désactiver des vues en cliquant avec le bouton droit de la souris sur le bord de la vue ou en utilisant les outils que vous pouvez trouver dans l'onglet *Modifier | Fenêtres* et *Vues*>groupe de fonctions Composition de feuille.
- Les changements effectués sur des éléments lorsqu'une vue est activée s'affichent également dans la vue originale.
- Si vous ne savez pas sur quelle feuille se trouve une vue, cliquez avec le bouton droit de la souris sur la vue dans l'Arborescence du projet et sélectionnez **Ouvrir une feuille**. Cet élément est grisé si la vue n'a pas été placée sur une feuille et qu'elle n'est pas disponible pour les nomenclatures et les légendes qui peuvent être placées sur plusieurs feuilles.

Redimensionner des vues sur des feuilles

Si les limites de la vue changent radicalement après un changement d'échelle ou le recadrage d'une zone, il est plus facile de supprimer la vue sur la feuille et de la faire glisser à nouveau.

Chaque vue affiche les limites du modèle ou les éléments contenus dans la zone cadrée. Si la vue ne s'ajuste pas à une feuille (voir Figure 13–14), vous pourriez avoir besoin de cadrer la vue ou de déplacer les marqueurs d'élévation plus près du bâtiment.

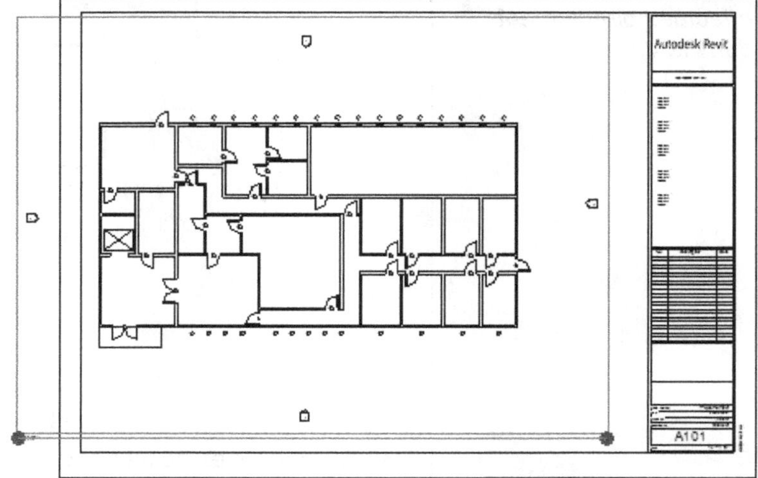

Figure 13–14

Conseil : Ajouter une image à une feuille

Les logos d'entreprise et les rendus enregistrés sous forme de fichiers image (format .JPG et .PNG) peuvent être ajoutés directement sur une feuille ou dans une vue.

1. Dans l'onglet *Insérer*>groupe de fonctions Importer, cliquez sur (Image).
2. Dans la boîte de dialogue Importer l'image, sélectionnez et ouvrez le fichier d'image. Les limites de l'image s'affiche comme illustré en Figure 13–15.

Figure 13–15

3. Placer l'image où vous voulez.
4. L'image s'affiche. Choisissez l'une des poignées et déplacez-la pour modifier la taille de l'image.

- Dans Propriétés, vous pouvez ajuster la hauteur et la largeur et régler également *Ordre de tracé* sur **Arrière-plan** ou **Premier plan**, comme illustré en Figure 13–16.

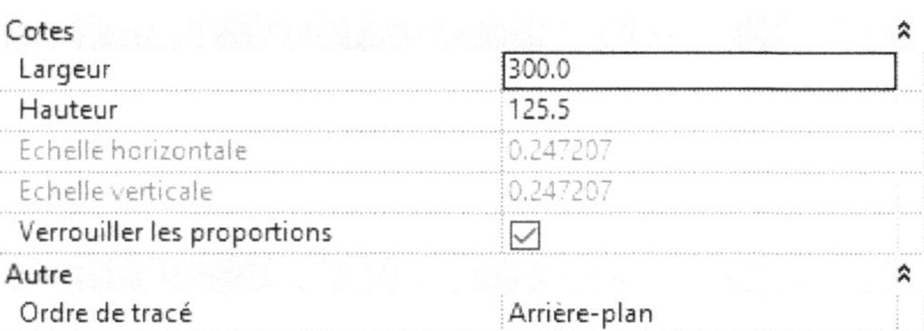

Figure 13–16

- Vous pouvez sélectionner plusieurs images en même temps et les déplacer en groupe au premier plan ou à l'arrière-plan.

Exercice 13a Création de la documentation du projet

Objectifs de l'exercice

- Configurer les propriétés du projet
- Créer des feuilles individuellement.
- Modifier des vues pour les préparer à être placées sur des feuilles.
- Placer des vues sur des feuilles.

Durée estimée : 20 minutes

Dans cet exercice, vous devrez compléter les informations sur le projet, ajouter de nouvelles feuilles et utiliser des feuilles existantes. Vous compléterez les informations du cartouche puis ajouterez des vues aux feuilles, comme la feuille Coupes de mur illustrée en Figure 13–17. Complétez toutes les feuilles que vous voulez en fonction du temps dont vous disposez.

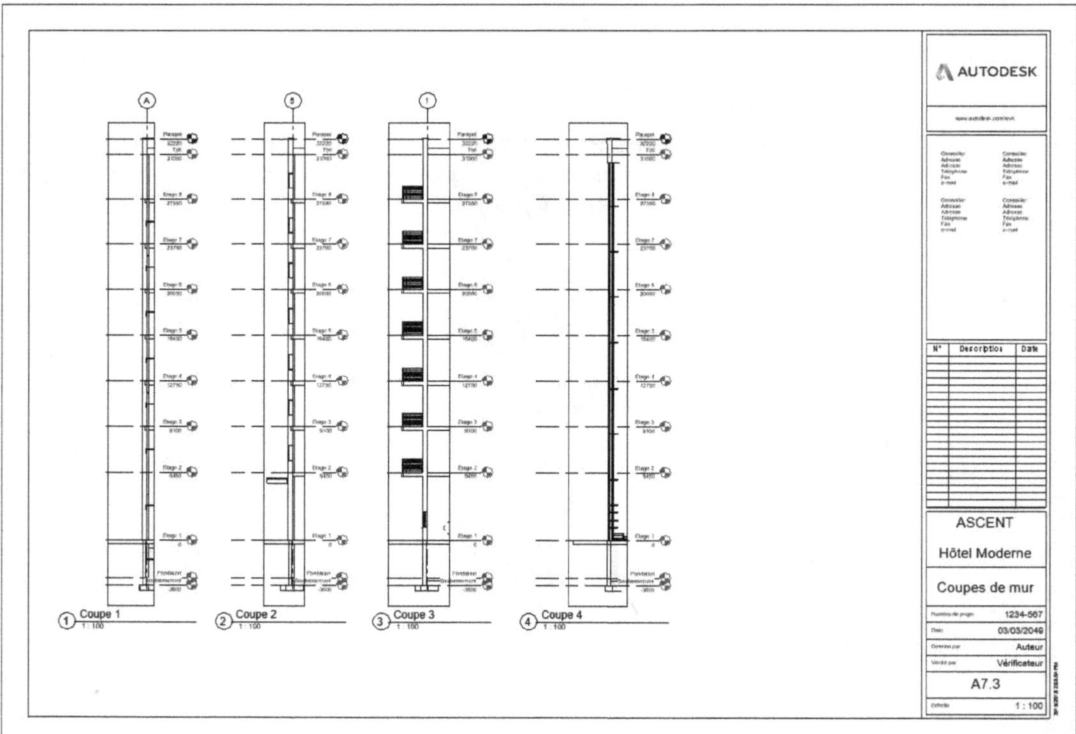

Figure 13–17

Ces propriétés sont utilisées sur l'ensemble du jeu de feuilles et n'ont pas besoin d'être saisies sur chaque feuille.

Tâche 1 - Compléter les informations sur le projet.

1. Ouvrez le projet **Hôtel-Moderne-Feuilles.rvt**.
2. Dans l'onglet *Gérer*>groupe de fonctions Paramètres, cliquez sur (Informations sur le projet).
3. Dans la boîte de dialogue Propriétés du projet, dans la zone *Autre*, réglez les paramètres suivants :
   - *Date de fin de projet :* **Date de fin**
   - *État du projet :* **Développement de la conception**
   - *Nom du client :* **ASCENT**
   - *Adresse du projet :* Cliquez sur **...** et saisissez votre adresse.
   - Nom du projet : **Hôtel Moderne**
   - *Numéro de projet :* **1234-567**
4. Cliquez sur **OK**.
5. Enregistrez le projet.

Tâche 2 - Créer une page de garde et des feuilles de plan d'étage.

1. Dans l'onglet *Vue*>groupe de fonctions Composition de feuille, cliquez sur (Feuille).
2. Dans la boîte de dialogue Nouvelle feuille, sélectionnez le cartouche **Métrique A1**.
3. Cliquez sur **OK**.
4. Zoomez sur le coin inférieur droit du cartouche. Les propriétés du projet que vous avez déjà complétées s'ajoutent automatiquement à la feuille.

5. Continuez à compléter le cartouche, comme illustré en Figure 13–18.

ASCENT
Hôtel Moderne
Feuille de titre
Numéro de projet 1234-567
Date 03/03/2049
Dessiné par MAH
Vérifié par CS
0.0
Echelle

Figure 13–18

6. Effectuez un zoom arrière pour afficher toute la feuille.

7. Dans l'Arborescence du projet, déroulez le nœud **Vues 3D**. Faites glisser la vue **Perspective façade** sur la feuille, comme illustré en Figure 13–19. Il existe deux éléments qui ne sont pas requis sur la page de garde : le titre de la fenêtre et la zone cadrée.

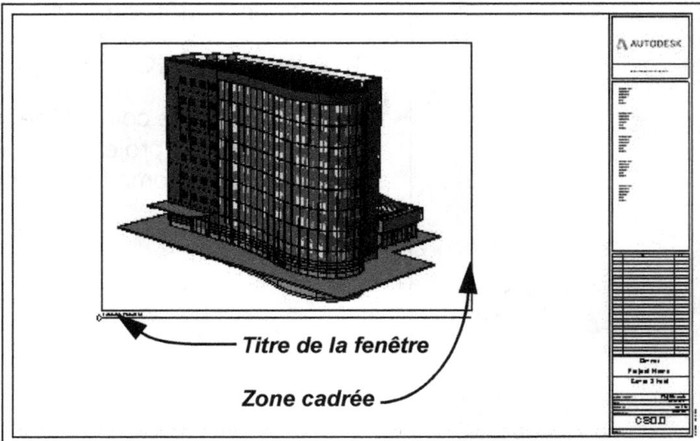

Figure 13–19

8. Sélectionnez le bord de la fenêtre. Dans le Sélecteur de type, sélectionnez **Fenêtre: Sans titre**.

9. Double-cliquez à l'intérieur de la fenêtre ; le cartouche est grisé et vous pouvez modifier la vue réelle.

10. Dans Propriétés, dans la zone *Etendues*, décochez la case **Zone cadrée visible** (ceci peut également être effectué dans la barre de contrôle Vue).

11. Double-cliquez à l'extérieur de la fenêtre pour revenir à la feuille.

12. Dans l'Arborescence du projet, cliquez avec le bouton droit de la souris sur le nœud **Feuilles (tout)** et sélectionnez **Nouvelle feuille...**.

13. En utilisant le même cartouche, créez les nouvelles feuilles suivantes :

Nom et numéro de feuille	Vue
A2.1 : Plan du rez-de-chaussée	Étage 1
A2.2 : Plan d'étage supérieur - Standard	Chambre d'hôtel - Plan d'étage Standard
A2.3 : Plan de toit	Toit

14. Enregistrez le projet.

Tâche 3 - Configurer et ajouter des vues aux feuilles.

1. Dupliquez (sans les détails) les vues **Plan d'étage : Étage 1** et **Étage 2** et appelez-les **Étage 1- Plan de sécurité incendie** et **Étage 2-8 - Plan de sécurité incendie**.

2. Ouvrez les nouvelles vues et procédez comme suit :
   - Masquez tous les éléments sauf les éléments construction réels.
   - Activez la zone cadrée et veillez à ce qu'elle soit bien contre le bâtiment.
   - Désactivez la zone cadrée.

La zone cadrée définit l'étendue de la vue sur la feuille.

3. Ouvrez la feuille **A1.1 - Étage 1- Plan de sécurité incendie**.

4. Dans l'Arborescence du projet, cliquez avec le bouton droit de la souris sur cette feuille et sélectionnez **Ajouter la vue...**.

5. Faites défiler la boîte de dialogue Vues et sélectionnez **Plan d'étage : Étage 1- Plan de sécurité incendie**, comme illustré en Figure 13–20. Cliquez sur **Ajouter la vue à la feuille** et placez la vue sur la feuille.

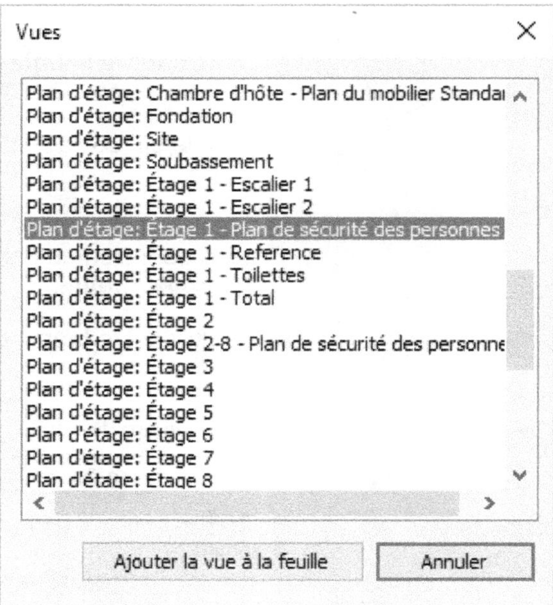

Figure 13–20

6. Répétez la procédure pour l'autre étage et renommez la feuille *Étage 2- Plan de sécurité incendie* en **Étage 2-8 - Plan de sécurité incendie**.
   - La vue **Étage 1 - Plan de sécurité incendie** n'est plus disponible parce qu'elle a déjà été ajoutée à une feuille.
7. Répétez la procédure d'ajout de vues aux feuilles en utilisant les vues disponibles.
   - Dans les vues, modifiez les zones cadrées et masquez les éléments inutiles, comme illustré en Figure 13–21. Désactivez les zones cadrées après les avoir modifiées.

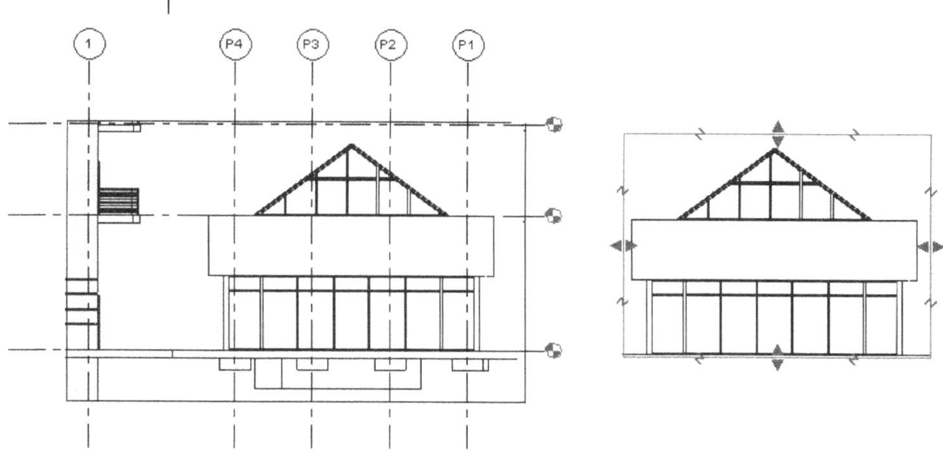

Figure 13–21

- Vérifiez l'échelle d'une vue dans Propriétés avant de la placer sur une feuille.
- Utilisez des lignes d'alignement pour aider à placer de multiples vues sur une feuille, comme illustré en Figure 13–22.

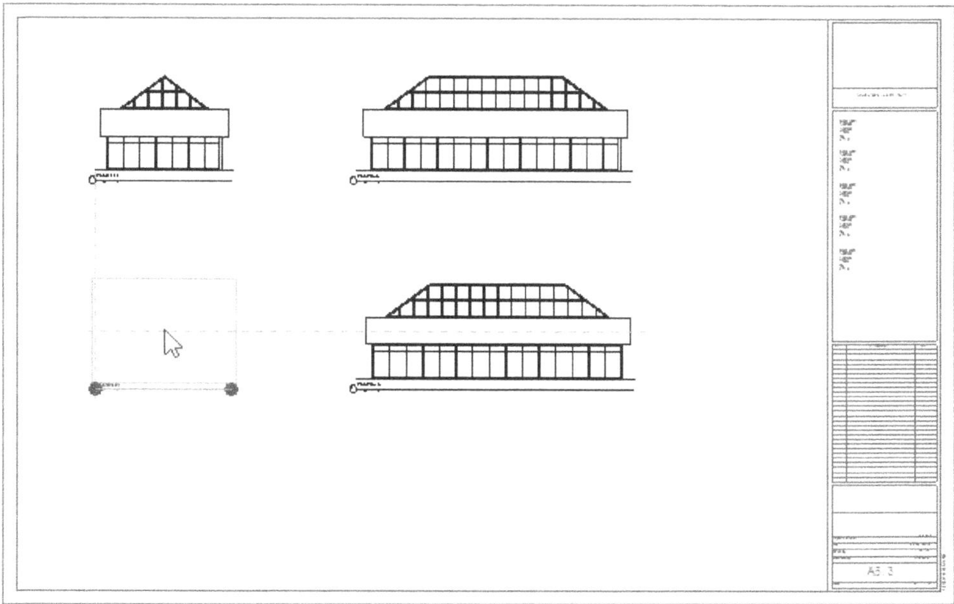

Figure 13–22

- Modifiez le titre de la vue, si nécessaire, pour décrire plus précisément ce qui se trouve sur la feuille.
- Pour des modifications minimes d'une vue qui se trouve sur une feuille, double-cliquez à l'intérieur de la fenêtre pour activer la vue. Pour revenir à la feuille, double-cliquez à l'extérieur de la fenêtre pour désactiver la vue.

8. Une fois que vous avez ajouté des vues de détail, en coupe ou d'élévation sur des feuilles, revenez sur la vue **Plan d'étage : Étage 1**. Zoomez sur l'un des marqueurs. Notez qu'un numéro de détail et de feuille lui a désormais été attribué automatiquement, comme illustré en Figure 13–23.

Vos numéros peuvent ne pas correspondre exactement aux numéros de l'exemple.

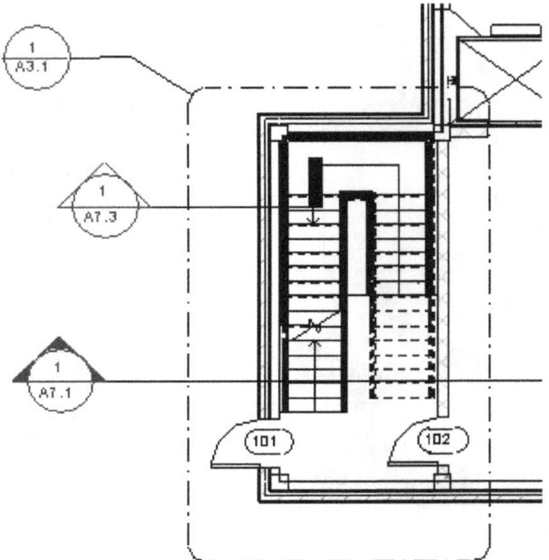

Figure 13–23

9. Enregistrez le projet.

13.3 Impression de feuilles

Avec la commande **Imprimer**, vous pouvez imprimer des feuilles individuelles ou une liste de feuilles sélectionnées. Vous pouvez également imprimer une seule vue ou une partie d'une vue pour vérifier les impressions ou les présentations. Pour ouvrir la boîte de dialogue Imprimer (voir Figure 13–24), dans l'onglet *Fichier*, cliquez sur (Imprimer).

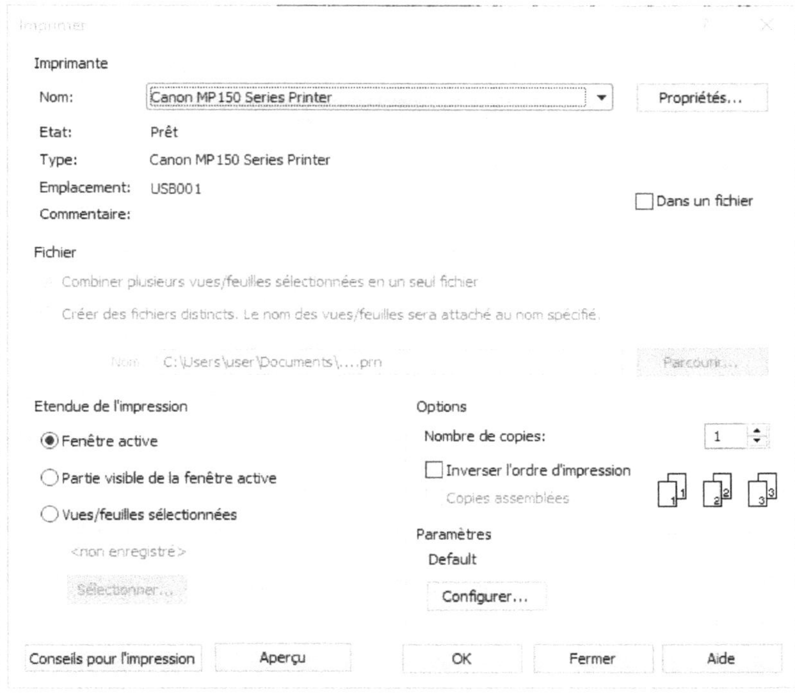

Figure 13–24

Options d'impression

La boîte de dialogue Imprimer est divisée en différentes zones : *Imprimante, Fichier, Etendue de l'impression*, *Options*, et *Paramètres*. Modifiez-les si nécessaire pour générer le tracé désiré.

- **Conseils d'impression** : Ouvre Autodesk WikiHelp en ligne, où vous trouverez de l'aide pour résoudre des problèmes d'impression.
- **Aperçu** : Ouvre un aperçu de la sortie d'impression pour que vous puissiez voir ce qui va être imprimé.

Imprimante

Un pilote d'impression .PDF doit être installé sur votre système pour pouvoir imprimer en PDF.

Il est possible de la sélectionner dans la liste d'imprimantes disponibles, comme illustré en Figure 13–25. Cliquez sur **Propriétés...** pour configurer les propriétés de l'imprimante sélectionnée. Les options varient en fonction de l'imprimante. Sélectionnez l'option **Dans un fichier** pour imprimer dans un fichier plutôt que directement sur une imprimante. Vous pouvez créer des fichiers .PLT ou .PRN.

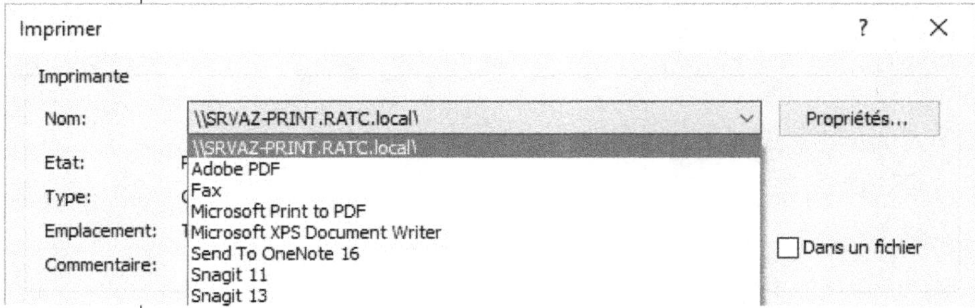

Figure 13–25

Fichier

La zone *Fichier* n'est disponible que si l'option **Dans un fichier** a été sélectionnée dans la zone *Imprimante* ou si vous imprimez sur une imprimante de type électronique uniquement. Vous pouvez créer un ou plusieurs fichiers en fonction du type d'imprimante que vous utilisez, comme illustré en Figure 13–26. Cliquez sur **Parcourir...** pour sélectionner l'emplacement et le nom du fichier.

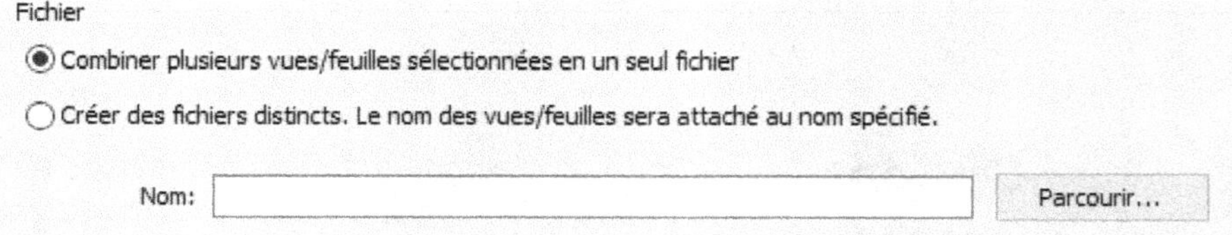

Figure 13–26

Etendue de l'impression

La zone *Etendue de l'impression* vous permet d'imprimer des vues/feuilles individuelles ou des ensembles de vues/feuilles, comme illustré en Figure 13–27.

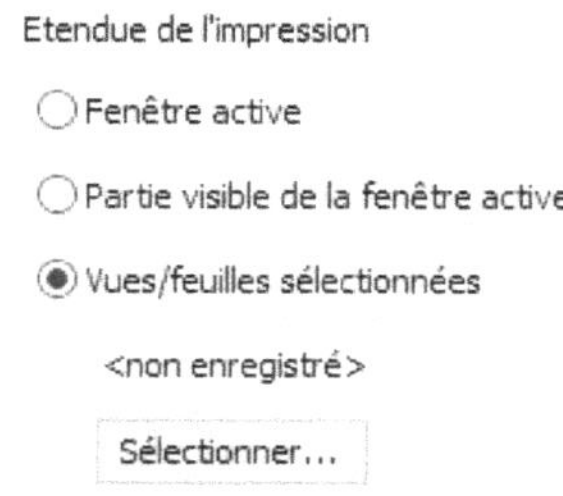

Figure 13–27

- **Fenêtre active** : Imprime toute la feuille ou la vue actuellement ouverte.
- **Partie visible de la fenêtre active** : Imprime uniquement ce qui est affiché dans la feuille ou la vue en cours.
- **Vues/feuilles sélectionnées** : Imprime plusieurs vues ou feuilles. Cliquez sur **Sélectionner...** pour ouvrir la boîte de dialogue Jeu de vues/feuilles et choisir ce que vous voulez inclure dans l'ensemble à imprimer. Vous pouvez enregistrer ces ensembles par nom pour pouvoir réimprimer plus facilement le même groupe.

Options

Si votre imprimante permet d'imprimer plusieurs copies, vous pouvez en spécifier le nombre dans la zone *Options*, comme illustré en Figure 13–28. Vous pouvez aussi inverser l'ordre d'impression ou assembler vos impressions. Ces options sont également disponibles dans les propriétés de l'imprimante.

Figure 13–28

Paramètres

Cliquez sur **Configuration...** pour ouvrir la boîte de dialogue Configuration de l'impression, comme illustré en Figure 13–29. Là, vous pouvez spécifier les paramètres *Orientation* et *Zoom*, entre autres. Vous pouvez aussi enregistrer ces paramètres par nom.

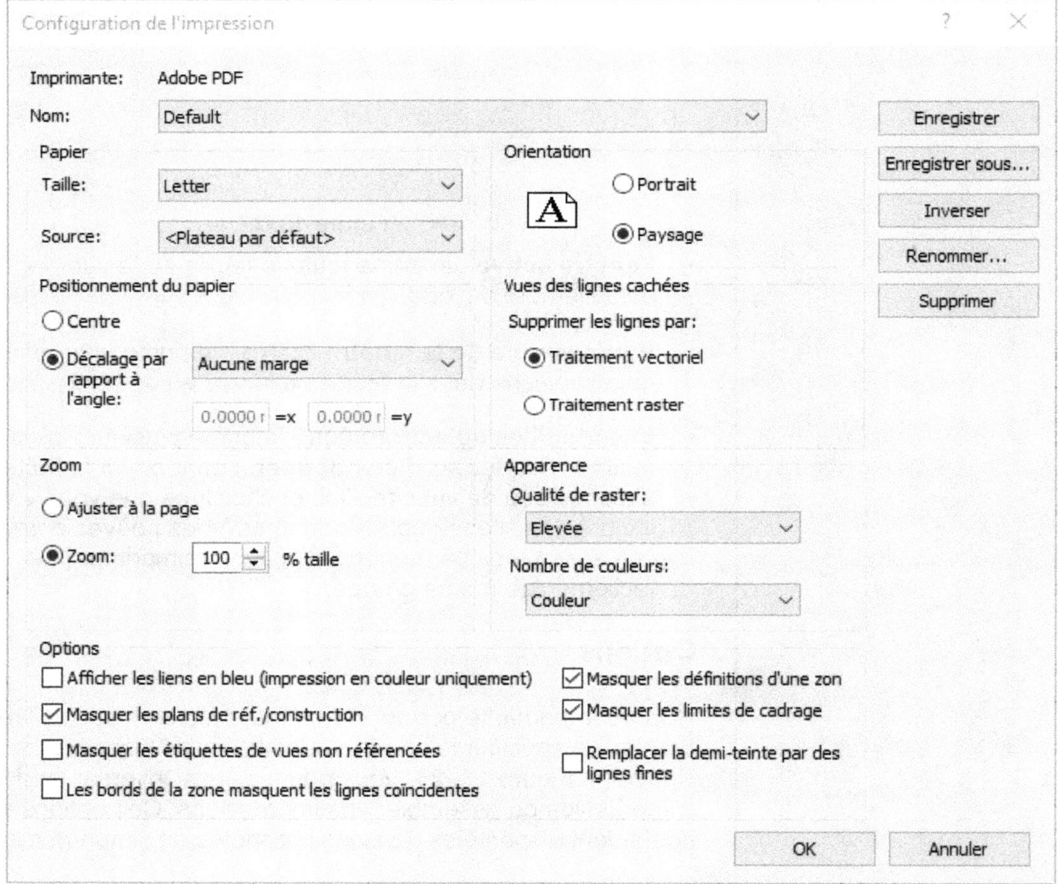

Figure 13–29

- Dans la zone *Options*, spécifiez les types d'éléments que vous souhaitez imprimer ou ne pas imprimer. Sauf mention contraire, tous les éléments d'une vue ou d'une feuille sont imprimés.

Questions de révision

1. Comment spécifier la taille d'une feuille ?
   a. Dans Propriétés de la feuille, spécifiez le **Format de feuille**.
   b. Dans la Barre des options, spécifiez le **Format de feuille**.
   c. Dans la boîte de dialogue Nouvelle feuille, sélectionnez un cartouche pour contrôler le format de la feuille.
   d. Dans la vue Feuille, cliquez avec le bouton droit de la souris et sélectionnez **Format de feuille**.
2. Comment les informations du cartouche sont-elles complétées, comme illustré en Figure 13–30 ? (Sélectionnez toutes les réponses possibles).

ASCENT
Immeuble de
bureaux
Feuille de titre
Numéro de projet
1234.56
Date
Date de fin
Dessiné par
Auteur
Vérifié par
XXXXX
TF000
Echelle

Figure 13–30

   a. Sélectionnez le cartouche et l'étiquette que vous souhaitez modifier.
   b. Sélectionnez le cartouche et modifiez-le dans Propriétés.
   c. Dans l'Arborescence du projet, cliquez sur la feuille avec le bouton droit de la souris et sélectionnez **Informations**.
   d. Certaines informations sont complétées automatiquement.

3. Sur combien de feuilles une vue de plan d'étage peut-elle être placée ?
   a. 1
   b. 2-5
   c. 6+
   d. Autant que vous voulez.

4. Parmi les méthodes suivantes, laquelle est la meilleure à utiliser si la taille d'une vue est trop grande pour une feuille, comme illustré en Figure 13–31 ?

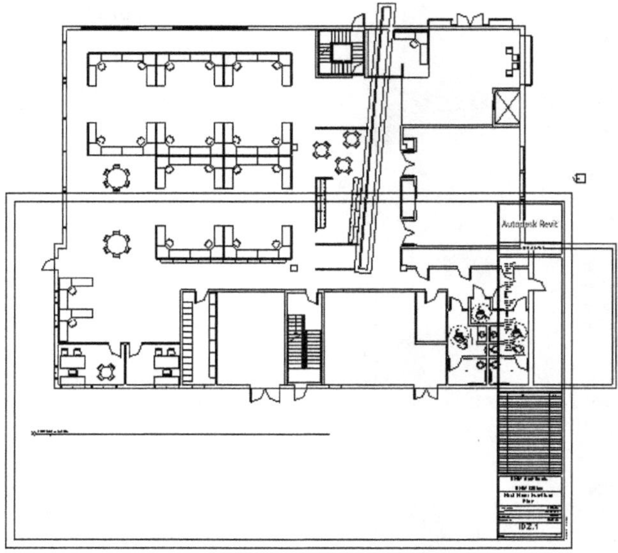

Figure 13–31

   a. Supprimer la vue, changer l'échelle et replacer la vue sur la feuille.
   b. Activer la vue et changer l'échelle de la vue.

5. Comment configurez-vous une vue sur une feuille qui affiche uniquement une partie d'un plan d'étage, comme illustré en Figure 13–32 ?

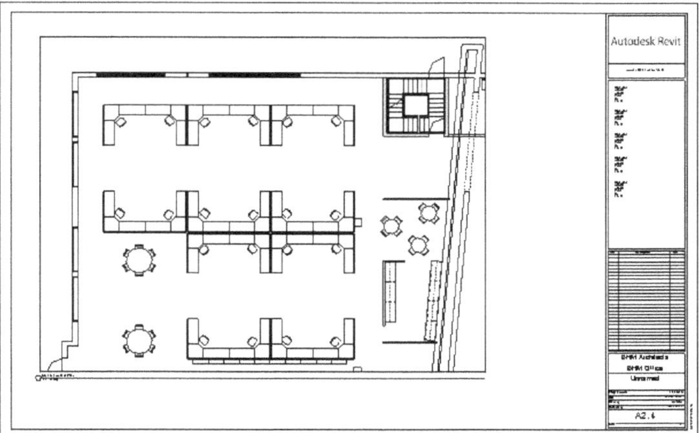

Figure 13–32

a. En faisant glisser la vue sur la feuille et en utilisant la zone cadrée pour la modifier

b. En activant la vue et en la redimensionnant.

c. En créant une vue de détail affichant la partie que vous souhaitez utiliser et en plaçant la vue de détail sur la feuille.

d. Ouvrez la vue dans l'Arborescence du projet et changez l'Echelle de la vue.

Récapitulatif des commandes

Bouton	Commande	Emplacement
	Activer la vue	• **Ruban :** (*sélectionnez la vue*) dans l'onglet *Modifier* | *Fenêtres*>groupe de fonctions Fenêtre • **Double-cliquer :** *(dans une fenêtre)* • **Cliquez avec le bouton droit de la souris** (*sur la vue*) Activer la vue
	Désactiver la vue	• **Ruban :** Onglet *Vue*>groupe de fonctions Composition de feuille> déroulez Fenêtres • **Double-cliquer :** *(sur la feuille)* • **Cliquez avec le bouton droit de la souris** (*sur la vue*) Désactiver la vue
	Feuille	• **Ruban :** Onglet *Vue*>groupe de fonctions Composition de feuille
	Imprimer	• Onglet Fichier
	Placer la vue	• **Ruban :** Onglet *Vue*>groupe de fonctions Composition de feuille

Chapitre
14

Annotation de la documentation du projet

Lorsque vous créez une documentation du projet, les annotations permettent de montrer le but de votre conception. Des annotations telles que des cotes et du texte peuvent à tout moment être ajoutées aux vues pendant la création d'un projet. Des lignes de détail et des symboles peuvent également être ajoutés aux vues lorsque vous créez les feuilles de dessin de travail, tandis que des légendes peuvent être créées pour documenter les symboles utilisés dans un projet.

Objectifs d'apprentissage de ce chapitre

- Ajouter des cotes au modèle en tant que partie des dessins de travail.
- Ajouter du texte à une vue et utiliser des repères pour créer des notes visant une partie spécifique du modèle.
- Créer des types de texte en utilisant différentes polices et tailles adaptées aux standards de votre société.
- Dessiner des lignes de détail pour améliorer davantage la vue de documentation.
- Ajouter des symboles d'annotation spécifiques à la vue pour une meilleure clarté.
- Créer des légendes et les remplir avec les symboles des éléments du projet.

14.1 Travailler avec des cotes

Vous pouvez créer des cotes permanentes à l'aide de cotes alignées, linéaires, angulaires, radiales, de diamètre et de longueur d'arc. Elles peuvent être individuelles ou insérées sous forme de chaîne de cotes, comme illustré en Figure 14–1. Les cotes alignées permettent également de coter des murs entiers avec des ouvertures, des lignes de quadrillage et/ou des intersections de murs.

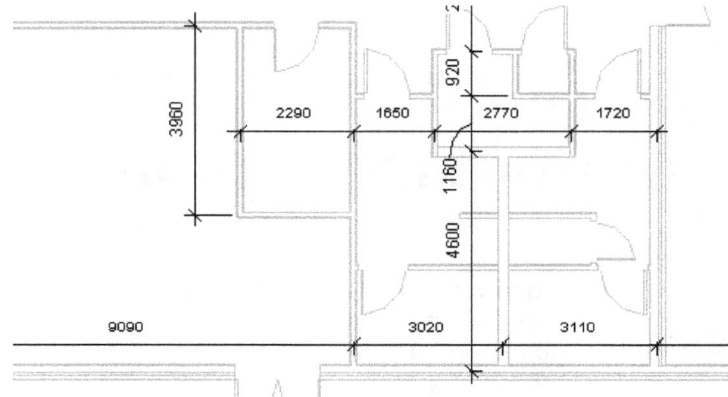

Figure 14–1

- Les cotes se rapportant à des éléments de modèle doivent être ajoutées au modèle en passant par une vue. Des cotes peuvent être définies sur des feuilles mais ne uniquement sur des éléments directement ajoutés sur celles-ci.

(Aligné) se trouve également dans la barre d'outils d'accès rapide.

- Les cotes sont disponibles dans l'onglet *Annoter*>groupe de fonctions Cote et l'onglet *Modifier*>groupe de fonctions Mesurer, comme illustré en Figure 14–2.

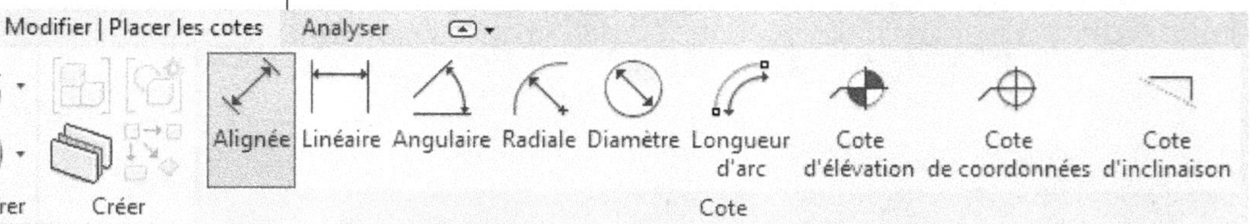

Figure 14–2

Instructions pratiques : Ajouter des cotes alignées avec des options

1. Lancez la commande (Aligné) ou tapez **DI**.
2. Dans le Sélecteur de type, sélectionnez un style de cote.
3. Dans la Barre des options, sélectionnez la ligne de justification du mur pour pouvoir coter à partir de cette ligne, comme illustré en Figure 14–3.
    - Cette option peut être modifiée lorsque vous ajoutez des cotes.

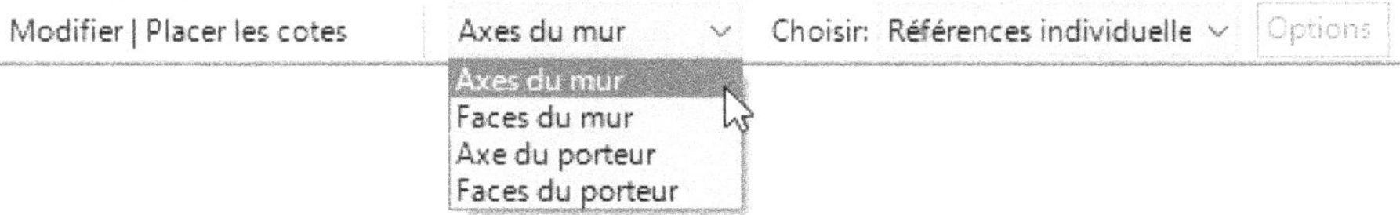

Figure 14–3

4. Dans la Barre des options, sélectionnez votre préférence à partir de la liste déroulante Choisir :
    - **Références individuelles** : Sélectionnez les éléments dans l'ordre (voir Figure 14–4) et cliquez sur l'espace vide pour positionner la chaîne de cotes.

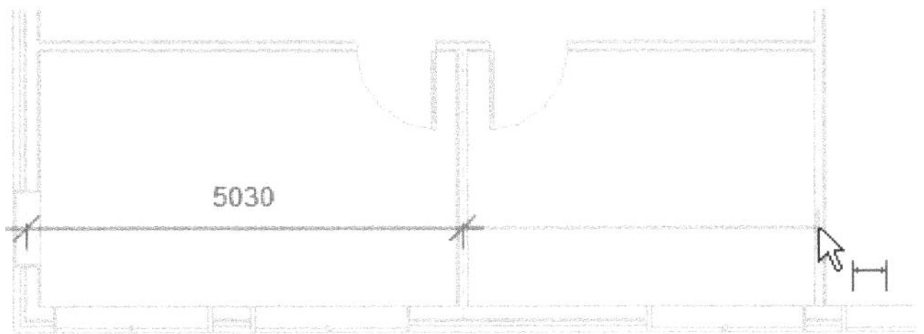

Figure 14–4

- **Murs entiers** : Sélectionnez le mur que vous souhaitez coter puis cliquez sur le curseur pour positionner la chaîne de cotes, comme illustré en Figure 14–5.

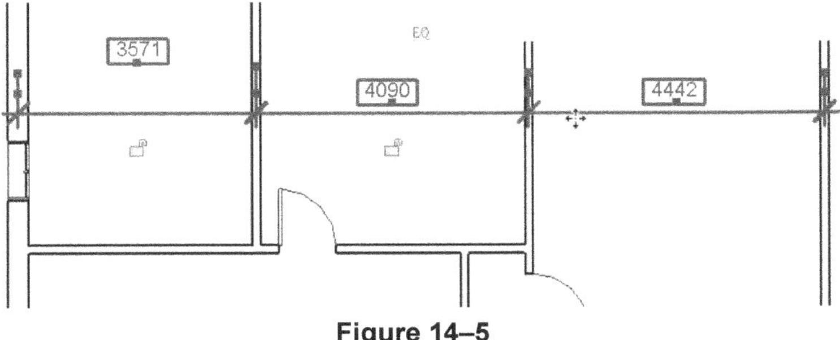

Figure 14–5

- Lorsque vous cotez des murs entiers, vous pouvez préciser vos préférences en termes d'*Ouvertures*, d'*Intersection des murs*, et de *Quadrillages intersectés* à traiter par la chaîne de cotes. Dans la Barre des options, cliquez sur **Options**. Dans la boîte de dialogue Options de cotation automatique (voir Figure 14–6), sélectionnez les références que vous souhaitez coter automatiquement.

*Si l'option **Mur entier** est sélectionnée sans option supplémentaire, une cote générale de mur est placée.*

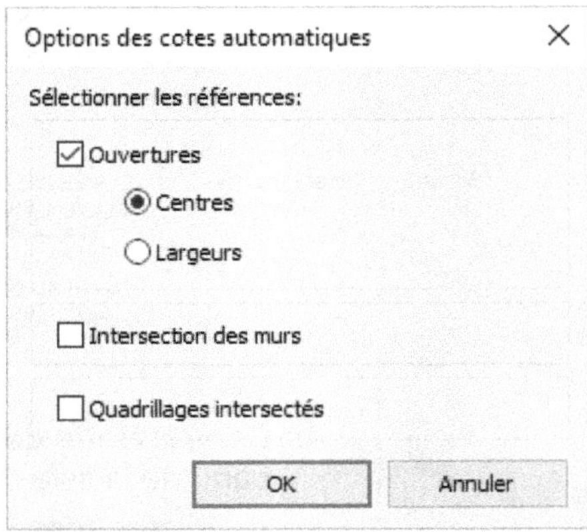

Figure 14–6

Instructions pratiques : Ajouter d'autres types de cotes

*Lorsque la commande **Cote** est activée, les méthodes de cotation sont également accessibles dans l'onglet Modifier | Placer les cotes> groupe de fonctions Cote.*

1. Dans l'onglet *Annoter*>groupe de fonctions Cote, sélectionnez une méthode de cotation.

	Aligné	Type de cote le plus souvent utilisé. Sélectionnez des éléments individuels ou des murs entiers à coter.
	Linéaire	Utilisé lorsque vous avez besoin de spécifier certains points sur des éléments.
	Angulaire	Utilisé pour coter l'angle entre deux éléments.
	Radiale	Utilisé pour coter le rayon d'éléments circulaires.
	Diamètre	Utilisé pour coter le diamètre d'éléments circulaires.
	Longueur d'arc	Utilisé pour coter la longueur de l'arc d'éléments circulaires.

2. Dans le Sélecteur de type, sélectionnez le type de cote.
3. Suivez les invites pour la méthode sélectionnée.

Modification des cotes

Lorsque vous déplacez des éléments cotés, les cotes s'actualisent automatiquement. Vous pouvez aussi modifier des cotes en sélectionnant une cote ou une chaîne de cotes et en faisant des changements, comme illustré en Figure 14–7.

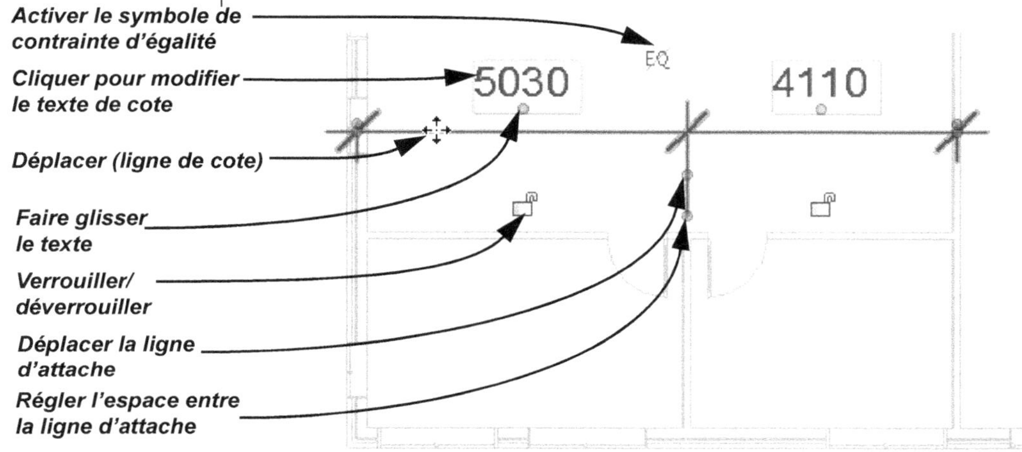

Figure 14–7

- Pour déplacer le texte de cote, sélectionnez la commande **Faire glisser le texte** sous le texte et faites-le glisser vers un nouvel emplacement. Cela crée automatiquement un repère à partir de la ligne de cote si vous l'éloignez. Le style du repère (arc ou ligne) dépend du style de cote.
- Pour déplacer la ligne de cote (la ligne parallèle à l'élément en cours de cotation), faites simplement glisser la ligne sur un nouvel emplacement ou sélectionnez la cote et faites glisser la commande ✥ (Déplacer).
- Pour changer l'espace entre la ligne d'attache et l'élément coté, faites glisser la commande à l'extrémité de la ligne d'attache.
- Pour déplacer la ligne d'attache (perpendiculaire à l'élément coté) vers un autre élément ou une face de mur, utilisez la commande **Déplacer la ligne d'attache** au milieu de la ligne d'attache. Cliquez plusieurs fois pour faire défiler les différentes options. Vous pouvez également faire glisser cette commande pour déplacer la ligne d'attache vers un autre élément, ou cliquer sur la commande avec le bouton droit de la souris et sélectionner **Déplacer la ligne d'attache**.

Ajout et suppression de cotes dans une chaîne

- Pour ajouter une ligne d'attache à une chaîne de cotes, sélectionnez la cote et, dans l'onglet *Modifier | Cotes*>groupe de fonctions Lignes d'attache, cliquez sur (Modifier les lignes d'attache). Sélectionnez l'élément/les éléments que vous souhaitez ajouter à la cote. Cliquez dans l'espace pour terminer.
- Pour supprimer une ligne d'attache, faites glisser la commande **Déplacer la ligne d'attache** sur un élément proche. Alternativement, vous pouvez placer le curseur sur la commande, cliquer avec le bouton droit de la souris, et sélectionner **Supprimer la ligne d'attache**.
- Pour supprimer une cote dans une chaîne et séparer la chaîne en deux cotes distinctes, sélectionnez la chaîne, placez-vous sur la cote que vous souhaitez supprimer, et appuyez sur la touche de tabulation. Lorsqu'elle passe en surbrillance (comme illustré en haut sur la Figure 14–8), sélectionnez-la et appuyez sur <Supprimer>. La cote sélectionnée est supprimée et la chaîne de cotes est séparée en deux éléments, comme illustré en bas sur la Figure 14–8.

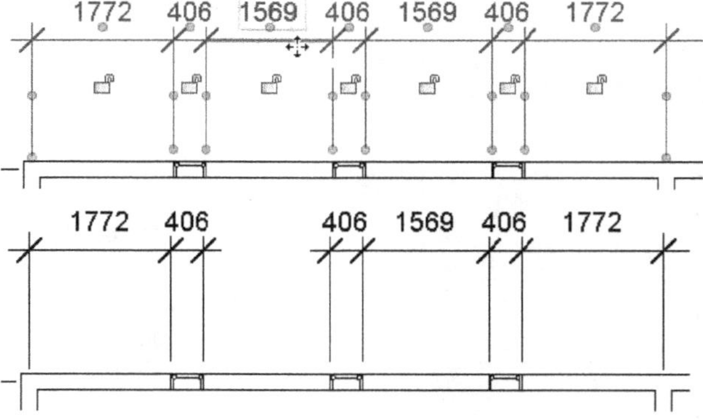

Figure 14–8

Modification du texte de cote

Le logiciel Autodesk® Revit® étant paramétrique, le fait de modifier le texte de cote sans modifier les éléments cotés peut poser des problèmes au sein du projet. Ces problèmes peuvent en entraîner d'autres allant au-delà du modèle de projet si celui-ci est utilisé pour évaluer des matériaux ou travailler avec d'autres disciplines.

Des préfixes et des suffixes peuvent être ajoutés au texte (voir Figure 14–9), ce qui peut vous aider dans les projets de rénovation.

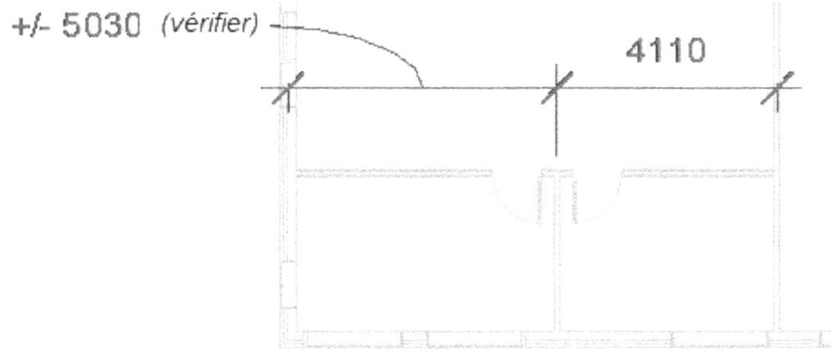

Figure 14–9

Double-cliquez sur le texte de cote pour ouvrir la boîte de dialogue Texte de cote, comme illustré en Figure 14–10, et effectuez les modifications requises.

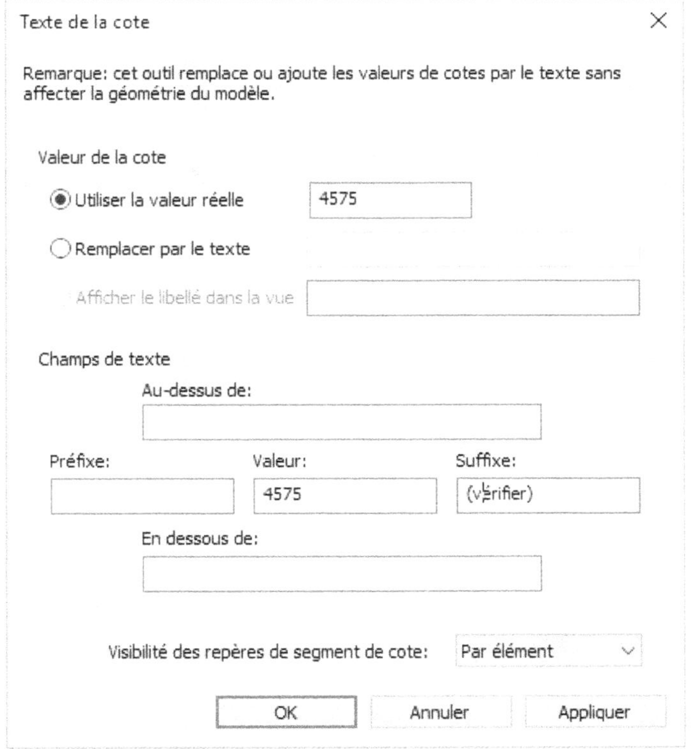

Figure 14–10

Configuration des contraintes

Les trois types de contraintes utilisables avec les cotes sont les paramètres de verrouillage et d'égalité illustrés en Figure 14–11, ainsi que les libellés.

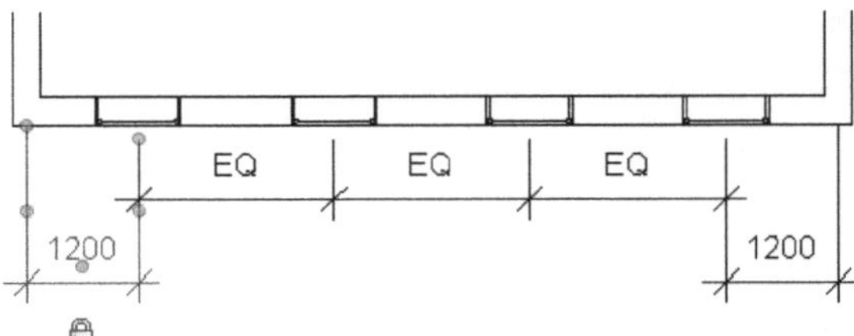

Figure 14–11

Verrouillage de cotes

Lorsque vous verrouillez une cote, sa valeur est définie et vous ne pouvez pas effectuer de modification entre cette cote et les éléments référencés. Si elle est déverrouillée, vous pouvez la déplacer et changer sa valeur.

- Notez que lorsque cette fonction est utilisée et que vous déplacez un élément, tout élément verrouillé sur la cote est également déplacé.

Définition de cotes égales

Pour une chaîne de cotes, sélectionnez le symbole **EQ** pour obliger les éléments à être séparés d'une distance égale. Cela déplace réellement les éléments cotés.

- L'affichage du texte d'égalité peut être modifié dans Propriétés, comme illustré en Figure 14–12. Le style de chaque type d'affichage est défini dans le type de cote.

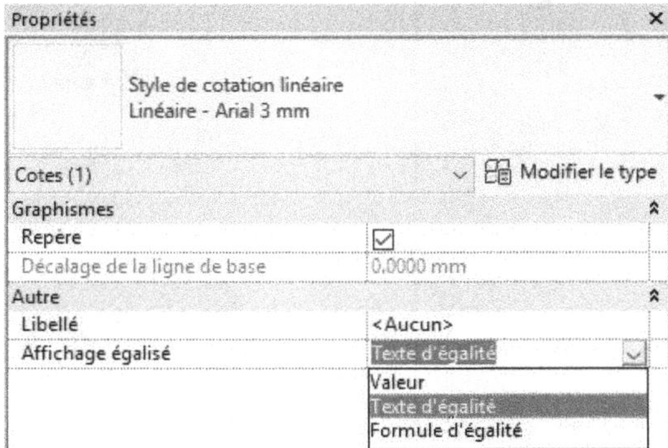

Figure 14–12

Attribution de libellés aux cotes

Si une distance doit être répétée plusieurs fois, comme le libellé *Wall to Window* illustré en Figure 14–13, ou une distance correspondant à une formule basée sur une autre cote, vous pouvez créer et appliquer un paramètre global, également appelé libellé, à la cote.

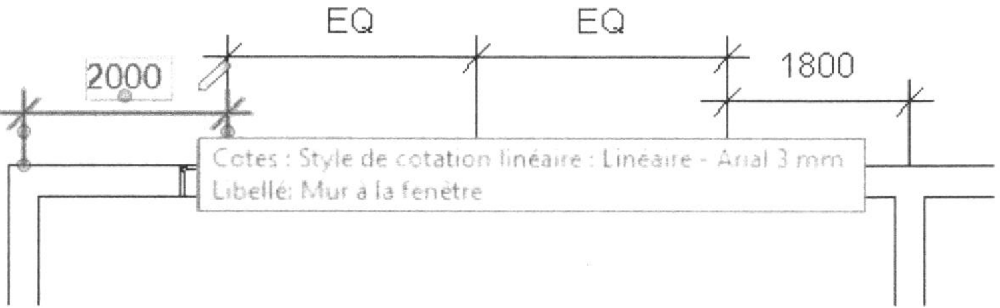

Figure 14–13

- Pour appliquer un libellé existant à une cote, sélectionnez la cote et dans l'onglet *Modifier | Cote*>groupe de fonctions Cote du libellé, sélectionnez le libellé dans la liste déroulante, comme illustré en Figure 14–14.

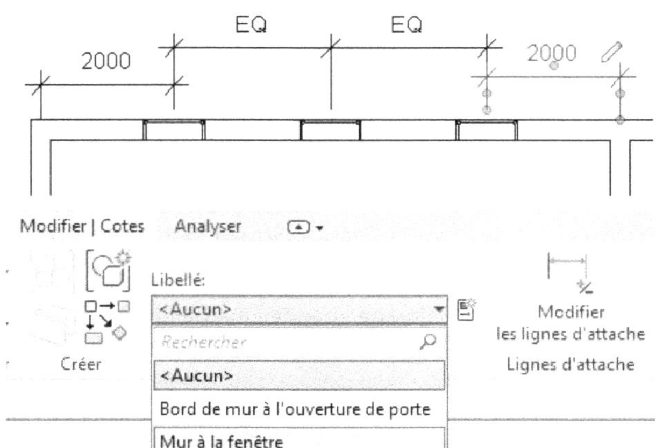

Figure 14–14

Instructions pratiques : Créer un libellé

1. Sélectionnez une cote.
2. Dans l'onglet *Modifier* | *Cote*>groupe de fonctions Cote du libellé cliquez sur (Créer un paramètre)

3. Dans la boîte de dialogue Propriétés des paramètres globaux, tapez un *Nom*, comme illustré en Figure 14–15 et cliquez sur **OK**.

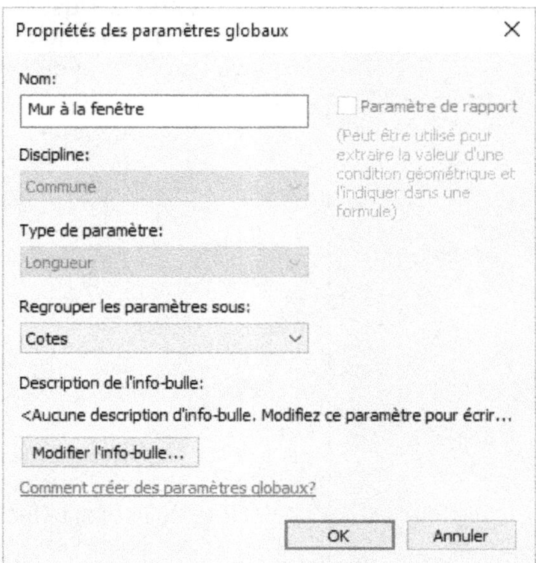

Figure 14–15

4. Le libellé est appliqué à la cote.

Instructions pratiques : Modifier les informations du libellé

1. Sélectionnez une cote libellée.
2. Cliquez sur **Paramètres globaux**, comme illustré en Figure 14–16.

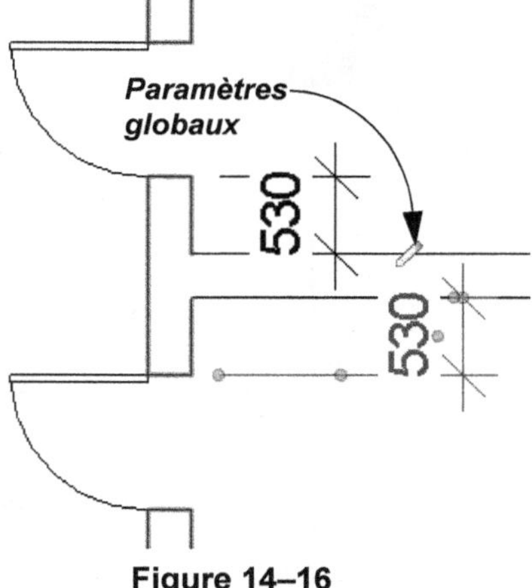

Figure 14–16

3. Dans la boîte de dialogue Paramètres globaux, dans la colonne *Valeur*, tapez la nouvelle distance, comme illustré en Figure 14–17.

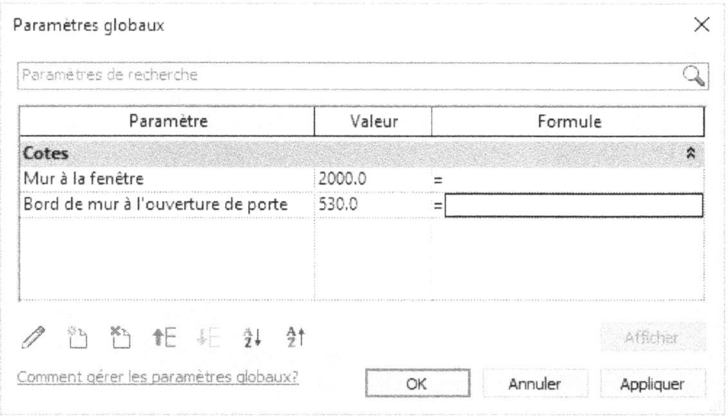

Figure 14–17

4. Cliquez sur **OK**. La cote sélectionnée et toutes les autres cotes utilisant le même libellé sont mises à jour.

- Vous pouvez également modifier, créer et supprimer des Paramètres globaux dans cette boîte de dialogue.

Travailler avec des contraintes

Pour savoir sur quels éléments des contraintes ont été appliquées, dans la barre de contrôle Vue, cliquez sur (Afficher les contraintes). Les contraintes s'affichent, comme illustré en Figure 14–18.

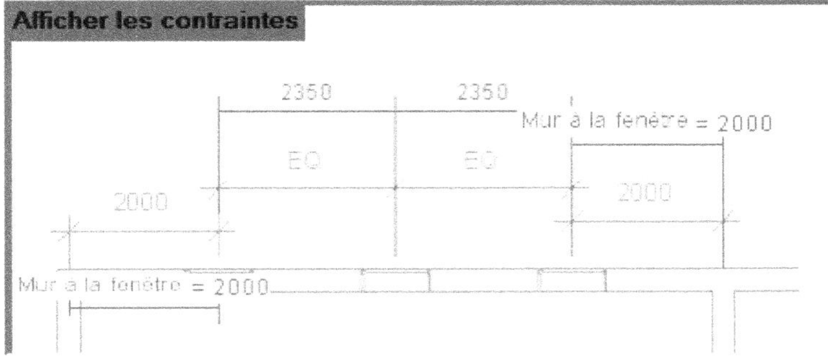

Figure 14–18

- Si vous essayez de déplacer l'élément au-delà des contraintes appropriées, un avertissement s'affiche, comme illustré en Figure 14–19.

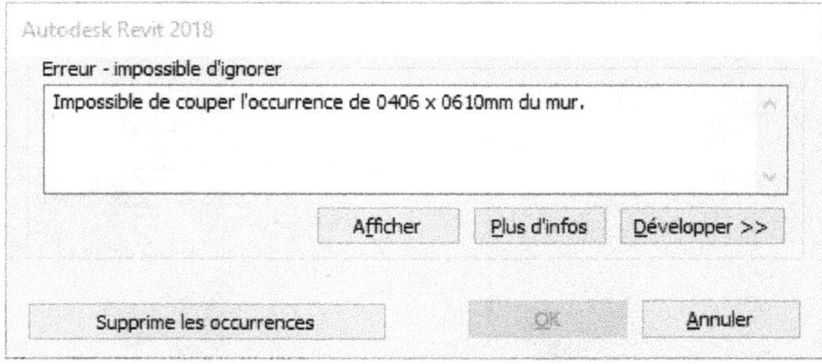
Autodesk Revit 2018
Erreur - impossible d'ignorer
Impossible de couper l'occurrence de 0406 x 0610mm du mur.
Afficher
Plus d'infos
Développer >>
Supprime les occurrences
OK
Annuler

Figure 14–19

- Si vous supprimez des cotes qui sont contraintes, une boîte de dialogue d'avertissement s'affiche, comme illustré en Figure 14–20. Cliquez sur **OK** pour conserver la contrainte ou sur **Supprimer les contraintes** pour supprimer la contrainte.

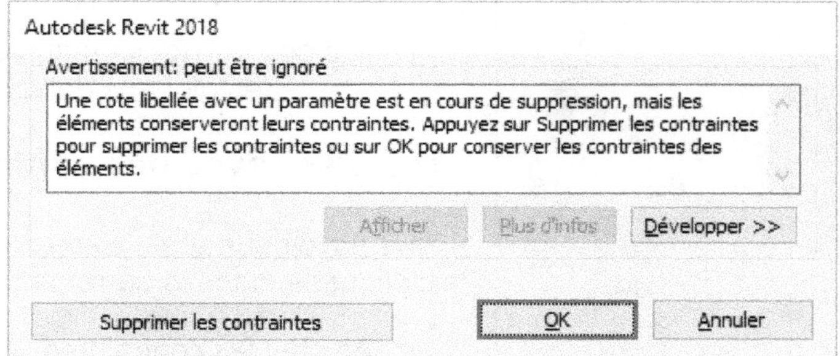
Autodesk Revit 2018
Avertissement: peut être ignoré
Une cote libellée avec un paramètre est en cours de suppression, mais les éléments conserveront leurs contraintes. Appuyez sur Supprimer les contraintes pour supprimer les contraintes ou sur OK pour conserver les contraintes des éléments.
Afficher
Plus d'infos
Développer >>
Supprimer les contraintes
OK
Annuler

Figure 14–20

Exercice 14a Travailler avec des cotes

Objectifs de l'exercice

- Ajouter une chaîne de cotes.
- Coter à l'aide de l'option **Murs entiers**.
- Modifier les lignes d'attache des cotes.

Durée estimée : 10 minutes

Dans cet exercice, vous utiliserez plusieurs méthodes pour ajouter des cotes à une vue de plan d'étage, comme sur la feuille illustrée en Figure 14–21. Vous modifierez également les cotes pour vous assurer qu'elles s'affichent au besoin. Notez que des éléments supplémentaires ont été ajoutés à l'arrière du bâtiment, y compris des murs-rideaux et des fenêtres de vitrine.

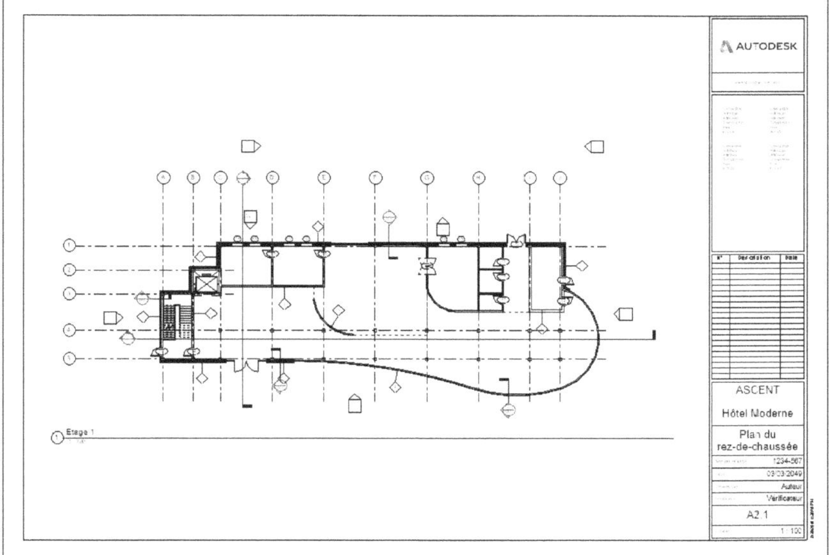

Figure 14–21

Tâche 1 - Ajouter des cotes au quadrillage des poteaux.

1. Ouvrez le projet **Hôtel-Moderne-Cotes.rvt**.
2. Dans l'Arborescence du projet, dupliquez la vue **Plan d'étage : Étage 1** (sans détail pour que les étiquettes de porte et de fenêtre ne s'affichent pas).
3. Renommez la nouvelle vue **Étage 1 - Plan de cote**.
4. Remontez les bulles de quadrillage pour qu'il y ait suffisamment d'espace pour la cotation.

5. Dans la barre d'outils d'accès rapide, cliquez sur (Aligné).

6. Coter les lignes d'un quadrillage de poteau dans chaque direction, comme illustré en Figure 14–22.

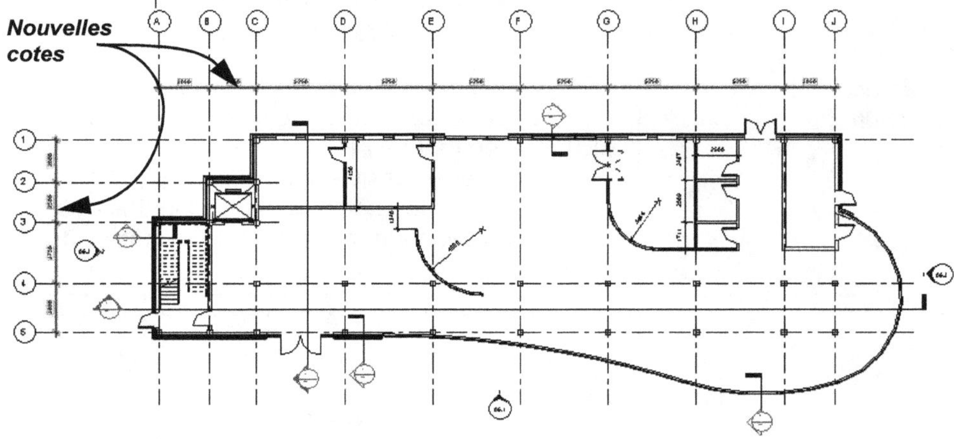

Figure 14–22

Tâche 2 - Coter les murs extérieurs et intérieurs.

1. Cliquez sur (Aligné).

2. Dans la Barre des options, sélectionnez **Faces de mur** et définissez l'option *Choisir* sur **Murs entiers**.

3. Cliquez sur **Options** et définissez les *Ouvertures* sur **Largeurs**, comme illustré en Figure 14–23. Cliquez sur **OK**.

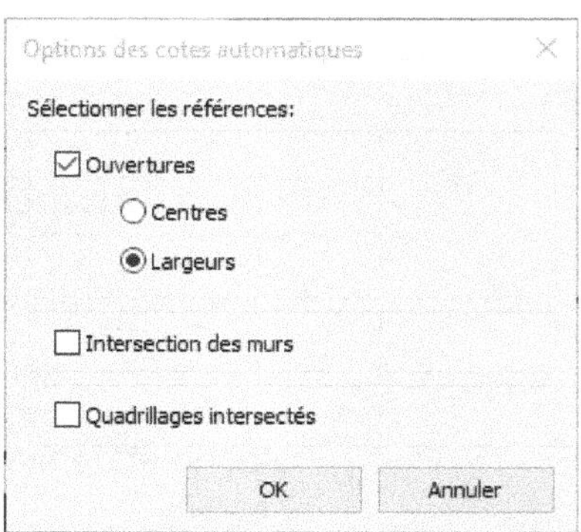

Figure 14–23

4. Sélectionnez le mur arrière et placez la cote au-dessus.

5. Zoomez sur le coin supérieur gauche du bâtiment. Utilisez la commande **Déplacer la ligne d'attache** (en déplaçant le cercle) pour replacer la ligne à partir de l'extrémité du mur (voir Figure 14–24), sur la Ligne de quadrillage C.

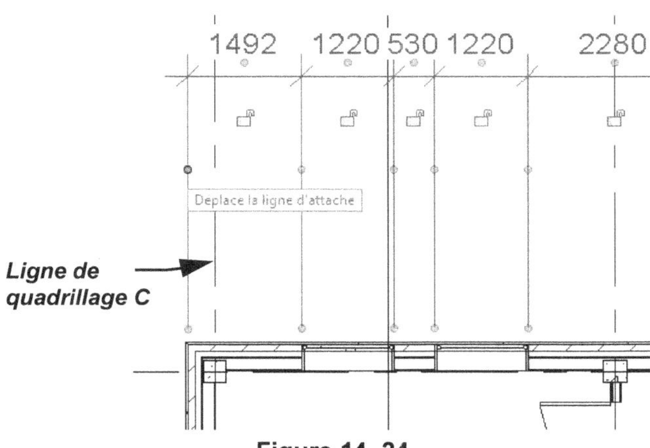

Figure 14–24

6. Cliquez sur (Modifier)
7. Sur le même mur, zoomez à droite entre les lignes de quadrillage E, F et G où sont affichées les ouvertures de vitrines. Elles n'ont pas été cotées automatiquement.
8. Sélectionnez la ligne de cote du mur. Dans l'onglet *Modifier | Cotes*>groupe de fonctions Lignes d'attache, cliquez sur (Modifier les lignes d'attache).
9. Sélectionnez les bords extérieurs de chaque côté des ouvertures de vitrines pour ajouter les lignes d'attache et cliquez dans le vide pour appliquer les changements. La chaîne de cotes modifiée s'affiche comme illustré en Figure 14–25.

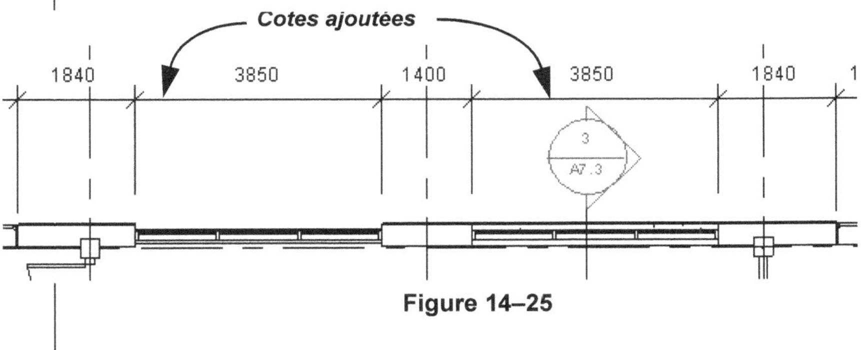

Figure 14–25

10. Déplacez les marqueurs d'élévation et de coupe ainsi que la ligne de cote pour décombrer les cotes. Il peut également être nécessaire d'éloigner le texte de cote des lignes de quadrillage.

11. Utilisez les différentes méthodes et commandes de cotation pour lacer des cotes dans les espaces intérieurs, comme illustré en Figure 14–26. (Conseil : n'oubliez pas de changer et de passer de *Choisir : Murs entiers* à **Choisir : Références individuelles**). Les cotes peuvent ne pas s'afficher exactement comme indiqué.

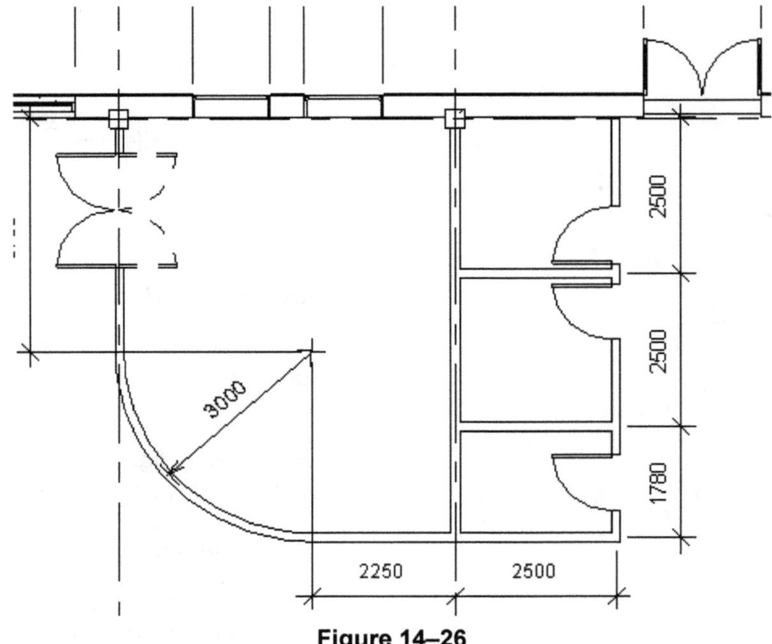

Figure 14–26

12. Enregistrez le projet.

13. Si vous avez le temps, cotez la vue **Plan d'étage : Chambre d'hôtel - Plan de cote Standard**. Faites les ajustements nécessaires sur les emplacements des murs et des portes.

14.2 Travailler avec du texte

La commande **Texte** vous permet d'ajouter des notes à des vues ou des feuilles, comme illustré en Figure 14–27. La même commande est utilisée pour créer du texte avec ou sans repère.

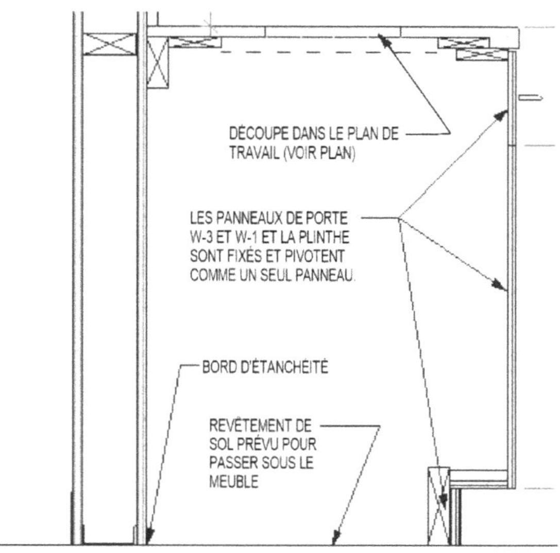

Figure 14–27

La hauteur de texte est automatiquement définie par le type de texte et par l'échelle de la vue (voir Figure 14–28, utilisant le même type de texte à deux échelles différentes). Les types de texte s'affichent à la hauteur spécifiée, à la fois dans les vues et sur la feuille.

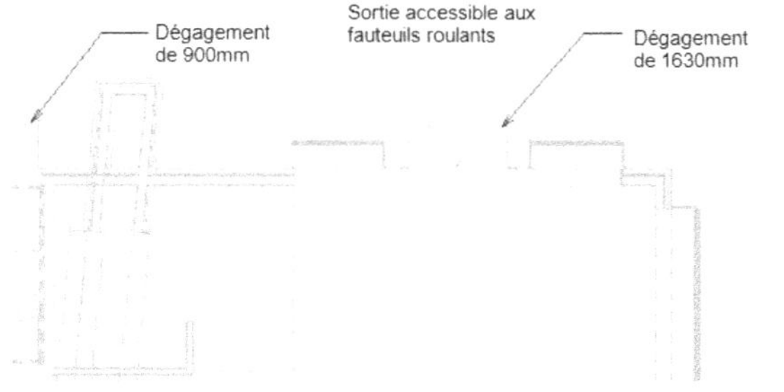

Échelle : 1:100

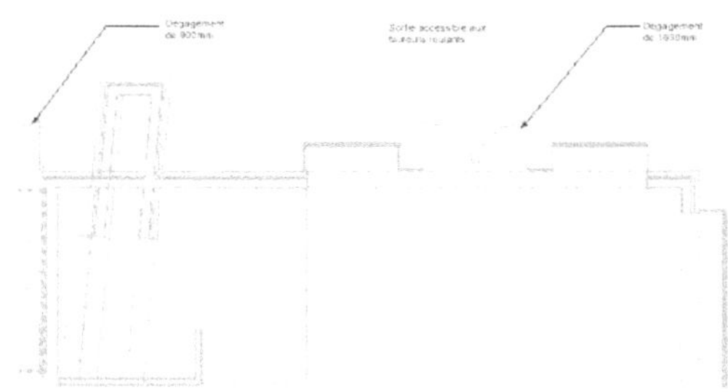

Échelle : 1:50

Figure 14–28

Instructions pratiques : Ajouter du texte

Le type de texte définit la police et la hauteur du texte.

1. Dans la barre d'outils d'accès rapide ou l'onglet *Annoter*>groupe de fonctions Texte, cliquez sur A (Texte).
2. Dans le Sélecteur de type, définissez le type de texte.
3. Dans l'onglet *Modifier | Placer Texte*>groupe de fonctions Repère, sélectionnez la méthode que vous souhaitez utiliser : A (Aucun repère), A (Un segment), A (Deux segments), ou A (Courbe).
4. Dans le groupe de fonctions Paragraphe, définissez la justification générale du texte et du repère, comme illustré en Figure 14–29.

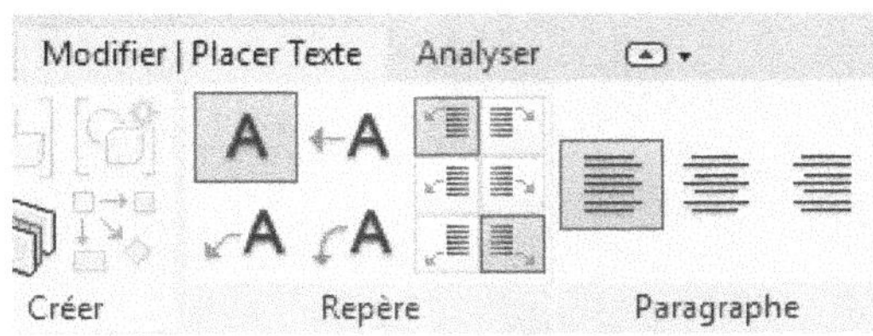

Figure 14–29

Utilisez des lignes d'alignement pour vous aider à aligner le texte avec d'autres éléments du texte.

5. Sélectionnez l'emplacement du repère et du texte.
   - Si l'option **Aucun repère** est sélectionnée, sélectionnez le point de départ du texte et commencez à taper.
   - Si vous utilisez un repère, le premier point place la flèche et vous devez alors sélectionner les points du repère. Le texte commence au dernier point du repère.
   - Pour définir une distance de retour automatique à la ligne, cliquez et faites glisser pour définir les points de début et de fin du texte.
6. Tapez le texte voulu. Dans l'onglet *Modifier le texte*, spécifiez les autres options de police et de paragraphe, comme illustré en Figure 14–30.

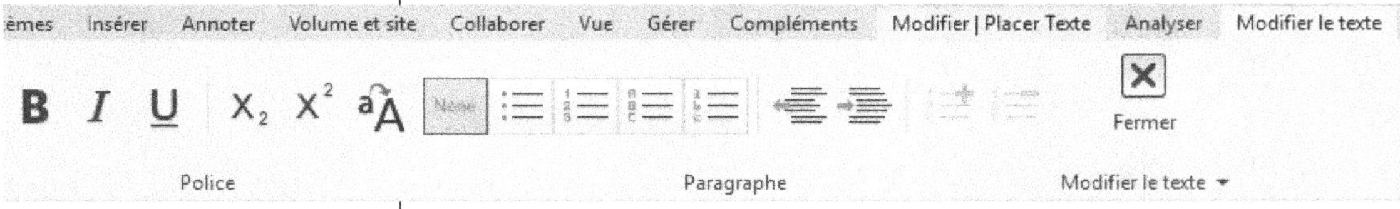

Figure 14–30

7. Dans l'onglet Modifier le texte>groupe de fonctions Modifier le texte, cliquez sur (Fermer) ou cliquez à l'extérieur de la zone de texte pour compléter l'élément de texte.
   - Le fait d'appuyer sur <Entrée> après une ligne de texte permet d'en commencer une autre dans la même fenêtre de texte.

Instructions pratiques : Ajouter des symboles de texte

1. Lancez la commande **Texte** et cliquez pour placer le texte.
2. Lorsque vous tapez du texte et que vous avez besoin d'insérer un symbole, cliquez avec le bouton droit de la souris et sélectionnez **Symboles** dans le menu contextuel. Sélectionnez le symbole voulu dans la liste des symboles les plus fréquemment utilisés, comme illustré en Figure 14–31.

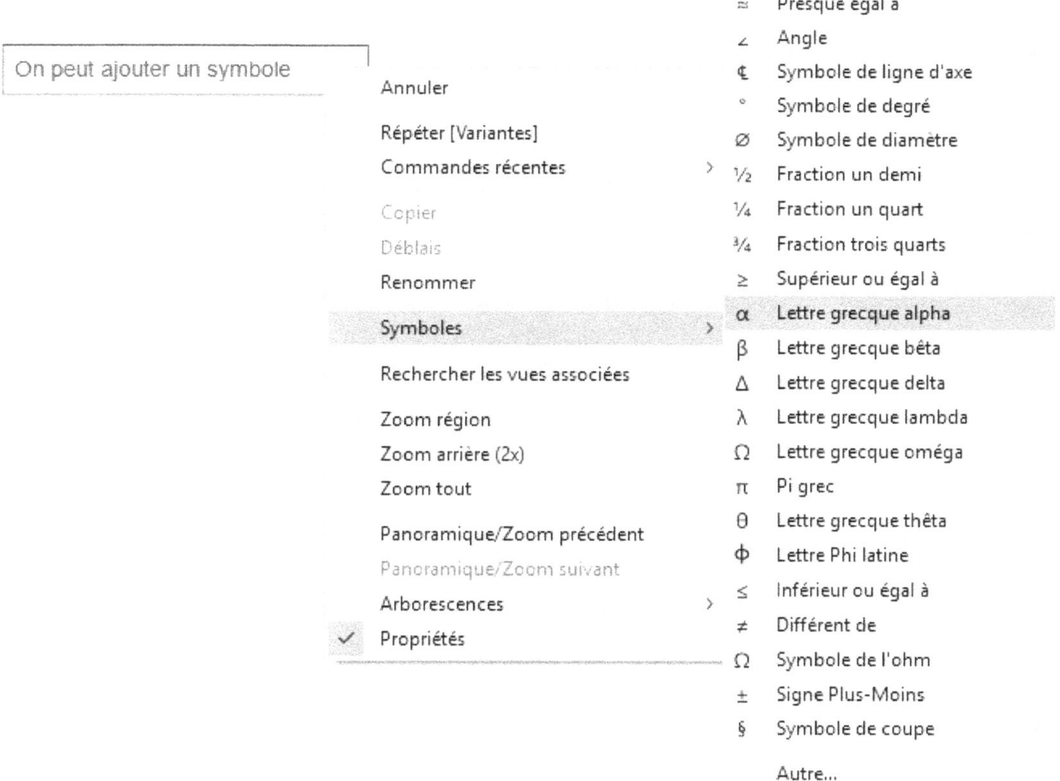

Figure 14–31

3. Si le symbole dont vous avez besoin n'est pas répertorié, cliquez sur **Autre**.
4. Dans la boîte de dialogue Table des caractères, cliquez sur un symbole et cliquez sur **Sélectionner**, comme illustré en Figure 14–32.

Figure 14–32

5. Cliquez sur **Copier** pour copier le caractère dans le presse-papiers et le coller dans la zone de texte.

- La police de la table de caractères doit correspondre à celle utilisée par le type de texte. Il n'est pas possible d'utiliser une autre police pour les symboles.

Modification de texte

La modification des notes textuelles se fait à deux niveaux :

- Modification de la note textuelle, ce qui inclut le **Repère** et les styles de **Paragraphe**.
- Modification du texte, ce qui inclut la modification de lettres, de mots et de paragraphes individuels dans la note textuelle.

Modification de la note textuelle

Cliquez une fois sur la note textuelle pour modifier la zone de texte et les repères à l'aide des commandes, comme illustré en Figure 14–33, ou à l'aide des outils dans l'onglet *Modifier | Notes textuelles*.

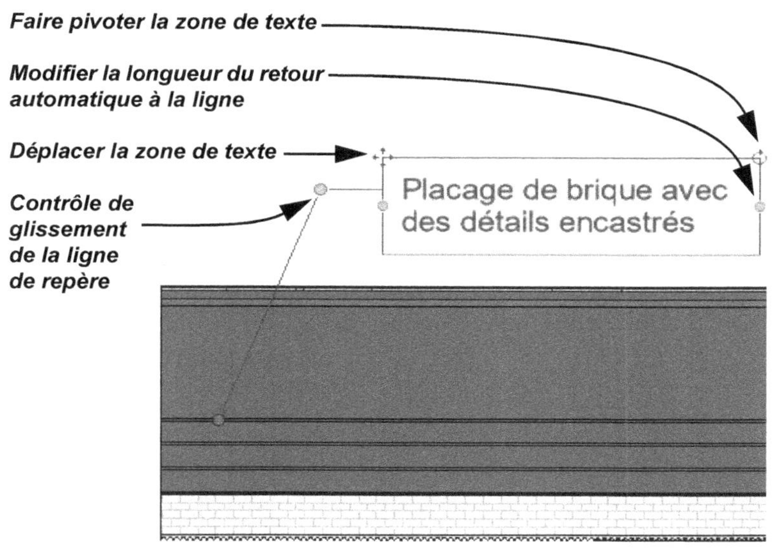

Figure 14–33

Instructions pratiques : Ajouter un repère à des notes textuelles

1. Sélectionnez la note textuelle.
2. Dans l'onglet *Modifier* | *Notes textuelles*>groupe de fonctions Repère, sélectionnez la direction et la justification du nouveau repère, comme illustré en Figure 14–34.
3. La nouvelle ligne de repère est appliquée, comme illustré en Figure 14–35. Utiliser les contrôles de glissement pour placer la flèche selon les besoins.

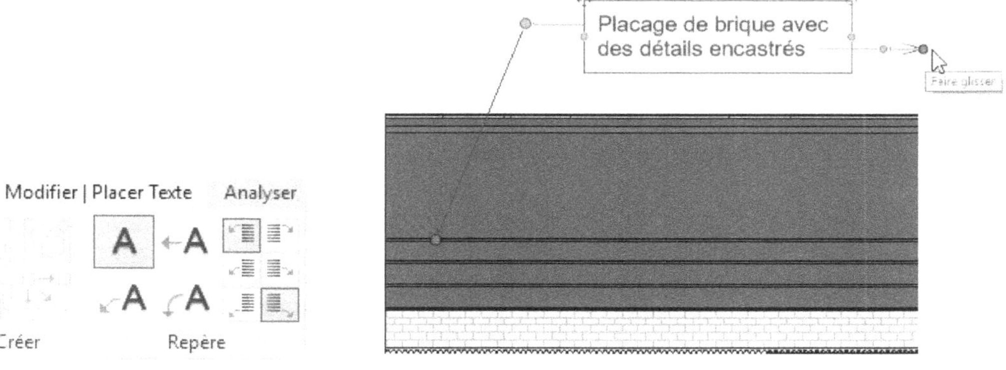

Figure 14–34

Figure 14–35

- Vous pouvez supprimer des repères en cliquant sur A (Supprimer la dernière ligne de repère).

Modification du texte

L'onglet *Modifier le texte* vous permet de faire plusieurs personnalisations. Vous pouvez, par exemple, modifier la police des mots sélectionnés ou créer des listes à puces et numérotées, comme illustré en Figure 14–36.

Remarques générales

1. Informez le concepteur de l'intention de commencer la construction au moins 10 jours avant le début des travaux sur le site.
2. L'installateur doit fournir les éléments suivants :
   - préavis de 24 heures avant le début de la construction ;
   - inspection du fond du scellement ou de la couverture requise par l'inspecteur d'état ;
   - toutes les fiches d'inspection de la gestion de l'environnement doivent être envoyées par e-mail au bureau du concepteur dans les 24 heures suivant l'inspection.

Figure 14–36

- Vous pouvez **Couper**, **Copier**, et **Coller** du texte à l'aide du presse-papiers. Vous pouvez, par exemple, copier du texte à partir d'un document et le coller dans l'éditeur de texte de Revit.

- Pour vous aider à mieux voir le texte lorsque vous le modifier, dans l'onglet *Modifier le texte*, déroulez le groupe de fonctions Modifier le texte, et sélectionnez une ou les deux options, comme illustré en Figure 14–37.

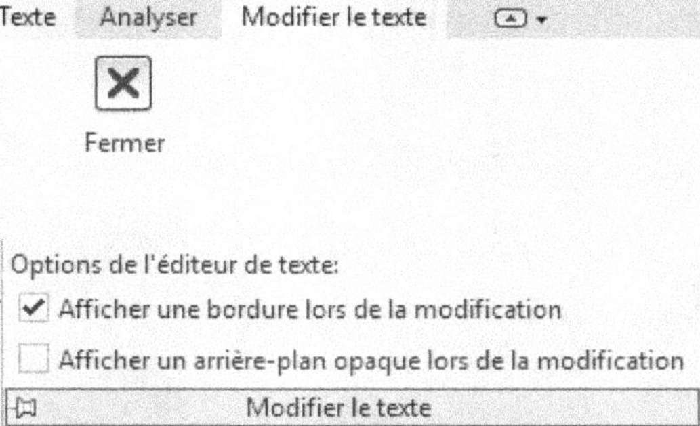

Figure 14–37

Instructions pratiques : Modifier la police

1. Sélectionnez des lettres ou des mots individuels.
2. Cliquez sur la modification de la police que vous souhaitez inclure :

B (Gras)	X_2 (Indice)
I (Italique)	X^2 (Exposant)
U (Souligné)	aA (Majuscules)

- Lorsque vous collez un texte provenant d'un document extérieur à Autodesk Revit, les modifications de police (par ex. Gras, Italique, etc.) sont conservées.

Instructions pratiques : Créer des listes

1. En mode Modification de texte, placez le curseur sur la ligne que vous souhaitez ajouter à une liste.
2. Dans l'onglet *Modifier le texte*>groupe de fonctions Paragraphe, cliquez sur le type de liste que vous voulez créer :

(Liste : puces)	(Liste : majuscules)
(Liste : numéros)	(Liste : minuscules)

3. Lorsque vous tapez, appuyez sur <Entrée> pour incrémenter la ligne suivante de la liste.

La distance de retrait est configurée par la Taille de la tabulation du type de texte.

4. Pour inclure une sous-liste, cliquez sur (Augmenter le retrait) au début de la ligne suivante. Ceci met la ligne en retrait et applique le niveau de liste suivant, comme illustré en Figure 14–38.

1. Le demandeur sera responsable de:
    A. Premier retrait
        a. Deuxième retrait
            • Troisième retrait

Figure 14–38

- Vous pouvez modifier le type de liste après avoir appliqué le premier incrément. Vous pouvez, par exemple, utiliser des puces à la place des lettres.

5. Cliquez sur (Réduire le retrait) pour revenir au style de liste précédent.

- Appuyer sur <Maj>+<Entrée> pour créer une ligne vierge dans une liste numérotée.

- Pour créer des colonnes ou d'autres zones de texte séparées basées sur une numérotation (voir Figure 14–39), créez la deuxième zone de texte et liste. Puis, placez le curseur sur l'une des lignes puis, dans le groupe de fonctions

  Paragraphe, cliquez sur (Incrémenter la valeur de liste) jusqu'à ce que la liste corresponde au numéro suivant dans la séquence.

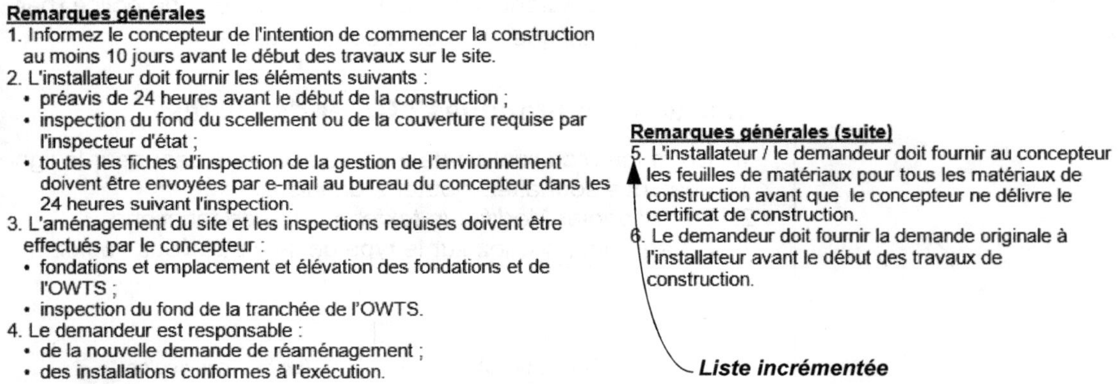

Remarques générales
1. Informez le concepteur de l'intention de commencer la construction au moins 10 jours avant le début des travaux sur le site.
2. L'installateur doit fournir les éléments suivants :
• préavis de 24 heures avant le début de la construction ;
• inspection du fond du scellement ou de la couverture requise par l'inspecteur d'état ;
• toutes les fiches d'inspection de la gestion de l'environnement doivent être envoyées par e-mail au bureau du concepteur dans les 24 heures suivant l'inspection.
3. L'aménagement du site et les inspections requises doivent être effectués par le concepteur :
• fondations et emplacement et élévation des fondations et de l'OWTS ;
• inspection du fond de la tranchée de l'OWTS.
4. Le demandeur est responsable :
• de la nouvelle demande de réaménagement ;
• des installations conformes à l'exécution.
Remarques générales (suite)
5. L'installateur / le demandeur doit fournir au concepteur les feuilles de matériaux pour tous les matériaux de construction avant que le concepteur ne délivre le certificat de construction.
6. Le demandeur doit fournir la demande originale à l'installateur avant le début des travaux de construction.
Liste incrémentée

Figure 14–39

6. Cliquez sur (Décrémenter la valeur de liste) pour revenir à un numéro précédent.

Conseil : Texte 3D

Un texte 3D est différent d'un texte d'annotation. Il est conçu pour créer un texte en taille réelle sur le modèle lui-même. Les textes 3D permettent, par exemple, de créer une inscription sur une porte, comme illustré en Figure 14–40. Un type de texte 3D est inclus avec le gabarit par défaut. Vous pouvez créer d'autres types, si nécessaire.

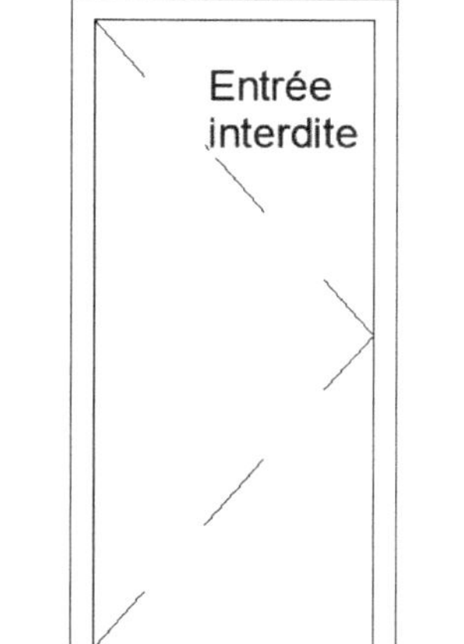

Figure 14–40

- Les textes 3D sont ajoutés à partir de l'onglet *Architecture*> groupe de fonctions Modèle, en cliquant sur (Texte 3D).

Vérification orthographique

La boîte de dialogue Orthographe indique les mots mal orthographiés dans leur contexte et offre plusieurs options de correction, comme illustré en Figure 14–41.

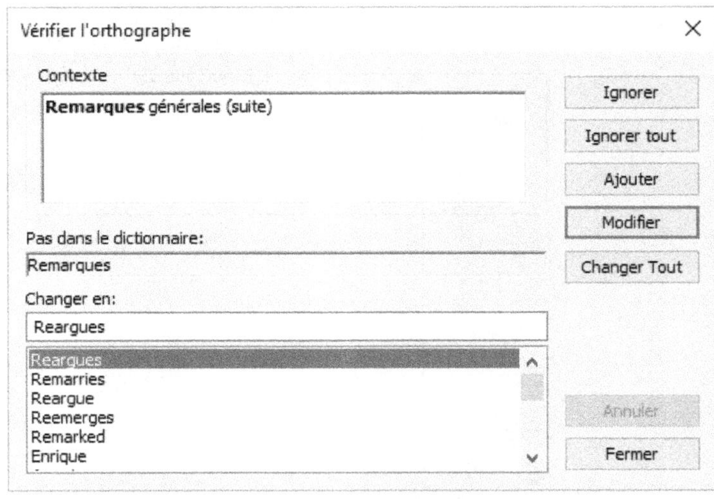

Figure 14–41

- Pour vérifier l'orthographe de tous les textes d'une vue, dans l'onglet *Annoter*>groupe de fonctions Texte, cliquez sur (Vérifier l'orthographe) ou appuyez sur <F7>. Comme avec d'autres correcteurs orthographiques, vous pouvez **Ignorer**, **Ajouter**, ou **Remplacer** le mot.
- Vous pouvez aussi vérifier l'orthographe d'un texte sélectionné. Avec un texte sélectionné, dans l'onglet *Modifier | Notes textuelles*>groupe de fonctions Outils, cliquez sur (Vérifier l'orthographe).

Création de types de texte

Si vous avez besoin de types de texte associés à une taille ou à une police différente (pour un titre ou une écriture à la main, par exemple), vous pouvez en créer de nouveaux, comme illustré en Figure 14–42. Il est recommandé de les créer dans un gabarit de projet pour qu'ils soient disponibles pour de futurs projets.

Remarques générales
1. Ce projet consiste en l'ameublement et l'installation...

Figure 14–42

- Vous pouvez copier et coller des types de texte d'un projet dans un autre ou utiliser **Transférer les normes du projet**.

Instructions pratiques : Créer des types de texte

1. Dans l'onglet *Annoter*>groupe de fonctions Texte, cliquez sur ↘ (Types de texte).
2. Dans la boîte de dialogue Propriétés du type, cliquez sur **Dupliquer**.
3. Dans la boîte de dialogue Nom, tapez un nouveau nom et cliquez sur **OK**.
4. Modifiez les paramètres du texte, si nécessaire. Les paramètres sont illustrés en Figure 14–43.

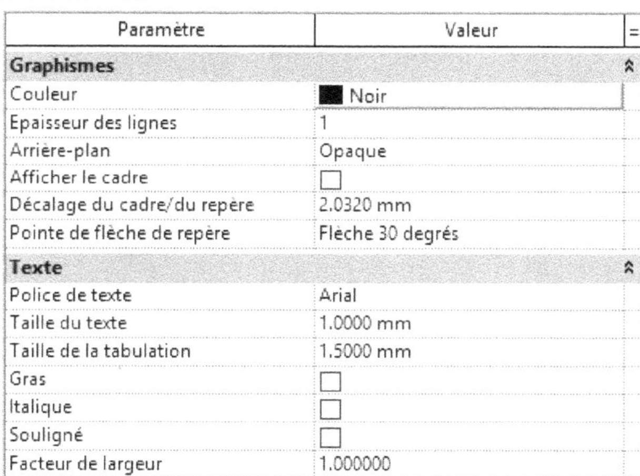

Paramètres du type

Paramètre	Valeur
Graphismes	
Couleur	Noir
Epaisseur des lignes	1
Arrière-plan	Opaque
Afficher le cadre	☐
Décalage du cadre/du repère	2.0320 mm
Pointe de flèche de repère	Flèche 30 degrés
Texte	
Police de texte	Arial
Taille du texte	1.0000 mm
Taille de la tabulation	1.5000 mm
Gras	☐
Italique	☐
Souligné	☐
Facteur de largeur	1.000000

Figure 14–43

- Le paramètre **Arrière-plan** peut être défini sur **Opaque** ou **Transparent**. Un arrière-plan opaque inclut une zone de masquage qui masque des lignes ou des éléments sous le texte.

- Dans la zone *Texte*, le paramètre **Facteur de largeur** contrôle la largeur des lettres, mais n'affecte pas la hauteur. Un facteur de largeur supérieur à **1** étend le texte et un facteur de largeur inférieur à **1** le condense.

- Lorsqu'il est sélectionné, le paramètre **Afficher le cadre** inclut un rectangle autour du texte.

5. Cliquez sur **OK** pour fermer la boîte de dialogue Propriétés du type.

14.3 Ajout de lignes de détail et de symboles

Lorsque vous annotez les vues de la documentation du projet, il peut être nécessaire d'ajouter des lignes de détail et des symboles pour clarifier l'intention de la conception ou montrer des informations telles que les sorties sur le plan de sécurité des personnes, comme illustré en Figure 14–44.

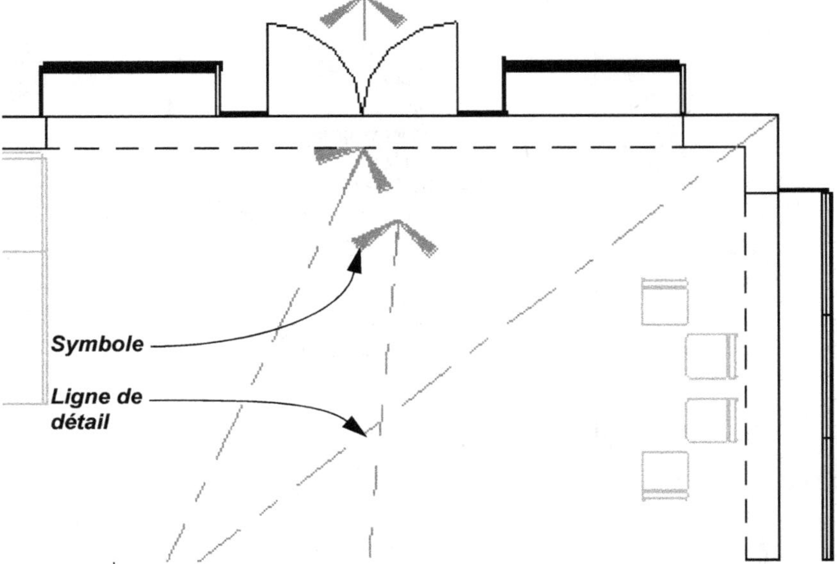

Figure 14–44

- Les lignes de détail et les symboles sont spécifiques à la vue, ce qui signifie qu'ils ne s'affichent que dans la vue où ils ont été créés.

Instructions pratiques : Dessiner des lignes de détail

1. Dans l'onglet *Annoter*>groupe de fonctions Détail, cliquez sur (Ligne de détail).

2. Dans l'onglet *Modifier | Placer des lignes de détail*>groupe de fonctions Style de ligne, sélectionnez le type de ligne que vous souhaitez utiliser, comme illustré en Figure 14–45.

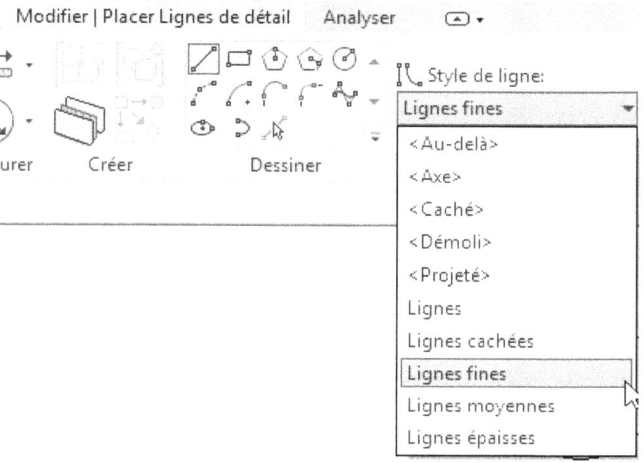

Figure 14–45

3. Utilisez les outils dans le groupe de fonctions Dessiner pour créer les lignes de détail.

Utilisation des symboles

Les symboles sont des éléments en 2D qui ne s'affichent que dans une vue, alors que des composants peuvent être en 3D et s'afficher dans de nombreuses vues.

La plupart des annotations utilisées dans les dessins de travail sont souvent répétées. Plusieurs d'entre elles ont été enregistrées comme symboles dans le logiciel Autodesk Revit, comme les annotations Flèche nord, Ligne centrale et Échelle graphique illustrées en Figure 14–46.

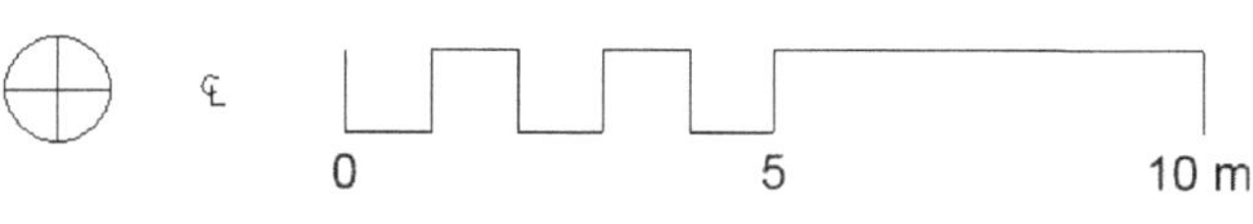

Figure 14–46

- Vous pouvez aussi créer ou charger des symboles d'annotations personnalisés.

Instructions pratiques : Placer un symbole

1. Dans l'onglet *Annoter*>groupe de fonctions Symbole, cliquez sur (Symbole).
2. Dans le Sélecteur de type, sélectionnez le symbole que vous souhaitez utiliser.

3. Dans l'onglet *Modifier* | *Placer un symbole*>groupe de fonctions Mode, cliquez sur

   (Charger la famille) si vous voulez charger d'autres symboles.
4. Dans la Barre des options, comme illustré en Figure 14–47, définissez le *Nombre de repères* et sélectionnez **Rotation après placement** si vous voulez faire pivoter le symbole lors de son insertion.

Modifier | Placer Symbole | Nombre de repères: 0 | Rotation après placement

Figure 14–47

5. Placer le symbole dans la vue. Faites-le pivoter si vous avez sélectionné l'option **Rotation après placement**. Si vous avez spécifié des repères, utilisez les commandes pour les mettre en place.

- Dans l'onglet *Annoter*>groupe de fonctions Symbole, cliquez sur (Trajectoire de l'escalier) pour étiqueter le sens d'inclinaison et la ligne de foulée de l'escalier, comme illustré en Figure 14–48.

Figure 14–48

Exercice 14b Annoter la documentation du projet

Objectifs de l'exercice

- Ajouter des lignes de détail et des symboles.
- Ajouter du texte.

Durée estimée : 30 minutes

Dans cet exercice, vous créerez un Plan de sécurité incendie. Vous utiliserez des lignes de détail et des symboles pour montrer les diagonales de sécurité et les distances de déplacement, et vous ajouterez du texte dans les libellés et les notes, comme illustré en Figure 14–49. Vous ajouterez également une note textuelle avec une liste à puces et une liste numérotée sur une feuille de plan du site.

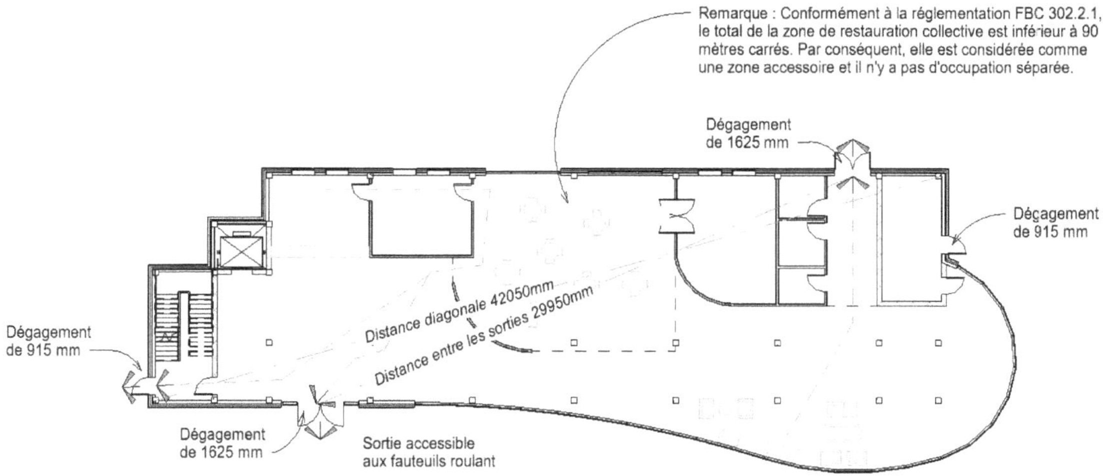

Figure 14–49

Tâche 1 - Créer un plan de sécurité incendie (lignes et symboles).

1. Ouvrez le projet **Hôtel-Moderne-Annotations.rvt**.
2. Ouvrez la vue **Plan d'étage : Étage 1 - Plan de sécurité incendie**.

3. Dans la barre de contrôle Vue ou dans les Propriétés, changez l'*Échelle de la vue* à **1:200**.

4. Tapez **VV** (ou **VG**) pour ouvrir la boîte de dialogue Remplacements visibilité/graphisme.

5. Dans l'onglet *Catégories de modèle*, sélectionnez **Meubles de rangement**, **Mobilier** et **Systèmes de mobilier** pour les activer. Sélectionnez également **Demi-teinte** pour chacun de ces éléments.

6. Cliquez sur **OK** pour fermer la boîte de dialogue.

7. Dans l'onglet *Annoter*>groupe de fonctions Détail, cliquez sur (Ligne de détail).

8. Dans l'onglet *Modifier | Placer des lignes de détail*>groupe de fonctions Style de ligne, définissez le *Style de ligne :* sur **Sécurité diagonale**.

9. Dans la Barre des options, décochez l'option **Chaîner**.

10. Dessinez une diagonale depuis le coin inférieur gauche jusqu'au coin supérieur droit du bâtiment, et une autre diagonale d'une sortie à l'autre, comme illustré en Figure 14–50.

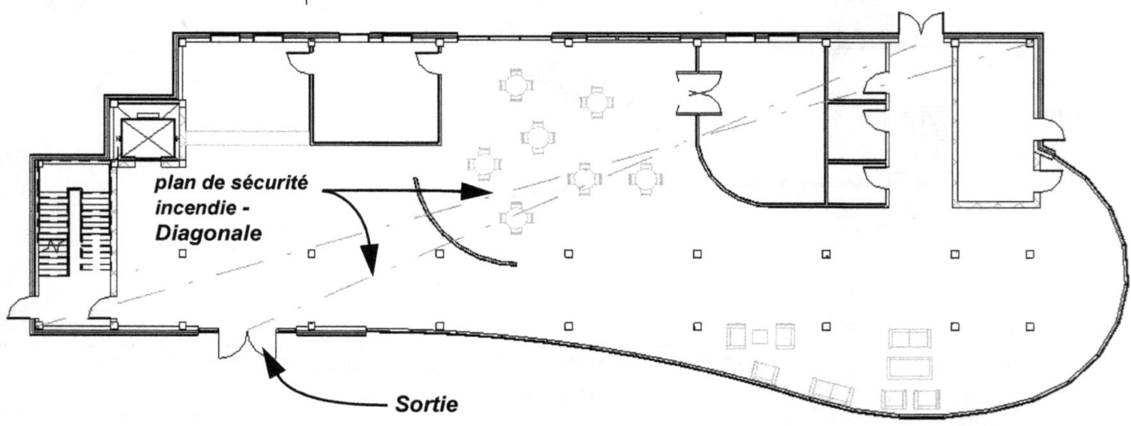

Figure 14–50

11. Dans la Barre des options, sélectionnez **Chaîner**.

12. À l'aide d'une ligne de type **Sécurité déplacement**, esquissez les lignes de détail illustrées en Figure 14–51.

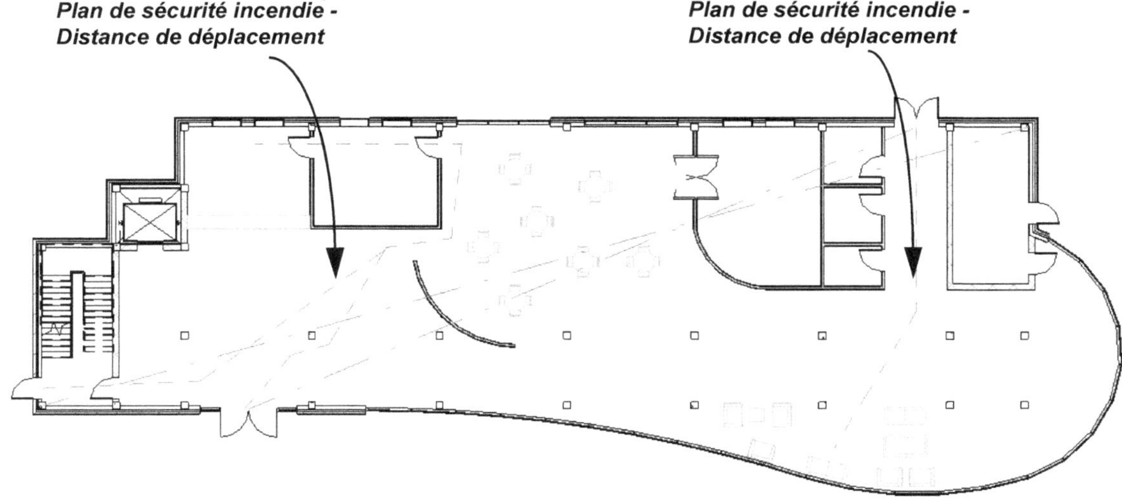

Figure 14–51

13. Zoomez sur l'entrée avant.

14. Dans l'onglet *Annoter*>groupe de fonctions Symbole, cliquez sur (Symbole).

15. Dans l'onglet *Modifier | Placer un symbole*>groupe de fonctions Mode, cliquez sur (Charger la famille).

16. Dans le dossier *Bibliothèque* des fichiers d'exercices, sélectionnez le symbole **M_Flèche-Ligne de sécurité.rfa** et cliquez sur **Ouvrir**.

Appuyez sur la <barre d'espacement> pour faire pivoter le symbole lorsqu'il est placé. Mettez en surbrillance le point final de la ligne à faire pivoter dans un angle précis.

17. Insérez une pointe de flèche à l'extrémité de chaque ligne de déplacement et à l'extérieur de la porte, comme illustré en Figure 14–52. Faites-les pivoter, si nécessaire.

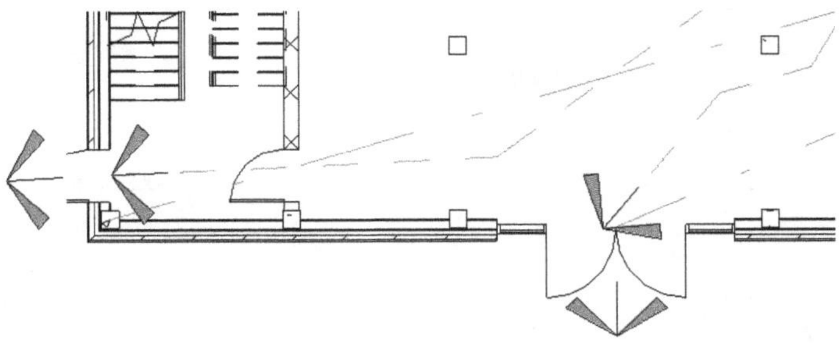

Figure 14–52

18. Ajoutez des flèches aux extrémités des autres lignes de déplacement, le sens de déplacement pointant vers les portes.

19. Enregistrez le projet.

Tâche 2 - Créer un plan de sécurité incendie (texte).

1. Dans l'onglet *Annoter*>groupe de fonctions Texte, cliquez sur A (Texte).

2. Créez deux nouveaux types de texte. Dans Propriétés, cliquez sur (Modifier le type). Dans la boîte de dialogue Propriétés du type, cliquez sur **Dupliquer**. Pour le premier type de texte nouveau, entrez **Arial Étroit 3 mm** pour le nom et cliquez sur **OK**.

3. Définissez les propriétés suivantes :

   - *Police de texte :* **Arial**
   - *Taille du texte :* **3mm**
   - *Taille de la tabulation :* **6mm**
   - *Facteur de largeur :* **0,9**

4. Cliquez sur **OK** pour enregistrer les paramètres et fermez la boîte de dialogue.

5. Cliquez à nouveau sur (Modifier le type) pour ouvrir la boîte de dialogue Propriétés du type. Cliquez sur **Dupliquer** et créez un autre type de texte intitulé **Arial Étroit Italique 3 mm**.

6. Sélectionnez **Italique** et cliquez sur **OK**.

7. Zoomez sur l'entrée avant et ajoutez du texte en utilisant le type de texte **Arial Étroit 3 mm**, comme illustré en Figure 14–53. Ajoutez des notes similaires pour les tailles des portes aux autres sorties.

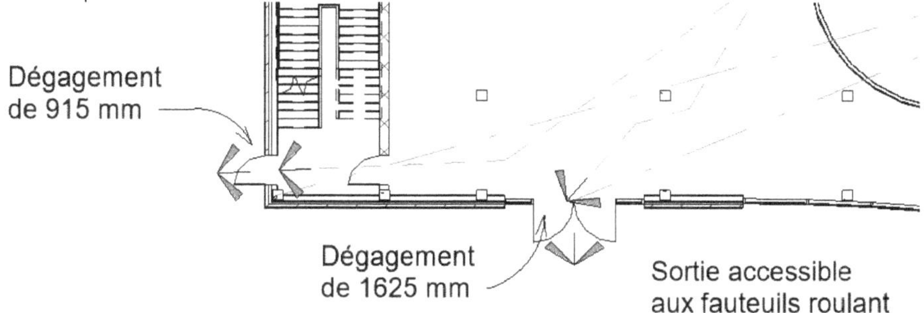

Figure 14–53

- Réglez la zone cadrée des annotations selon vos besoins pour placer le texte.

8. Ajoutez une note à la salle de petit-déjeuner, comme illustré en Figure 14–54.

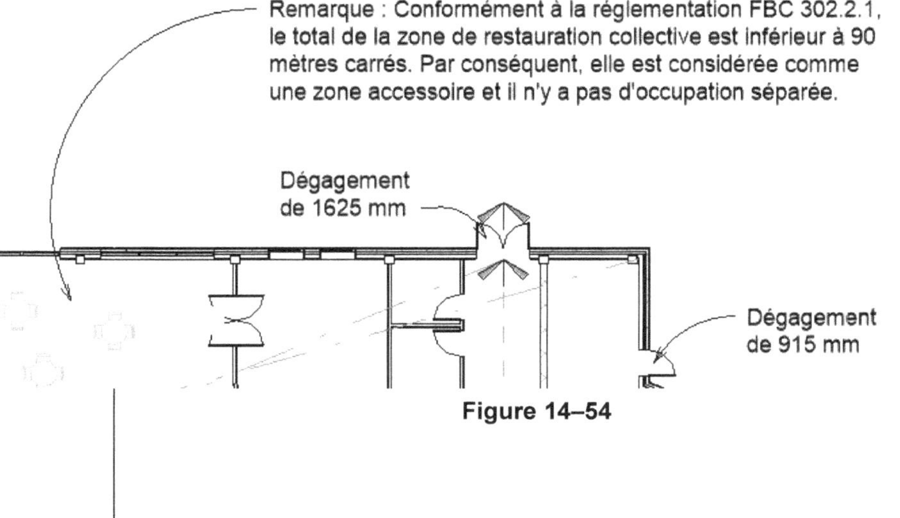

Figure 14–54

9. En utilisant le type de texte **Arial Étroit Italique 3 mm**, ajoutez du texte à chaque ligne de distance diagonale, comme illustré en Figure 14–55. Saisissez d'abord le texte puis cliquez dans l'espace vide pour sortir de la zone de texte.
   - Utilisez la commande (Déplacer) au début de la ligne de texte et la commande (Rotation) à l'autre extrémité de la ligne de texte pour mettre le texte au-dessus de la ligne diagonale appropriée. Le texte masque automatiquement la ligne.

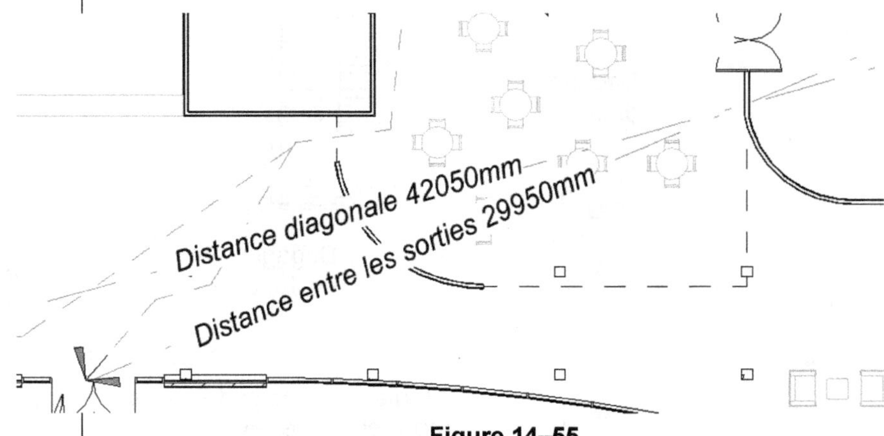

Figure 14–55

10. Effectuez un zoom arrière pour voir tout le plan.
11. Enregistrez le projet.

Tâche 3 - Créer un texte avec une liste.

Nota : Dans cette tâche, vous allez placer le texte directement sur la feuille. Vérifiez vos normes professionnelles, car il peut être préférable d'utiliser des légendes pour les notes générales.

1. Créez une nouvelle feuille en utilisant le cartouche de format A1 et nommez-la **A1.0 - Plan de Site**.
2. Ajouter la vue **Plan d'étage : Site** à la feuille.
3. Dans un éditeur de texte, accédez au dossier des fichiers d'exercices et ouvrez **Notes générales.docx** ou **Notes générales.txt**.
4. Copiez tout le contenu du fichier dans le presse-papiers.
5. Dans Autodesk Revit, lancez la commande **Texte**.

6. Vérifiez qu'aucun repère n'est sélectionné, définissez le type de texte sur **Arial Étroit 3 mm** et dessinez une zone de texte similaire à celle illustrée en Figure 14–56.

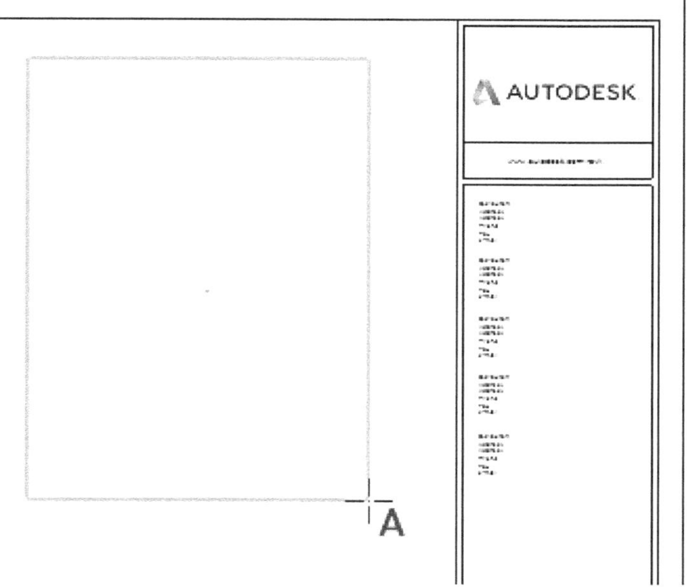

Figure 14–56

7. Dans la boîte de dialogue Modifier le texte>groupe de fonctions Presse-papiers, cliquez sur (Coller).
8. Restez dans le mode Modifier le texte et zoomez sur la zone de texte. Notez qu'il existe des listes numérotées et alphabétisées, mais que le format n'est pas correct.
9. Sélectionnez tout le texte et, dans l'onglet *Modifier le texte>* groupe de fonctions Paragraphe, cliquez sur (Liste : numéros).
10. Les paragraphes sont reconnus et numérotés mais les numéros existants sont toujours là.
11. Sélectionnez les paragraphes alphabétisés affichés en surbrillance en Figure 14–57. Dans l'onglet *Modifier texte>* groupe de fonctions Paragraphe, cliquez sur (Liste : minuscules). Cela change la liste et la fait passer à une liste alphabétisée.

12. Zoomez et supprimez les numéros supplémentaires, comme illustré en Figure 14–57.

Si vous avez copié le texte à partir du fichier .TXT, il peut être nécessaire d'augmenter également le retrait et de changer de type de liste.

1. Lorsque les matériaux qui ne conviennent pas à la fondation ou à d'autres voies de circulation se trouvent dans les limites de la construction de rues, l'entrepreneur doit creuser ces matériaux en dessous du niveau indiqué sur les plans, et les zones ainsi excavées doivent être remblayées avec des matériaux appropriés approuvés. L'étendue de la sous-cotation et du remblayage doivent être déterminés par le ministère des Travaux Publiques.
2. Tous les nivellements bruts doivent être complétés aux limites de l'emprise avant l'installation de la bordure et de la gouttière.
3. Le drainage temporaire pendant la construction doit être fourni par le promoteur afin de dégager les zones pouvant causer des dommages aux routes selon les directives du Département des Travaux publiques.
4. Toutes les méthodes et matériaux de construction doivent être conformes aux spécifications et normes en vigueur du Département des travaux publiques, Ville de Chesapeake, Virginie (DPW), sauf aucune indication contraire. Les normes de construction de DPW sont énoncées dans leur Manuel des installations publiques, Volume II. L'entrepreneur doit en acheter une copie auprès de l'entrepreneur et la conserver sur le chantier en tout temps. Les références à VDOT signifient les normes actuelles et / ou les spécifications du departement du transportatio de la Virginie.
5. Ce plan ne garantit pas l'existence, la non-existence, la taille, le type, l'emplacement, l'alignement ou la profondeur de tout ou d'une partie des services publics souterrains ou d'autres installations. Lorsque les caractéristiques de la surface (trous d'homme, puisards, vannes, etc.) ne sont pas disponibles ou ne sont pas concluantes, les informations peuvent provenir des registres du propriétaire et / ou du tracé électronique dont la fiabilité est incertaine. L'entrepreneur doit effectuer toute excavation d'essai autre que celle nécessaire pour vérifier les inversions, les emplacements et les dégagements du raccordement et signaler immédiatement toute anomalie. Les furnisseurs publiques doivent être avisées 48 heures à l'avance de toute excavation à proximité de leurs bâtiments. L'entrepreneur doit réparer à frais les services publics endommagés pendant la construction.
6. Les élévations telles que montrées ici sont en pieds et sont basées sur les données verticales de la Gedetric National de 1929.
7. Les arbres existants qui sont désignés pour être conservés après la construction doivent être protégés pendant la construction de la façon suivante et selon les spécifications standard de contrôle de l'érosion et de la sédimentation de Virginie 1.85.
   a. Avant tout défrichement, nivellement ou construction, des barrières de protection doivent être placées autour de tous les arbres à retenir sur le site afin d'éviter la destruction ou l'endommagement des arbres. Ceux-ci seront situés dans un modèle circulaire avec un rayon égal à la longueur du ranch le plus large ou le plus long. Le matériel ne sera pas stocké dans cette zone définie et d'autres équipements doivent être exclus pour éviter le compactage du sol. La seule exception à cette exigence sera celle spécifiquement permise par ces normes et spécifications.
   b. Les planches ou les fils de nature non protectrice ne seront pas cloués ou attachés aux arbres pendant les opérations de construction.
   c. Les opérations d'équipement lourd seront mises en garde afin d'éviter d'endommager les troncs d'arbres existants et les racines durant les opérations de nivellement. Les racines d'alimentation ne doivent pas être coupées dans une zone égale au double de la circonférence de l'arbre (mesurée à 4-1 / 2 'au-dessus du sol en pouces). Exprimé en pieds. (Exemple: une circonférence de dix pouces aurait une zone «non coupée» de vingt pieds dans toutes les directions depuis l'arbre). Cela devrait s'appliquer à l'amerrissage forcé pour tous les services publics, si possible.
   d. Toutes les branches endommagées pendant la construction ou le nivellement ou enlevées pour toute autre raison, seront sciées au ras du tronc d'arbre.
   e. Toutes les racines coupées ou gravement endommagées pendant le nivellement du terrain ou du bâtiment doivent être taillées pour enlever la zone endommagée ou fragmentée. Les racines exposées doivent être couvertes et humidifiées immédiatement après l'exposition.
8. Toutes les structures de drainage doivent être formées conformément à la norme Chesapeake IS-1
9. Avant de commencer tout travail de quelque nature que ce soit dans les limites de l'emprise des rues de la ville, un permis doit être obtenu auprès du ministère des Travaux publiques, Chesapeake.
10. Tous les poteaux électriques, les boîtes aux lettres et les clôtures doivent être déplacés selon les besoins.
11. Les propriétaires adjacents doivent être avisés 30 jours avant la construction.

Figure 14–57

13. Au début de la liste, ajoutez le texte **Notes générales**. Mettez-le en gras et souligné, comme illustré en Figure 14–58.

Remarques générales

1. Lorsque les matériaux qui ne conviennent pas à la fondation ou à d'autres voies de circulation se trouvent dans les limites de la construction de rues, l'entrepreneur doit creuser ces matériaux en dessous du niveau indiqué sur les plans, et les zones ainsi excavées doivent être remblayées avec des matériaux appropriés approuvés. L'étendue de la sous-cotation et du remblayage doivent être déterminés par le ministère des Travaux Publiques.
2. Tous les nivellements bruts doivent être complétés aux limites de l'emprise avant l'installation de la bordure et de la gouttière.
3. Le drainage temporaire pendant la construction doit être fourni par le promoteur afin de dégager les zones pouvant causer des dommages aux routes selon les directives du Département des Travaux publiques.
4. Toutes les méthodes et matériaux de construction doivent être conformes aux spécifications et normes en vigueur du Département des travaux publiques, Ville de Chesapeake, Virginie (DPW), sauf aucune indication contraire. Les normes de construction de DPW sont énoncées dans leur Manuel des installations publiques, Volume II. L'entrepreneur doit en acheter une copie auprès de l'entrepreneur et la conserver sur le chantier en tout temps. Les références à VDOT signifient les normes actuelles et / ou les spécifications du departement du transportatio de la Virginie.

Figure 14–58

14. Cliquez à l'extérieur de la zone de texte et utilisez les commandes, si nécessaire, pour replacer ou redimensionner la note textuelle.

15. Effectuez un zoom arrière pour voir toute la feuille.

16. Enregistrez le projet.

14.4 Création de légendes

Une légende est une vue séparée pouvant être placée sur plusieurs feuilles. Les légendes peuvent être utilisées pour conserver des notes d'installation qui doivent être placées sur une feuille avec chaque plan d'étage, plan de masse ou tout élément en 2D devant être répété. Vous pouvez également créer et répertorier les symboles utilisés dans votre projet et fournir des notes explicatives à côté, comme illustré en Figure 14–59. De plus, les légendes peuvent fournir une liste de matériaux ou d'élévations correspondant aux types de fenêtres utilisés dans le projet.

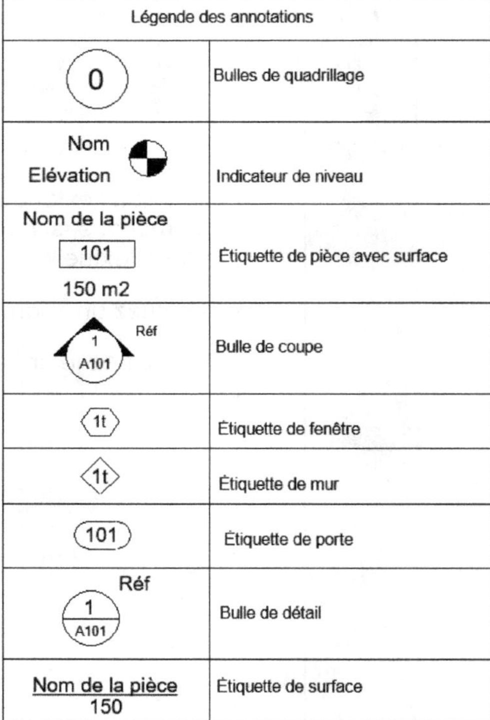

Légende des annotations	
0	Bulles de quadrillage
Nom Elévation	Indicateur de niveau
Nom de la pièce 101 150 m2	Étiquette de pièce avec surface
Réf 1 A101	Bulle de coupe
1t	Étiquette de fenêtre
1t	Étiquette de mur
101	Étiquette de porte
Réf 1 A101	Bulle de détail
Nom de la pièce 150	Étiquette de surface

Figure 14–59

- Utilisez (Lignes de détail) et A (Texte) pour créer le tableau et les notes explicatives. Une fois que vous avez une légende, vous pouvez utiliser des commandes, comme par exemple (Composant de légende), (Composant de détail), et (Symbole), pour placer des éléments dans la vue.
- Contrairement à d'autres vues, les légendes peuvent être rattachées à plusieurs feuilles.
- Vous pouvez définir une échelle de légende dans la barre d'état Vue.
- Les éléments inclus dans les légendes peuvent être cotés.

Instructions pratiques : Créer une légende

1. Dans l'onglet *Vue*>groupe de fonctions Créer, déroulez (Légendes) et cliquez sur (Légende) ou dans l'Arborescence du projet, cliquez avec le bouton droit de la souris sur le titre de la zone *Légendes* et sélectionnez **Nouvelle légende...**
2. Dans la boîte de dialogue Nouvelle vue de légende, entrez un nom et sélectionnez l'échelle de la légende, comme illustré en Figure 14–60, puis cliquez sur **OK**.

Figure 14–60

3. Placez les composants dans la première vue puis esquissez le contour du tableau lorsque vous connaissez les tailles. Utilisez **Plans de référence** pour aligner les composants.

Instructions pratiques : Utiliser des composants de légende

1. Dans l'onglet *Annoter*>groupe de fonctions Détail, déroulez (Composant) et cliquez sur (Composant de légende).
2. Dans la Barre des options, sélectionnez le type de *Famille* que vous voulez utiliser, comme illustré en Figure 14–61.

   - Cette liste contient tous les éléments d'un projet pouvant être utilisés dans une légende. Il peut, par exemple, être nécessaire d'afficher l'élévation de tous les types de portes utilisés dans le projet.

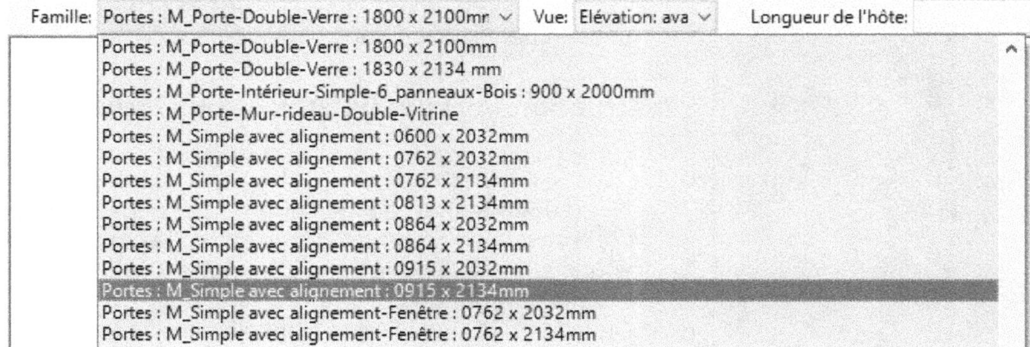

Figure 14–61

3. Sélectionnez la *Vue* de l'élément que vous souhaitez utiliser. Il peut, par exemple, être nécessaire d'afficher une coupe des sols ou des toits, et l'élévation avant des portes (voir Figure 14–62) et des fenêtres.

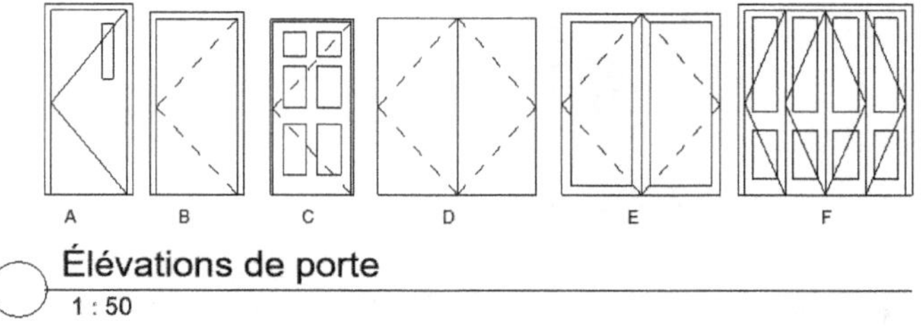

Figure 14–62

4. Pour les éléments en coupe (comme les murs, les sols et les toits), tapez une distance pour la *Longueur de l'hôte*.

- Les éléments en taille réelle, comme les composants matériels ou les portes, sont en taille normale.

Exercice 14c

Créer des légendes

Durée estimée : 10 minutes

Objectif de l'exercice

- Créer des légendes à l'aide des composants de légende et de texte.

Dans cet exercice, vous créerez des légendes de porte et de fenêtre (voir Figure 14–63), en concevant des légendes, en ajoutant des composants de légende et en étiquetant les types de porte et de fenêtre avec du texte.

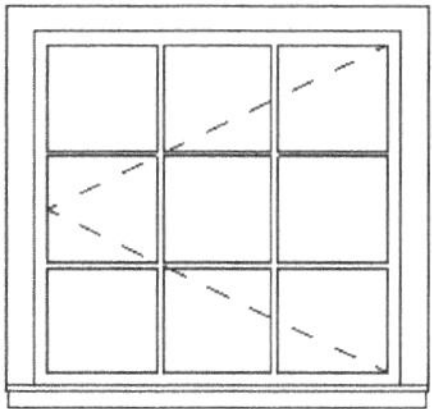

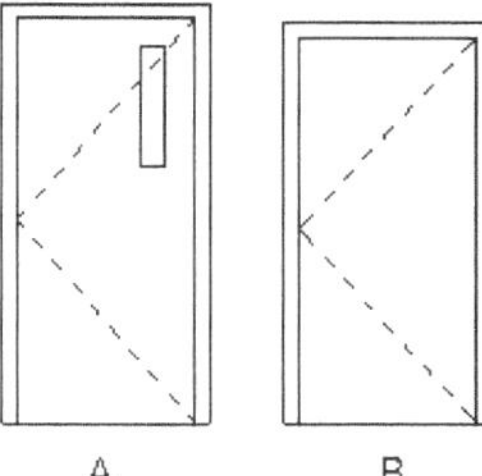

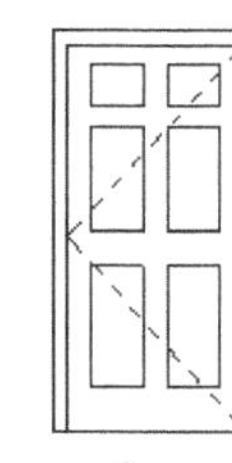

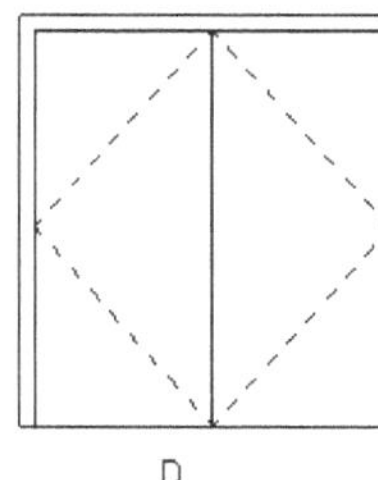

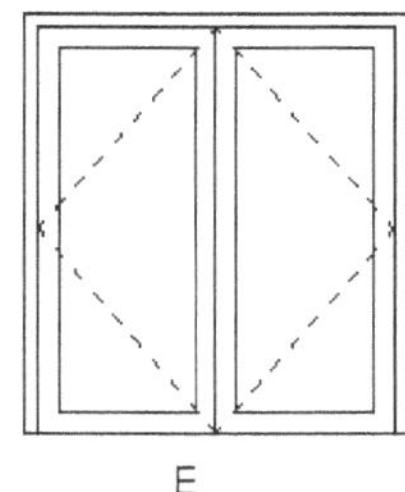

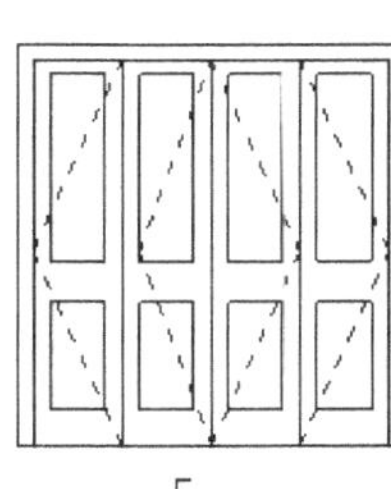

Figure 14–63

Tâche 1 - Ajouter des légendes de porte et de fenêtre.

1. Ouvrez le projet **Hôtel-Moderne-Légendes.rvt**.
2. Dans l'onglet *Vue*>groupe de fonctions Créer, déroulez (Légendes) et cliquez sur (Légende) pour créer une nouvelle légende.
3. Appelez-la **Élévations de fenêtre** et réglez l'*Échelle* sur **1:50**.

4. Dans l'onglet *Annoter*>groupe de fonctions Détail, déroulez (Composant) et cliquez sur (Composant de légende).

5. Dans la Barre des options, réglez *Famille* sur **Fenêtres: M_Châssis 3 x 3 avec cadre: 1220 x 1200mm** et *Vue* sur **Élévation: avant**. Placez le composant dans la vue. La fenêtre s'affiche, comme illustré en Figure 14–64.

6. Dans l'onglet *Annoter*>groupe de fonctions Texte, cliquez sur A (Texte).

7. Dans le Sélecteur de type, sélectionnez **Text: Arial Étroit 3 mm** et ajoutez le numéro de fenêtre 13 sous la fenêtre, comme illustré en Figure 14–64.

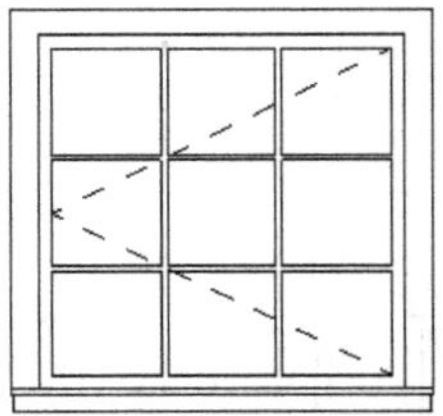

Figure 14–64

8. Créez une autre légende. Appelez-la **Élévations de porte** et réglez l'*Échelle* sur **1:50**.

9. Dans la légende, cliquez sur (Composant de légende) et ajoutez les élévations des portes utilisées dans le projet.

10. Étiquetez les portes, comme illustré en Figure 14–65.

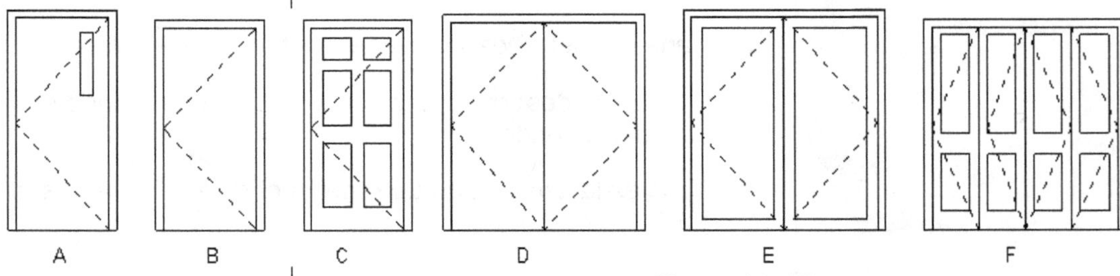

Figure 14–65

11. Enregistrez le projet.

Questions de révision

1. Lorsqu'un mur est déplacé (voir Figure 14–66), comment mettez-vous la cote à jour ?

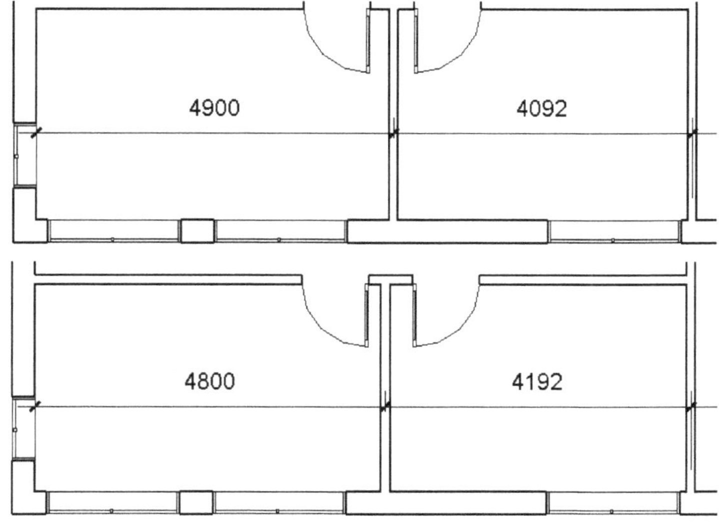

Figure 14–66

   a. En modifiant la cote et en la déplaçant.

   b. En sélectionnant la cote et en cliquant sur **Mettre à jour** dans la Barre des options.

   c. La cote est automatiquement mise à jour.

   d. En supprimant la cote existante et en ajoutant une nouvelle.

2. Comment créez-vous de nouveaux styles de texte ?

   a. En utilisant la commande **Styles de texte**.

   b. En dupliquant un type existant.

   c. Ils doivent être inclus dans un gabarit.

   d. En utilisant la commande **Styles de format**.

3. Lorsque vous modifiez du texte, combien de repères peuvent être ajoutés à l'aide des outils de repère illustrés en Figure 14–67 ?

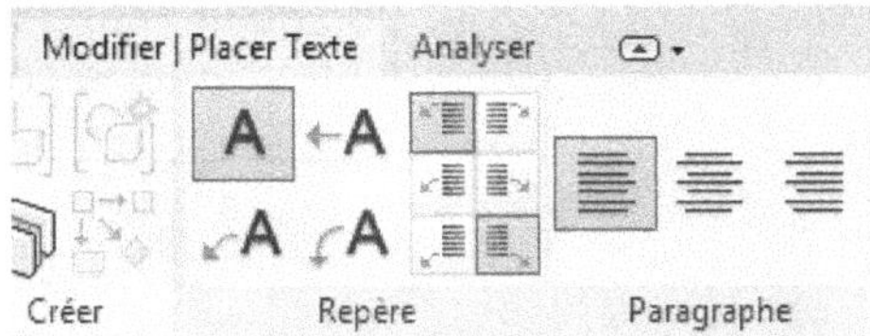

Figure 14–67

   a. Un
   b. Un sur chaque fin de texte.
   c. Autant que vous voulez à chaque fin de texte.

4. Les lignes de détail créées dans une vue s'affichent également dans la vue connexe.
   a. Vrai
   b. Faux

5. Laquelle de ces définitions décrit la différence entre un symbole et un composant ?
   a. Les symboles sont en 3D et ne s'affichent que dans une vue. Les composants sont en 2D et s'affichent dans de nombreuses vues.
   b. Les symboles sont en 2D et ne s'affichent que dans une vue. Les composants sont en 3D et s'affichent dans de nombreuses vues.
   c. Les symboles sont en 2D et s'affichent dans de nombreuses vues. Les composants sont en 3D et ne s'affichent que dans une vue.
   d. Les symboles sont en 3D et s'affichent dans de nombreuses vues. Les composants sont en 2D et ne s'affichent que dans une vue.

6. Lors de la création d'une légende, lesquels des éléments suivants ne peuvent pas être ajoutés ?
   a. Composants de légende
   b. Etiquettes
   c. Pièces
   d. Symboles

Récapitulatif des commandes

Bouton	Commande	Emplacement
Cotes et texte		
	Aligné (Cote)	• **Ruban :** Onglet *Annoter*>groupe de fonctions Cote ou onglet *Modifier*> groupe de fonctions Mesurer, déroulez la liste déroulante • **Barre d'outils d'accès rapide** • **Raccourci :** DI
	Angulaire (Cote)	• **Ruban :** Onglet *Annoter*>groupe de fonctions Cote ou onglet *Modifier*> groupe de fonctions Mesurer, déroulez la liste déroulante
	Diamètre (Cote)	• **Ruban :** Onglet *Annoter*>groupe de fonctions Cote ou onglet *Modifier*> groupe de fonctions Mesurer, déroulez la liste déroulante
	Longueur d'arc (Cote)	• **Ruban :** Onglet *Annoter*>groupe de fonctions Cote ou onglet *Modifier*> groupe de fonctions Mesurer, déroulez la liste déroulante
	Linéaire (Cote)	• **Ruban :** Onglet *Annoter*>groupe de fonctions Cote ou onglet *Modifier*> groupe de fonctions Mesurer, déroulez la liste déroulante
	Radiale (Cote)	• **Ruban :** Onglet *Annoter*>groupe de fonctions Cote ou onglet *Modifier*> groupe de fonctions Mesurer, déroulez la liste déroulante
A	**Texte**	• **Ruban :** Onglet *Annoter*>groupe de fonctions Texte • **Raccourci :** TX
Lignes de détail et symboles		
	Ligne de détail	• **Ruban :** Onglet *Annoter*>groupe de fonctions Détail • **Raccourci :** DL
	Symbole	• **Ruban :** Onglet *Annoter*>groupe de fonctions Symbole
	Trajectoire de l'escalier	• **Ruban :** Onglet *Annoter*>groupe de fonctions Symbole
Légendes		
	Composant de légende	• **Ruban :** Onglet *Annoter*>groupe de fonctions Détail, déroulez Composant
	Légende	• **Ruban :** Onglet *Vue*>groupe de fonctions Créer, déroulez Légendes

Chapitre

15

Ajouts d'étiquettes et de nomenclatures

L'ajout d'étiquettes à vos vues vous permet d'identifier des éléments comme des portes, des fenêtres ou des pièces dans le modèle. Les étiquettes sont, en règle générale, ajoutées lorsque vous insérez un élément, mais elles peuvent également être ajoutées à n'importe quel moment du processus de conception. Les informations capturées dans les éléments d'un projet sont utilisées pour renseigner les nomenclatures qui peuvent être ajoutées aux feuilles afin de compléter la documentation du projet.

Objectifs d'apprentissage de ce chapitre

- Ajouter des étiquettes aux éléments figurant dans les vues 2D et 3D pour préparer les vues devant être insérées sur des feuilles.
- Charger les étiquettes nécessaires aux projets.
- Ajouter des éléments de pièce et des étiquettes indiquant des informations de finition, le nom et le numéro de pièce.
- Modifier le contenu de la nomenclature, y compris les propriétés d'occurrence et de type des éléments associés.
- Ajouter des nomenclatures à des feuilles qui font partie de la documentation du projet

15.1 Ajout d'étiquettes

Les étiquettes identifient les éléments qui sont répertoriés dans les nomenclatures. Les étiquettes de porte et de fenêtre sont insérées automatiquement si vous utilisez l'option **Etiquette à l'insertion** lors de l'insertion de la porte ou de la fenêtre ou d'autres éléments. Le cas échéant, vous pouvez également les ajouter ultérieurement à des vues spécifiques. Le logiciel Autodesk® Revit® comprend de nombreux autres types d'étiquettes, notamment des étiquettes de mur et des étiquettes de mobilier, comme illustré en Figure 15–1.

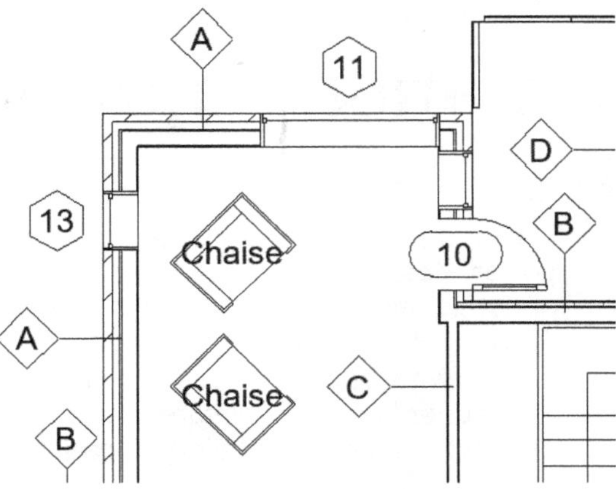

Figure 15–1

- La commande **Etiquette par catégorie** s'applique à la majorité des éléments à l'exception de quelques-uns qui ont une commande séparée.

- Les étiquettes peuvent être des lettres, des numéros ou une combinaison des deux.

Vous pouvez placer trois types d'étiquettes comme indiqué ci-dessous :

- (Etiquette par catégorie) : Etiquette selon la catégorie de l'élément. Cette option place les étiquettes de porte sur les portes et les étiquettes de mur sur les murs.

- (Etiquette multicatégorie) : Etiquette des éléments appartenant à plusieurs catégories. Les étiquettes indiquent des informations issues de paramètres qu'elles ont en commun.

- (Etiquette de matériau) : Etiquettes affichant le type de matériau. Elles sont en règle générale utilisées dans la description détaillée.

Instructions pratiques : Ajouter des étiquettes

1. Dans l'onglet *Annoter*>groupe de fonctions Etiquette, cliquez sur (Etiquette par catégorie), (Etiquette multicatégorie) ou (Etiquette de matériau) en fonction du type d'étiquette que vous souhaitez placer.
2. Dans la barre d'options, définissez les options nécessaires, comme illustré en Figure 15–2.

Modifier | Etiquette | Horizontal | Etiquettes... | Repère | Extrémité attachée | 1.5 mm

Figure 15–2

3. Sélectionnez l'élément que vous souhaitez étiqueter. Si l'étiquette pour l'élément sélectionné n'a pas été chargée, vous êtes invité(e) à la charger à partir de la bibliothèque.

Options d'étiquetage

- Vous pouvez définir les options d'étiquetage des repères et la rotation des étiquettes, comme illustré en Figure 15–3. Vous pouvez également appuyer sur la <barre d'espacement> pour permuter l'orientation lors de l'insertion ou de la modification de l'étiquette.

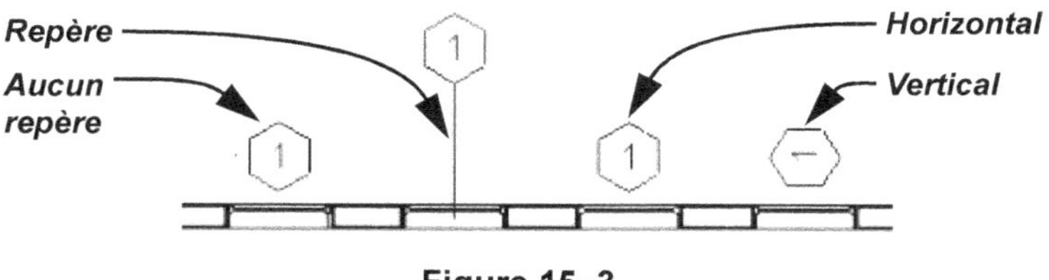

Figure 15–3

- Les repères peuvent avoir une **Extrémité attachée** ou une **Extrémité libre**, comme illustré en Figure 15–4. L'extrémité attachée doit être reliée à l'élément en cours d'étiquetage. Les extrémités libres possèdent une commande de glissement supplémentaire lorsque le repère touche l'élément.

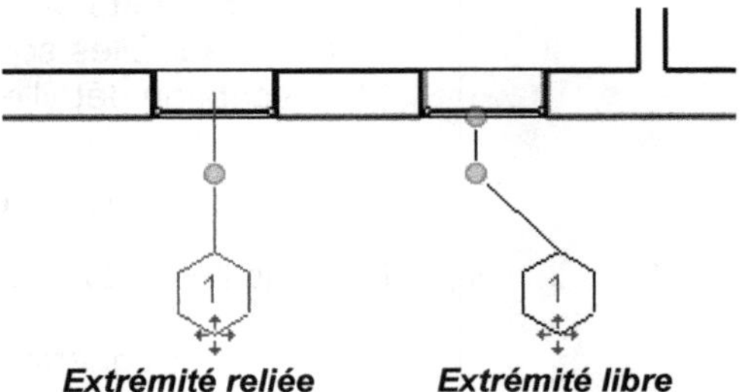

Figure 15–4

- Si vous passez de l'option **Extrémité attachée** à l'option **Extrémité libre**, l'étiquette ne se déplace pas et le repère ne change pas d'emplacement.
- L'option **Longueur** spécifie la longueur du repère dans les unités de tracé. Elle est grisée si le **Repère** n'est pas sélectionné ou si un repère à **Extrémité libre** est défini.
- Si aucune étiquette n'a été chargée, une fenêtre d'avertissement s'ouvre, comme illustré en Figure 15–5. Cliquez sur **Oui** pour ouvrir la boîte de dialogue Charger la famille dans laquelle vous pouvez sélectionner l'étiquette appropriée.

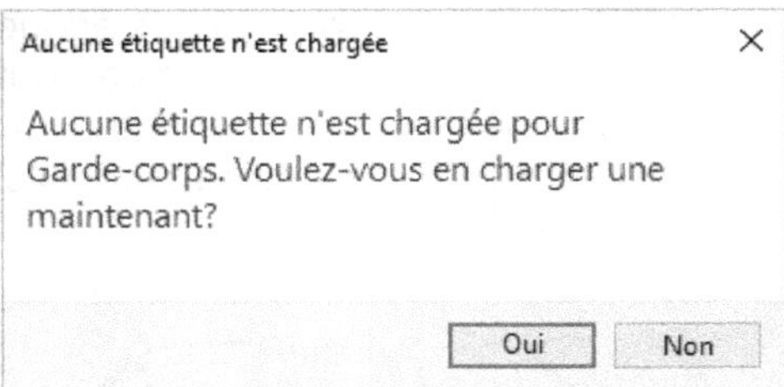

Figure 15–5

- Les étiquettes peuvent être verrouillées pour rester en place si vous déplacez l'élément étiqueté. Cette option est principalement utilisée lorsque des étiquettes ont des repères, comme illustré en Figure 15–6.

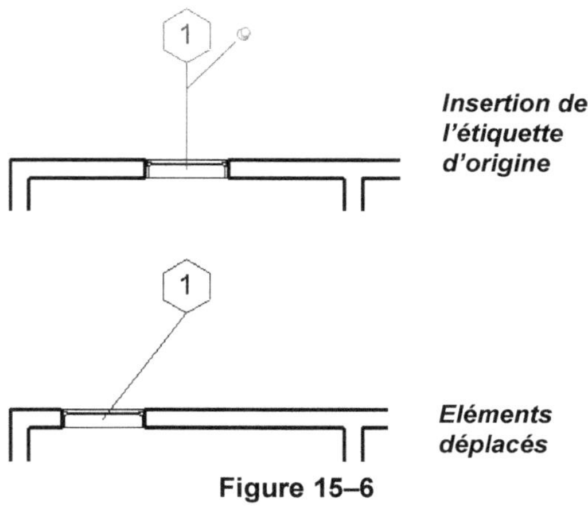

Figure 15–6

Instructions pratiques : Ajouter plusieurs étiquettes

1. Dans l'onglet *Annoter*>groupe de fonctions Etiquette, cliquez sur (Tout étiqueter).
2. Dans la boîte de dialogue Etiqueter tous les éléments sans étiquette (illustrée en Figure 15–7), sélectionnez la case à cocher à côté d'une ou de plusieurs catégories à étiqueter. Le fait de cocher la case située en regard du titre Catégorie sélectionne toutes les étiquettes.

Pour étiqueter uniquement certains éléments, sélectionnez-les avant de lancer cette commande. Dans la boîte de dialogue Etiqueter tous les éléments sans étiquette, sélectionnez l'option ***Uniquement les éléments sélectionnés dans la vue en cours****.*

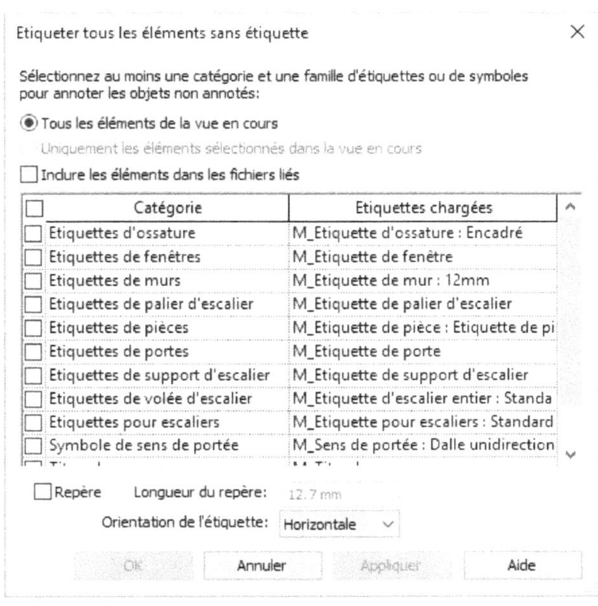

Figure 15–7

3. Définissez le *Repère* et l'*Orientation de l'étiquette*, selon les besoins.
4. Cliquez sur **Appliquer** pour appliquer les étiquettes et rester dans la boîte de dialogue. Cliquez sur **OK** pour appliquer les étiquettes et fermer la boîte de dialogue.

- Lorsque vous sélectionnez une étiquette, les propriétés de cette étiquette s'affichent. Pour afficher les propriétés de l'élément étiqueté, dans l'onglet *Modifier* | *<contextuel>*>groupe de fonctions Hôte, cliquez sur (Sélectionner un hôte).

Instructions pratiques : Charger des étiquettes

1. Dans l'onglet *Annoter*, déroulez le groupe de fonctions Etiquette puis cliquez sur (Etiquettes et symboles chargés) ou, lorsqu'une commande Etiquette est active, dans la Barre des options, cliquez sur **Etiquettes...**
2. Dans la boîte de dialogue Etiquettes et symboles chargés (voir Figure 15–8), cliquez sur **Charger la famille...**

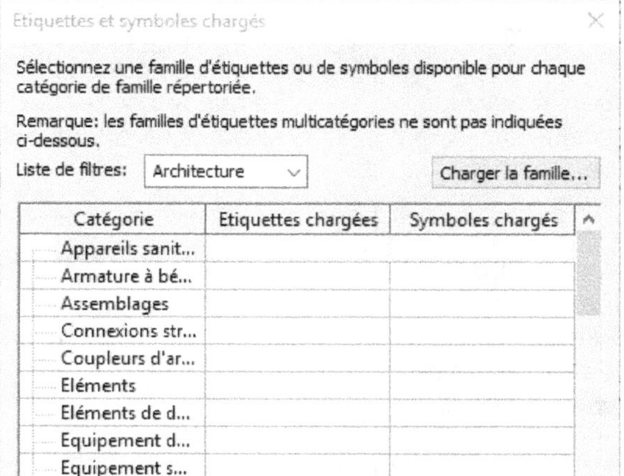

Figure 15–8

3. Dans la boîte de dialogue Charger la famille, accédez au dossier *Annotations* approprié, sélectionnez la ou les étiquette(s) requise(s) puis cliquez sur **Ouvrir**.
4. L'étiquette est ajoutée à la catégorie dans la boîte de dialogue. Cliquez sur **OK**.

Etiquettes basées sur l'Occurrence par rapport à Type

Les portes sont étiquetées selon une séquence numérotée, chaque occurrence de porte possédant son propre numéro d'étiquette. D'autres éléments (comme les fenêtres et les murs) sont étiquetés par type, comme illustré en Figure 15–9. La modification des informations dans une seule étiquette modifie toute les occurrences de cet élément.

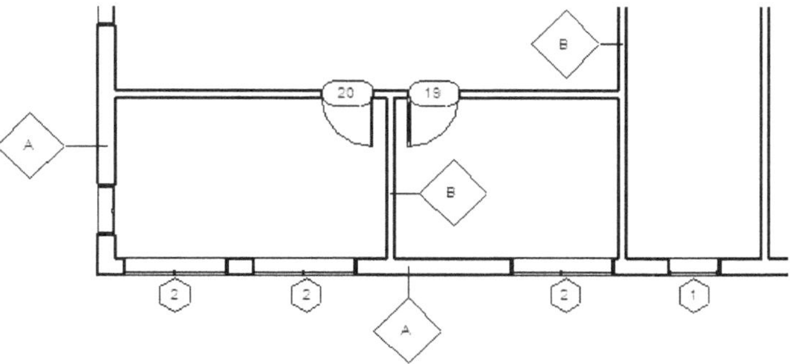

Figure 15–9

- Pour modifier le numéro d'une étiquette d'occurrence (comme une porte ou une pièce), double-cliquez directement sur le numéro de l'étiquette puis modifiez-le. Vous pouvez également modifier la propriété *Marque*, comme illustré en Figure 15–10. Seule cette occurrence est mise à jour.

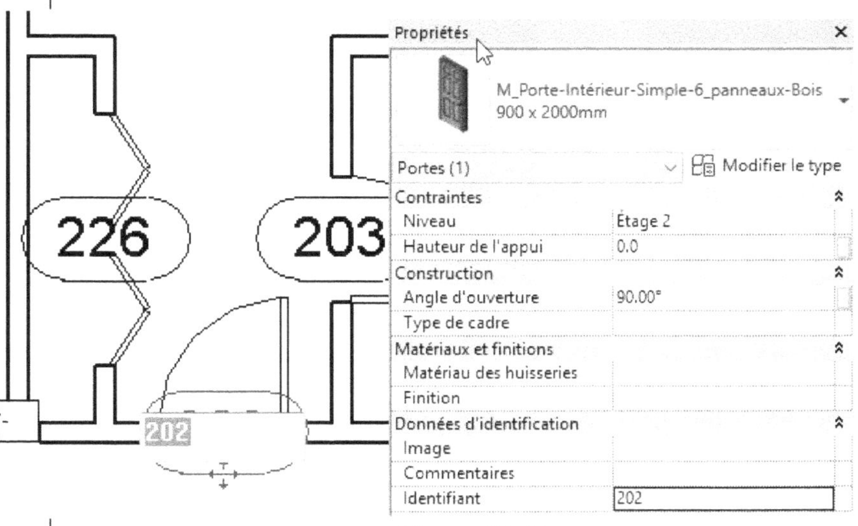

Figure 15–10

- Pour modifier le numéro d'une étiquette de type, vous pouvez double-cliquer directement sur le numéro de l'étiquette et le modifier ou sélectionner l'élément et, dans Propriétés, cliquer sur (Modifier le type). Dans la boîte de dialogue Propriétés du type, dans la zone *Données d'identification*, modifiez la *Marque de type*, comme illustré en Figure 15–11. Toutes les occurrences de cet élément sont ensuite actualisées.

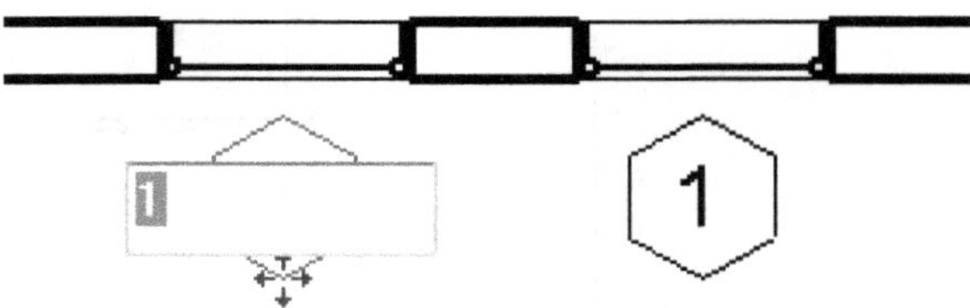

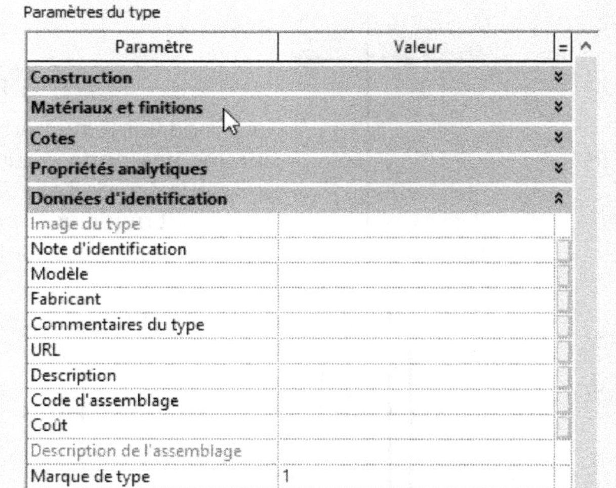

Figure 15–11

- Lorsque vous modifiez une étiquette de type, une fenêtre d'alerte s'ouvre pour vous signaler que la modification d'un paramètre de type a une incidence sur d'autres éléments. Si vous voulez que cette étiquette modifie tous les éléments de ce type, cliquez sur **Oui**.

- Si une étiquette de type s'affiche avec un point d'interrogation, cela signifie qu'aucune Marque de type n'a encore été assignée.

Etiquetage des vues 3D

Vous pouvez ajouter des étiquettes (et des cotes) aux vues 3D, comme illustré en Figure 15–12, à condition que les vues soient d'abord verrouillées. Vous pouvez uniquement ajouter des étiquettes à des vues isométriques.

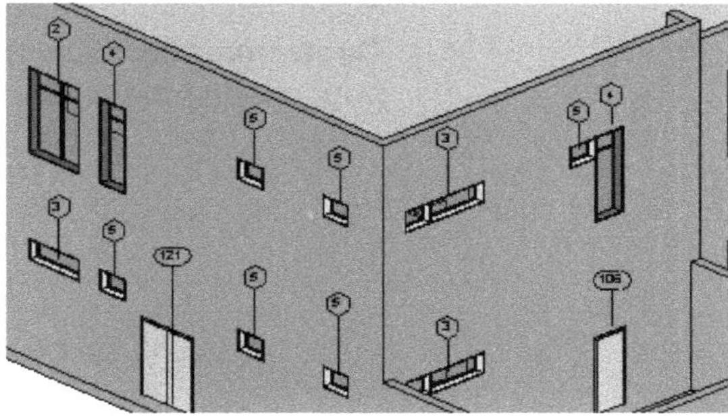

Figure 15–12

- Des vues verrouillées peuvent être utilisées avec des vues en perspective. Ceci vous permet de créer la vue telle que vous la voulez et d'empêcher sa modification.

Instructions pratiques : Verrouiller une vue 3D

1. Ouvrez une vue 3D et configurez-la telle que vous voulez l'afficher.
2. Dans la barre de contrôle Vue, déroulez (Vue 3D déverrouillée) puis cliquez sur (Enregistrer l'orientation et verrouiller la vue).

- Si vous êtes en train d'utiliser la vue 3D par défaut et qu'elle n'a pas été enregistrée, vous êtes invité(e) à d'abord nommer et enregistrer la vue.
- Vous pouvez modifier l'orientation de la vue, déroulez (Vue 3D verrouillée) puis cliquez sur (Déverrouiller la vue). Ceci supprime également les étiquettes que vous avez appliquées.
- Pour revenir à la vue verrouillée précédente, déroulez (Vue 3D déverrouillée) puis cliquez sur (Rétablir l'orientation et verrouiller la vue).

Conseil : Etiquettes d'escalier et de garde-corps

L'option **Etiquette par catégorie** peut être utilisée pour étiqueter l'escalier complet, des volées d'escalier, des paliers et des garde-corps, comme illustré en Figure 15–13. Un type d'étiquette supplémentaire, **Numéro de marche/ Contremarche d'escalier**, crée une séquence de numéros pour chaque marche ou contremarche.

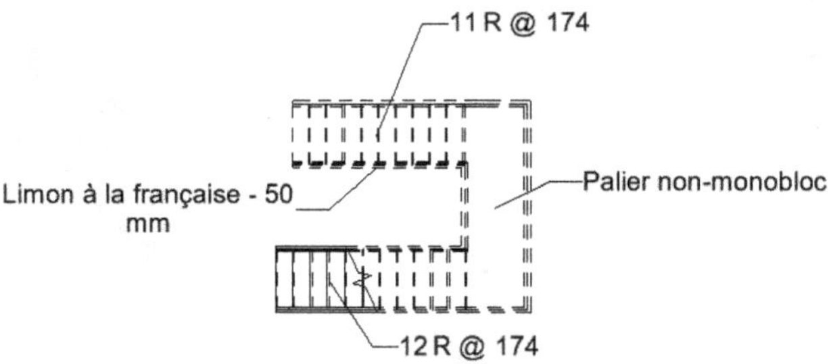

Figure 15–13

Instructions pratiques : Ajouter des étiquettes de numéro de marche/contremarche à un escalier

1. Ouvrez une vue en plan, en élévation ou en coupe.
2. Dans l'onglet *Annoter*>groupe de fonctions Etiquette, cliquez sur (Numéro de marche/contremarche d'escalier).
3. Dans Propriétés, configurez les paramètres *Type d'étiquette*, *Afficher la règle* et d'autres paramètres. Ces paramètres restent actifs pendant tout le projet.
4. Sélectionnez une ligne de référence d'un escalier pour placer les numéros, comme illustré en Figure 15–14.

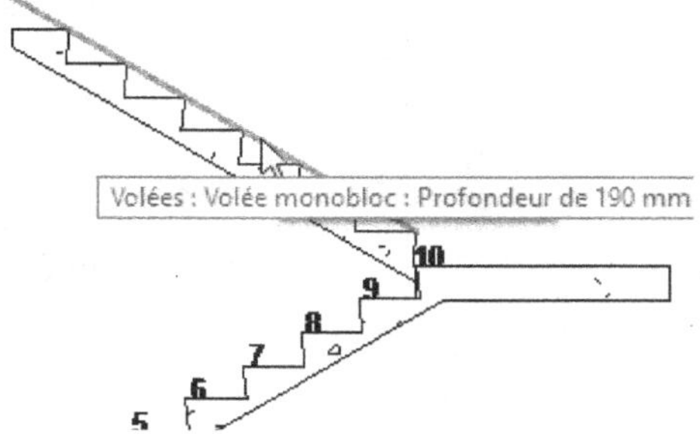

Figure 15–14

5. Continuez à sélectionner les volées selon les besoins.

Exercice 15a Ajouter des étiquettes

Objectifs de l'exercice

- Ajouter des étiquettes à un modèle.
- Utiliser la boîte de dialogue Etiqueter pour étiqueter tous les éléments sans étiquette.
- Définir le paramètre Marque de type pour les étiquettes.

Durée estimée : 10 minutes

Au cours de cet exercice, vous ajouterez des étiquettes de mur au plan d'étage et modifierez les numéros de Marque de type des murs. Vous étiquetterez également tous les murs à l'aide de la boîte de dialogue Etiqueter tous les éléments sans étiquette, comme illustré en Figure 15–15.

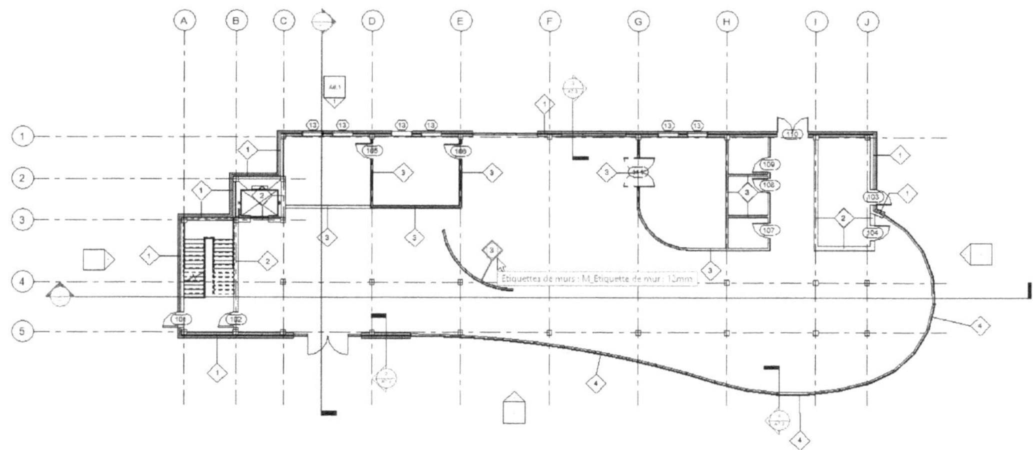

Figure 15–15

Tâche 1 - Ajouter des étiquettes à un plan d'étage.

1. Ouvrez le projet **Hôtel-Moderne-Etiquettes.rvt**.
2. Ouvrez la vue **Plan d'étage : Étage 1**, zoomez sur la zone de l'ascenseur et de l'escalier près du côté gauche du bâtiment.
3. Dans l'onglet *Annoter*>groupe de fonctions Etiquette, cliquez sur (Etiquette par catégorie). Dans la Barre des options, sélectionnez **Repère** puis vérifiez que l'option **Extrémité attachée** est sélectionnée.

4. Sélectionnez le mur extérieur, comme illustré en Figure 15–16.

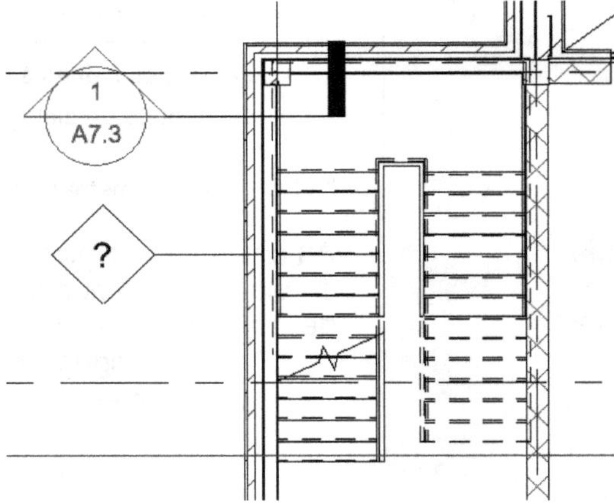

Figure 15–16

5. L'étiquette apparaît avec un point d'interrogation car le mur n'a pas encore de *Marque de type* définie. Cliquez sur le **?** dans l'étiquette puis modifiez le numéro d'étiquette à **1** et appuyez sur <Entrée>.

6. Lors de l'apparition de l'alerte vous indiquant que vous modifiez un paramètre de type, cliquez sur **Oui** pour continuer.

7. Vous êtes toujours dans la commande **Etiquette**. Ajoutez une étiquette à un autre mur extérieur. Cette fois, le numéro d'étiquette 1 apparaît automatiquement puisqu'il s'agit du même type de mur que le premier.

8. Cliquez sur (Modifier).

9. Sélectionnez le mur de maçonnerie séparant les escaliers dans l'entrée.

10. Dans Propriétés, cliquez sur (Modifier le type).

11. Dans la boîte de dialogue Propriétés du type, dans la zone *Données d'identification*, définissez la *Marque de type* à **2**, comme illustré en Figure 15–17. Cliquez sur **OK**.

Paramètres du type

Paramètre	Valeur
Construction	
Graphismes	
Matériaux et finitions	
Propriétés analytiques	
Données d'identification	
Image du type	
Note d'identification	
Modèle	
Fabricant	
Commentaires du type	
URL	
Description	
Description de l'assemblage	
Code d'assemblage	
Marque de type	2
Protection contre l'incendie	
Coût	

Figure 15–17

12. Sélectionnez l'une des parois intérieures et définissez la *Marque de type* à **3**.

13. Utilisez (Etiquette par catégorie) pour étiqueter chacun des types de mur. La Marque de type s'affiche telle qu'elle est définie dans les Propriétés du type.

14. Effectuez un zoom arrière pour afficher le plan d'étage complet.

15. Enregistrez le projet.

Tâche 2 - Etiqueter tous les autres murs et modifier les emplacements des étiquettes.

1. Dans l'onglet *Annoter*>groupe de fonctions Etiquette, cliquez sur (Tout étiqueter).

2. Dans la boîte de dialogue Etiqueter tous les éléments sans étiquette, sélectionnez l'option **Etiquettes de mur** puis sélectionnez **Repère**, comme illustré en Figure 15–18.

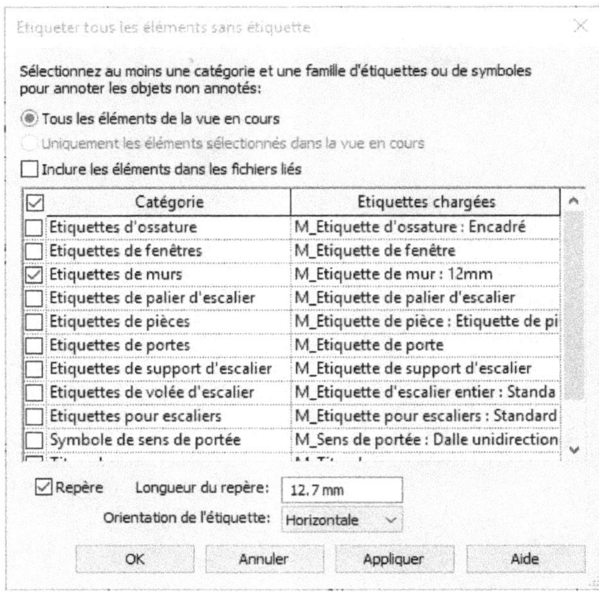

Figure 15–18

3. Cliquez sur **OK** pour ajouter des étiquettes de mur aux emplacements où ces dernières n'ont pas encore été ajoutées.

4. De nombreuses étiquettes se superposent sur d'autres objets d'annotation. Utilisez les commandes pour placer les étiquettes et/ou les repères sur un emplacement plus visible, comme illustré en Figure 15–19.

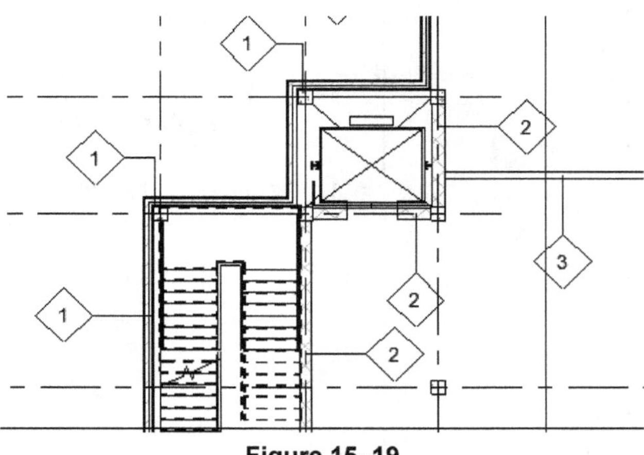

Figure 15–19

- Actualisez l'étiquette correspondant au mur-rideau principal en inscrivant **4** pour le numéro de type.
- Si vous voulez avoir une seule étiquette orientée vers deux murs différents, placez l'étiquette par-dessus une autre étiquette jusqu'à ce qu'elles se superposent, comme illustré en Figure 15–20. Modifiez ensuite le repère si nécessaire.

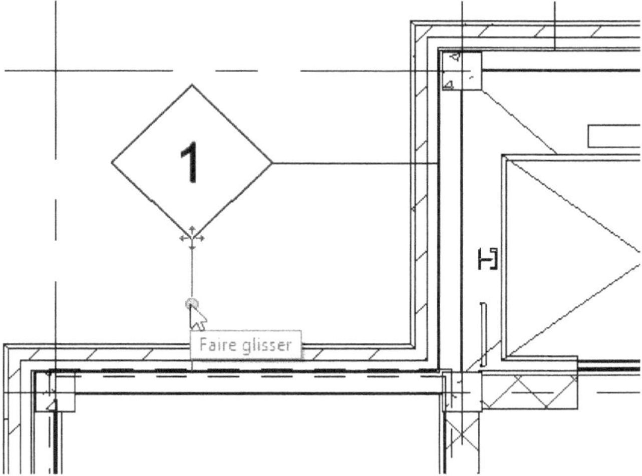

Figure 15–20

- Supprimez les étiquettes de mur qui identifient les murs-rideaux (encastrés) de la vitrine, le long de l'arrière du bâtiment et au niveau de l'entrée.
- Supprimez toutes les autres étiquettes de mur inutiles pour aisément annoter le plan d'étage.

5. Enregistrez le projet.

15.2 Ajout de pièces et d'étiquettes de pièce

Les étiquettes de pièce sont un type d'étiquette spécial associé à des éléments de pièce. Les éléments de pièce sont importants pour les noms et les numéros de pièce ainsi que pour l'ajout d'informations de pièce aux nomenclatures. Vous pouvez placer un élément de pièce dans n'importe quel espace délimité par des murs, comme illustré en Figure 15–21, ou par des lignes de séparation de pièces. Les lignes de séparation de pièce vous permettent de diviser un espace ouvert en plusieurs pièces.

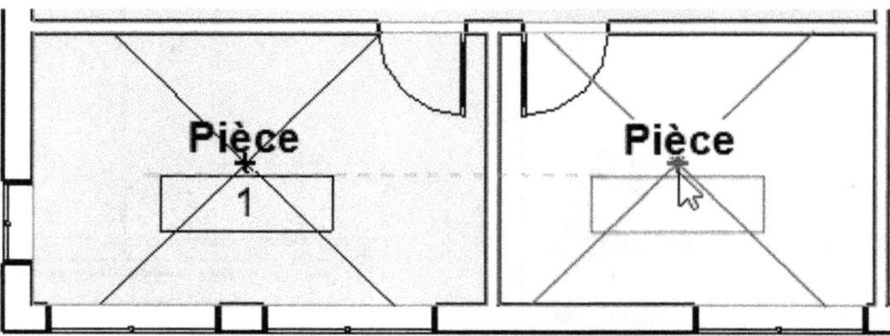

Figure 15–21

- Les pièces sont activées, mais ne sont pas visibles dans la majorité des vues. Pour afficher les pièces, dans la boîte de dialogue Remplacements visibilité/graphisme, déroulez **Pièces** et sélectionnez *Remplissage intérieur* et/ou *Référence*, comme illustré en Figure 15–22.

Le remplissage couleur est utilisé lorsqu'un jeu de couleurs est appliqué à une vue.

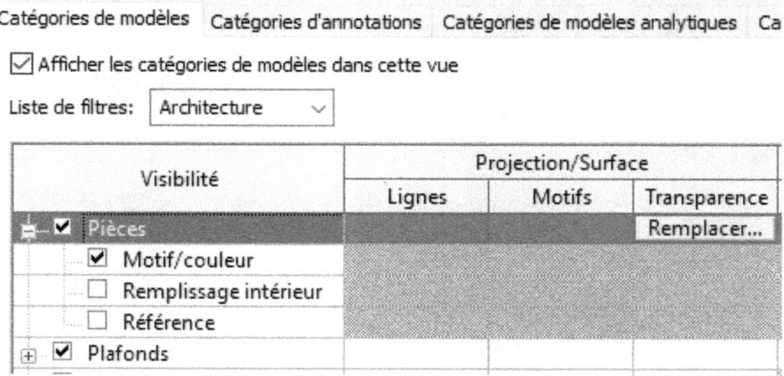

Figure 15–22

- Si ces deux options sont vides (non activées) et que les pièces sont activées, vous pouvez sélectionner des pièces en passant le curseur dessus.

Instructions pratiques : Ajouter des pièces

1. Dans l'onglet *Architecture*>groupe de fonctions Pièce et surface, cliquez sur (Pièce) ou saisissez **RM**.
2. Placez le curseur à l'intérieur d'un périmètre et cliquez pour placer un élément de pièce. Si l'option **Etiquette à l'insertion** est activée, cela place également l'étiquette au niveau du point que vous avez sélectionné.
3. Continuez à cliquer à l'intérieur des limites pour ajouter d'autres pièces.

- Pour ajouter plusieurs pièces à la fois, dans l'onglet *Modifier | Placer une pièce*>groupe de fonctions Pièce, cliquez sur (Placer des pièces automatiquement). Les pièces sont ajoutées dans chaque zone délimitée qui n'a pas encore de pièce.

- Les numéros augmentent automatiquement au fur et à mesure que vous placez des pièces. Sélectionnez la première pièce d'un étage, modifiez le numéro au besoin, puis ajoutez les autres emplacements de pièce.

Instructions pratiques : Ajouter des lignes de séparation de pièces

1. Dans l'onglet *Architecture*>groupe de fonctions Pièce et surface, cliquez sur (Séparateur de pièces).
2. Utilisez les outils de Dessin pour placer des lignes qui divisent les espaces.
3. Une fois que vous avez créé les lignes de séparation de pièces, utilisez la commande **Pièce** pour ajouter les pièces, comme illustré en Figure 15–23.

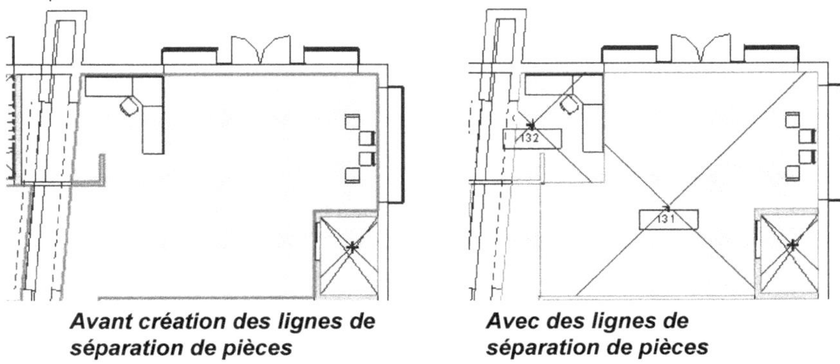

Avant création des lignes de séparation de pièces ***Avec des lignes de séparation de pièces***

Figure 15–23

Etiquettes de pièce

Si vous n'avez pas ajouté d'étiquettes aux pièces lors de leur création ou si vous voulez ajouter des étiquettes à une autre vue, vous devez utiliser une commande spécifique. Dans l'onglet *Architecture*>groupe de fonctions Pièce et surface, cliquez sur (Etiqueter une pièce) ou saisissez **RT**. Vous pouvez également utiliser (Etiqueter tous les éléments sans étiquette).

- Les étiquettes sont insérées avec le nom de *Pièce* par défaut. Vous pouvez modifier le nom ou le numéro en cliquant sur le texte de l'étiquette afin de le modifier, comme illustré en Figure 15–24.

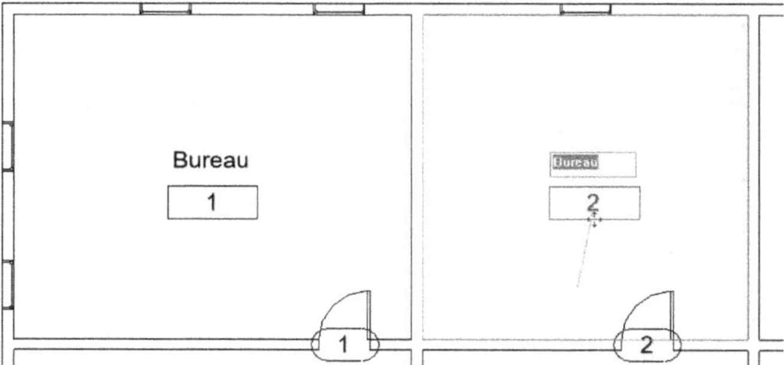

Figure 15–24

- Pour donner le même nom à plusieurs étiquettes de pièces, sélectionnez les éléments de pièce et, dans Propriétés, modifiez le paramètre *Nom*, comme illustré en Figure 15–25.

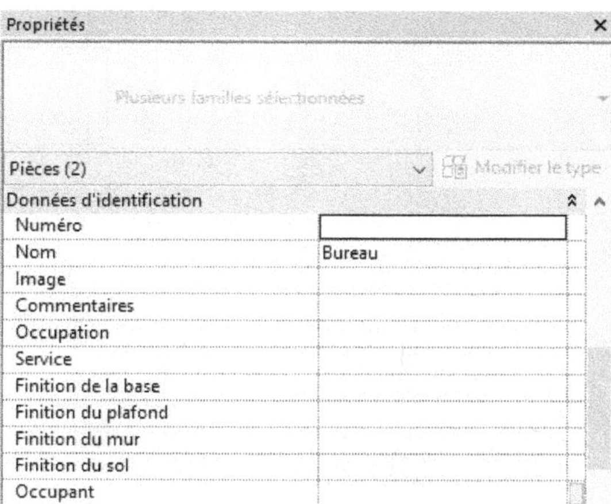

Figure 15–25

- D'autres informations comme des finitions peuvent également être ajoutées aux propriétés des pièces. Ces informations seront disponibles pour les nomenclatures.

Conseil : Personnaliser les paramètres du double clic

Lorsque vous modifiez des informations dans une étiquette, le fait de double-cliquer sur l'étiquette peut permettre d'ouvrir la famille d'étiquettes. Pour modifier ce comportement :

1. Déroulez l'onglet *Fichier* puis cliquez sur **Options**.
2. Dans la boîte de dialogue Options, sélectionnez le volet *Interface utilisateur*.
3. Dans la zone *Configurer*, à côté d'*Options de double clic :*, cliquez sur **Personnaliser...**
4. Dans la boîte de dialogue Personnaliser les paramètres du double clic, modifiez l'option *Options de double clic :* pour le *Type d'élément : Famille* afin de **Ne rien faire**, comme illustré en Figure 15–26.

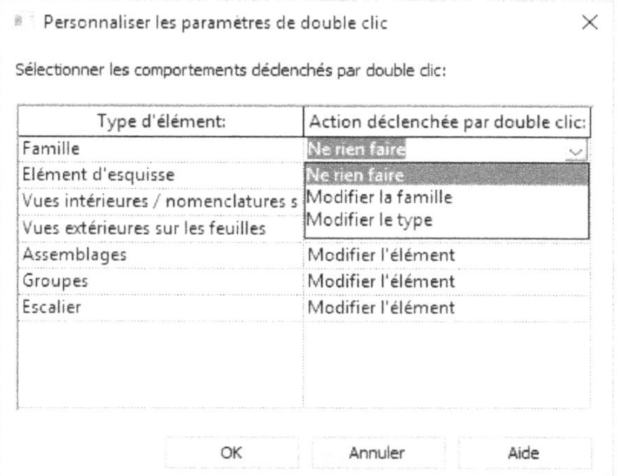

Figure 15–26

5. Cliquez deux fois sur **OK** pour fermer les boîtes de dialogue.

Exercice 15b Ajouter des pièces et des étiquettes de pièce

Durée estimée : 10 minutes

Objectifs de l'exercice

- Configurer une vue qui affiche les pièces.
- Ajouter des pièces et des lignes de séparation de pièces.
- Ajouter des étiquettes de pièce.

Au cours de cet exercice, vous configurerez une vue affichant des pièces et ajouterez des pièces au modèle. Vous modifierez ensuite les noms et numéros des pièces à l'aide d'étiquettes et de Propriétés puis vous ajouterez des lignes de séparation de pièces pour diviser les grandes zones ouvertes, comme illustré en Figure 15–27. Vous ajouterez également des étiquettes de pièce à une vue sur laquelle les éléments de pièce ne sont pas affichés.

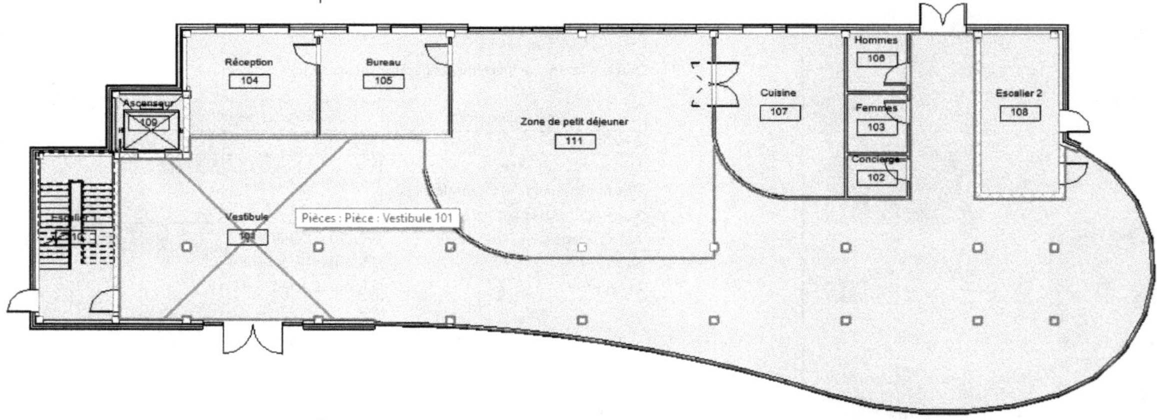

Figure 15–27

Tâche 1 - Configurer une vue qui affiche les pièces.

1. Ouvrez le projet **Hôtel-Moderne-Pièces.rvt**.
2. Dans l'Arborescence du projet, faites un clic droit sur la vue **Plan d'étage : Étage 1** puis sélectionnez **Dupliquer la vue>Dupliquer**.
3. Renommez la nouvelle vue comme suit : **Étage 1 - Pièces**.

4. Masquez les lignes de quadrillage et tous les marqueurs d'élévation et de coupe.

5. Ouvrez la boîte de dialogue Remplacements visibilité/graphisme. Dans l'onglet *Catégories de modèle*, déroulez **Pièces** puis sélectionnez **Remplissage intérieur**, comme illustré en Figure 15–28.

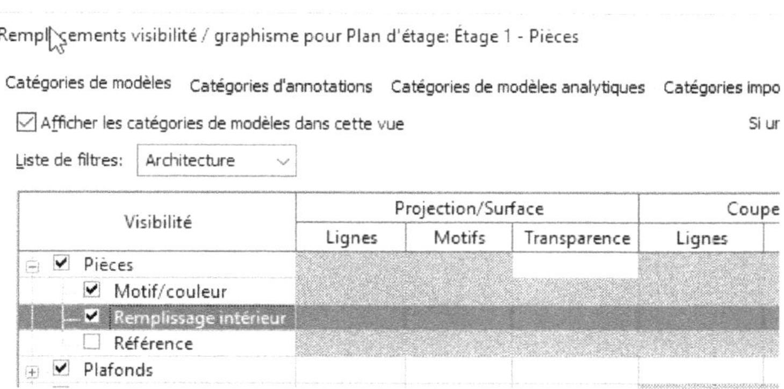

Figure 15–28

6. Rien ne s'affiche dans la vue puisqu'il n'y a pas de pièce dans le projet.

7. Enregistrez le projet.

Tâche 2 - Ajouter des pièces et des étiquettes de pièce.

1. Dans l'onglet *Architecture*>groupe de fonctions Pièce et surface, cliquez sur (Pièce).

2. Dans l'onglet *Modifier | Placer pièce*>groupe de fonctions Etiquette, vérifiez que l'option (Etiquette à l'insertion) est sélectionnée.

3. Placez un élément de pièce à l'intérieur de la zone de l'entrée.

4. Zoomez sur l'étiquette de la pièce.

5. Cliquez sur **Modifier**. Cliquez sur l'étiquette et modifiez le nom et le numéro de la pièce sur **Vestibule** et **101**, comme illustré en Figure 15–29. Cliquez sur un espace vide pour mettre fin à la commande.

La modification de ce premier numéro de pièce garantit l'incrémentation correcte des autres numéros.

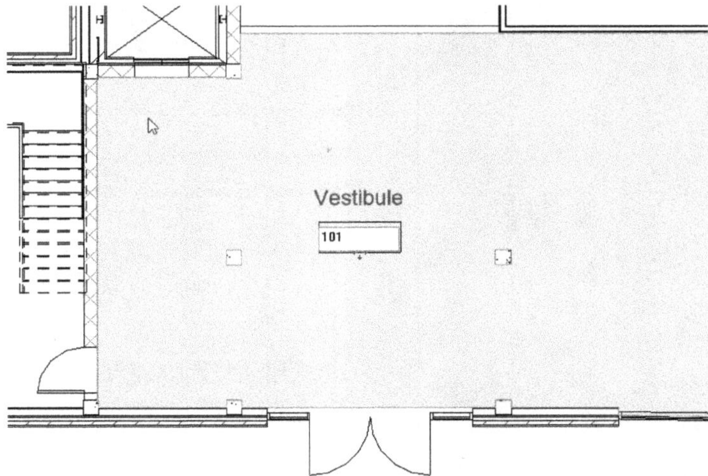

Figure 15–29

6. Effectuez un zoom arrière puis lancez à nouveau la commande **Pièce**.

7. Dans l'onglet *Modifier | Placer une pièce*>groupe de fonctions Pièce, cliquez sur (Placer des pièces automatiquement). Les pièces restantes sont ajoutées au modèle, comme illustré en Figure 15–30. Cliquez sur **Fermer** dans la boîte de dialogue.

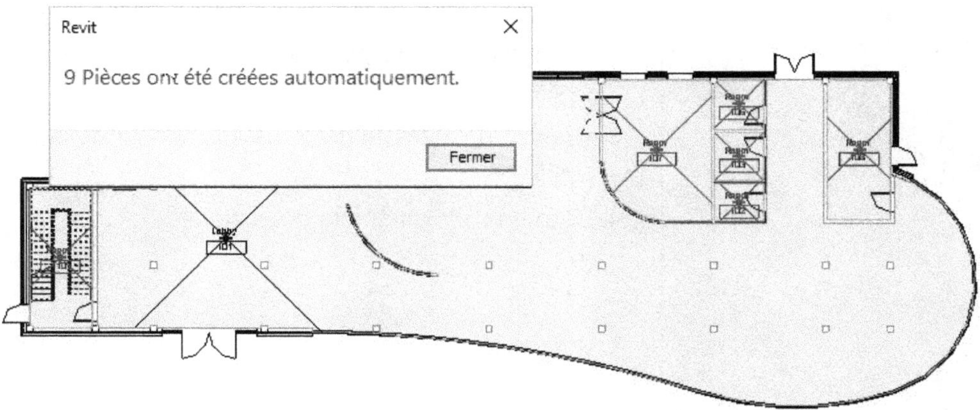

Figure 15–30

8. Sélectionnez la pièce (et non l'étiquette) opposée à l'entrée de l'hôtel.

9. Dans Propriétés, dans la zone *Données d'identification*, notez que le *Numéro* est incrémenté automatiquement. Définissez le *Nom* à **Réception** (voir Figure 15–31) puis cliquez sur **Appliquer**.

Votre numéro de pièce peut être différent de celui indiqué dans cet exemple.

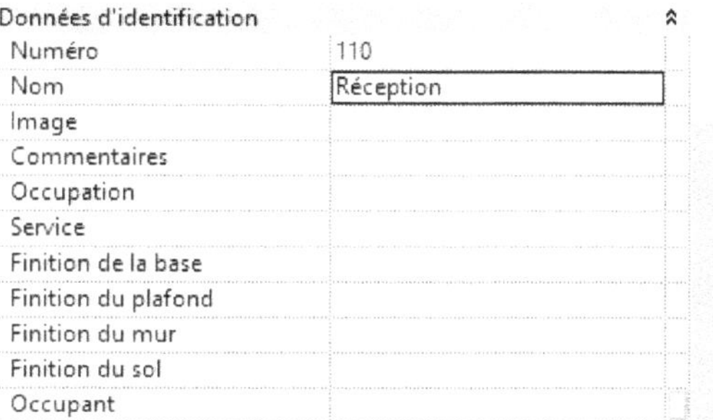

Figure 15–31

10. Zoomez sur la zone Réception pour voir l'étiquette mise à jour, comme illustré en Figure 15–32.

11. Cliquez sur l'étiquette de la pièce à côté et modifiez le nom à **Bureau**, comme illustré en Figure 15–32.

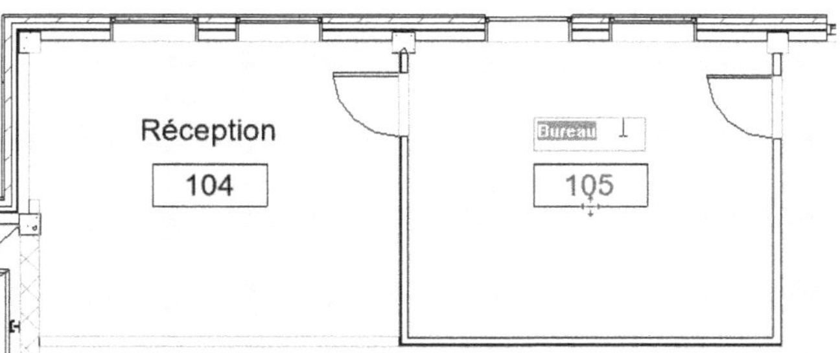

Figure 15–32

12. Renommez les autres pièces à l'aide de l'étiquette ou en sélectionnant la pièce et en modifiant le nom dans Propriétés. Plusieurs exemples sont illustrés en Figure 15–33.

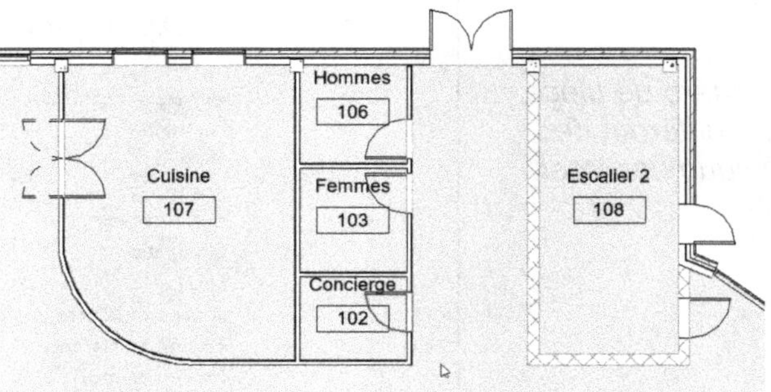

Figure 15–33

13. Enregistrez le projet.

Tâche 3 - Ajouter des lignes de séparation de pièces et des pièces supplémentaires.

1. Dans l'onglet *Architecture*>groupe de fonctions Pièce et surface, cliquez sur (Séparateur de pièces).
2. Dessinez des lignes de séparation de pièces pour séparer la zone de petit déjeuner de l'entrée principale, comme illustré en Figure 15–34.

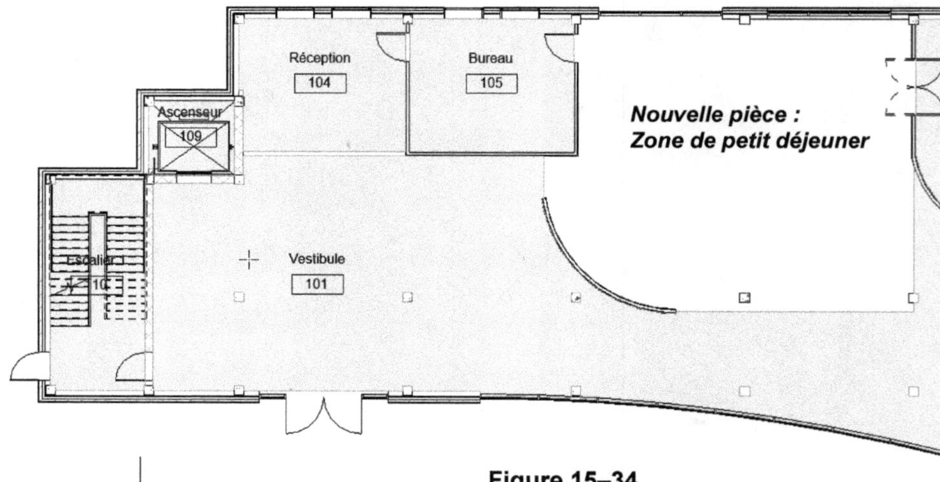

Figure 15–34

3. Lancez la commande **Pièce** puis vérifiez que l'option **Etiquette à l'insertion** est activée. Dans Propriétés, dans le champ *Nom*, saisissez **Zone de petit déjeuner** puis placez la pièce dans l'emplacement illustré en Figure 15–34.

4. Déplacez les étiquettes autour si nécessaire.

    • Activez l'option **Repère** si vous voulez déplacer une étiquette à l'extérieur de sa pièce, sinon l'étiquette devient orpheline de la pièce.

5. Enregistrez le projet.

Tâche 4 - Ajouter des étiquettes de pièce à une autre vue.

1. Ouvrez la vue **Plan d'étage : Étage 1**.

2. Même si vous ne voyez pas les pièces sur la vue, vous pouvez passer le curseur sur les pièces dans le plan et sélectionner les éléments de la pièce, comme illustré en Figure 15–35.

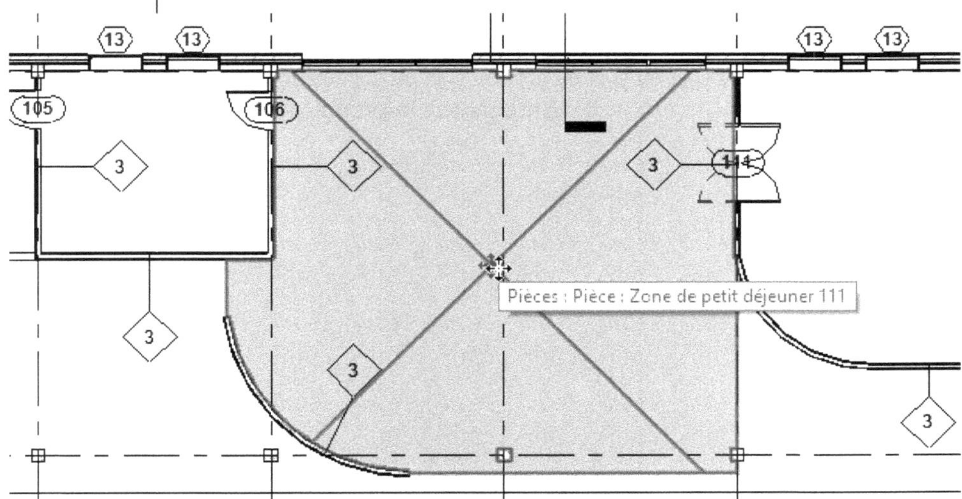

Figure 15–35

3. Dans l'onglet *Annoter*>groupe de fonctions Etiquette, cliquez sur (Tout étiqueter).

4. Dans la boîte de dialogue Etiqueter tous les éléments sans étiquette, sélectionnez l'option **Etiquettes des pièces** puis cliquez sur **OK**. Les étiquettes des pièces sont ajoutées à toutes les pièces de la vue.

5. Zoomez puis nettoyez la vue en déplaçant les différentes étiquettes de manière à ce qu'elles ne se superposent pas. Vous pouvez également nettoyer d'autres éléments d'annotation comme le marqueur de coupe en créant un espace dans la ligne qui traverse tout le bâtiment. Pour le faire, cliquez sur le petit zigzag situé au milieu du segment, comme illustré en Figure 15–36

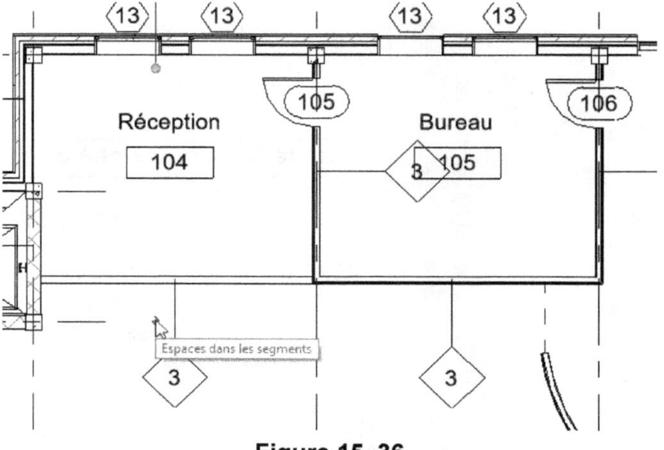

Figure 15–36

6. Enregistrez le projet.

15.3 Travailler avec des nomenclatures

Les nomenclatures sont, en règle générale, insérées dans les modèles du projet. Pour toute information complémentaire sur les nomenclatures de votre société, adressez-vous à votre gestionnaire BIM.

Les nomenclatures permettent d'extraire des informations d'un projet et de les afficher sous forme de tables. Chaque nomenclature est stockée en tant que vue distincte et peut être placée sur des feuilles, comme illustré en Figure 15–37. Toutes les modifications apportées aux éléments de projet qui ont une incidence sur les nomenclatures sont automatiquement mises à jour dans les vues et les feuilles.

Nomenclature des portes - Étage 1							
	Cotes			Informations sur le cadre			
Identifiant	Largeur	Hauteur	Epaisseur	Type de cadre	Matériau des huisseries	Protection contre l'incendie	Commentaires
101	915	2032	51			A	
102	915	2032	51			A	
105	915	2134	51				
106	915	2134	51				
108	915	2134	51				
107	915	2134	51				
109	915	2134	51				
104	915	2032	51			A	
103	915	2032	51			A	
110	1830	2134	50				
111	1800	2050	50				

Liste des feuilles	
Numéro de la feuille	Nom de la feuille
A3.1	Plans élargis
A3.2	Plans élargis
A4.1	Plan de faux-plafond
A4.2	Plan de faux-plafond
A5.1	Détails du toit
A5.2	Détails du toit
A6.1	Coupes du bâtiment
A6.2	Coupes du bâtiment
A7.1	Élévations extérieures
A7.2	Élévations extérieures
A8.1	Nomenclatures
A801	Nomenclatures
A802	Nomenclatures de pieces

Nomenclature des murs		
Marque de type	Description	Protection contre l'incendie
1	Extérieur - Brique et bloc sur Mtl. Montant	A
2	Générique - Maçonnerie 255 mm	A
3	Intérieur - Cloison 138 mm	B
4	Vitrage extérieur	A

AUTODESK
www.autodesk.com/revit
No. | Description | Date
Propriétaire
Nom du projet
Nomenclatures
A801

Figure 15–37

Instructions pratiques : Travailler avec des nomenclatures

La création de nomenclatures élémentaires de composant de construction est décrite dans l'annexe. Pour toute information complémentaire sur la création de nomenclatures, reportez-vous au guide d'apprentissage ASCENT Autodesk Revit : Gestion BIM : Création de modèle et de famille

1. Dans l'Arborescence du projet, déroulez la zone *Nomenclatures/Quantités*, comme illustré en Figure 15–38, puis double-cliquez sur la nomenclature que vous voulez ouvrir.

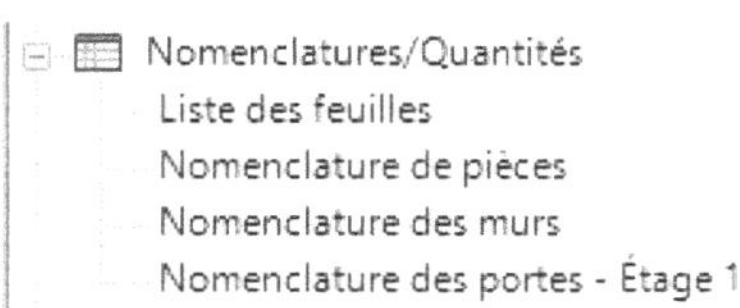

Figure 15–38

2. Les nomenclatures sont remplies automatiquement avec les informations stockées dans les paramètres d'occurrence et de type des éléments associés qui sont ajoutés au modèle.
3. Remplissez les informations supplémentaires dans la nomenclature ou dans Propriétés.
4. Glissez-déposez la nomenclature sur une feuille.

Modification des nomenclatures

Les informations contenues dans les nomenclatures sont bidirectionnelles :

- Si vous modifiez des éléments, la nomenclature est automatiquement mise à jour.
- Si vous modifiez des informations dans les cellules de la nomenclature, cela met automatiquement à jour les éléments du projet.

Instructions pratiques : Modifier les cellules d'une nomenclature

1. Ouvrez la vue de la nomenclature.
2. Sélectionnez la cellule que vous souhaitez modifier. Certaines cellules ont des listes déroulantes, comme illustré en Figure 15–39. D'autres ont des champs modifiables.

Si vous modifiez une Propriété de type dans la nomenclature, cela s'applique à tous les éléments de ce type. Si vous modifiez une Propriété d'occurrence, cela s'applique uniquement à cet élément en question.

A	B	C	D
		Cotes	
Identifiant	Type	Largeur	Hauteur
101	0915 x 2032mm	915	2032
102	0762 x 2032mm	915	2032
105	0762 x 2134mm	915	2134
106	0813 x 2134mm	915	2134
108	0864 x 2032mm	915	2134
107	0864 x 2134mm	915	2134
109	0915 x 2032mm 0915 x 2134mm	915	2134
104	0915 x 2032mm	915	2032
103	0915 x 2032mm	915	2032
110	1830 x 2134 mm	1830	2134
111	1800 x 2050mm	1800	2050

Figure 15–39

3. Ajoutez les nouvelles informations. La modification apparaît dans la nomenclature, sur la feuille et dans les éléments du projet.

- Si vous modifiez une Propriété de type, une fenêtre d'alerte s'ouvre, comme illustré en Figure 15–40.

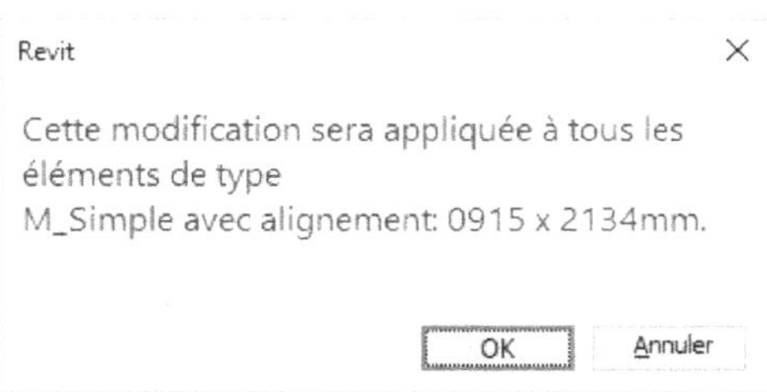

Figure 15–40

- Lorsque vous sélectionnez un élément dans une nomenclature, dans l'onglet *Modifier Nomenclature/ Quantités*>groupe de fonctions Elément, vous pouvez cliquer sur (Mettre en surbrillance dans le modèle). Ceci ouvre une vue en gros plan de l'élément avec la boîte de dialogue Afficher l'(les) élément(s) dans la vue, comme illustré en Figure 15–41. Cliquez sur **Afficher** pour afficher davantage de vues de l'élément. Cliquez sur **Fermer** pour terminer la commande.

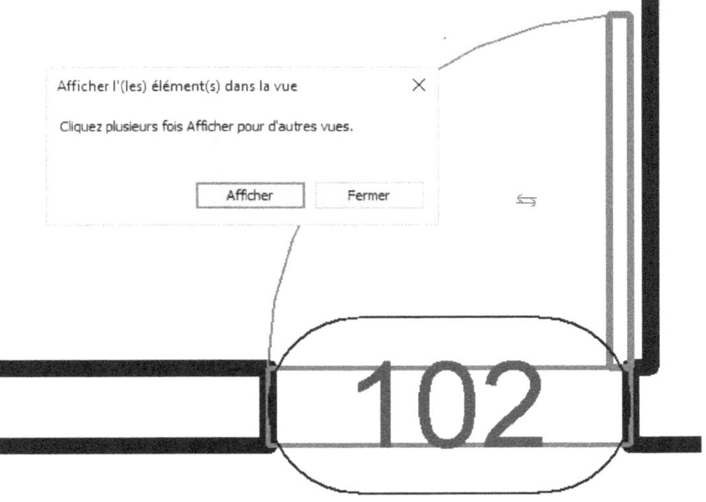

Figure 15–41

Modification d'une nomenclature sur une feuille

Une fois que vous avez placé une nomenclature sur une feuille, vous pouvez la manipuler pour insérer les informations dans l'espace disponible. Sélectionnez la nomenclature de manière à afficher les commandes permettant de la modifier, comme illustré en Figure 15–42.

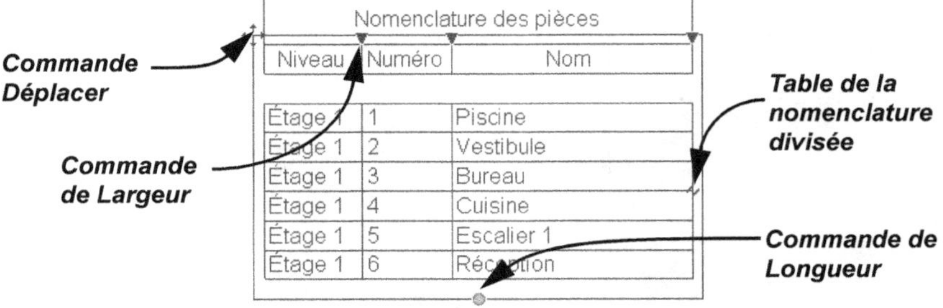

Figure 15–42

- Les triangles bleus modifient la largeur de chaque colonne.
- Le symbole de séparation divise la nomenclature en deux parties.
- Dans une nomenclature divisée, vous pouvez utiliser les flèches situées dans l'angle supérieur gauche afin de déplacer cette portion de la table de la nomenclature. La commande située dans la partie inférieure de la première table permet de modifier la longueur de la table et a une incidence sur toutes les séparations associées, comme illustré en Figure 15–43.

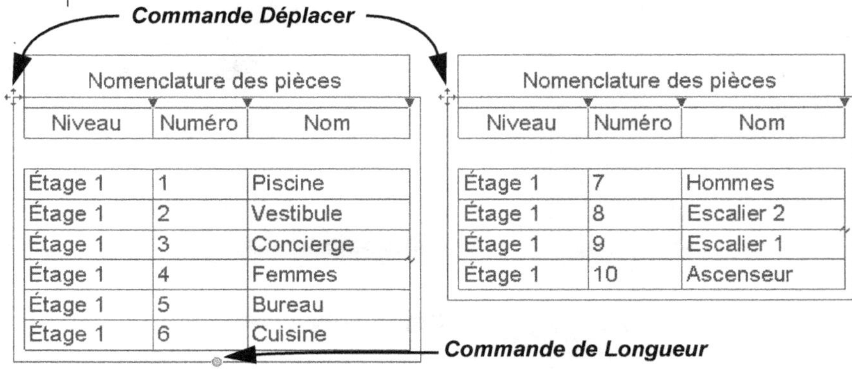

Figure 15–43

- Pour réunir une nomenclature, glissez la commande Déplacer en partant du côté de la nomenclature que vous souhaitez réunir vers la colonne d'origine.

Exercice 15c — Utiliser des nomenclatures

Objectifs de l'exercice

- Mettre à jour des informations de nomenclature
- Ajouter une nomenclature à une feuille.

Temps de réalisation estimé : 10 minutes

Au cours de cet exercice, vous ajouterez des informations à une nomenclature de porte et aux éléments reliés à la nomenclature. Vous placerez ensuite la nomenclature sur une feuille, comme illustré en Figure 15–44.

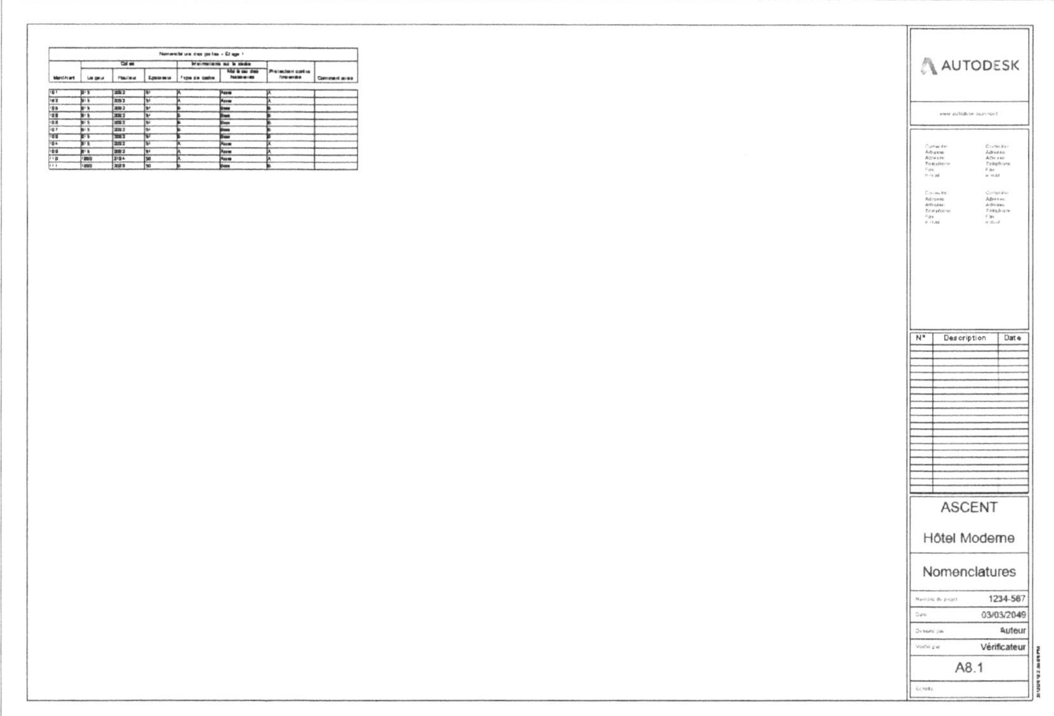

Figure 15–44

Tâche 1 - Remplir des nomenclatures.

1. Ouvrez le projet **Hôtel-Moderne-Nomenclatures.rvt**.
2. Dans l'Arborescence du projet, déroulez *Nomenclatures/ Quantités*. Quatre nomenclatures ont été ajoutées à ce projet.

3. Double-cliquez sur **Nomenclature des portes - Étage 1** pour l'ouvrir. Les portes existantes dans le projet sont déjà remplies avec certaines informations de base insérées avec la porte, comme illustré en Figure 15–45.

<Nomenclature des portes - Étage 1>

A	B	C	D	E	F	G	H
	Cotes			Informations sur le cadre		Protection contre l'incendie	
Identifiant	Largeur	Hauteur	Epaisseur	Type de cadre	Matériau des huiss		Commentaires
101	915	2032	51				
102	915	2032	51				
105	915	2032	51				
106	915	2032	51				
108	915	2032	51				
107	915	2032	51				
109	915	2032	51				
104	915	2032	51				
103	915	2032	51				
110	1830	2134	50				
111	1830	2083	50				

Figure 15–45

4. Sélectionner la marque **101**.

5. Dans l'onglet *Modifier Nomenclatures/Quantités*>groupe de fonctions Elément, cliquez sur (Mettre en surbrillance dans le modèle).

6. Dans la boîte de dialogue Afficher l'(les) élément(s) dans la vue, cliquez sur **Afficher** jusqu'à ce que la vue de la porte apparaisse, comme illustré en Figure 15–46. Cliquez ensuite sur **Fermer**.

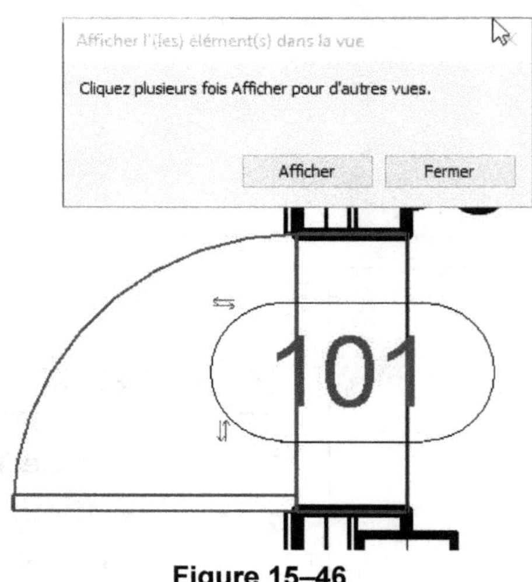

Figure 15–46

7. La porte est toujours sélectionnée. Dans Propriétés, définissez ce qui suit :
   - *Type de cadre :* **A**
   - *Matériau des huisseries :* **Acier**
   - *Finition :* **Peint**
8. Cliquez sur (Modifier le type).
9. Dans la boîte de dialogue Propriétés du type, dans la zone *Données d'identification*, définissez la *Protection contre l'incendie* sur **A**.
10. Cliquez sur **OK** pour terminer.
11. Revenez à la Nomenclature de la porte (Appuyez sur <Ctrl>+<Tab> pour permuter les fenêtres ouvertes).
12. Notez que les options *Type de cadre* et *Matériau des huisseries* s'affichent pour une seule porte et que les portes extérieures correspondantes ont également un classement au feu.
13. Utilisez la liste déroulante et modifiez les options pour les portes correspondantes, comme illustré en Figure 15–47.

<Nomenclature des portes - Étage 1>

A	B	C	D	E	F	G	H
	Cotes			Informations sur le cadre			
Identifiant	Largeur	Hauteur	Epaisseur	Type de cadre	Matériau des huiss	Protection contre l'incendie	Commentaires
101	915	2032	51	A	Acier	A	
102	915	2032	51	A	Acier	A	
105	915	2134	51				
106	915	2134	51				
108	915	2134	51				
107	915	2134	51				
109	915	2134	51				
104	915	2032	51	A	Acier	A	
103	915	2032	51	A	Acier	A	
110	1830	2134	50				
111	1800	2050	50				

Figure 15–47

14. Dans la vue Nomenclature de porte, spécifiez la *Protection contre l'incendie* pour certaines autres portes dans la nomenclature. Lorsque vous modifiez le classement au feu, vous êtes invité(e) à modifier tous les éléments de ce type. Cliquez sur **OK**.
15. Ouvrez la vue **Plan d'étage : Étage 1** et effectuez un zoom arrière si nécessaire.

16. Sélectionnez la porte d'accès au bureau puis cliquez avec le bouton droit de la souris et sélectionnez **Sélectionner toutes les occurrences>Dans l'ensemble du projet**.

17. Observez la barre d'état à côté de (Filtre) au coin inférieur droit et notez que le nombre de portes sélectionnées est supérieur au nombre de portes de la vue actuelle.

Aucune modification visuelle de la porte ne s'affiche car il s'agit uniquement de propriétés de texte.

18. Dans Propriétés, définissez les paramètres *Construction et Matériaux* et *Finitions* comme suit :
    - *Type de cadre :* **B**
    - *Matériau des huisseries :* **Bois**
    - *Finition :* **Teint**

19. Appuyez sur <Echap> pour effacer la sélection lorsque vous avez terminé.

20. Revenez à la vue de la nomenclature pour voir les ajouts. Les portes ne s'affichent pas toutes car la nomenclature a été limitée aux portes du 1er étage.

21. Enregistrez le projet.

Tâche 2 - Ajouter des nomenclatures à une feuille.

1. Dans l'Arborescence du projet, ouvrez la feuille **A8.1 - Nomenclatures**.

2. Glissez et déposez la vue **Nomenclature des portes - Étage 1** sur la feuille, comme illustré en Figure 15–48.

Nomenclature des portes - Étage 1							
	Cotes			Informations sur le cadre			
Identifiant	Largeur	Hauteur	Epaisseur	Type de cadre	Matériau des huisseries	Protection contre l'incendie	Commentaires
101	915	2032	51	A	Acier	A	
102	915	2032	51	A	Acier	A	
105	915	2032	51	B	Bois	B	
106	915	2032	51	B	Bois	B	
108	915	2032	51	B	Bois	B	
107	915	2032	51	B	Bois	B	
109	915	2032	51	B	Bois	B	
104	915	2032	51	A	Acier	A	
103	915	2032	51	A	Acier	A	
110	1830	2134	50				
111	1800	2050	50				

Figure 15–48

- Notez que votre nomenclature peut être différente de celle présentée en Figure 15–48.

3. Zoomez et utilisez les flèches situées en haut pour modifier la largeur des colonnes de manière à afficher les titres correctement

4. Cliquez dans l'espace vide sur la feuille pour terminer le placement de la nomenclature.

5. Revenez à la vue **Plan d'étage : Étage 1** puis sélectionnez la porte à double battant au niveau de la cuisine.

6. Dans le Sélecteur de type, si nécessaire, modifiez la cote à **1830 x 2083 mm**. Dans Propriétés, ajoutez un Type de cadre, un Matériau des huisseries et une Finition.

7. Revenez à la feuille de la Nomenclature de porte. Les informations sont remplies automatiquement, comme illustré en Figure 15–49.

Nomenclature des portes - Étage 1							
	Cotes			Informations sur le cadre			
Identifiant	Largeur	Hauteur	Epaisseur	Type de cadre	Matériau des huisseries	Protection contre l'incendie	Commentaires
101	915	2032	51	A	Acier	A	
102	915	2032	51	A	Acier	A	
105	915	2032	51	B	Bois	B	
106	915	2032	51	B	Bois	B	
108	915	2032	51	B	Bois	B	
107	915	2032	51	B	Bois	B	
109	915	2032	51	B	Bois	B	
104	915	2032	51	A	Acier	A	
103	915	2032	51	A	Acier	A	
110	1830	2134	50	A	Acier	A	
111	1830	2083	50	B	Bois	B	

Figure 15–49

8. Revenez à la vue 3D et enregistrez le projet.

Questions de révision

1. Parmi les éléments suivants, quels sont ceux qui ne peuvent pas être étiquetés avec l'option **Etiquette par catégorie** ?
   a. Pièces
   b. Sols
   c. Murs
   d. Portes
2. Que se passe-t-il lorsque vous supprimez une porte dans un modèle Autodesk Revit, comme illustré en Figure 15–50 ?

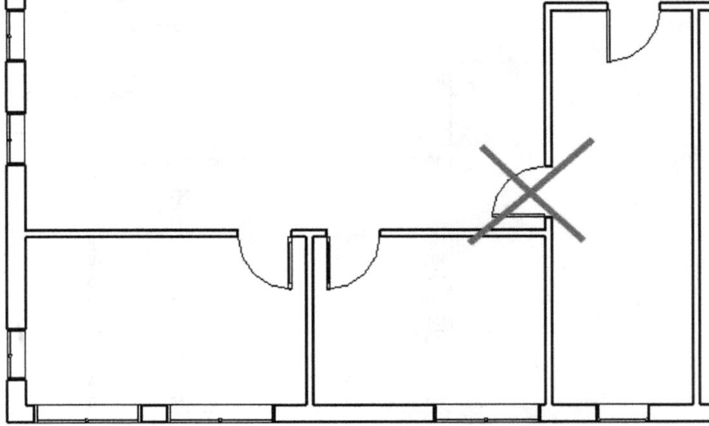

Figure 15–50

   a. Vous devez supprimer la porte sur la feuille.
   b. Vous devez supprimer la porte de la nomenclature.
   c. La porte est retirée du modèle, mais pas de la nomenclature.
   d. La porte est retirée du modèle et de la nomenclature.
3. Dans une nomenclature, si vous modifiez des informations de type (comme Marque de type), toutes les occurrences de ce type sont mises à jour avec les nouvelles informations.
   a. Vrai
   b. Faux

4. Si vous voulez ajouter des pièces à un projet (voir Figure 15–51), mais qu'elles ne sont pas affichées, que devez-vous faire ?

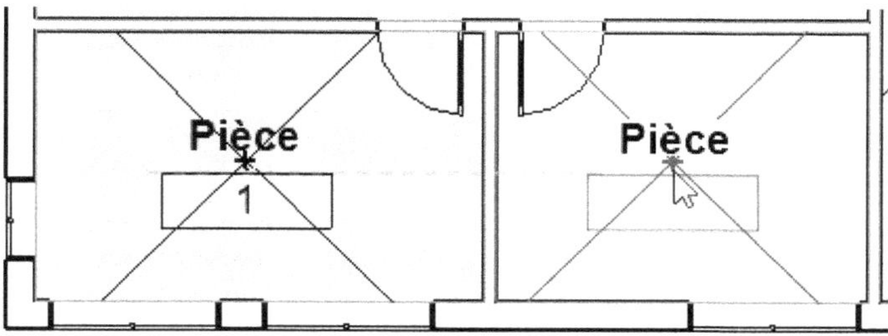

Figure 15–51

 a. Créer une nouvelle vue Plan des pièces.
 b. Dans la barre de contrôle Vue, activer **Pièces**.
 c. Dans la boîte de dialogue Remplacements visibilité/graphisme, sous Pièces, activer **Remplissage intérieur**.
 d. Tandis que la commande **Pièce** est active, dans l'onglet *Placer des pièces*, vérifier que l'option **Remplissage intérieur** est sélectionnée.

Récapitulatif des commandes

Bouton	Commande	Emplacement
	Etiquette de matériau	• **Ruban :** Onglet *Annoter*>groupe de fonctions Etiquette
	Etiquette multicatégorie	• **Ruban :** Onglet *Annoter*>groupe de fonctions Etiquette
	Etiqueter tous les éléments sans étiquette	• **Ruban :** Onglet *Annoter*>groupe de fonctions Etiquette
	Etiquette par catégorie	• **Ruban :** Onglet *Annoter*>groupe de fonctions Etiquette • **Raccourci :** TG
	Etiqueter une pièce	• **Ruban :** Onglet *Architecture*>groupe de fonctions Pièce et Surface • **Raccourci :** RT
	Ligne de séparation de pièce	• **Ruban :** Onglet *Architecture*>groupe de fonctions Pièce et Surface
	Numéro de marche/ contremarche d'escalier	• **Ruban :** Onglet *Annoter*>groupe de fonctions Etiquette
	Pièce	• **Ruban :** Onglet *Architecture*>groupe de fonctions Pièce et Surface • **Raccourci :** RM

Chapitre

16

Création de détails

La création de détails est une partie critique du processus de conception car c'est l'étape où sont spécifiées les informations exactes nécessaires à la création d'un projet de construction. Les éléments pouvant être ajoutés à un modèle incluent des composants de détail, des lignes de détail, du texte, des notes d'identification, des étiquettes, des symboles et des zones remplies auxquelles appliquer des motifs. Dans le modèle, des détails peuvent être créés à partir de vues, mais vous pouvez également ajouter des détails en 2D dans des vues séparées.

Objectifs d'apprentissage de ce chapitre

- Créer des vues de dessin dans lesquelles ajouter des détails en 2D.
- Ajouter des composants de détail qui montrent les éléments typiques d'un détail.
- Annoter des détails à l'aide de lignes de détail, texte, étiquettes, symboles et motifs qui définissent des matériaux.
- Placer des notes d'identification dans un détail et ajouter des légendes de notes d'identification décrivant l'ensemble de leur contenu.

16.1 Configuration des vues de détail

Les détails sont créés dans des vues de dessin en 2D, ou bien dans des repères à partir de vues en plan, d'élévation ou en coupe.

La plupart des tâches effectuées avec le logiciel Autodesk® Revit® font exclusivement appel à des éléments *intelligents* qui s'interconnectent et fonctionnent ensemble dans le modèle. Cependant, le logiciel n'affiche pas automatiquement la façon dont les éléments devraient être construits pour pouvoir s'assembler. C'est pourquoi vous devez créer des dessins de détail, comme illustré en Figure 16–1.

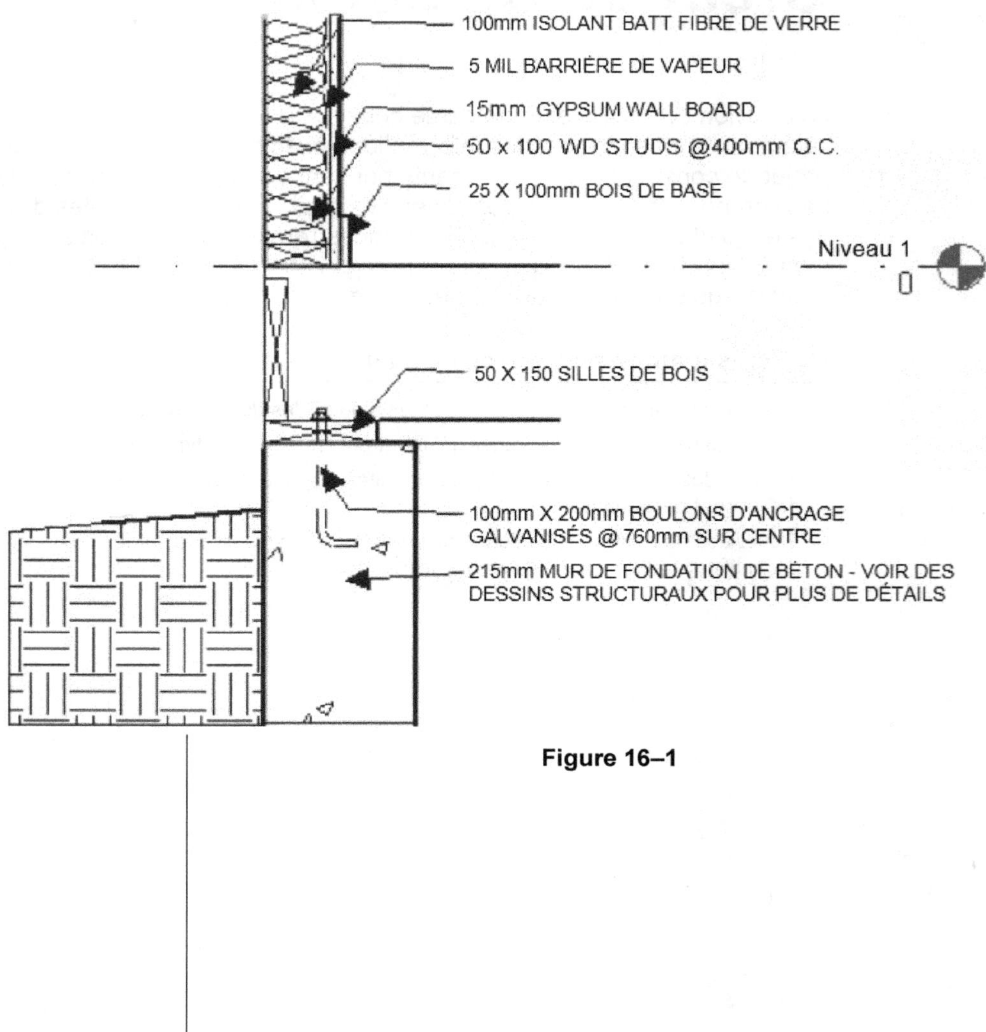

Figure 16–1

Instructions pratiques : Créer une vue de dessin

1. Dans l'onglet *Vue*>groupe de fonctions Créer, cliquez sur (Vue de dessin).
2. Dans la boîte de dialogue Vue de dessin, entrez un *Nom* et définissez une *Échelle*, comme illustré en Figure 16–2.

Les vues de dessin sont répertoriées dans leur propre section dans l'Arborescence du projet.

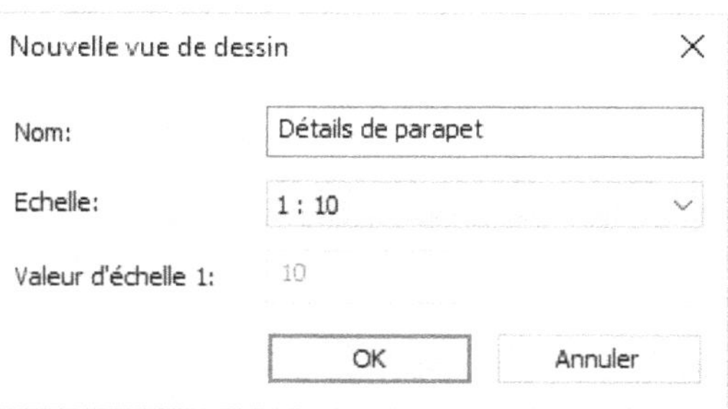

Figure 16–2

3. Cliquez sur **OK**. Une vue vierge est créée avec de l'espace où vous pouvez esquisser le détail.

Instructions pratiques : Créer une vue de détail à partir d'éléments de modèle

1. Lancez la commande **Coupe** ou **Repère**.
2. Dans le Sélecteur de type, sélectionnez le type **Vue de détail: Détail**.
    - Le marqueur indique qu'il s'agit d'un détail, comme illustré pour une coupe en Figure 16–3.

Les repères ont aussi un type de vue de détail qui peut être utilisé de la même façon.

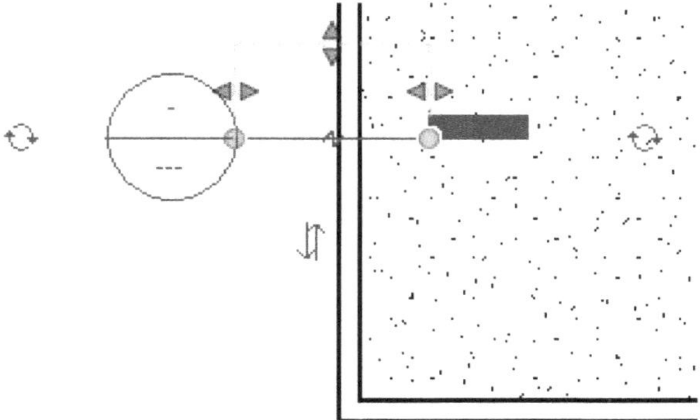

Figure 16–3

3. Placez la coupe ou un repère de la zone que vous voulez utiliser pour le détail.
4. Ouvrez le nouveau détail. Utilisez les outils pour esquisser ou ajouter quelque chose aux éléments de construction.

- Dans ce type de vue de détail, lorsque les éléments du bâtiment changent, le détail change également, comme illustré en Figure 16–4.

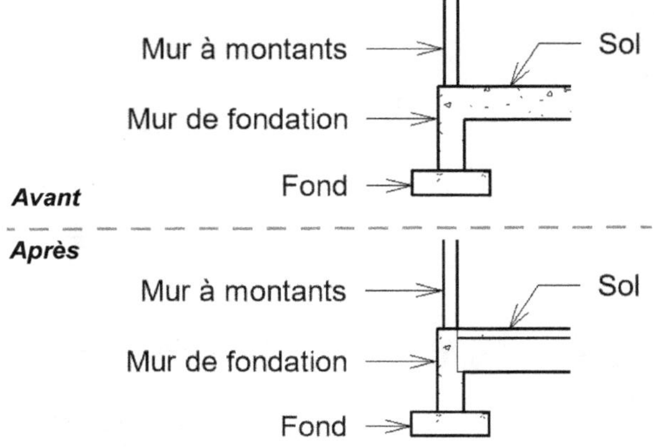

Figure 16–4

- Vous pouvez créer des éléments de détail en haut du modèle puis désactiver le modèle pour qu'il ne s'affiche pas dans la vue de détail. Dans Propriétés, dans la zone *Graphisme*, changez *Afficher le modèle* à **Ne pas afficher**. Vous pouvez également définir le modèle sur **Demi-teinte**, comme illustré en Figure 16–5.

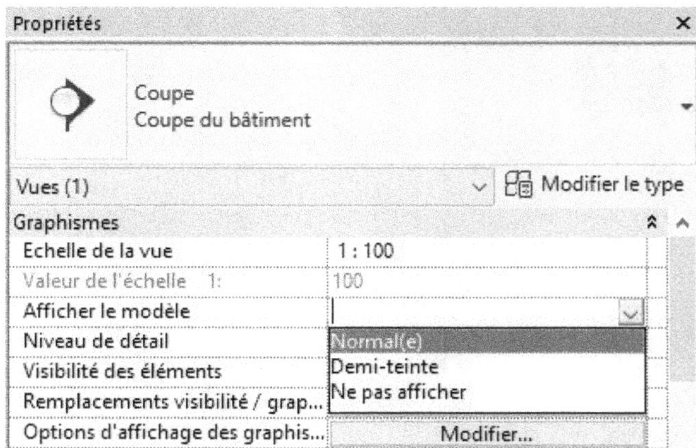

Figure 16–5

Référencement d'une vue de dessin

Une fois que vous avez créé une vue de dessin, vous pouvez la référencer dans une autre vue (comme une vue de détail, d'élévation ou en coupe), comme illustré en Figure 16–6. Par exemple, dans une vue en coupe, il peut être nécessaire de référencer un détail de toit existant. Vous pouvez référencer des vues de dessin, des coupes, des élévations et des repères.

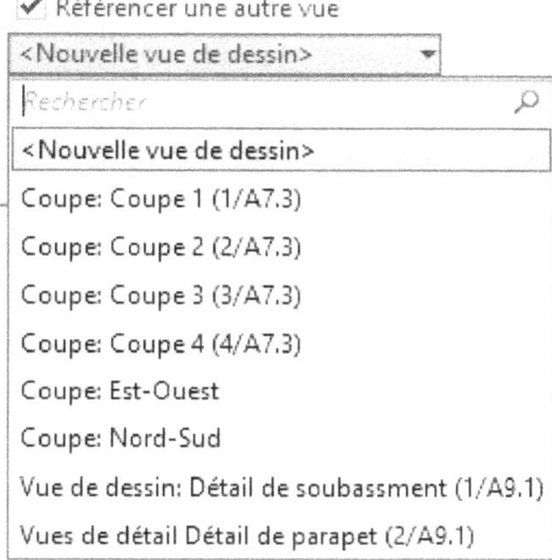

Figure 16–6

- Vous pouvez utiliser la fonction de recherche pour limiter les informations affichées.

Instructions pratiques : Référencer une vue de dessin

1. Ouvrez la vue dans laquelle vous voulez placer la référence.
2. Lancez la commande **Coupe**, **Repère**, ou **Élévation**.
3. Dans l'onglet *Modifier* | *<contextuel>*>groupe de fonctions Référence sélectionnez **Référencer une autre vue**.
4. Dans la liste déroulante, sélectionnez **<Nouvelle vue de dessin>** ou une vue de dessin existante.
5. Placer le marqueur de vue.
6. Lorsque vous placez la vue de dessin associée sur une feuille, le marqueur de cette vue se met à jour avec les informations appropriées.

- Si vous sélectionnez **<Nouvelle vue de dessin>** dans la liste déroulante, une nouvelle vue est créée dans la zone *Vues de dessin (Détail)* dans l'Arborescence du projet. Vous pouvez la renommer, si nécessaire. La nouvelle vue n'inclut pas d'éléments de modèle.

- Lorsque vous créez un détail basé sur une coupe, une élévation ou un repère, vous n'avez pas besoin de le relier à une vue de dessin.

- Vous pouvez passer d'une vue référencée à une autre vue référencée. Sélectionnez le marqueur de vue et, dans le ruban, sélectionnez la nouvelle vue dans la liste.

Enregistrement de vues de dessin

Pour créer une bibliothèque de détails standard, enregistrez les vues de dessin spécifiques ne correspondant pas à un modèle sur votre serveur. Elles peuvent alors être importées dans un projet et modifiées pour s'y adapter. Elles sont enregistrées sous forme de fichiers .RVT.

Les vues de dessin peuvent être enregistrées de deux façons :

- Enregistrer une vue de dessin individuelle dans un nouveau fichier.
- Enregistrer toutes les vues de dessin en tant que groupe dans un nouveau fichier.

Instructions pratiques : Enregistrer une vue de dessin dans un fichier

1. Dans l'Arborescence du projet, cliquez avec le bouton droit de la souris sur la vue de dessin que vous souhaitez enregistrer et sélectionnez **Enregistrer dans un nouveau fichier...**, comme illustré en Figure 16–7.

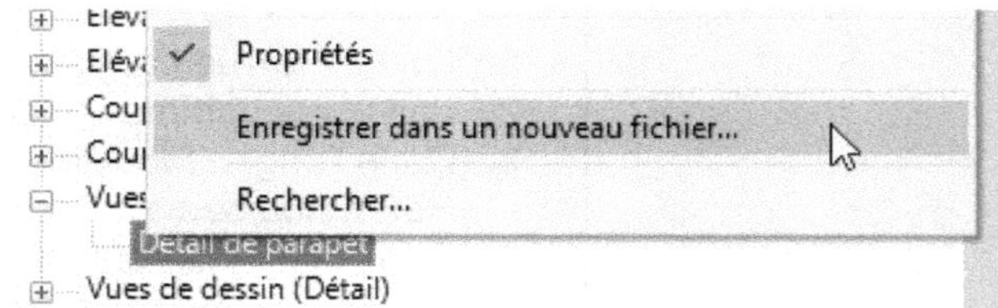

Figure 16–7

2. Dans la boîte de dialogue Enregistrer sous, spécifiez le nom et l'emplacement du fichier et cliquez sur **Enregistrer**.

Vous pouvez enregistrer des feuilles, des vues de dessin, des vues de modèles (plans d'étage), des nomenclatures et des rapports.

Instructions pratiques : Enregistrer un groupe de vues de dessin dans un fichier

1. Dans l'onglet *Fichier*, déroulez (Enregistrer sous), déroulez (Bibliothèque) et cliquez sur (Vue).

2. Dans la boîte de dialogue Enregistrer les vues, dans le groupe de fonctions *Vues :*, déroulez la liste et sélectionnez **Afficher uniquement les vues de dessin**.
3. Sélectionnez les vues de dessin que vous souhaitez enregistrer, comme illustré en Figure 16–8.

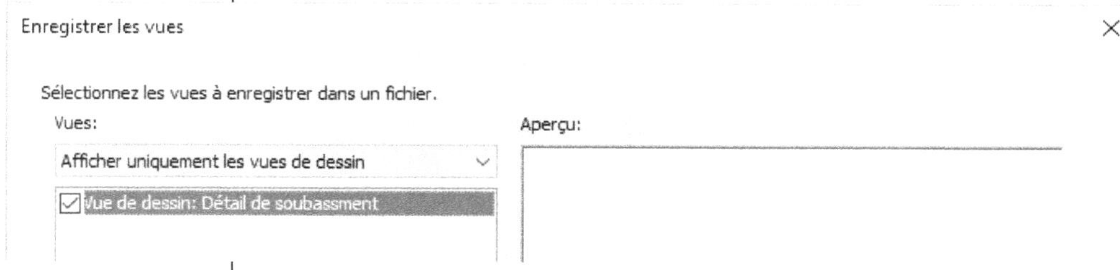

Figure 16–8

4. Cliquez sur **OK**.
5. Dans la boîte de dialogue Enregistrer sous, spécifiez le nom et l'emplacement du fichier et cliquez sur **Enregistrer**.

Instructions pratiques : Utiliser une vue de dessin enregistrée dans un autre projet

1. Ouvrez le projet dans lequel vous souhaitez ajouter la vue de dessin.
2. Dans l'onglet *Insérer*>groupe de fonctions Importer, déroulez (Insérer à partir du fichier) et cliquez sur (Insérer des vues à partir du fichier).
3. Dans la boîte de dialogue Ouvrir, sélectionnez le projet dans lequel vous avez enregistré le détail et cliquez sur **Ouvrir**.
4. Dans la boîte de dialogue Insérer des vues, limitez les types de vues à **Afficher uniquement les vues de dessin**, comme illustré en Figure 16–9.

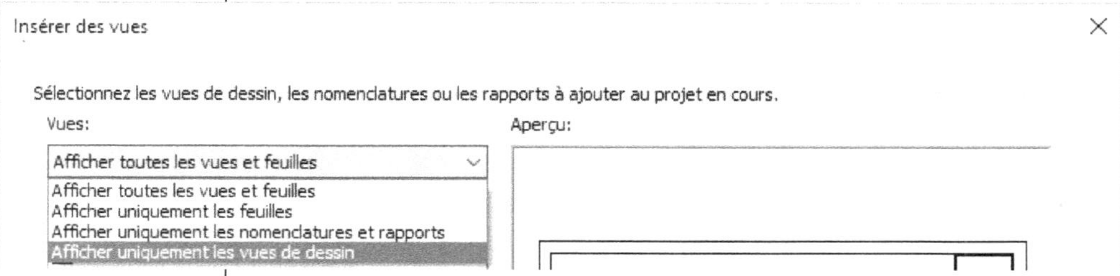

Figure 16–9

5. Sélectionnez la/les vue(s) que vous voulez insérer et cliquez sur **OK**.

Conseil : Importation de détails à partir d'un autre logiciel CAO

Vous pourriez déjà avoir un ensemble de détails standard créés dans un autre programme de CAO, comme le logiciel AutoCAD®. Vous pouvez réutiliser les détails dans le logiciel Autodesk Revit en les important dans un projet temporaire. Une fois que vous avez importé le détail, cela vous permet de le nettoyer et de l'enregistrer sous forme de vue avant de le mettre dans votre projet actif.

1. Dans un nouveau projet, créez une vue de dessin et rendez-la active.
2. Dans l'onglet *Insérer*>groupe de fonctions Importer, cliquez sur (Importer CAO).
3. Dans la boîte de dialogue Importer CAO, sélectionnez le fichier à importer. La plupart des valeurs par défaut sont ce dont vous avez besoin. Il peut être nécessaire de mettre l'option *Couleurs des calques/niveaux* sur **Noir et blanc**.
4. Cliquez sur **Ouvrir**.

- Si vous souhaitez modifier le détail, sélectionnez les données importées. Dans l'onglet *Modifier | [nom de fichier]*>groupe de fonctions Occurrence importée, déroulez (Décomposer) et cliquez sur (Décomposition partielle) ou (Décomposition totale). Cliquez sur (Supprimer les calques) avant de décomposer le détail. Une décomposition totale augmente énormément la taille du fichier.
- Modifiez le détail à l'aide des outils dans le groupe de fonctions Modifier. Changez tous les textes et styles de ligne contre des éléments spécifiques à Autodesk Revit.

16.2 Ajout de composants de détail

Les éléments d'Autodesk Revit, comme la coupe d'un meuble de rangement illustrée en Figure 16–10, nécessitent généralement des informations supplémentaires afin de garantir qu'ils sont correctement construits. Pour créer des détails, comme celui illustré en Figure 16–11, vous ajoutez des composants de détail, des lignes de détail et plusieurs éléments d'annotation.

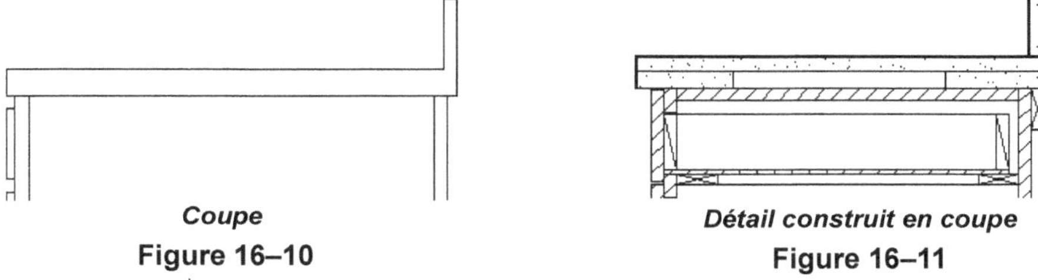

Coupe

Figure 16–10

Détail construit en coupe

Figure 16–11

- Les éléments de détail ne sont pas directement connectés au modèle, même si des éléments de modèle s'affichent dans la vue.

Composants de détail

Les composants de détail sont des familles faites d'éléments 2D et d'annotations. Plus de 500 composants de détail organisés par format CSI se trouvent dans le dossier *Eléments de détail* de la bibliothèque Autodesk, comme illustré en Figure 16–12.

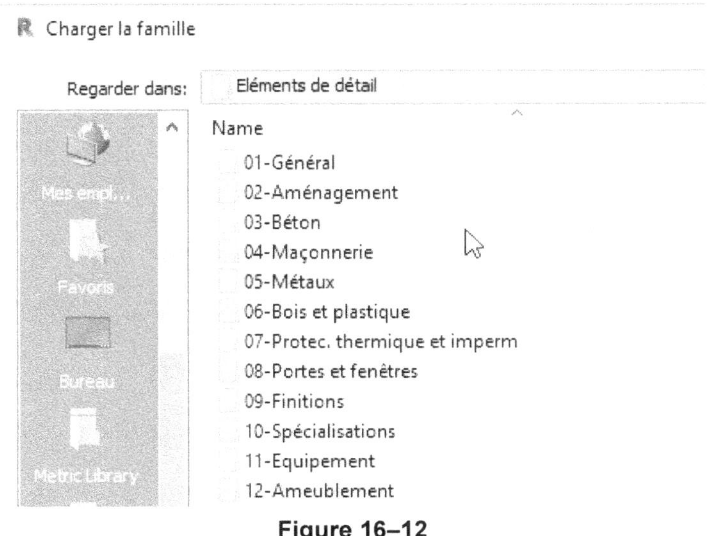

Figure 16–12

Instructions pratiques : Ajouter un composant de détail

1. Dans l'onglet *Annoter*>groupe de fonctions Détail, déroulez (Composant) et cliquez sur (Composant de détail).
2. Dans le Sélecteur de type, sélectionnez le type de composant de détail. Vous pouvez charger des types supplémentaires à partir de la bibliothèque.
3. De nombreux composants de détail peuvent pivoter en appuyant sur la <barre d'espacement> lors de leur insertion. Alternativement, sélectionnez **Rotation après placement** dans la Barre des options, comme illustré en Figure 16–13.

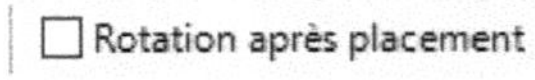

☐ Rotation après placement

Figure 16–13

4. Placer le composant dans la vue.

Ajout de lignes de rupture

La ligne de rupture est un composant de détail qui se trouve dans le dossier *Bibliothèque* du logiciel Autodesk. Elle se compose d'une zone rectangulaire (mise en surbrillance dans la Figure 16–14) qui est utilisée pour bloquer des éléments derrière elle. Vous pouvez modifier la taille de la zone couverte et changer la taille de la ligne de coupe à l'aide des commandes.

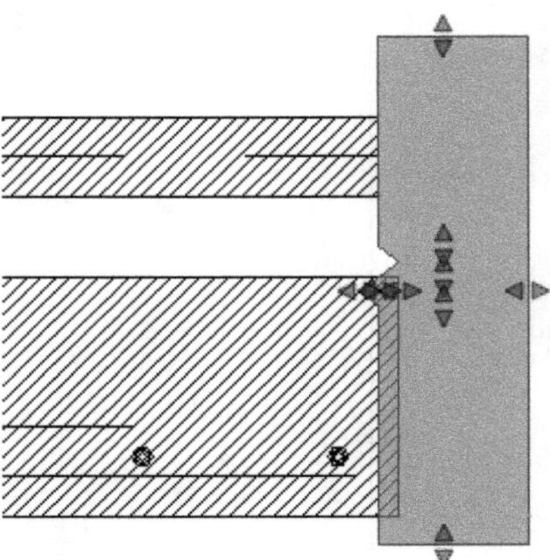

Figure 16–14

Conseil : Travailler avec l'Ordre de dessin des détails

Lorsque vous sélectionnez des éléments de détail dans une vue, vous pouvez changer l'ordre de dessin des éléments dans l'onglet *Modifier | Eléments de détail*>groupe de fonctions Organiser. Vous pouvez mettre certains éléments devant d'autres éléments ou les placer derrière des éléments, comme illustré en Figure 16–15.

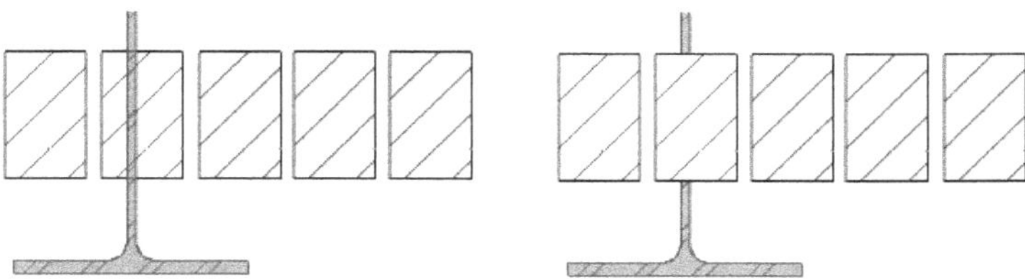

Ordre de dessin : premier plan ***Ordre de dessin : arrière-plan***

Figure 16–15

- **(Premier plan) :** Place un élément devant tous les autres éléments.
- **(Arrière-plan) :** Place un élément derrière tous les autres éléments.
- **(Vers l'avant) :** Déplace un élément vers l'avant.
- **(Vers l'arrière-plan) :** Déplace un élément vers l'arrière.
- Vous pouvez sélectionner plusieurs éléments de détail et changer leur ordre de dessin en une seule étape. Ils conservent l'ordre relatif de la sélection originale.

Répétition de détails

Au lieu de devoir insérer un composant plusieurs fois (comme avec une brique ou un bloc de béton), vous pouvez utiliser (Répétition de composant de détail) et créer une chaîne de composants, comme illustré en Figure 16–16.

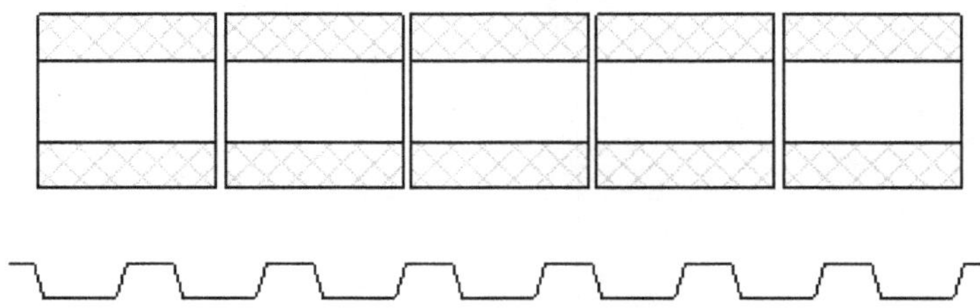

Figure 16–16

Instructions pratiques : Insérer une Répétition de composant de détail

1. Dans l'onglet *Annoter*>groupe de fonctions Détail, déroulez (Composant) puis cliquez sur (Répétition de composant de détail).
2. Dans le Sélecteur de type, sélectionnez le détail que vous souhaitez utiliser.
3. Dans le groupe de fonctions Dessiner, cliquez sur (Ligne) ou (Choix des lignes).
4. Dans la Barre des options, tapez une valeur pour le *Décalage*, si nécessaire.
5. Les composants se répètent si nécessaire pour correspondre à la longueur de la ligne esquissée ou sélectionnée, comme illustré en Figure 16–17. Vous pouvez verrouiller les composants sur la ligne.

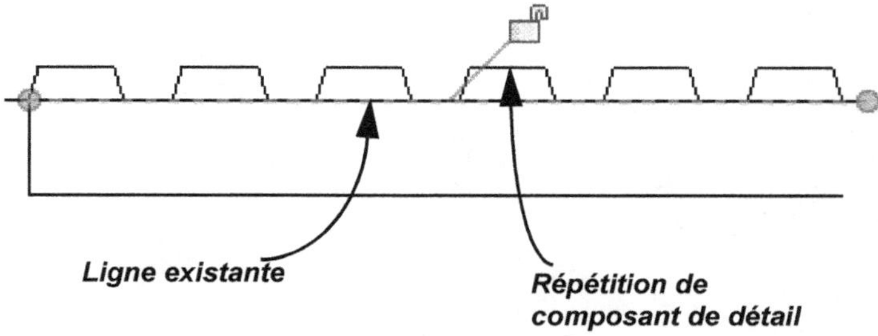

Figure 16–17

Conseil : (Isolation)

L'ajout d'une natte isolante est semblable à l'ajout d'une répétition de composant de détail, mais au lieu d'une série de briques ou d'autres éléments, cela crée le motif de nappe d'isolation linéaire telle que celle illustrée en Figure 16–18.

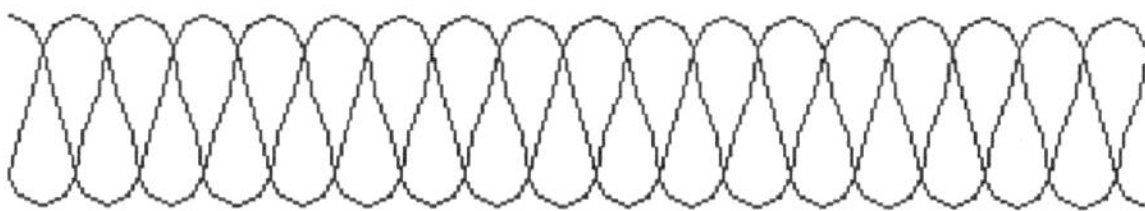

Figure 16–18

Avant de placer l'isolation dans la vue, spécifiez la *Largeur* et d'autres options dans la Barre des options, comme illustré en Figure 16–19.

Largeur 80.0 | Chainer | Décalage: 0.0 | vers le ce

Figure 16–19

16.3 Annotation de détails

Après avoir ajouté des composants et esquissé des lignes de détail, vous devez ajouter des annotations à la vue de détail. Vous pouvez placer des notes textuelles et des cotes, comme illustré en Figure 16–20, ainsi que des symboles et des étiquettes. Les zones remplies sont utilisées pour ajouter des hachures ou des coupes.

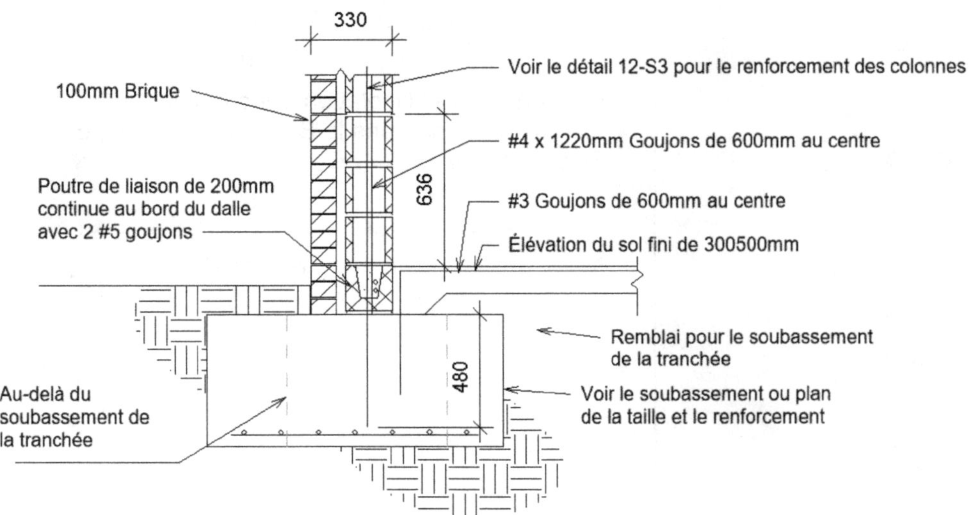

Figure 16–20

Création de zones remplies

De nombreux éléments incluent des informations sur les matériaux qui s'affichent dans des vues en plan et en coupe, alors que ces détails doivent être ajoutés pour d'autres éléments. Par exemple, le mur en béton illustré en Figure 16–21 inclut des informations sur les matériaux, alors que la terre à gauche du mur doit être ajoutée avec la commande **Zone remplie**.

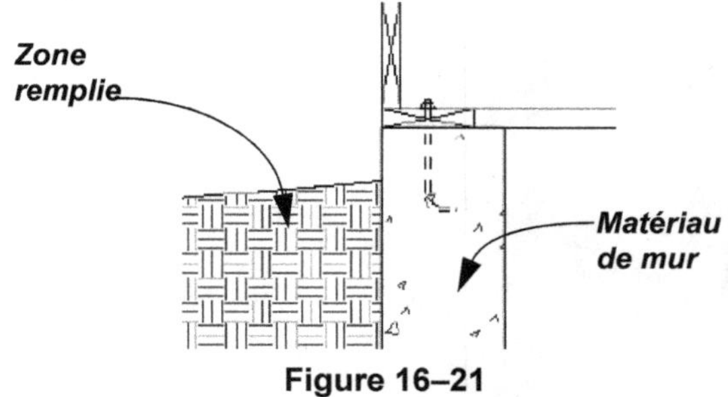

Figure 16–21

Les motifs utilisés dans les détails sont des *motifs de dessin*. Ils sont mis à l'échelle de la vue et actualisés si vous les modifiez. Vous pouvez également ajouter des *motifs de modèle* en taille réelle, comme un motif de brique en appareillage flamand, à la surface de certains éléments.

Instructions pratiques : Ajouter une zone remplie

1. Dans l'onglet *Annoter*>groupe de fonctions Détail, déroulez (Zone) et cliquez sur (Zone remplie).
2. Créez un contour fermé à l'aide des outils Dessiner.
3. Dans le groupe de fonctions Style de ligne, sélectionnez le style de ligne pour le bord extérieur du contour. Si vous ne voulez pas que le contour s'affiche, sélectionnez le style <Lignes invisibles>.
4. Dans le Sélecteur de type, sélectionnez le type de remplissage, comme illustré en Figure 16–22.

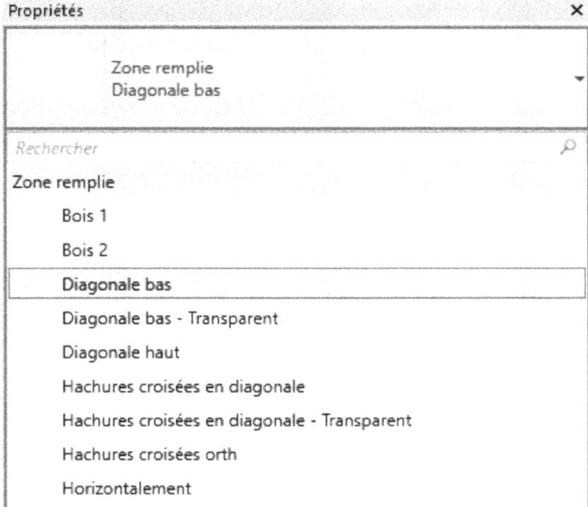

Figure 16–22

5. Cliquez sur (Terminer le mode de modification).

- Vous pouvez modifier une zone en changeant le type de remplissage dans le sélecteur de type ou en modifiant l'esquisse.
- Double-cliquez sur le bord de la zone remplie pour modifier l'esquisse. Si l'option Sélection est réglée sur (Sélectionner des éléments par face) vous pouvez sélectionner le motif.

Conseil : Création d'un type de motif d'une zone remplie

Vous pouvez créer un motif personnalisé en dupliquant et en modifiant un type de motif existant.

1. Sélectionnez une zone existante ou créez un contour.
2. Dans Propriétés, cliquez sur (Modifier le type).
3. Dans la boîte de dialogue Propriétés du type, cliquez sur **Dupliquer** et nommez le nouveau motif.
4. Sélectionnez un *Motif de remplissage*, un *Arrière-plan*, une *Epaisseur des lignes*, et une *Couleur*, comme illustré en Figure 16–23.

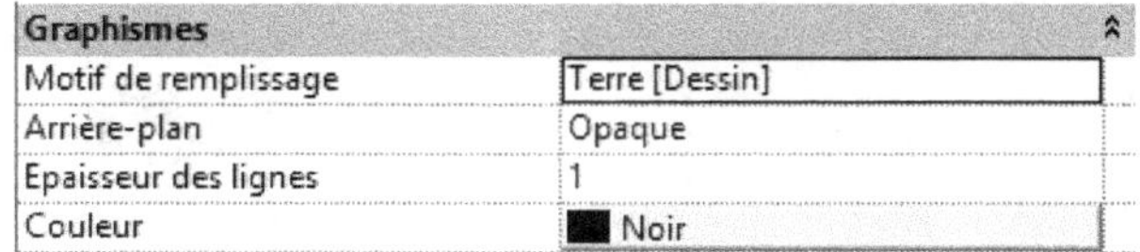

Graphismes
Motif de remplissage
Terre [Dessin]
Arrière-plan
Opaque
Epaisseur des lignes
1
Couleur
Noir

Figure 16–23

5. Cliquez sur **OK**.

- Vous pouvez sélectionner parmi deux types de motifs de remplissage : **Dessin**, comme illustré en Figure 16–24, et **Modèle**. Les motifs de remplissage de dessin sont ajustés au facteur d'échelle de la vue. Les motifs de remplissage de modèle s'affichent en pleine échelle sur le modèle et ne sont pas affectés par le facteur d'échelle de la vue.

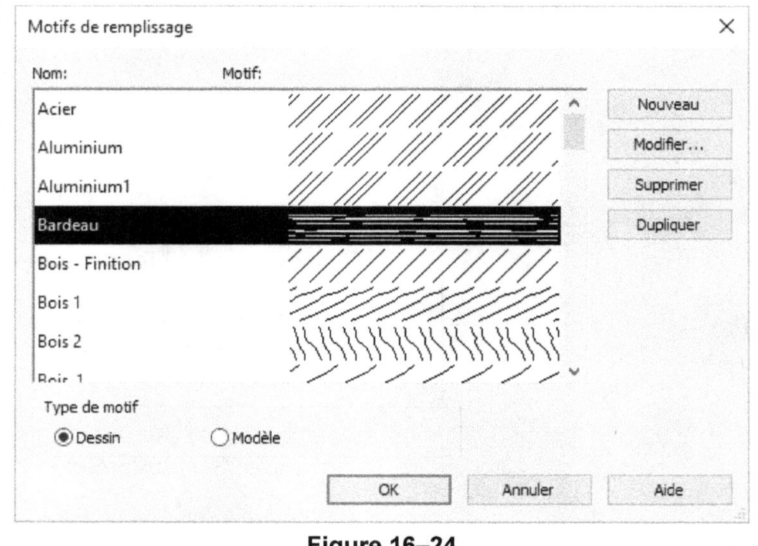

Figure 16–24

Ajout d'étiquettes de détail

*L'étiquette **M_Etiquette de l'élément de détail.rfa** se trouve dans le dossier Annotations de la bibliothèque Autodesk.*

En plus d'ajouter un texte à un détail, vous pouvez étiqueter des composants de détail à l'aide de l'option (Étiquette par catégorie). Le nom de l'étiquette est défini dans les Paramètres de type du composant, comme illustré en Figure 16–25. Cela signifie que, si vous avez plus d'une copie du composant dans votre projet, vous n'avez pas à le renommer à chaque fois que vous placez cette étiquette.

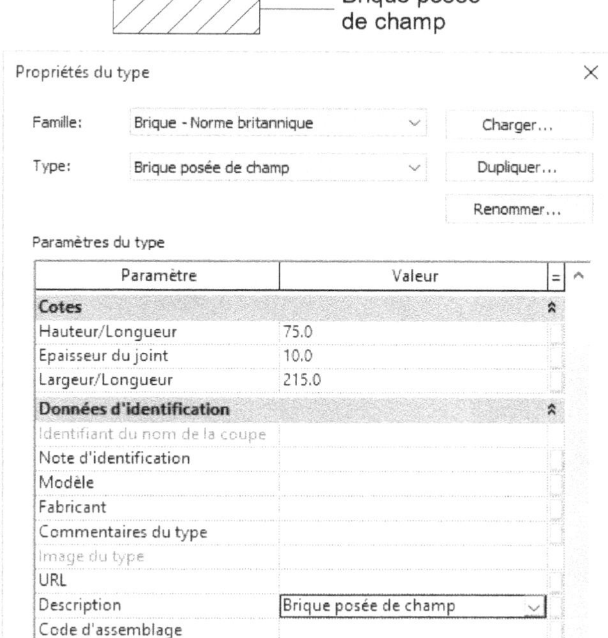

Figure 16–25

Conseil : Options de cotes multiples

Si vous créez des détails affichant différentes valeurs de cotes pour un élément, comme illustré en Figure 16–26, vous pouvez facilement modifier le texte de la cote.

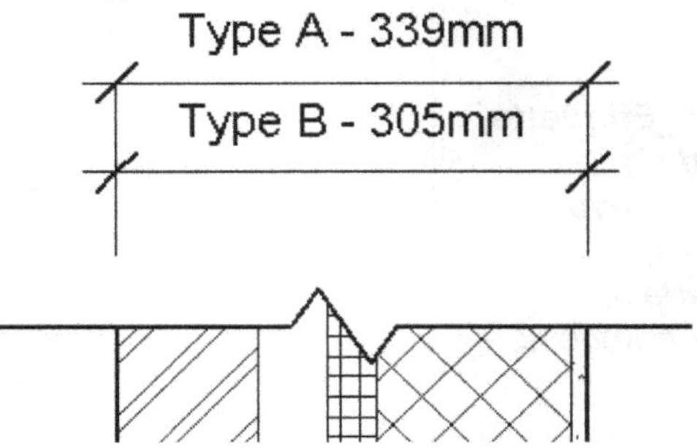

Figure 16–26

Sélectionnez la cote et le texte de la cote. La boîte de dialogue Texte de cote s'ouvre. Vous pouvez remplacer le texte, comme illustré en Figure 16–27, ou ajouter des champs de texte au-dessus ou en dessous, ainsi qu'un préfixe ou un suffixe.

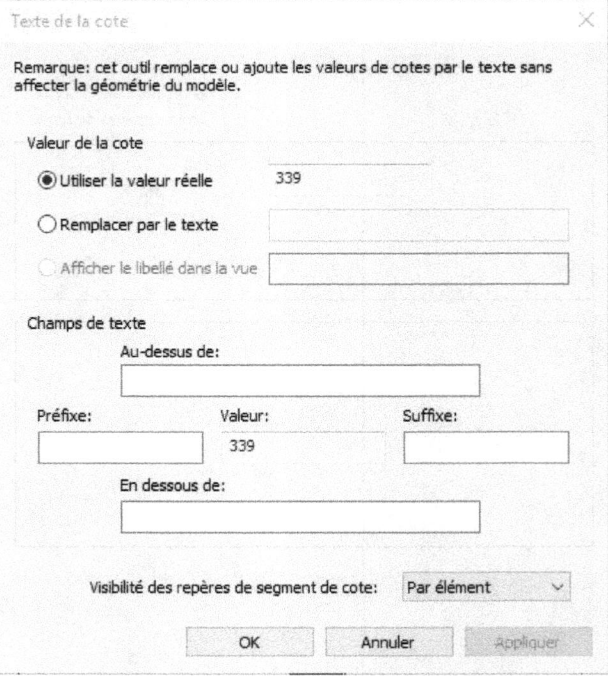

Figure 16–27

- Cela fonctionne également avec les libellés Texte d'égalité.

Exercice 16a

Créer un détail basé sur un repère de coupe

Objectifs de l'exercice

- Créer un détail basé sur une coupe.
- Ajouter des zones remplies, des composants de détail et des annotations.

Durée estimée : 15 minutes

Dans cet exercice, vous créerez un détail basé sur le repère d'une coupe de mur. Vous ajouterez des composants de détail répétés, des lignes de rupture et des lignes de détail, et vous ajouterez une annotation pour compléter le détail, comme illustré en Figure 16–28.

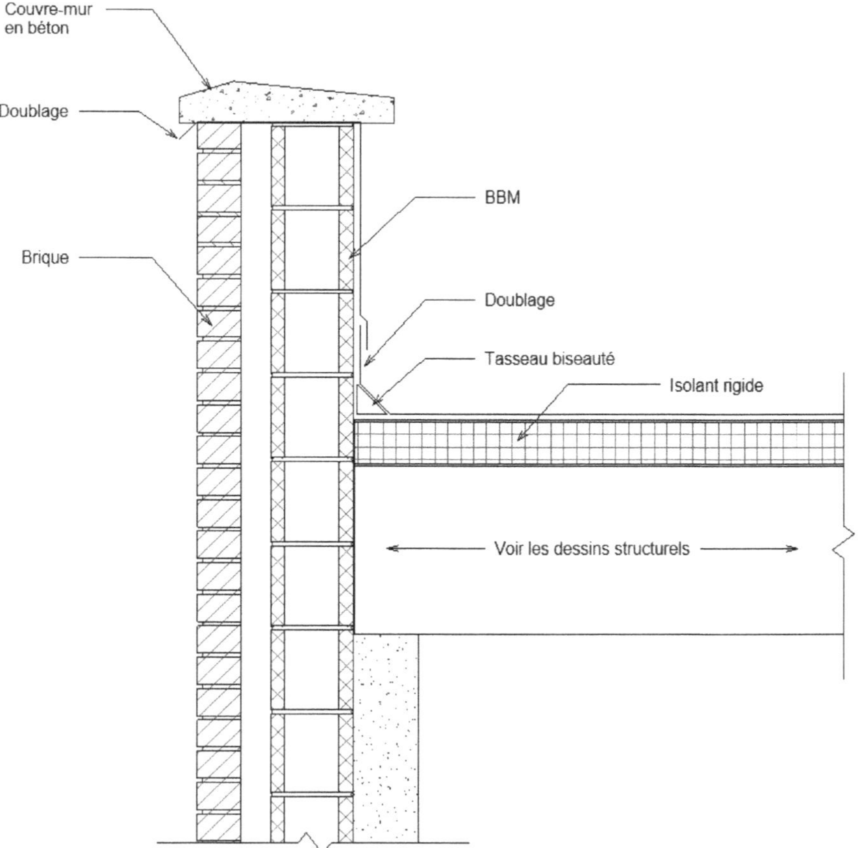

Figure 16–28

Tâche 1 - Créer un repère d'une coupe de mur.

1. Ouvrez le fichier **Hôtel-Moderne-Détails.rvt**.
2. Ouvrez la vue **Plan d'étage : Étage 1**.
3. Double-cliquez sur l'extrémité du coupe du mur comme illustré en Figure 16–29. Cela garantit que vous ouvrez la bonne coupe.

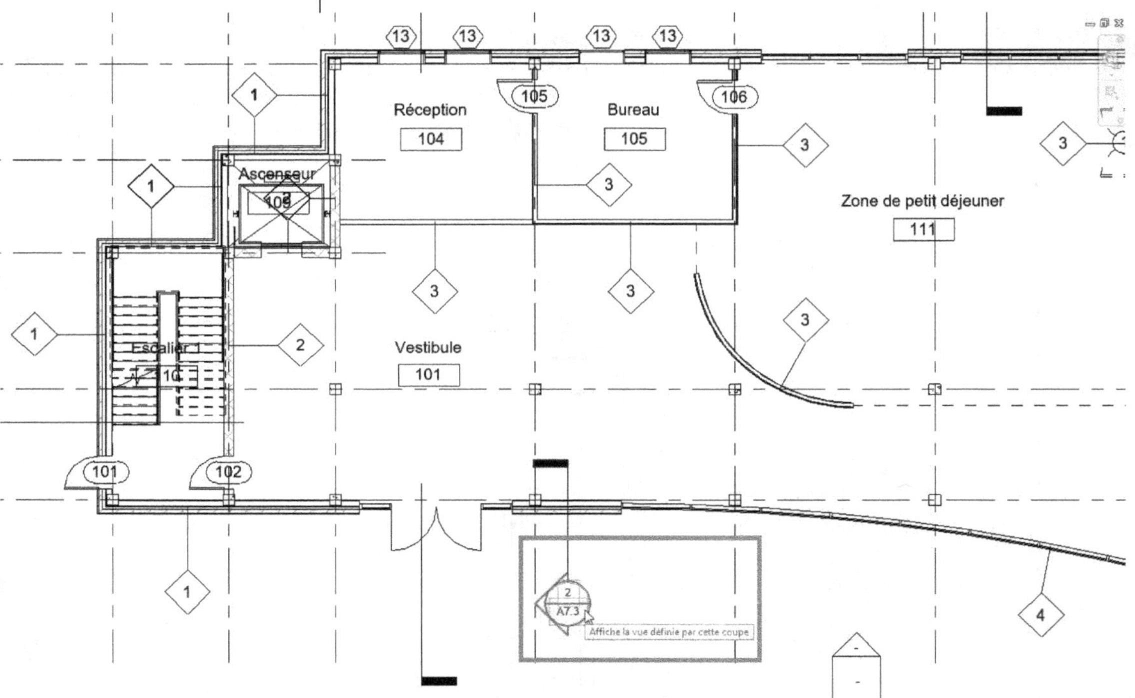

Figure 16–29

4. Zoomez sur la partie supérieure du mur montrant le parapet et le toit.
5. Dans l'onglet *Vue*>groupe de fonctions Créer, cliquez sur (Repère).
6. Dans le Sélecteur de type, sélectionnez **Vue de détail: Détail**.

7. Créez un repère, comme illustré en Figure 16–30.

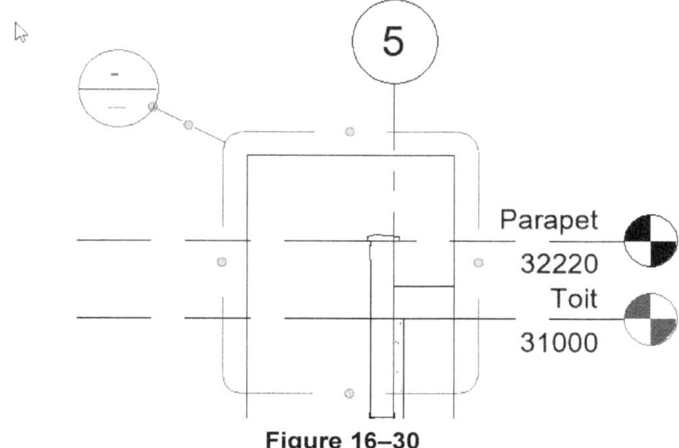

Figure 16–30

8. Double-cliquez sur la bulle de détail pour ouvrir la vue de détail.

9. Dans la barre de contrôle Vue, définissez les paramètres suivants :
   - *Échelle* : **1:10**
   - *Niveau de détail* : (Elevé)

10. Masquez les niveaux, les quadrillages et les marqueurs de coupe (s'ils s'affichent).

11. Désactivez la zone cadrée.

12. Dans l'Arborescence du projet, dans le nœud *Vues de détail, (Détail)* renommez la vue **Détail de parapet**.

13. Enregistrez le projet.

Tâche 2 - Ajouter des répétitions de composants de détail et des lignes de rupture.

1. Dans l'onglet *Annoter*>groupe de fonctions Détail, déroulez (Composant) puis cliquez sur (Répétition de composant de détail).

2. Dans le sélecteur de type, définissez le type sur **Répétition de détail: Brique**.

Dessiner de haut en bas garantit que le mortier se trouve entre la partie supérieure et la brique. C'est ainsi que les éléments de détail ont été créés.

3. Dessinez la ligne de briques à partir du haut du parapet jusqu'en bas, comme illustré en Figure 16–31.

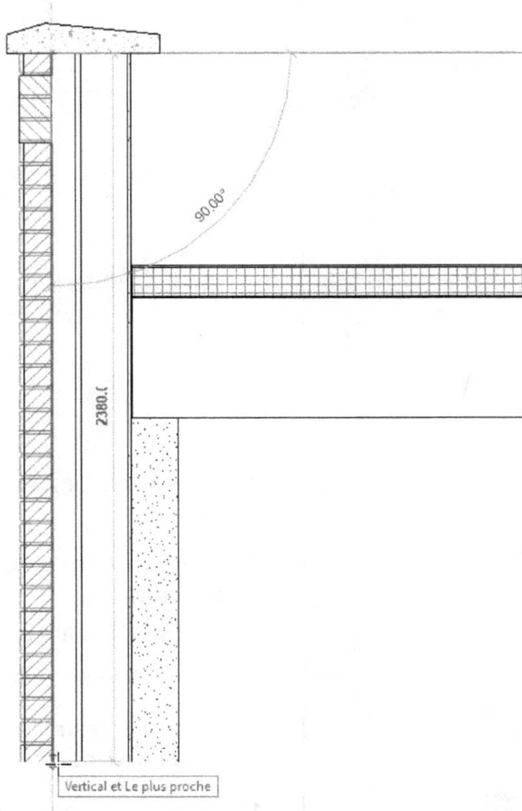

Figure 16–31

4. Dans le Sélecteur de type, sélectionnez **Répétition de détail: BBM**. Dessinez sur l'autre côté du mur.

Le logiciel Autodesk Revit répertorie le dernier outil que vous avez utilisé en haut de la liste déroulante.

5. Dans l'onglet *Annoter*>groupe de fonctions Détail, déroulez (Répétition de composant de détail) et cliquez sur (Composant de détail).
6. Dans l'onglet *Modifier | Placer un composant de détail*>groupe de fonctions Mode, cliquez sur (Charger la famille).
7. Dans la boîte de dialogue Charger la famille, naviguez jusqu'au dossier *Bibliothèque* dans les fichiers d'exercices, sélectionnez **M_Ligne de rupture.rfa** et cliquez sur **Ouvrir**.

8. Ajoutez des lignes de rupture en bas et sur le côté droit du détail. Appuyez sur la <barre d'espacement> pour faire pivoter la ligne de rupture tel que requis et utilisez les commandes pour modifier la taille et la profondeur, comme illustré en Figure 16–32

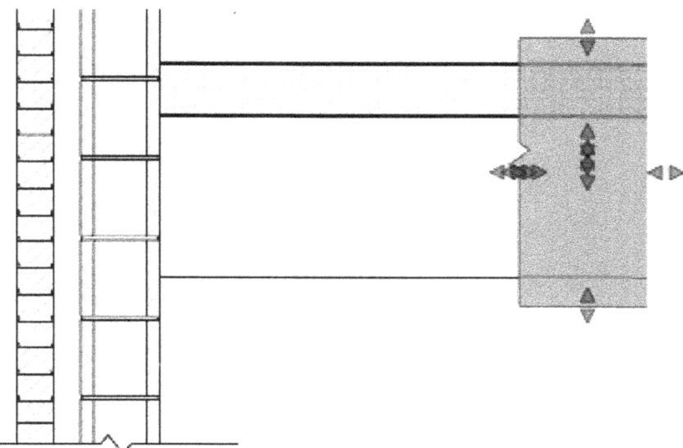

Figure 16–32

9. Enregistrez le projet.

Tâche 3 - Dessiner des doublages à l'aide de lignes de détail.

1. Dans l'onglet *Annoter*>groupe de fonctions Détail, cliquez sur (Ligne de détail).
2. Dans l'onglet *Modifier | Placer des lignes de détail*>groupe de fonctions Style de ligne, vérifiez que **Lignes épaisses** est sélectionné.
3. Dessinez des doublages comme ceux illustrés en Figure 16–33.

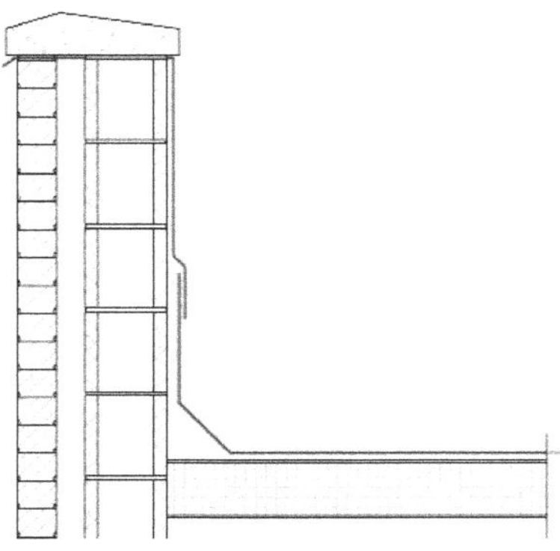

Figure 16–33

4. Avec les lignes de détail, ajoutez un tasseau biseauté sous le doublage.

5. Enregistrez le projet.

Tâche 4 - Annoter le détail.

1. Dans la barre d'outils d'accès rapide ou l'onglet *Annoter*>groupe de fonctions Texte, cliquez sur A (Texte).

2. Dans l'onglet *Modifier* | *Placer Texte*>groupe de fonctions Repère, sélectionnez (Deux segments).

3. Ajoutez le texte et des repères, comme illustré en Figure 16–34. Utilisez des alignements pour placer les points de repère et le texte.

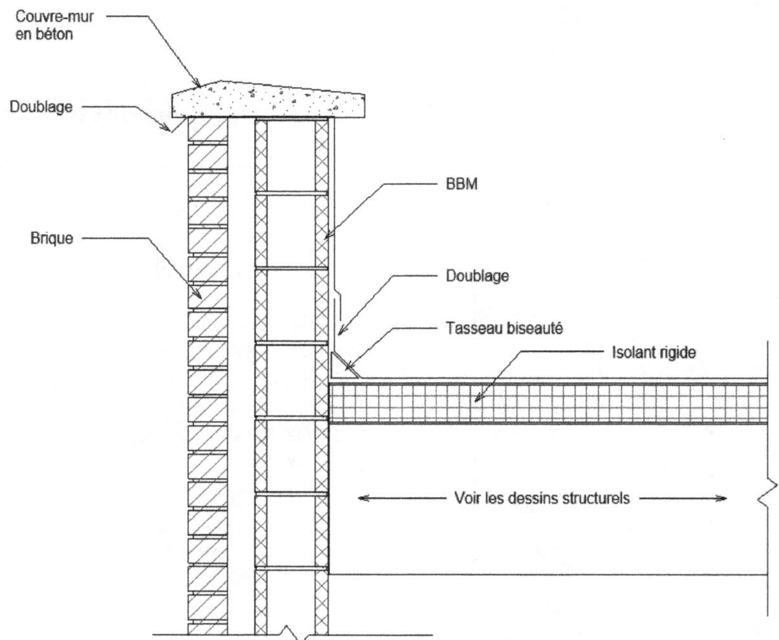

Figure 16–34

4. Enregistrez le projet.

À ce stade, vous avez un hybride entre des éléments de détail et des éléments de modèle. Vous pouvez continuer à ajouter des éléments de détail pour remplacer le toit. Vous pouvez également ajouter des éléments porteurs si vous avez le temps.

Exercice 16b

Créer un détail dans une vue de détail

Durée estimée : 20 minutes

Objectif de l'exercice

- Créer et annoter des détails.

Dans cet exercice, vous créerez un détail de semelle dans une vue de dessin. Vous ajouterez des composants de détail, des lignes et des annotations ainsi que des zones remplies. Vous placerez la vue sur une feuille, comme illustré en Figure 16–35, et vous placerez un repère dans une autre vue pour référencer cette vue.

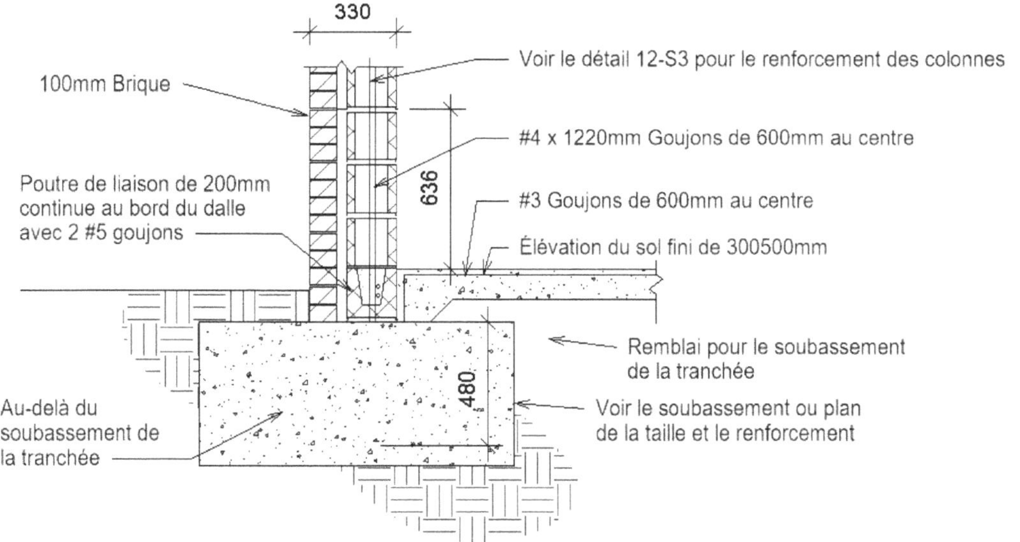

Figure 16–35

- Cet exercice est conçu avec un minimum d'instructions, pour vous permettre d'appliquer ce que vous avez appris.

Tâche 1 - Créer un détail.

1. Ouvrez le fichier **Hôtel-Moderne-Détails.rvt**.
2. Créez une vue de dessin appelée **Détail de soubassment** à une échelle de **1:50**.

3. Utilisez des lignes de détail et des composants de détail pour ajouter la semelle, les murs, le sol et l'armature, comme illustré en Figure 16–35.

    - Utilisez des **Styles de ligne** pour faire apparaître les différentes épaisseurs et motifs **Lignes épaisses** et **Lignes cachées**.

4. Ajoutez des cotes et des notes textuelles, comme illustré en Figure 16–35.

Tâche 2 - Ajouter des zones remplies.

1. Dans l'onglet *Annoter*>groupe de fonctions Détail, déroulez (Zone) et cliquez sur (Zone remplie).

2. Dans l'onglet *Modifier | Créer une limite pour la zone remplie*>groupe de fonctions Style de ligne, sélectionnez le style de ligne **Lignes moyennes**.

3. À l'aide des outils Dessiner, esquissez un contour autour de la dalle, comme illustré en Figure 16–36.

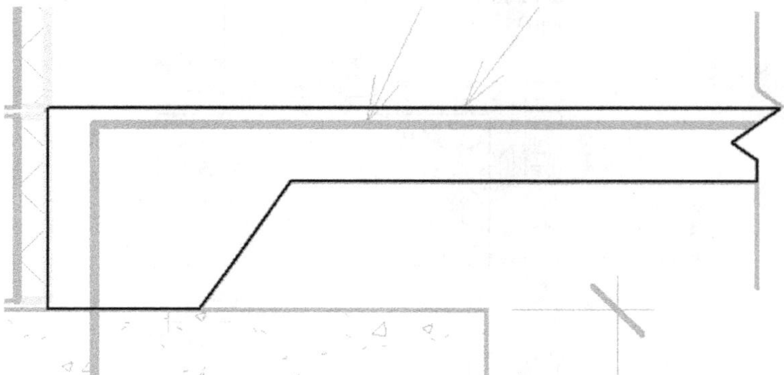

Figure 16–36

4. Dans le Sélecteur de type, sélectionnez **Zone remplie: Béton**.

5. Cliquez sur (Terminer).

6. Ajoutez une zone remplie à la semelle à l'aide du même motif **Béton**.

7. Créez les zones remplies inclinées comme à la Figure 16–37, avec le Style de ligne **<Lignes invisibles>** pour esquisser le contour. Définissez le type de zone remplie sur **Terre**.

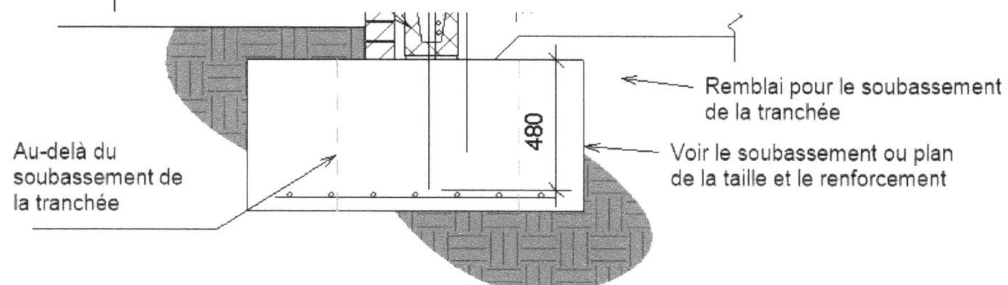

Figure 16–37

   - Les lignes inclinées sont faites avec des splines.

8. Les motifs pourraient couvrir certains éléments. Sélectionnez la zone remplie et dans l'onglet *Modifier | Éléments de détail*>groupe de fonctions Organiser, cliquez sur (Arrière-plan).

9. Faites tous les ajustements nécessaires aux emplacements des annotations.

10. Enregistrez le projet.

Tâche 3 - Ajouter le détail à une feuille et le connecter à un repère de détail.

1. Créez une nouvelle feuille appelée **A9.1 - Détails** et faites glisser le détail de la semelle sur cette feuille.

2. Ouvrez la vue **Coupe (Coupe de mur): Coupe 1**.

3. Lancez la commande **Repère** et sélectionnez le type **Vue de détail: Détail**.

4. Dans l'onglet *Modifier* | *Repère*>groupe de fonctions Référence, sélectionnez **Référencer une autre vue** et, dans la liste déroulante, sélectionnez **Vue de dessin: Détail de soubassement**, comme illustré en Figure 16–38

Figure 16–38

5. Dessinez le repère autour de la zone de la semelle. Le détail approprié est référencé, comme illustré en Figure 16–39.

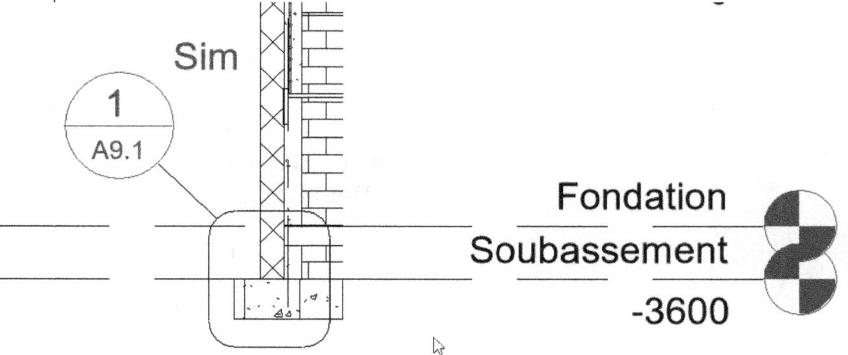

Figure 16–39

6. Enregistrez le projet.

Questions de révision

1. Parmi les méthodes suivantes, quelles sont celles vous permettant de créer un détail ? (Sélectionnez toutes les réponses possibles).
   a. Faire un repère d'une coupe et dessiner par-dessus.
   b. Dessiner tous les éléments à partir de zéro.
   c. Importer un détail CAO et le modifier ou dessiner par-dessus.
   d. Insérer une vue de dessin existante à partir d'un autre fichier.
2. Dans quel type de vue (accès illustré en Figure 16–40) NE pouvez-vous PAS ajouter de lignes de détail ?

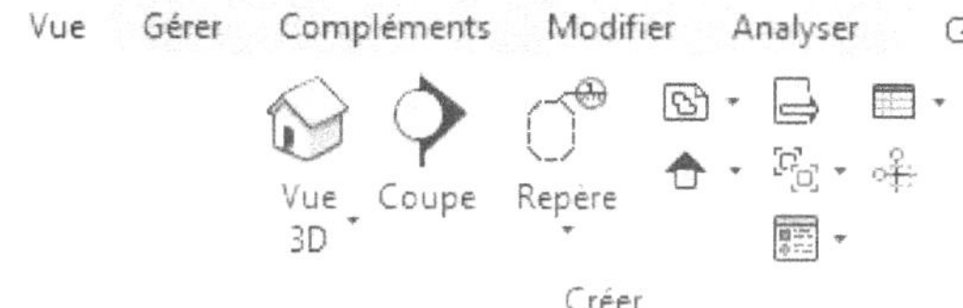

Figure 16–40

   a. Plans
   b. Elévations
   c. Vues 3D
   d. Légendes
3. En quoi les composants de détail sont-ils différents des composants de construction ?
   a. Il n'y a pas de différence.
   b. Les composants de détail sont faits de lignes en 2D et d'annotation seulement.
   c. Les composants de détail sont faits d'éléments de construction, mais ne s'affichent que dans des vues de détail.
   d. Les composants de détail sont faits d'éléments en 2D et 3D.

4. Lorsque vous esquissez des lignes de détail, elles...
   a. Sont toujours de la même largeur.
   b. Varient en largeur en fonction de la vue.
   c. S'affichent dans toutes les vues associées au détail.
   d. S'affichent uniquement dans la vue où elles ont été créées.

5. Quelle commande utilisez-vous pour ajouter un motif (par exemple du béton ou de la terre, comme illustré en Figure 16–41) à une partie d'un détail ?

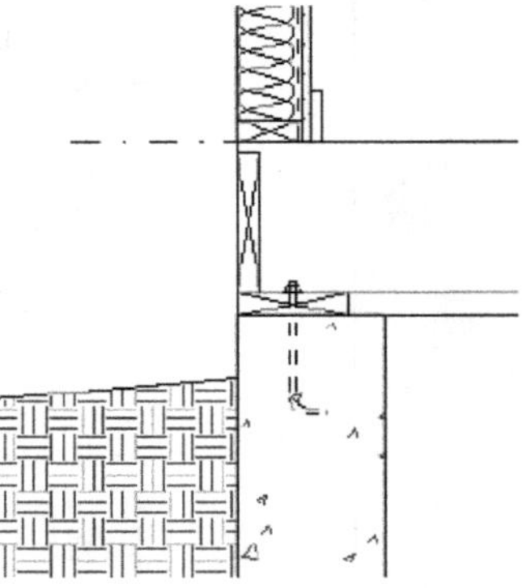

Figure 16–41

   a. Zone
   b. Zone remplie
   c. Zone de masquage
   d. Zone de motif

Récapitulatif des commandes

<table>
<tr><th>Bouton</th><th>Commande</th><th>Emplacement</th></tr>
<tr><td colspan="3">Outils Importer CAO</td></tr>
<tr><td></td><td>Décomposition partielle</td><td>• Ruban : Onglet Modifier | <nom du fichier importé>groupe de fonctions Occurrence importée, déroulez Décomposer</td></tr>
<tr><td></td><td>Décomposition totale</td><td>• Ruban : Onglet Modifier | <nom du fichier importé>groupe de fonctions Occurrence importée, déroulez Décomposer</td></tr>
<tr><td></td><td>Importer CAO</td><td>• Ruban : Onglet Insérer>groupe de fonctions Importer</td></tr>
<tr><td></td><td>Supprimer des calques</td><td>• Ruban : Onglet Modifier | <nom du fichier importé>groupe de fonctions Occurrence importée</td></tr>
<tr><td colspan="3">Outils de détail</td></tr>
<tr><td></td><td>Composant de détail</td><td>• Ruban : Onglet Annoter>groupe de fonctions Détail, déroulez Composant</td></tr>
<tr><td></td><td>Isolation</td><td>• Ruban : Onglet Annoter>groupe de fonctions Détail</td></tr>
<tr><td></td><td>Ligne de détail</td><td>• Ruban : Onglet Annoter>groupe de fonctions Détail</td></tr>
<tr><td></td><td>Répétition de composant de détail</td><td>• Ruban : Onglet Annoter>groupe de fonctions Détail, déroulez Composant</td></tr>
<tr><td></td><td>Zone remplie</td><td>• Ruban : Onglet Annoter>groupe de fonctions Détail</td></tr>
<tr><td colspan="3">Outils Vue</td></tr>
<tr><td></td><td>Arrière-plan</td><td>• Ruban : Onglet Modifier | Éléments de détail>groupe de fonctions Organiser</td></tr>
<tr><td></td><td>Insérer à partir du fichier> Insérer des vues à partir du fichier</td><td>• Ruban : Onglet Insérer>groupe de fonctions Importer, déroulez Insérer à partir du fichier</td></tr>
<tr><td></td><td>Premier plan</td><td>• Ruban : Onglet Modifier | Éléments de détail>groupe de fonctions Organiser</td></tr>
<tr><td></td><td>Vers l'arrière</td><td>• Ruban : Onglet Modifier | Éléments de détail>groupe de fonctions Organiser</td></tr>
<tr><td></td><td>Vers l'avant</td><td>• Ruban : Onglet Modifier | Éléments de détail>groupe de fonctions Organiser</td></tr>
<tr><td></td><td>Vue de dessin</td><td>• Ruban : Onglet Vue>groupe de fonctions Créer</td></tr>
</table>

Annexe A

Présentation des sous-projets

Le partage de projet ou *Worksharing* est un workflow utilisé dans le logiciel Autodesk® Revit® lorsque plusieurs personnes travaillent en même temps sur un modèle de projet unique. Le modèle est réparti en sous-projets. Les différents individus ouvrent et travaillent sur des fichiers locaux qui sont synchronisés dans un fichier central lors de l'enregistrement.

Pour plus d'informations sur l'établissement et l'utilisation des sous-projets, consultez le guide d'apprentissage *Outils de collaboration Autodesk Revit*.

Objectifs pédagogiques de cette Annexe

- Passer en revue les principes du partage de projet.
- Ouvrir un fichier local pour apporter des modifications à votre partie d'un projet.
- Synchroniser votre fichier local avec le fichier central qui contient les modifications apportées à tous les fichiers locaux.

A.1 Présentation des sous-projets

Lorsqu'un projet s'avère trop important pour une seule personne, il faut le subdiviser de manière à ce qu'une équipe d'individus puisse travailler dessus. Comme les projets Autodesk Revit contiennent le modèle Building complet dans un seul fichier, ce fichier doit être séparé en composants logiques comme illustré en Figure A–1, sans perdre le lien avec l'ensemble. Ce processus est appelé *worksharing* (partage de projet) et les principaux composants sont des sous-projets.

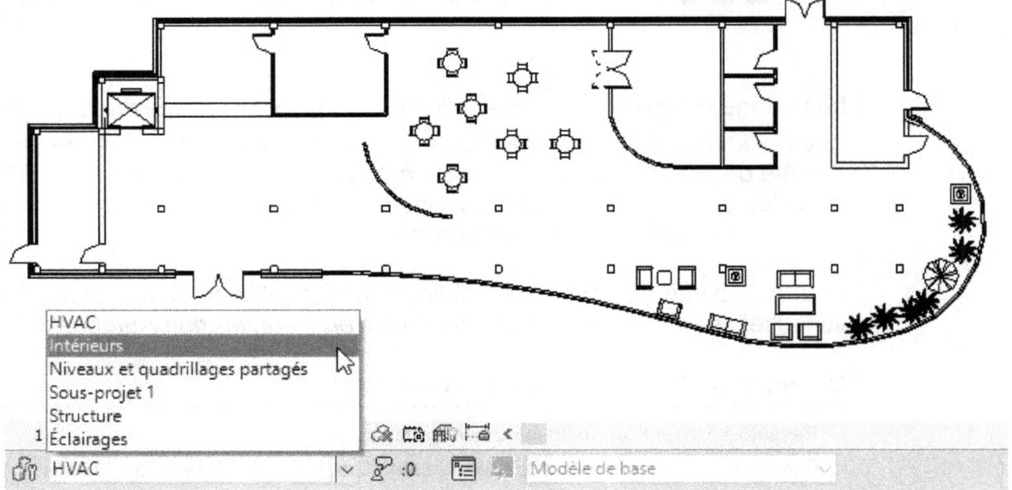

Figure A–1

Lorsque des sous-projets sont établis dans un projet, il y a un seul **fichier central** et autant de **fichiers locaux** que nécessaires pour permettre à chaque personne de l'équipe de disposer d'un fichier, comme illustré en Figure A–2.

*Le **fichier central** est créé par le gestionnaire BIM, le Chef de projet ou le Responsable de projet puis stocké sur un serveur afin d'être accessible à plusieurs utilisateurs. Un **fichier local** est une copie du fichier central stockée sur votre ordinateur.*

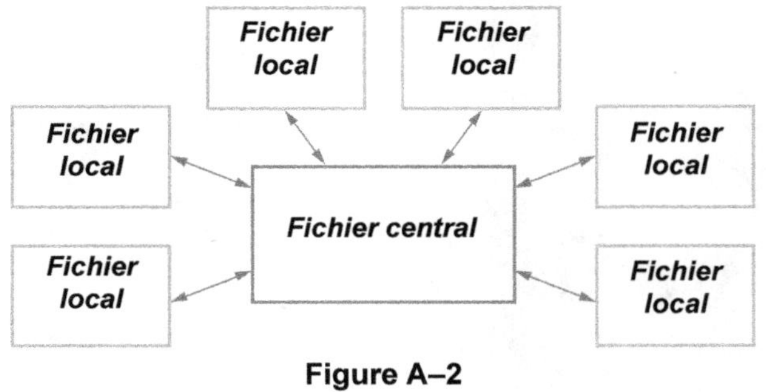

Figure A–2

- Tous les fichiers locaux sont réenregistrés dans le fichier central et les mises à jour du fichier central sont transférées dans les fichiers locaux. Toutes les modifications apportées restent ainsi dans un seul fichier tandis que le projet, le modèle, les vues et les feuilles sont mis à jour automatiquement.

Instructions pratiques : Créer un fichier local

1. Dans l'onglet Fichier ou la barre d'outils d'accès rapide, cliquez sur (Ouvrir). Vous devez procéder ainsi pour créer un fichier local à partir du fichier central.
2. Dans la boîte de dialogue Ouvrir, accédez à l'emplacement du serveur du fichier central puis sélectionnez le fichier central. Ne travaillez pas sur ce fichier. Sélectionnez **Créer un fichier local** comme illustré en Figure A–3.
3. Vérifiez que cette option est sélectionnée puis cliquez sur **Ouvrir**.

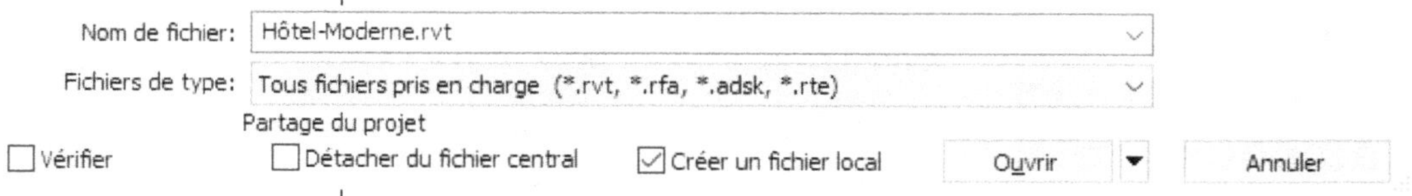

Nom de fichier: Hôtel-Moderne.rvt
Fichiers de type: Tous fichiers pris en charge (*.rvt, *.rfa, *.adsk, *.rte)
Partage du projet
Vérifier | Détacher du fichier central | Créer un fichier local | Ouvrir | Annuler

Figure A–3

Des noms d'utilisateur peuvent être assignés dans les Options.

4. Une copie du projet est créée. Elle a le même nom que le fichier central, mais votre *Nom d'utilisateur* a été ajouté à la fin.

- Vous pouvez enregistrer le fichier en utilisant le nom par défaut ou utiliser (Enregistrer sous) puis nommer le fichier selon votre standard office. Le nom doit comprendre *Local* pour indiquer qu'il est enregistré sur votre ordinateur local ou que vous êtes le seul à travailler avec cette version du fichier.

- Supprimez tous les anciens fichiers locaux afin d'être certain de travailler sur la dernière version.

Instructions pratiques : Travailler sur un fichier lié à un sous-projet

1. Ouvrez votre fichier local.
2. Dans la barre d'état, déroulez la liste déroulante des sous-projets actifs puis sélectionnez un sous-projet comme illustré en Figure A–4. En définissant le sous-projet actif, d'autres personnes peuvent travailler sur le projet, mais ne peuvent pas modifier les éléments que vous ajoutez au sous-projet.

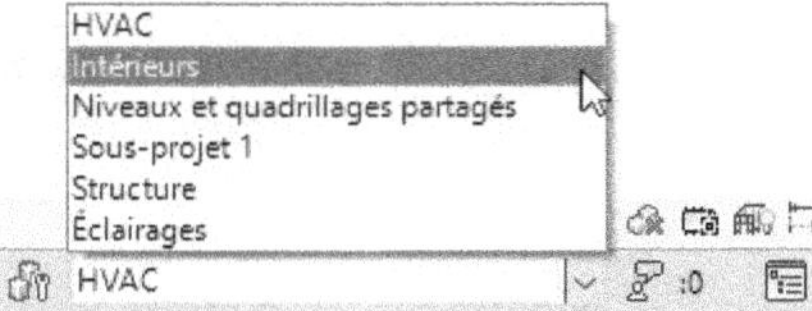

Figure A–4

3. Travaillez sur le projet comme requis.

Enregistrement de fichiers liés au sous-projet

Lorsque vous utilisez un fichier lié à un sous-projet, vous devez enregistrer le fichier au niveau local et au niveau central

- Enregistrez le fichier local fréquemment (toutes les 15 à 30 minutes). Dans la barre d'outils d'accès rapide, cliquez sur (Enregistrer) pour enregistrer le fichier local comme vous le feriez pour n'importe quel autre projet.
- Synchronisez le fichier local avec le fichier central régulièrement (toutes les heures ou toutes les deux heures) ou une fois que vous avez apporté des modifications majeures à votre projet.

Conseil : Configurer des notifications d'enregistrement et de synchronisation

Vous pouvez configurer des rappels d'enregistrement et de synchronisation des fichiers dans le fichier central, dans la boîte de dialogue des Options, dans le volet *Général* comme illustré en Figure A–5.

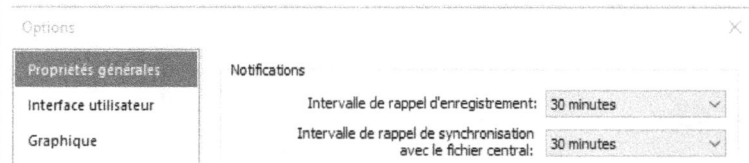

Options
Propriétés générales
Interface utilisateur
Graphique
Notifications
Intervalle de rappel d'enregistrement: 30 minutes
Intervalle de rappel de synchronisation avec le fichier central: 30 minutes

Figure A–5

Synchronisation dans le fichier central

Deux méthodes permettent de réaliser une synchronisation dans le fichier central. Elles s'effectuent depuis la barre d'outils d'accès rapide ou l'onglet *Collaborer*>groupe de fonctions Synchroniser.

Cliquez sur (Synchroniser maintenant) pour mettre à jour le fichier central puis le fichier local avec toutes les modifications apportées au fichier central depuis la dernière synchronisation. Patientez un peu. Ceci supprime automatiquement les éléments adaptés d'un sous-projet utilisé par une autre personne, mais conserve les sous-projets utilisés par la personne actuelle.

Cliquez sur (Synchroniser et modifier les paramètres) pour ouvrir la boîte de dialogue Synchroniser avec le fichier central comme illustré en Figure A–6, dans laquelle vous pouvez définir l'emplacement du fichier central, ajouter des commentaires, enregistrer le fichier localement avant et après une synchronisation puis définissez les options de suppression des sous-projets et des éléments.

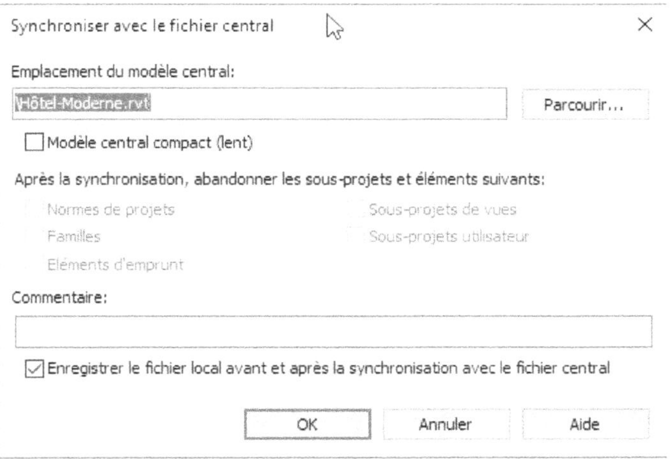

Figure A–6

- Vérifiez que l'option **Enregistrer le fichier local avant et après la synchronisation avec le fichier central** est cochée avant de cliquer sur **OK**. Des modifications du fichier central peuvent avoir été copiées dans votre fichier.

- Lorsque vous fermez un fichier local sans l'enregistrer dans le fichier central, vous êtes invité(e) à sélectionner l'une des options comme illustré en Figure A–7.

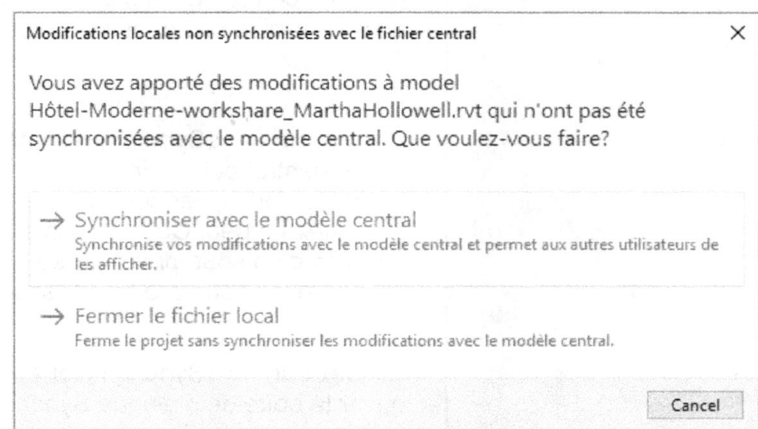

Modifications locales non synchronisées avec le fichier central
Vous avez apporté des modifications à model Hôtel-Moderne-workshare_MarthaHollowell.rvt qui n'ont pas été synchronisées avec le modèle central. Que voulez-vous faire?
Synchroniser avec le modèle central
Synchronise vos modifications avec le modèle central et permet aux autres utilisateurs de les afficher.
Fermer le fichier local
Ferme le projet sans synchroniser les modifications avec le modèle central.
Cancel

Figure A–7

Récapitulatif des commandes

Bouton	Commande	Emplacement
	Enregistrer	• **Barre d'outils d'accès rapide** • **Onglet Fichiers :** Enregistrer • **Raccourci :** <Ctrl>+<S>
	Synchroniser et modifier les paramètres	• **Barre d'outils d'accès rapide** • **Ruban :** Onglet *Collaborer*> groupe de fonctions Synchroniser> déroulez Synchroniser avec central
	Synchroniser maintenant	• **Barre d'outils d'accès rapide** • **Ruban :** Onglet *Collaborer*> groupe de fonctions Synchroniser> déroulez Synchroniser avec central

Annexe

B

Outils supplémentaires

Le logiciel Autodesk® Revit® comprend de nombreux autres outils pouvant être utilisés lors de la création et de l'utilisation de modèles. Cette annexe décrit en détail plusieurs outils et commandes qui se rapportent à ceux décrits dans le guide d'apprentissage.

Objectifs pédagogiques de cette Annexe

- Enregistrer et utiliser des jeux de sélections de plusieurs éléments de construction.
- Modifier les jonctions de murs.
- Ajouter des courbes et des ébrasements de mur ainsi que des faces de toit, des gouttières et des bords de dalle de sol.
- Créer un type de mur-rideau avec un modèle de quadrillage régulier.
- Clarifier des vues à l'aide des options Scinder la face, Peindre, Traits et Profils de coupe.
- Ajouter des lucarnes à des toits.
- Utiliser des quadrillages de guidage pour faciliter le placement des vues sur les feuilles.
- Ajouter des nuages de révision, des étiquettes et des informations.
- Annoter des vues dépendantes avec des lignes de correspondance et des références de vue.
- Importer et exporter des nomenclatures.
- Créer des nomenclatures de composants de construction de base.
- Créer des types de répétitions de détails.

B.1 Réutilisation de jeux de sélections

Lorsque plusieurs types d'élément sont sélectionnés, vous pouvez enregistrer le jeu de sélections de manière à pouvoir le réutiliser. Par exemple, un poteau porteur et un poteau architectural doivent être déplacés ensemble. Au lieu de sélectionner chaque élément, créez un jeu de sélections auquel vous pouvez accéder rapidement comme illustré en Figure B–1. Vous pouvez également modifier des jeux de sélections de façon à ajouter des éléments à l'ensemble ou à en supprimer.

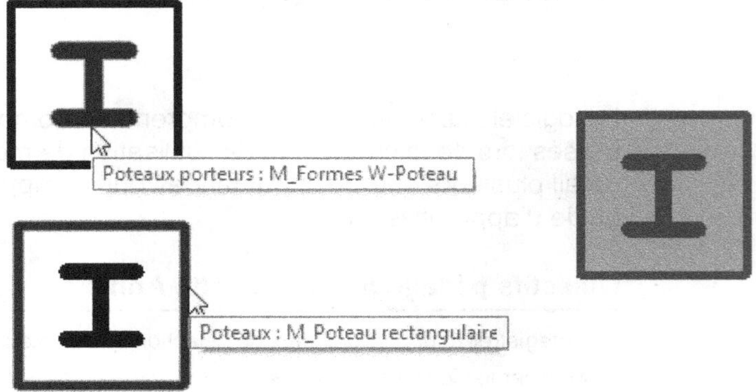

Figure B–1

- Les jeux de sélections sont un filtre d'éléments spécifiques et non des types d'élément.

Instructions pratiques : Enregistrer des jeux de sélections

1. Sélectionnez les éléments que vous souhaitez inclure dans le jeu de sélections.
2. Dans l'onglet *Modifier | Sélection multiple*>groupe de fonctions Sélection, cliquez sur (Enregistrer).

3. Dans la boîte de dialogue Enregistrer la sélection, saisissez un nom pour l'ensemble comme illustré en Figure B–2 puis cliquez sur **OK**.

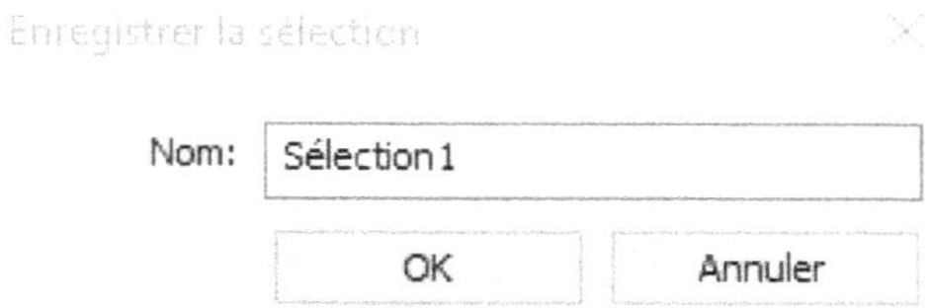

Figure B–2

Instructions pratiques : Récupérer des jeux de sélections

1. Sélectionnez tous les autres éléments que vous êtes susceptible d'utiliser. Dans l'onglet *Modifier | Sélection multiple*>groupe de fonctions Sélection, cliquez sur (Charger). Sinon, sans aucune autre sélection, dans l'onglet *Gérer*>groupe de fonctions Sélection, cliquez sur (Charger).
2. Dans la boîte de dialogue Récupérer les filtres (voir Figure B–3), sélectionnez l'ensemble que vous souhaitez utiliser puis cliquez sur **OK**.

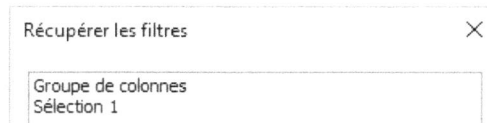

Figure B–3

3. Les éléments sont sélectionnés et vous pouvez continuer à sélectionner d'autres éléments ou utiliser la sélection.

Instructions pratiques : Modifier des jeux de sélections

1. Si des éléments sont sélectionnés dans l'onglet *Modifier | Sélection multiple*>groupe de fonctions Sélection, cliquez sur (Modifier). Sinon, sans aucune sélection, dans l'onglet *Gérer*>groupe de fonctions Sélection, cliquez sur (Modifier).

Les filtres basés sur des règles ne sont pas des jeux de sélections, mais s'appliquent aux catégories d'éléments comme le filtre intérieur illustré en Figure B–4.

2. Dans la boîte de dialogue Modifier des filtres (voir Figure B–4), dans le nœud **Filtres de sélection**, sélectionnez l'ensemble que vous souhaitez modifier puis cliquez sur **Modifier...**.

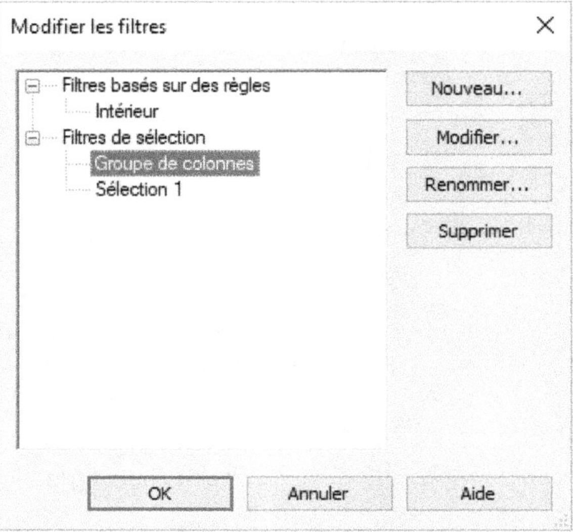

Figure B–4

- Si vous souhaitez modifier le nom du Filtre, cliquez sur **Renommer...**.

3. Les éléments du jeu de sélections restent noirs tandis que les éléments restants apparaissent grisés. L'onglet contextuel *Modifier le jeu de sélections* s'affiche également comme illustré en Figure B–5.

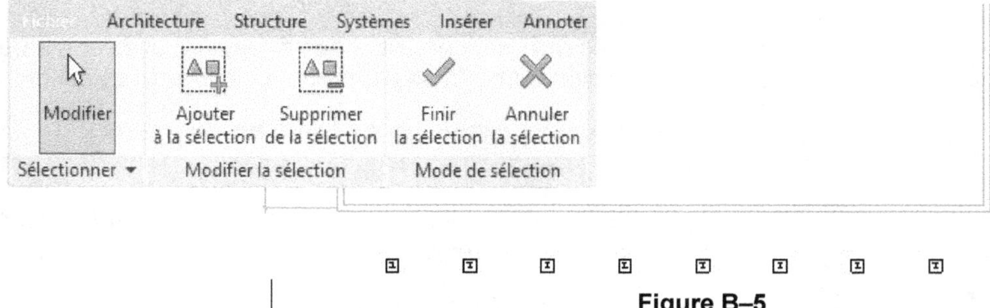

Figure B–5

4. Utilisez (Ajouter à la sélection) pour sélectionner d'autres éléments pour l'ensemble et (Supprimer de la sélection) pour supprimer des éléments de l'ensemble.
5. Lorsque vous avez terminé les modifications, cliquez sur (Finir la sélection).

- Dans la boîte de dialogue Filtres, cliquez sur **OK** pour terminer.

B.2 Modification des jonctions de murs

Utilisez **Modifier les jonctions de murs** pour modifier la configuration des intersections comme illustré en Figure B–6. N'utilisez pas cette commande si vous avez des jonctions de murs complexes ; dans ce cas, modifiez la longueur du mur par rapport aux murs adjacents.

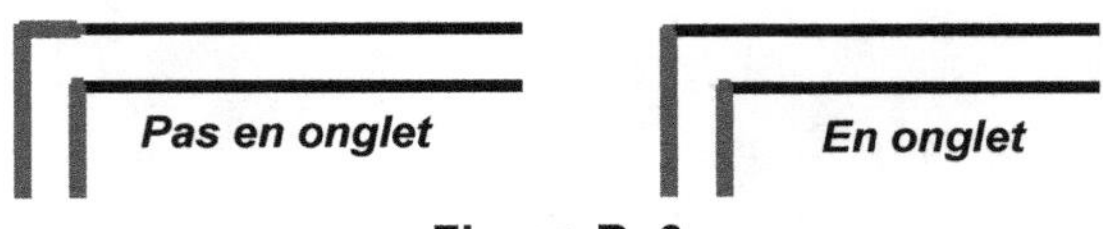

Figure B–6

Instructions pratiques : Modifier la configuration d'un joint de murs

1. Dans l'onglet *Modifier*>groupe de fonctions Géométrie, cliquez sur (Jonctions de murs).
2. Cliquez sur la jonction de murs que vous souhaitez modifier. Un carré apparaît autour de la jonction. Maintenir la touche <Ctrl> enfoncée pour sélectionner plusieurs jonctions.
3. Les options de configuration s'affichent dans la Barre des options comme illustré en Figure B–7. Sélectionnez l'option requise.

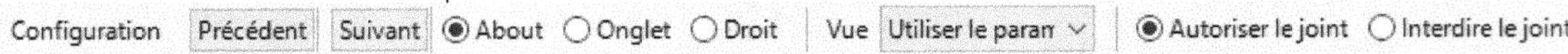

Figure B–7

- Sélectionnez l'une des trois configurations : **About**, **Onglet** et **Droit** comme illustré en Figure B–8.

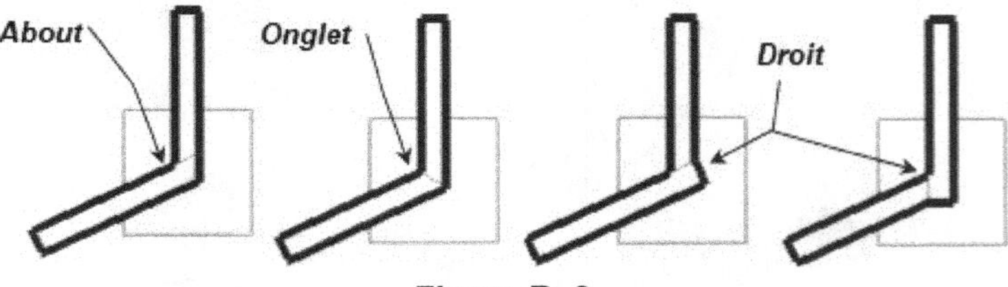

Figure B–8

- Cliquez sur **Précédent** et **Suivant** pour faire défiler les configurations en about ou droites à l'aide des différentes options d'intersection.
- La commande **Autoriser le joint** nettoie le joint tandis que l'option **Interdire le joint** brise la jonction.

4. La commande **Jonctions de murs** reste active jusqu'à ce que vous sélectionniez une autre commande.

Instructions pratiques : Modifier les options d'affichage des jonctions de murs

1. Dans l'onglet *Modifier*>groupe de fonctions Géométrie, cliquez sur (Jonctions de murs).
2. Cliquez sur la jonction de murs que vous souhaitez modifier.
   - Pour modifier plusieurs joints en même temps, tracez une fenêtre autour de plusieurs intersections de murs (voir Figure B–9) ou maintenez la touche <Ctrl> enfoncée et choisissez des intersections supplémentaires. Un carré apparaît autour de chaque joint.

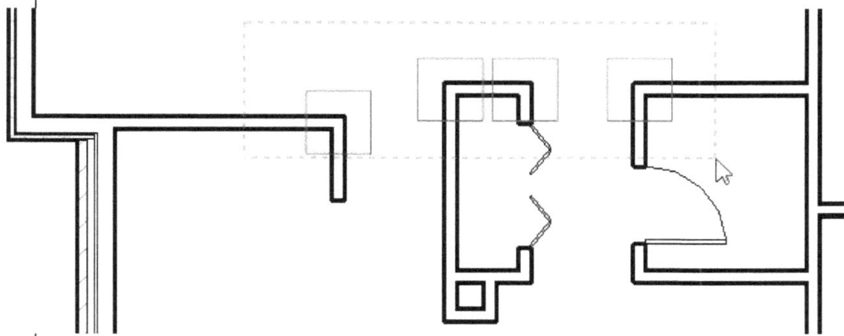

Figure B–9

- L'*affichage* contrôle si les jonctions de murs sont affichées ou non. Les options sont **Utiliser le paramétrage de la vue** (configurée dans les Propriétés de la vue), **Nettoyer le joint** et **Ne pas nettoyer le joint** comme illustré en Figure B–10.

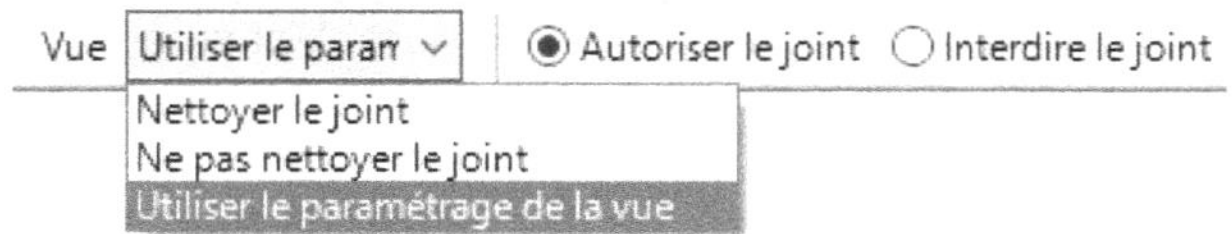

Figure B–10

3. Si vous sélectionnez l'extrémité d'un mur qui n'est pas relié à un autre mur, vous pouvez modifier l'option sur **Autoriser le joint** dans la Barre des options comme illustré en Figure B–11. Sélectionnez à nouveau la jonction de ce mur pour rendre les configurations disponibles.

Figure B–11

B.3 Profils en relief et en creux

Le logiciel Autodesk Revit intègre une série de commandes qui vous permettent de modifier des murs, des toits et des sols par extrusion d'un profil le long d'un élément. Par exemple, vous pouvez ajouter rapidement une gouttière sur toute la longueur d'un toit ou une courbe au niveau d'un bord de sol utilisé comme balcon comme illustré en Figure B–12. L'élément modifié par extrusion est l'hôte et toutes ces opérations sont appelées profils associés.

Le processus de création de reliefs, de gouttières et de bords de dalle etc. est similaire.

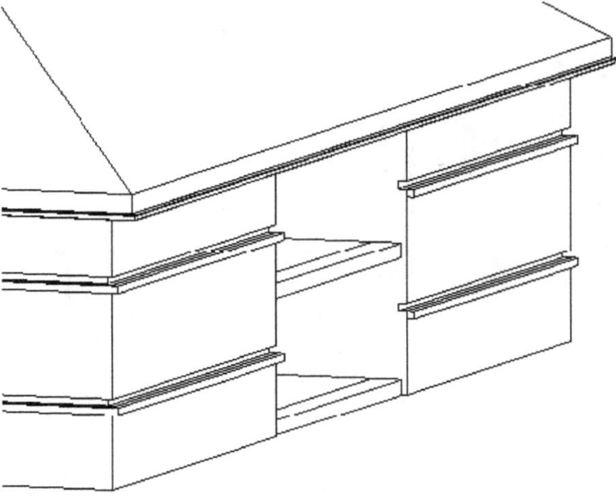

Figure B–12

- Le logiciel comprend quelques profils d'extrusion standard. Vous pouvez également créer vos propres profils personnalisés.
- Ouvrez une vue 3D si vous êtes en train de travailler sur des murs. Vous pouvez être dans une vue en plan ou en élévation pour réaliser des extrusions de toit et de sol.
- Des commandes spécifiques permettent de créer des profils en relief et des profils en creux, des bords de toiture et des gouttières et des bords de dalle de sol. Ces dernières apparaissent en développant la commande associée dans l'onglet *Architecture*>groupe de fonctions Création comme illustré en Figure B–13. Pour les murs et les sols, elles se trouvent également dans l'onglet *Structure*>Structure.

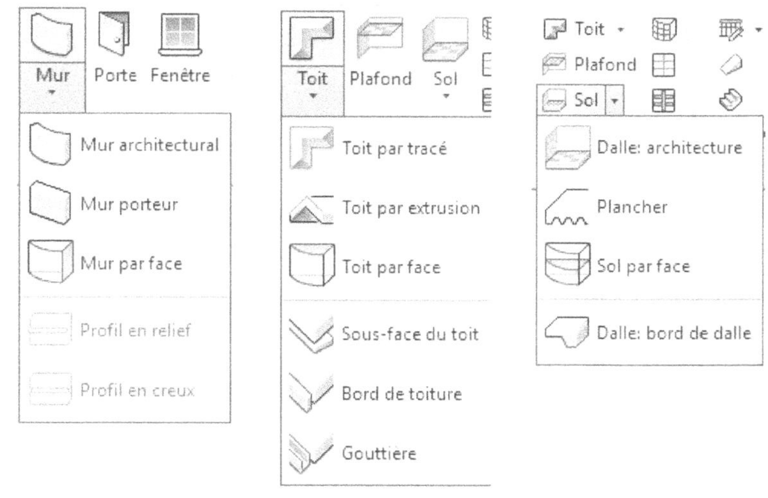

Figure B–13

- Les profils en relief et les profils en creux des murs ne peuvent être appliqués que dans des vues en élévation, en coupe ou en 3D.

Instructions pratiques : Utiliser la commande Profil en relief

Pour spécifier l'emplacement précis de l'élément extrudé, sélectionnez-le après l'avoir créé puis modifiez les cotes suivant besoin.

1. Ouvrez une vue d'élévation ou 3D.
2. Dans l'onglet *Architecture*>groupe de fonctions Création, déroulez (Mur) et cliquez sur (Profils en relief).
3. Dans Propriétés, sélectionnez un type de profil en relief. (Le type de profil en relief doit être configuré avant de lancer la commande).
4. Dans l'onglet *Modifier | Placer Profil en relief*>groupe de fonctions Positionnement, cliquez sur (Horizontal) ou (Vertical). (Ceci ne s'applique qu'aux murs).
5. Placez le curseur sur l'élément que vous souhaitez extruder puis cliquez pour le positionner.
6. Si vous êtes en train d'effectuer une extrusion horizontale, continuez à sélectionner les éléments. L'extrusion est placée à la même hauteur que le premier élément.
7. Pour changer les styles de profil en relief ou la hauteur, dans le groupe de fonctions Positionnement, cliquez sur (Recommencer un profil en relief) ou revenez à la commande **Modifier** pour terminer.

Instructions pratiques : Configurer des profils d'extrusion

1. Dans l'onglet *Insérer*>groupe de fonctions Charger depuis la bibliothèque, cliquez sur (Charger la famille).
2. Dans la boîte de dialogue Charger la famille, sélectionnez le profil que vous souhaitez utiliser (dans le dossier *Profiles* de la bibliothèque Autodesk) ou sélectionnez un profil personnalisé.
3. Lancez la commande de profil associé correspondante. Par exemple, si vous travaillez sur une gouttière, cliquez sur (Toit : Gouttière).
4. Dans Propriétés, sélectionnez un type de profil en relief puis cliquez sur (Modifier le type).
5. Dans la boîte de dialogue Propriétés du type, cliquez sur **Dupliquer...**.
6. Entrez un nouveau nom pour le type.
7. Dans la boîte de dialogue Propriétés du type, sous *Construction*, sélectionnez le *Profil*. Vous pouvez également appliquer *Contraintes*, *Matériaux et finitions* et *Données d'identification* comme illustré en Figure B–14.

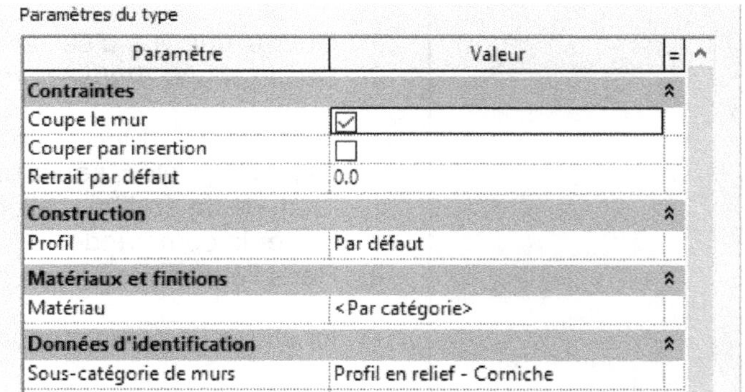

Paramètres du type

Paramètre	Valeur
Contraintes	
Coupe le mur	☑
Couper par insertion	☐
Retrait par défaut	0.0
Construction	
Profil	Par défaut
Matériaux et finitions	
Matériau	<Par catégorie>
Données d'identification	
Sous-catégorie de murs	Profil en relief - Corniche

Figure B–14

8. Cliquez sur **OK** pour fermer la boîte de dialogue. Le nouveau type est défini comme étant celui actuel.

Contraintes

Les contraintes vous permettent de mieux contrôler le fonctionnement de l'extrusion.

Coupe le mur	Si cette option est sélectionnée, elle découpe la géométrie en dehors du mur hôte, au niveau des points de chevauchement. Le fait de désactiver cette option peut augmenter la performance si le projet contient un nombre important d'éléments extrudés.
Couper par insertion	Si cette option est sélectionnée, lors de l'insertion de portes et de fenêtres dans un mur avec un profil en relief, l'insertion coupe les éléments extrudés.
Retrait par défaut	Cette valeur indique la distance du retrait du profil en relief par rapport à toutes les insertions de mur sécantes.

B.4 Création de types de mur-rideau avec des quadrillages automatiques

Si vous avez un mur-rideau avec une distance fixe ou un nombre fixe de quadrillages dans le sens vertical ou horizontal, vous pouvez créer un type de mur-rideau contenant ces informations comme illustré en Figure B–15. Les lignes de quadrillage automatiques peuvent également être définies par rapport à un angle.

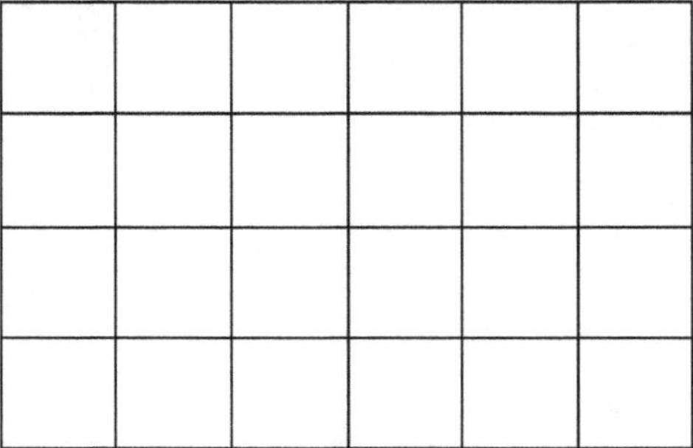

Figure B–15

Instructions pratiques : Créer un mur-rideau avec des quadrillages automatiques

1. Dans l'onglet *Architecture*>groupe de fonctions Création, cliquez sur (Mur).
2. Dans le Sélecteur de type, sélectionner un mur-rideau similaire à celui que vous voulez créer.
3. Dans Propriétés, cliquez sur (Modifier le type).
4. Dans la boîte de dialogue Propriétés du type, cliquez sur **Dupliquer...** pour créer une copie du type de famille existant.
5. Dans la boîte de dialogue Name (Nom), attribuez un nom au mur-rideau décrivant sa fonction comme illustré en Figure B–16.

6. Le nouveau nom contient automatiquement le nom de la famille, par exemple **Mur-rideau**. Vous n'avez donc pas besoin d'inclure le nom de la famille.

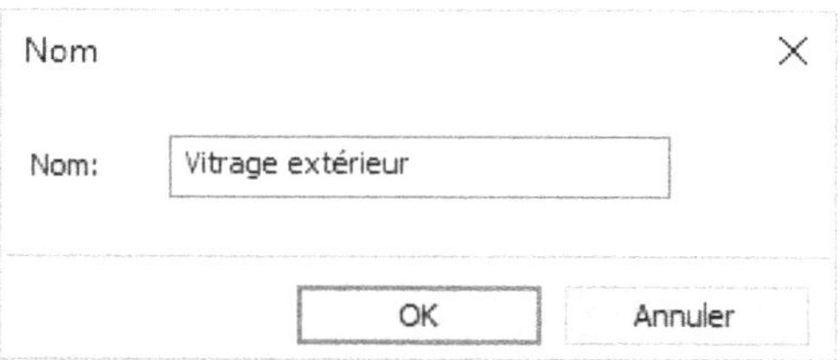

Figure B–16

7. Dans la boîte de dialogue Propriétés du type, saisissez les informations correspondant aux paramètres *Construction*, *Modèles de quadrillage vertical* et *horizontal* et *Meneaux horizontaux* et *Verticaux* comme illustré en Figure B–17.

Les paramètres du type s'appliquent à toutes les instances de ce type insérées dans le logiciel Autodesk Revit. Ceci vaut pour toutes les familles (p. ex., murs, portes, fenêtres, etc.). La modification d'un Paramètre de type modifie toutes les instances de ce type dans le projet.

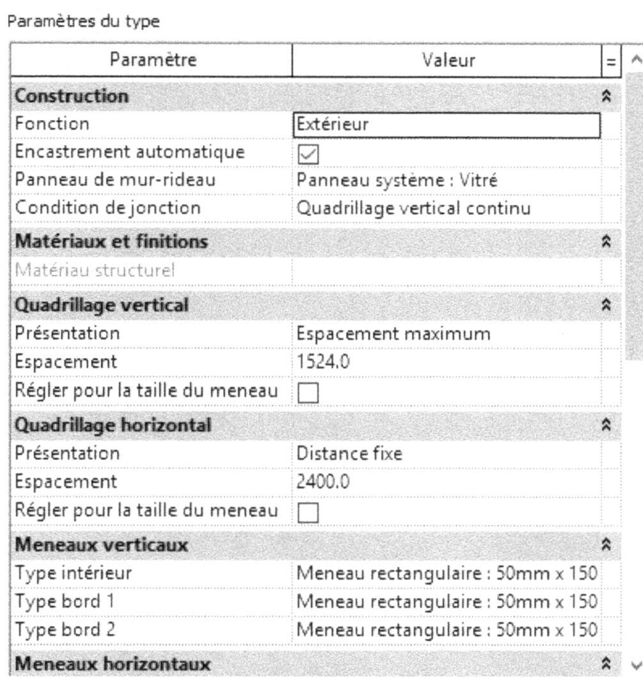

Paramètres du type
Paramètre
Valeur
Construction
Fonction
Extérieur
Encastrement automatique
Panneau de mur-rideau
Panneau système : Vitré
Condition de jonction
Quadrillage vertical continu
Matériaux et finitions
Matériau structurel
Quadrillage vertical
Présentation
Espacement maximum
Espacement
1524.0
Régler pour la taille du meneau
Quadrillage horizontal
Présentation
Distance fixe
Espacement
2400.0
Régler pour la taille du meneau
Meneaux verticaux
Type intérieur
Meneau rectangulaire : 50mm x 150
Type bord 1
Meneau rectangulaire : 50mm x 150
Type bord 2
Meneau rectangulaire : 50mm x 150
Meneaux horizontaux

Figure B–17

- Activez le paramètre *Encastrement automatique* si vous souhaitez utiliser le mur-rideau comme vitrine.
- Définissez le *Panneau de mur-rideau* selon le principal type que vous prévoyez d'utiliser. Vous pouvez modifier les panneaux une fois qu'ils sont dans le projet.

- Les modèles de quadrillage peuvent être définis comme suit :

Distance fixe	Les quadrillages sont espacés selon une distance spécifique. Spécifiez la taille dans l'option **Espacement**.
Nombre fixe	Les quadrillages sont divisés au sein d'un mur en fonction d'un nombre spécifié. Le *Nombre* de lignes de quadrillage est spécifié dans les Paramètres d'occurrence.
Espacement maximum	Les quadrillages sont espacés uniformément entre eux selon la distance maximale spécifiée dans l'option **Espacement**.
Aucun	Aucun quadrillage n'est spécifié.

- Le paramètre **Régler pour la taille du meneau** garantit que les panneaux insérés entre les lignes du quadrillage ont une taille identique. Ceci est très important si vous utilisez une taille de meneau différente sur les bordures et sur les séparations intérieures.
- Les meneaux peuvent être spécifiés dans les Paramètres de type pour les meneaux intérieurs et ceux des bordures. Le type de **Border 1** vertical s'applique à gauche du mur-rideau et la **Border 2** s'applique à droite. Le type de **Border 1** horizontal se situe en bas et la **Border 2** en haut.
- Vous pouvez pré-appliquer les meneaux sur le quadrillage dans le type ou les ajouter ultérieurement. Si vous prévoyez d'utiliser le type de mur-rideau comme base pour créer un mur-rideau plus complexe, n'ajoutez pas de meneaux au type car il serait alors plus difficile de sélectionner les lignes du quadrillage afin de les modifier.

8. Cliquez sur **OK** pour fermer la boîte de dialogue Propriétés du type.

Les options dans les Propriétés sont des Paramètres d'occurrence appliqués à l'instance sélectionnée du type inséré dans le logiciel Autodesk Revit.

9. Dans Propriétés, définissez le *modèle de quadrillage vertical* et *horizontal* (y compris le *Nombre* correspondant au nombre fixe, *la Justification*, l'*Angle* et le *Décalage* comme illustré en Figure B–18.

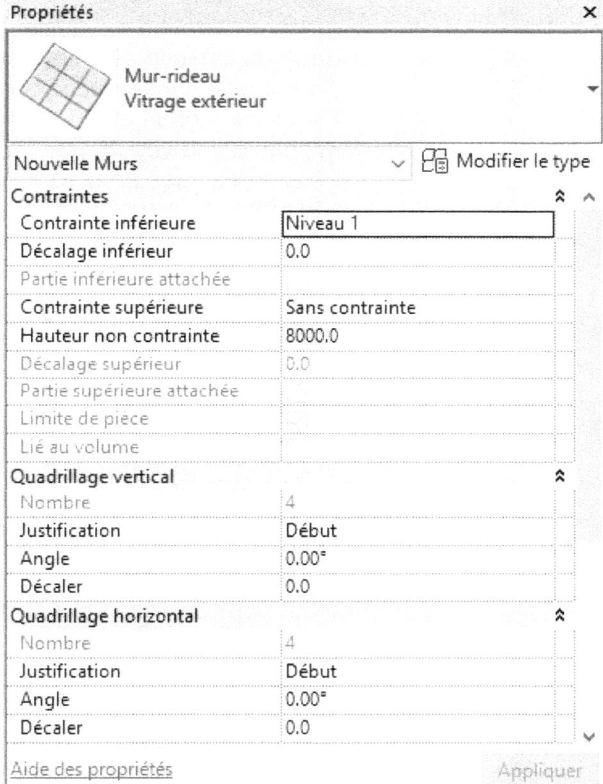

Figure B–18

B.5 Mise en valeur des vues

Lorsque vous commencez à détailler des vues (comme des élévations et des coupes), plusieurs outils permettent de clarifier ce que vous essayez de montrer. **Scinder la face** divise une face d'élévation en plusieurs faces distinctes plus petites. Vous pouvez ensuite utiliser **Peindre** pour appliquer différents matériaux sur les faces comme illustré en Figure B–19. **Traits** vous permet de modifier le poids de ligne ou le style de ligne des lignes d'une vue afin de mettre en évidence divers composants. Dans des vues en plan et des coupes, vous pouvez utiliser **Profils de coupe** pour mettre les vues en valeur.

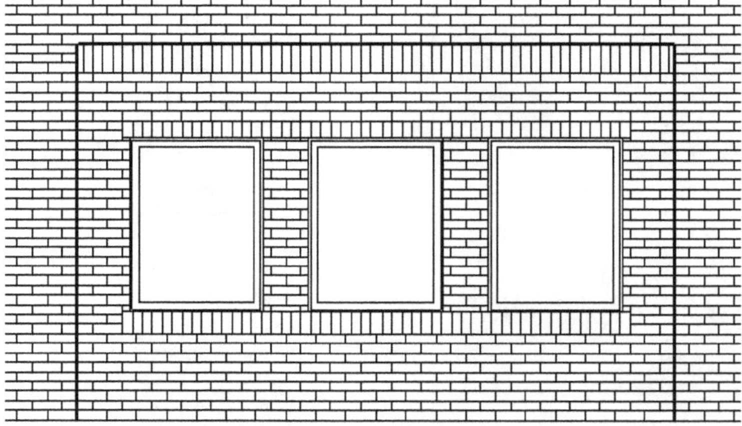

Figure B–19

- Les modifications apportées avec **Scinder la face** et **Peindre** sont affichées dans les vues d'élévation et 3D.

- Les modifications apportées avec **Traits** sont spécifiques à la vue et ne sont appliquées qu'à la vue dans laquelle elles sont réalisées.

- D'autres options de modification de l'aspect d'une vue sont disponibles dans la boîte de dialogue Options d'affichage des graphismes (Dans la barre de contrôle Vue, déroulez **Styles visuels** puis sélectionnez **Options d'affichage des graphismes...**). Ces options comprennent *Lignes d'esquisse* et *Repères de profondeur* ainsi que d'autres options de configuration des vues liées au rendu.

Scission de faces

Vous pouvez scinder une face en plusieurs surfaces distinctes de manière à pouvoir appliquer des matériaux différents sur chaque partie. Un croquis définit la scission qui doit être une forme fermée complètement à l'intérieur de la face ou une forme ouverte touchant les bords de la face comme illustré en Figure B–20. Les fenêtres sont automatiquement découpées des faces.

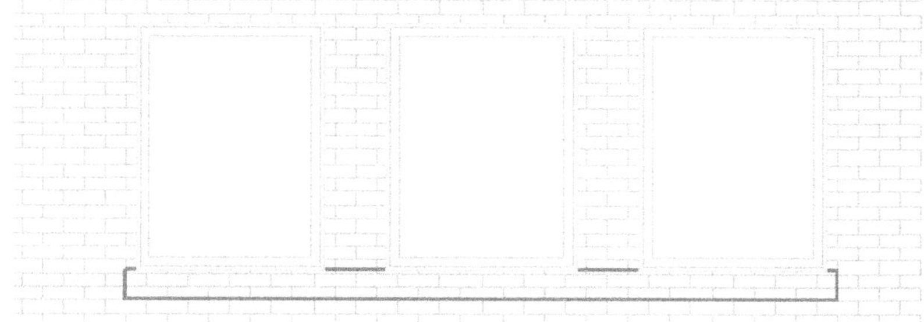

Figure B–20

- Avant de commencer à travailler avec l'outil de scission des faces, vérifiez que les murs sont en onglet. Par défaut, les murs sont en about. Ceci pose un problème lorsque vous sélectionnez des faces.

Instructions pratiques : Scinder la face

Si l'option ***Sélectionner des éléments par face*** *est activée, vous pouvez cliquer directement sur la face.*

1. Passez à une vue d'élévation (une vue 3D convient également).
2. Dans l'onglet *Modifier*>groupe de fonctions Géométrie, cliquez sur (Scinder la face).
3. Sélectionnez le bord de la face que vous souhaitez modifier. Utilisez le cas échéant, appuyez sur la touche <Tab> pour parcourir les différentes faces disponibles.
4. Dans l'onglet *Modifier | Scinder la face>Créer un contour>* groupe de fonctions Dessiner, utilisez les outils d'esquisse pour créer un croquis permettant de définir la scission.
5. Cliquez sur (Terminer le mode de modification).

- Pour gagner du temps, utilisez un style de mur comprenant le matériau principal que vous souhaitez utiliser sur la face scindée. Par exemple, si vous travaillez avec la brique, définissez le mur selon un type ayant une face en briques. Vous pouvez ainsi travailler avec les assises de briques lorsque vous créez la face scindée.

- Lors de l'utilisation d'un matériau comme la brique, vous pouvez figer rapidement le modèle et même verrouiller les lignes de séparation sur le modèle comme illustré en Figure B–21.

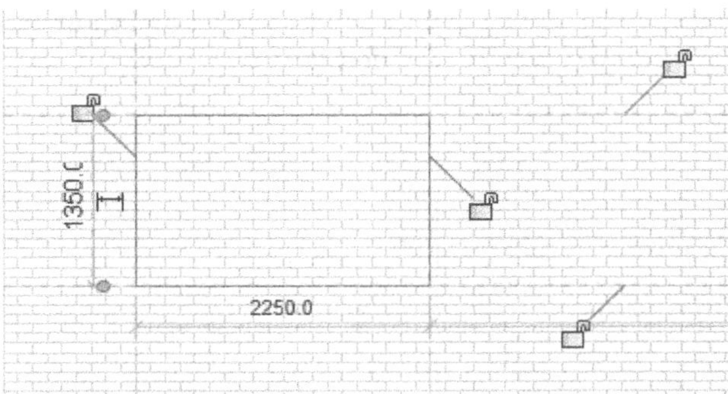

Figure B–21

Vous pouvez double-cliquer sur le bord des lignes de la face scindée pour passer en mode Modifier la limite. Si vous double-cliquez sur la face (avec l'option **Sélectionner des éléments par face** activée), vous passez en mode Modifier le profil, ce qui a une incidence sur le mur complet et non uniquement sur la limite de la face scindée.

Application de matériaux

Une fois que vous avez une face scindée en plusieurs coupes distinctes, vous pouvez appliquer des matériaux différents sur chaque partie. Par exemple, vous souhaitez peut-être une assise de briques en palissade sous chaque fenêtre d'un mur en briques. Vous devriez d'abord créer la face scindée puis appliquer le nouveau matériau à l'aide de l'outil **Peindre** comme illustré en Figure B–22.

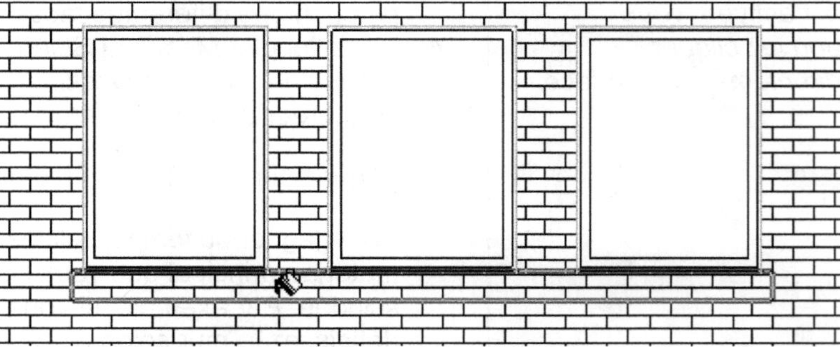

Figure B–22

Instructions pratiques : Appliquer un matériau avec l'outil Peindre

L'Arborescence reste ouverte tandis que vous appliquez la peinture.

1. Dans l'onglet *Modifier*>groupe de fonctions Géométrie, cliquez sur (Peindre) ou saisissez **PT**.
2. Dans le navigateur Matériaux, sélectionnez un matériau. Vous pouvez exécuter une recherche ou filtrer la liste en utilisant des types spécifiques de matériaux comme illustré en Figure B–23.

Figure B–23

3. Placez le curseur sur la face que vous voulez peindre. Elle devrait apparaître en surbrillance. Cliquez sur la face sur laquelle le matériau doit être appliqué.
4. Continuez à sélectionner des matériaux et à peindre d'autres faces si nécessaire.
5. Dans le navigateur des matériaux, cliquez sur **Terminer** pour arrêter la commande.

- Certains modèles de matériau apparaissent ombrés lorsque vous effectuez un zoom arrière. Effectuez un zoom avant pour afficher le modèle. D'autres modèles de matériau s'affichent uniquement lorsque vous êtes en style visuel (Réaliste).
- Pour modifier le matériau appliqué sur une face, dans l'onglet *Modifier*>groupe de fonctions Géométrie, déroulez (Peindre) et cliquez sur (Supprimer la peinture). Sélectionnez la/les face(s) sur lesquelles vous souhaitez retirer le matériau.

Ajustement des traits

Pour rehausser une ligne particulière ou modifier l'aspect d'une ligne dans des vues d'élévation et d'autres vues, modifiez les lignes via la commande **Traits**. Les modifications apportées aux lignes via la commande **Traits** sont spécifiques à la vue et ne s'appliquent que sur la vue dans laquelle elles ont été réalisées comme illustré en Figure B–24.

- La commande **Traits** peut être utilisée sur des bords de projection d'éléments de modèle, des bords de coupe d'éléments de modèle, des bords dans des fichiers CAO importés et des bords dans des modèles Autodesk Revit associés.

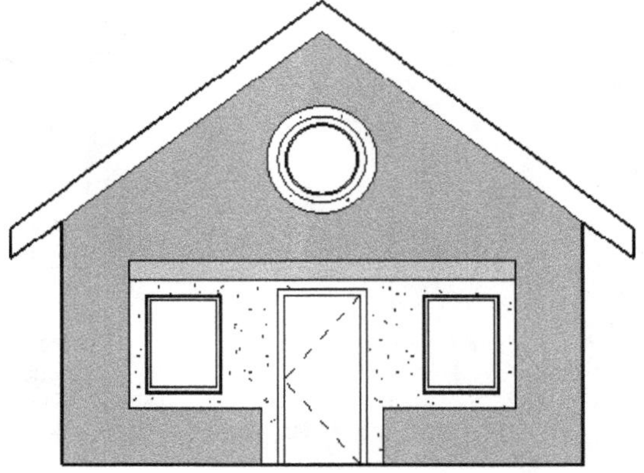

Figure B–24

Instructions pratiques : Ajustement des traits

1. Dans l'onglet *Modifier*>groupe de fonctions Affichage, cliquez sur (Traits) ou saisissez le raccourci **LW**.
2. Dans l'onglet *Modifier* | *Traits*>groupe de fonctions Style de ligne, sélectionnez le style de ligne que vous souhaitez utiliser dans la liste.
3. Placez le curseur et sélectionnez la ligne que vous voulez modifier. Vous pouvez utiliser la touche <Tab> pour naviguer entre les différentes lignes disponibles.
4. Cliquez sur la ligne pour la modifier selon le nouveau style de ligne.
5. Cliquez le cas échéant sur les autres lignes à modifier ou revenez à la commande **Modifier** pour terminer.

- Si la ligne est trop longue ou trop courte, vous pouvez modifier la longueur via les commandes à l'extrémité de la ligne.

Modification de profils en plan et en coupe

*Si vous travaillez sur une face composée (comme un mur avec plusieurs couches d'informations), modifiez le Niveau de détail sur **Moyen** ou **Elevé** pour afficher les modèles de remplissage.*

Dans des détails en plan et en coupe, vous pouvez souhaiter modifier des portions de la découpe afin de montrer l'intersection spécifique de deux faces comme illustré en Figure B–25. Ceci peut être réalisé à l'aide de l'outil **Profil de coupe**. Le profil de coupe modifie la forme des éléments au niveau de leur plan de coupe, mais ne modifie pas leurs informations 3D. La découpe s'affiche uniquement dans la vue dans laquelle elle est esquissée.

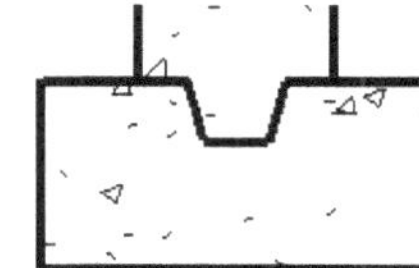

Figure B–25

- Vous pouvez modifier la découpe de murs, de sols et de toits.

Instructions pratiques : Utiliser l'outil Profil de coupe

1. Dans l'onglet *Vue*>groupe de fonctions Graphismes, cliquez sur (Profil de coupe).
2. Dans la Barre des options, sélectionnez de manière à modifier la **Face** ou les **Limites entre les faces** comme illustré en Figure B–26.

Modifier: (◉) Face ( ) Limites entre les faces

Figure B–26

3. Sélectionnez la face ou la limite que vous souhaitez modifier.
4. Dans l'onglet *Modifier | Créer une esquisse du profil de coupe*>groupe de fonctions Dessiner, utilisez les outils d'esquisse pour esquisser un nouveau profil comme illustré en Figure B–27.

Figure B–27

5. Cliquez sur (Terminer le mode de modification).

- Si une fenêtre d'avertissement s'ouvre, vérifiez que les lignes débutent et terminent sur la même ligne de limite et qu'elles ne forment pas de boucle fermée ou qu'elles ne se croisent pas.

B.6 Création de lucarnes

Vous pouvez ajouter deux types de lucarnes à un projet. Un type de lucarne est découpé dans le toit comme illustré en Figure B–28. Ce type de lucarne a des murs soutenant un toit séparé. Vous créez les murs porteurs et le toit avec la lucarne puis vous découpez un trou dans le toit.

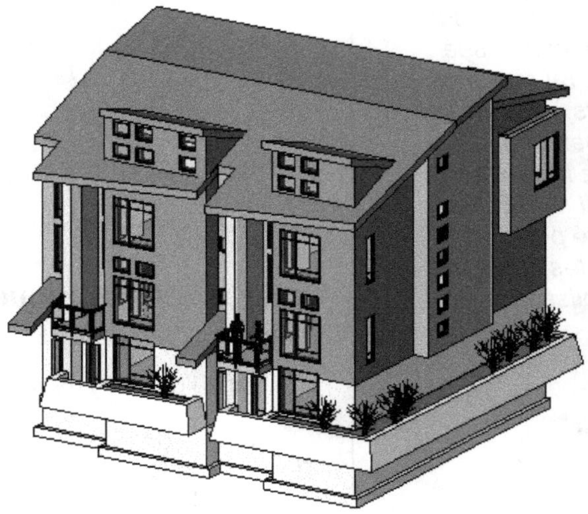

Figure B–28

L'autre type de lucarne est solidaire du toit comme illustré en Figure B–29. Ce type de lucarne est créé en esquissant le toit, en le modifiant et en ajoutant des flèches d'inclinaison pour définir le pic supplémentaire.

Figure B–29

- La lucarne doit être ajoutée à un plan qui définit une pente.

Instructions pratiques : Ajouter une lucarne avec des murs porteurs à un toit

1. Dessinez le toit principal. Une fois qu'il est correctement positionné, créez un second toit à lucarne et des murs porteurs comme illustré en Figure B–30.

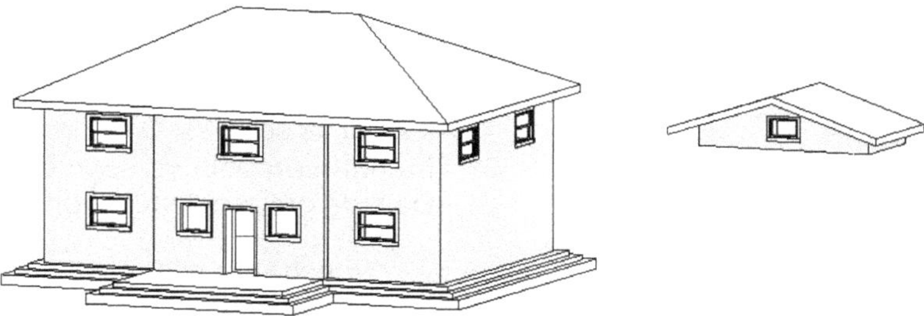

Figure B–30

2. Placez la nouvelle lucarne (murs et toit) en position selon ce qui est nécessaire.
3. Dans l'onglet *Modifier*>groupe de fonctions Géométrie, utilisez (Attacher la géométrie et (Attacher/Détacher le toit) pour relier les murs/toit de la lucarne au toit existant.
4. Dans l'onglet *Architecture*>groupe de fonctions Ouverture, cliquez sur (Ouverture de toit).
5. Dans une vue en plan du toit, sélectionnez le toit principal (celui à découper).
6. Dans l'onglet *Modifier* | *Modifier l'esquisse*>groupe de fonctions Choisir, cliquez sur (Choisir des bords de toit/mur) puis sélectionnez l'ouverture à découper.

- L'esquisse de l'ouverture de la lucarne n'a pas besoin d'être fermée.
- Affinez le cas échéant les toits et les bords de toit à l'aide des outils comme **Attacher**, **Attacher haut/bas**, etc.

Instructions pratiques : Ajouter une lucarne à un toit à l'aide des flèches d'inclinaison

1. Dessinez un toit. Une fois qu'il est positionné, sélectionnez le toit. Dans l'onglet *Modifier* | *Toits*>groupe de fonctions Mode, cliquez sur (Modifier le tracé) pour modifier l'esquisse du toit.

2. Dans l'onglet *Modifier | Toits>Modifier le tracé>*groupe de fonctions Modifier, cliquez sur (Scinder l'élément) pour scinder le bord du toit entre les deux points au niveau desquels vous voulez placer la lucarne. Ne supprimez pas le segment intérieur. Vous pouvez utiliser des cotes dynamiques pour faciliter le placement des points à scinder.
3. Dans le groupe de fonctions Sélection, cliquez sur (Modifier) puis sélectionnez le nouveau segment entre les points scindés. Dans la Barre des options, effacez l'option **Inclinaison** pour ce segment.
4. Dans le groupe de fonctions Dessiner, cliquez sur (Flèche d'inclinaison).
5. Dessinez une flèche d'inclinaison entre une extrémité du segment et le point du milieu. Esquissez ensuite une seconde flèche d'inclinaison entre l'autre extrémité et le point du milieu comme illustré en Figure B–31.

Figure B–31

6. Sélectionnez les flèches d'inclinaison Dans Propriétés, spécifiez la **Hauteur au niveau du bas** ou l'**Inclinaison** et saisissez les propriétés requises.
7. Dans le groupe de fonctions Mode, cliquez sur (Terminer le mode de modification).
8. Visualisez le toit dans une vue 3D pour vérifier les résultats comme illustré en Figure B–32.

Figure B–32

B.7 Travail avec des quadrillages de guidage sur des feuilles

Vous pouvez utiliser un quadrillage de guidage pour faciliter le placement des vues sur une feuille comme illustré en Figure B–33. Les quadrillages de guidage peuvent être configurés par feuille. Vous pouvez également créer des types différents avec des espacements de quadrillage divers.

Lors du placement d'une vue sur un quadrillage de guidage, seuls les éléments de référence orthogonaux (niveaux et quadrillage) et les plans de référence apparaissent sur le quadrillage de guidage.

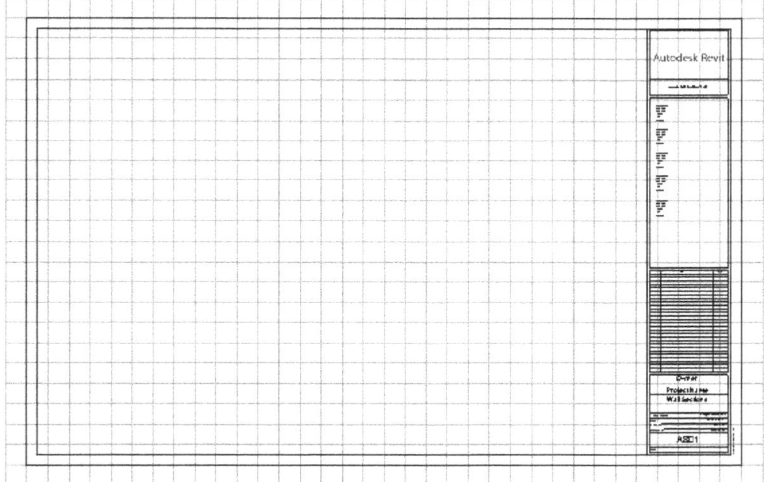

Figure B–33

- Vous pouvez déplacer les quadrillages de guidage et les redimensionner à l'aide des contrôles.

Instructions pratiques : Ajouter un quadrillage de guidage

1. Lorsqu'une feuille est ouverte, dans l'onglet *Vue*>groupe de fonctions Composition de feuille, cliquez sur (Quadrillage de guidage).
2. Dans la boîte de dialogue Affecter un quadrillage de guidage, sélectionnez en un parmi les quadrillages de guidage existants (voir Figure B–34) ou créez en un nouveau et attribuez-lui un nom.

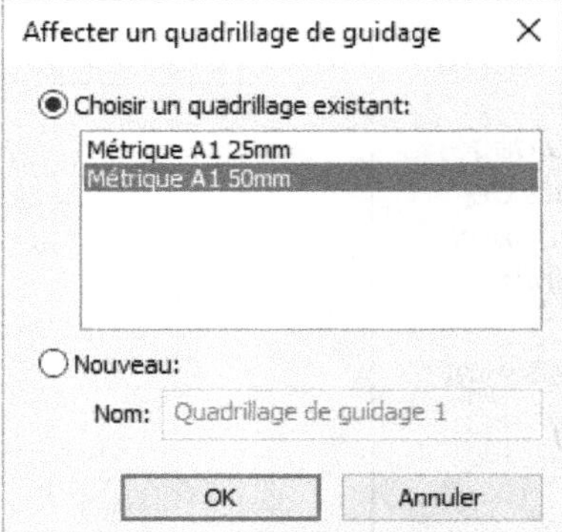

Figure B–34

3. Le quadrillage de guidage s'affiche avec le dimensionnement spécifié.

Instructions pratiques : Modifier le dimensionnement d'un quadrillage de guidage

1. Si vous créez un nouveau quadrillage de guidage, vous devez l'actualiser suivant la taille correcte dans Propriétés. Sélectionnez le bord du quadrillage de guidage.
2. Dans Propriétés, définissez l'*Espacement de guidage* comme illustré en Figure B–35.

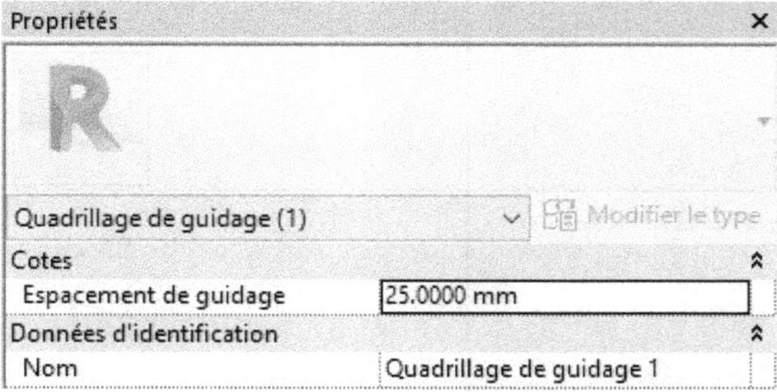

Figure B–35

B.8 Suivi des révisions

Lorsqu'un ensemble de dessins de travail a été mis en production, vous devez indiquer les emplacements correspondant aux modifications effectuées. En règle générale, ces modifications apparaissent sur les feuilles sous la forme de nuages et d'étiquettes de révision avec une nomenclature des révisions dans le cartouche, comme illustré en Figure B–36. Les informations de révision sont configurées dans la boîte de dialogue Révisions et Revues des feuilles.

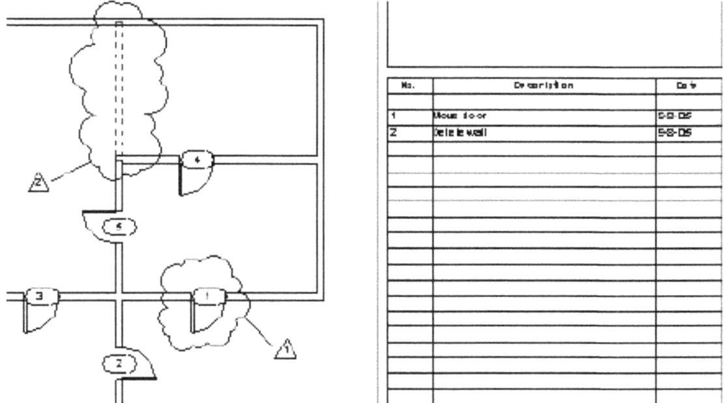

Figure B–36

- Plusieurs nuages de révision peuvent être associés à un numéro de révision.

- Les cartouches inclus dans le logiciel Autodesk Revit comportent déjà une nomenclature des révisions dans la zone du titre. Il est recommandé d'ajouter également une nomenclature des révisions dans le cartouche de votre société.

Instructions pratiques : Ajouter des informations de révision au projet

1. Dans l'onglet *Vue*>groupe de fonctions Composition de feuille, cliquez sur (Révisions et Revues des feuilles).
2. Dans la boîte de dialogue Révisions et Revues des feuilles, définissez le type de *Numérotation* que vous voulez utiliser.
3. Cliquez sur **Ajouter** pour ajouter une nouvelle révision.

4. Spécifiez la *Date* et la *Description* de la révision comme illustré en Figure B–37.

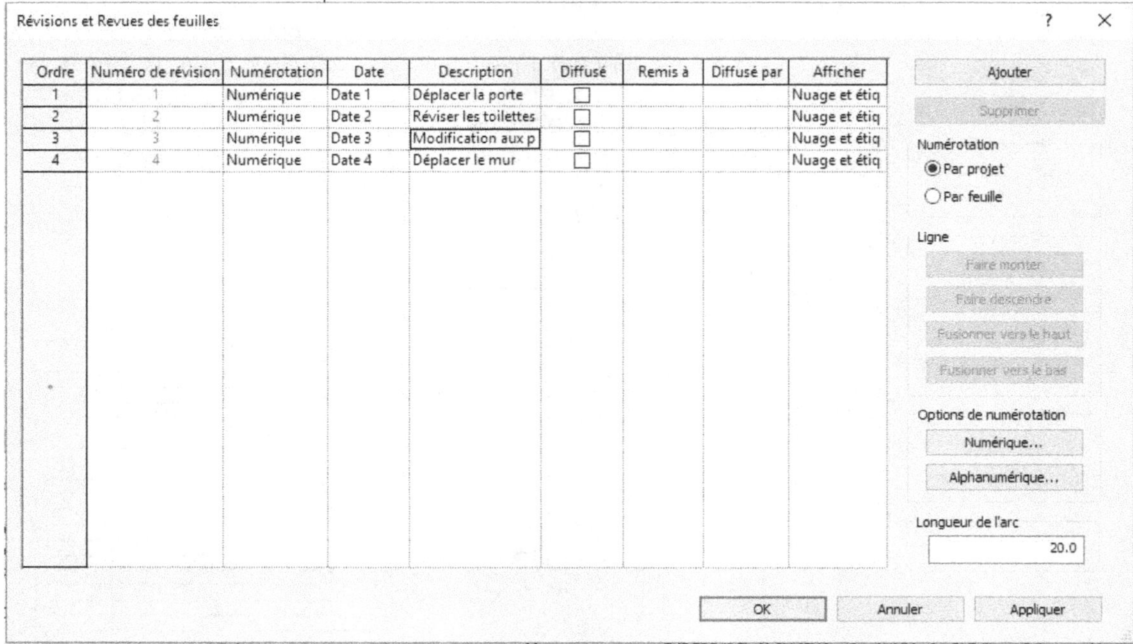

Révisions et Revues des feuilles

Ordre	Numéro de révision	Numérotation	Date	Description	Diffusé	Remis à	Diffusé par	Afficher
1	1	Numérique	Date 1	Déplacer la porte	☐			Nuage et étiq
2	2	Numérique	Date 2	Réviser les toilettes	☐			Nuage et étiq
3	3	Numérique	Date 3	Modification aux p	☐			Nuage et étiq
4	4	Numérique	Date 4	Déplacer le mur	☐			Nuage et étiq

Figure B–37

- Ne modifiez pas les colonnes *Diffusé*, *Diffusé par* ou *Remis à*. Pour éditer des révisions, vous devez attendre d'être prêt(e) à imprimer les feuilles.

5. Cliquez sur **OK** lorsque vous avez fini d'ajouter des révisions.
   - Pour supprimer une révision, sélectionnez son numéro de *Séquence* puis cliquez sur **Supprimer**.

Options de révision

- *Numérotation :* spécifiez **Par projet** (la séquence de numérotation est utilisée pendant tout le projet) ou **Par feuille** (la séquence de numérotation est effectuée par feuille).

- *Ligne* : Pour réorganiser les révisions, sélectionnez une ligne et cliquez sur **Faire monter** et **Faire descendre**, ou utilisez les options **Fusionner vers le haut** et **Fusionner vers le bas** pour combiner les révisions en une seule.

- *Options de numérotation :* Cliquez sur **Numérique...** ou **Alphanumérique...** pour faire apparaître la boîte de dialogue Personnaliser les options de numérotation dans laquelle vous pouvez spécifier les numéros ou les lettres utilisés dans la séquence ainsi que les préfixes ou suffixes comme illustré pour l'onglet *Alphanumérique* dans la Figure B–38.

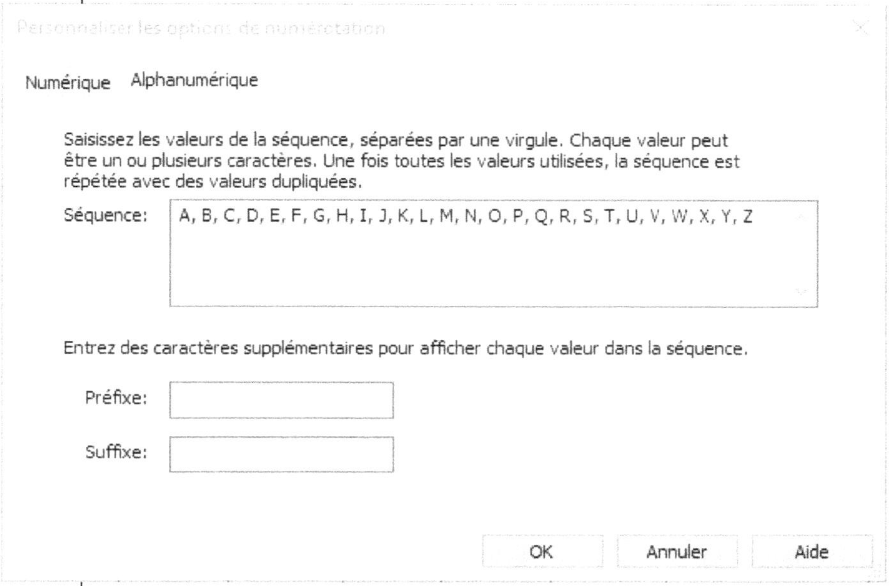

Personnaliser les options de numérotation

Numérique Alphanumérique

Saisissez les valeurs de la séquence, séparées par une virgule. Chaque valeur peut être un ou plusieurs caractères. Une fois toutes les valeurs utilisées, la séquence est répétée avec des valeurs dupliquées.

Séquence: A, B, C, D, E, F, G, H, I, J, K, L, M, N, O, P, Q, R, S, T, U, V, W, X, Y, Z

Entrez des caractères supplémentaires pour afficher chaque valeur dans la séquence.

Préfixe:

Suffixe:

OK Annuler Aide

Figure B–38

- *Longueur de l'arc :* Spécifiez la longueur des arcs qui forment le nuage de révision. Il s'agit d'un élément d'annotation et il est mis à l'échelle selon l'échelle de visualisation.

Instructions pratiques : Ajouter des nuages et des étiquettes de révision

1. Dans l'onglet *Annoter*>groupe de fonctions Détails, cliquez sur (Nuage de révision).
2. Dans l'onglet *Modifier | Créer une esquisse du nuage de révision*>groupe de fonctions Dessiner, utilisez les outils de dessin pour créer le nuage.
3. Cliquez sur (Terminer le mode de modification).

Si le tableau des révisions n'a pas été configuré, vous pouvez le faire ultérieurement.

4. Dans la Barre des options ou les Propriétés, déroulez la liste déroulante des *Révisions* et sélectionnez les options requises dans la liste, comme illustré en Figure B–39.

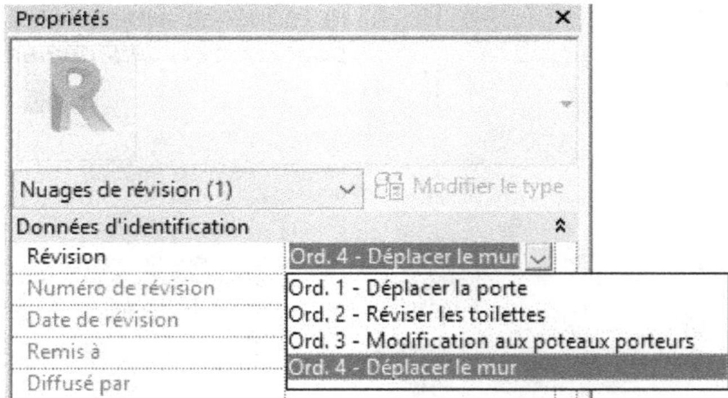

Figure B–39

5. Dans l'onglet *Annoter*>groupe de fonctions Etiquettes, cliquez sur (Etiquette par catégorie).
6. Sélectionnez le nuage de révision à étiqueter. Une info-bulle contenant le numéro de révision et la révision extraite des propriétés du nuage s'affiche lorsque vous passez le curseur sur le nuage de révision comme illustré en Figure B–40.

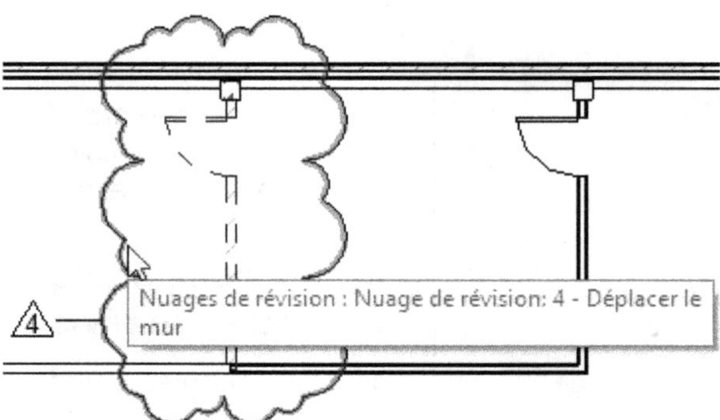

Figure B–40

- Le *Numéro de révision* et la *Date* sont assignés automatiquement suivant les spécifications indiquées dans le tableau des révisions.
- Double-cliquez sur le bord du nuage de révision pour passer en mode Modifier l'esquisse puis modifiez la taille ou l'emplacement des arcs du nuage de révision.

- Vous pouvez créer un nuage ouvert (p. ex., une rangée d'arbres) comme illustré en Figure B–41.

Figure B–41

Diffusion des révisions

Lorsque vous avez terminé les révisions et que vous êtes prêt(e) à envoyer nouveaux documents sur le terrain, vous devez d'abord verrouiller la révision à des fins d'enregistrement. Ceci s'appelle diffuser des révisions. Une révision diffusée est notée dans l'info-bulle d'un nuage de révision comme illustré en Figure B–42.

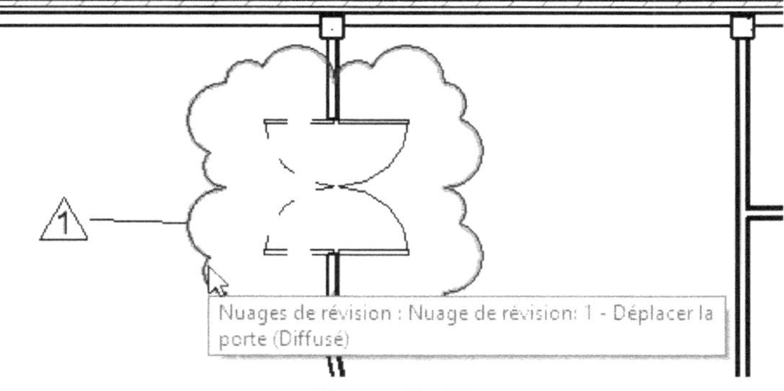

Figure B–42

Instructions pratiques : Diffuser des révisions

1. Dans la boîte de dialogue Révisions et Revues des feuilles, sur la ligne de la révision que vous êtes en train d'éditer, saisissez un nom dans les champs *Remis à* et *Diffusé par* si nécessaire.
2. Sur la même ligne, sélectionnez **Diffusé**.
3. Continuez à diffuser les autres révisions si nécessaire.
4. Cliquez sur **OK** pour terminer.

- Une fois que l'option **Diffusé** a été sélectionnée, vous ne pouvez pas modifier cette révision dans la boîte de dialogue des Révisions ni en déplaçant le(s) nuage(s) de révision. L'info-bulle du ou des nuage(s) indique qu'elle est **Diffusé**.

- Vous pouvez déverrouiller la révision en effaçant l'option **Diffusé**. Le déverrouillage vous permet de modifier la révision une fois qu'elle a été verrouillée.

B.9 Annotation de vues dépendantes

La commande **Dupliquer en tant que vue dépendante** crée une copie de la vue et la relie à la vue sélectionnée. Les modifications apportées à la vue d'origine sont également apportées à la vue dépendante et vice-versa. Utilisez des vues dépendantes lorsque le modèle de bâtiment est tellement grand que vous devez diviser le bâtiment sur plusieurs feuilles distinctes comme illustré en Figure B–43.

Figure B–43

- L'utilisation d'une seule vue globale avec plusieurs vues dépendantes facilite le repérage des modifications tel que la *mise à l'échelle* ou le *niveau de détail.*

- Les vues dépendantes s'affichent dans l'Arborescence du projet sous la vue de niveau supérieur comme illustré en Figure B–44.

Figure B–44

Instructions pratiques : Dupliquer des vues dépendantes

1. Sélectionnez la vue que vous souhaitez utiliser comme vue de niveau supérieur.
2. Cliquez avec le bouton droit de la souris et sélectionnez **Dupliquer la vue>Dupliquer en tant que vue dépendante**.
3. Renommez les vues dépendantes si nécessaire.
4. Modifiez la zone cadrée de la vue dépendante de manière à montrer la portion spécifiée du modèle.

- Si vous voulez séparer une vue dépendante de la vue d'origine, cliquez avec le bouton droit de la souris sur la vue dépendante et sélectionnez **Convertir en vue indépendante**.

Annotation des vues

Pour clarifier et annoter les vues dépendantes, utilisez les options **Lignes de correspondance** et **Références de vue** comme illustré en Figure B–45.

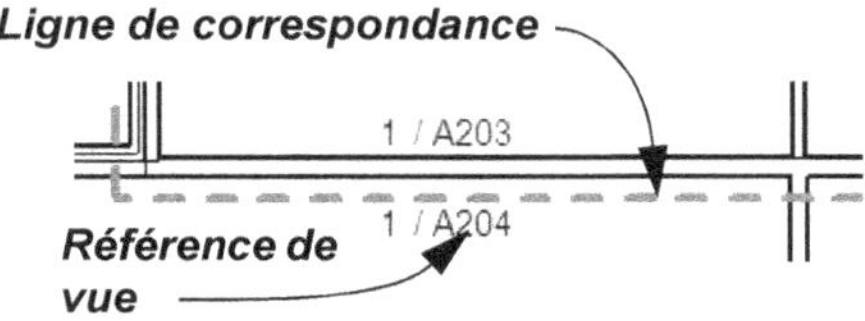

Figure B–45

- Esquissez des lignes de correspondance dans la vue principale afin de spécifier les endroits de séparation des vues dépendantes. Elles s'affichent dans toutes les vues associées et se propagent par défaut à tous les niveaux du projet.

- Les Références de vues sont des étiquettes spéciales qui affichent l'emplacement des feuilles des vues dépendantes.

Instructions pratiques : Ajouter des lignes de correspondance

1. Dans l'onglet *Vue*>groupe de fonctions Composition de feuille, cliquez sur (Lignes de correspondance).
2. Dans le groupe de fonctions Dessiner, cliquez sur (Ligne) et esquissez l'emplacement de la ligne de correspondance.
3. Dans le groupe de fonctions Ligne de correspondance, cliquez sur (Terminer le mode de modification) lorsque vous avez terminé.

- Pour modifier une ligne de correspondance existante, sélectionnez-la et cliquez sur (Modifier l'esquisse) dans l'onglet *Modifier | Ligne de correspondance*>Groupe de fonctions Mode.
- Pour modifier la couleur et le type de ligne des Lignes de correspondance, dans l'onglet *Gérer*>groupe de fonctions Paramètres, cliquez sur (Styles d'objet). Dans la boîte de dialogue Styles d'objet qui s'ouvre, dans l'onglet *Objets d'annotations*, vous pouvez apporter des modifications aux propriétés des lignes de correspondance.

Instructions pratiques : Ajouter des Références de vue

1. Dans l'onglet *Vue*>groupe de fonctions Composition de feuille ou l'onglet *Annoter*> groupe de fonctions Etiquette, cliquez sur (Référence de vue).
2. Dans l'onglet *Modifier* | *Référence de vue*>groupe de fonctions Référence de vue, spécifiez le *Type de vue* et la *Vue cible* comme illustré en Figure B–46.

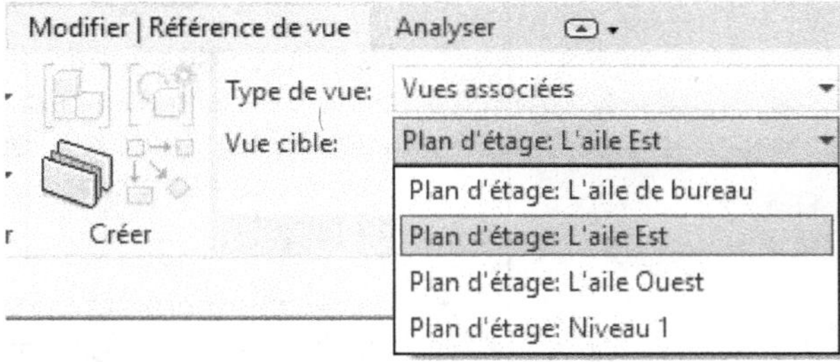

Figure B–46

3. Placez l'étiquette sur le côté de la ligne de correspondance qui correspond à la vue cible.
4. Sélectionnez une autre vue cible dans la liste et placez l'étiquette sur l'autre côté de la ligne de correspondance.
5. Les étiquettes s'affichent sous la forme de tirets jusqu'à ce que les vues soient placées sur les feuilles. Elles sont alors actualisées pour inclure le détail et le numéro de feuille comme illustré en Figure B–47.

Figure B–47

- Double-cliquez sur la référence de vue pour ouvrir la vue associée.

- Si seule une étiquette nommée **REF** s'affiche lorsque vous placez une référence de vue, cela signifie que vous devez charger et actualiser l'étiquette. L'étiquette **M_Référence de vue.rfa** se trouve dans le dossier *Annotations* de la bibliothèque Autodesk. Une fois que vous avez chargé l'étiquette, dans le Sélecteur de type, sélectionnez l'une des références de vue et dans Propriétés, cliquez sur (Modifier le type). Sélectionnez l'étiquette **Référence de vue** dans la liste déroulante comme illustré en Figure B–48 puis cliquez sur **OK** pour fermer la boîte de dialogue. La nouvelle étiquette s'affiche.

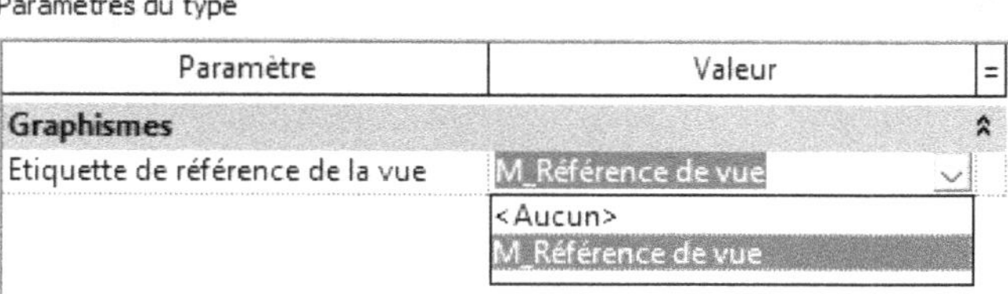

Figure B–48

B.10 Importation et exportation de nomenclatures

Les nomenclatures sont des vues qui peuvent être copiées dans votre projet à partir d'autres objets. Seules les informations de mise en forme sont copiées ; les informations sur des éléments programmés individuellement ne sont pas insérées. Ces informations sont ajoutées automatiquement par le projet dans lequel la nomenclature est copiée. Vous pouvez également exporter les informations de nomenclature devant être utilisées dans les tableurs.

Instructions pratiques : Importer des nomenclatures

1. Dans l'onglet *Insérer*>groupe de fonctions Importer, déroulez (Insérer à partir du fichier) puis cliquez sur (Insérer des vues à partir du fichier).
2. Dans la boîte de dialogue Ouvrir, repérez le fichier de projet contenant la nomenclature que vous souhaitez utiliser.
3. Sélectionnez les nomenclatures que vous voulez importer comme illustré en Figure B–49.

Si le projet référencé contient de nombreux types de vues, modifiez Vues : sur ***Afficher uniquement les nomenclatures et rapports****.*

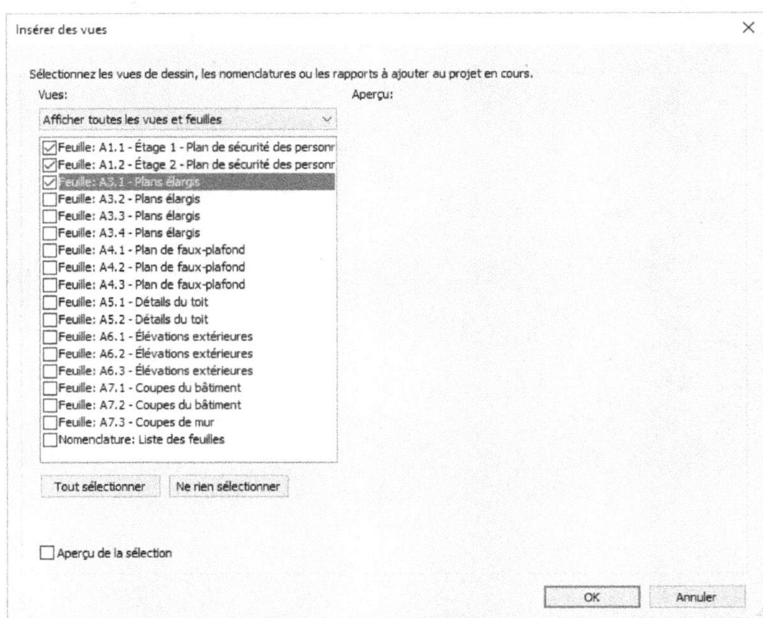

Figure B–49

4. Cliquez sur **OK**.

Instructions pratiques : Exporter des informations de nomenclature

1. Accédez à la vue de nomenclature que vous souhaitez exporter.
2. Dans l'onglet Fichier, cliquez sur (Exporter)> (Rapports)> (Nomenclature).
3. Sélectionnez un emplacement et un nom pour le fichier texte dans la boîte de dialogue Exportation de la nomenclature puis cliquez sur **Enregistrer**.
4. Dans la boîte de dialogue Exportation de la nomenclature, définissez les options dans les zones *Aspect de la nomenclature* et *Options de sortie* qui conviennent le mieux à votre logiciel de tableur comme illustré en Figure B–50.

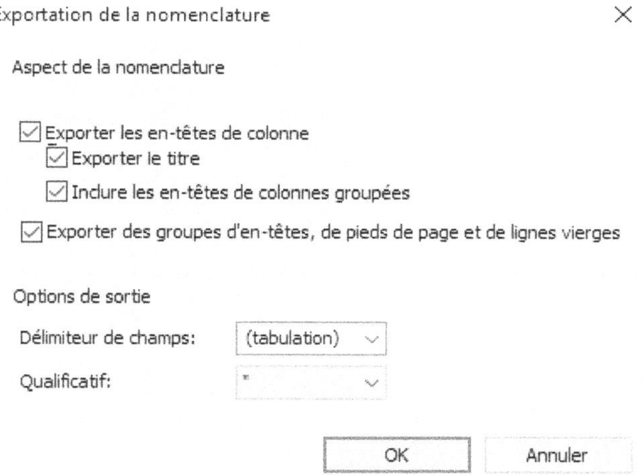

Figure B–50

5. Cliquez sur **OK**. Un nouveau fichier texte est créé et ce dernier peut être ouvert dans un tableur comme illustré en Figure B–51.

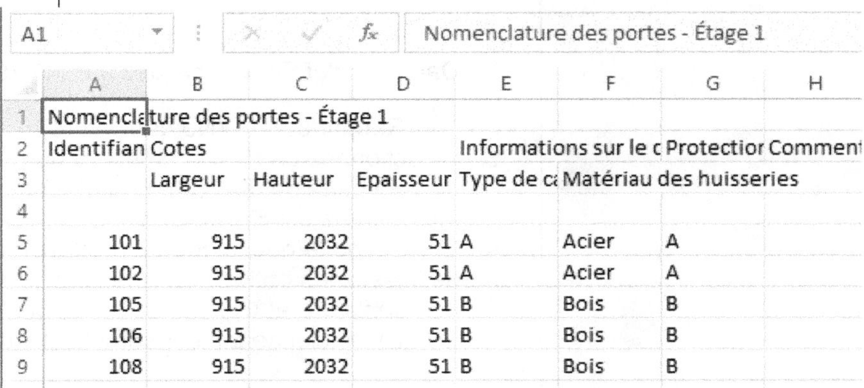

A1 | fx Nomenclature des portes - Étage 1

	A	B	C	D	E	F	G	H
1	Nomenclature des portes - Étage 1							
2	Identifian	Cotes			Informations sur le c		Protectior	Commen
3		Largeur	Hauteur	Epaisseur	Type de c	Matériau des huisseries		
4								
5	101	915	2032	51	A	Acier	A	
6	102	915	2032	51	A	Acier	A	
7	105	915	2032	51	B	Bois	B	
8	106	915	2032	51	B	Bois	B	
9	108	915	2032	51	B	Bois	B	

Figure B–51

B.11 Création de nomenclatures de composants de construction

Une nomenclature de composants de construction est une vue tabulaire des paramètres de type et d'instance d'un élément spécifique. Vous pouvez spécifier les paramètres (champs) que vous souhaitez insérer dans la nomenclature. Tous les paramètres qui se trouvent dans le type d'élément que vous programmez peuvent être utilisés. Par exemple, une nomenclature de porte (voir Figure B–52) peut comprendre des paramètres d'occurrence qui sont remplis automatiquement (comme la **Hauteur** et la **Largeur**) et des paramètres de type qui nécessitent l'attribution des informations dans la nomenclature ou le type d'élément (comme la **Protection contre l'incendie** et l'**Image**).

<Nomenclature des portes - Étage 1>

A	B	C	D	E	F	G
	Cotes			Informations sur le cadre		
Identifiant	Largeur	Hauteur	Epaisseur	Type de cadre	Matériau des huisseries	Protection contre l'incendie
101	915	2032	51	A	Acier	A
102	915	2032	51	A	Acier	A
105	915	2032	51	B	Bois	B
106	915	2032	51	B	Bois	B
108	915	2032	51	B	Bois	B
107	915	2032	51	B	Bois	B

Figure B–52

Instructions pratiques : Créer une nomenclature de composants de construction

1. Dans l'onglet *Vue*>groupe de fonctions Créer, déroulez (Nomenclatures) puis cliquez sur (Nomenclature/Quantités) ou dans l'Arborescence du projet, cliquez avec le bouton droit de la souris sur le nœud Nomenclature/Quantités puis sélectionnez **Nouvelle(s) nomenclature(s)/quantités**.

2. Dans la boîte de dialogue Nouvelle nomenclature, sélectionnez le type de nomenclature que vous souhaitez créer (p. ex., Portes) dans la liste des *Catégories* comme illustré en Figure B–53.

Dans la liste déroulante des Filtres, vous pouvez spécifier la ou les discipline(s) de manière à afficher uniquement les catégories que vous souhaitez afficher.

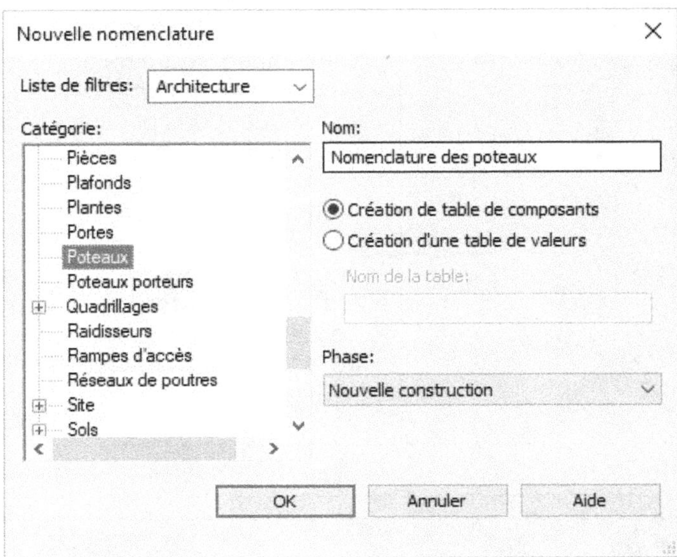

Figure B–53

3. Saisissez un nouveau *Nom*, si celui par défaut ne convient pas.
4. Sélectionnez **Création de table de composants**.
5. Spécifiez la *Phase* selon ce qui est nécessaire.
6. Cliquez sur **OK**.
7. Remplissez les informations dans la boîte de dialogue Propriétés de la nomenclature. Ceci comprend les informations dans les onglets *Champs*, *Filtre*, *Tri/Regroupement*, *Mise en forme* et *Apparence*.
8. Une fois que vous avez entré les propriétés de la nomenclature, cliquez sur **OK**. Un rapport de la nomenclature est créé dans sa propre vue.

Propriétés de la nomenclature - Onglet Champs

Dans l'onglet *Champs*, vous pouvez en sélectionner dans une liste de champs disponibles et les organiser dans l'ordre dans lequel vous souhaitez les afficher dans la nomenclature comme illustré en Figure B–54.

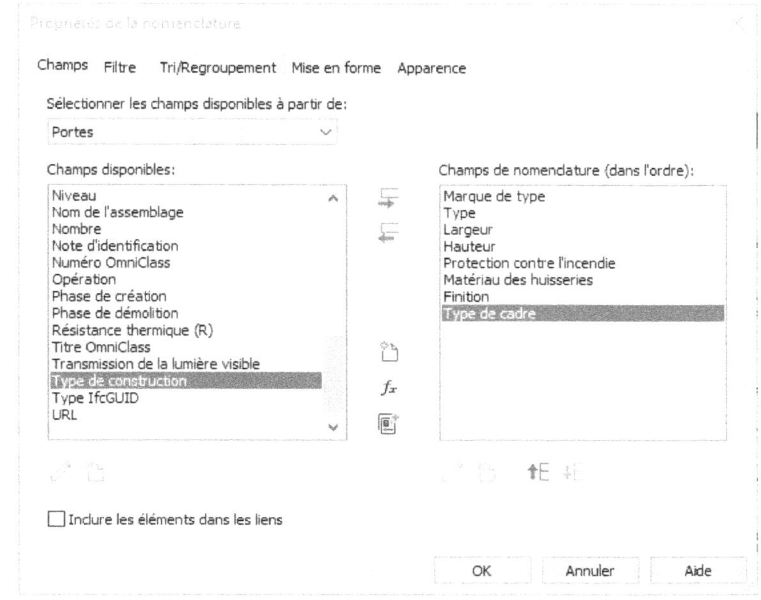

Figure B–54

Instructions pratiques : Remplir l'onglet Champs

Vous pouvez également double-cliquer sur un champ pour le déplacer de la zone Champs disponibles dans la zone Champs de nomenclature.

1. Dans la zone *Champs disponibles*, sélectionnez un ou plusieurs champs que vous souhaitez ajouter à la nomenclature puis cliquez sur (Ajouter un ou plusieurs paramètre(s)). Le(s) champ(s) se placent dans la zone *Champs de nomenclature (dans l'ordre) :*.
2. Continuez à ajouter des champs si nécessaire.
   - Cliquez sur (Supprimer le(s) paramètre(s)) pour remettre un champ de la zone *Champs de nomenclature* dans la zone *Champs disponibles*.
   - Utilisez les options (Déplacer le paramètre vers le haut) et (Déplacer le paramètre vers le bas) pour modifier l'ordre des champs de nomenclature.

Autres options de l'onglet Champs

Sélectionner les champs disponibles à partir de :	Vous permet de sélectionner d'autres champs de catégorie pour la nomenclature spécifiée. La liste de champs disponibles dépend de la catégorie d'origine de la nomenclature. En règle générale, les champs comprennent les informations de pièce.

Inclure les éléments dans les liens	Insère des éléments qui sont dans des fichiers en lien avec le projet actuel de manière à pouvoir insérer ces éléments dans la nomenclature.
(Nouveau paramètre)	Ajoute un nouveau champ selon votre spécification. Les nouveaux champs peuvent être placés par instance ou par type.
f_x **(Ajouter un paramètre calculé)**	Vous permet de créer un champ qui utilise une formule basée sur d'autres champs.
(Combiner des paramètres)	Vous permet de combiner deux paramètres ou plus dans une seule colonne. Vous pouvez regrouper des champs ensemble même s'ils sont utilisés dans une autre colonne.
(Modifier le paramètre)	Vous permet de modifier des champs personnalisés. Cette option est grisée si vous sélectionnez un champ standard.
(Supprimer le paramètre)	Supprime les champs personnalisés sélectionnés. Cette option est grisée si vous sélectionnez un champ standard.

Propriétés de la nomenclature - Onglet Filtre

Dans l'onglet *Filtre*, vous pouvez configurer des filtres de manière à insérer uniquement des éléments conformes aux critères spécifiques de la nomenclature. Par exemple, vous pouvez afficher des informations uniquement pour un seul niveau comme illustré en Figure B–55. Vous pouvez créer des filtres pour huit valeurs maximum. Toutes les valeurs doivent être conformes aux éléments à afficher.

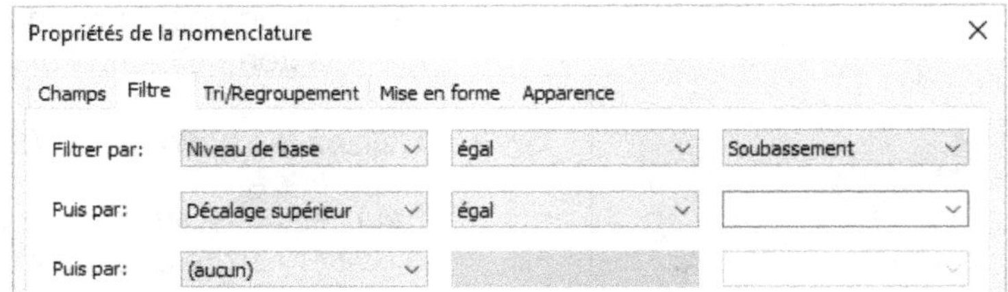

Figure B–55

- Le paramètre que vous souhaitez utiliser comme filtre doit être inséré dans la nomenclature. Vous pouvez, si nécessaire, masquer le paramètre une fois que vous avez terminé la nomenclature.

Filtrer par	Spécifie le champ à filtrer. Les champs ne peuvent pas tous être filtrés.
Condition	Spécifie la condition devant être satisfaite. Ceci comprend les options comme **égal**, **n'est pas égal**, **est plus grand que** et **est plus petit que**.
Value	Spécifie la valeur de l'élément à filtrer. Vous pouvez sélectionner ces valeurs dans une liste déroulante de valeurs appropriées. Par exemple, si vous définissez ***Filtrer par*** sur **Niveau**, cela affiche la liste des niveaux dans le projet.

Propriétés de la nomenclature - Onglet Tri/Regroupement

Dans l'onglet *Tri/Regroupement*, vous pouvez définir le mode de tri des informations comme illustré en Figure B–56. Par exemple, vous pouvez trier par **Marque** (numéro) puis par **Type**.

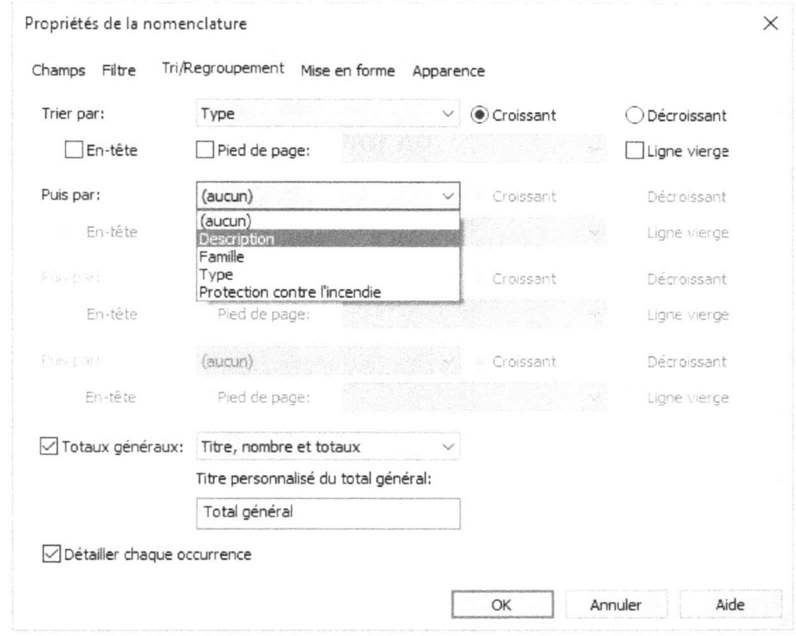

Figure B–56

Trier par	Vous permet de sélectionner le ou les champs en fonction desquels le tri doit être effectué. Vous pouvez sélectionner jusqu'à quatre niveaux de tri.
Croissant/ Décroissant	Trie les champs dans l'ordre **Croissant** ou **Décroissant**.

En-tête/Pied de page	Vous permet de regrouper des informations similaires et de les séparer par une **En-tête** avec un titre et/ou un **Pied de page** avec des informations de quantité.
Ligne vierge	Ajoute une ligne vierge entre les groupes.
Totaux généraux	Sélectionne les totaux à afficher pour l'ensemble de la nomenclature. Vous pouvez spécifier un nom à afficher dans la nomenclature pour le Total général.
Détailler chaque occurrence	Si cette option est sélectionnée, cela affiche chaque occurrence de l'élément dans la nomenclature. Si elle n'est pas sélectionnée, cela affiche uniquement une seule occurrence de chaque type comme illustré ci-dessous.

<Nomenclature des fenêtres>

A	B	C	D	E	F	G
Type	Coût	Hauteur	Largeur	Marque de type	Type de constructi	Commentaires
1220 x 1220mm		1220	1220	13		
1220 x 1220mm		1220	1220	13		
1220 x 1220mm		1220	1220	13		
1220 x 1220mm		1220	1220	13		
1220 x 1220mm		1220	1220	13		

Propriétés de la nomenclature - Onglet Mise en forme

Dans l'onglet *Mise en forme*, vous pouvez contrôler le mode d'affichage des en-têtes de chaque champ, comme illustré en Figure B–57.

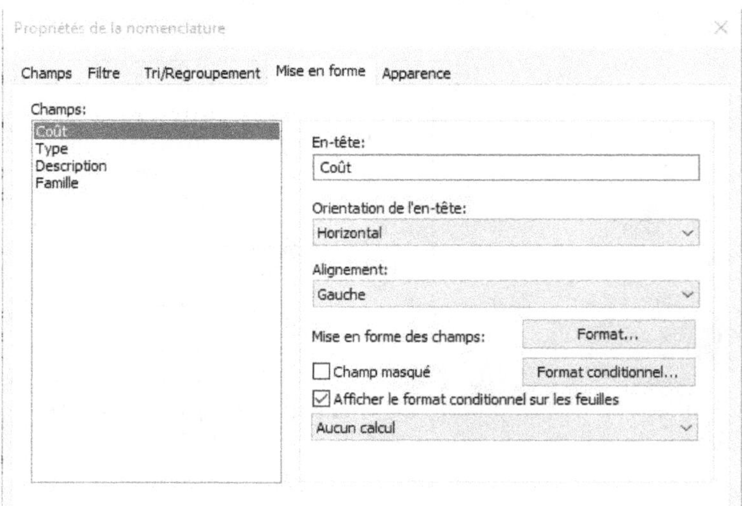

Figure B–57

Champs	Vous permet de sélectionner le champ pour lequel vous souhaitez modifier la mise en forme.
En-tête	Vous permet de modifier le titre du champ si vous voulez qu'il soit différent du nom du champ. Par exemple, vous pouvez remplacer **Marque** (nom générique) par le **Numéro de la porte** plus spécifique dans une nomenclature de porte.
Orientation de l'en-tête	Vous permet de définir l'orientation de l'en-tête des feuilles en mode **Horizontal** ou **Vertical**. Ceci n'a pas d'incidence sur la vue de la nomenclature.
Alignement	Aligne le texte des lignes sous le titre à **Gauche**, à **Droite** ou **Centre**.
Mise en forme des champs	Définit le format des unités des champs de longueur, de surface, de volume, d'angle ou de numéro. Par défaut, cette option est définie de manière à utiliser les paramètres du projet.
Format conditionnel...	Configure la nomenclature de manière à afficher un retour visuel en fonction des conditions répertoriées.
Champ masqué	Vous permet de masquer un champ. Par exemple, vous voulez utiliser un champ à des fins de tri, mais vous ne souhaitez pas l'afficher dans la nomenclature. Vous pouvez également modifier cette option ultérieurement dans la vue de la nomenclature.
Afficher le format conditionnel sur les feuilles	Sélectionnez cette option si vous voulez afficher sur les feuilles la configuration du code couleur dans la boîte de dialogue Format conditionnel.
Options de calcul	Sélectionner le type de calcul que vous souhaitez utiliser. Toutes les valeurs dans un champ correspondent à : • **Aucun calcul** - Calculées séparément. • **Calculer les totaux** - Ajoutées ensemble. • **Calculer le minimum** - Examinées et seule la plus petite quantité est affichée. • **Calculer le maximum** - Examinées et seule la plus grande quantité est affichée. • **Calculer le minimum et le maximum** - Examinées et la plus petite et la plus grande quantité sont affichées. • Ceci est souvent utilisé pour des jeux d'armatures.

Propriétés de la nomenclature - Onglet Apparence

Dans l'onglet *Apparence*, vous pouvez définir les options de style de texte et de quadrillage pour une nomenclature comme illustré en Figure B–58.

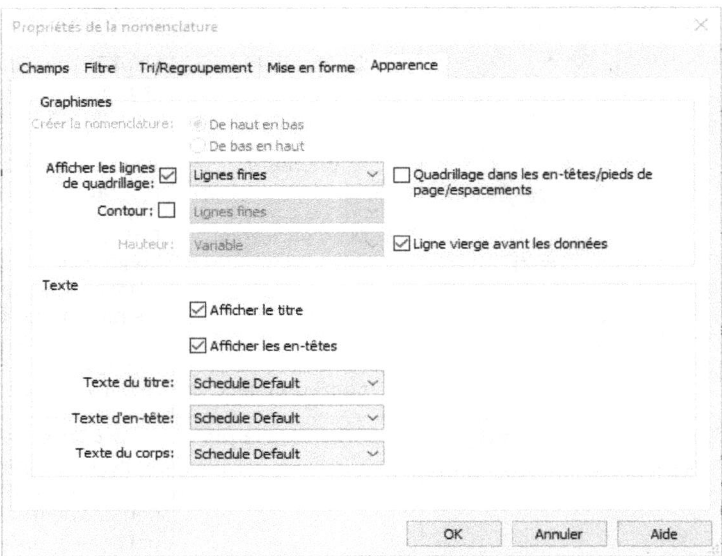

Figure B–58

Afficher les lignes de quadrillage	Affiche des lignes entre chaque instance répertoriée et autour de l'extérieur de la nomenclature. Sélectionnez le style de lignes dans la liste déroulante ; sauf modification, ceci contrôle toutes les lignes de la nomenclature.
Quadrillage dans les en-têtes/ pieds de page/ espacements	Prolonge les lignes de quadrillage verticales entre les colonnes.
Contour	Spécifiez un type de ligne différent pour les contours de la nomenclature.
Ligne vierge avant les données	Sélectionnez cette option si vous voulez afficher une ligne vierge avant le début des données de la nomenclature.
Afficher le titre/Afficher les en-têtes	Sélectionnez ces options pour insérer le texte dans la nomenclature.
Texte du titre/Texte d'en-tête/Texte du corps	Sélectionnez le style de texte pour le texte du titre, de l'en-tête et du corps.

Propriétés de la nomenclature

Les vues de nomenclature ont des propriétés, notamment le *Nom de la vue*, les *Phases* et des méthodes de retour à la boîte de dialogue Propriétés de la nomenclature comme illustré en Figure B–59. Dans la zone *Autre*, sélectionnez le bouton à côté de l'onglet que vous souhaitez ouvrir dans la boîte de dialogue Propriétés de la nomenclature. Dans la boîte de dialogue, vous pouvez passer d'un onglet à l'autre et réaliser toutes les modifications nécessaires dans la nomenclature globale.

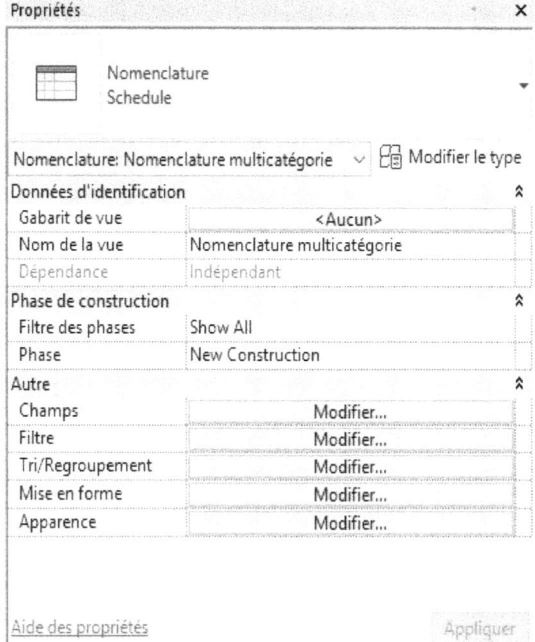

Figure B–59

B.12 Création d'une répétition de détails

Les composants de répétition de détails sont très utiles lorsque l'on travaille sur des détails complexes comme ceux comprenant un mur en briques. Vous pouvez également créer une répétition de détails en utilisant n'importe quel composant de détail, notamment le bloc de verre illustré en Figure B–60.

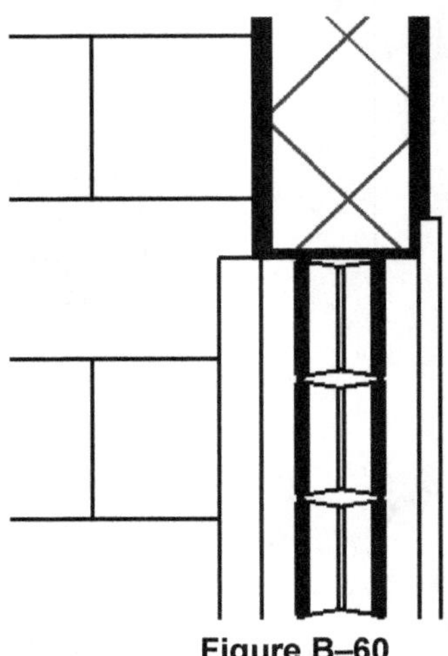

Figure B–60

Instructions pratiques : Créer une répétition de détails

1. Chargez les composants de détail que vous voulez utiliser.
2. Dans l'onglet *Annoter*>groupe de fonctions Détail, déroulez (Composant) puis cliquez sur (Répétition de composant de détail).
3. Dans Propriétés, cliquez sur (Modifier le type).
4. Dans la boîte de dialogue Propriétés du type, cliquez sur **Dupliquer...**. Entrez un nom.
5. Définissez le paramètre *Détail*. Ceci est le nom du composant.

6. Remplissez les autres paramètres comme illustré en Figure B–61.

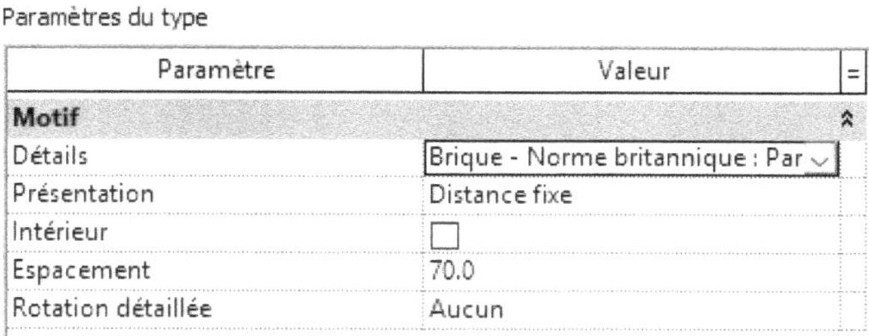

Paramètres du type
Paramètre
Valeur
Motif
Détails
Brique - Norme britannique : Par
Présentation
Distance fixe
Intérieur
Espacement
70.0
Rotation détaillée
Aucun

Figure B–61

7. Définissez la *Mise en page* sur **Remplir l'espace vide**, **Distance fixe**, **Nombre fixe** ou **Espacement maximum**. Sélectionnez **Intérieur** si vous voulez que tous les composants soient compris dans la distance ou la ligne spécifiée. Si vous laissez cette option vide, le premier composant débute avant le premier point.
8. Définissez l'*Espacement* entre les composants si vous utilisez **Distance fixe** ou **Espacement maximum**.
9. Définissez la *Rotation détaillée* selon ce qui est nécessaire puis fermez la boîte de dialogue.

B.13 Ajout de notes d'identification et de légendes de notes d'identification

Les notes d'identification sont des types d'étiquettes particuliers qui appliquent une numérotation spécifique à plusieurs éléments dans un détail. Elles peuvent être utilisées sur tous les éléments de détail et de modèle, ainsi que sur des matériaux. Utiliser des notes d'identification nécessite moins d'espace sur une vue que des notes textuelles standard, comme illustré en Figure B–62. L'explication complète de la note est donnée dans la *légende de la note d'identification* correspondante, placée n'importe où dans la feuille ou l'ensemble de feuilles.

Par défaut, le logiciel Autodesk Revit utilise la norme CSI Master Format pour la désignation des notes d'identification.

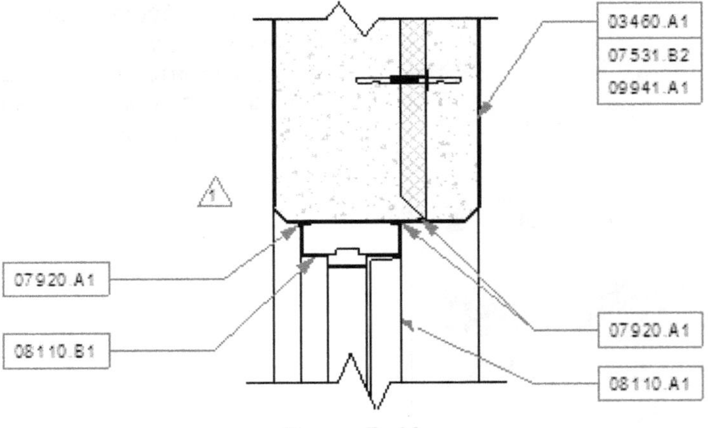

Figure B–62

- Les étiquettes de notes d'identification se trouvent dans le dossier *Annotations* de la bibliothèque Autodesk et doivent être chargées dans un projet avant de pouvoir les appliquer.

Il existe trois types d'étiquettes de notes d'identification :

- **Élément :** Utilisé pour étiqueter des éléments, tels qu'une porte, un mur ou des composants de détail.
- **Matériau :** Utilisé pour le matériau attribué à un composant ou appliqué sur une surface.
- **Utilisateur :** Une note d'identification qui doit d'abord être développée dans une table de notes d'identification.
- Des notes d'identification sont stockées dans une table de note d'identification (un fichier texte), comme illustré en Figure B–63. Toutes les mises à jour effectuées dans la table des notes d'identification sont reflétées dans le projet une fois fermé et réouvert.

RevitKeynotes_Metric.txt - Notepad

File Edit Format View Help

```
01000   Division 01 - Configuration générale requise
02000   Division 02 - Aménagements
03000   Division 03 - Béton
04000   Division 04 - Maçonnerie
05000   Division 05 - Métaux
06000   Division 06 - Bois et plastique
07000   Division 07 - Protection thermique et anti-humidité
08000   Division 08 - Portes et fenêtres
09000   Division 09 - Finitions
10000   Division 10 - Spécialités
11000   Division 11 - Equipement
```

Figure B–63

Instructions pratiques : Placer une note d'identification

1. Dans l'onglet *Annoter*>groupe de fonctions Étiquette, déroulez (Note d'identification) et cliquez sur (Note d'identification d'élément), (Note d'identification de matériau), ou (Note d'identification utilisateur).
2. Déplacez le curseur sur l'élément sur lequel vous souhaitez mettre une note d'identification et sélectionnez-le.

3. Si des informations sur une note d'identification sont attribuées à un élément, la note d'identification est automatiquement appliquée. Si aucune information ne lui est attribuée, la boîte de dialogue Notes d'identification s'ouvre, comme illustré en Figure B–64.

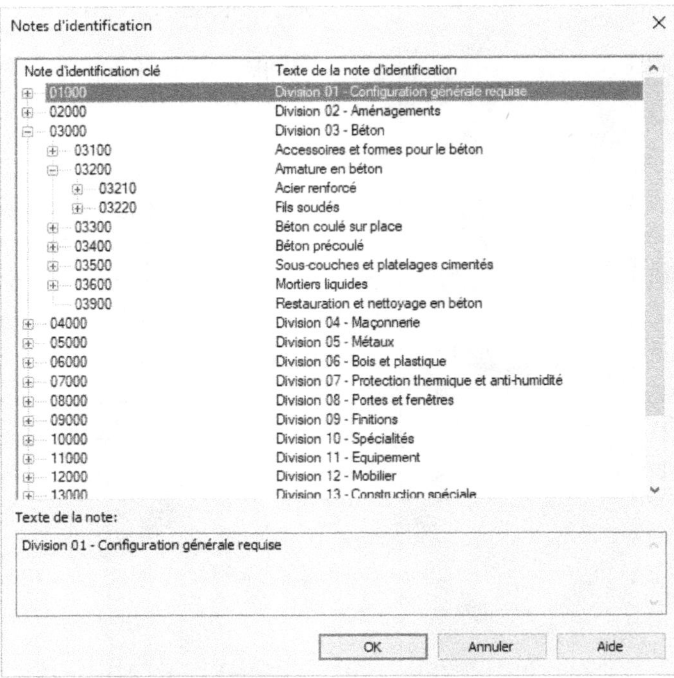

Figure B–64

4. Sélectionnez la note d'identification dont vous avez besoin à partir de la liste de divisions et cliquez sur **OK**.

La note d'identification se souvient des derniers paramètres de repère utilisés.

- Les options des notes d'identification sont les mêmes que pour d'autres étiquettes, y compris l'orientation et les repères, comme illustré en Figure B–65.

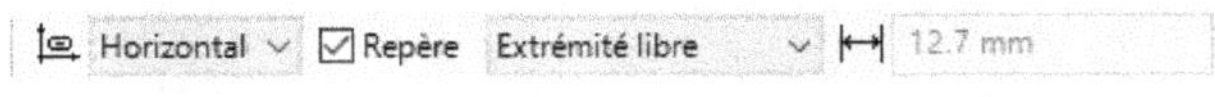

Figure B–65

Conseil : Configuration de la méthode de numérotation d'une note d'identification

Les notes d'identification peuvent être répertoriées par numéro de note d'identification ou par feuille, comme illustré en Figure B–66. Seule une méthode peut être utilisée à la fois dans un projet, mais vous pouvez passer d'une méthode à l'autre à tout moment du projet.

1. Dans l'onglet *Annoter*>groupe de fonctions Étiquette, déroulez (Note d'identification) et cliquez sur (Paramètres d'ajout de notes d'identification).

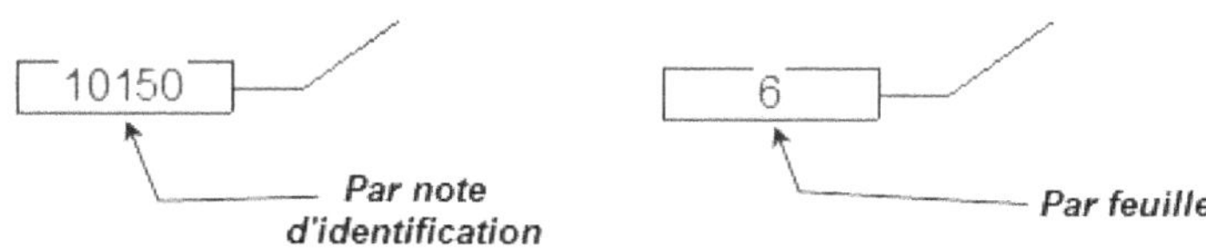

Figure B–66

2. Dans la boîte de dialogue Paramètres d'ajout de notes d'identification, spécifiez les informations de la *Table des notes d'identification* et la *Méthode de numérotation*, comme illustré en Figure B–67.

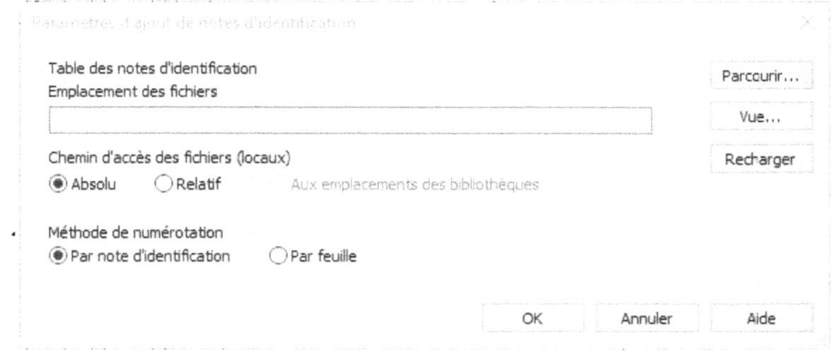

Figure B–67

Légendes des notes d'identification

Les légendes de note d'identification sont différentes des légendes standard.

Une légende de note d'identification est une table contenant les informations stockées dans la note d'identification qui est placée sur une feuille, comme illustré en Figure B–68. Dans le logiciel Autodesk Revit, elle est créée de la même façon que les nomenclatures.

Légende de note d'identification	
Note d'identification clé	Texte de la note d'identification
03150	Accessoires pour le béton
03410.A5	Poteau rectangulaire en béton précoulé 500 x 500 mm
04090.A2	Joint du bloc de châssis en caoutchouc
04700	Simulation de maçonnerie
11400	Equipement du service alimentaire
12100	Art
12300	Meuble de rangement de fabrication
12500	Mobilier

Figure B–68

Instructions pratiques : Créer une légende de note d'identification

1. Dans l'onglet *Vue*>groupe de fonctions Créer, déroulez (Légendes) et cliquez sur (Légende de note d'identification).
2. Tapez un nom dans la boîte de dialogue Nouvelle légende de note d'identification et cliquez sur **OK**.
3. La boîte de dialogue Propriétés de légende de note d'identification n'affiche généralement que deux champs de la nomenclature, qui sont déjà établis pour vous, comme illustré en Figure B–69.

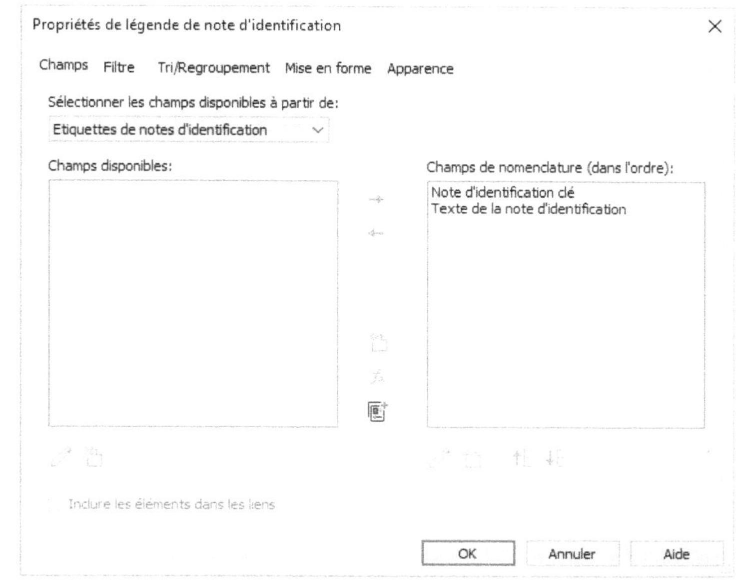

Figure B–69

4. Dans les autres onglets, définissez le format de la table, en fonction de vos besoins.
5. Cliquez sur **OK** pour créer la légende de note d'identification.
6. Lorsque vous êtes prêt à placer une légende de note d'identification, faites-la glisser sur la feuille à partir de l'Arborescence du projet. Vous pouvez la manipuler de la même façon que si vous modifiiez d'autres nomenclatures.

- Lorsque vous ajoutez des notes d'identification au projet, elles sont ajoutées à la légende de note d'identification, comme illustré en Figure B–70.

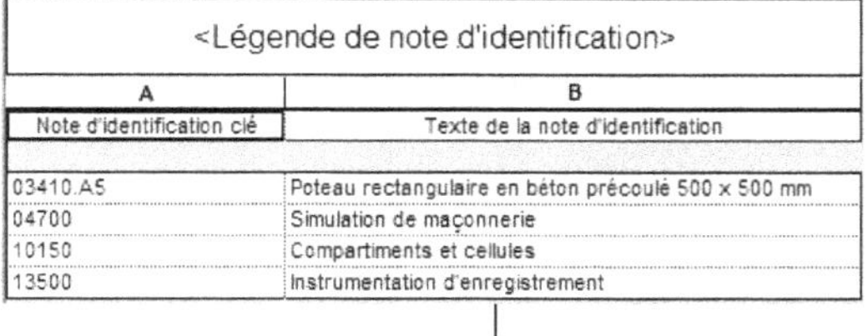

<Légende de note d'identification>

A	B
Note d'identification clé	Texte de la note d'identification
03410.A5	Poteau rectangulaire en béton précoulé 500 x 500 mm
04700	Simulation de maçonnerie
10150	Compartiments et cellules
13500	Instrumentation d'enregistrement

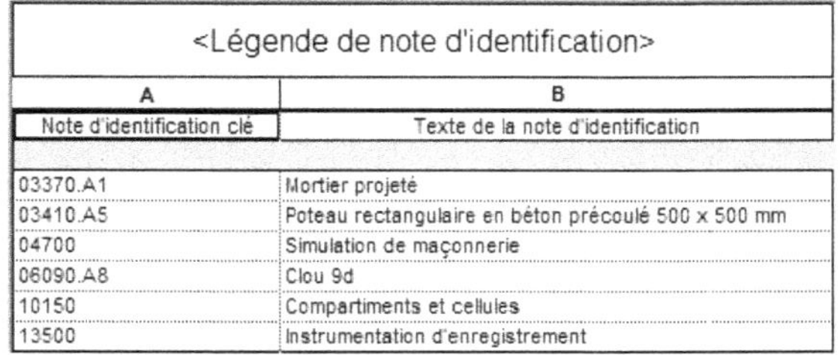

<Légende de note d'identification>

A	B
Note d'identification clé	Texte de la note d'identification
03370.A1	Mortier projeté
03410.A5	Poteau rectangulaire en béton précoulé 500 x 500 mm
04700	Simulation de maçonnerie
06090.A8	Clou 9d
10150	Compartiments et cellules
13500	Instrumentation d'enregistrement

Figure B–70

Récapitulatif des commandes

Bouton	Commande	Emplacement
Annotations		
	Ligne de correspondance	• **Ruban :** Onglet *Vue*>groupe de fonctions Composition de feuille
	Référence de vue	• **Ruban :** Onglet *Vue*>groupe de fonctions Composition de feuille ou onglet *Annoter*>groupe de fonctions Etiquette
Murs-rideaux		
	Modifier le type	• **Propriétés** (avec un type de Mur-rideau sélectionné)
Détails		
	Modifier le type	• **Propriétés** (avec un élément de Répétition de détails sélectionné)
Lucarnes		
	Lucarne	• **Ruban :** Onglet *Architecture*>groupe de fonctions Ouverture
Révisions		
	Nuage de révision	• **Ruban :** Onglet *Annoter*>groupe de fonctions Détail
	Révisions et Revues des feuilles	• **Ruban :** Onglet *Gérer*>groupe de fonctions Paramètres>déroulez Paramètres supplémentaires
Nomenclatures		
	Insérer des vues à partir du fichier	• **Ruban** : Onglet *Insérer*>déroulez **Insérer à partir du fichier**
N/D	**Nomenclature (Exporter)**	• **Onglet Fichier :** déroulez Exporter> Rapports>Nomenclature
	Nomenclature/ Quantités	• **Ruban :** Onglet *Vue*>groupe de fonctions Créer>déroulez Nomenclatures • **Arborescence du projet :** cliquez avec le bouton droit de la souris sur le nœud Nomenclature/Quantités> Nouvelle(s) nomenclature(s)/ quantités...
Jeux de sélections		
	Ajouter la sélection	• **Ruban :** Onglet *Modifier le jeu de sélections*>groupe de fonction Modifier la sélection
	Charger la sélection	• **Ruban :** Onglet *Modifier | Sélection multiple*>groupe de fonctions Sélection
	Enregistrer la sélection	• **Ruban :** Onglet *Modifier | Sélection multiple*>groupe de fonctions Sélection

	Modifier la sélection	• **Ruban :** Onglet *Modifier | Sélection multiple*>groupe de fonctions Sélection
	Supprimer de la sélection	• **Ruban :** Onglet *Modifier le jeu de sélections*>groupe de fonction Modifier la sélection
Profils en relief et Profils en creux		
	Dalle : Bord de dalle	• **Ruban :** Onglet *Architecture*>groupe de fonctions Création ou onglet *Structure*>groupe de fonctions Structure>déroulez Sol
	Mur : Profil en relief	• **Ruban :** Onglet *Architecture*>groupe de fonctions Création ou onglet *Structure*>groupe de fonctions Structure>déroulez Mur
	Mur : Profil en creux	• **Ruban :** Onglet *Architecture*>groupe de fonctions Création ou onglet *Structure*>groupe de fonctions Structure>déroulez Mur
	Toit : Bord de toiture	• **Ruban :** Onglet *Architecture*>groupe de fonctions Création>déroulez Toit
	Toit : Gouttière	• **Ruban :** Onglet *Architecture*>groupe de fonctions Création>déroulez Toit
Vues		
	Attacher la géométrie	• **Ruban :** Onglet *Modifier*>groupe de fonctions Géométrie>déroulez Attacher
	Choisir un nouvel hôte	• **Ruban :** Onglet *Modifier | (xxxx)*>groupe de fonctions Hôte
	Détacher la géométrie	• **Ruban :** Onglet *Modifier*>groupe de fonctions Géométrie> déroulez Attacher
	Insérer des vues à partir du fichier	• **Ruban :** Onglet *Insérer*>groupe de fonctions Importer>déroulez Insérer à partir du fichier
	Jonctions de murs	• **Ruban :** Onglet *Modifier*>groupe de fonctions Géométrie
	Profil de coupe	• **Ruban :** Onglet *Vue*>groupe de fonctions Graphismes
	Styles de ligne	• **Ruban :** Onglet *Gérer*>groupe de fonctions Paramètres>déroulez Paramètres supplémentaires
	Traits	• **Ruban :** Onglet *Modifier*>groupe de fonctions Affichage • **Raccourci :** LW
	Peindre	• **Ruban :** Onglet *Modifier*>groupe de fonctions Géométrie
	Scinder la face	• **Ruban :** Onglet *Modifier*>groupe de fonctions Géométrie

Objectifs de l'examen de certification d'Autodesk Revit Architecture

Le tableau suivant vous permet d'identifier les objectifs de l'examen dans les chapitres des guides d'apprentissage d'Autodesk® Revit® afin de vous aider à vous préparer à l'examen de Professionnel certifié d'Autodesk Revit Architecture.

Sujet de l'examen	Objectif de l'examen	Guide d'apprentissage	Chapitre et section(s)
Collaboration			
	Copier et surveiller les éléments dans un fichier lié	• Revit: Outils de collaboration	• 2.3
	Utiliser le partage de projet	• Revit: Outils de collaboration	• 4.1, 4.2, 4.3
	Importer des fichiers image et DWG	• Revit Architecture: Concepts de base	• 3.4
		• Revit: Outils de collaboration	• 3.1, 3.2, 3.3
	Utiliser la visualisation du partage de projet	• Revit: Outils de collaboration	• 4.4
	Évaluer les avertissements de révision dans Revit	• Revit Architecture: Concepts de base	• 12.1

Sujet de l'examen	Objectif de l'examen	Guide d'apprentissage	Chapitre et section(s)
Documentation			
	Créer et modifier des zones remplies	• Revit Architecture: Concepts de base	• 16.3
	Placer des composants de détail et des répétitions de détails	• Revit Architecture: Concepts de base	• 16.2
	Étiqueter les éléments (portes, fenêtres, etc.) par catégorie	• Revit Architecture: Concepts de base	• 15.1
	Utiliser des chaînes de cote	• Revit Architecture: Concepts de base	• 14.1
	Définir les couleurs utilisées dans la légende d'un schéma de couleurs	• Revit Architecture : Conception et visualisation	• 2.3
	Utilisation des phases	• Revit: Outils de collaboration	• 1.1
Éléments et familles			
	Modifier des éléments avec un mur-rideau (grilles, panneaux, croisillons)	• Revit Architecture: Concepts de base	• 6.2, 6.3, 6.4
	Créer des murs composés	• Revit: Gestion du BIM	• 3.1
	Créer un mur empilé	• Revit: Gestion du BIM	• 3.3
	Différencier les systèmes et les familles de composant	• Revit: Gestion du BIM	• 3.1 • 4.1
	Utilisation des paramètres de famille	• Revit: Gestion du BIM	• 4.2
	Créer un nouveau type de famille	• Revit Architecture: Concepts de base	• 5.3
		• Revit: Gestion du BIM	• 4.4
	Utiliser des procédures de création de famille	• Revit: Gestion du BIM	• 4.1 à 4.4

Sujet de l'examen	Objectif de l'examen	Guide d'apprentissage	Chapitre et section(s)
Modélisation			
	Créer un terre-plein	• Revit Architecture : Site et structure	• 1.2
	Définir un sol pour une masse	• Revit Architecture : Conception et visualisation	• 1.7
	Créer un escalier avec un palier	• Revit Architecture: Concepts de base	• 12.1
	Créer des éléments comme des sols, des plafonds ou des toits	• Revit Architecture: Concepts de base	• 9.1 • 10.1 • 11.2, 11.4
	Générer une surface topographique	• Revit Architecture : site et structure	• 1.1
	Modéliser des garde-corps	• Revit Architecture: Concepts de base	• 12.3
	Modifier un matériau d'un élément de modèle (porte, fenêtre, mobilier)	• Revit Architecture: Concepts de base	• 5.3 • B.4
	Changer un sol/plafond/toit générique en un type spécifique	• Revit Architecture: Concepts de base	• 9.1 • 10.1 • 11.2
	Raccorder des murs à un toit ou un plafond	• Revit Architecture: Concepts de base	• 11.2
	Modifier les familles reconnaissant les pièces	• Revit: Gestion du BIM	• 5.1
Vues			
	Définir les propriétés des éléments dans une nomenclature	• Revit Architecture: Concepts de base	• 15.3
	Contrôler la visibilité	• Revit Architecture: Concepts de base	• 7.1
	Utiliser des niveaux	• Revit Architecture: Concepts de base	• 3.1
	Créer une vue dupliquée pour une vue de plan, de coupe, d'élévation, d'ébauche, etc.	• Revit Architecture: Concepts de base	• 7.2
	Créer et gérer des légendes	• Revit Architecture: Concepts de base	• 14.4
	Gérer la position de la vue sur des feuilles	• Revit Architecture: Concepts de base	• 13.2
	Organiser et trier des éléments dans une nomenclature	• Revit Architecture: Concepts de base	• B.10
		• Revit: Gestion du BIM	• 2.2

Index

www.ingramcontent.com/pod-product-compliance
Lightning Source LLC
Chambersburg PA
CBHW080345220326
41598CB00030B/4612

* 9 7 8 1 9 4 7 4 5 6 2 4 2 *